SV

CEES NOOTEBOOM
GESAMMELTE WERKE BAND 3

Romane und Erzählungen 2

Aus dem Niederländischen
von Helga van Beuningen
und Rosemarie Still

Suhrkamp Verlag

© für die Gesammelten Werke:
Suhrkamp Verlag Frankfurt am Main 2003
© Cees Nooteboom 2003
Nachweis der Ersterscheinungsorte der in diesem Band
enthaltenen Werke siehe Editorische Notiz.
Alle Rechte vorbehalten, insbesondere das
des öffentlichen Vortrags sowie der Übertragung
durch Rundfunk und Fernsehen, auch einzelner Teile.
Kein Teil des Werkes darf in irgendeiner Form
(durch Fotografie, Mikrofilm oder andere Verfahren)
ohne schriftliche Genehmigung des Verlages
reproduziert oder unter Verwendung elektronischer Systeme
verarbeitet, vervielfältigt oder verbreitet werden.
Satz: Hümmer GmbH, Waldbüttelbrunn
Druck: Nomos Verlagsgesellschaft, Baden-Baden
Printed in Germany
Erste Auflage 2003
ISBN 3-518-41563-8

1 2 3 4 5 – 07 06 05 04 03

ROMANE UND
ERZÄHLUNGEN 2

IN DEN NIEDERLÄNDISCHEN BERGEN

Roman

»Woher haben wir die Geschichte?«
»Willst du es wissen?«
»Wir haben sie aus der Tonne, aus der mit dem alten Papier.«

Hans Christian Andersen
aus ›Tante Zahnweh‹

I

Es war einmal eine Zeit, von der manch einer glaubt, sie währe noch immer. In jener Zeit waren die Niederlande viel größer als heute. Andere leugnen das, und wieder andere behaupten, jene Zeit habe zwar existiert, sei aber längst vorbei. Wenn das so sein sollte, dann weiß ich davon nichts. Ich für mein Teil kann berichten, daß ich mit eigenen Augen die niederländische Fahne auf den höchsten Pässen Europas habe flattern sehen. Der Norden lag da zwar immer noch in Dokkum, Rodeschool und Pieterburen, die Südgrenze jedoch war, selbst mit dem Auto, viele Tagesreisen von Amsterdam und Den Haag entfernt.

Obwohl ich selbst kein Niederländer bin, weiß ich das alles noch sehr genau und habe nicht die Absicht, dies zu verschweigen. Mein Name ist Alfonso Tiburón de Mendoza, ich bin Straßenbauinspektor der spanischen Provinz Zaragoza, eines Teils des früheren Königreiches Aragón. In meiner Freizeit schreibe ich Bücher.

Einen Teil meiner Studienzeit verbrachte ich in Delft, wo ich mit Hilfe eines Stipendiums Straßen- und Wasserbau studierte. Und ich sage wohl am besten gleich, daß mir die Nördlichen Niederlande immer Angst eingejagt haben, eine ANGST, die in Großbuchstaben geschrieben werden müßte, als handele es sich, wie in der frühen Lehre der Naturphilosophen, um eines der Grundelemente, so wie Wasser und Feuer, aus denen das irdische Leben entstanden ist. Zu diesen Großbuchstaben gehört das Gefühl, von einem schwarzen Schacht umgeben zu werden, aus dem man so leicht nicht entkommt.

Was dieses Gefühl bei mir hervorrief, ist mir nicht klar, es lag aber sowohl an der Landschaft als an den Menschen. Die Nördliche Landschaft hat wie die Wüste etwas Absolutes. Nur ist die Wüste in diesem Fall grün und voller Gewässer. Sonst aber gibt es keine Versuchungen, Rundungen oder Wölbungen. Das Land ist flach, was zu einer extremen Sichtbarkeit der Menschen führt, und dies wiederum wird in deren Verhalten sichtbar.

Niederländer gehen nicht miteinander um, sie begegnen einander. Sie bohren ihre hellen, leuchtenden Blicke in die Augen des anderen und prüfen seine Seele. Es gibt keinerlei Schlupfwinkel. Auch ihre Häuser sind es nicht. Sie machen ihre Vorhänge nicht zu und halten dies für eine Tugend. Ich hatte mir die Mühe gemacht, ihre eigenartige Sprache zu erlernen, die zum Teil aus harten Lauten besteht, bei denen der Gebrauch des oberen Kehlkopfes eine große Rolle spielt. Das ist, wie mir scheint, eine Folge der rauhen Lebensbedingungen – Deichbrüche, Ostwind und vereiste Flüsse –, mit denen sie sich früher herumschlagen mußten.

Schon bald merkte ich, daß man es als lästige Anbiederung empfand, wenn ein Ausländer die Landessprache beherrschte, und man sich mit mir lieber in einer anderen, dritten Sprache unterhielt. Den Grund für diese Einstellung habe ich nie so ganz verstanden, doch ich glaube, es handelt sich dabei um eine Mischung aus Scham und Gleichgültigkeit.

Wie dem auch sei, im Norden ihres Landes habe ich mich nie ganz wohl gefühlt – im Gegenteil, ich lebte immer erst dann wieder auf, wenn ich nach Hause fuhr oder wenn ich, durchs Rheinland fahrend, in der Ferne die ersten verschwommenen bläulichen Umrisse der Berge erkannte, die den kühlen flachen Norden von der bei weitem wilderen Gegend trennen, welche die Niederländer die Südlichen Niederlande nennen. Und ich fühlte mich dort wohl, obgleich ich die Dialekte, die südlich der Hohen Pässe gesprochen wurden, kaum verstehen konnte, und die dunklen, auch etwas kleineren Menschen, die dort wohnten, keine Ähnlichkeit mit ihren weitaus aufgeklärteren Landsleuten aus den nördlichen Provinzen besaßen. Das Leben war dort weniger geregelt, und obwohl die Zentralverwaltung des Königreiches bemüht war, auch dort alles im Griff zu haben, gelang das wegen der großen Entfernungen, des unabhängigen Wesens der

Bewohner und ihrer natürlichen Opposition gegen die Obrigkeit nur mäßig. Im Norden betrachtete man sie als Bürger zweiter Klasse, die, öffentlich oder nicht, wegen ihres Akzentes verspottet und meist nur für niedrige Arbeiten herangezogen wurden, die sie angesichts ihrer Armut akzeptierten. So etwas schmerzt.

Umgekehrt fühlten sich die meisten Nord-Niederländer – von einigen Künstlern abgesehen – im fernen Süden ebenso unglücklich. Die Verwaltungsbeamten blieben unter sich, sprachen vom »dunklen Süden«, von Barbaren und Korruption, von »dumm« und »unregierbar«, und da sie an die eigene erdrückende Übervölkerung mit der dazugehörigen sozialen Kontrolle gewöhnt waren, fühlten sie sich einsam und hatten, wenn man ihnen ins Herz schaute, Angst. Die Obrigkeit in Den Haag, die Landesregierung, könne, sagten sie, längst nicht immer ihre Sicherheit gewährleisten, so manche Gegend sei, so hörte man, noch von Banden beherrscht, und Erpressung sei an der Tagesordnung. Außerdem bringe der Süden nicht viel ein, nur billigen Wein und Obst, er koste eigentlich nur Geld. Sein einzig Gutes sei im Grunde, daß er den nördlichen Industriestädten Arbeitskräfte liefere. Und dort wohnten die Südlichen dann auch prompt in den früheren Armenvierteln beieinander und wurden von den anderen voller Herablassung so lange geduldet, bis die Wirtschaftskrise kam und mit ihr der Wunsch, sie möchten alle, samt Kind und Kegel, Gestank und Lärm, wieder in die unterentwickelten Regionen zurückkehren, aus denen sie gekommen waren. Dennoch behielt die Landesregierung die aufkommende Separatistenbewegung scharf im Auge.

2

Ich persönlich liebte diese Regionen. Das wird mit dem Land zusammenhängen, aus dem ich komme, obwohl die Landschaften der Südlichen Niederlande anders aussehen als der Teil Spaniens, der schon seit undenklichen Zeiten Aragón genannt wird. Dort ist es düsterer als bei uns, voll verborgener Höhlen, ähnlich wie auf einem alten, nachgedunkelten Stahlstich, mit brausenden Flüssen und unendlichen, finsteren Wäldern. Aragón ist nicht flach wie der niederländische Norden und doch weiträumig und offen, zuweilen fast leuchtend. Die grünen, biederen und gepflegten Landschaften des Nordens bewirkten bei mir eine lustlose Langeweile, die in nichts der Abneigung nachstand, die ich gegen die meisten Nord-Niederländer empfand wegen ihrer Selbstgefälligkeit, ihrer zügellosen Habgier und wegen der Scheinheiligkeit, die sie an den Tag legten, um die ersten beiden Eigenschaften zu verbergen.

Die Menschen im Süden waren ungehobelter, aber auch ungehemmter, so wie ihre Landschaften wüster und einsamer waren. Was andere abstieß, zog mich gerade an. Die Südliche Hochebene war mir die liebste Landschaft. Manche eher oberflächliche Journalisten sprachen immer wieder von einer Mondlandschaft, ich aber möchte den Mond erst sehen, auf dem man neben einem tobenden Bergbach in einer steinernen Schutzhütte schlafen kann. Das Reisen war primitiv, doch abenteuerlich, und die örtlichen Amtspersonen, mit denen man unterwegs zu tun hatte, konnten genug Niederländisch, um sich verständlich zu machen. Die Nördlichen, denen man begegnete, nörgelten stets, das Brot sei nicht weiß genug, das Fernsehprogramm nur schlecht zu empfangen und die Postämter dreckig, als seien das Gründe zum Jammern. Das waren längst nicht alle Beschwerden: Es gebe zu viele Fernsehprogramme in den lokalen Dialekten, die örtliche Polizei sei korrupt, die Nachrichten aus dem Norden schienen die Südlichen nicht zu interessieren, und die Bürgermeister seien

mitunter lustlos und zu bequem, das Porträt der Königin aufzuhängen. Die Trottel sagten *Maer*, wenn sie Meer meinten, nannten ihre Grenzposten *Wachten* und wickelten ihre Säuglinge in ein *Windelbant*; das alles war zu der Zeit, da diese Geschichte spielt, beinahe schon verschwunden. Nicht etwa, weil es von der Obrigkeit gehörig unterdrückt wurde, sondern durch den Einfluß von Rundfunk und Fernsehen.
Die einzigen, die dies anscheinend bedauerten, waren einige Dichter aus dem Norden, die glaubten, in derartigen Wörtern und Ausdrücken bewahre sich die Seele der Sprache; doch das interessierte wie gewöhnlich keinen. Untereinander benutzten die Südlichen diese Ausdrücke noch; eine gewisse falsche Scham hinderte sie jedoch daran, es auch im Beisein der Nördlichen zu tun. Durch all dies erhielt das Verhältnis zwischen den beiden Gruppen etwas Unnatürliches, und von einer echten nationalen Einheit konnte nicht die Rede sein. Es hieß zwar ›Königreich der Niederlande‹, wer aber auf einem Berg wohnt, arm ist und noch nie das Meer gesehen hat, kann sich das damit verbundene Gefühl nicht vorstellen.
Die Nördlichen, die sich immer darüber beschwerten, im Süden gebe es keinerlei Form von Organisation, sprachen im selben Atemzug vom organisierten Verbrechen, das jegliche ordentliche Verwaltung unterbinde. Die Parlamentarier, die den Süden in Den Haag vertraten, seien »bestechlich und im Dienst undurchsichtiger Gruppierungen«, und obwohl ich nicht leugnen möchte, daß in diesem unwirtlichen Teil des Reiches Dinge geschahen, die das kalte Nordlicht nicht vertragen hätten, liebte ich dieses querköpfige, unbotmäßige Land doch mit Leib und Seele, und sei es auch nur, weil ich spürte, dort nicht von der Atmosphäre des guten Willens erdrückt zu werden, die das eingedeichte Land so unerträglich macht. Aber das wird wohl mit meiner spanischen Abstammung zusammenhängen.
Das Ende der Welt würde im Süden später kommen und, dessen war ich sicher, nicht nur mit Gewimmer. Ich bin von Natur aus

kein frivoler Mensch, doch mich dünkte, daß in dem gezähmten Menschenzoo hinter den Bergen etwas unwiderruflich schiefgegangen war. Wer das Leben allzu sehr beherrschen möchte, leidet unter einer falschen Sehnsucht nach Unsterblichkeit, und daraus ist noch nie etwas Gutes entstanden.

3

Die Geschichte, die ich erzählen möchte, spielte sich vor nicht allzu langer Zeit ab; es ist eine eigenartige Geschichte. Ich erzähle meine Geschichten vornehmlich mir selber, und ich denke, daß mir die andere Arbeit, mit der ich mein Brot verdiene, dabei geholfen hat. Es besteht eine Übereinstimmung zwischen dem Geschichtenschreiben und dem Straßenbau: Irgendwo muß man schließlich ankommen. Diese Idee kam mir eines Tages auf der C 221, die von Calatayud nach Cariñena führt, und zwar in der Gegend von Agueron. Meine Leute klagen hin und wieder darüber, daß dies die am besten instand gehaltene Straße in Spanien sei, und das stimmt wohl auch, obwohl es eine andere Straße gibt, die ich noch mehr liebe. Die Idee kam mir also auf der C 221, denn nirgendwo sind die Übereinstimmungen deutlicher. Die Straße steigt an, die Welt liegt auf beiden Seiten, man gewinnt Übersicht, und die braucht ein Schriftsteller schließlich. Dort stehen gigantische Eisenpfähle, die durch fünf oder sechs enorm dicke Kabel verbunden sind, so daß man den Eindruck hat, sie hielten die Welt oder die Geschichte zusammen. Es gibt Schilder, die einen Brunnen ankündigen – Ruhepause für den Leser –, oder solche, die vor unebenen Wegstrecken warnen oder auf eine andere schwierige Stelle hinweisen. Dann muß der Leser aufpassen, der Erzähler darf ihn ja nicht aus der Kurve fliegen lassen, auch wenn ich weiß, daß es Schriftsteller gibt, die es gerade darauf abgesehen haben. Vielleicht habe ich dafür zu viele Unfälle erlebt.
Ich bin ein Mann Anfang sechzig, ziemlich dick und meistens gut gelaunt. Meine einzige Eigenart, vom Schreiben abgesehen, ist, daß ich immer blau gekleidet bin, aber das ist nebensächlich, und das weiß ich auch. Ich werde jetzt also nicht mehr von mir erzählen. Ich lese eine Landschaft wie ein Buch; mehr wollte ich eigentlich nicht sagen. Vielleicht hängt das mit der sogenannten

Allmacht des Schriftstellers zusammen, die Welt so darzustellen, wie es ihm gefällt.
In einer wirklichen Landschaft ist das schon geschehen. Etwa auf der halben Wegstrecke der C 221 liegt zum Beispiel links der Straße, ziemlich tief unten, von der trockenen roten Erde ausgespart, das Rechteck eines Friedhofs; das hat etwas Endgültiges, man hat sich als Reisender damit abzufinden, mit diesem für den Tod vorgesehenen Ort.
Ähnliches passiert einem, denke ich, auch als Leser. Ein Buch ist ein Dokument, und in dieses Dokument ist damit das Wort Tod aufgenommen, obschon man sich darunter natürlich vorstellen kann, was man will. Aber ich wollte ja meine Geschichte erzählen. Sie ist kurvenreich, wie die meisten Straßen in Aragón, die manchmal bergan steigen und dann auch wieder bergab führen; daran kann ich nicht viel ändern, denn die Landschaft liegt außerhalb meiner Kompetenz. Nicht aber Straßendecke und Grünstreifen. Wenn es nach den Behörden ginge, müßten die Grünstreifen ständig gemäht werden (wir machen das an den kleinen Landstraßen noch mit der Sense), ich erteile jedoch immer den Auftrag, hier und dort, an von mir bezeichneten Stellen, möglichst viele Blumen stehenzulassen. Es ist keine so wichtige Strecke, Minister benutzen sie nicht, und wer sollte den Inspektor inspizieren?
Genug, zur Sache. Wo sich meine Geschichte abspielt, habe ich bereits gesagt, und das ist kompliziert genug, weil sich nur wenige Leute hier auskennen, was jedoch nicht meine Schuld ist. Das Thema aber, vollendete Schönheit und vollkommenes Glück – darüber haben wir noch nicht gesprochen. Ich glaube nicht, daß sich viele meiner Kollegen da heranwagen würden. Dennoch handelt meine Geschichte davon. Sie fängt damit an und hört damit auf, zumindest denke ich das jetzt. Sehen Sie, nun, da ich anfangen möchte, sehe ich auf einmal wieder einen Abschnitt der C 221 vor mir, einen ziemlich geraden, bei Nuestra Señora de las Viñas. Eine Ebene, silberne Olivenbäume, helle Flecken in der

roten Erde, als sei auch hier eine Schlacht geschlagen worden wie bei Verdun, und das ist ja auch so. Die Flecken sollen uns an das Böse erinnern.

Ein Mann auf einem Maulesel nähert sich. Geflochtene Körbe, irdene Krüge an beiden Seiten, ein Hund. Er ist vielleicht schon einen Tag lang unterwegs, eine Erscheinung aus dem Paradies, und das waren die Hauptpersonen meiner Geschichte auch. Nicht waren, sind. Nur wohnten sie, als die Geschichte anfing, im Bijlmer, das ist eine Satellitenstadt im Süden Amsterdams. Und sie hießen Kai und Lucia.

Wie läßt sich der Begriff des vollkommenen Glücks einführen? Nicht jammern, der Asphalt ist heiß und flüssig. Mit der Walze darüber. Kai und Lucia waren vollkommen glücklich. So wie eine Flasche oder eine Schachtel halbvoll, leer oder voll sein kann, so kennt auch jedes Glück oder Unglück seinen tiefsten und höchsten Stand, und wer den letztgenannten erreicht hat, daran ist nicht zu rütteln, der ist vollkommen glücklich. Nun mag man einwenden, daß das unmöglich sei, vollkommenes Glück bei Geschöpfen, die Alter, Krankheit und Tod vor sich haben, doch kann man es auch anders sehen. Derjenige, den das nicht kümmert, hat schon ein beachtliches Stück auf dem Weg zum vollkommenen Glück hinter sich. Ich weiß, daß die Terminologie nicht anregend ist und folglich nicht ins Bild der Zeit paßt. An alledem kann man nichts ändern. Außerdem, um allen Spekulationen ein Ende zu setzen, sollte ich von vornherein sagen, daß es einfach so war. Vollkommenes Glück ist wie vollkommenes Unglück, entsetzlich anzusehen. Und noch etwas kommt hinzu: Obwohl es mir fern liegt zu behaupten, daß vollkommenes Glück zwischen häßlichen Menschen unmöglich ist, so muß doch festgehalten werden, daß nach der Logik der Dinge eine Rangordnung notwendig ist, in der vollkommenes Glück bei vollendet schönen Wesen noch unausstehlicher ist, und mit dieser Variante haben wir es im Falle von Kai und Lucia zu tun. Sie waren, wie man im Süden sagt, ohne Fehl, niemand konnte einen Makel an ihnen entdecken, kurz, es war ästhetisch gesehen nichts an ihnen auszusetzen. Allenfalls könnte man, wenn man diese beiden Menschen nur ein einziges Mal gesehen hat, es ablehnen, den Begriff Ästhetik auf sie anzuwenden, und das geschah auch regelmäßig.

Menschen dürfen schön sein, nur, wenn es absolut nichts mehr an ihnen zu bemängeln gibt, wenn man, sieht man sie zufällig auf der Straße vorübergehen, eher betroffen stehenbleiben möchte, dann wird vollendete Schönheit ein Maßstab für die eigene Unvollkommenheit, und das empfindet niemand als angenehm.

4

Wir sind ein Teil der europäischen Kultur, deshalb ist die Herausforderung für den Schriftsteller nicht sehr groß; die Terminologie steht fest, seit geschrieben wird. Lucias Haar war goldblond. (Wie *honecseim*, die Essenz des Honigs, wird später jemand im Süden sagen.) Sie hatte Augen hellblau wie der Sommerhimmel, ihre Lippen waren rot wie Kirschen, ihre Zähne weiß wie Schnee. Wer dafür andere Worte sucht, ist ein Narr. Kultur ist ein Code. Armselig jene Regionen, wo es keine Pfirsiche gibt; denn dort wüßte man nicht, wie ihre Haut zu beschreiben wäre. Jeder andere Vergleich würde hinken, weil ihm der Aspekt des Eßbaren fehlte. Beim Anblick von Lucias Haut erwachte in allen, Männern wie Frauen, der heimliche Kannibale, der sich auf dem sumpfigen, vorsintflutlichen Boden unserer Seelen versteckt hält.

Die Proportionen ihres Körpers waren mit einer Regelmäßigkeit aufeinander abgestimmt, die zur Norm erhoben wurde. Ein persischer Dichter bezeichnete die Brüste der Frauen einst als »Monde des Paradieses«. Dies wirft die Frage auf, ob es mehrere Arten der Vollkommenheit gibt, denn bei diesem Bild denke ich eher an die Sinnenlust erregenden Tänzerinnen in indischen Tempeln als an die Venus von Milo, die nur ein Abglanz davon ist. Dennoch ist es besser, sich in der Nähe der letzteren aufzuhalten. Allzu viel Lust steht scheinbar im Widerspruch zur Idee der Vollkommenheit, und vielleicht sollten wir uns, da es sich um eine Idee handelt, auf das Abstrakte in der Kunst von Alberti und da Vinci einigen, die den menschlichen Körper nach Schnittpunkten geometrischer Linien errechneten. Ich denke da an da Vincis berühmte Zeichnung des Mannes, der an ein Kreuz (der Schönheit) genagelt zu sein scheint, dessen Beine und Arme jedoch auch fächerförmig in anderen Stellungen um ihn herum gezeichnet sind. Die Vergötterung des Körpers, gleichzeitig Natur und Gedanke, der Körper ohne Fehl, neben dem jeder lebendige

Körper versagen müßte, und sei es nur aus Gründen der Selbsterhaltung; natürlich ist das unerträglich.

Durch mein Fach bin ich an bestimmte Arten der Vollkommenheit gewöhnt. Eine davon ist die Mathematik, die, wenn man tiefer in sie eindringt, das Sphärische hoher Poesie aufweist, ohne das Unvorhersehbare und, wenn wir ehrlich sind, das sumpfig Menschliche. Andererseits geht es nicht um Formeln, sondern um zwei lebendige Wesen, die ich nun in meinem Klassenzimmer in Zaragoza zu beschreiben versuche.

Es liegt mir daran zu erwähnen, daß dies der einzige Luxus meines Daseins ist. Meinen Urlaub verbringe ich immer allein, weit weg von der Familie, um zu schreiben; eine Marotte, die mir, je älter ich werde, um so leichter verziehen wird, weil meine Familie geringeres Interesse an meiner etwas eigenartigen Person zeigt. Mein Bruder ist Rektor einer Grundschule in einem Außenbezirk von Zaragoza, und im Monat August, wenn die ganze Stadt wegen der extremen Hitze ausgeflogen ist, steht mir die Schule zur Verfügung. Ich gebe zu, daß das ein bißchen töricht ist, niemand aber belästigt mich hier, und umgekehrt falle ich niemandem zur Last. Meine Bücher, wenn man sie als solche bezeichnen möchte, erscheinen in einem kleinen Verlag in León, der Hauptstadt Asturiens, zum Glück nicht in meiner eigenen Provinz. Meine Frau und meine Söhne lesen sie, soviel ich weiß, nicht, und was man je darüber geschrieben hat, wurde in der kleinsten Schrift gedruckt, über die die spanischen Zeitungen verfügen. Ich fühle mich wohl dabei. Alles andere würde mich nur zu etwas verpflichten, und das könnte ich bei der Beschreibung von Kai, um nur das zu nennen, was mir gerade in den Sinn kommt, absolut nicht gebrauchen.

Wenn es einen Computer in Form eines Bildhauers gäbe, der das vollendete Pendant zum weiblichen Körper berechnen und ausführen müßte, sein Ergebnis wäre Kai. Zuweilen, wenn Kai und Lucia nebeneinander hergingen oder, wenn sie, für andere weniger sichtbar, beieinander im Bett lagen, glichen sie einer lebenden Skulptur, auf der ein Professor mit der Vorliebe für die Renaissance vor einer Klasse wißbegieriger Schüler, wenn es so etwas gibt, die Linien der Vollkommenheit, die vom einen zum anderen führten, hätte zeigen können. Denn das ist das Eigenartige: Sie konnten einfach nichts tun, was nicht aufeinander abgestimmt gewesen wäre. Welche Position sie auch einnahmen, ob ineinander oder nicht, welche Öffnungen sie auch dafür verwendeten, die Schönheit wurde immer verdoppelt. Dafür muß es eine Regel geben, die ich nicht in Worte fassen kann. Kurz gesagt – und ich hoffe, dieses Wort nun nicht mehr zu verwenden –, sie waren auch als Paar vollkommen, selbst dann, wenn sie hundert Meter oder mehr voneinander entfernt waren, was für diese Geschichte nicht unwichtig ist, und sei es nur, weil das eine maßlose Lust und somit Eifersucht erweckte.

Kai war muskulös wie die beiden Bronzestatuen, die in den siebziger Jahren unseres fast vergangenen Jahrhunderts bei Riace in Kalabrien aus dem Meer geholt wurden, und zwar dank eines Mannes, der geglaubt haben muß, verrückt geworden zu sein. Denn stellen Sie sich einmal vor: Sie schwimmen unter Wasser zwischen Algen und exotischen Fischen und in der dazugehörenden Stille tauber Menschen und gewahren – wie auf alten Stichen von funkelndem Licht umgeben – auf dem ohnehin schon sonderbaren Grund zwei gigantische Männergestalten, zu groß, um Menschen zu sein, zwei vollendet schöne, auf rätselhafte Weise erhaltene Körper einer ausgestorbenen Rasse, schlafend auf dem Meeresboden. Der Taucher kam herauf, wo die Luftblase der Welt zerplatzte, erzählte von seinem Traumgesicht, und die Statuen wurden gehoben, die schönsten, die je von Menschenhand geschaffen wurden.

Wir alle kennen die widerlichen Abbildungen der mit Hormonspritzen behandelten Bodybuilder, glänzende Muskelwülste, wie merkwürdige, aufgeblähte Krebsgeschwülste, außen an einem menschlichen Körper angebracht, eine Parodie auf die Vollkommenheit, wie die Götter sie einst für sich selbst erdacht haben.

Genau auf der nicht errechenbaren Grenze zwischen diesem Gedanken und seinen Auswüchsen im zwanzigsten Jahrhundert hatte Kais Körper aufgehört, sich weiterzuentwickeln, weil er wußte, daß hier die Vulgarität, die mit der Übertreibung des Physischen einhergeht, beginnen würde, die schon gewöhnliche schöne Menschen so langweilig macht. Allein der Künstler weiß das vollkommene Maß, selbst wenn er es nur dazu benutzt, sich durch Leugnung und Entstellung dagegen aufzulehnen. Kais Augen hatten eine schwer zu beschreibende Farbe, so ein Mittelding zwischen Schiefer und nördlichem Seewasser, hart und dennoch fließend und glänzend. War Lucias Haar blond wie goldenes Korn, so hatte sein Haar seit dem Mittelalter die Farbe von Rabenfedern, so schwarz, daß das Auge einen violetten Glanz darin sieht.

Wenn die beiden nicht eine natürliche Unschuld, vielleicht eine kindliche Schüchternheit besessen hätten, wären sie längst schon durch die Blicke der Passanten eitel und kokett geworden oder, schlimmer noch, Kitsch. Aber sie gingen so ineinander auf, daß sie die Reaktionen der anderen kaum beachteten, weder die atemlose Bewunderung und das Begehren noch den Neid und seinen nächtlichen Gefährten, den Haß. Sie hatten sich im Zirkus kennengelernt, wo ihre Eltern arbeiteten; Kais Vater als Dressurreiter, Lucias Eltern mit einer Trapeznummer. Sie hatten sofort erkannt, daß sie einander nicht entkommen konnten, daß ihre Liebe unausweichlich und für immer war, daß sie nie getrennt werden könnten. Sie brauchten nie einen anderen zu suchen, denn der einzig mögliche andere hatte sich schon gezeigt, und das waren, auch wenn dieser Satz grammatikalisch nicht stimmt, sie selbst.

5

Die Idee der vollendeten Schönheit läßt sogleich den Gedanken an andere absolute Eigenschaften aufkommen. Hierin aber hatte sich das Schicksal bei Kai und Lucia zurückgehalten. Sie konnten nichts besonders gut, und weil ihnen die Phantasie fehlte, sich etwas ganz Besonderes vorzustellen, tat ihnen dieser Mangel, falls es einer ist, nicht weh. Seit ihrer Geburt war der Zirkus ihre Welt gewesen, und es war selbstverständlich, daß das so bleiben würde. Kai hatte Clown werden wollen, doch ihm fehlten die abgrundtiefe Melancholie und das grausame Gleichgewicht zwischen verinnerlichter Menschenliebe und veräußerlichtem Selbsthaß, der zu diesem Beruf gehört; daraus wurde also nichts. Ein Clown muß zu jeder Zeit seinen Körper korrumpieren, verzerren, zerstören können, und der Körper, in dem Kai hauste, strahlte durch jede äußere Entstellung hindurch, so daß es ihm unmöglich war, dieses mit Tränen vermischte Lachen hervorzubringen, das für einen Clown lebensnotwendig ist.
Bei Lucia war es ähnlich. Sie hatte sich dem Trapez verschrieben, aber auch ihrem Körper fehlte der innere Widerspruch, der es Trapezkünstlerinnen erlaubt, sich eventuell zu Tode zu stürzen. Diese Möglichkeit ist immer einkalkuliert und ist die wichtigste Voraussetzung für den Genuß der Zuschauer, der sowohl aus Angst als aus der Hoffnung besteht, die Katastrophe könnte sich tatsächlich ereignen. In Lucias Fall war bei manchen Zuschauern die Angst zu groß, bei anderen die Hoffnung zu klein. Diese Hoffnung gründet in dem Wissen der Zuschauer, daß diejenige, die da so hoch oben in der Luft schwebt, nicht fliegen kann. Die Strafe, die darauf steht, ist der Sturz, und daß der nicht stattfindet, ist das Wunder.
Bei Lucia war das anders. Ihre Eltern hatten sie das Fach gelehrt, und sie war nicht ängstlich. Sobald aber Zuschauer dabei waren, zeigte sich eine eigenartige, vielleicht sogar chemische Reaktion. Die Ängstlichen wollten dieses Mal wirklich nicht, daß dieser

Körper, dessen Einzigartigkeit – und also die platonische Möglichkeit, selber so einen Körper zu haben – sie sofort erkannten, durch einen Todessturz zu einem Haufen vernichtetem Mensch werden könnte, noch dazu vor ihren Augen. Die Hoffnungsvollen hatten ein anderes Problem. Sie glaubten, jemand mit einem solchen Körper könne zweifellos fliegen, und die Tatsache, daß er nie weiterflog als zum nächsten Seil oder in die Arme derjenigen, die ihn gezeugt hatten, war eine bittere Enttäuschung. Was Bewunderung hätte sein sollen, schlug in Langeweile um, die Vision von Blut und Tod, die so großen Genuß erzeugt, wurde somit hinfällig, die Langeweile verwandelte sich rasch in Abneigung, und das ist ein Element, das ein Zirkusdirektor nicht lange dulden kann. Ein Leben ohne Zirkus war für Kai und Lucia unvorstellbar, und so traten sie unter ihrem eigenen Namen als Illusionisten auf.

Es scheint mir ungehörig, mich noch einmal zwischen den Leser und diese Geschichte zu drängen. Andererseits bin ich es ja, der sie erzählt. Die Einsamkeit dieses Klassenzimmers, wo ich mich wie ein aufgedunsener Achtjähriger in eine Schulbank gezwängt habe, wird mir bisweilen unerträglich. Ich hätte mich natürlich auf den Platz des Lehrers setzen können, nur blickt man dann ständig in ein leeres Klassenzimmer, und außerdem ist die andere Richtung nun mal die natürlichere, sonst wäre ich wohl selbst Lehrer geworden. Keiner weiß es, und doch ist es so, ein Mann, der allein ist, sogar einer in meinem Alter, fängt zu spielen an, wenn er sich unbeobachtet fühlt und ihm die Stille zu groß wird. August in Zaragoza, das ist etwa so wie Radfahren in der Wüste. Dabei ist es weniger die Hitze, die mir zu schaffen macht, als vielmehr die Stille eines Raumes ohne Kinder, der verrückt leere Schulhof draußen vor dem Fenster, die komischen kinderlosen Bänke, die um mich herumstehen.

Ich habe mich in dieselbe Bank von damals gesetzt, die vorletzte rechts, und wenn Sie mich dort sehen könnten, würden Sie verstehen, warum noch nie ein Buch von mir in *El País* besprochen

worden ist. Kinder schreiben keine Bücher, Kinder spielen, und das tue ich auch. Schauen Sie nur mal her! Ich tue so, als ob ich meinen blauen, wesenlosen Schatten zur Tür hin bewege, sie öffne und einen noch ungreifbareren Schatten hereinlasse, mit dem ich spreche, wenn auch nur wenige Augenblicke.
Romane lese ich kaum, obwohl ich genau weiß, was Delibes und Goytisolo und Cela und all diese Leute schreiben. Poesie habe ich immer in meiner Nähe, sogar von jüngeren wie Pere Gimferrer und Anibal Nuñez. Die niederländische Literatur kenne ich nicht so gut. Als ich damals dort studierte, hatte ich nicht viel Zeit, und hier kann man natürlich nichts bekommen. Was mir sehr gut gefiel, waren die *Ideeën* von Multatuli, obschon das nicht sehr niederländisch ist, und das merkwürdige Buch eines Autors, der, wie mir erzählt wurde, Geologe ist, ein Buch über einen denkbaren Gott. Viele andere Dinge, die ich gelesen habe, sind eher Imitationen der Wirklichkeit, Geschichten vom täglichen Leben, und die kann man in jeder Kneipe hören. Wenn ich dem Ministerium in Madrid alle zwei Monate einen Besuch abstatte, versuche ich eine niederländische Zeitung zu kaufen. Das meiste ist nichts wert, doch es gibt zwei, die annähernd das Niveau der *El País* haben. Und auch da fällt mir wieder auf, daß die Niederländer bei all ihrem Dogmatismus die Dinge doch immer anders benennen als sie sind. Die eine Zeitung ist mit Sicherheit nicht fürs Volk bestimmt und heißt *Volkskrant*, die andere wird hauptsächlich von Intellektuellen gelesen und heißt *Handelsblad*. Darin lese ich dann zuweilen Rezensionen und Interviews mit Autoren. Was mir dabei auffällt, ist der metaphysische Anspruch. Sie schreiben entweder geheime Tagebücher, die dann doch veröffentlicht werden, oder Schriften, die offensichtlich von ihnen selbst handeln und die, trotz einer gewissen Pathetik, nicht über die Ufer des täglichen Lebens treten, dabei aber behaupten sie, »eine Spur hinterlassen« zu wollen, als hätte nicht schon Proust gesagt, daß Bücher ebenso wie ihre Autoren sterben.
Ferner finde ich die brahmanische Poesie von Adwaita sehr schön

und die alchemistische Geheimschrift von Achterberg, obwohl es manchmal anstrengend ist, ihn zu begreifen. Meine wahre Liebe gehört jedoch der Philosophie, obgleich ich die Philosophen immer mehr verdächtige, gescheiterte Dichter zu sein. Sie haben ein gutes Gefühl für Systeme, oftmals leider aber nicht für Sprache. Dieses Gedankengespinst finde ich gar nicht schlecht, auch wenn ich vermute, daß man immer noch mit Platon-Varianten beschäftigt ist, und deshalb lese ich, wenn ich mich irgendwo im hintersten Winkel der Provinz aufhalte und das ganze Land im Siestatod untergeht, immer wieder dieselben Dialoge, die mich nie langweilen.

Was lese ich sonst noch? Tagebücher, Briefe, und am liebsten Wörterbücher; denn offen gestanden, ohne Einmischung gleich welcher denkfähigen Instanz hat doch die Sprache selbst immer noch am meisten mitzuteilen.

»Weißt du noch, was du sagen wolltest?« fragt mich meine Frau in solchen Momenten; denn ich neige dazu, abzuschweifen und einfach draufloszureden. »Du wolltest doch eine Tür aufmachen, du hast doch jemanden hereingelassen?«

Da ist sie wieder, die Sprache. Wir sagen »hablar más que una urraca«, drauflosreden wie eine Elster. Dann schlage ich in *Van Goor's Handwoordenboek Spaans* nach und sehe urraca = ekster. Dahinter steht dann ›doorslaan als een blinde vink‹! Wie verwandelt sich diese Elster nun zwischen Spanien und den Niederlanden in einen Fink? Aber es ist kein richtiger Fink, es ist ein blinder Fink, und das ist kein Vogel, das ist etwas zum essen. Nun ist es nicht so, daß die Niederländer Finken essen, denn das ist nicht erlaubt. Es ist eine Fleischrolle mit Gehacktem darin. Womöglich gibt es auch blinde Finken, die drauflosreden, doch soweit bin ich noch nicht. Ich muß meinen Schatten hereinlassen.

Zwei Wörterbücher habe ich immer bei mir, wenn ich im August hier einziehe, den *Diccionario de la Lengua Española* und den *New Webster's Encyclopedic Dictionary of the English Language*. Wenn mir das schwarze Loch der Wandtafel einflüstert, daß jede

Idee von Bedeutung aus meiner Geschichte verschwunden ist und daß, wenn ich nur lange genug ins Leere starre, auf der schiefernen Oberfläche der Tafel eine Geschichte erscheine, die, könnte ich sie in Worte fassen, von allen als Meisterwerk erkannt würde, in solchen Augenblicken der *absentia* und einer gar nicht zu meinem Charakter passenden Verzweiflung schlage ich den Webster auf. Das mit dem Hereinlassen war ein ziemlich umständlicher Vergleich, aber für mich ist, jedenfalls wenn ich allein bin und mir einen spielerischen Augenblick gestatte, Noah Webster eine Person. Jetzt geht etwas zu Bruch, mein treuer Freund weiß nichts über ›illusionists‹ zu berichten, jedenfalls nicht über meine. Kai und Lucia stehen nicht drin! Was drinsteht ist just das Gegenteil: *one given to illusion*. Falsch! Das ist nun gerade der Leser, ich meine der Zuschauer. Der Illusionist steht auf der Bühne und gibt, der Zuschauer wird getäuscht oder will betrogen werden und empfängt. *To illude: the act of deceiving and imposing upon; illusion: deception, mockery, a deceptive appearance, an unreal vision presented to the bodily or mental eye*. Vom Täter keine Spur. Der taucht erst wieder bei Van Goor auf, und auch er hat über den Pyrenäen, genau wie die Elster und der Fink, eine Feder lassen müssen und ein l verloren.

Ilusionista, goochelaar, illusionist. Da hat er sein l wieder, aber mehr als ein Zauberkünstler ist er nicht, und obwohl das jemand ist, der die Sinne verzaubert, sind wir daran gewöhnt, daß er das mit Gegenständen macht wie mit Karten, Bällen, die durch die Luft fliegen und einer extremen, bogenförmigen Schwerkraft unterworfen sind, mit Taschentüchern, die einen ganz nahen Fluchtpunkt haben, und dergleichen mehr. Nein, in diesem Fall verstärken das Spanische und das Niederländische einander (wie sonst oft) nicht, obwohl es mir dann doch etwas gebracht hat, nämlich den fremdartigen, exotischen Klang des Wortes *goo-chel*, und den heimlichen Stolz, daß ich dieses ch mit meiner von den Mauren geerbten Kehle genauso hart aussprechen kann wie einer aus dem Norden.

Leute, die früher noch in ein echtes Theater oder in den Zirkus gingen, kennen einen solchen Akt bestimmt. In diesem Fall also stand Lucia mit verbundenen Augen auf der Bühne oder in der Manege und Kai bombardierte sie vom Publikum aus mit Fragen über die Person, vor der er gerade stand und von der sie untrüglich Name, Alter und äußere Kennzeichen vermelden konnte. Daß diese auch immer übereinstimmten mit den Daten in Paß oder Personalausweis, den Kai von der betreffenden Person bekommen hatte, war das Wunder, das in einem anderen Zeitalter oder, wie wir sehen werden, in weniger aufgeklärten Regionen das Publikum begeisterte.

Wie haben sie das angestellt? Ich selber komme aus einer Provinz, aus der das Übernatürliche wegen der Ausdehnung der Landschaften und der Einsamkeit der verlassenen Dörfer noch nicht ganz verschwunden ist, und am liebsten würde ich, wenn ich mir so etwas anschaue, ans Unerklärliche glauben und es dabei belassen. Man sollte dem Dunklen, zumindest in seinen weniger bedeutenden Erscheinungsformen, sein Dasein gönnen, weil es ein Teil von uns ist, so wie die Nacht ein Teil der Zeit ist, wenngleich nicht jeder dieser Vermischung von Kategorien zustimmen wird.

Ach was, es war eine Gabe, und obschon auch sie mit dem Schatten des Unerklärlichen durchwoben war, weiß ich genug über das geheimnisvolle und dennoch natürliche Gewebe aus Tonhöhe, Pause, Wortwechsel, Zögern, Einfügung und musikalischem Akzent, mit dem sie ihr Publikum immer wieder gewinnen und in Erstaunen versetzen konnten. Ich kann also behaupten, daß Kai und Lucia mit ihren Zuschauern ein raffiniertes Spiel spielten, ein Spiel, das, wie die Natur, eisernen Regeln unterworfen war. Für die Zuschauer waren solche Überlegungen nebensächlich. Sie spürten, daß sie es hier eher mit einem Menschen als mit zweien zu tun hatten, waren die beiden Erscheinungsformen auch noch so weit voneinander entfernt. Zwei in einer Person, zwei Hälften, die einander suchen, sich finden, womöglich eins werden, das ist schon seit Platons Gastmahl ein Wunschtraum, der hier auf die eine oder andere Weise sichtbar gemacht, zumindest aber angedeutet wurde, so daß Entzücken folgte; denn das war es, was sich auf den Gesichtern ausdrückte. Das scheinbar Besondere dieser Geschehnisse, die wie Schreiben und Politik (nicht jedoch Straßenbau) zum Teil auf simplen Tricks beruhen, hing mit den äußeren Besonderheiten von Lucia und Kai zusammen, so daß beide alles in allem ein großes Geschäft für den Zirkus waren.

Dem Zirkus selbst ging es weniger gut. Der Hauptgrund war die Rezession, ein Wort, das schon durch den ausländischen Klang etwas Albernes hat, weil es verhüllen soll, daß es den Leuten heute besser geht als je einer anderen Generation zuvor. Zudem war nun eine Zeit angebrochen, in der Dinge, die sich durch den Körper ausdrücken lassen, ohne die Einschaltung der Elektronik und im peinlichen Beisein anderer Körper, gewissermaßen ungültig wurden. Jede Gebärde sollte in möglichst vielen Wohnzimmern der Welt gleichzeitig gesehen werden, von Menschen, die in diesem Moment *nicht* dabei waren; und auf den natürlichen Klang der menschlichen Stimme reagierte man gereizt, als fehlte diesem Geräusch oder dem eigenen Gehör plötzlich, zum ersten Mal seit der Schöpfung, etwas Wesentliches, ein Mangel, der in den Jahrhunderten zuvor niemandem aufgefallen war.

Genausowenig wie man zu Hause noch Spiele machte oder, um es deutlicher auszudrücken, miteinander spielte, genausowenig ging man aus dem Haus, um sich das Spiel anderer Leute anzuschauen. Immer mehr Zirkusse mußten schließen, und die Clowns, Illusionisten und Bärenbändiger verschwanden im großen Nichts, wohin ihnen Korbflechter, Straßenschreiber, Schauspieler, Scherenschleifer, Erzähler, Falkner, Schausteller schon vorausgegangen waren. Longinus hat einmal anläßlich schwacher Stellen bei Herodotus und Theopompus (ein aufgeblasener Name, den ich selbst gern gehabt hätte) davor gewarnt, daß das Sublime leicht durch das Triviale verdorben werden könne; aber wie kann man ein derartiges Stilproblem in einer Geschichte lösen, deren Thema die Korrumpierung des Sublimen durch das Triviale ist? Wir werden sehen, wie das geht. Schließlich kann man, so Horaz, das noch nicht Veröffentlichte wieder vernichten, doch wenn die Wörter erst einmal ausgeschwärmt sind, kann man sie nicht wieder einfangen. Das war damals so und ist noch heute so. Es ist die Vorstellung von der Vollkommenheit, die mich beim Schreiben dieser Geschichte fortwährend behindert, weil ich vermute, daß heute niemand mehr daran glaubt, am wenigsten mein Verleger in León. Mit Gottes Tod, egal ob er existiert hat oder nicht, ist das Vorbild des Vollkommenen verschwunden. Danach hat die Kunst den nach Seinem Bild und Gleichnis geschaffenen Körper verrenkt, in Flächen aufgeteilt, durchlöchert und verzerrt. Es scheint, als könnten wir Vollkommenheit nicht mehr ertragen, nicht einmal mehr als Idee, weil sie uns wie ein zu oft geträumter Traum langweilt. Es ist heute leerer als sonst im Klassenzimmer.

Nachdem auch der Zirkus, bei dem Kai und Lucia auftraten, seine Zelte endgültig abgebrochen hatte, was für einige Zeitungen Anlaß war, Krokodilstränen zu vergießen, spielten sie noch eine Zeitlang in kleinen Theatern und Kulturzentren; eines Tages jedoch bekamen sie einen Brief ihres Managers aus Rotterdam, der sie einlud – aufforderte wäre ein passenderes Wort –, »einen wichtigen Plan«, wie er es nannte, mit ihm zu besprechen.

Es gibt Päpste, die wie Berufsbetrüger aussehen, und Huren, die dreinschauen, als hätten sie noch nichts von der Welt begriffen, der Impresario von Kai und Lucia aber, der Reier hieß, sah wie ein Impresario aus. Er rauchte dicke, schwarze, von einfachen Menschen in fernen Ländern handgerollte Zigarren, wodurch er immer halb dem Blick entzogen war. Das war auch besser so, denn er hatte eine fahle Haut, die schlaff um seinen großen Schädel hing, und Augen, die im Gegensatz zu denen echter Raubtiere ihrer Beute auswichen. Seine Beute war immer derjenige, der vor ihm saß.

In einem Interview äußerte er einmal, ein jeder Mensch sei ersetzbar, einschließlich seiner eigenen Frau, es war ihm ernst. Nur sich selbst nahm er von dieser Regel aus. Kais und Lucias Nummer brachte ihm kaum etwas ein, und die Hoffnung, seinen massigen Leib einmal in Lucias Körper zu pressen, hatte er, und sei es nur aus Faulheit, schon lange aufgegeben. Solange er aber noch der Ansicht war, auch nur einen Gulden an den beiden verdienen zu können, ließ er sie nicht los.

Dummköpfe, dachte er, während er auf die Stühle vor seinem Schreibtisch wies. Sie fühlten sich unsicher wie stets, wenn sie nicht zu zweit allein oder bei Freunden oder inmitten einer Menschenmenge waren.

»Leute«, sagte Reier durch seine finstere Wolke hindurch, »wir wollen ehrlich miteinander sein. Was ihr macht, ist ein Meisterwerk, es ist rund, hat Klasse, niemand sonst kann es. Ihr seid noch jung, und ihr seid schön (zu schön, dachte er), ich habe schon mit euren Eltern gearbeitet, ihr beherrscht das Fach aus dem Effeff, aber das Fach ist das Fach nicht mehr. Was ihr macht, ist zwar etwas Besonderes, aber klein. Und das wollen die meisten Leute nicht mehr. Sie kriegen im Fernsehen täglich das Beste der Welt zu sehen und heben den Arsch nicht mehr, um aus dem Haus zu gehen. Daheim können sie rauchen, trinken, sie können tun, was auch immer sie wollen, und kriegen die schönsten Shows aus Las Vegas noch dazu serviert. Nur noch für Sex kommen sie aus ihren Löchern oder wenn's unglaublich viel Knete kostet, denn das heißt Prestige. Sexshows, darüber sprachen wir schon mal, wollt ihr nicht.« Er sabberte bei dem Gedanken an Lucia mit drei alten Kerlen in Mönchskutten oder Kai im Schlammbad mit einer dikken Negerin, aber das war nicht drin, und zusammen konnte man sie so schon gar nicht bringen, weil dann das wesentliche Element solcher Darbietungen, die Demütigung, von vornherein ausgeschlossen wäre.

»Was ich euch zu sagen habe, ist unangenehm. Un-an-ge-nehm.«

Er sagte es noch einmal. Zuerst einen ordentlichen Schreck einjagen und dann zuschlagen.
»Ich sehe keine andere Lösung, es sei denn...«
Er stand auf, ging zum Fenster und blickte über Rotterdam. Was für eine Stadt, dachte er voller Bewunderung.
Lucia rückte etwas näher an Kai heran, der ihr den Arm um die Schulter legte.
»Es sei denn, was –?« sagte Kai wie einer, der vor nichts zurückschreckt.
Natürlich schnappt der Trottel zuerst nach der Wurst, dachte Reier.
»Es sei denn, ihr wollt im Süden arbeiten«, antwortete der Rükken des blauen Nylonanzugs am Fenster. »Ich sage es so, wie es ist.«
Dieser Zusatz war nicht überflüssig, denn in ihrem Fach war »im Süden arbeiten« gleichbedeutend mit: abgeschrieben für immer. »Der arbeitet jetzt im Süden«, die einzige Antwort, die man danach noch erhielt, war die Todesnachricht, sofern sie ankam.
»Ich befürchte, daß ich sonst nichts mehr für euch tun kann.«
Schneller, als man es von einem so großen Körper erwartet hätte, drehte er sich um, stand schon hinter ihnen, umfaßte sie mit seinen Bärenarmen und flüsterte:
»Es tut mir leid, Leute, es tut mir so entsetzlich leid, wir haben immer so gut zusammengearbeitet, aber ich kann es nicht ändern. Entweder das oder gar nichts. Die Verhältnisse sind gegen uns, es ist die Zeit.«
Es war, als schwanke er unter dem Schlag, den er austeilte, aber er hielt sich auf den Beinen, indem er Lucia besonders kräftig umfaßte.
Oh, was für ein Weibsbild, dachte er und sagte: »Wißt ihr, wer in der letzten Zeit alles in den Süden gegangen ist?«, und bevor sie antworten konnten, zählte er die Namen von Clowns, Gauklern, Bauchrednern und Jongleuren auf, deren vergilbte Porträts noch im Gang zu seinem Büro hingen und die den sicheren Norden

ihrer früheren Erfolge verlassen hatten und nun irgendwo weit im Innern dieses fremden Landesteils in Theatern mit schmutzigen Garderoben auftraten, deren Namen nicht eine der im Norden erscheinenden Tageszeitungen je erwähnen würde.
Lucia senkte den Kopf, ein goldener Regen. Reier spürte eine Träne auf seiner Hand, und die kühle Winzigkeit dieses nur aus einem Wassertropfen bestehenden Leids brannte so auf seiner Haut, daß selbst er begriff, er müsse sie loslassen. Das Fenster, dachte er, ist wahrscheinlich doch der beste Ort.
Kai blickte auf ein Zirkusplakat aus dem vorigen Jahrhundert, auf dem die Menagère Schmidt, die größte Europas, den Auftritt des »schrecklichen Asiatischen Löwen zusammen mit der blutrünstigen Hyäne und dem Riesigen Elephanten, Miss Fanny, 130 Jahre alt« ankündigte.
»Würden wir im Zirkus auftreten?« fragte er.
Reier drehte sich um, doch diesmal nicht so schnell; denn er wußte, daß er sie im Griff hatte.
»In Zelten und Theatern«, sagte er. Er legte seine Zigarre, nun auf einmal ein großer nasser Gegenstand, auf den Schreibtisch und erwiderte: »Es heißt entweder-oder. Hier kann ich nicht mehr viel für euch tun. Ich kann euch noch mal ans Fernsehen verkaufen, davon könntet ihr noch eine Zeitlang leben, dann aber ist's endgültig Schluß, Sense. Es liegt an euch. Einige meiner Leute stellen eine Art Tournee zusammen, die in Dachfart anfängt, und zwar schon bald. Dachfart liegt im Bergland, direkt hinter den Pässen. Richtung Süden«, und er zeigte auf die Landkarte, die hinter seinem Schreibtisch hing und auf der das verquere, viel zu große Gewächs des unendlich erscheinenden Südens wie eine gigantische, überreife Frucht an dem zerbrechlichen Korridor hing, der bei Limburg begann und bis zu den Bergen reichte und der, was immer die Nord-Niederländer in ihrem lokalen Wahn behaupten mögen, einen unveräußerlichen Teil des Königreiches bildet.
Auch die Geschichte ist bisweilen krank, und den Verlauf solcher

Krankheiten kann man am besten in historischen Atlanten verfolgen, auf deren Karten die Länder mit Farben und gestrichelten Linien über ihre früheren Grenzen hinauswuchern, zerbrechen, sich aus- und einstülpen, auseinanderfallen, schrumpfen und kleiner werden. Nein, das Königreich der Niederlande bot keinen sehr schönen Anblick, es schien, als hätte jemand den schmalen Hals des Landes an Maas und Rhein im Würgegriff gehabt und in blinder Wut hin- und hergeschüttelt, wodurch der Landstrich unterhalb der Faust durch einen gigantischen Bluterguß aufgeschwollen war, bis er schließlich wie ein dummer, weiter Sack herabhing, ein Sack voll finsterer, leerer und zweifellos gefährlicher Regionen, deren Provinzgrenzen willkürlich festgelegt schienen. Der Sack fing irgendwo nordöstlich von Locarno an und war anscheinend recht brutal auf das wehrlose Albanien geknallt worden, so daß das Südende des Königreichs wie ein Sammelsurium aus schlotternden, gekräuselten, ausgefransten Lumpen aussah. Wer ihn lange genug anschaute, fing ganz von allein an, seinen *endinvers* zu beten, wie man im Süden sagt. Aber noch waren sie nicht dort.

»Es reizt mich nicht«, sagte Kai.

»Nun ja, dich reizt es nicht.« Reier hatte sich auf die Sessellehne gesetzt und zündete die Zigarre wieder an. Das liebte er, diese Mischung aus toter Asche und eigenem, kaltgewordenem Speichel. Der Rauch war jetzt schwärzer und kündigte neues Unheil an. »Ich kann's auch anders sagen: Dich reizt es nicht, und hier tut sich nichts. Dort ist alles neu, es ist Neuland für euch. Niemand kennt euch da.«

»Niemand wohnt dort.«

»Das darf ein Artist nie sagen. Da wohnen Menschen. Menschen sind Publikum. Vielleicht sind die Leute dort anders als wir, aber es sind Niederländer, und sie sprechen dieselbe Sprache oder verstehen sie zumindest. Ihr habt dort Zutritt. Ihr dürft dort arbeiten. Und übrigens, wenn die Königin hingeht, könnt ihr auch hingehen.«

Das war richtig. Der Anblick ihrer Königin mit einer ihrer oft übermäßig großen Kopfbedeckungen – als wäre die nie getragene Krone aus Edelmetall in Textil oder feingeflochtenes Stroh verwandelt und somit berechtigt, sich nach allen Seiten auszudehnen – inmitten tanzender und lauthals singender Bewohner des Südens hatte bei den Nördlichen ein leichtes Schamgefühl verursacht, Scham über die unbekümmerte Freude, an der man eigentlich, wäre sie einem noch beschieden, gern teilhaben würde. Und obwohl derartige Ausflüge nicht oft stattfanden, das Staatsoberhaupt schien sie außerordentlich zu genießen, als sei das, was ihr dort begegnete, der Inbegriff des Untertans, die natürliche Legitimation ihrer eigenen, auf die Spitze getriebenen Existenz. Daß der etwas bedrückt wirkende, in sich gekehrte Mann an ihrer Seite ihre Ekstase nicht teilen konnte, schien sie nicht zu bekümmern. Sie war durch ihre merkwürdige, ererbte Funktion zu einer ziemlich mystischen Einheit mit ihrem Volk berufen, und was immer dazu zu sagen wäre, ein Volk war es.
»Ich schicke euch nach Dachfart«, sagte Reier, »Anhovet, Doremenen, Touchtlake, Barech, Slaec.« Die für einen Nördlichen doch noch exotischen Namen gingen ihm leicht über die Lippen. »Kleinstädte, aber Städte mit Theater. Und ein Theater«, sagte er tautologisch, »ist ein Theater, egal, wo es ist. Oder willst du lieber im Büro arbeiten?«
Lucia schlug die Hände zusammen. Wären sie nicht von der Natur geschaffen, sondern von Ghiberti in Bronze gegossen worden, sie hätten bei Sotheby's Millionen erbracht. Sie seufzte. Artisten leben in einer verkehrten Welt, und für sie bedeutet eine Welt, in der man sich nicht verkleiden darf und also ständig man selbst sein muß, was auch immer das bedeutet, die erste Stufe der Hölle.
»Ich hab keine Lust«, sagte Kai. »Es ist vielleicht besser, wenn wir mal mit einem anderen reden, wenn Sie nichts mehr für uns tun können. Ich hab einen Freund, der für das Unterhaltungsprogramm der Armee arbeitet...«

»Und die schickt euch auch in den Süden. Wenn die euch überhaupt haben will, denn im Moment arbeiten die nur noch mit Filmen. Und übrigens, würdest du gern mit ihr vor einem Rudel ausgehungerter Wölfe auftreten, die sich dort zu Tode langweilen? Dort gibt's mehr Soldaten als hier.«
Auch das war richtig. Die Südliche Unabhängigkeitsbewegung hatte bereits etlichen Militärpolizisten und Verwaltungsbeamten das Leben gekostet. Eine richtige Volksbewegung war sie zwar noch nicht, aber die Polizei allein wurde längst nicht mehr mit ihr fertig, schon gar nicht, seit eine nachsichtige Regierung dem Süden eigene Polizeieinheiten zugestanden hatte, deren Mannschaften sich hauptsächlich aus Südlichen rekrutierte. Eine neue Regierung, durch zunehmende Gewalttaten beunruhigt, hatte die Armee eingesetzt, die mehr oder weniger widerwillig ihre Aufgabe erfüllte. Über jedes militärische Opfer wurde im Norden ausführlich berichtet, was dazu führte, daß laut Umfragen der größte Teil der nördlichen Bevölkerung die unrentablen südlichen Provinzen lieber heute als morgen los gewesen wäre.
»Wenn wir von dort zurückkommen«, sagte Kai, »sofern wir überhaupt wiederkommen, hat man uns vergessen.«
»Ist es schön dort?« fragte Lucia. Die Vorstellung von schön im Zusammenhang mit den Südlichen Niederlanden war eigenartig. So wie die Südlichen den Norden flach, grau und windig fanden, so fanden die Starren, wie die Menschen hinter den Pässen genannt wurden, den Süden desolat, wild und bösartig. Und die Einwohner zurückgeblieben, das versteht sich von selbst. Wenn man dort nichts zu tun hatte, ging man nicht hin.
»Schön«, sagte Reier und dachte an ranziges Fett, staubige Straßen und den eisigen Wind, der einem winters den Atem verschlug, »was heißt schön? Das ist für jeden anders. Du bist eine Träumerin, und du hast ein hartes Fach in einer harten Welt gewählt. Aber ihr verdient euer Brot damit. Schön... der Süden ist bergig, und ich mag keine Berge. Aber Theater sind schön, und da gibt es noch Theater. Und für Leute, die noch ein biß-

chen Abenteuerlust im Blut haben, ist es eine grandiose Erfahrung.«
Kai stand auf.
»Wir werden es uns überlegen«, sagte er.
Als die beiden aus dem Zimmer waren, wählte Reier eine lange Telefonnummer. Es wurde abgenommen. »Es ist in Ordnung«, sagte Reier, »sie kommen.«
Er artikulierte die Wörter sehr langsam, als spreche er mit einem Schwerhörigen oder einem ganz kleinen Kind.

6

Camino, carretera, Weg, Straße, Piste. Es hat mich immer fasziniert, daß im Niederländischen das Wort »weg« auch abwesend bedeutet. *El camino* ist im Spanischen einfach die Straße, aber auch die Reise. Nun ist die Reise per definitionem auch die Abwesenheit von dem Ort, der den Ausgangspunkt der Reise bildet, aber die rücksichtslose Direktheit von ›weg‹ fehlt. Über Weg in allen Bedeutungen des Wortes habe ich von Berufs wegen natürlich oft philosophiert; denn ob es nun via, carretera, camino, weg oder Straße heißt, hinter diesem Wort stehen in jedem ordentlichen Wörterbuch immer eine lange Reihe idiomatischer und allegorischer Redewendungen, die zum Nachdenken anregen, vor allem wenn das Leben, so wie meines, aus Straßen besteht und zum größten Teil auf Straßen verbracht wird. Die Vorstellung, daß nahezu alle Straßen zwischen Delft, Zaragoza, Isfahan und Peking miteinander verbunden sind, eröffnet derart schwindelerregende, labyrinthische Perspektiven, daß es mich beinahe nicht mehr auf der Schulbank hält. Doch es geht nicht um mich; ich ziehe mich – fürwahr mit einem Seufzer – aus diesen Zeilen zurück, denn über Straßen wird im allgemeinen nicht genug nachgedacht.

Dies ist für Kai und Lucia ein wichtiger Tag. Die Uhr des Schicksals ist aufgezogen und wird bis ans Ende ihrer Geschichte im abgemessenen und berechneten Takt weiterticken, der, wie manch einer glaubt, sogar fortdauern wird, wenn wir nicht mehr da sind, um wahrzunehmen, daß die Zeit existiert.

Sie sind abgereist, sind schon ein paar Tage unterwegs und nun in der Nähe der Berge, die die Straße anheben und an sich ziehen. Das spürt man, wenn man in einem kleinen Auto sitzt; man hat das Reiseziel nicht länger vor sich, sondern über sich und bei Haarnadelkurven manchmal hinter sich. Das kann Verwirrung stiften und, wie bei Kai und Lucia, Angst. Grund zur Angst gab es genug. Für jemanden, der aus dem Flachland kommt, wo alles

übersichtlich ist, stehen die Berge zwischen ihm oder ihr und der Aussicht. Das, was die Aussicht behindert, wird zur Aussicht, und das ist beklemmend. Außerdem war es Herbst, trübe und kalt. Nebelschwaden zogen drohend an steilen Felswänden entlang, die Baumgrenze, das letzte Band mit dem Vertrauten, lag schon unter ihnen, sie fuhren durch Felsen, Steinhaufen, Türme, Mauern und Schwerter aus Stein. Sie versuchten sich gegenseitig mit leichtem Geplauder, kleinen Gebärden oder Berührungen aufzuheitern, je mehr aber die Leere in der Landschaft zunahm, desto stiller wurde es im Auto. Dörfer tauchten kaum mehr auf; die vereinzelten Häuser, die es noch gab, waren anders gebaut; was noch wuchs, schien den harten, bösartigen Charakter der Landschaft angenommen zu haben. An diesem Abend würden sie den Paß erreichen, wo die Bundesgrenze das Vaterland in seine zwei so ungleichen Teile brach.
»Hier wird es später dunkel«, sagte Kai, doch Lucia reagierte nicht.
Die Sonne war ein weißlicher, greller Fleck zwischen den schmutzigen Wolken, und nach einer weiteren endlosen Kurve ähnelte das Gebirge, das sich ihnen am Ende der Straße in den Weg stellte, der unteren Hälfte eines monströsen Gebisses, ungeheure Zähne mit der Schneide von steinernen, prähistorischen Beilen. Undenkbar, daß die Straße da hindurch führen sollte. Als das letzte Licht dramatisch mit violetten und blutroten Fetzen irgendwo hinter diesem Kiefer verschwunden war, dachten sie beide, sprachen es aber nicht aus, daß in der Dunkelheit noch so eine unsichtbare Reihe von Zähnen, nur umgekehrt, bereit hing, um zuzuklappen und alles, was sich bewegte, in diesem Rachen zu zermalmen. Sie rückten enger zusammen. Gegenverkehr gab es kaum, und wenn doch einmal ein Auto an ihnen vorbeifuhr, das sein Nahen schon lange zuvor durch einen in der Ferne herumirrenden, von allen Seiten aufsprühenden Lichtschein angekündigt hatte, schien es, als sei die Welt danach noch dunkler und unheimlicher.

Erst nach langer Zeit sahen sie ein paar stillstehende Lichter, gelb und fahl. Das ist der letzte Augenblick, in dem wir noch umkehren können, dachte Lucia, aber auch das sprach sie nicht aus. Das Dorf, in das sie jetzt hineinfuhren, lag verlassen da. Die Leute waren tot, weg oder schlafen gegangen. Sie hielten vor der anscheinend einzigen Herberge. In einer Ecke der Gaststube saßen ein paar Männer und spielten Karten. Ihre Blicke folgten Lucia durch den Raum, und sie hatte das Gefühl, als nagten sie an ihr. Das einzig Vertraute war die Reklame für Heineken und Bols; alles andere, die Stimmen, die Möbel, selbst die Farbe des Lichts war ihnen fremd, als wollte die Gegend, in die sie am nächsten Tag fahren sollten, sich ihnen schon jetzt verweigern oder sie warnen – auch das wäre denkbar.

Das Zimmer war klein und kalt, das Bettzeug sah benutzt aus, an der Wand hing ein lächerliches Bild, das ein Mädchen auf einem Rentier zeigte. Verloren stand Lucia am Fenster und schaute hinaus. Man konnte nichts mehr sehen, dennoch fühlte sie die Anwesenheit der unsichtbaren Berge.

»Ich hab Angst«, sagte sie, aber es war schlimmer als das, nicht bloß ein Gefühl überwältigte sie, sondern ein Zustand, der ihren ganzen Körper ergriff, so daß alles an ihr, Augen, Haut, Füße, zu Angst wurde, Angst, die nur vertrieben werden konnte, wenn sie jetzt sofort umkehrte, die Treppe hinunterrannte, durch die Gaststube, wo ihr die Männer den Weg versperren würden, hinaus, ins Auto, weg, zurück zur niederen, flachen Welt, die sie nie hätte verlassen sollen.

»Du bist müde«, erwiderte Kai, »morgen sieht alles anders aus.« Doch als sie nach einer unruhigen Nacht erwachten, in der plötzlich ein heftiger Wind aufgekommen war und am Fenster rüttelte wie ein Mann, der hereinwollte, und, zu allem Überfluß, dachte Lucia, ein geiles Gelächter vor der Tür erschallte, hatte sich nichts geändert.

Kai stand zuerst auf. Er hatte geträumt, einen Glassplitter oder ein unendlich kleines scharfes Stück Eis ins Auge bekommen zu haben, und beim Aufwachen hatte er gemeint, daß darum ein Schleier über allem lag. Er öffnete die dünnen, zerschlissenen Vorhänge und sah, daß es nicht stimmte. Der Schleier war das Tageslicht. Eine grau-schlammige Farbe lag über allem, über Häusern und Bergen, Morast, der zähflüssig an Häusern und Autos herablief und der, so dachte er, wenn man ihn berührt hatte, ewig haften bliebe.

7

Angst und Widerwille, fand Kai, und da täuschte er sich, sind Elemente, denen man sich nicht ausliefern soll. Liefert man sich ihnen nicht aus, verstellt man sich und richtet oft größeres Unheil an, als wenn man sich der Angst beugt; aber um das zu wissen, war er noch zu jung oder einfach zu dumm. Ich wollte das eigentlich nicht aufschreiben, nun aber steht es da. Zuweilen rede ich so in mich hinein, muß denn das unbedingt immer wieder hinaus? Ich habe Kai schließlich ausgedacht, denn wer sonst entscheidet wohl, daß er jetzt auf Zehenspitzen – um Lucia nicht aufzuwecken – durchs Zimmer schleicht, um hinunterzugehen. Er schließt leise die Tür hinter sich.
Der Wirt war gesprächiger als am Abend zuvor und erkundigte sich nach dem Ziel der Reise. Kai erzählte, daß sie auf der anderen Seite der Grenze auftreten wollten, ein Wort, das er erläutern mußte. Nachdem das geschehen war, riet ihm der Wirt dringend umzukehren.
»Das ist nichts für euch, Junge, und schon gar nicht mit ihr. Ich selber komme nicht aus dem Norden, aber ich kann dir sagen, daß auf der anderen Seite der Dschungel ist. Es sind eben Wilde, man ist sich seines Lebens nicht sicher. Hier halten manchmal Leute an, nun ja, ich muß sie einlassen, ich lebe davon, aber dann schlafe ich nachts mit dem Messer unterm Kopfkissen. Ihr seid gewohnt, die Polizei zu rufen, wenn was los ist, tja, hier kommt die Grenzpolizei, schau sie dir gut an, dann weißt du Bescheid.«
Komisch, dachte Kai, daß das, was vertrauenerweckend an diesen Leuten sein sollte, sie so zum Fürchten machte. Ihre Uniform war entweder zu groß oder zu klein, sie war ja ungepflegt, schmutzig, doch das war nicht das Schlimmste. Die Köpfe der Männer, die er von vorn oder im Profil sah, glichen Bildern aus der Verbrecherkartei, und der eigenartige Gegensatz zwischen Physiognomie und Uniform verdoppelte den furchterregenden Effekt, der zu-

dem durch den großen, altmodischen Revolver verstärkt wurde, der locker im Halfter hing.
»Was sind das für Leute?«
»Das sind die Grenzwächter. Die gehören auf die andere Seite. Ich seh sie hier lieber von hinten, aber die kommen einmal am Tag zum Essen her.«
»Grenzpolizei? Aber wenn es *ein* Land ist, braucht man doch keine Grenze?«
»Das sollte man meinen. Und doch ist es die einzige Möglichkeit, im Auge zu behalten, was sich von Süden nach Norden bewegt. Artisten kommen nicht oft hierher. Vielleicht fahren die durch oder fliegen, doch die meisten Reisenden machen hier halt, wenn auch nur kurz; denn es ist die letzte Ortschaft vor der Grenze, und auf der anderen Seite ist es nicht so lustig.«
Er winkte Kai näher an sein unrasiertes Gesicht heran. »Wenn du je in Schwierigkeiten bist, geh nur im äußersten Fall zu diesen Leuten. Es kostet dich Geld, und meistens sind sie selber die Ursache von allem Bösen.«
Kai beschloß, Lucia von alldem nichts zu erzählen. Als er ins Zimmer zurückkam, sah er, daß sie sich unter der Bettdecke verkrochen hatte. Vorsichtig schlug er die fahlen Tücher zurück und war wie immer von ihrer Schönheit gerührt. Das goldene Haar lag wie ein feuriger Lichtschein auf dem schmuddeligen Kissen. Er wollte sie streicheln, doch sie hatte sich in ihren Kummer eingeschlossen; ihr Körper reagierte, als gehörte er einer anderen Person, und ihre Augen waren trüb, als hätte sie geweint, seit er hinausgegangen war. Er tat, als sähe er das alles nicht, summte vor sich hin, ging federnden Schrittes wie einer, dem große Abenteuer bevorstehen, zum Fenster und blickte auf das kalte, offene Stück Straße, das zur Grenze führte.

8

Wer nie aus einer Laune heraus oder weil es sein mußte eine Reise zum südlichsten Zipfel der Niederlande unternommen hat, kann sich die Erschütterung nicht vorstellen, die die meisten Nord-Niederländer erfahren, wenn sie zum ersten Mal durch den *Zwitraht*-Paß fahren, den ersten der Hohen Pässe. Auch diejenigen, die immer über die zähe Glanzlosigkeit des Sumpfdeltas schimpfen, haben hier den Eindruck, daß ihre Welt entzweigebrochen wird. Da standen sie also. Im Zollamt hing zwar noch das Porträt der Königin an der Wand, auf dem sie stehend zu sehen war, mit Orden behangen und ohne das sonst übliche Lächeln; eher mit einem Anflug von Verwunderung, als fragte sie sich, warum sie so allein mitten in diesem Raum stehen muß, neben dem befrackten blonden Mann, der den Anschein erweckte, als sei er nur eben gekommen, um mitzuteilen, daß der Wein ausgegangen sei. Vielleicht lachte sie auch deshalb nicht, weil sie ihre Unschuld daran bekunden wollte, daß ihre sonderbaren Vorväter es auf sich genommen hatten, auch noch über die unbarmherzige Wüstenei zu regieren, die sich auf der anderen Seite des Schlagbaums auftat. Das Gebäude selbst war eine baufällige, farblose Baracke. Einer der Männer, den Kai am Morgen in der Herberge gesehen hatte, kam heraus. »Steig mal aus«, sagte er zu Lucia.
»Warum?« fragte Kai, »hier sind die Papiere. Überhaupt, wir bleiben doch im Land.«
Der Mann beachtete ihn nicht und schlug an das Auto. »Beeilung.«
Lucia stieg aus und ging hinter dem Mann her ins Haus. Sie verschwanden in einem Raum. Dort zog er sie an sich, fuhr ihr mit seinen großen Händen über die Brüste und zwischen die Beine, setzte sich dann auf einen Stuhl und lehnte sich zurück.
»Was soll das?« fragte Lucia.
»Durchsuchung«, sagte er munter.
»Ich möchte eine Beschwerde einreichen.«

»Beschwerden in dreifacher Ausfertigung beim Wachhabenden. Vielleicht meint der, daß ich's nicht gründlich genug gemacht habe. Es geht auch anders. Dafür haben wir eine Dame.« Er erhob sich langsam.
In diesem Augenblick stürmte Kai ins Zimmer, einen der anderen Polizisten am Arm mitzerrend.
»Oh«, sagte der erste, »warum haben wir es denn so eilig? Schon gut, du kommst gerade recht. Paß, Autopapiere.«
»Was ist hier vorgefallen?«
»Papiere!«
»Gib sie ihm«, sagte Lucia leise.
»Sehr vernünftig; du hast eine vernünftige Frau. So, das macht zweihundert Gulden.«
»Wofür?«
Die Polizisten blickten sich erstaunt an.
»Was die immer alles wissen wollen, he?« sagte der Mann, der Lucia abgetastet hatte.
»Zweihundert Gulden. Sonst kannst du hier noch 'ne Weile warten.«
Kai nahm seine Brieftasche und zog die Scheine heraus.
»Die kriegst du zurück, wenn du hier wieder vorbeikommst. Falls du hier wieder vorbeikommst.«
»Ich möchte einen Beleg.«
»Übermorgen.«
Lucia streckte Kai die Hand entgegen. Er nahm seinen Paß vom Schreibtisch, in den keiner einen Blick geworfen hatte, und steckte ihn ein. Langsam gingen sie hinaus.
»Sehr vernünftige Leute«, hörten sie die beiden sagen, bevor die Tür hinter ihnen zufiel. Schweigend saßen sie im Auto. Der Schlagbaum wurde geöffnet, und ohne die grinsenden Gesichter hinter dem Fenster zu beachten, fuhren sie in die Südlichen Niederlande hinein.

9

Vor dem Hintergrund einer Landschaft und einer Stimmung werden sich jetzt in schnellem Tempo drei Dinge ereignen. Die Landschaft auf der anderen Seite des Passes ist gnadenlos. Demetrios sagt in seinem Essay über den Stil: »An so einem Ort könnten viele ähnliche Beispiele für Charme angeführt werden.« Und das trifft natürlich auch auf den negativen Charme der Häßlichkeit zu. Die Versuchung ist groß, an dieser Stelle den niederschmetternden Anblick des Felsengebirges nochmals ausführlich zu erörtern, vor allem, wenn man das gern tut, doch ich bleibe bei gnadenlos und bei der Stimmung, die diese Landschaft bei Kai und Lucia hervorruft.

Sie nehmen die von der Straße abverlangten Kurven, Kai wird es schlecht, und so müssen sie anhalten. Sie halten am Rande eines Abgrundes, und sobald er ausgestiegen ist, weht der eisige Wind ihm eine Winzigkeit Staub, Grus oder Glas ins Auge, genau wie es ihm der Traum vorhergesagt hat. Im Rückspiegel versucht er zu sehen, was es ist. Wer etwas ins Auge bekommt, kann sich selbst nicht gut sehen; er blickt durch einen wäßrigen Fleck und sieht im Spiegel jemanden mit einem anderen Auge als dem gewohnten, oder er sieht sein Auge vielleicht zum ersten Mal. Ein Mensch betrachtet, so glaube ich, mit seinen Augen vor allem sein Gesicht und nicht seine Augen, denen weicht er aus, obgleich er sie sieht. Wird man, wie Kai jetzt, gezwungen, es von ganz nah doch zu tun, dann sieht man das sonderbare, einzelne Ding, das ein Auge ist, mit dem rötlichen Schleier von Blut, und das macht angst. Doch es ist hier noch viel schlimmer: Wenn das, womit man sieht, anders geworden ist, dann wird vielleicht alles anders, und man selbst wird ein anderer. Dergleichen geschieht mit Kai. Ist er nun plötzlich ein anderer? Nein, natürlich nicht. Ins Ganze, das er ist, wurde eine Kerbe eingeschnitten, ein *quél* wird es später jemand in einem Schloß im Süden nennen, und wie das mit Verletzungen ist, auch wenn sie noch so geringfügig sind, ein Teil dessen, der man ist, verschwindet darin. Kurz darauf nimmt er eine Kurve zu weit und fährt gegen die Felswand, wodurch der linke Kotflügel derart in den Reifen gedrückt wird, daß sie nicht weiterfahren können. Jetzt stehen sie da in der stillen Landschaft. Erst nach langer Zeit hören sie Motorengeräusch, können jedoch nicht abschätzen, aus welcher Richtung es kommt. Sie haben sich an die Straße gestellt, um das Auto anzuhalten. Das Geräusch verschwindet hinter den Felswänden, taucht wieder auf, verschwindet dann wieder und kommt lauter zurück.

Schließlich erscheint ein großer schwarzer Tatra, das tschechische Auto, das noch am ehesten einem Tier gleicht, der einzige Wagen mit Rückenflosse, ein Raubtier. Er hält nicht an, doch in der Sekunde des Vorbeifahrens sehen sie das weiße, eiskalte, scharfe Profil einer Frau. Wie aus Eis, denkt Lucia, und das Bild stimmt. Nicht nur das; es gehört, wie das Vorbeifahren des Autos, zur natürlichen Ordnung. Hier verläuft alles so. Sie werden ihren ersten Auftritt in Dachfart verpassen, und auch das muß so sein.

Ein anderes Auto kommt näher, in dem drei Grenzpolizisten sitzen. Es sind andere, und sie sind neugierig; sie wollen alles sehen, Koffer, Papiere. Einer hält Lucias Glitterkleid vor seine Uniform und macht einen Tanzschritt, und das ist vor dem Hintergrund der kahlen Berge lustig.

Der zweite sagt nichts, läßt den Stoff durch seine Finger gleiten und schaut Lucia an, der dritte ist freundlich. Er will wissen, was sie machen, bittet um eine Vorführung. Das wird ihr erster Auftritt im Süden. Der Wind rüttelt an ihren Kleidern, die Kälte beißt. Der Grenzpolizist hat Kai ein graufarbenes Dokument gegeben, Kai hat Lucia die Augen verbunden, sie steht ziemlich weit von ihm entfernt und hat Angst, in die Schlucht zu stürzen. Auf Kais Gesicht liegt jetzt der Ausdruck tiefer Konzentration. Er blickt auf das Papier, streicht mit der linken Hand darüber, als wolle er es verzaubern, macht dann mit der rechten Hand die

gleichen kreisförmigen Bewegungen. Die Augen der drei Männer folgen ihm. Dann hebt er, beinahe heroisch, den Kopf. Aus dem Kosmos kommt eine Botschaft, die er mit seiner Geisteskraft Lucia mitteilen muß, denn nur sie kann sie entziffern.
»Bist du soweit?«
»Ja.«
»Spürst du die Kraft?«
»Ja.« Sie hebt eine leicht zitternde Hand in die Höhe.
»Was habe ich hier, Lucia, was habe ich hier?«
»Grau...«
»Ja.«
»Papier... ein Heft?«
»Ja?«
Die gehobene Stimme und der fragende Tonfall läßt sie zögern. Während diese Szene stattfindet und ich sie aufschreibe (so etwas geschieht gleichzeitig), frage ich mich, ob Semiologen sich schon einmal in die Codierungen des Illusionismus vertieft haben. Lucias goldenes Haar flattert um die Augenbinde. Sie sieht, daß die Männer nicht wissen, auf wen sie schauen sollen.
»Was steht darauf?«
»Eine Nummer.«
»Aus wieviel Ziffern besteht diese Nummer?« Es sind sieben.
»Aus... sieben Ziffern.«
»Und welche Nummer ist es?«
»Zwei... drei...«
»Zwei, drei... und dann?«
»Neun.«
»Gut.«
»Sechs.«
»Noch vier Zahlen.«
»Fünf.«
»Sehr gut.«
»Sieben, sechs.«
Beifall, unterstützt von einem Windstoß. Kai nimmt ihr die Au-

genbinde ab, und sie schüttelt ihr Haar. Sie strahlt. Ein Saal oder drei Männer auf einer Landstraße, das ist kein Unterschied. Sie hatte ihren Auftritt, sie hat die Umgebung um eine Winzigkeit verändert, sie hat etwas an dem Tag verrückt. Minimal, aber trotzdem. Jetzt ist sie glücklich wie ein Schriftsteller, der ein Märchen erzählt, ohne sich selbst dabei zu unterbrechen. All diese Dinge werden uns genommen; was bleibt, sind die Schatten früherer Visionen. Tiburón, schweig!
Die drei Männer biegen mit einer Eisenstange den Kotflügel vom Reifen weg, das ist ihre Zauberkunst. Gut eine Stunde später fahren sie – eskortiert vom Polizeiwagen – in Dachfart ein. Finstere Laubengänge, Hinweis-Schilder, auf denen Amsterdam steht, mit einer vierstelligen Zahl dahinter, und weitere unmögliche Namen, alte amerikanische Schlitten. Straßen voller Schlaglöcher. Aber auch etwas Anheimelndes, dachte Kai (vor allem, weil ich es will), Trauben von Männern in dämmrigen Kneipen, Obstkarren und schmorendes Fleisch über flackerndem Feuer. Als sie bei dem verfallenden Theater ankommen, sieht Lucia, er nicht, wie einer der Grenzwächter den anderen mit einem Kopfnicken auf den schwarzen Tatra aufmerksam macht, und wie der andere die Achseln zuckt. Sie denkt an das Gesicht der Frau und schaudert, als wären diese Frau und die Abendluft ein und dasselbe.

Der Direktor des Theaters schwitzt, das ganze Theater riecht nach Schweiß und Schminke. Das muß so sein, als Gegengewicht zu Fächer und Eau de Cologne. Für Kai und Lucia gibt es jetzt keine Berge mehr, keine Kälte und keinen Süden. Es gibt nur noch nervöse, durcheinanderrennende Leute in den Gängen hinter der Bühne, ganz oder halb geschminkte Gesichter, das Hin und Her von Witzen und Anspielungen, den tiefen Glanz falscher Juwelen, die Maske des Clowns und seine außergewöhnlichen Schuhe, das Stimmen der Instrumente. Nichts ist echt, also stimmt alles. Eine kleine Garderobe wird ihnen zugeteilt, das Wasser aus dem Hahn hat die Farbe verdünnten Blutes, benutzte Wattebäusche mit Wimperntusche liegen herum, der Spiegel hat einen Sprung und bricht ihr vollkommenes Bild. Was sie spüren, ist Erregung, alles andere ist unwichtig. Was sie hören – so wie ein Seemann in der Ferne das Meer hört –, ist das für andere unhörbare Summen des Publikums, ein lebendiges Tier, das sie fressen oder ausspeien wird. Das Kleid, das vor der Uniform des Wächters ein obszönes Fähnchen war, glitzert im trüben Licht; Kais Kostüm ist eine falsch verstandene Barock-Variation, sein Glanz hat einen Stich ins Violette, abgestimmt auf seine Haarfarbe; er pudert sich das Gesicht weiß und wird häßlicher, so daß er im Saal gleich schöner sein wird, eine perverse Form der Schönheit, die auf der eigenen Verneinung beruht, so wie jene Schauspieler der zwanziger Jahre, die zwar den Mund bewegten, aber keinen Laut hervorbrachten.

Es klopft an der Tür, es ist Zeit. Sie stellen sich in den Kulissen auf und sehen, wie der Clown, ein alter und dicker Mann, einen Ball aufzufangen versucht, den er hochgeworfen hat. Aber der Ball, der das Schicksal verkörpert, hat ein Eigenleben. Er ist der Gegner des Clowns. Er täuscht, weicht aus, entwischt, wirft den Clown um, der immer älter und niedergeschlagener wird und schließlich in einem letzten Versuch, die unwillige Welt zu beherrschen, unter dem lauten Gejohle des Publikums, der Länge nach hinfällt und langsam, jammernd und auf allen vieren davonkriecht, vorbei an Kais und Lucias Beinen, die nun auf die Bühne kommen. Es wird still, und das ist eine Stille, die sie kennen, die Stille des Publikums, das sich seiner eigenen Armseligkeit bewußt wird. Sie sind zu schön und haben nur wenige Minuten, um das wiedergutzumachen, Minuten, die den Unterschied zwischen Liebe und Haß bedeuten. Hinzu kommt, daß sie ein *Paar* sind. Ich mochte dieses niederländische Wort immer, das spanische ist zu lang. *Pareja* – wenn man es schön hart ausspricht, bindet es zwar, aber es nimmt nie so einen absoluten Ton an wie *Paar*. Das Paar ist die kleinste menschliche Vereinigung, die es gibt, und wird – weil es andere ausschließt – unerträglich. Es ist eine platonische Idee, und das ist in der Wirklichkeit nicht zu ertragen, schon gar nicht, wenn die Idee, wie bei Kai und Lucia, offenbar unverwundbar geworden ist, ohne Fehl auch sie.

Während die Stimme des Direktors hinter ihnen die Ansage macht, geht Kai in den Saal hinein. Die Stimme sagt: »Hören Sie gut zu! Wenn Sie etwas Geheimzuhaltendes bei sich haben, etwas Kompromittierendes, etwas, was kein anderer wissen oder sehen darf, verstecken Sie es, verstecken Sie es gut – denn jede Notiz, jedes Dokument, jeder Brief, den Kai berührt, kann von Lucia gesehen, buchstabiert und vorgelesen werden! Durch die magische Kraft, die er in ihr weckt, sieht sie alles, ausnahmslos!«

Kai weiß es schon: Es ist ein gutes Publikum. Es glaubt noch, ist noch nicht verdorben. Wie ein Pfau steht er zwischen den Reihen, sucht seine Opfer aus, sieht, wen er gebrauchen kann und wen nicht; seine Erscheinung, seine Nähe, sein nördlicher Akzent erregt die Anwesenden, die Blicke wandern von ihm zu der statuengleichen Frau auf der Bühne; eine blonde Frau im Licht, die sich sanft wiegt, als werde sie schon jetzt von geheimnisvollen Kräften bewegt, die hinter ihrem Schleier aus Finsternis die Namen und Zahlen aus dem Saal an sich zu ziehen scheint. Ist es ein Trick oder schickt er Zahl um Zahl, Buchstabe für Buchstabe durch die Luft, und – ein schrecklicher Gedanke – sehen die beiden Zauberer mehr als sie sagen, kennen sie auch die anderen, dunkleren Geheimnisse, die wir alle mit uns herumtragen? Hinten im Saal, in einer Loge, sitzt die Frau aus dem Tatra. Kai wird sie erst sehen, wenn er ganz nahe herankommt, wenn es zu spät ist. Sie sitzt nicht allein in der Loge.

»Nun los, warum schämst du dich denn – erzähl doch deine Geschichte!« Das sage ich zu mir selbst, hier in Zaragoza, oder besser gesagt, zu einem Teil von mir, dem Inspektor, der sich immer verantworten möchte. Als Illusionist wäre mir kein langes Leben beschieden! Wie ist es möglich, daß auch ich sehe, was sich dort hinten in der Loge abspielt? Dumme Frage, und zu spät. Wie ist es möglich, daß ich mitgegangen bin auf die Reise, gesehen habe, was nicht einmal Kai sah, daß der Grenzwächter Lucia demütigte, woher weiß ich, was sie denken? Es ist, als erklärte Kai seinem Publikum, wie er sein Spiel macht, und das ist die schlimmste Art der Publikumsbeschimpfung; sie widerspricht allen Regeln. So etwas untergräbt die Glaubensbereitschaft, verdirbt den Genuß. Ich werde es ab sofort unterlassen. Schlechter Straßenzustand.

Aber nun sind wir schon in der Loge. Sie ist nicht allein, dennoch ist es das beste, sich zunächst ihr zuzuwenden. Wie alt sie ist, läßt sich nicht sagen. Eis, dachte Lucia, oder vielmehr der Anschein von Eis, das wie Glas aussieht, was die Franzosen in ihrem Wort für Eis, ›glace‹, bewahrt haben. Diese Frau läßt nicht zu, daß man sie anblickt, um etwas über sie zu erfahren; ihre Haut reflektiert den Blick, und der Gedanke, der sie weiterhin umschwirrt, weiß, daß es besser so ist; denn würde der Gedanke zugelassen, er würde hineingezogen in die eiskalte Welt, die unter diesem Glas existiert. Sie ist die Schneekönigin, so wird sie genannt. Ohne es je in Worte fassen zu können, wird Kai es später sehen: Diese Frau gehört derselben Kategorie an wie Lucia, der Kategorie der vollkommenen Körper, dieser Körper dient aber dem Tod. Sie beobachtet Kai, wie er näherkommt, wie eine Spinne, die auf die

Fliege lauert. Sie sagt etwas zu dem älteren Mann neben ihr, der mißbilligend den Kopf schüttelt, ihr dann aber doch den gewünschten Zettel gibt, mit den Schultern zuckt, nicht wissen will, was sie aufschreibt, nicht sehen will, daß sie ihn dem jungen Mann reicht, der hinter ihnen in der Loge sitzt. Die Zuschauer müssen sich umdrehen, um Kai zu folgen, als er, vom Scheinwerferlicht begleitet, auf die Loge zugeht. Als der Lichtkreis die Frau und die beiden Männer erfaßt, geht ein Seufzer durchs Publikum, wie bei einem Boxkampf, wenn nach vielen mittelmäßigen Kämpfern endlich die Meister antreten. Den Zuschauern ist die Frau bekannt, sie hatten sie nur vergessen oder die Frau gehörte zur Spannung des Abends, nur weil sie da war, doch jetzt ist sie nicht mehr zu übersehen, sie sitzt da wie eine erstarrte weiße Puppe, ihre Juwelen reflektieren das Licht und blenden den Mann, der vor ihr steht und weiß, daß er nicht mehr zurück kann. Sie fixieren sich, doch nicht als Ebenbürtige. Ich kann eine Stecknadel fallen hören.

II

Lucia spürt den Schmerz in seinem Auge, spürt, daß sie das Publikum verloren hat, dessen Atem die Richtung geändert hat. Durch die undurchlässige Augenbinde sieht sie seine Gestalt hinten im Saal. Sein Körper verdeckt die Frau in der Loge, doch Lucia weiß, daß sie dort sitzt. Sie sieht, daß der ältere Mann neben ihr, der das Gesicht eines Schauspielers hat, der einen Offizier spielt, nicht gesehen werden will. Der andere Begleiter ist für sie nicht sichtbar. Er ist es, der Kai jetzt den Zettel gibt.
»Lucia, hörst du mich?« Das Publikum dreht sich um wie ein Stier in der Arena.
»Lucia?«
»Ja.«
»Ich hab hier...« Er dreht sich um. Lucia wendet wie in Trance den Kopf ab und sagt: »Einen weißen Zettel.« Der Stier grummelt, schüttelt den großen Kopf.
»Kannst du sehen, was darauf steht?«
Ich stehe darauf, du stehst darauf. Sie denkt es, darf es aber nicht sagen. Er geht einen Schritt zur Seite. Sie sieht die Frau, den jungen Mann dahinter, der sich begierig vorbeugt. Er ist blond, hat aber dennoch etwas Zigeunerhaftes. Er genießt.
»Er ist von einem Mann...«
»Ja... Nein...«
Wenn wir nicht an das Übernatürliche glauben, und das ist eine Vereinbarung, woran glauben wir dann? Er hat seinen Code, um ihr mitzuteilen, daß dies nicht glücken wird, daß sie überlegen muß, wie sie sich aus der Affäre zieht. Was darauf steht, könnte er sie sagen lassen, allein sie darf es nicht sagen.
Weiß ich, was da steht? Ja, ich weiß es. Lucia kann es raten. Wir sagen es nicht. Dumas, père et fils, lachen mich aus. Niemand im Saal weiß, was darauf steht. Niemand außer der Frau, die es geschrieben hat, und Kai, der es liest. Die Macht, wenn man es so nennen will (ich nicht), die ich habe, ist die eines Mannes in

einem Klassenzimmer, der sich etwas ausdenkt. Eine Geschichte erfinden heißt Entscheidungen treffen. Das ist alles, was ich tun kann. Lucia steht bewegungslos zur Gruppe in der Loge hingewandt.
»Keine Zahl...?«
»Nein.«
»Wörter, ich sehe Wörter.«
»Ja.«
Sie fängt an zu zittern. Er dreht sich langsam um, und sie tut das einzig Mögliche.
»Sie sind... so stark...«
Dann sinkt sie, wie es nur eine Akrobatin kann, im Zeitlupentempo zu Boden. Unendlich langsam falten sich ihre Glieder ineinander, sie rollt sich in sich selbst ein, auf denselben Brettern, wo kurz zuvor noch der gedemütigte alte Clown herumkroch, zerfällt, was eben noch als Frau dastand, zu einer bebenden Pyramide aus Stoff, die immer mehr schwindet, bis die Frau schließlich totenstill auf der Bühne liegt, den Kopf mit all dem Haar kunstvoll vornüber gebeugt, so daß er im Rampenlicht tiefgolden schimmert.
Mit wenigen Schritten ist Kai bei ihr, hebt sie auf, ein Pfau mit einem Pfau in den Armen. Vorsichtig stellt er sie aufrecht hin. Sie steht da, als suche sie Halt in der Luft, die sie umgibt. Der Stier murmelt. Dann dreht sich Kai schnell zur ersten Reihe, so daß das Licht die Pailletten kurz aufblitzen läßt, ergreift hastig das Dokument, das jemand bereithält, geht zum Mittelgang und läßt Lucia sprechen, Name, Zahlen, Alter, Größe, Augenfarbe, und jeder kann es sehen, es stimmt, es stimmt. Getragen von Geschrei und Applaus gehen sie ab, kommen noch einmal zurück, lachend, sich verbeugend, beinah tanzend zu den Tönen des armseligen Orchesters.
Das Publikum klatscht weiter. Lucia hat die Augenbinde abgenommen. Kai blickt sie fragend an, und sie nickt. Sie haben die Gewohnheit, wenn der Beifall stark genug ist, noch einmal ein-

zeln auf die Bühne zu gehen, Lucia zuletzt. Sie hört den Applaus und geht im Halbdunkel hinter der Bühne an Kai vorbei. Dann steht sie allein im Licht, als könne sie von diesem harten bäurischen Klatschen leben, und geht ab, bevor es nachläßt. Sie sieht Kai nicht und läuft zur Garderobe.

Die Tür steht offen, aber er ist nicht da. Es ist zu früh, um Gewißheit zu haben, und dennoch weiß sie es. Er ist weg. Sie geht zur Bühne zurück, wo ein Sänger seinen Auftritt hat, blickt aus den Kulissen in den Saal. Die Loge ist leer, die Frau und ihre Begleiter sind verschwunden. Sie will seinen Namen rufen, aber sie kann nicht, sie sucht den Ausgang, der in den Saal führt. Als sie ihn gefunden hat, irrt sie in ihrem auf einmal lächerlich wirkenden Kleid durch die halbkreisförmigen Gänge, bis sie bei der Loge ankommt. Auch diese Tür steht offen. Sie blickt auf die abgewetzten Sessel, sieht das Publikum von hinten, eine verkehrte Welt, die ihre Angst steigert. Sie sieht den Zettel nicht, der unter einem der Stühle liegt. Sie rennt zurück, sucht den Direktor, findet ihn nicht, rennt an ihrer Garderobentür vorbei und in die nächste hinein, in die des Clowns. Der Ball liegt viel zu groß und gelb mitten im kleinen Raum, die unförmigen Schuhe mit den hochgebogenen Spitzen sind an einen alten Koffer gelehnt, und der Mann im abgetragenen Flanellhemd, der sich vor dem Spiegel abschminkt, ist eine alte Frau.

12

Kai leistete keinen Widerstand, als die beiden Männer das schwere dunkle Tuch über ihn warfen, es ging zu schnell. Es waren nicht die Männer aus der Loge, das konnte er noch sehen, sonst aber nahm er nichts wahr, außer den beißenden, betäubenden Geruch dieses Tuches und das Gefühl eines langdauernden Fallens, das nie enden würde, selbst dann nicht, als er wieder wußte, was sich ereignete. Auch im Auto fiel er weiter, und die Zeit, in der das geschah, war nicht zu messen. Jetzt lag er in einem Zimmer, regungslos, immer noch fallend, und obwohl es kein Maß gab in der Gesamtheit der Zeit, in der sich dies zutrug, gab es Unterschiede im Fallen selbst. Während seines langsamen Fallens schossen ihm andere, schnellere Bilder durch den Kopf, und manche dieser Bilder gehorchten einer anderen Schwerkraft als jener, der er gehorchen mußte; das, wovon sie angezogen wurden, befand sich seitlich von ihm, eher noch über ihm, so daß sie, nach oben fallend, seine Bahn kreuzten, wodurch das Schwindelgefühl und somit seine Angst zunahm. Auch wenn er die Augen schloß und seine Hände den Rand des Bettes umklammerten, sah er sie. Die Kurven der Straße, das Scheinwerferlicht des Tatra, der viel größer war, als es von außen den Anschein hatte. Nicht nur er saß im Auto, eingeklemmt zwischen den beiden Männern, auch sie fiel durch sein Bild, so wie er sie schon sitzen gesehen hatte, als er zum Auto kam, sie mit dem gleichen Blick wie im Theater. Und auch sie saß zwischen zwei Männern, aber sie war frei. Wie lange waren sie gefahren? Er erinnerte sich an hell und dunkel, dunkel und hell und das gleiche noch einmal, aber es gab keine Reihenfolge. Nun sieht er sich selbst, am Straßenrand, gedemütigt, sich erbrechend, und später, in der Dunkelheit hockend, während ihm jemand sanft mit dem Schuh in die Seite stößt. Auch Lachen, doch er hat es nur gesehen, nicht gehört. Sie hatte nicht gelacht. Und sie sah ihn nicht, als er am Straßenrand hockte, das Auto wie eine geschlossene Form im

Halbdunkel. Die Straße, die Straßendecke, er hatte sich mit einer Hand darauf gestützt, als er umfiel. Das Grau des verklumpten Schotters, der Geruch des Asphalts, der sich rissig anfühlte, uneben, eine schlechte Straße mit sandigen Stellen, wo Asphalt hätte sein müssen, gefährliche Bankette, *cuestas irregulares*. Wälder, wie schwarze Massen. Schnee? Ja, nur weiter oben, nicht dort, wo sie fuhren. Kahle, schneebedeckte Hänge, weit weg. Nadelwälder, wie eine Armee Soldaten. Und Bergrücken, nicht sehr hoch, in immer weiterer Ferne, der eine weniger scharf als der andere. Nichts gegessen, er hatte nichts gegessen. Bloß etwas getrunken aus einer Feldflasche, lauwarm und bitter. Dann sich wieder erbrochen. Und geschlafen, oder geträumt, Lucia, ganz weit weg, unerreichbar. Der Mann, der ihm den Zettel gegeben hatte, schaute zu, als er ins Auto stieg, spöttisch, abweisend. Der ältere Mann, schlafend, oder auch nicht, die Augen geschlossen. Alt, hätte Schauspieler sein können. Im Theater große glänzende Augen, jetzt geschlossen. Und sie unbeweglich, Puppe. Hatte ihn einmal angeschaut, wie hoch oben im Trapez, vor dem Sprung. Der Blick, der die Entfernung mißt, der Unterschied zwischen fallen und fangen.
Eine Ebene, dann wieder Wälder. Die Straße, die von selbst weiterfließt, die Tiefe des Tals aufsucht, das Sanfteste der Hügel, der Weg, den die Tiere nahmen, bevor es die Straße gab, die Stelle der Krümmung, naturbedingt, die Straße, die über sich hinwegsteigt, an sich vorbeizieht wie die Schlange. Die Straße sucht den Fluß wird eine Brücke wird eine Straße. Der Umriß des Mannes hinter dem Steuer. Schwarze Schultern, schwarzer Hals, Hände am Lenkrad, Licht des Armaturenbretts, Motorhaube, und dann wieder die Straße, nun in die andere Richtung, die, aus der sie gekommen waren, schmal von weitem, immer breiter werdend fliegt sie links und rechts vorbei, rauscht. Dann wieder schlafen, Lärm von Gänsen, dann kein Motorengeräusch mehr, oder nur noch leise. Stimmen. Seine Sprache, und doch nicht seine Sprache. Andere Musik. Schmählich, sie meint ihn, spricht über ihn,

er weiß es. Kies, Türen, Gänge, nichts mehr, niemand bei ihm. Er mißt den Raum mit den Augen ab. Hoch, mit zwei großen Fenstern. Er hört Geschrei, dann eine andere Stimme, die ruft, ein Schuß, wieder ein Schrei, Stille, Schritte, Schlafen. Er versucht, an Lucia zu denken, doch er kann den Arm ausstrecken, so weit er will, der Gedanke an sie schwindet. Es ist nicht sein Arm. Jetzt würde er gern an sich selbst denken, aber er kann nicht. Als er es wieder will, ist das Licht anders, nein, nun ist das Licht da. Eine Schale mit Obst steht neben ihm und ein Glas Wasser. Er möchte sich aufrichten. Der Raum dreht sich. Er schließt die Augen, und als er sie wieder öffnet, sieht er das Obst. Es liegt da, ganz ruhig. Langsam, ach so langsam streckt er seine Hand aus und folgt diesem sonderbaren Instrument auf seinem Weg zur größten Frucht, einem Apfel. Dahinter ein Schimmern, und er sieht am äußersten Ende seines Bildes, über seinem Handrücken und dem Obst, ein Knie. Sein Blick richtet sich nach oben, als würde er hochgehoben, und begegnet dem des alten Mannes. Seine Augen sind nicht unfreundlich, haben etwas Mitleidiges.

13

Lucia bleibt in der Tür stehen, die alte Frau hat sich umgedreht und sieht die Panik auf ihrem Gesicht.
»Was ist passiert, kann ich dir helfen?«
»Mein Mann ist weg.«
Die alte Frau weiß, daß Kai nicht bloß für einen Augenblick fort ist, sondern weg. Es gibt ein Unheil, das sofort deutlich wird: das lautere Schicksal. Sie steht auf, nimmt Lucia an die Hand und geht mit ihr durch die Gänge nach draußen. Das schwarze Auto ist verschwunden, das von Kai und Lucia steht noch da, die Reifen durchschnitten. Erst jetzt fängt Lucia zu weinen an. Der Clown nimmt sie wieder mit hinein, gibt ihr etwas zu trinken.
»Was soll ich jetzt tun? Ich muß die Polizei verständigen.«
»Das laß lieber sein. War es die Frau?«
Lucia nickt.
»Man nennt sie die Schneekönigin.«
Lucia wiederholt den Namen. Das sonderbare Wort bleibt in der muffigen Garderobe hängen, zwischen der Clownsmaske, den leeren Schuhen. Eine Bedrohung geht von ihm aus. Sie wiederholt es noch einmal, voller Unglauben und Wut, steht auf und sagt, sie müsse etwas unternehmen.
»Wir werden etwas unternehmen.«
»Warum hat sie ihn mitgenommen?«
Allein der Anblick der alten Frau macht sie ruhiger. Sie hat ein breites Gesicht, das eine sonderbare Seligkeit in sich birgt, einen Vorrat an Weisheit. Seligkeit, Weisheit, was heißt das schon. Diese Frau ist stark.
»Warum?«
»Weil sie es wollte. Sie hat in der Gegend, wo sie wohnt, viel Macht. Hierher kommt sie nicht oft, und doch kennt sie jeder. Es muß eine Bande sein. Ein Schloß, irgendwo weiter östlich von hier in den Wäldern. Wir werden es schon finden.«
»Eine Bande! Ich glaube nicht an Märchen.«

»Das ist falsch.«
»Was?«
»Nicht an Märchen zu glauben.«
»Warum?«
»Weil sich vieles durch Märchen erklären läßt.«
Das Märchen ist ein Schimmel auf der Wirklichkeit. Travestie, Apologie, Schimmel, Krankheit, Karikatur. Der Clown denkt das alles mehr oder weniger gleichzeitig und sagt nichts. Sie haßt Märchen, das aber ist kein Grund, nicht daran zu glauben. Ich werde noch darauf zurückkommen.
Lucia schaut auf die dicke alte Frau vor sich. »Entführt«, sagt sie leise, als könne sie damit den Augenblick beschwören.
Was mich betrifft, hier in Zaragoza, ich hatte versprochen, mich nicht mehr einzumischen, aber das geht natürlich nicht. Märchen, Travestie, Apologie, ich verstehe zwar, was sie meint, aber so hätte ich es nie formuliert. Sie hat es übrigens nicht gesagt, ich bin doch nicht verrückt. Doch wenn man mir diese Frage stellt? Das kostet mich einen Kilometer. Denn wenn ich nicht weiter weiß, gehe ich im Klassenzimmer auf und ab und rauche. Ducados, nur inhaliere ich sie nicht, sonst wäre ich schon lange tot. Zehn Ducados sind ein Kilometer, man frage mich nicht, wie ich das ausgerechnet habe, obschon ich die Antwort weiß. In solchen Dingen kann ich übrigens sehr genau sein. Wie kann man eine Geschichte mit »Es war einmal« anfangen, wenn man die Antwort nicht weiß? Niederländisch hilft mir immer, es ist eine beseelte Sprache. *Sprookje*, das, was gesprochen wird, mittels Sprache erzählt. Versprachlicht also. *Sprooc* sagt man im Süden, wo Kai und Lucia sich jetzt aufhalten, und das bedeutet einfach, was jemand sagt, was er redet, seine Worte, Sprache. Sprooc, sproke, eine Fabel, Erzählung; und ich habe sie dort noch gesehen, auf den Plätzen, die *Sproocspreker*, denn so heißen sie. Nun gut, an allen haftet Bedeutung, und es bedeutet etwas, was man zwar noch erzählt, was aber nicht wahr ist, weil es nicht wahr sein kann. Was ist wahr und wann? Ein Mann mit künstlichem Herzen

ist ein Märchen von E. T. A. Hoffmann, und das heißt dann Erzählung. Und ein Mann auf dem Mond? Das war vor fünfhundert Jahren undenkbar, damals jedoch war es normal, daß ein Papst ermordet wurde; der Papst mit dem Lächeln, das ist der abscheuliche Name, den sie dem Mann gegeben haben, der nur dreiunddreißig Tage Papst sein durfte, genauso viele Tage wie Christus Jahre gelebt hat. Dann wurde er ermordet, oder ist das ein Märchen? Die Märchen von damals sind die Wirklichkeit von heute und umgekehrt. Doch so komme ich nicht weiter. Was ist ein Märchen? Eine intensivierte Form des Erzählens, so wie eine Erzählung, wenn alles stimmt, keine Imitation, sondern eine intensivierte, ihrer trägen Chronologie entrissene Form der Wirklichkeit ist. Schauen wir mal bei Andersen nach, der oft unvermittelt und explosionshaft beginnt: »Jetzt hört mal gut zu!« Am liebsten würde ich mich natürlich mit jener Frau über den Unterschied zwischen Geschichte, Wirklichkeit und Märchen unterhalten, nur geht das nicht, da sie darin vorkommt, in diesem Sprooc. Und ich nicht, obwohl es manchmal den Anschein hat. Märchen werden nicht unterbrochen, Tiburón, und gewiß nicht von dem, der sie erzählt. Da haben wir's wieder, genau wie früher auf dem Colegio. »Wo sind Sie mit Ihren Gedanken, Tiburón? Meine Herren, was Sie da auf der Bank sitzen sehen, ist die leibliche Anwesenheit unseres Freundes Tiburón, doch sein Geist ist irgendwoanders.« Hohngelächter. Daran war ich gewöhnt. Es ist ein Wunder Gottes, daß ich in Delft gelandet bin. Wenngleich sie dort meinten, ich schweife zu oft ab – das Wort gefiel mir, nachdem ich es begriffen hatte – und ich geriete häufig auf Abwege – ich, der noch dazu Straßenbau studierte. Aber dennoch, was las ich über Diderot? »Die Kunst des Abschweifens ist die intuitive Annäherung an die Komplexität der Wirklichkeit.« Doch was ist Wirklichkeit, und außerdem, ich bin nicht Diderot. Nein, das habe ich noch nicht zu Ende gedacht.

»Wir gehen«, sagte die alte Frau, wobei sie auf Lucia zuging. »Wir werden ihn suchen, und wir werden ihn finden. Zieh dein Fest-

tagskleid aus, pack die Koffer, hol deine Gage ab und sag dem Direktor nichts, denn der ist ein Hund und ein Dummkopf. Und wenn du mich fragst, weiß er's schon längst. Und will nirgends hineingezogen werden. Angst ist hier kuranter als Geld.«
Kuranter, kuranter, dachte Lucia, der das Wort fremd vorkam.
»Gehn wir«, sagte der Clown auf einmal ziemlich streng und wollte ihren Arm um Lucias Schultern legen, weil sie so viel Mitleid mit ihr hatte. Dafür aber war Lucia zu groß, und Clowns leben nun einmal von der Gnade ihrer Unvollkommenheit. Wenn sie nebeneinander standen, reichte die Frau mit dem breiten, offenen Gesicht Lucia nicht einmal bis zur Schulter.
»Gehn wir!« sagte sie noch einmal, »wir gehen *vasewisen*.« Vasewisen, umherschweifen. Dieser Clown war schon oft in den Theatern des Südens hinter seinem großen gelben Ball hergekrochen.

14

Kai hatte drei Fragen an den alten Mann, der ihn so freundlich anblickte. Wo er sei, warum er hier sei, und wann er hier wieder weg könne. Er bekam auch Antwort. Er sei in einem Schloß, das »das Hotel« genannt werde, er sei bei der Schneekönigin, und wenn sie ihn nicht mehr brauche, könne er gehen.
»Das ist kein Hotel«, sagte Kai.
»Nein, das stimmt«, antwortete der Mann, der sagte, daß er Ulrich heiße.
»Ulrich«, sagte Kai, »niemand heißt Schneekönigin.«
»Doch, wenn man dich so nennt.« Darauf gab es keine Erwiderung.
»Warum?«
»Weil sie so aussieht.«
»Eiskönigin wäre besser gewesen.«
Ulrich seufzte.
»Wo ist Lucia?«
»Es geht ihr gut.«
Das klang wie eine Lüge. Die Tür ging auf, und es kam der junge Mann herein, der ihm den Zettel gegeben hatte. Er streichelte über Ulrichs Haar und sagte: »Guten Morgen, Papa.«
»Guten Morgen, Floris.«
»Hat er schon gefragt, wo er ist, warum, und wie lange er bleiben muß?«
»Ja.«
»Genau das habe ich auch gefragt. O Gott, er hat ja noch seine Festtagskleider an. Was hast du gesagt? Wir sind eine Bande, wir leben von Schmuggel und Erpressung, von Korruption, Betrug und Verrat, und du kommst hier nie wieder raus, es sei denn mit den Füßen voran? Paß auf! Wenn du abfällst, wirst du mit dem Tode bestraft, und weil du gefällst, bist du hier. Sie hat dich schon am Straßenrand stehen sehen, und im Theater war sie nicht mehr zu halten.«

Er sah Kai an.
»Hat er das gesagt? Bestimmt nicht. Du bist ein Mann mit Zukunft. Jetzt brauchst du nie mehr dumme Bauern zu betrügen. Ich bin dein Vorgänger, deshalb mag ich dich nicht. Ulrich ist mein Vorgänger, deshalb haßt er mich. Doch Ulrich ist alt, hab ich recht, Ulrich? Alt und abgeschoben, wird noch für Ratschläge gebraucht. Er ist immer dagegen, auch in deinem Fall ist er dagegen, aber nicht, um mir eine Freude zu machen. Warum eigentlich, Ulrich? Gerührt von goldenem Haar und jungem Glück? Ich spreche diese Scheißsprache nicht, aber Ulrich kann gut *ruochen*. Er kümmert sich gern, sagen wir. Auch ganz schön. Aber Ulrich ruocht.«
Kai versucht sich aufzurichten.
»Was muß ich hier tun?« fragte er. Die beiden Gesichter verschmolzen ineinander, er spürte, daß er wieder aufs Bett gedrückt wurde. Aus dem einen Gesicht wurde eine bewegte Maske. Es drückte alles gleichzeitig aus, Haß, Argwohn, Eifersucht, Mitleid. Doch wenn es sprach, hatte es nur Floris' Stimme.
»Zweimal dasselbe fragen ist dumm. Du bist hier, um zu gefallen. Nach einem halben Jahr hast du Hurenmanieren, genau wie ich. Dann erkennst du dich selbst nicht wieder.«
Kai hat ihn nicht gehört, nur das Geräusch seiner Stimme, das ihn wegzieht, irgendwohin, wo er nicht sein will. Er hat ihn noch einmal gefragt, warum er denn da sei.
»Weißt du immer, warum du irgendwo bist? Ich bin doch auch hier.«
Er streichelt über Kais Haar, der den Kopf abwendet und das Zimmer schwanken sieht.
»Ich würde mir keine Gedanken machen. Wenn du fünf Kilometer weiter weg wärst, wüßtest du es auch nicht. Du bist hier, weil du so schön bist.« Die Masken brechen auseinander. Das Mitleid beugt sich vor, der Spott steigt plötzlich so schnell auf, daß Kai ihn nicht mehr sehen kann.
»Alles kommt wieder in Ordnung«, sagt Ulrich.

»Nicht *ruochen*, Ulrich. Es kommt nicht in Ordnung. Das ist die dritte Stufe der Hölle, und wir kommen hier nie wieder raus, auch er nicht. Denn denk dran, Zauberer«, und da ist das bittere Gesicht auf einmal wieder ganz nah bei ihm, »jetzt bist du noch zu nichts in der Lage, aber wenn unser Liebeselixier nicht mehr wirkt, versuch nicht zu fliehen, sonst geht das hier quer über deine Kehle und hindurch.«

Das Messer, kurz, gebogen, glänzend und scharf geschliffen, hängt bewegungslos über ihm. Kai schließt die Augen.

»Und wann dürfen wir ihn waschen? Es stinkt wie eine Zwibolle.«

Nun erklingt eine andere Stimme. Als er die ersten Worte hört, kommt es ihm vor, als zerbreche Glas, einzelne Scherben, die auf Stein fallen.

»Laß ihn schlafen.«

Was bleibt, ist dieser Ton. Die einzelnen Worte schwinden, nur der Klang bleibt hängen, hoch und seltsam, als ob jemand mit einem nassen Finger über den Rand eines Glases fährt.

15

Die Nacht, an die Kai sich nicht mehr erinnern kann, ist in Lucias Gedächtnis eingeritzt. In dem Wort steckt etwas von Stein auf Stein, und so ist es auch. Das Gedächtnis ist nicht immer eine weiche Masse, die zerfließen will. Das Auto des Clowns glich einem Planwagen, es fehlte nur das Pferd, aber es war nicht sicher, ob sein Motor nicht doch ein Tier war. Sie mußte ihm gut zureden und ihn beschwören, ehe der Wagen sich in Bewegung setzte. Später fragte sich Lucia, woher die alte Frau wußte, wohin sie fuhr, und es ist nur gut, daß sie die Frage nicht auch gestellt hatte; denn der Clown hatte keine Ahnung. Nach Osten, mehr wußte sie nicht.

Hinten im Vehikel lag eine Matratze, daneben wackelte der Koffer mit den Schuhen und dem karierten Kostüm, der gelbe Ball rollte sinnlos hin und her. Mit dem dazugekommenen Gepäck von Lucia war es jetzt arg voll, und der Wagen zuckelte langsam einen Hügel hinauf. Draußen war es still, Verkehr gab's kaum. Manchmal sahen sie den Mond mit einem Gefolge von Sternen, dann wieder schnelle, lange, dunkle Wolken, die über den Himmel zogen, in Eile, irgendwohin zu kommen. Andere Wolken, dachte Lucia, von einer jüngeren und geschmeidigeren Art, als sie es gewohnt war. Ihr schnelles Vorbeiziehen warf flüchtige Schatten über die Landschaft, Felsbrocken fielen – so schien es – langsam auf die Straße herab, hohe Bäume beugten sich schräg und drohend über das Auto, alles um sie her war in Bewegung. Später in der Nacht, als der Mond eine Lichtung sehen ließ, hielten sie an. Die alte Frau mußte die Stelle kennen; denn sie fuhr das Auto hinter ein Gebüsch, so daß es von der Straße aus nicht zu sehen war. Hier war es erst wirklich still, jene vollkommene, absolute Stille, die zur Abwesenheit anderer Menschen gehört und dadurch die Vorstellung der eigenen Abwesenheit hervorruft, so daß es den Anschein hat, als sei man in Wirklichkeit gar nicht vorhanden.

So still muß es gewesen sein, als es noch keine Menschen gab, dachte Lucia. Die alte Frau hatte die Petroleumlampe angezündet, Brot und Käse hervorgeholt, und sie hatten schweigend gegessen. Danach war sie weggegangen, und Lucia hatte sie pinkeln hören, aber nicht dies befremdete sie, sondern vielmehr die Stille, die nach jeder Handlung aufs neue hereinbrach, die durch unbekannte und unerwartete Geräusche verstärkt wurde; denn für jemanden, der immer in der Stadt gewohnt hat, wird die Stille durch solche Geräusche nur noch verstärkt.

»Komm, wir gehen schlafen«, sagte der Clown. Sie stiegen aus und kletterten in den Kofferraum.

»Du brauchst dich nicht zu fürchten.«

Sie wußte, daß Lucia jetzt an Kai dachte, aber das war es ja gerade, da täuschte sie sich. Lucia versuchte es zwar, doch es gelang ihr nicht. Zum ersten Mal seit vielen Jahren sollte sie eine Nacht ohne ihn verbringen. Sie empfand es wie einen Schmerz, an ihr fehlte etwas, und der Gedanke, der zu diesem fehlenden Teil gehörte, wollte nicht zurückgerufen werden. Sie konnte sich einfach nicht vorstellen, wo er jetzt war und was er dachte, und damit schwand jede Vorstellung von ihm aus ihren Gedanken. Er war nicht da, die Stille und die Finsternis brachten ihn nicht zurück. Die Frau neben ihr fühlte sich wie etwas sehr Großes und Rundes an, etwas, das aus Wärme und Atem bestand, dem Atem einer Schlafenden. Das wirkt sehr beruhigend, denn es scheint, als sei so ein Mensch mit dem Meer verbunden und dadurch mit einer viel stärkeren, unnennbaren Bewegung.

Längst nicht alle wissen, was die Welt ist, auf jeden Fall aber ist sie eine Uhr. Bei mir in Zaragoza ist es nun Abend. Wer Lust hat, kann das überblättern, die Geschichte geht nachher weiter. Es ist nicht meine Gewohnheit, abends zu arbeiten, aber heute ging es nicht anders, tagsüber hatten wir fast vierzig Grad. Ich habe mich soeben für ein Weilchen auf die Dachterrasse der Schule begeben. Meistens kann man sie in einer Stadt nicht so gut sehen, aber heute abend habe ich sie ganz deutlich gesehen, die Sterne, dieselben, die Lucia durch die schmutzige Heckscheibe des Autos sieht, wenn sie die Augen aufschlägt und es wolkenlos ist. Ach, wie gut, daß sie nicht weiß, was ich weiß, daß es mehr Sterne gibt als alle Sandkörner von sämtlichen Stränden der Welt zusammen genommen und daß viele Sterne sogar ihre eigenen Planeten haben. Das hätte ihr angst gemacht, so wie der Ruf der Eule, den sie nicht kennt. Er ist der Stimme eines verirrten Geschöpfes ähnlich. Geraschel, brechendes Geäst, doch die Frau neben ihr atmet ruhig weiter. Schließlich schläft auch Lucia ein, und nun ist es, als schliefe auch mein Buch. Davor fürchte ich mich vielleicht, es liegt vor mir auf dem Tisch, summt und atmet leise vor sich hin, es plustert sich langsam auf und wird wieder kleiner, genau wie die beiden Frauen, die auf ihrer Matratze nebeneinander im schwarzen Wald liegen, genau wie der bewußtlose Kai, im Tatra befördert. Nur ich bin wach. Vielleicht gibt es auch gar keine Leser, man lasse mich also kurz gewähren. Ich müßte natürlich strenger mit mir sein, indes die Nacht macht schlaff. Zudem – wer liest schon meine Bücher? Niemand kennt mich in Spanien, und wenn mein Verlag sie auch nicht ablehnt, so ist die Auflage doch nie nennenswert hoch.

Es macht mir nichts. Ich möchte zwar schreiben, aber kein Schriftsteller sein, ich weiß nicht, wie ich das ausdrücken soll. Ich glaube nicht daran, Spuren zu hinterlassen, ich glaube nur an Tüftelei, an das, was ich früher schon als Junge denken nannte, ohne daß dies etwas mit denken zu tun gehabt hätte, allenfalls mit meditieren. Gedruckt werden ist laut denken dürfen. Das Märchen als Intensivierung der Wirklichkeit? Nur ist Wirklichkeit so ein glitschiger Begriff. Wenn die Straße Wirklichkeit ist, was ist dann das Träumen der Leute in einem Auto auf dieser Straße? Alles geht von uns aus und kehrt zu uns zurück, und in diesem Sinne ist das Träumen genauso wirklich wie das Schlagloch in der Straße, das einen aus dem Traum wachrüttelt, nur, was ist ein Schlagloch anderes als ein negatives Etwas?

Schreiben besteht daraus, beständig das gleiche zu fragen, und

Philosophieren besteht wohl daraus, immer etwas anderes zu antworten; die Geschichte der Philosophie ist die Inventarisierung der Antwort. Was tut jemand, der ein Märchen schreibt? Er macht es sich leicht, er intensiviert die Wirklichkeit nicht, er verformt sie, läßt sie Dinge tun, die sie nicht kann. Er stellt also keine Fragen, er gibt nur Antworten, falsche Antworten, die nicht stimmig sind, und damit tut er der Wirklichkeit Gewalt an, das ist die Intensivierung. Ein Märchen muß demnach mit übergroßen Augen gelesen werden, es wäre doch möglich, daß Verformungen etwas über *Form* aussagen. Aber mit der Wirklichkeit bin ich noch nicht so weit, deshalb verspüre ich auch nie Lust, sie zu imitieren; das überlasse ich anderen, jeder hat schließlich eine eigene. Gleichgültig, ob man über Farben oder das Verrinnen der Zeit spricht, man ist immer nur selbst derjenige, der spricht. Nichts stimmt, habe ich von Spinoza und Hume gelernt, und das ist kein bloßes Namennennen, das ist Gehen mit einem Stock, wie es alle Spanier tun. Darum haben wir auch nur abgeleitete Philosophen, keine wahren. Nichts stimmt, wir selbst sind wirklich, und gleichzeitig wollen wir sagen, was das ist; gleich einem Schatten, der zu seinem Schatten spricht.

Schleicht ein Fuchs, ein Marder ums Auto? Geraschel zum wogenden Atem der beiden Frauen. Der Todesschrei eines kleinen Tieres, eine Spur zwischen den Blättern; lauter solche Dinge, die man im Norden nicht mehr kennt, die ich jedoch mit meiner halbleeren Schachtel Ducados und meinen unfertigen Gedanken noch weiß. Das Auto steht wie eine Kirche da, das Hinterteil nach Osten; das erste Licht schält die Dunkelheit von den beiden Gesichtern, flimmert über Lucias geschlossene Augenlider. Schönheit und Unschuld, so etwas gibt es natürlich nicht. »Ich glaube nicht an Märchen«, hat sie gesagt. Es sollte ihr jemand erklären, daß man, wenn man so aussieht wie sie, in einem Märchen landen muß. Auch vollkommene Schönheit ist eine Verformung, und deshalb eine Form des Schicksals. Mein alter Freund Webster, mehr habe ich hier nicht, und er ist da. *Fairy tale, a tale relating to fairies. Fairy, fata,* wörtlich *afate,* aus dem Lateinischen fatum, Schicksal. Habe ich mich nun weiter davon entfernt oder bin ich näher dran? »Ein imaginäres Wesen mit einer menschlichen Gestalt.« Drei Frauen, drei Feen? Zwei gute, eine böse? Plötzlich schrickt Lucia hoch und stößt einen Schrei aus. Wesen aus Nebeln, Schleiern, Fetzen, weiß und grau, mit Händen und Gesichtern, schleichen hin und her, bewegen sich vor der Windschutzscheibe des Autos. Sie spürt die Hand der Frau, die die ihre streichelt, und blickt in ein Gesicht, das dieselben Dinge sieht wie sie, jedoch lächelt.

»Was ist das?«

»Das sind die Träume anderer Menschen.« Sie lacht. »Schau«, sagt sie, »das ist es«, und erstaunlich schnell erhebt sie sich und streicht draußen mit den Händen über die betauten Blätter, und mit den nassen Händen reibt sie sich über das Gesicht. Lucia schaut auf die Nebelschwaden, die sich um die Bäume schlingen, und fährt mit den Händen durchs Gras.

»Sie machen sich auf den Heimweg und lassen Wasser für uns da«, sagt der Clown und lacht.

16

Er ist wieder aufgewacht. Diesmal ist niemand da. Er hebt die Hand in die Höhe, die sich nun einfach im Raum bewegt. Seine dummen Kopfschmerzen sind weg. Es ist Tag, kaltes Licht fällt herein, zeichnet das hohe und leere Zimmer. Er steht auf, langsam, zum ersten Mal wieder Herr seines Körpers, und geht an eines der großen Fenster. Auf dem dicken Teppich hört er seine Schritte nicht, auch sonst kein Geräusch. Alles scheint verlassen. Vom Fenster aus sieht er einen anderen Flügel des Gebäudes, in dem er sich befindet, das sehr groß sein muß. Ein mit Klinkersteinen gepflasterter Innenhof, eine Tür in einer geschlossenen Mauer, dahinter Wald, halb entlaubt, ein paar Äste tragen noch schmutziggelbe, fahle Blätter. Hinter den Fenstern des anderen Flügels keine einzige Bewegung. Er denkt an Lucia, sagt ihren Namen laut und erschreckt. Dann wiederholt er ihn leiser, aber es gehört jemand dazu, der sich weigert, zu erscheinen. Leise geht er durchs Zimmer, sieht sich im Spiegel, geht daran vorbei, kommt wieder zurück und betrachtet sich. Er sieht sich ähnlich. Wenn er die Hand bewegt, tut der andere das auch. Diese Dinge sind ganz alltäglich, nur hat er das noch nie erfahren. Das also bin ich, denkt er, und weil er im Spiegel sieht, daß er es immer noch an hat, schaut er an sich herunter, auf Beine und Arme und sieht sein Theaterkostüm, das jetzt so albern geworden ist. Hastig und beschämt zieht er es aus. Neben dem Spiegel eine halbgeöffnete Tür. Vorsichtig geht er darauf zu. Es ist ein Badezimmer. Er betritt es noch nicht, sondern befaßt sich zuerst mit der anderen Tür des Raumes, in dem er geschlafen hat. Die ist abgeschlossen, doch das ängstigt ihn nicht, er findet es angenehm, so wie die Stille und die Abwesenheit der Gedanken. Als würde er einen anderen baden, so fühlt er sich. Und diesem anderen, denkt er, schmerzt das Auge. Er läßt das Badewasser einlaufen, riecht an einem Flakon, der auf dem Rand der Wanne steht, und schüttet ein wenig von der honigfarbenen Flüssigkeit ins Wasser. Dann steigt er hinein.

Nachdem er sich hingelegt hat, schlägt er Wellen mit den Händen, als könne er sich auf ihnen wiegen. Erst nach längerer Zeit steigt er aus dem Wasser, trocknet sich mit dem bereithängenden großen Handtuch ab und geht zurück ins Zimmer. Es ist ein wenig dunkler geworden. Auf dem Tisch neben dem Bett steht ein Teller mit Käse und Obst. Zunächst findet er es befremdlich, nackt zu essen, dann setzt er sich aufs Bett und ißt. Als er alles aufgegessen hat, hört er – als hätte jemand auf diesen Moment gewartet – das leise Klicken des Schlosses. Er blickt nicht auf, er weiß es schon. Er fühlt die kühlen Hände auf seinen Schultern, spürt, wie ihm die Nägel ein Kreuz in das Fleisch seines Rückens drücken, gehorcht dem Befehl nur eines Fingers, der ihn umdreht wie etwas, was umgedreht werden kann, und ihn sich gegenüber setzt, jemand, der genauso groß ist. Ihre Augen gleiten über ihn hin wie über eine Generalstabskarte, und ihre Hände, nein, ihre Finger folgen ihnen. Wölbungen, Kurven, Muskeln, Öffnungen, sie untersuchen. Den Raum zwischen seinen Fingern, die Länge dieser Finger, die Oberfläche der Nägel. Während der ganzen Zeit ist es, als sehe er sie nicht. Finger und Augen reisen getrennt, begegnen einander, nehmen wieder Abschied, weichen aus, machen umkreisende Bewegungen, halten an. Es ist, als hätte er zuvor keinen Körper gehabt. Immer mehr schwindet das Licht aus dem Zimmer. Zuweilen geschieht eine lange Zeit nichts, dann zwingt ihn eine leichte Bewegung rückwärts, auf die Seite, sein Arm wird hochgehoben, sein Nacken gebeugt. Und dann, als seien die natürlichen Grenzen dieser Untersuchung erreicht worden, ohne daß er es verstanden hätte, liegt sie in seinen Armen; sie ist zerbrechlich und aus härtestem Glas, und so wie sie ihn jagt, jagt er sie, etwas in ihr, etwas, zu dem lautes Schreien gehören müßte, doch er weiß, daß das nicht möglich ist, alles vollzieht sich in einer gläsernen, unzerbrechlichen Stille, und dennoch scheint es am Ende, als würde sie zerbrechen, zerspringen wie Glas, sterben.
Allein da ist kein Ende, das Zerbrechen verlangt eine Wiederho-

lung, der lautlose Ton ist nun höher, das Zerbrechen schärfer, als müsse er gleich aufpassen, wenn sie aufstehen, um nicht in die Scherben zu treten.

Sein Körper wird immer mehr zu etwas, was er nicht kennt, etwas, was nur für sich selbst besteht, zu dem keine Gedanken gehören, etwas, was funktioniert, was genausowenig wie die realen Dinge, genausowenig wie sie, ermüden kann. Was sein Körper produziert, ist Lust, doch das ist ein Produkt, das sich im Augenblick des Entstehens selbst verzehrt, so daß es in diesem immer dunkler werdenden Zimmer immer kälter wird, bis es scheint, als sei sein neuer Körper mit einem Messer ausgeräumt worden, jeder geheime Winkel, auch die unbedeutendste Stelle ausgelaugt, ausgewrungen, und er bleibt liegen, leer wie eine abgestreifte Haut. Sie richtet sich über ihm auf, und zum ersten Mal sieht er sie, die er an diesem Tag tausendmal gesehen hat, vorbeihuschend, abwesend, jagend, entwischend, zwingend, wie eine wirkliche Person, aber genauso ausgeräumt wie er selbst und noch immer verschlossen und unzugänglich. Es hat nichts geholfen, denkt er, hier hilft nur schlachten, zerbrechen, aber sie sagt und sitzt dabei aufrecht, ein leuchtendes, erstarrtes Bild im Dunkel: »Wir sind *versibbet*.«

»Versibbet?«

Er versteht sie nicht. Jetzt sieht es wahrhaftig so aus, als lache sie. Sie krümmt den Zeigefinger ihrer linken Hand, dann den der rechten, schlägt beide Haken ineinander und zieht, als würden sie sich nicht mehr lösen.

»Versibbet«, sagt sie und verschwindet, so lautlos wie sie gekommen war.

Er wartet auf das leise Einklinken des Schlosses, das ihn wieder allein läßt.

17

Es war Tag, die Nebel hatten sich verzogen und ihre Geister mitgenommen. Wie alle Menschen, die in einer fremden Umgebung wach werden, fing Lucia an, die Welt zusammenzuzählen, und weil das eigentlich nicht geht – die Kälte und die Hand derjenigen, die neben ihr schläft, und die Bäume durch die Scheiben des Autos und die letzten Gedanken vor dem Einschlafen –, wird die Additionssumme genauso lang wie die sichtbare Welt, und dazu müssen dann auch noch die Dinge gezählt werden, die man nicht sehen kann. Aber so sah es aus, hohe Baumwipfel durch die zwei kleinen Heckscheiben, der Himmel blau, der große gelbe Ball des Clowns, der Clown selbst, der wach wurde und der – da es nun Tag war – blaue Augen hatte, die Lucia freundlich und ruhig ansahen. Sie zog die Decken weg, schloß das Auto auf, stapfte ins Gras, summte vor sich hin, und genau wie in der Nacht fuhr sie mit den Händen über die im Gras liegenden Blätter und rieb sich das kühle Wasser ins Gesicht, und Lucia tat es ihr nach.

Es war noch sehr kalt, dennoch machten sie ein paar Tanzschritte, sangen vor sich hin und lauschten der Antwort der Vögel, schüttelten die Äste und nannten das eine Dusche und setzten sich in die offenen Hintertüren des Autos, um etwas zu essen. Lucia, die traurig sein müßte, war es auch, nur nicht so sehr, wie sie dachte. Da war ein anderes Gefühl, das nicht benannt werden durfte und eher zu dem Zwitschern der Vögel gehörte, zu den albernen Tanzschritten, die sie gerade gemacht hatte, und zu der Frau, die da so selbstverständlich saß und eine breite Bahn goldenen Honigs auf ihr Brot fließen ließ.

Nun sollten sie sich eigentlich auf den Weg machen, um Kai zu suchen, doch Lucias neue Freundin schien zu denken, daß jeder Tag so leer bleiben durfte wie die Luft über ihren Köpfen, und kramte im Auto herum.

»Ich kann immer spüren, wenn Wasser in der Nähe ist«, sagte sie,

»komm mit, trag du das.« Und sie gab Lucia zwei lange Holzstöcke, die mit den dünneren Holzstöcken, die sie selber trug, eine Angel bilden sollten, wenn sie beim Wasser ankämen. Die Sonne stand schon ein wenig höher, Lichtflecke fielen zwischen die toten Blätter, eine Schlange, ein Eichhörnchen, ein Dachs, ein Hase, ein Eber, ein Käfer, alles machte sich aus dem Staub und beobachtete aus den Sträuchern, was da jetzt wohl vorginge. Über ihren Köpfen tauchten zwei Krähen auf, die ein zwar vornehmes, doch mißmutiges Gespräch führten, in fächerartigen Kreisen weiter um sie herumflogen und zusahen, wie die beiden Frauen aus fünf Stöcken einen einzigen machten, sich auf einem breiten Baumstumpf an einem kleinen See niederließen und binnen einer Stunde vier glänzende, zappelnde Forellen aus dem Wasser holten.

Danach erzählten sich die Frauen ihr Leben, und davon verstanden die Krähen natürlich nichts; es fiel ihnen höchstens auf, daß die Geschichte der alten Frau kurz und die der jungen lang war. Das sind Regeln, jeder kennt sie, der etwas länger gelebt hat. Das längere Leben weiß um den Kummer der Aufzählung und vermeidet ihn. Er weiß, daß es immer nur wenige Dinge sind, die das Dasein eines Menschen bestimmen. So erfuhr Lucia, daß der Clown, der Anna hieß, früher im Norden eine berühmte Schauspielerin gewesen war. Sie nannte auch ihren vollen Namen und sah, daß er bei Lucia noch ein Erkennen hervorrief, daß dieser Name im Norden, den sie vor langer Zeit verlassen hatte, noch immer als Name herumgeisterte, unabhängig von der dicken Frau, die sie inzwischen geworden war. Dieser Name gehörte zu Rollen, die sie einst gespielt hatte und die keiner mehr sehen würde. Schauspieler hinterlassen bei ihren Zuschauern nichts als eine Erinnerung. Wenn diese Erinnerung stirbt, irren die Namen umher wie leere Dinge, unlenkbar und leer. Anna hatte sich damit schon lange abgefunden. In ihrem Leben war etwas geschehen, weshalb sie auf dem Höhepunkt ihres Ruhmes Abschied genommen hatte. Aus ihr war ein alter dummer Mann mit einem

gelben Ball geworden, und das gefiel ihr sehr. Sie erzählte Lucia nicht einmal die Hälfte ihrer Geschichten, sondern lauschte aufmerksam dem, was Lucia über das Trapez, den Zirkus, von Reier und Kai erzählte. Zwei Frauen, die Fisch aßen in einem Wald, und wenn jemand dagewesen wäre, um es zu sehen, er hätte wahrscheinlich nicht gewagt, näher zu kommen. Das Alter und die Schönheit, es ähnelte einer Allegorie. »Und nun?« fragte Lucia, als hätte sie vergessen, wohin die Reise führte.
»Dorthin«, sagte Anna und zeigte nach Osten.
Als sie wegfuhren, drehte Lucia sich um und blickte der leeren Stelle nach und dachte, daß sie da gern hätte bleiben wollen. Doch das war ein verbotener Gedanke. Sie fuhren weiter auf der Straße, die auch Kai gefahren war und die ich, da mir Straßen nun einmal liegen, gern beschreiben wollte, vor allem von dem Punkt an, wo Anna bei einer Gabelung die falsche Richtung einschlug. Sie fuhren allerdings immer noch ostwärts, sehr schlimm konnte es also nicht sein. Hin und wieder, bei einer der wenigen Tankstellen, die anders als im Norden zuweilen wie anheimelnde Dorfplätze aussahen, weil sich dort immer ein paar Leute aufhielten, fragte Anna etwas in der Sprache, die Lucia kaum verstand, offenbar aber waren die Antworten immer anders. Ein Tag und eine Nacht, und das gleiche noch einmal.
Jetzt schlafen sie an einem Wasserfall neben einer tiefen Grotte, in die bei Sonnenuntergang große Scharen Tauben einfallen, genau wie bei Monasterio de Piedra, das etwa hundert Kilometer südlich von Zaragoza liegt. Die Tauben streifen das herabstürzende Wasser und finden ihren Platz in der Grotte. Flügelschlagend hüpfen sie noch ein wenig herum und gehen dann schlafen. Lucia hat noch nie richtig über Tiere nachgedacht und ist verwundert. Immer mehr Tauben kommen, bis es so aussieht, als wären die Wände der Grotte gefiedert und bewegten sich. Sie blickt auf die herabdonnernden Wassermassen, die unten an den Felsen zerschellen, und das vielleicht schon seit tausend Jahren ohne Unterlaß, und sie möchte etwas denken, kann es aber nicht.

»Nicht zu lang hinschauen«, sagt Anna, die ein Feuer gemacht hat, »davon wirst du traurig.«
Dann hören sie nicht weit weg Stimmen von Frauen und Männern, Stimmen, die reden und singen, Gelächter.
Lucia will aufstehen, Anna hält sie zurück.
»Das sind die Screemer«, sagt sie, aber bevor sie etwas erklären kann, scheint es, als seien die Geräusche um die Ecke gebogen und plötzlich sehr viel näher. Lachen und etwas wie Trommeln und Schellen. Es klingt fröhlich, nicht furchterregend. Die Frauenstimmen antworten den Männerstimmen, wellenartig folgen die hohen und tiefen Töne aufeinander, und jede Welle gleicht einer Einladung. Lucia wiegt sich im Rhythmus der Klänge.
»Können wir nicht hingehen und gucken?«
»Närrin«, sagt Anna und sah eine kleine Weile auch ohne ihre Maske wie der Clown aus dem Zirkus aus.
»Du brauchst nicht hinzugehen, die kommen schon her.«

18

Die Autopista fällt nicht in meinen Bereich. Halt, zuerst möchte ich warnen. Dies ist ein Kapitel, das ich ganz und gar mir vorbehalte. Am Anfang des »Henri Brulard« spricht Stendhal über die vielen »Ichs« und »Michs«, die so peinlich und aufdringlich sind. Da bin ich seiner Meinung. Aber die dritte Person ist in solchen Fällen ein erbärmlicher Umweg, als gäbe es irgendwo ein Land, wo nur dritte Personen wohnen, die auf Abruf verfügbar sind, etwa um für einen anderen Wehrdienst zu leisten, wenn dieser selbst zeitweilig aus Scham nicht in Erscheinung treten will. Man bedenkt schließlich beim Schreiben alles Mögliche; was hat man davon, wenn das außerhalb des Buches bleibt. Man stelle sich das mal buchstäblich vor. Nehmen wir dieses Buch, vorausgesetzt es wird eines, denn wenn es keines wird, stellt sich das Problem ja nicht. Nun gut, nehmen wir dieses Buch und stellen es vor uns auf den Tisch, die Schnittkante abgewendet, also mit dem Buchrücken zu uns gedreht. Gib zu, daß das ein sonderbares Ding ist. Jetzt taste mit der Hand den leeren Raum rechts und links des Buches ab, und da fühlst du natürlich nichts. Trotzdem meine ich, daß da etwas ist. Ganz nah beim Einband sitzen die Gedanken des Autors, die er beim Schreiben hatte und von sich aus nicht hineinlassen wollte. Schreiben ist eine Frage der Organisation, man hat also Entscheidungen zu treffen, und eine dieser Entscheidungen ist die, was in ein Buch hineinkommt und was draußen bleibt, und wann es beendet ist.

Was ich jetzt tue, ist ungewöhnlich, doch wenn man einmal damit angefangen hat, hört man so schnell nicht wieder auf. Wirft man einen Blick auf die gelbe Michelin 43, so sieht man die Autopista, die von Barcelona nach Westen führt, über Lerida – Lleida sagen die Katalanen – nach Zaragoza. Diese Autopista fällt also nicht in meinen Bereich. Gott sei Dank, denn sie hat keine Seele. Parallel dazu verläuft die N 11, die schätze ich nicht sonderlich; wer sie einmal gefahren ist, wird mich verstehen. Meine

Lieblingsstraße in diesem Teil Aragóns ist die C 1130. Die kommt wie die C 231 bei Torrente de Cinca ziemlich regellos aus dem Süden dahergezockelt und führt dann über die Autopista und die N 11 am Rio Cinca entlang nach oben. Sie wird von mir immer bevorzugt behandelt, wenngleich ich das natürlich nicht aus meinem Budget nehmen kann, das würde auffallen. Es ist eher eine Frage der Aufmerksamkeit. Ich werde diese Straße oder, besser gesagt, diese Landschaft jetzt nicht ausführlicher beschreiben, sondern lediglich betonen, daß ich dort immer am besten denken kann. Sie ist wenig befahren, denn die Menschheit hat's eilig, und sie ist, jedenfalls wenn man nach Zaragoza will, ein Umweg. *Desvia* sagen wir, doch ich mag dieses Wort nicht besonders. Umweg ist schöner oder, wie die Niederländer sagen, einfach »om«. Es hat einen magischen vibrierenden Klang, als wäre es aus Bronze; man kann es hundertmal sagen, und es gibt sogar Länder, wo man zu diesem Wort meditiert. Om, om, om.

Gestern wurde es mir im Klassenzimmer auf einmal zuviel. Ich verkörperte alle Kinder gleichzeitig, hatte das Doppelte meines Quantums geraucht und war nahe daran zu ersticken. Ein solcher Moment tritt bei jedem Buch ein. Die Personen versuchen zum letzten Mal, nicht existieren, und die Ereignisse, nicht stattfinden zu müssen. Man unterschätzt, was das bedeutet, daß etwas geschieht und trotzdem nicht wirklich geschieht. Wie dem auch sei, ich sah die vertraute Form meines »Seat« auf dem Schulhof stehen, mit der plumpen Gutmütigkeit von Gegenständen, die darauf warten, bis sie einem dienstbar sein können.

Die C 1310 mündet bei Sariñena in die C 129 ein. Die Numerierungen verfügen über eine gewisse Logik, die ich mir jedoch nicht ausgedacht habe. Wenn man dann auf der C 129 wieder in Richtung Zaragoza fährt, kann man nach Leciñena auch einen Landweg nehmen; er führt am Rio Gallego entlang nach Zaragoza und hat auf der Michelin 44 keine Nummer. Dieser Weg führt zu einem Kartäuserkloster, dem Cartuja de Aula Dei. Kartäuser gibt es kaum noch. Es ist der strengste Orden überhaupt;

die Mönche leben auch innerhalb des Klosters in Abgeschiedenheit; das Essen wird ihnen durch eine Luke in die Zelle gereicht, und nur ein paarmal in der Woche kommen sie zum Chorgebet zusammen und, merkwürdigerweise, zu einem Spaziergang. Mir gefällt es dort. Ich stamme aus einer mehr oder weniger anarchistischen Familie, und die Mönche wissen, daß ich nicht religiös bin; das kümmert sie nicht, weiß Gott, vielleicht beten sie sogar für mich. Wenn ich dort bin, fällt die Tür der Welt hinter mir zu. Ich unterhalte mich mit dem Gästepater. Die anderen bekommt man nicht zu Gesicht, und außerdem dürfen sie nicht sprechen, auch nicht miteinander. Anschließend setze ich mich eine Weile in die Klosterkirche, die ziemlich häßlich ist und in der ein paar unbedeutende frühe Goyas hängen. Es ist kühl in der Kirche, und in der Gegend von Zaragoza ist das eine Wohltat; bei uns glaubt man sich eher in der Sahara als in Europa. Ich bleibe eine Weile sitzen und denke nach, dann gehe ich wieder weg und nehme ein Glas Honig mit, den die Mönche selber herstellen. Wenn ich den mitbringe, schaut mich meine Frau mit einer Miene an, als wollte sie sagen »ist-es-wieder-so-weit«, oder als hätte sie längst gewußt, daß ich dorthin gehen würde; darüber aber will ich mir lieber keine Gedanken machen.

Gestern also lief ich buchstäblich mit klopfendem Herzen zu meinem Auto, als würde ich die Schule schwänzen, und das tat ich ja auch. Ich fuhr mit einem Schlenker zur Stadt hinaus auf die Autopista; denn ich wollte meine Lieblingsstraße nehmen und mich der Cartuja über einen Umweg nähern. Auf diese Weise hätte ich zwei Meditationen: eine beim Fahren und eine in der Klosterkirche.

Jemand wie ich muß auf der Autopista ziemlich aufpassen; denn es ist nicht viel los, und ehe man sich's versieht, träumt man vor sich hin. Ich fahre schließlich nicht wie die anderen Verkehrsteilnehmer nur durch eine Landschaft, sondern durch zwei, auch noch durch die in meinem Kopf. Hier war es Sommer, dort ist es Winter; wenn ich nicht aufpaßte, sah ich die erbärmlichen Bergwege der Südlichen Niederlande quer über die träge zweispurige Heerstraße der Autopista laufen. Bei Torrente de Cinca nahm ich die Ausfahrt und fuhr auf der C 1130 in Richtung Ballobar. Rechts von mir strömte der Cinca, falls man das strömen nennen kann, denn es ähnelt eher der Tränenspur auf der Wange eines Toten. Die Landschaft ist majestätisch. Aus der Ebene ragen große lehmfarbene Altäre, als hätten dort Riesen gewohnt, die einen Gott anbeteten, so groß wie ein Berg. Da wächst nichts; es ist mir ein Rätsel, was die Menschen dort wollen. Sie kratzen ein bißchen in der Erde herum und bringen doch etwas nach Hause, ansonsten produzieren sie, glaube ich, Würste. Es wohnen nicht mehr viele Leute dort, meine Straße ist ein wahrer Luxus.

Ich habe einmal versucht, für meine spanischen Freunde die niederländische Redensart »wie schetst mijn verbazing?« (auf deutsch wörtlich »wer skizziert meine Verwunderung?«) zu übersetzen. Spanier, die alles wörtlich nehmen, denken da immer an jemanden mit einem Skizzenbuch. Aber das hatte ich auf meinem Weg nun wirklich nicht erwartet: ein Mädchen aus Zeeland, ungefähr vierundzwanzig, braungebrannt, blond und hübsch, das per Anhalter unterwegs war. Sie hatte eine kleine niederländische Fahne auf ihrem Rucksack und tat so, als wäre es ganz normal, so dazustehen. Gestern war es über siebenunddreißig Grad, und plötzlich zwei glatte, braungebrannte, junge Beine auf dem Sitz neben mir, der eben noch leer war.

Sie kam aus Sas van Gent, und was sie sprach, war beinah flämisch. Ich liebe das Flämische, vor allem wenn es von Frauen gesprochen wird, die eine etwas tiefere Stimme haben. Dann hat es etwas Faseriges, gleichzeitig etwas Weiches und Rauhes; das kommt von der Aspiration, davon, wie man die Wörter beatmet. Echtes Flämisch, wie man es untereinander spricht, verstehe ich nicht so gut, bei ihr aber hatte ich keine Mühe; und das Harte, Nackte des Nord-Niederländischen – als ob jede Zierde zuviel sei und die Bestimmtheit der Behauptungen schmälern würde – fehlte ihr. Sie schien nicht verwundert zu sein, daß ich als Spanier

niederländisch sprach, obwohl sie hin und wieder über meinen Akzent lachen mußte.
Sie kam von der Mittelmeerküste, wo sie an diesem modernen, jährlichen Ritual, der Auferstehung der Toten, teilgenommen hatte. Ich hatte mir das auch einmal angesehen. Aus ganz Europa kommen sie, die weißen Leiber, als sei die Posaune für den Jüngsten Tag ertönt. Nacktstrände sind gegenwärtig hier erlaubt, doch so wie früher die Nacktheit tabu war, ist es nun verboten, weiß zu sein. All diese Körper kasteien sich tagsüber, um abends vor dem Spiegel stehen zu können und wenige Wochen im Jahr unverwundbar auszusehen, unverwundbar, also unsterblich. Jedem seine eigene Auferstehung. Ich sage das nicht aus Prüderie, ich glaube nur nicht daran; es ist eine falsche Heilserwartung, man drängt sich gegenseitig seine uninteressanten Geschlechtsteile auf und tut gleichzeitig so, als sehe man sie nicht. Dicke oder alte Menschen sollten sich dort nicht hinbegeben, aber sie tun es. Sie sind unerwünscht, sie stören die Illusion des Paradieses. Die Dicken, weil sie Gedanken an Unmäßigkeit und somit die dantesken Strafen dafür, Krankheit, Tod und Verdammung, heraufbeschwören; die Älteren, weil sie schamlos zeigen, was alle just zu leugnen suchen, die Zukunft. Sie erinnern an eine schweigende, jedoch hysterische Sekte, all die namenlosen Leiber, die dort brennen wie der heilige Laurentius auf dem Rost, als wollten sie gegen den Krebs des Todes bestrahlt werden oder bereits einen Vorschuß auf die eigene Kremation nehmen, wobei der Leib zur Strafe, weil er sie doch im Stich gelassen hat, so schnell wie möglich in einem Makrowellen-Ofen pulverisiert wird, bis keine Spur ihres namenlosen Lebens übrigbleibt.
Sie lachte mich aus, sagte, ich sei ein Moralist, ich redete drauflos (da haben wir sie wieder, die Elster und den Fink), und auf einmal fühlte ich mich alt. Was konnte ich ihr denn bieten – das vergeistigte Leben? Ich versuchte mich zu sehen, wie sie mich sah, und das fing natürlich bei meinem unvermeidlichen blauen Anzug

an, aber ich hörte gleich wieder auf damit, denn ich begriff, daß sie mich überhaupt nicht sah.

Ich fragte sie, ob sie etwas dagegen hätte, mit mir das Kloster zu besuchen, und erklärte ihr, was Kartäuser sind. Sie fand die Geschichte recht unglaubwürdig. Bei der jüngeren Generation fällt mir häufig auf, wie wenig sie weiß. Sie studierte Soziologie und hatte auch schon mal etwas von Klöstern gehört, aber daß es so schlimm sei, nein, sagte sie, das habe sie sich nicht vorgestellt.

»Aber die Mönche finden es nicht schlimm«, sagte ich.

»Woher weißt du das?« Die Sie-Form ist im Niederländischen ausgestorben, zumindest beinahe, oder sehe ich doch jünger aus, als ich dachte? Dem wird wohl nicht so sein. Und die Frage war gut.

»Überzeug dich selber«, erwiderte ich. »Es geht nichts über Feldforschung.«

Wir fuhren durch die Einfahrt ins klösterliche Grundstück hinein. Links sieht man dann so etwas wie eine merkwürdige Fabrik mit allerlei kleinen Schornsteinen. Neunzehntes Jahrhundert, so sieht die Auffahrt aus. Kühl, schattig, Platanen, ein vergilbtes Foto. Es hat etwas Behagliches. Ich klingelte, und nach einer Weile hörte ich das Schlurfen des Gästepaters. Ich war noch nie mit einer Frau dort gewesen, sonst hätte ich nicht eine so schlechte Figur gemacht; denn sie durfte nicht hinein. Pater Anseimus sagte es mit leichtem Bedauern, jedoch entschieden. Er schien übrigens über die lange blonde Gestalt in Shorts nicht verwundert zu sein. Sie durfte zwar ins Gästezimmer, ins Innere des Klosters aber wurden Frauen nicht eingelassen.

»Das finde ich hinterfotzig!«

Ich erzählte ihr, daß es genau darum ginge.

»Nein, nur weil ich Shorts anhabe. Im Vatikan hab ich das auch mal erlebt. Alte Lustmolche.«

Doch es war grundlegender als das. Sie hatte mit ihrem ersten Ausdruck ins Schwarze getroffen, obwohl das in diesem Zusammenhang ein ziemlich unglücklicher Ausdruck war. Trotzdem

wollte ich eine Weile in die Kirche gehen, um nachzudenken. Ich hänge an meinen Gewohnheiten.
Im Gästezimmer war es halbdunkel. Unwillig, das war nicht zu übersehen, setzte sie sich auf einen der harten Stühle und zündete eine Zigarette an. An der Wand hing ein kolorierter Stich der Divina Pastora, den sie mißbilligend betrachtete. Es war tatsächlich, das fiel mir nun zum ersten Mal auf, eine eigenartige Darstellung. Die Göttliche Schäferin saß auf einem unsichtbaren Gegenstand, ein rosafarbenes Kleid in steifen Falten um die kräftigen, nicht reizlosen Schenkel. Ihre leicht schielenden Augen waren gen Himmel gerichtet, wahrscheinlich wegen des Göttlichen Kindes, das steif und in einem gelben Rock neben ihr stand. Ihre große, schlaffe Hand hing auf das mollige Ärmchen herab, das an Eßbares erinnerte. Das Kind schaute auf gar nichts, auch nicht auf das Lamm, das eifrig an ihm hochsprang, um an das feuerrote, strahlende Herzchen zu kommen, das sich merkwürdigerweise an der Außenseite des Körpers befand. Das Lamm schnupperte daran und wollte es vielleicht sogar fressen, was undenkbar ist. Aber das Mannsbild mit Flügeln, das über den Himmel spazierte, lag schließlich auch nicht im Bereich des Möglichen. Ein zweites Lamm schnupperte an einer Rose, die an ihrem blauen Umhang steckte, ein drittes kniete und nuckelte, so schien es zumindest, an ihren rosigen Zehen. Sie trug einen Schäferinnenhut – wie er seit Marie-Antoinette bei allen Damen in Mode war, nur nicht bei den Schäferinnen – und hielt einen eigenartigen Stab.
»Es sieht wie ein Voodoo-Bild aus«, sagte die Zeeländerin, »was hat das Ganze in Gottes Namen zu bedeuten?« Pater Anselmus lächelte verschmitzt, als ich übersetzte, was sie sagte, und bedeutete ihr, ihn in ein kleines Nebengemach zu begleiten, wo er einen Vorhang aufzog. Mir schien es vernünftiger, solange in die Kirche zu gehen, obwohl von einer Meditation kaum mehr die Rede sein konnte.
Doch es ging besser als erwartet. Innerhalb weniger Minuten

stand mein Buch um mich herum. Das noch nicht Geschriebene hat immer etwas Unheimliches, es zieht und saugt. Eigentlich ist es eine Art Krampf. Nicht geschrieben, will es sich rächen, doch geschrieben, bewirkt das, was vorher nicht dastand, eine faserige Melancholie, die nur langsam vorbeigeht.
Melancholie bewegte auch die Zeeländerin, das sah ich, als ich wieder ins Zimmer kam. Sie hatte sich über ein Modell des Klosters gebeugt und sah mich traurig mit dem Blick von Verstandesmenschen an, die mit etwas konfrontiert werden, was nicht in ihr Denken paßt. Meist hängt dies mit der Annahme zusammen, anderen Leuten fehle etwas. Ich kannte dieses Modell schon, es sah aus wie ein Puppenhaus, und weil ein Kloster ein in sich geschlossenes (Claustrum) Universum ist, war es gleichzeitig ein Abbild des Weltalls. Alles war darin enthalten, auch das Zimmer, in dem wir uns befanden, so daß man meinen konnte, zweimal vorhanden zu sein. Mit dem Finger zeichnete ich den Weg nach, den ich gegangen war, das ihr verbotene Reich.
Sie sah mir zu, aber ihre Aufmerksamkeit galt etwas anderem, jenseits der Grenze, die auch für mich nicht zu überschreiten war.
»Das sind keine Schornsteine«, sagte sie heftig und zeigte auf die sonderbaren hohen Türme, die man schon von der Straße her sehen konnte.
»Das sind Aussichtstürmchen. Jeder hat sein eigenes ... wie heißt das auf spanisch?«
»Mirador. Seinen eigenen Mirador.«
Das schien sie aufzuregen. Dadurch wurde die eigensinnige, selbstauferlegte Einsamkeit noch am besten ausgedrückt. Sie beugte sich über so ein winziges Segment, die Zelle *eines* Mönches. Die Zellen lagen nebeneinander, waren jedoch nicht miteinander verbunden.
»Schau, das ist sein Bett. Und hier an dem Tisch kann er lesen.«
Das stimmte. Wie in einem echten Puppenhaus saß da ein Männlein in einer schwarz-weißen Kutte und las ein Büchlein, das noch kleiner war als der Nagel eines kleinen Fingers.

»Und da kann er auf und ab gehen.« Sie deutete auf einen kleinen Gang hinter der Zelle, der höchstens drei Meter lang sein konnte.
»Und dann geht er dort hinauf, hinter seinem Klo, da ist die Stiege zu seinem... seinem Mirador. Von da aus hat er einen Ausblick. Und durch dieses Fensterchen kriegt er das Essen.«
Ihre Stimme war weinerlich geworden, das blonde Haar hing über dem Türmchen, ihr Haar, das keiner der Mönche, außer Anselmus, jemals sehen würde. Ich fragte mich, wie es wohl wäre, wie ein Wolf in diesem Gang hin und her zu laufen und dort hochzuklettern, um über die Sandfläche hinauszublicken wie Moses in der Wüste. Und mir fiel wie gewöhnlich nichts dazu ein. Wie ein Wolf? Im Zoo sieht man das zuweilen, eine Art Kettengang. Am gruseligsten ist immer die scheue, neurotische seitliche Wendung, mit der sie vor der nächsten Schleife kehrtmachen. Aber Mönche laufen nicht wie Wölfe. Sie brauchen für die drei Meter eine Stunde und denken einen Gedanken, der allem Weltlichen fern ist.
Ich kaufte meinen Honig, und dann gingen wir. Als wir ein paar hundert Meter vom Kloster entfernt waren, sagte sie plötzlich: »Halt mal an!« Ich hielt an. Sie drehte sich um, so daß sich der Sicherheitsgurt über den Brüsten spannte, und blickte auf die Reihe Miradores, die wie steinerne Soldaten über den Platanen die Wache hielten.
»Ihr ganzes Leben«, ihre Stimme überschlug sich, »hocken sie dort, einem Märchen zuliebe!« Das Wort kam mit der größten Verachtung heraus.
»Es ist kein Märchen, es ist ein Glaube.«
»Quatsch. Dieses Voodoo-Bild bestimmt, das Kind mit dem aufgeklebten Herzen, und die Mutter mit 'ner weißen Sonne überm Kopf.«
Sie meinte den Heiligenschein der Jungfrau Maria.
»Jungfrau!« Das spuckte sie aus.
»Die sind verrückt! Das ist langsamer Selbstmord. Man hat nicht

das Recht, sich selbst so zu strafen. Für ein Märchen!« Nun hatte sie es noch einmal gesagt.

Glaube, Märchen, Mythos. Ich dachte an den Clown und gleichzeitig an Robert Graves, wie das zuweilen geht. Der hatte einmal eine Einleitung zur *Larousse Encyclopedia of World Mythology* geschrieben. Mythen erscheinen uns fremd, weil sie etwas erklären müssen, was nicht wahr sein kann. So ungefähr hatte er es formuliert und mit einem phantastischen lyrischen Sprung hinzugefügt, daß die biblischen Geschichten, obwohl sie große Ähnlichkeiten mit den persischen oder babylonischen Mythen aufweisen, nicht in den Standardwerken über Mythologie vorkommen, aus dem einfachen Grund, weil es noch Menschen gibt, die daran glauben. Sobald der letzte Gläubige gestorben ist, wird eine Religion zum Mythos, das ist in etwa seine These. Maria hatte unbefleckt empfangen, sie war Jungfrau, als Christus geboren wurde, Christus war der Sohn Gottes, er und Maria fuhren nach ihrem Tod gen Himmel, und wir alle werden am Tag des Jüngsten Gerichts von den Toten auferstehen.

Die Männer, die hin und wieder auf diesen Türmchen stehen, glauben das, und deshalb steht es vorerst noch nicht in der *Larousse Encyclopedia of World Mythology*; denn niemand hat den Mut, es aufzunehmen. Wir wußten, daß diese Männer an einen Mythos glaubten, während sie vom Gegenteil überzeugt waren. Märchen haben damit nichts zu tun. Märchen sind von Menschen geschrieben, das ist es, was daran nicht stimmt. Mythen sind angeschwemmt worden, keiner hat sie geschrieben, und trotzdem wurden sie überliefert.

»Märchen erzählen Dinge, die nicht wahr sind. Ich mag keine Märchen.«

Ich spürte, daß sie mit den Füßen aufstampfte, und wich einem Esel aus.

Vielleicht ist es so, daß wir die Mythen auf eine geheimnisvolle Art und Weise alle zusammen erdacht haben. Aber warum werden Märchen geschrieben? Weil es in der Wirklichkeit nicht

auszuhalten ist? Mythen sind von niemanden geschrieben worden; damit muß es zusammenhängen. Das Märchenschreiben war eine falsche Sehnsucht, Mythen zu schreiben, und somit ein Verlangen, niemand zu sein oder ein ganzes Volk, eine Masse ohne Namen und Gesicht, eine ausgestorbene Spezies. Doch dafür war es zu spät.
Die Silhouette von Zaragoza ist, wenn man von Norden kommt, eine der schönsten Spaniens. Mit den Türmen der Seo und Lonja auf der anderen Seite des Ebro sieht sie aus wie ein großes geheimnisvolles Schiff, das in der Wüste vorüberfährt.
»Das ist wenigstens wahr«, sagte sie.
Sie legte ihre schmale Hand auf meinen Arm, was mich erschreckte.
»Wie heißt du?« fragte sie. Ich nannte meinen Namen.
»Tiburón.« Sie sprach ihn langsam aus.
»Bedeutet das was?«
»Ja, es bedeutet ›Hai‹.«
Ich fand schon immer, daß das niederländische Wort »haai« besser ausdrückt, was ein Hai ist, als Tiburón, das klingt eher wie U-Boot.
»Hai. Ich finde, du bist ganz und gar kein Hai. Was für ein Sternzeichen hast du?«
Ich wußte es nicht. Ich glaube nicht an Märchen, wollte ich sagen, unterließ es aber.
»Wo willst du jetzt hin?« fragte ich.
»Nach Pamplona, und dann nach Hause.«
Haus! Auf einmal sah ich es. Die Fähre bei Breskens, den breiten, salzigen Mund der Scheide, das flache, fette, grüne Land. Sie schaute mich mit ihren blauen Augen an, als sehe sie etwas, was nicht zu sehen ist, etwas, was mir gehört und was ich immer behüte. Ich stand am Ebro und dachte an die Scheide, und mir war, als fühlte ich den Wind der Scheide, denn mich schauderte auf einmal. Oder so etwas Ähnliches.
»Warum bringst du mich nicht hin?«

Nun wußte ich also, warum mich schauderte. Da stand sie, der Norden. Ich aber mußte in diesem Land sein, in dem zurückgebliebenen sprachlosen, vergessenen, so märchenhaften Teil davon.

»Ich muß arbeiten.«

»Oh«, und sie nahm meinen spanischen Ingenieurskopf in beide Hände, gab ihm zwei Küsse und noch einen dritten, irgendwo auf die Mitte, in die Nähe der Augen, zerrte ihren Rucksack vom Rücksitz, sagte »Tschüs, Hai«, und verschwand, eine winkende blonde Gestalt mit der Bräune des Mittelmeeres, meines Meeres, federnden Schrittes, ohne sich umzublicken, wie das laut allen schlechten Schriftstellern der Welt sein mußte.

Ich fuhr zur Schule zurück, steckte den Finger in den Honigtopf, schleckte lange und andächtig und sah, wie das lange blonde Haar in die Zelle des Mönches hineinhing. Ich bin ein unnützer Hai.

Und dieses Kapitel war zu lang geraten. Andererseits, bei den Japanern ist die Asymmetrie wesentlich für die Ästhetik. Wenigstens ein Volk, das nicht an die Vollkommenheit glaubt. Oder eben doch – auch das wäre natürlich möglich.

19

Kai war in der Zwischenzeit Chauffeur geworden. Das könnte eine Chance zur Flucht sein; doch daran dachte er nicht. Er erinnerte sich nur allzu gut an das halbrunde Messer, das ihm Floris an die Kehle gesetzt hatte, und außerdem fühlte er sich bei seinen Fahrten wie ein Schauspieler aus einem amerikanischen Verbrecherfilm, wenn möglich einem in Schwarzweiß. Er fuhr gern in dem großen Tatra, obwohl die Fahrten nie länger als ein paar hundert Kilometer waren. Floris saß meistens neben ihm und begleitete die Landschaft mit seinen bitteren Kommentaren. Auf diesen Fahrten wurde anscheinend immer etwas geholt.
Floris beziehungsweise Ulrich oder, wenn es sich um kürzere Entfernungen handelte, einer der anderen Männer, deren Namen ihm keiner gesagt hatte und die er sowieso kaum verstehen konnte, verschwand in irgendeinem Haus, um kurz darauf wieder herauszukommen. Kai fragte nie, und er wurde auch nicht eingeweiht. Manchmal ging es geräuschvoll zu, es klirrte Glas, hin und wieder hörte er Schüsse. Dann mußte er schneller fahren oder nach Floris' Anweisungen einen Verfolger abschütteln.
Er tat das alles wie ein perfekter Roboter – er steuerte den Wagen, und eine andere, namenlose Instanz steuerte ihn. Manchmal beschäftigten ihn der Schmerz im Auge und die Besuche dieser Frau in seinem Zimmer.
All das war sein Leben geworden, seit er den Norden verlassen hatte. Hier galten andere Gesetze. Er nannte die Frau nicht bei einem Namen. Sprechen war übrigens auch nicht das, was von ihm verlangt wurde. Sie war ein Kreis, der sich stets enger um ihn schloß. Daß man sich über ihn lustig machte, wußte er, doch er reagierte nicht. Das einzige, was er bei sich selbst verspürte, war eine Unruhe, wenn die Frau nicht oder für sein Gefühl verspätet kam. Vielleicht war er von diesen stillen Ereignissen abhängig geworden, die Schmerz, Zwang und Genuß ineinanderströmen ließen, und ein Wille beherrschte ihn, der auf Zerstörung aus zu

sein schien und um vieles stärker war als sein eigener, der ihn so beherrschte, wie ihn noch nie etwas beherrscht hatte. Wenn es vorüber war, blieb er ohne Erinnerung zurück und saß oft stundenlang reglos auf dem Bettrand oder starrte zum Fenster hinaus.

Im Schloß konnte er kommen und gehen, wie er wollte, aber er machte nicht viel Gebrauch davon. Es glich noch am ehesten, dachte er, einer Mischung aus Hotel, Internat und Gefängnis, und die meisten anderen Bewohner gefielen ihm nicht. Manchmal plauderte er mit Ulrich, der von Mal zu Mal müder aussah und ihn behandelte wie ein Kind, das man nicht ganz ernst nehmen kann. Es wurde viel gespielt, wobei Floris, der mal eine Uniform wie aus einem Theaterstück trug, dann wieder einen Smoking oder ein anderes albernes Kostüm, seine Partner beim Spiel derart ärgerte, daß es oft zu Schlägereien kam und Ulrich eingreifen mußte.

Frauen gab es nicht. Er aß fast immer mit Floris und Ulrich, sie war nie dabei, und wo sie ihre Zimmer hatte, wußte er nicht. An manchen Tagen waren mehr Männer da als gewöhnlich. Dann hielt er sich am liebsten in seinem Zimmer auf, doch auch hier war bald Musik und das Grölen von Betrunkenen zu hören. Einmal beobachtete er, wie einer blutend von zwei anderen aus einem Zimmer geführt wurde. Todesangst, das war es, was er in den Augen dieses Mannes gesehen hatte, aber auch damals hatte er nichts gefragt. Zwischen ihm und dem Rest der Welt hing ein Schleier, dahinter lebte er wie in einem Aquarium. Wenn er ihr in die Augen blickte, und das tat er lieber nicht zu oft, sah er, daß sie ihn nicht wahrnahm, als hätte das, was zwischen ihnen geschah, eigentlich nichts mit ihm zu tun, als wäre außer ihm noch eine andere, unpersönliche Kraft im Zimmer, eine alles verzehrende, freßsüchtige Begierde. Nichts war in diesen Augen zu sehen. Man schaute in Glas und Eis, in eine Welt, die so kalt war, daß man erfrieren mußte, wenn man zu weit in sie eindrang.

20

Märchen sind eindimensionale Geschichten. Darum können sogar Dinge Hauptpersonen sein. Lesen Sie Andersen. Das Märchen von den Kerzen. »Es war einmal eine große Wachskerze, die genau wußte, was sie wert war.« Die Heldin ist eine Kerze und hat nur einen Charakterzug. Märchen sind geschlossene Systeme, daher sind sie so schrecklich. »Und der Komet kam, strahlte mit seinem feurigen Kern und drohte mit seinem Schweif.« »Der Brunnen war tief, darum war das Seil auch lang.« Es stimmt immer alles, ein Dichter ist da nicht vonnöten. Das Ergebnis steht fest, die Charaktere besitzen nur eine Dimension, es kann nicht gelogen werden, es sei denn so, daß es jeder merkt. Aufgabe: Einen terminalen Krebsfall wie ein Märchen zu erzählen, mit den weiterwuchernden, gierigen Zellen, wie Wölfe, die Lust auf Rotkäppchen haben. Wetten, daß es glückt? Vierzig Grad heute.

21

»Ah, *honectror, honecseim*«, sagte der Mann mit dem goldfarbenen Bart, auf dessen Schoß Lucia saß, und streichelte ihr Haar und ihre Schultern. Sie saß, nein sie lag, den Kopf zurückgebeugt, und sah das klare Licht des Herbstes durch das spärliche Laub. Wenn sich die Zweige bogen, verschoben sich die Lichtstrahlen, und es schien, als liefen sie hintereinander her, als wollten auch sie sich verknäueln und beschlafen. Um sie herum klang das Gegurre und Gesumme der anderen, Küsse, Streicheln, Berührungen, das leise Ächzen der Äste und das Rascheln der welken Blätter unter ihren unruhigen Körpern. Manchmal fiel ein Lichtstrahl senkrecht herab, dann hob sie den Kopf, um zu sehen, wie sein Gesicht durch diesen Strahl erhellt wurde, und er sah es und lachte aus diesem plötzlich noch strahlenderen Gesicht und tat, als könne er den Lichtstrahl greifen, und flüsterte Gott zum Licht und Gott, wenn er ihre Schultern oder Brüste berührte, und dann wieder Gott, wobei er ein Blatt aufhob, so daß es golden glühte und sie die Äderung des Blattes wie eine Zeichnung sehen konnte.

Gott, damit hatte sie sich noch nie beschäftigt, aber er sagte es so oft und stets mit einem Summen in der Stimme, so daß sie nun, wenn sie aufs Wasser sah oder einen Vogel erblickte, leise und vorsichtig, ohne die Lippen zu bewegen, auch dieses seltsame kurze Wort murmelte, mit dem er die Dinge so besiegelte. Wie lange dauerte das nun schon? Sie zog ein Haar aus seinem Bart und ringelte es um ihren Finger, jede Schlinge ein Tag. Dann war dieses dünne, feingesponnene Ende der erste Tag, als das Singen und die Trommeln aus dem Wald ertönten und Anna sagte: »die Screemer«, was demnach so etwas wie Schreier bedeuten mußte, weil sie immer soviel fröhlichen Lärm machten. Bevor sie darüber hätte nachdenken können, standen sie schon da, sich wiegend und tanzend, er ganz vorne, eine kunterbunte Gruppe Männer, Frauen und Kinder. Sie hatten Anna und Lucia begrüßt, als kennten sie die beiden schon lange, und sie Schwestern genannt; er hatte eine Hand auf ihren Kopf gelegt, und das war ihr vorgekommen, als hätte sich ein Vogel darauf gesetzt. Danach hatten sie Essen ausgeteilt und ihre Zelte aufgeschlagen; später war es still geworden, bis der Abend kam und das Singen und Tanzen wieder einsetzte und ein großes Feuer angezündet wurde.

Sie wickelte das Haar wieder vom Finger und hielt es ins Sonnenlicht. Soviel Zeit also, er aber glaubte nicht an Zeit. Was das war, die Zeit, hatte sie sich nie wirklich überlegt, und das war auch nicht mehr nötig; denn er hatte gesagt, die Zeit werde aufhören. Wie das geschehen sollte, wußte sie nicht, doch er hatte gesagt, das Ende der Zeiten; denn wenn dieses Jahrhundert sich dem Ende näherte, wären wieder tausend Jahre vergangen, und die wenigen Jahre, die nun noch blieben, bedeuteten den letzten Aufschub; danach würde alles, was sich in der Zeit befand, zusammen mit der Zeit aufhören. Anna hatte gelächelt, obwohl man doch meinen möchte, davon traurig werden zu müssen. Doch er und seine Freunde nahmen es nicht so tragisch, sie klatschten und sangen, wenn er es immer wieder sagte, wobei seine Stimme jedes Mal höher und zwingender wurde. Dann standen sie auf und tanzten, die Arme umeinandergeschlagen, die Gesichter voll sonderbarer Freude. Das Ende des Jahrtausends, die drei Nullen, die er in die Nachtluft malte wie Kreise über dem Feuer, Nullen, in denen man verschwinden, singend und frohen Mutes an einen Ort gehen würde, wo es besser wäre; als hätten die Löcher der in die Luft gemalten Nullen eine Anziehungskraft, die so stark wäre, daß sie alles dazu bewegen könnte, darin fortzuziehen. Im Verlust der Zeit, der dann einsetze, würde alles sich auflösen, zerfallen, verschwinden, und etwas würde übrigbleiben, was weniger war als ein Seufzer, der Seufzer selbst, die Erinnerung an den Hauch und sonst nichts. Wie die Löwen im Zirkus würde ein jeder durch die brennenden Reifen springen, und er wäre der Löwenbändiger.

Tausend, tausend, das Wort raunte und glomm in der kleinen Menge, und sie hatte Annas Arm gespürt und gefragt, ob es wahr sei, und Anna hatte gelacht und sich mitgewiegt und geantwortet, Tausend sei nur ein Maß, das die Menschen sich ausgedacht hätten, und wenn diese Zahl näher komme, verspürten manche Menschen einen Sog, einen Drang, der sie allem Zählen entziehen konnte, weil Zählen an den Tod erinnerte und die Leute, aus Angst zu sterben, sich geradezu nach dem Tod sehnten und am liebsten in einer Gruppe sterben würden. Das hatte sie nicht begriffen, doch dann wurde Wein herumgereicht, süß und schwer, und er war wie ein närrischer Mann ums Feuer getanzt so daß es schien als brenne er und er hatte gerufen Gott sei im Feuer und alles sei Gott also auch das Feuer und sie selbst und dann hatte er seine Hände erhoben bis alle still waren und auf seine zerlumpten Kleider gezeigt und sie hatten alle ihre Kleider zerrissen so daß sie noch zerlumpter aussahen als zuvor und in der Kälte hatte er seine Kleider ausgezogen und sie hatten alle ihre Kleider ausgezogen und er hatte gerufen wenn alles Gott sei müsse auch die Sünde ein Teil von Gott sein und teilhaben an Gott sei gut ob man nun teilhabe an seiner hellen oder an seiner dunklen Seite denn für ihn seien hell und dunkel gut oder böse dasselbe denn in ihm sei nichts gegensätzlich und deshalb könne das was die Menschen das Böse nannten nie das Gegenteil von gut sein denn in einem Gott der eins und ungeteilt ist könne es keine Gegensätze geben und dann fing die Stimme aus seinem Mund noch höher zu summen an und sagte jetzt würden sie noch verfolgt werden weil sie die einzigen freien Menschen auf der Welt seien und die Welt sei dem Tode geweiht wo Menschen derselben Abstammung andere in ihrem Besitz hätten und als Sklaven arbeiten ließen und ihnen vorschrieben wie sie zu leben hätten und daß die Geißel jetzt rasch kommen und allem Unrecht in einem großen vernichtenden Feuer der Läuterung ein Ende bereiten würde.
Die Geißel, die Geißel, bei diesem Wort schien es, als schlüge seine Stimme über die Bäume hinaus und käme zurück und träfe

wie eine Peitsche die Gesichter, die ihn verzückt anstarrten, und dann waren seine Worte nicht mehr zu verstehen, das Geräusch, das er hervorbrachte, erschien wie ein langer stammelnder Ton, der immer wieder zu einem Peitschenknall anschwoll, wobei die anderen mit genauso hohen Tönen den Schmerz ausdrückten, den der Peitschenknall hervorrief.
Sie dachte später, daß sie damals Angst gehabt hatte, doch gleichzeitig auch erregt war, weil seine Stimme sie emporhob und mittrug und dann zum Glück auch wieder zurückbrachte, tiefer wurde, ruhiger, bis seine Worte wieder verständlich wurden und er nicht mehr über Strafe, sondern über Liebe sprach. Liebe, Liebe, das Wort huschte nach allen Seiten, es mußte auch die Tiere in ihren Höhlen erreichen, die Vögel in ihren Nestern, bis es wieder zurückkam und sich in die Gesten einnistete, in die Hände, mit denen sie einander berührten, streichelten, noch immer seufzend und murmelnd im Schein des Feuers, als bestünden sie aus einem großen sich vereinigenden Körper, der die Kälte nicht spürte und liegend tanzen konnte, bis der Morgen anbrach.
Aber schon lange vorher hatte er sich ihr genähert, eine Gestalt aus Feuer, und hatte mit einem Lachen seine Hand ausgestreckt, das sie einspann, das Lachen des Löwenbändigers im Zirkus, der zusieht, wie der Löwe durch die vollendete Null des brennenden Reifens springt. Sie hatte sich nach Anna umgesehen, die mehr denn je einem gutmütigen Clown ähnelte, und Anna hatte genickt, als wüßte sie bereits alles, und mit dieser Kopfbewegung alles ausgedrückt, und dann hatten sie den Kreis des Feuers und den der anderen verlassen, waren weit gegangen, bis zu der Stelle, wo das Feuer nur noch ein ferner Schein war, und da hatte er sie geliebt wie eine Wolke.
Eine Wolke? Ja, eine Wolke, etwas, was Fülle war und überall gleichzeitig, eine lebendige Wolke in der Gestalt eines Mannes mit goldenem Bart, dem Bart, aus dem sie die leuchtenden Haare gezupft hatte, die sie jetzt an ihrem Finger auf- und abwickelte, als wäre es die Zeit selbst, die sie nun um ihren Finger ringeln

konnte, und in der Täuschung, die dazugehört, war es, als ob ihr früheres Leben, ihr Name und vielleicht sogar sie selbst ausgelöscht wären, wegströmten in einem Element, das nirgends dazugehört, wo Worte nicht zählen, wo alles so voll und leer ist wie eine Wolke, die ohne jeden Widerstand über den Himmel zieht.

22

Nun sitze ich selbst auf einem Schoß, und was für einem. Er ähnelt einer plebeischen Form von Bildreim und Bezugswahn, wie so vieles, was ich hier mache. Aber wie soll man ruhig bleiben, wenn man zwischen den honigsüßen Tönen dieses Chrysostomos eine andere aufsässige Stimme mit stets penetranteren Konsonanten anschwellen hört, so wie ein Piratensender, der dazwischenfunkt, wenn man gerade Mozart lauscht. Und wenn diese erbärmliche, störende Stimme, die niemand sonst hören kann, auch noch die eigene ist, die immer heftiger wettert, bis jegliche Harmonie zum Teufel ist, dann sollte man Mozart lieber abschalten.

Aber ich kann nichts dagegen tun, ich bin allergisch gegen das Wort Gott, ich kann es nicht hören ohne zu protestieren, nicht aufschreiben, ohne daß meine linke Hand das Papier zerreißen will oder mit einer trotzigeren Schrift in einem anderen Buch dagegen anschreibt. Und warum diese ganze Aufregung? Ich gehe doch selbst zuweilen in dieses Kloster? Das stimmt, aber Kartäuser fallen niemandem zur Last, sie wollen nichts von der Welt. Ich bin's, der hingeht, es wird mir nicht, wie früher, ungefragt auferlegt, es will nichts von mir. Ich sollte mir ein Beispiel an Anna nehmen, Frauen sind immer klüger. Sie wissen, was auch ich weiß: daß die Welt die millenaren Phantasien auch früher schon erlebt und verdaut hat. Die freiwilligen Armen, die Ranters, die Fraticelli, die Selbstvergötterung, das Gezeter des Plotin, die Brüder und Schwestern des Freien Geistes, deren Abglanz man später als Wissenschaft verkleidet bei Spinoza wiederfindet, der seinen unpersönlichen Gott mit der Natur gleichsetzt, die himmlische Güte, und dann, wörtlich gemeint, immer wieder die eine, alles umarmende Segnung, in der alles, selbst die Dreieinigkeit aufgeht, die Menschenseele, die wie ein Tropfen aus dem Krug des göttlichen Ursprungs herausgefallen war und nach dem vergänglichen, ungöttlichen Leben zurückflösse, die ganzen Heilslehren mit ihrer Gleichheitshysterie, die unwiderruflich mit den stets höher schlagenden Wogen der totalen Vergöttlichung hörbar wurden, all diese Gespinste, die gefälschten Dekrete des Pseudo-Isidorus mit seinen von Clemens nie geschriebenen Episteln des Papstes Clemens, die egalitären Paradiesträume des Roman de la Rose, das Recht auf Glück, das Recht auf den Körper des anderen, prächtig, verführerisch, nur Lügen, Prahlerei, zu allen Zeiten von neuem hervorgerufener utopischer Wahnsinn, mit dem die Menschheit stets wieder betrogen wird!

Nehmen wir irgendeinen dieser unausgegorenen mittelalterlichen Wunschträume und begeben wir uns damit ins zwanzigste Jahrhundert, wenn die Nullen wieder näher kommen, dann bringen wir ihn in den Dschungel von Kambodscha und treten bei Pol Pot ein mit seinem Heilsgedanken, der kein Eigentum zuläßt und keine Städte, keine Familie und kein Gefühl, keine Musik, keinen Gesang, keine Bücher, keine Kenntnis der Vergangenheit. Dafür starben drei Millionen Menschen, weil immer Menschen sterben müssen, wenn Utopie zum Gesetz erklärt wird.

Am Anfang aber steht immer die Versuchung, es sind die Männer mit den goldenen Mündern, wie dieser Narr, auf dessen Schoß Lucia sitzt!

Schoß, Schoß, Tiburón, hör auf! Du bist allein, bleib ruhig. Da stehe ich in der Mitte des Klassenzimmers, den Finger an den Ducados verbrannt, wie ein in seiner Zelle hin und her rennender Mönch; wenn ich zur Decke schaue, ist sie offen, und das goldene Haar einer Riesin hängt herab, an dem ich emporklettern könnte wie Tarzan an einer Liane! Du schweifst ab, du bringst alles durcheinander, was hat der arme Spinoza um Himmels willen mit deinem Goldbart zu tun? Dein Thema war ein Schoß, auf dem du gesessen hast, erinnerst du dich?

Schoß. Warum sind manche Bilder so viel stärker als andere? Warum verbindest du deinen Haß auf jede Form der Religion und Utopie mit dem so nebensächlichen Schoß von Pater Vincentius? Ein Schoß? Es war eher ein Tal, ein Tal aus rauhem, braunem Stoff. Mein Gott, wie können Schriftsteller doch einen Vorfall aufblähen. Wie viele Knaben aus meinem Internat hockten nicht bei einem Pater auf dem Schoß und sind heute selber Generalvikar irgendeines unaussprechlichen Bistums auf den Philippinen, Jesuit in Nicaragua, Chefredakteur einer Provinzzeitung in Asturias, oder einfach gestorben, in Frieden dahingeschieden? Warum mache ich nur soviel Aufhebens?

Darum, weil ich als einziger Dummkopf hier noch immer auf einer Schulbank sitze und an der Größe dieser Bank, die ich teilweise auseinandernehmen mußte, um hineinzupassen, ermessen kann, wie klein ich wirklich war. Klein und reizend. Zum Glück habe ich hier keinen Spiegel, sonst müßte ich feststellen, daß das Kind von damals immer weitergewachsen ist bis zu der in Blau gekleideten Gestalt, die nun da hockt und schwitzt bei vierzig Grad. Ja, prüfen Sie es ruhig nach, im Sommer des Jahres 1990 wurden in Zaragoza Temperaturen von durchschnittlich vierzig Grad gemessen!

Ich wurde trotz der anarchistischen Neigungen meines Vaters in einem Internat der Karmeliter erzogen, aus dem sich erst für das schlechte und später für das gute Regime brillante Politiker rekrutierten. Den Namen der Schule findet man in vielen Biographien und Nachrufen. Pater Vincentius hatte die Aufsicht über den Schlafsaal, aber er beaufsichtigte vornehmlich mich und meinen damals noch so biegsamen Körper. Das war nicht das Schlimmste. Er hielt auch die Fastenpredigten, und ich war für Rhetorik schon immer empfänglich. Wenn er über Leid, Hölle und Verdammnis sprach, strömte das dunkle Wasser der Lethe geradewegs aus den furchtbaren Wunden Christi in die Kapelle herein, und darin ertrank ich dann, in einem Gemisch aus Blut, Galle, Essig und Totenwasser, ich, ein Sünder von eins-fünfzig und in kurzer Hose. Schlimmer noch, er war auch mein Beichtvater, und das blieb er, bis ich zum x-ten Mal immer wieder dieselbe alberne Kindersünde durch die Luke des Beichtstuhls geschoben hatte, als wollte ich sie an seiner braunen Kutte abwischen, und er mir plötzlich wütend durch das verschattete, geflochtene Holzgitter zuflüsterte »du bist ein geiler Bock« und mich abends, nachdem er mich aus dem Bett kommandiert hatte, wieder auf seinen großen braunen Schoß zog. Der rauhe Stoff rieb an meinen nackten Beinen, ich versuchte unauffällig, aus diesem Tal und Geflüster wegzukommen, ich wollte da nicht sitzen.

Ich gebe zu, das ist als Schlußfolgerung nicht eindrucksvoll, aber seither bin ich allergisch nicht nur gegen den Schoß der Karmeliter, sondern in einem Aufwasch auch gegen den Schoß von Rom, Moskau, Genf, Mekka und Dordrecht und die genauso speckige Rückseite dieser Systeme, die Sekten, Utopien und jeden, der im Namen einer anderen, höheren und besseren Instanz spricht und darum lügt, gegen jeden, der bei einem Papst, einem Ayatollah oder einer Wahrheit auf dem Schoß sitzen will und nicht, wie ich, allein sein möchte, nur geboren und nicht erschaffen, der aus eigener Kraft leben will wie eine x-beliebige Otter, Eule oder Heuschrecke.

»Ho, ho, Tiburón, alter Hai, meinst du das denn ernst«, fragten mich meine Kommilitonen in Delft, wenn's mal wieder mit mir durchgegangen war. Niederländer wollen immer wissen, ob man meint, was man sagt. »Nein, natürlich nicht«, erwiderte ich dann. Darüber mußten sie sehr lachen. »Leute, Tiburón ist wieder soweit, er hat Heimweh, er hat seinen spanischen Abend.« Und dann machten sie Hörner mit den Fingern und sangen Torador olé und pumpten mich mit Genever voll. Aber ich bin immer noch so. Jeder darf denken, was er will, jede Form von Wahn ist erlaubt, solange man niemanden mit hineinzieht. Diejenigen, die das tun, die Verführer, die hasse ich, auch diesen bedeutungslosen Narren, der Lucia beschläft, während das Feuer golden, später rosa, zuletzt in der schwarzen Asche verglimmt. Ja, natürlich kann ich das sehen. Das allsehende Auge des Niemand, der ein Märchen schreibt, ist das mißgebildetste Auge, das es gibt, und es sieht auch, daß trotz der geringen Entfernung, die Kai und Lucia noch voneinander trennt, jede der beiden verlorenen Hälften des vollkommenen Paares unter einem anderen Regime lebt, das im Widerspruch steht zu dem, was man Liebe nennt.

23

Eines Morgens wurde Kai wach im Bewußtsein, daß es geschneit hatte. Er wußte es, ohne etwas zu sehen, er hörte es in dem, was er nicht hörte. Schnee dämpft, ein Tuch liegt über der Erde. Er stand auf und ging ans Fenster. Die beiden Krähen, die er schon öfter gesehen hatte, flogen in merkwürdigen Kurven durch die Luft, als schrieben sie Buchstaben. Es fielen schwere Flocken, die alles bedeckten. Das ist nicht mein Land, dachte er und erschrak, weil ihm bewußt wurde, daß er seit langer Zeit so etwas nicht mehr gedacht hatte. Er kniff das schmerzende Auge ganz zu, das andere halb und sah den Schnee wie einen gefährlichen, glitzernden Panzer, der eine tote, stille Welt bedeckte, in der er nicht zu Hause war. Die Krähen ließen sich auf der Fensterbank nieder und wurden vor seinem zugekniffenen Auge zwei schwarze glänzende Punkte. Er klopfte an die Scheibe, aber sie flogen nicht weg.

Er wusch sich und ging aus dem Zimmer. Im Gemeinschaftsraum lungerten wie üblich ein paar Männer herum, die er nicht kannte, obwohl er das so genau nicht wußte, denn ein Ausdruck der Gleichgültigkeit und erstarrten Wut zeigte sich auf allen Gesichtern, so daß sie einander trotz der Verschiedenheit ähnlich sahen. Sie schienen, auch wenn Ulrich nicht da war, einer für Kai unklaren Hierarchie zu gehorchen, die wie im Tierreich mit Gewalt erkämpft sein mußte. Gewalt war das Element, in dem sie zu Hause waren, ihre Bewegungen, Blicke, Stimmen sprachen von Gewalt, es war die Norm ihres Lebens. Er sah, wie manche ihn musterten, fühlte den Spott. Der Schnee hatte etwas in ihm angerührt, was bisher schlummerte. Ihre Stimmen klangen erregter als sonst.

In dem Moment, als er hinausgehen wollte, hörte er Floris' Stimme aus einem Nebenzimmer und dann, hart und nördlich, die eines Unbekannten. Kai verlangsamte seinen Schritt, um besser hören zu können, doch er verstand nur, daß einer, von dessen

Schutz sie abhängig waren, nicht mehr mitmachte oder ausgeschaltet war und es nicht mehr lange dauern werde bis..., und dann wurde geflüstert. Das Flüstern aus Knabenbüchern, das auch im wirklichen Leben existiert. Das wirkliche Leben?
Die Stimmen kamen näher, und er lief weiter, hinaus in die Gärten, die in einen Wald übergingen, der noch zu dem umzäunten Grundstück gehörte. Er war da schon öfter herumgelaufen, aber wegen des hohen Schnees wußte er nicht genau, wohin er ging, und kam zu einer Stelle, die er nicht wiedererkannte. Der Schnee fiel auf seine Kleidung und sein Haar, und er merkte es kaum. In seinem verwirrten Kopf versuchte er, einen Gedanken zu fassen, jedoch in seinem Gehirn schneite es auch, er konnte nur an eine weiße, eisige Frau denken, die alle anderen Gedanken aus ihm vertrieben hatte. Der Wald wurde tiefer, geheimnisvoller. Große Kiefern standen wie erfrorene Wächter zu beiden Seiten dessen, was ein Pfad sein mußte. Er suchte etwas, wußte nur nicht was. Nach einer Weile sah er hinter einem bizarren Wall aus Sträuchern ein niedriges Gebäude, das an eine hohe Mauer gebaut war. Er blieb davor stehen und streckte seine Hand nach der Tür aus.
Es kam fast gleichzeitig: das hohe bösartige Geschnatter der Gänse und der Schlag, der ihn zu Boden streckte. Er erinnerte sich später nur noch an die harten Schnäbel der Gänse, die ihn überall bissen, als er auf der Erde lag, und daß ihm das nichts ausmachte, weil durch den Schlag der Schmutz, der Splitter, die Scherbe, die er die ganze Zeit im Auge gespürt hatte, mit einem Mal verschwunden war.

24

»Es ist Zeit.«

Lucia hörte diese Worte ganz deutlich. Sie sah Anna in der Türöffnung des Zeltes stehen, sah die Schneeflocken auf ihren Schultern und betrachtete den Mann mit dem goldfarbenen Bart, der neben ihr schlief. Er lachte im Schlaf, er träumte von einem Schrecken, der ihm keine Angst einjagte. Er besaß die Schlüssel des Himmelreiches, ihm konnte nichts geschehen. Sein *honecseim* würde er nicht vermissen, alle Frauen gehörten ihm, wie er allen Frauen gehörte. Gemeinsam waren sie mit dem Rest der Natur Teil des Übersinnlichen und damit der Gottheit selbst, also konnte nichts schiefgehen.

Die Frage, wofür es Zeit wäre, kam Lucia nicht in den Sinn. Anna, in deren Bewegungen sich immer der Clown zu erkennen gab, der sich selbst Hindernisse schafft, die er dann nicht überwinden kann, hatte es mit der gleichen Bestimmtheit gesagt, mit der man an die Tür der Garderobe klopft, um mitzuteilen, es sei Zeit für den Auftritt.

Das Angenehme an Märchen ist, dachte Anna, die in diesem Augenblick nach dem Andersen-Gesetz hätte explodieren müssen, daß alles, im Gegensatz zur Wirklichkeit, vom Ende diktiert wird. Dadurch erhielt man nicht nur einen einfacheren Charakter als gewöhnliche Leute, man brauchte sich auch nicht an der zähen Logik zu stören, die den Hauptpersonen eines Romans das Leben so schwer macht. Das ersparte viel Zweifeln und mißmutiges Grübeln. Darüber hinaus, weil Märchen nun mal mit der *Idee* ihres Endes anfangen, haben sie oft auch eine brisante Chronologie, und das gefiel ihr. Eine Situation, die genausogut unendlich hätte dauern können, wird durch das Diktat des Ausgangs auf die brutalste und launischste Art abgebrochen: Die meisten Märchen sind ja nicht länger als ein paar Seiten. Daß in diesen hermetischen Kreisen eine ganz eigene Relativitätstheorie entstehen konnte, deren Folge unter anderem war, daß Tiere

und Kerzen sprechen konnten, erscheint seltsam, ist es aber nicht. Das Märchen ist eine Provinz des Reiches der Phantasie, und da läuft eben alles anders, man könnte es mit einem Schnellkochtopf vergleichen. Die Anhäufung einer großen Zeitmenge in einem so beschränkten Rahmen verzerrt das Geräusch im Maul des Tieres (und bei extremen Temperaturen geschieht das gleiche mit der wachsartigen Stille der Kerze), bis zu der differenzierten Form von Gequake, Gezwitscher, Gebrüll und Gemuhe, die wir, hochmütig wie wir sind, Sprache nennen und in der Regel, das heißt, wenn unsere Erzählungen mit unserem Leben synchron laufen, uns selbst vorbehalten. Doch läßt sich auf diese Art freilich auch verteidigen, daß der Roman mit knapper Not den sprechenden Tieren entkommen ist. Wer tatsächlich das Lebensdrama einer Person aufschreiben wollte, müßte einen Roman schreiben, der so lang ist wie das Leben selbst. Es hat sich gezeigt, daß so etwas unmöglich ist. Durch die notwendige Raffung, die in Romanen stattfindet, können Menschen mit einem absoluten Gehör merken, daß die Tonhöhe dessen, was in Romanen gesagt wird, häufig nicht mit der Wirklichkeit übereinstimmt. Ist es dennoch so, hat man es oft mit einem schlechten Roman zu tun. Im Märchen wird die Geschichte noch einmal eingekocht, was zur Folge hat, daß man hören kann, wie die Tiere sprechen. Die richtige Formel für den Effekt dieser Beschleunigung läßt sich schwer angeben, weil man auch die anderen Eigenschaften der Wölfe, Seejungfrauen, Kerzen und Rentiere mit einbeziehen müßte. Daß es etwas mit einem intensivierten Zeitablauf zu tun hat, ist klar. Würde man die Figuren auch noch mit einer vertrackten Psychologie ausstatten oder sie über sich selbst nachdenken lassen, dann wären die Personen im Märchen wahrscheinlich gänzlich unhörbar oder, falls man sie lesen möchte, unleserlich. Das Letztere ist natürlich wörtlich gemeint.
In der ganzen Zeit, da Anna das denkt oder zum Teil denkt, denn ich bin ja auch noch da, und gleichzeitig mit Lucia dem verschneiten Waldweg folgt, hat sie wahnsinnige Kopfschmerzen.

Lucia nicht, der Schnee macht sie fröhlich. Sie sollte an diesem Tag noch dreimal an den Mann denken, der lieben konnte wie eine Wolke, und von dem sie ein Barthaar wie einen Kalender um den Finger wickeln konnte, und in der folgenden Woche noch zweimal, und danach jedes Jahr einmal, ohne genau zu wissen, warum.

»Werden wir Kai jetzt suchen?« fragte sie Anna, die das Auto unter seiner molligen, aufs Doppelte gewachsenen Form aus Schnee hervorholte.

»Heute noch wirst du ihm gegenüberstehen«, wollte Anna sagen, statt dessen pfiff sie eine Melodie. Erstens hatte das Wort heute keine Bedeutung und zweitens ähnelte der ganze Satz etwas bereits Geschriebenem.

Sie war weniger erstaunt darüber, daß Lucia den Faden so einfach wiederaufnahm, als vielmehr über die Anzahl der Seiten, die sie in ihrem Alter unter dieser lüsternen Menge hatte verbringen müssen. Märchenfigur und gleichzeitig Komplizin des Dichters, das ist eine unmögliche Position. Doch sie war klug, liebte Lucia und die vorbildliche Unschuld, mit der diese ihr sinnliches Abenteuer genossen hatte.

Weil Lucia schon vollendet schön war, konnte da nichts mehr hinzukommen, und dennoch schien es, als hätte sich der Glanz ihrer jungen Freundin noch verstärkt. Sie tanzte ums Auto herum, Schneekristalle wie Funken im Haar, und warf den gelben Ball, der, wie Anna manchmal dachte, ihr bester Freund war, hoch in die Luft. Das Auto sprang sofort an.

25

Kai war im selben Augenblick glücklich und unglücklich zugleich. Unglücklich, weil der Gedanke etwas Bedrohliches hat, eine Zeitlang ein anderer gewesen zu sein, glücklich, weil es damit vorbei war.

Die Hände waren ihm auf den Rücken gefesselt; er lag in einem dunklen Verschlag und dachte die ganze Zeit an Lucia. Die ganze Zeit, so nennen wir einen kleinen Teil, den wir von der wahren ganzen Zeit abbrechen. Der Gedanke an sie erfüllte ihn, weil sie ihm fehlte. Es ging nicht so sehr darum, daß sie nicht da war, nein, sie fehlte ihm. *Wederhelft*, das Wort ist so schön im Niederländischen. Dieses Buch handelt vom Lesen. Er dachte an sie, doch das half nichts. Die andere Hälfte, die fehlt, wir sind wieder bei Platon. Schreiben besteht darin, das Geschriebene umzugruppieren, da sind immer hundert Schriftsteller, die einem die Hand führen, ob man es wahrhaben will oder nicht. Daran ist nichts zu ändern. Wenn man über den Dingen steht, läßt man sich das nicht anmerken; was ich mache, ist Angestellten-Arbeit.

Der Begriff der ›anderen Hälfte‹ ist ohne Platon undenkbar. Kai denkt nicht daran. Er hat Kummer oder Schmerzen, den Schmerz des Entbehrens, denselben Schmerz, den sie jetzt auch langsam spürt. Doch er denkt nicht nach über den Schmerz, er ist der Schmerz.

Hat ein Tier Kummer? Nein, ein Tier ist selbst Kummer. Nicht immer, aber in dem Augenblick, in dem wir sagen würden, daß es Kummer hat. Ein Mensch hat Angst, ein Tier ist Angst. Wenn ich sage, daß er über Lucia nachdenkt, meine ich, er ist jetzt das Fehlen von Lucia. Sind Märchenfiguren denn wie Tiere? Ich glaube schon, deshalb sind Menschen und Tiere im Märchen auch gleichwertig. Sie können keinen anderen Weg einschlagen, außer dem einen, und deshalb ist reflektieren sinnlos. Er ist der Schmerz, daß sie nicht da ist, und er ist es bis in jede Faser seines Körpers. Der Schmerz in seinem Körper, sein Körper in einem dreckigen Verschlag, der Verschlag in einem Schloß, und das Schloß heimlich in aller Stille umstellt von Polizei, Sondertruppen aus dem Norden, wo eine Regierung beschlossen hat, diese Brutstätte des organisierten Verbrechens in den finsteren südlichen Provinzen auszuräuchern.

All das vollzieht sich in einer Welt, die der Schnee verändert hat, derselbe Schnee, durch den sich Lucia dem Schloß nähert. Sie ahnt nicht, wie nah sie ist, und das ist auch gleichgültig, denn wer sich mit Märchen befaßt, weiß, daß da zwar von Ort und Entfernung die Rede ist, daß für Fortkommen und Zeitablauf jedoch andere Regeln gelten. Hat man einmal mit »Es war einmal« angefangen, so hat man damit eine außerzeitliche und außerterritoriale Wirklichkeit geschaffen, in der alles möglich ist. Einen Freiraum. Die Hauptfiguren werden mittels Wildgänsen oder Rentieren befördert, nur das Ergebnis zählt.

Und das, ich habe es bereits gesagt, steht fest. In Romanen ist es anders. Da ist sogar nach dem Schluß der Schluß noch diskutabel. Darum kann der Liebhaber in einem Roman über Platon nachdenken. Während Lucia im Schnee hinter Anna herstapft und Kai versucht, die Stricke, mit denen er gefesselt ist, an einem scharfen Stein in seinem Verschlag durchzuwetzen, betrachten wir zwei Romane, in denen das geschieht. In beiden denkt die Hauptfigur eine kurze Weile an Platons ›Gastmahl‹. Wir sitzen jetzt zu fünft in meinem Klassenzimmer. Platon, Kundera, d'Ors, Andersen und ich. Andersen mag mich nicht, das ist begreiflich. Ich durchbreche all seine Regeln, ich bin ein denaturierter Autor. Ist auch so. Tomas in der *Unerträglichen Leichtigkeit des Seins* von Kundera denkt an den berühmten Mythos aus Platons ›Gastmahl‹: »Zunächst waren die Menschen Hermaphroditen, und dann spaltete Gott sie in zwei Hälften, die seither in der Welt umherirren und einander suchen. Die Liebe ist die Sehnsucht nach der verlorenen Hälfte. Nehmen wir an, es sei so, daß jeder von uns irgendwo auf der Welt einen Partner besitzt, mit dem er einst einen einzigen Körper gebildet hat.« Für Tomas ist das nicht die Frau, mit der er zusammenlebt und die er liebt, Teresa. Es ist jemand anders, ein Mädchen, von dem er geträumt hat. Was würde geschehen, wenn er sie fände? Würde er Teresa im Stich lassen? Nein, das täte er nicht. Wenn er je die geträumte andere Hälfte finden würde, er würde sie fliehen und bei der Frau bleiben, die nicht die geträumte verlorene Hälfte ist, für die er aber eine Liebe empfindet, »die er nicht ausdrücken kann«.

Wir Spanier lesen tschechische Autoren, doch wer liest spanische Schriftsteller? In *Gualba, sie von den tausend Stimmen* von Eugenio d'Ors denkt »ein Mann von fünfundvierzig« über »den unsterblichen Dialog« von Platon nach. »Platon kennt die Liebe«, denkt der Mann, »das Suchen und die Tragödie des Suchens. Der Mythos vom ursprünglich einzigartigen Wesen, dem Androgyn, später in zwei Hälften gespalten, die einander suchen, um zusammen eins zu sein, ist voller Licht. Weil aber Platon ein Optimist war, beschreibt er den imaginären Erfolg dieses Suchens, nicht das letztendliche Scheitern. Er schreibt wunderschön über die erste Hälfte des erotischen Prozesses, vergißt jedoch die zweite Hälfte, in der alles mißlingt. Platon ist ein Philosoph und Dichter, er ist kein Liebhaber.«

Kundera und d'Ors schrieben Romane. Platon schrieb einen Mythos auf, den Aristophanes während eines Gastmahls erzählt. Andersen schrieb Märchen. In Romanen wird beschrieben, wie das Leben ist, weil es so sein kann. Im Mythos wird eine unmögliche Antwort auf nicht zu beantwortende Fragen gegeben. Da geschieht, was nie geschieht. Mythen sind Vorbilder, Romane sind Bilder, Märchen sind geliebte Lügen, die Menschen erzählen, die es im fehlgeschlagenen Mythos des Lebens nicht aushalten. Im Mythos leben Menschen ewig. Im Märchen leben sie lange und glücklich. Im Roman beginnt am Ende dieses »lange« der Anfang des Unglücks, meistens schon davor.

Im Mythos wird alles, wie auch immer, gelöst. Im Roman gibt es nie eine Lösung, und im Märchen wird die Lösung hinausgezögert; doch falls sie je eintrifft, geschieht dies nicht mehr im Rahmen des Märchens. Das ist die Lüge.

Ich denke an den Schnee in Lucias Haar, blicke über den leeren Schulhof, der das Licht reflektiert, aus dem sich meine vier Freunde wie Schemen gelöst haben, und frage mich, woher meine nicht zu bezwingende Lust zu lügen kommt.

»Vom Unglücklichsein«, sagt Andersen, der es wissen mag, »aber du bist nicht unglücklich genug. Darum kannst du es nicht. Es ist nämlich eine Kunst.«

»Warum schreibst du keine Romane«, fragt Kundera, »da kannst du eine Wirklichkeit erlügen.«

»Die Wirklichkeit ist nur ein Schatten«, sagt Platon.

»Wir Spanier konnten noch nie gut mit der Wirklichkeit umgehen«, sagt d'Ors.

»Wirklichkeit ist eher etwas für Niederländer«, murmele ich, doch Platon weiß nicht, was Niederländer sind, und die anderen drei sagen nichts dazu.

26

Nun ist der Nachthimmel klar, es schneit nicht mehr. Rings um das Schwert des Orion ist der Nebel sichtbar, in dem neue Sterne entstehen. Orion ist gefolgt von seinen Hunden, auch im Himmel wird geschrieben. Wir setzen die Zirkelspitze im dunklen Verschlag von Kai an und hören nicht auf das Geschrei in den Gängen und ziehen einen kleinen Kreis. In diesem Kreis befindet sich schon die Polizei, die sich dem Schloß nähert, die Pistolen im Anschlag; außerhalb des Kreises, und noch immer in der Stille des Waldes, befinden sich Anna und Lucia. Anna geht in gerader Linie aufs Schloß zu, und Lucia, die das nicht weiß, folgt ihrer breiten Gestalt. Sie hat den Mann mit dem Bart vergessen, sie existiert jetzt nur noch als leere Hälfte von Kai, die wiedergefunden werden muß, weil sie sonst beide nicht leben können. Anna hat eine sonderbare pelzbesetzte Ledermütze auf, wodurch sie einem alten Rentier ähnelt. Sie läuft nicht, sie folgt den beiden Krähen, die ihr hoch oben weit voraus fliegen, und so entsteht der Eindruck, als fliege auch sie, jeder Schritt ist ein Tag. Das Rentier weiß den Weg, manchmal steigt es in die Lüfte, dann sieht Lucia, die auf dem Rücken des Tieres sitzt, die weiße Erde unter sich. Es scheint, als wäre immer Nacht, doch die Nacht ist heller als der Tag, der Schnee schickt das Licht der Sterne zurück. Manchmal träumt Lucia von Räubern, von einem Mädchen mit einem Messer, einer Stimme, die erzählt, wo sie Kai finden kann. Jedesmal, wenn sie wach wird, ist die Welt noch genauso hell, sie sieht die Bäume bereitstehen wie Soldaten vor der Schlacht, die Äste sind Gewehre, Lanzen, Schwerter, wenn der Morgen anbricht, wird eine Stimme oder eine Trompete den Befehl erteilen, und wenn die Bäume sich dann in Bewegung setzen, wird der Lärm furchterregend sein.

Die Schneekristalle schmerzen in ihren Augen, sie steht wieder auf der Bühne, irgendwo im Saal muß sich Kai befinden, doch die Augenbinde scheint ihre Augen zu versengen, zu blenden, sie kann ihn nicht sehen, sie spürt die Anwesenheit des Publikums, sie hört die Stille, und dann bricht plötzlich, als würde ihr das Unheil ins Gesicht schlagen, von allen Seiten das Schnattern und Fauchen der Gänse um sie herum los. Die Tiere kommen von überallher, die Hälse aufgerichtet wie kerzengerade Stöcke, und am Ende eines jeden Stockes sitzt ein weit aufgerissener, kreischender Schnabel, der beißen will. Jetzt hören sie auch Schüsse. Anna nimmt ihr Geweih ab und schlägt mit den harten Zipfeln aus Leder und Pelz auf die Köpfe ein, bis Blut aus den Augen der Gänse kommt.

In seiner Zelle hört Kai das Schreien und Schießen und dann, näher, schnelle Schritte im gefliesten Gang und jemand, der den Schlüssel umdreht. Es ist Ulrich. Er schneidet die Fesseln durch und sagt: »Flieh, hier ist es zu Ende. Sag keinem, daß ich dich befreit habe. Paß auf, daß du nicht erwischt wirst.«

»Und du?«

»Ich komme schon zurecht.«

Er stößt Kai auf den Gang hinaus und ist selbst verschwunden. Kai läuft den Gang hinunter, hört eine nördliche Stimme rufen »hierher, hierher«, und das Geräusch von Stiefeln. Er weiß, daß er diesen Teil des Schlosses nicht kennt, doch er entfernt sich von Lärm und Schüssen, klettert eine Wendeltreppe hinauf und erreicht eine offene Säulengalerie, die um einen quadratischen Innenhof läuft, den er nie zuvor gesehen hat. Als er über diesen Hof laufen will, sieht er plötzlich die Schneekönigin. Hinter ihr steht Floris.

»Das Wild flieht, Floris«, sagt sie mit derselben Stimme wie immer, einer Stimme aus Glas und Eis. Kai sieht, wie Floris auf ihn zielt, und weiß, daß er nicht fliehen kann, und steht so still, als sei er noch einmal, und nun zum letzten Mal, zu Eis erstarrt; doch dann hört er eine Stimme, die mit unvorstellbarer Ruhe und, so denkt er später, wohlklingend »nein« sagt, »nein, tu's nicht«, und dann erblickt er eine dicke alte Frau, die er nie zuvor gesehen hat, und hinter ihr Lucia, die ihm ihre Hand entgegenstreckt, den

Mund geöffnet, als wolle sie etwas rufen. Doch dann hallt der ihm zugedachte Schuß, und die alte Frau fällt leise wie ein großes Tier in den Schnee, der sich langsam rötet. Wieder knallt ein Schuß und noch einer, aber er weiß nicht, wer geschossen hat, denn er hört es hinter sich und sieht, wie Floris kriechend und stolpernd zu fliehen versucht, während er mit den Händen an seine blutige Kehle faßt, dann aber sieht er die Frau, die nicht blutet und ihn anblickt, als verspotte, verhöhne, verlache sie ihn, und sie, mit der gefrorenen Maske des Lachens auf dem Gesicht, fällt vornüber, zerbricht, rollt sich ein, zerfällt, berührt den Boden, kippt um und liegt im Schnee wie eine zerbrochene Puppe, nicht weit von der anderen, älteren Frau. Ihre Augen sind geöffnet, aber sie sieht nichts mehr. Während sich schnelle Schritte hinter ihm entfernen, geht er auf sie zu und schaut, doch auch jetzt ist in diesen Augen nichts zu sehen als eine unendliche Tiefe aus Glas und Eis, in der jeder, der sich hineinwagte, für immer erstarren müßte. Er bückt sich, um diese Augen zu schließen, und als er das tut, sieht er in einem Auge eine Träne wie ein Diamant, hart und geschliffen. Er legt seine Finger auf die Augenlider, die sich nicht schließen lassen, und hört einen Seufzer, der noch immer wie Hohn klingt, und Hohn ist es auch, mit dem die Tote ihn ansieht, aber nun ist es der Hohn der Abwesenheit. Wir sind versibbet, hatte die Frau zu ihm gesagt, aber es war nicht wahr. Sie war nie mit jemandem versippt, und sie scheint immer noch dieselbe zu sein. Er muß fort, bevor sie aufsteht. Er geht auf Lucia zu, löst ihre Finger einzeln aus den Händen der anderen Toten, die in ihrem Bett aus Blut und Schnee schläft wie ein Kind. Das Schießen hat aufgehört. Er umarmt sie. Ehe die Polizisten, die sich jetzt von allen Seiten nähern, den Innenhof erreicht haben, sind sie beide geräuschlos verschwunden. Die Toten bleiben zurück, als hätten sie schon immer so dagelegen, im Schnee, der die Sterne reflektiert.

27

Für das, was nun folgt, kann ich mich nur schämen, und sei es bloß wegen meines Alters. Denn Männer meines Alters sitzen nachts nicht in leeren Klassenzimmern. Ich hatte die letzten Sätze aufgeschrieben und mich danach mühsam aus der Bank gequält.

Auf einmal überkam mich die Vorstellung, die Ferien seien vorbei, eine grölende Klasse stürme herein und finde mich hier als Eindringling vor, wie einer, der durch das Wachstum seiner Knochen, durch das überall obszöne Anschwellen seines Fleisches, durch das Haar, das aus seinem Gesicht wächst, und den Gestank der Ducados das Recht verloren hat, sich im Territorium der Kinder aufzuhalten, es aber trotzdem will, ein Schänder.

Sie würden hereinkommen und mich als einen schon vom Alter Infizierten entlarven, der vielleicht schon ein bißchen nach Tod riecht und der dennoch, oder vielleicht gerade deshalb, in einer Welt leben will, in der die gemeinen Regeln der Älteren noch nicht gelten, in der das Dasein noch keine Geschichte ist, die stimmt, eine Welt, in der alles noch geschehen muß, und die, weil es sich noch nicht ereignet hat, noch alle Formen annehmen kann, ganz einfach, weil sie noch nicht wie die meine fertig war.

Sie würden grölend hereinstürzen, mich mit meinem viel zu großen, vollgeschriebenen Schulheft sehen, das mir niemand abverlangt hat, sie würden den Betrug, die Lüge wittern und auf einmal ganz still werden, all die klaren Augen würden mich mit der Abneigung ansehen, die das Unmögliche nun einmal hervorruft. Sie würden nicht einmal lachen, sie würden langsam hinausgehen und einen anderen Erwachsenen holen, einen aus meiner eigenen, entschiedenen Welt, wo sich niemand abends an dein Bett setzt, um dir eine Geschichte zu erzählen, wenn du darum bittest, wo niemand einfach so eine Sonne malt mit viel zu langen Strahlen über einem Berg, der kleiner ist als das Haus, das danebensteht.

Ich pfiff vor mich hin, aber es hatte keinen Klang. Dann schaute ich hinaus und sah, was ich den ganzen Monat über hätte sehen können, aber nie gesehen habe, ein Himmel-und-Hölle-Spiel, eine mit Kreide auf den Boden gemalte Figur aus Vierecken, die beziffert sind, quer und dann wieder längs, von denen ich immer meine, daß sie in primitiver Weise das Schicksal darstellen. Man legt eine Strecke zurück, und etwas geht gut oder schlecht, so ähnlich ist das. Knaben spielen es nicht, zumindest kann ich mich nicht erinnern, es je gesehen zu haben. Irgendein Mensch an einer Universität hat zweifellos eine Studie über das Himmel-und-Hölle-Spiel geschrieben und einen Zusammenhang mit Initiationsriten, der Kabbala oder Gott weiß was gefunden. Doch das beschäftigte mich jetzt nicht, denn ich spürte ein dummes und unbezwingbares Verlangen zu hüpfen.

Zunächst wollte ich es unterdrücken, aber schließlich war es drei Uhr nachts, und auf dem Schulhof konnte mich keiner sehen. Ich ging hinaus, schaute mir die Felder an und merkte, daß ich nicht mehr wußte, wie es ging, was mich jedoch nicht davon abhielt.

Auf einmal sprang ich, so wie man zu Beginn der Saison erstmals ins Meer springt, auf einem Bein ins erste Feld und glitt mit einem kleinen Sprung ins nächste Feld hinein. Ich wußte nicht, was ich tat, doch ich war glücklich. Die Nacht war klar, die Uhr schlug drei, und Alfonso Tiburón de Mendoza hüpfte auf dem Schulhof. Wenn zwei Felder nebeneinander lagen, sprang ich mit einem genauso anmutigen Sprung, wie ich es bei den kleinen Mädchen auf der Straße gesehen hatte, mit gespreizten Beinen hinein und hüpfte auf einem Bein weiter. Ich kannte den Sinn der Sache nicht, doch ich war glücklich, weil ich so hüpfend das Gefühl hatte, noch immer an meiner Geschichte zu schreiben, die drinnen fertig auf dem Tisch lag, das lächerliche Kuckucksei, das ich ins Nest von mindestens zehn Vögeln gleichzeitig gelegt hatte. Erst als ich ganz außer Atem war, hörte ich auf und setzte mich auf den Boden, wie ich das früher getan hatte, als ich meinen Kopf

noch am Fenstersims aus Quadersteinen reiben konnte. Das ging heute nicht mehr, doch das kümmerte mich jetzt nicht. Der Mond war über das Dach der Schule gestiegen, und in den Himmel spähend sah ich Orion, meinen Lieblingsstern, gefolgt von Sirius, meinem Lieblingshund. Ein weißer Lichtfleck lag auf dem strengen Viereck des Spielplatzes, als hätte es geschneit; sonst war nichts zu sehen.
Und da saß ich noch lange und glücklich.

Es Consell, Sant Lluis, 11. August 1984

Let be be finale of seem.
The only emperor is the emperor of ice cream.

Wallace Stevens

DER BUDDHA HINTER
DEM BRETTERZAUN

Eine Erzählung

> Cities, unlike villages and small towns, are plastic by nature. We mould them in our own images: they, in their turn, shape us by the resistance they offer when we try to impose our own personal form on them.
> The city as we imagine it, the soft city of illusion, myth, aspiration, nightmare, is as real, maybe more real, than the hard city one can locate on maps in statistics, in monographs on urban sociology and demography and architecture.
>
> Jonathan Raban, *Soft City*, 1974.

Die beiden Männer stehen in einem abseits gelegenen *soi* oder am schwarzen Todestrunkwasser eines *klong* (die Erklärungen folgen gleich). Könnte man die Hitze schmelzen lassen, so stünde jeder bis zu den Knöcheln in kochendem Wasser, so aber hängt sie nur als bedrängendes heißes Ding um den Körper. Der eine Mann ist, das sieht man gleich, ein Reisender. Thailänder haben nichts bei sich, er schon. Er trägt eine Art Postbotentasche, in der sich sein Unsinn befindet. Die Landkarte von Bangkok (Bangkok ist ein Land), sein Paß (so daß er ab und zu nachsehen kann, wer er eigentlich ist), seine rote, leinengebundene Kladde (in der er diese Reise beschreiben wird), sein Dies, sein Das, sein Sonstnochwas. Sie ist recht dick, diese Tasche, und sie macht ihn sehr sichtbar. Die armen Leute, die an ihm vorbeigehen oder die sich graziös auf dem Boden drapiert haben (reiche Leute fahren in Autos), werfen begehrliche Blicke darauf. In dem *soi* (Nebenstraße einer großen Verkehrsader) scheint die Großstadt auf einmal weit weg. Die beiden Männer stehen unter einem Baum von höchstem Grün. Hinter einem verfallenen Bretterzaun ertönt Zaubermusik, Thai-Musik. Worte wie Rätsel, Klänge wie Samt. Es riecht hier nicht gut, irgendwo steht eine Luke zur Unterwelt auf. Der Reisende weicht ein Stück zurück, denn der andere Mann hat ihm einen Finger in die Brust gebohrt. Das heißt – ist das überhaupt ein Finger? In der Sonne ist es eine goldene Pfeilspitze. Und als sich die dicken, fetten Blätter des tropischen Baums vor die Sonne schieben, gleicht er einer glänzenden Radiernadel. Oder so etwas ähnlichem. Jedenfalls ist er genau auf die Brust des Reisenden gerichtet. Doch der Mann, der damit droht, hat eigentlich ein freundliches Gesicht. Kunststück, denn er existiert nicht.

»Okay«, sagt er, »du bist jetzt lange genug in Bangkok. Erzähl mal davon.«

»So läuft das bei mir nicht«, sagt der Reisende, »bei mir kommt

das immer erst später« – und er klopft auf seine rote Kladde –, »wenn ich zu Hause bin und meine Erinnerungen ausarbeite.« Der nicht existierende Angreifer lacht geringschätzig und drückt seinen Finger oder die Waffe tiefer in die Brust des Reisenden.
»Laß das mal schön zu«, sagt er, »ich will diese Worte nicht. Ich will deine Erinnerungen. Und ich will sie *jetzt*.«
»Aber ich bin doch noch hier!«
»Kein Grund, dich an nichts zu erinnern. Ich kenne dich doch. Mach die Tasche mal auf.«
Der Reisende öffnet die Schultertasche (diese verflixte Schultertasche! Sie wiegt nur ein Kilo und ist doch so schwer! Wie schaffen andere das?), und der Angreifer wühlt mit seiner freien Hand darin herum. Das erste, was er herauszieht, ist ein Buch: *Thai Buddhism in the Buddhist world.*
»Dacht ich's mir doch«, sagt er, »ich weiß genau, was du vorhast. Du wolltest schnell mal diesen Blitzkurs Buddha mit deinen eigenen Worten wiedergeben.« Er wedelt mit dem Buch in der Luft herum.
»Aber das ist Buddha nicht, mein Junge. *Das* hier ist Buddha.« Und er zeigt auf ein Loch in dem Bretterzaun. Was sie sehen, ist der Hof eines unansehnlichen Häuschens. Ein alter Mann liegt schlafend unter einem Baum, zusammengerollt wie ein Hund. Und über ihm, dort, wo der Baum sich in zwei Teile gabelt, ist eine winzige Plattform, auf der ein mit Goldfarbe besprühter Blechbuddha steht. Nicht steht, sitzt. Dick, zufrieden, die Augen zu Schlitzen verengt, die Hände im breiten Schoß. Frische Blumen stehen vor ihm, und daneben liegen eine Banane und eine Orange.
»Siehst du«, sagt der Angreifer, »nix achtfacher Pfad, nix großes Fahrzeug, kleines Fahrzeug, achtes Jahrhundert, zehntes Jahrhundert, sechzehntes Jahrhundert. Einfach ein dicker Woolworth-Buddha, zwanzigstes Jahrhundert, Bangkok 1985.«
Der Reisende schaut auf den Buddha im Baum und will sein rotes Buch nehmen, um das Bild festzuhalten.

»Brauchst du nicht aufzuschreiben«, sagt der andere, »siehst du den ganzen Tag. In tausend Gestalten, Buddha, Buddha, Buddha. Oder etwa nicht?«
Der Reisende nickt. Es läßt sich nicht leugnen. Sogar in Taxis. Und immer hat irgend jemand eine Blumengirlande darumgehängt. Oder es steht ein Körbchen mit Eiern davor. Er hat es schon oft genug in seinem roten Buch notiert.
»Schau, da hast du ihn«, sagt der andere, und sie blicken beide zu dem in gelbe Tücher gehüllten Mönch, der durch den Staub des *soi* geht, als müsse er mit seinen großen Sandalen die Welt abtragen. Als der Mönch näher kommt, blickt er kurz auf und lacht. Ihm sitzt eine idiotisch kleine Brille auf der Nase, und die verleiht seinem Gesicht über der nackten rechten Schulter etwas Heiliges. So heißt das nun einmal.
»Vielleicht ist er es ja selber«, sagt der Angreifer. »Diese Buddha-Figuren haben nie eine Brille, daher kommt man nicht auf die Idee. Nimm diesem da die Brille ab, zieh ihm die Ohren lang, kleb ihm ein Büschel weiße Haare auf den kahlen Schädel, mal ihm einen Punkt auf die dumme Stirn, und du hast einen weisen Mann. Setz ihn im Lotussitz auf ein Podest, zünde Weihrauch vor ihm an, schlag auf den Gong, färb ihn golden, und schon hast du's. Oder nicht?«
»Wäre möglich«, sagt der Reisende. Und es stimmt. Wenn man darüber nachdenkt, stimmt es. Den ganzen Tag sieht man Buddhas. In der Halle des nicht so prunkvollen Hotels, im stinkenden Bus oberhalb des Rückspiegels, im Süßwarenladen in der Vitrine zwischen all dem unbegreiflichen, durchsichtig grünen und violetten Naschwerk. Und daneben all die anderen: aus Bronze, aus Gold, smaragdbesetzt, kleiner als man selbst, so groß wie man selbst, doppelt so groß wie man selbst, oder auf einem luxuriösen Ellbogen liegend, tausendmal so groß wie man selbst, von sich selbst in klein umgeben, einmal, zehnmal, hundertmal. Buddha Buddha Buddha. Er war überall, es nahm kein Ende. Weise, streng, lächelnd, träumend, in sich gekehrt, klassisch, erhaben,

abwesend, die Hände in den verschiedensten Haltungen, die alle etwas anderes bedeuten: meditierend, predigend, das Böse unterdrückend: *subduing Mara, calming the ocean.* Stand alles in seiner Kladde. Doch damit durfte er nicht ankommen. Nicht jetzt.

»Nein, damit brauchst du mir jetzt nicht zu kommen«, sagte der andere, der also Gedanken lesen konnte. »Das liest nur einer, der es ohnehin schon weiß, und dann auch nur, um zu schauen, ob du keine Fehler machst.«

Er holte das rote Buch aus der Tasche und blätterte darin. Der Revolver wurde eine Pfeilspitze wurde ein gewöhnlicher Finger. Wie kam es, daß dieser aufdringliche Typ jetzt auf einmal seinem Freund, dem Maler, glich?

»Hab ich mir's doch gedacht«, sagte der Mann mit dem Buch. »Wat Phra Keo, Wat Arun, Wat Benchamabophit, Wat Pho...« (Ein *soi* ist eine Straße, ein *klong* ist ein Kanal, ein *wat* ist ein Tempel.) »Namen, Namen, Namen. In einem halben Jahr hast du sie alle vergessen. Dann mußt du alles wieder nachschlagen. Mach lieber die Augen zu und schau.«

Das war ein paradoxer Befehl. Aber schaden konnte es nicht. Hinter den geschlossenen Lidern, die den Glanz der Tropensonne nicht ganz aussperren konnten, sah er jenen anderen Glanz, den der Tempel, Stupas und Chedis, der goldenen glokken- und frauenbusenförmigen Kuppeln, der unbegreiflichen Wandmalereien, der herrschsüchtigen Fabeltiere und der großen, leeren, heiligen Räume in den Tempelbezirken. Tempel am Wasser, Tempel als umschlossene Geheimnisse mitten in der Stadt. Aber es waren Fragmente, diese Bilder, und was gehörte wozu... Oder hatte der andere recht, spielte es keine Rolle?

Er hatte die Augen noch immer geschlossen und sah jetzt eine Prozession Tausender kleiner Mädchen in Weiß und Schwarz über das oder über ein Tempelgelände ziehen. Schwarz und weiß, und dazwischen, frühmorgens, eine Prozession orangegelber Mönche mit Bettelnäpfen. Orange Gänse, so etwas mußte in seiner Kladde stehen. Ja, es war frühmorgens gewesen, neblig, und er hatte hinter dem Royal Orchid Hotel eines jener gondelartigen Boote bestiegen, bei denen man nie wußte, wohin sie fuhren. Man setzte sich, und dann kam ein Mädchen in Uniform, das wissen wollte, wie weit man mitfahren würde, aber das konnte man nicht sagen, weil man es nicht wußte. Dann lachte sie (Thais lachen fast immer, das war für jemanden aus dem Land, aus dem er kam, so etwas wie Balsam auf der Seele) und kurbelte einen winzigen Fahrschein aus der komischen runden Metalltrommel auf ihrer Mädchenbrust. Fuhr man zu weit mit, so kam sie wieder, denn zwischen den Hunderten anderer, die bei den schwankenden Stegen an oder von Bord sprangen, hatte sie einen keine Sekunde aus den Augen verloren. Chao Phraya, so hieß der Fluß. Wie eine wollüstige blaue Schlange kroch er in mutwilligen Windungen durch Bangkok – auf der Karte, denn in Wirklichkeit hatte das Wasser die Farbe der Erde, die Farbe des großen asiatischen Landes, aus dem der Fluß dahergeströmt kam. Oh, dieser Fluß! Endlos konnte man fahren für weniger als zehn *baht* (ein *soi* ist eine Straße, ein *klong* ein Kanal, ein *wat* ein Tempel, ein *baht* eine Münze, 1 *baht* = 12 Pfennig), und endlos hieß stundenlang. Die Boote waren flach und offen, die Fahrer saßen vorn, hinter einem Autolenkrad, neben einem frisch beblümten Buddha und einer lärmenden Musikkassette mit exotischem Klingklang. Wer keinen Sitzplatz hatte, mußte sich gut festhalten, denn die Dinger hatten ein höllisches Tempo drauf. Hinten stand ein Mann, ein Matrose, ein Schaffner, wie nennt man so jemanden, ein fröhlicher Thai in dunkelblauer kurzer Hose und T-Shirt, der einen tierischen Schrei von sich gab, wenn das Boot halten sollte, und einen ebensolchen Schrei, wenn es wieder abfahren konnte – und alle, sogar die alten Leute, verstanden sich auf die Kunst, diesen tanzenden, drohenden, strudelnden Augenblick zwischen Steg und Fluß mit einem zierlichen Sprung zu überbrücken. Und dann ging es wieder los mit einem Pap-pap der Hupe und einem extra Aufheulen des Motors, vorbei an den schwimmenden Hütten, wo Menschen sich mit Flußwasser wuschen, Gemüsebooten, merkwürdigen Flußschiffen, die wie schwimmende Planwagen aussahen, vorbei an Gärten und Tempeln, fernen, luftigen, fast verschwindenden oder auch ganz nahen grünen, tropischen Ufern, und überall Menschen, die, so schien es, leichtfüßiger gingen als Menschen in anderen Ländern, und zwischendrin immer die Ringelblumenfarbe der Mönche, Körbe voll Blumen, Fischen, Zwiebeln und roten Pfefferschoten...

»Sehr gut, sehr gut«, sagte die Stimme des Mannes, der ihn offenbar auf all diesen Bootsfahrten begleitet hatte, »siehst du jetzt, daß du dein Buch gar nicht brauchst? Aber du bist abgeschweift. Eine Prozession von Mönchen, an jenem Morgen, diese Vision, weißt du noch?«

Er wußte es noch. Er hatte auf der Sukhumvit Road ein *tuktuk* angehalten. (Ein *soi* ist eine Straße, ein *klong* ein Kanal, ein *wat* ist ein Tempel, ein *baht* eine Münze, ein *tuktuk* ein dreirädriges offenes Taxi, das einen gotterbärmlichen Lärm macht und auf dessen Rückbank aus glühendheißem roten Kunststoff man sich an der Chromstange ordentlich festhalten muß, um nicht rauszufliegen.) Die Fahrer sind Teufelsbraten, sie stürzen sich blindlings ins Gewühl, am besten schaut man auf den lachenden Buddha über dem Rückspiegel, dem macht es auch nichts aus. Außerdem, wenn man stirbt, stirbt man in einem Kunstwerk, denn so wie die zerreißende Seele New Yorks als Schrei in den Lascaux-Höhlen der U-Bahn steht, so befindet sich die süßscheinende Seele der Thai in den Kringeln, Farben und honigtriefenden Bildern, die sie auf ihre *tuktuks* malen. Für diese Todesfahrt muß man zahlen, und über den Preis muß man verhandeln, und währenddessen muß der Fahrer den Motor laufen lassen, und in diesem Pandämonium scheint es, als habe man zehn *baht* verdient, während man natürlich genau weiß, daß man zehn *baht* zuviel bezahlt hat – und so hatte der Reisende an jenem ersten nebligen Morgen, als alles noch kühl war und die Welt neu, am Fluß gestanden, von dem Lärm befreit, der in seinen Ohren nachhallte. Er hatte gefragt, wo die Boote hinfuhren, aber alle lachten, weil keiner Englisch sprach, und da hatte er beschlossen, daß es keine Rolle spielte, wohin er fuhr (»Gut so«, sagte die Stimme ihm gegenüber).

Er war auf das erstbeste Boot gesprungen, hatte sich so weit vorn wie möglich hingesetzt und begriffen, daß er jetzt zuerst in westlicher und dann in nördlicher Richtung durch die Stadt fuhr, die nie und nirgendwo aufhörte und im übrigen meist gar nicht wie eine Stadt aussah, sondern wie ein Dorf. Am Ufer wuschen sich Leute und gossen sich Wasser über den Kopf wie bei einer selbst inszenierten Taufe (die Stimme lachte), sie waren unter Brücken hindurchgefahren, auf denen zu dieser Stunde bereits eine fette, qualmende, vierspurige Autokarawane kroch oder stand, er hatte die Tempel gesehen im Schein des ersten Sonnenlichts, wie erhabene goldene, sonnenspiegelnde Luftschiffe dahintreibend, und zum Schluß war er ausgestiegen, wo niemand ausstieg, das kleine Boot stoppte kaum. Als er sich umdrehte, sah er die Frage in den Augen des Bootsmannes: Was will der hier? Er wollte nichts, das war so seine Gewohnheit. Der Steg, falls man ihn als solchen bezeichnen konnte, war lang und wogte im dunklen Wasser leicht auf und ab. Dicke Polster Entengrütze trieben träge unter ihm hindurch. Still war es da. Der Steg endete in einem matschigen Weg. Palmen, unbenennbare Bäume, der Gegenduft von Durianfrüchten. Dann weitete der Weg sich plötzlich zu einer Art öffentlichem Raum, der auf einer Seite von einem verlassenen kleinen Tempel begrenzt wurde. In der Ferne noch die Geräusche des Flusses, hier nur Rauschen, dieses nicht erdachte, nicht komponierte Geräusch. Und in der Mitte des öffentlichen Raums, des kleinen, leergemachten oder -gehaltenen Platzes, stand ein alter verwitterter Buddha, oder vielleicht war es gar kein Buddha, sondern nur ein Bodhisattwa, der bereits ein gutes Stück auf dem Weg zur Erleuchtung zurückgelegt hatte. Verwittert, das war wohl das richtige Wort, er sah aus, als sei er aus Holz anstatt aus Stein, Wettertränen waren senkrecht über sein Gesicht

heruntergelaufen, hatten es gekerbt, verletzt. Er stand vor einer geraden Steinplatte, rostiges Moos, ockerfarbenes Moos, froschgrünes Moos, und blickte nach unten, nein, nach innen, in sich hinein. Dort herrschte Friede, das war eindeutig zu sehen. Die Hände hatte er in den Ärmeln aufeinandergelegt, die er damit hochhob, bis über sein Herz. In sich gekehrt: Es gibt immer ein erstes Mal, an dem man einen abgegriffenen Ausdruck begreift. Greift.
Dieser Figur brauchte er nichts zu sagen. Er konnte an ihr vorbeischlendern und wieder zurückkommen. Von der Seite betrachtet, änderte sie ihren Ausdruck nicht. So sah Christus nie aus. Christus, der falsche Gott. Man hängt sich nicht an ein Kreuz, um sich abschlachten zu lassen.
Nun spürte er jemand hinter sich. Es war ein kleiner Junge, er erschrak. Der Junge lachte, so ein Lachen, das ein Gesicht öffnet. Also lachte er zurück, und so standen sie da und lachten, groß und klein, West und Ost, Mann und Kind, einer, der dort nicht hingehörte, und einer, der dort hingehörte. Das war der Moment, sah er jetzt wieder, in dem die Mönche vorbeikamen, einige ebenfalls noch Kinder. Der kleine Platz wurde zu einer Bühne, aber er kannte das Stück nicht. Die Prozession kam von links und trat rechts wieder ab, eine Prozession männlicher Personen in wehender Kleidung, Bettelnäpfe in der Hand. Er fragte sich, ob er dieses Wort je laut gesagt habe: Bettelnapf.
»Versöhn die Bilder.«
»Was?«
Er spürte den Finger, diese Waffe, schon lange nicht mehr in seiner Brust, aber es war noch dieselbe Stimme, die das gesagt hatte.
»Versöhn die Bilder.«
Er antwortete nicht. Dieses Bild, die orangefarbene Girlande aus Menschengestalten, war jedenfalls verschwunden. Irgendwohin. Er würde ihnen nicht folgen. Eine alte Frau war gekommen, die einen kleinen Korb mit Eiern vor die Figur gestellt hatte. Auch

sie hatte gelacht und war dann mit dem kleinen Jungen verschwunden. Er war also wieder allein. Langsam ging er zu dem Tempel und zog seine Schuhe aus. Sie waren sehr groß auf dem Bretterboden. Meist standen sie nicht so allein da: Bei allen Tempeln waren es immer sehr viele. Leere Schuhe, Schuhe ohne Menschen.
Versöhn die Bilder. Auf einmal hatte er an Schuhe denken müssen, und jetzt sah er sie. Hunderte, Tausende von Schuhen auf Tempeltreppen, Holztreppen, Marmortreppen, glänzende, zerlumpte, zerknautschte Schuhe, stolze und leidende, gähnende, dumme, eitle, eklige, edle Schuhe, von ihren Menschen befreit. Die gingen jetzt alle ohne dieses Leder, ohne Plastik, Seide, Holz in dem Heiligtum umher, unbeschuht, unbeschützt. Ein Abendländer kam sich dann etwas albern vor, als wäre ihm eine Waffe genommen, als wäre er zu klein geworden, doch darum ging es ja gerade. Ein wenig kleiner.
Wann wieder ein Boot kommen würde, wußte er nicht. Es schien, als sei das hier gar keine Stadt mehr. Eher ein verlassenes Dorf. Er setzte sich ans äußerste Ende des Stegs und sah viele Boote vorbeifahren. Er ließ die Beine über dem Wasser baumeln.
Versöhn die Bilder. Was meinte die Stimme damit?
Die Stimme antwortete prompt.
»Dein Hotel. Das Squeeze Inn. Sukhumvit Adelheid und Tineke.«
Das Squeeze Inn befand sich in der Nähe seines Hotels, Ecke Sukhumvit und Soi 29. Am ersten Abend war er dorthin spaziert, angezogen von dessen Unsinn. Es stand alles in seinem roten Buch, aber darin konnte er jetzt nicht nachschauen. Auf der Sukhumvit herrschte Tag und Nacht Verkehr, bösartig wie ein faschistischer Aufmarsch. Manchmal jedoch trat, sehr spät, eine Flaute ein. Dann kamen die Wagen, die die Gehwege sauberspritzten. Die Hunde wußten das genau, denn sie kamen dann zum Trinken. So war es auch bei jenem ersten Mal. Er wollte

noch nicht in sein Zimmer. Dort wartete nichts anderes auf ihn als die Nachwirkungen eines zwanzigstündigen Flugs, der nirgends gerissene Faden der Bilder zwischen Schiphol und Bangkok Airport, die Lichter Roms, das Herumhängen zwischen Arabern in Bahram, die zwölfstündige Quälerei danach. Im Squeeze Inn konnten vielleicht sechs Personen sitzen, und eine saß bereits da, weil sie immer da saß. In dem violett getönten Neonlicht war sie nicht gut erkennbar, aber sie saß da und häkelte. Als er hereinkam, fragte sie ihn, ob er ihr helfen wolle. Irgend etwas hatte sich unentwirrbar verheddert. Er hielt den weißen Strang, um beide Handgelenke, wie früher bei seiner Mutter. Sie wickelte ihn auf, er blickte in ihr pechschwarzes Haar, sah die kleinen, zierlichen Hände, die sich so flink bewegten. Hinter ihr kamen aus einer schmalen Tür Männer heraus, die gleich nach draußen weitergingen. Oben war ein Hotel, eines von der Art, die man in Marseille oder Paris *hotel de passe* nennt. Als sie die Hände wieder frei hatte, fragte sie, was er trinken wolle, und er nahm einen Whisky, der in dem schmutzigen Licht giftig aussah. Sie fragte, ob er mit ihr nach oben wolle, und er sagte nein, denn das wollte er nicht. Sie lachte glockenhell und beugte sich wieder über ihre Häkelarbeit. Bevor sie diese wiederaufnahm, fragte sie ihn noch einmal, Ware angeboten und abgelehnt, und dann saßen sie friedlich weiter auf diesen fünf Quadratmetern, ein altes Ehepaar. Er sah, wie der Verkehr auf der Sukhumvit wieder zunahm, wenn er die Augen halb schloß, zogen Tausende gelber Streifen vorbei. Als er ging, sah er in einer Nische neben der Tür den Buddha und dachte etwas Unbestimmtes, so ist's recht, oder so ähnlich. Versöhn die Bilder. Das war also damit gemeint, es war ganz einfach.

Das Crown Hotel. Vom Squeeze Inn geht man die Soi 29 entlang. Gleich um die Ecke steht ein Wagen mit Limonaden in nicht existierenden Farben, aus nicht existierenden Früchten bereitet. Sirup hieß das in Surinam. Ein wenig von dieser todvioletten, gallengrünen, samenweißen Flüssigkeit wird in hohe Gläser gegeben, zerstoßenes Eis und Wasser dazu, happy landings. Ein Stück weiter steht ein *rote ken*, ein kleiner Wagen mit einem Kochtopf in der Mitte. Nudeln, Fischklößchen, Klebreis, der in die scharfe *jaeow* getunkt wird. Immer hocken ein paar Leute um ihn herum. So kommt man automatisch zum Crown Hotel, das auf seiner eigenen Unterführung steht. Links ein Coffee-Shop, rechts die Rezeption, draußen gleich der kleine Swimmingpool mit den zu großen weißen Körpern und ihren kleinen thailändischen Begleiterinnen. Der ölige Film auf dem Wasser stammt nicht vom unentwegt grollenden Verkehr auf der Sukhumvit, es sind die Tränen eines tropischen Baums darüber. Man kann ruhig darin schwimmen. Er schwimmt in der lauen Brühe, muß nach wenigen Zügen bereits wieder umkehren und schaut vom Wasser aus zu den anderen hinüber. In ein paar Tagen wird er besser wissen, wer sie sind. Australier, Amerikaner, Engländer, die am Golf auf einem Bohrturm arbeiten und hier eine Woche lang ihre monatelang aufgestaute Lust rauslassen. Am Golf ist Alkohol verboten, folglich sieht man sie auch im düsteren Licht des Coffee-Shops, Ströme von Bier in sich hineinschlürfend, kleine schwarzhaarige Prinzessinnen wie Schatten neben sich. Ihn muß das auf Geheiß vieler westlicher Moralinstanzen unangenehm berühren, aber oft sind die plumpen weißen Körper wie Wachs in den Händen der schüchternen Schatten. Irgendein Gleichgewicht ist erreicht, etwas wie ein eigenartiges häusliches Glück schwebt im Coffee-Shop, ein Kind ohne Vater in einer armseligen Hütte am Rande Bangkoks hat zu essen oder kann die Schule besuchen, die Saudis bekommen wieder eine gezähmte Arbeitskraft. Die Welt ist eine bittere Waage. Bangkok heißt nicht Bangkok, sondern Krung Thep, Stadt der Engel. Zwischen zwei- und dreihunderttausend Frauen arbeiten in 97 Nachtclubs, 119 Massagehäusern, 119 Frisier- und Massagesalons, Teehäusern, 248 verbotenen, aber zu findenden Bordellen und 394 Disco-Restaurants. Das Leid der Welt wird wegmassiert und strömt als endloser, klebriger *klong* von Samen in die Abwässer der Engelstadt. Versöhn die Bilder. Die Stadt der Engel. Warum sieht er dabei die Engel Botticellis, Cranachs, van Eycks, Mantegnas? Engel sind blond.

»Nicht abschweifen«, sagt die Stimme. »Du machst wieder eine Kunstabhandlung daraus. Gleich kommst du noch mit diesen gräßlichen Rilke-Engeln an. Du warst beim Crown Hotel. Vergiß doch mal, daß du aus Europa bist. Hier sind die Huren Engel, und diese Engel sind schwarz. Es sind unsere eigenen Dämonen, die uns hierher jagen.«

Das Crown Hotel. Hier wohnt sein Freund, der Maler, weil er hier arbeiten kann. Er bekommt immer dasselbe Zimmer, stellt dort seinen Buddha auf, gibt ihm Blumen, gibt ihm zu essen, gibt ihm vielleicht ein Glas Mekong-Whisky und ist, wer weiß, glücklich. Wenn er in dem ranzigen Wasser schwimmt, sieht er den Maler manchmal am Rand sitzen, unter dem weinenden Baum, für die Welt verloren, das Gesicht ein bißchen böse vor Konzentration, er denkt an etwas oder zeichnet etwas. Er sieht etwas, was kein anderer sieht. Der Reisende und der Maler. Ihre Charaktere sind gegensätzlich, aber der Reisende liebt den Maler. Er liebt nur wenige Menschen auf der Welt. Der Maler hat dem Reisenden vom Crown Hotel erzählt, aber hinzugefügt, er glaube nicht, der Reisende sei der Richtige für das Crown Hotel. Vielleicht sei er ein Typ für das Royal Orchid, das Oriental. *Luxus?* Fehlanzeige. Der Reisende mag das Crown Hotel. Im Innersten seiner Luxusseele liebt er Schutt, Verelendung, Schund, down and out. Elend läßt sich am besten in fremden Wörtern ausdrücken: Misery, misère.

»Hm«, macht die Stimme am Bretterzaun. Aber es stimmt, in der himmlischen Hölle Bangkoks kommt sein Zimmer ihm wie ein Zufluchtsort vor, ein Refugium. Wände und Fußboden sind aus nacktem Stein, Bett und Schrank aus Holz, das erst angemalt werden muß, um wie Holz auszusehen. Irgendwann einmal war die Wand gestrichen, in einer unbestimmbaren Bleifarbe? Genau über ihm hängt ein Ventilator, so als wäre im Zimmer über ihm

ein Propeller-Flugzeug senkrecht herabgestürzt. Wenn er seine Kleider auf den Balkon zum Trocknen hängt, tritt er in einen Feuerofen, barfuß kann man da nicht stehen. Die Kleider sind in weniger als einer halben Stunde bretttrocken, riechen aber immer ein wenig nach dem Imbißwagen unter seinem Balkon. Im Dämmerlicht steht er manchmal da und schaut. Eine Karbidlampe wirft tanzende Schatten über die sitzenden und liegenden Gestalten. Musik aus einem Transistorradio, Girlanden unverständlicher Lieder, alles in Ordnung. Gegenüber seinem Bett – das erste, worauf sein Blick beim Aufwachen fällt – befindet sich eine Aufschrift, die besagt, daß die Polizei in diesem Viertel sehr aktiv sei und daß es besser sei, kein Rauschgift bei sich zu haben. Es steht da in seinen eigenen Buchstaben und in denen des Landes, in dem er sich gerade befindet. Diese Buchstaben findet er schöner, weil sie so geheimnisvoll sind. Es gefällt ihm, mit Zeichen einzuschlafen und aufzuwachen, die Sprache bedeuten. Sie stehen aufrecht, diese Zeichen, sie haben Enden in Form von Ringen oder seltsam geformten Haken, sie sehen wie Spezialschlüssel oder Folterwerkzeuge aus. Man kann sie ganz lange betrachten und glaubt immer noch nicht, daß da das gleiche steht wie in den eigenen Buchstaben. Altertum: Diese Instrumente, die dort so ordentlich aufgereiht sind, um ein Götterbild zu reparieren, können nicht von Drogen und Polizei sprechen.
Im Schrank hängen verbogene Plastikskelett-Haken. Es sind gut und gern drei, und mehr Kleidungsstücke besitzen die meisten Bewohner auch nicht, das Crown Hotel kostet nur dreißig Mark. Das ist teuer, finden Tineke und Adelheid, die im TT-Guesthouse wohnen. Das kostet nur zehn Mark. Aber sie haben keinen Ventilator, und sie müssen sich irgendwo auf dem Gang waschen. Er hat ein Bad, aber Bangkok, oder das Crown Hotel, geizt mit Wasser. Abends bekommt er von Herrn Deng eine Flasche abgekochtes Wasser aus dem Kühlschrank in der Halle, damit er nachts etwas zu trinken hat und seine Zähne putzen kann. Aus der Dusche kommen nur Tränen, wie aus dem Baum unten. Mit

Blut vermischte Tränen, das Wasser ist rostig. Freilich nicht immer. Zu geheimnisvollen Zeiten kommt plötzlich eine ganze Flut, man könnte vor Vergnügen pfeifen.
Herr Deng. Es hat den Anschein, als sei er immer da. Er weiß alles. Er schreibt Botschaften für einen in seiner Geheimschrift, so daß das *tuktuk* einen dorthin bringt, wo man hin muß. Er ist klein, der Herr Deng, er sitzt niedrig hinter der Rezeption, ein wenig zurückgelehnt, aber er beherrscht die Halle. Sein Gesicht gehört in die Kategorie »unvergeßlich«, ohne daß man genau sagen könnte, warum. Eine Mischung aus Ruhe und Intensität. Es ist sehr weiß, dieses Gesicht, aus dem eine tiefe, träge Stimme kommt. Am besten hört man das, wenn man ihn anruft. Erst ist Rauschen vergangener Zeiten und Kontinente vernehmbar, so als hätte der schwarze Bakelitapparat alte Kolonialluft aufbewahrt. Dann kommt Dengs Stimme.
»Yes?«
»I would like...«
Ja, was will er eigentlich? Dengs Stimme hat so geklungen, als wäre alles möglich. Eine arabische Prinzessin, Plätze fürs Pferderennen, ein Leopardensoufflé oder eine seltene Ausgabe isländischer Sagen.
Deng, denkt der Reisende, ist jemand für einen Roman. (Leser sagen »jemand aus einem Roman«, Schriftsteller »für einen Roman.« Doch dieser schreibende Reisende hat noch keinen Roman, in den er Deng stecken könnte, also läßt er ihn vorläufig nur über einer einzelnen Seite schweben.) Er stellt sich vor, wie Deng jetzt am Telefon sitzt, zwei Treppen tiefer, mit überschatteten Augen alles in der Halle verfolgend, das va-et-vient, die neuen combines, den Handel, die Sorgen, die Gestalten draußen am Pool.
»I would like to phone to the TT-Guesthouse.«
»I will give you a line.«
»Thank you, Mr. Deng.«
»You are welcome.«

Er wählt eine Nummer, und ein anderer Deng antwortet, am anderen Ende der Stadt. Diese Stimme jodelt.
»TT-Guesthouse.«
»I want to speak to Miss Adelheid.«
Der Name ist plötzlich fremd in seinem Mund, als wäre dieser bereits auf eine andere Sprache eingestellt, die, von der er hier umgeben ist. Er weiß nicht warum, aber er muß plötzlich an Hortensien denken, und an Villen in Baarn.
»Adelheid?«
Die Stimme am anderen Ende gibt den Namen zurück, verzerrt, und von einem großen Zögern begleitet. Es ist plötzlich wieder eine andere Blume geworden.
»From Holland.«
»Ah, yes... just a minute.«
Er hat jetzt sehr lange Zeit, sich in seinem Zimmer umzuschauen. Das Telefon steht auf einem niedrigen Tischchen, und er sitzt auf dem einzigen Stuhl daneben. Die meergrünen Kunststoffjalousien hat er heruntergelassen. Er sitzt im Halbdunkel, die nackten Füße auf dem Steinfußboden, ein Handtuch umgeschlagen, die Karte von Bangkok auf dem Bett, ein Meer von Blau, durchkreuzt von gelben und weißen Streifen. Latya Road, Rama IV Road, Si Ayutthaya Road. Irgendwo in dieser verrückten Formel wohnt er, irgendwo wohnt Adelheid. Adelheids Vater ist Dichter, ein alter Freund. Sie ist groß und blond, sehr nördlich, und arbeitet in einem Restaurant in Amsterdam, in das er gelegentlich kommt. Das tut sie nie lange. Wenn sie arbeitet, nimmt sie immer gleich zwei oder drei Jobs an, bis sie fünftausend Gulden beisammen hat. Davon kann sie in Asien monatelang leben. Eigentlich mag er nur solche Menschen. »*Clowns, Dichter, Vagabunden und eine Radierung vom Meer*«, eine Gedichtzeile, die er irgendwann, irgendwo gelesen hat. Sie fliegt in den Fernen Osten mit einer jordanischen Linie. Das kostet nur 1200 Gulden hin und zurück. Dann sieht sie weiter. Manchmal muß man in Amman einige Zeit warten, weil kein Flugzeug da ist, aber das macht ihr nichts

aus. Er ist neidisch auf sie, weil er gerne genauso reisen würde, aber das geht nicht mehr, er ist zu alt oder zu verwöhnt. Früher hat er es auch so gemacht, als er so alt war wie Adelheid. Verwöhnt? Die Steinwände seines Zimmers im Crown Hotel sehen ihn an. Hält sich in Grenzen.

»Adelheid«, hört er plötzlich, als wäre das ihr eigenes Telefon, als riefe er sie zu Hause an. Und vielleicht ist es auch so.

Er sagt seinen Namen, und sie lachen, weil es doch irgendwie komisch ist, sie beide in Bangkok. Im Hintergrund hört er einen Fernseher.

»Hast du Fernsehen im Zimmer?«

Darüber muß sie sehr lachen. Wenn sie die Tür ihres Zimmers hinter sich schließt, sagt sie, ist das Zimmer voll.

»Du hast bestimmt Airconditioning?« Das sagt sie, um ihn zu ärgern.

»Nein, nur so einen Propeller. Es gibt zwar eine Klimaanlage, aber die schalte ich nie ein, denn die Hälfte der Zeit läuft sie nicht, und *wenn* sie läuft, dann röhrt sie. Mir macht die Hitze nichts aus.«

»Wenn du kommst, dann zeige ich dir den Fernseher«, sagt Adelheid.

Sie verabreden sich für den nächsten Tag. Früh, wenn es noch kühl ist. Dann wollen sie ins Nationalmuseum.

Die müßigen Augenblicke eines Reisenden. Er betrachtet ein Foto in der *Bangkok Post*. Ein paar ältere Herren lassen sich den Kopf kahlscheren. Sie haben die Augen geschlossen, die Hände gefaltet. In den Händen Schilfgräser und kleine Blumengirlanden? Mönche? Ihre Oberkörper sind nackt, die dunklen Haare liegen auf den Schultern. »Nine CAT-workers shaved their heads last night in protest of the management and the Government and plan to enter the monkhood today.« CAT? Communications Authority of Thailand. Postbeamte. Er sieht sich das Foto noch einmal an. Ja, jetzt ist er definitiv woanders. Die Augen sind geschlossen, die rasierten Gesichter ohne Anspannung. Der Streikende ist Mönch geworden. Darüber möchte er nachdenken, aber weiß nicht, was.

»Ist auch besser so«, sagt die Stimme ihm gegenüber. Die gibt es also noch immer. Antipode, Freund, Feind, Gedächtnisstütze, Mentor. Er beschließt, diesmal nicht zu antworten, und schaut an jenem anderen Ort, wo er sich auch befindet, weiter in die Zeitung. Ein echtes Land, eine echte Zeitung, mehr als dreißig Seiten. »Where to lunch and dine out. Donut lovers everywhere say MISTER Donut.« Er denkt an den Imbißwagen unter seinem Fenster, die Emailschüsseln, die Stapel beißend scharfer roter Pfefferschoten. »Australian Tax Collectors end strike.« Die haben sich die Haare also nicht abschneiden lassen, sind nicht bei den Dominikanern oder Benediktinern eingetreten, da ist er sich sicher. Er liest die Berichte aus Kabul, Bombay, Rangun, Lhasa, Peking, Djakarta, er ist in Asien. Das Zentrum der Welt ist mit ihm mitgereist. Nein, das ist falsch ausgedrückt, das Zentrum der Welt ist überall gleichzeitig, aber der Ort, an dem man sich vorübergehend aufhält, wird es ausschließlich. In Spanien sind die Niederlande ein Schatten, in Amerika ist Europa ein Schemen, in Asien gibt es zunächst einmal die Länder ringsum und dann erst den Rest. »Khmer post falls to Hanoi force.« Auf der dazugehörigen Karte kann er sehen, wie nahe der Krieg ist. »Thai military sources said the outpost opposite Ban Klong Namsai had been shelled by Vietnamese 105 mm and 130 mm artillery pieces since Wednesday night. The area contained about 600 Khmer Rouge fighters. The sources said the Khmer Rouge, remnants of the 474th division, set fire to their outpost and destroyed their ammunition dump before withdrawing and melting away into guerilla bands. Plumes of black smoke billowed above the outpost and explosions were clearly heard in this border town.« *Billowed*. Er sieht es vor sich, plumes of black smoke. »Thai villagers living near the border were yesterday warned to refrain from dressing like the Khmer Rouge or run the risk of being mistaken for Vietnamese infiltrators and shot, since some Vietnamese spies had disguised themselves as Khmer Rouge men, wearing green uniforms and caps and Ho Chi Minh-style rubber sandals.« Der Krieg, den wir vergessen haben, ist noch immer nicht vorbei, denkt er. Er schwelt bloß.

Versöhn die Bilder. Denkt er das jetzt nur oder hat die Stimme es noch einmal gesagt? Schwarzer Rauch über fernen Hügeln, Tod und Unheil, die Gummisandalen eines fortgesetzten Krieges und dann, hier, wo er sich gerade befindet, drei goldgekleidete Tänzerinnen, die ihre beringten Füße seltsam schief auf den staubigen Boden setzen, die Hände in der erhitzten Luft drehen, als seien es einzelne Tiere. Er ist von seinem Hotel aus die Sukhumvit hinuntergegangen, schneller als der Verkehr, der, in seine eigenen Gase gehüllt, nichts anderes tun kann als kriechen, stoppen, kriechen und dabei aus allen Hupen schreien. Er kommt an den Läden der Sikhs vorbei, die ihn hineinlocken wollen, um Hemden, Schuhe, Hosen für ihn zu machen, an Reisebüros, die Reisen in exotische, niedere grüne Länder Europas verkaufen, jenen fernen Westen. Er hat keinen der überfüllten Busse bestiegen, er läuft und läuft heiße Kilometer zwischen sanftmütigen Millionen und gelangt jetzt plötzlich an die Riesenkreuzung zweier Verkehrsströme, die langsam und verbissen ineinanderdringen. Dort stehen Soldaten, und er wundert sich, Thai-Gesichter werden brutal und angespannt unter den zu großen Helmen, die Anmut ist weg. Dann hört er Musik und sieht die Tänzerinnen, im selben Moment aber auch, weil sein Auge so gemacht ist, die Preisliste. Lesen kann er sie nicht, aber es muß eine Liste bestellter und erbrachter Dienstleistungen sein, hier wird getanzt und gespielt für Geld. Es könnte eine Kirche auf Sizilien sein, mit all dem Knien, Verbeugen, Flehen, Beten, Flüstern: Nur sieht er keine Heiligen, sondern Elefanten, überall Elefanten, die mit dünnem Blattgold belegt werden und einen sechsarmigen Gott flankieren, nur – wer ist dieser Gott?

»Spielt keine Rolle«, sagt die Stimme, und das stimmt, ein Name – gelernt und vergessen, einfach eine goldene Figur, eine

Manifestation des Göttlichen, eine Instanz, die man um etwas bitten kann, für die man jemanden tanzen lassen kann. Er schaut auf die Rätselzeichen und die Beträge dahinter, Monatsgehälter oder mehr, und dann wieder auf die Gesichter, die verbissene Gefräßigkeit darin, die festverklammerten Hände mit den Blumengirlanden, die mit Gold bedeckten Fingerspitzen alter Frauen, die sich zu den Elefanten und dem Gott dort oben rekken. Und die ganze Zeit geht die Musik weiter, wandert Geld von Hand zu Hand. Es ist eine Musik, die nirgends hinführt, oder, besser gesagt, es ist nicht zu erkennen, genau wie bei einem großen Fluß. Eine Art Xylophon, eine an beiden Seiten bespannte querliegende Trommel, die mit beschleunigtem und dann wieder verzögertem Herzschlag den Fluß skandiert, und die Tänzerinnen, die ihre Figuren in den Raum stellen, sich selbst in der leeren Luft zu immer wieder anderen Bildern formen, wobei sie in den Ringen an ihren zu weit zurückgebogenen Fingern mit den ach so langen, in der Welt nicht vorkommenden beperlten Nägeln Licht einfangen. Später, als er schon lange dort gestanden hat, die Hände an den Stäben des Gitters, das ihre Außenwelt von der seinen trennt, kann er sie besser sehen. Ihr Ruheplatz ist ganz nahe bei seinem Standort. Lebende Wajang-Puppen sind es, fast noch Kinder. Die Beine, die Bewegungen ausführen können, die niemand anders ausführen kann, liegen ausgestreckt da, müde. Sie haben die hohen, dreikronigen Kopfputze abgesetzt, die Ringe und Fingernägel abgenommen und damit das Mädchen, das sie auch sind, aus den eben noch so hieratischen Gestalten geschält. Tempeltänzerinnen, Vestalinnen, und neben sich eine gelbe Plastiktüte aus irgendeiner Boutique, die Gesichter noch bemalt mit den Konventionen, die zu äußeren Formen der Heiligkeit gehören, Farbe, die erzählt, daß es sich hier um Wesen einer anderen Ordnung handelt, Wesen, die tanzend zum Göttlichen vordringen, bis in den Bereich, in dem man etwas erbitten kann.

»Was du nicht sagst«, höhnt die Stimme, aber diesmal läßt er sich nicht so leicht ablenken, auch wenn er zwischen Helmen und *tuktuks* steht. Und außerdem, wie lautete noch gleich der Auftrag? So versöhnt er doch den Gestank mit dem Weihrauch, das von den kleinen Spiegeln auf diesen Mädchenbrüsten reflektierte Sonnenlicht mit dem schwarzen Qualm aus den Stadtautobussen wie schwarzer Rauch über den Hügeln? Und überhaupt, was hat es für einen Sinn, die Vergangenheit zu leugnen, in welcher auf Abwege geratenen, käuflichen, unzüchtigen Form sie hier auch herumirren mag? Was ist übrigens verkehrt an »heilig«, warum hat dieses Wort die falschen Kleider an, und warum ist *sakral* überall willkommen? Und selbst dann, warum darf einen etwas nicht als Vergangenheit faszinieren, ohne daß man gleich den Verdacht auf sich zieht, im heutigen Leben ein holistischer Schwärmer zu sein?

»Hm.« (Die Stimme ist ungeduldig.)

Soll sie doch ungeduldig sein. Dies ist etwas, was ihn beschäftigt. Und eine gewisse Gültigkeit kann man seinen Gedanken nicht absprechen, zumal jetzt nicht, wo die Tänzerinnen ihre geweihten Kopfputze wieder aufsetzen und die Trommel heftiger schlägt, als wolle sie den Argumenten des Reisenden Nachdruck verleihen.

»Es gibt einen Essay...«

»O Gott.«

Er beschließt, sich nicht stören zu lassen.

»*Conceptions of State and Kingship in South-East Asia*...«

»Du dozierst. Sieh dich lieber um.«

»Tue ich doch.«

»Was wolltest du denn sagen?«

»Daß man hier oder, besser gesagt, daß man in Indien früher von einem Parallelismus zwischen dem Universum und der Welt ausging. Der Staat hatte die Aufgabe, das Leben der Menschen in harmonischen Einklang mit dem Universum zu bringen. Das war schon in Babylonien so und kam von dort nach Indien und später hierher. Hier findet man es noch überall – in den Fürstentiteln, in

der Art und Weise, wie Städte wie Ayutthaya angelegt wurden. In der Symbolik, die man im Tempelbau, in rituellen Gebräuchen bemerkt...«
»Und?«
»Und das ist hier zu sehen. Der Schatten eines Schattens von...«
Er achtete jetzt nur noch auf die Hand einer der Tänzerinnen. Es erinnerte ihn an die Tempeltänze auf Bali. Jede Sekunde nahm die Hand eine andere Haltung ein, und er wußte, daß jede eine Bedeutung hatte. Daß er sie nicht kannte, war nicht weiter wichtig. Daß es so war, schon. Die Skulpturen, die die lebende Hand aus Fleisch und biegsamen Knochen formte, konnte man an Tempeln in Indien, auf Java, in Kambodscha sehen. Daß diese Hand vergänglich war, machte es nur noch reizvoller, der vulgäre Kontext dieser Kreuzung vermochte es nicht zu mindern. Nicht für ihn. Die drei Tänzerinnen formierten sich jetzt zu einem kleinen Zug, als magisches, goldenes, glitzerndes Tier mit sechs Füßen umkreiste er den sechsarmigen Gott.
Die Stimme kicherte, und er wußte sofort, was der diese Stimme umschließende Kopf dachte.
»Es gibt viele Tänzerinnen in Bangkok.«
Darauf wollte er nicht eingehen. Das war zu billig. Aber damit hatte die Stimme nun doch dieses andere Bild zwischen seine Gedanken geschoben. Ein paar Tage zuvor hatte sein Freund, der Maler, ihn in eine kleine, dunkle Bar mitgenommen, eher eine Art Spelunke mit blutfarbener Beleuchtung. Dort kannte man den Maler und begrüßte ihn fröhlich. Zwei Humpen Bier standen sogleich im Halbdunkel vor ihnen. Der Maler war an diesem Abend glücklich, und Glück hat die Eigenschaft, die Welt ringsum etwas farbiger zu machen. Ihm selbst ging es an diesem Abend etwas weniger gut, so etwas kommt vor. Ein paar Mädchen hatten sich zu ihnen gestellt, auf einmal lagen kleine Hände auf seinen Armen, Schultern, Schenkeln, zwischen den Beinen. Stimmen wie Glöckchen, das schon. Can we this, can we that. Er

legte die Hände geduldig wieder an ihren Platz zurück, und das war irgendwo in der Luft, am Ende ihrer sich bewegenden Arme. Dann hatte er in dem Spiegel gegenüber das Mädchen gesehen, das hinter ihm tanzte. Sie trug einen Bikini mit einer zu großen Hose und machte lustlose Bewegungen zu den ständig wiederkehrenden Schlägen der Discopeitsche. Ihr Gesicht war so leer, daß man gut einen Kilometer hineinschauen konnte. Das hatte ihm große Angst eingejagt, oder, wer weiß, vielleicht auch Abscheu. Er hatte sich entschuldigt und war gegangen. Draußen hatte er sich schuldig gefühlt, und jetzt, wo die Stimme ihn zwang, diese beiden asiatischen Gesichter zu mischen, das vom Krebs der Abwesenheit angefressene Gesicht der Nachtclubtänzerin und das sich bewegende Bild hier vor ihm, kehrte das Gefühl des Abscheus wieder zurück. Diese Bilder ließen sich einzig und allein deshalb miteinander versöhnen, weil beide als Wirklichkeit in dieser Stadt existierten, doch das geschah auch ohne ihn, dazu brauchte er im Moment nichts zu tun. Er drehte sich um und sprang auf den erstbesten Bus. Das Mädchen mit den Fahrscheinen war gleich bei ihm. Sie hob ihr schmales Gesicht, und er gab ihr zu verstehen, soweit es ihm möglich war, daß er bis zur Endstation mitfahren wolle. Ob ihr Lachen bedeutete, daß die Endstation besonders weit oder besonders nahe war, wußte er nicht, zumindest bekam er nur einen Fahrschein. Daß er gleichzeitig auch die Stimme vom Bretterzaun hörte, machte ihm im Augenblick nichts aus. Seinem Gefühl nach war es im übrigen die Stimme, die mit *ihm* in den Bus gestiegen war. Er betrachtete das Gesicht des Mädchens. Wenn er es recht sah, befand es sich auf einer Wertskala, die er nicht eichen konnte, genau in der Mitte zwischen den beiden anderen Gesichtern, mit denen er sich gerade beschäftigt hatte. Keine Leere und keine Erhabenheit. Einfach jemand, der arbeitete, Fahrscheine in einem Bus verkaufte. Er fragte sich, wieviel sie damit verdiente, viel würde es wohl nicht sein. Jedesmal, wenn der Bus gehalten hatte, gab sie, nachdem alle ein- und ausgestiegen waren, einen lauten Schrei von

sich, der bedeutete, daß der Fahrer weiterfahren konnte. Ihm wurde klar, daß der also keinen Seitenspiegel hatte. Der Schrei gefiel ihm, er glich dem Laut, mit dem man Wild aufscheucht. *Kwan sanuk*, hatte er gelernt, Spaß haben bei dem, was man tut. Den hatte sie, und der Fahrer auch, immer wieder steuerte er das große Ding quer in den Verkehrsstrom, als tanze er einen Walzer damit. Der restliche Verkehr kräuselte sich dann beiseite, hupend und gestikulierend, die Fahrgäste hielten sich an Lehnen und Stangen fest und tanzten mit. Neben dem Reisenden stand ein uralter Pfadfinder mit ohrenbetäubend blankgeputzten Schuhen, unter ihm ein Schulmädchen in tiefem Schlaf, der Kopf fiel nach allen Seiten. Er fragte sich, was sie wohl träumte. Draußen rollten immer wieder andere Straßen unter ihm hinweg, er sah Geschäfte mit weißen, glänzenden Särgen, Geschäfte mit Buddhafiguren, Geschäfte mit unbegreiflichen Gegenständen.
Überall Menschen, die Gattung war noch lange nicht ausgestorben und sprudelte aus engen Gassen in die breiteren Straßen, verteilte sich über Plätze und Märkte, malte sich auf die Rasenfläche vor dem Königlichen Palast, trieb zum Fluß, strömte an der Schleuse einer Verkehrsampel zusammen. Dies war nun wirklich Masse, dachte er, all diese schwarzen, über den vollen Gehwegen schwebenden Köpfe, wogende schwarze Blumenfelder. Es fiel ihm zum erstenmal auf, daß *alle* schwarze Haare hatten. Nur alte Leute nicht, die waren grau. Aber in diesem Schwarz, so schien es, gab es keine Nuancen, keine Schattierungen von Braun oder Rot, wie in Europa, kein Asch- oder Kupferblond, Flachshaar, Rostbraun, Pfeffer-und-Salz, kein Kraushaar oder Rasta, nein, ausschließlich und überall Schwarz, das, zumal bei der Geschwindigkeit, mit der sie daran vorbeifuhren, aus dieser Menge ein Ding machte, verwehrte, daß man einzelne herauslöste. War das unheimlich? Nein, das nicht, aber einsam machte es einen schon, zumindest zeitweilig.
Er sah sich in dem Bus um. Schwarz, schwarz, schwarz, schlafend, passiv mit undurchdringlichen Mienen hinausstarrend, müde, in

den Schlaufen hängend, unwürdig wackelnd, Körbe zwischen die Knie geklemmt, Gedanken in einer Sprache denkend, die er nicht verstehen konnte, ihn nicht anschauend, so als ob er gar nicht da sei. Plötzlich hatte er das Gefühl, daß ein Spotlight auf sein blondes Haar gerichtet war und sie ihn deshalb nicht anschauten, weil es so lächerlich war. Aber auch dieser Gedanke verebbte wieder in der Hitze, in einem Blick auf den Fluß in der Ferne, im Erkennen eines Gebäudes und im anschließenden Nicht-mehr-Wissen, wo er sich befand. Die Endstation! Er wäre ja verrückt. Als er draußen über ein paar Läden chinesische Schriftzeichen sah, stieg er aus. Chinatown, sofern man das hier auch so nennen konnte.

Jetzt gehörte er selbst zu der Menge, und er beschloß, sich ihr auszuliefern, sich wie Wasser zu verhalten, keinen Widerstand zu leisten, mitzufließen, im Geiste schwarze Haare zu haben, durchscheinend zu sein wie das Wasser um ihn. Er spürte, wie er ans Ufer geschwemmt wurde, zu einem Laden mit großen dreieckigen getrockneten Haifischflossen, doch er konnte nicht stehenbleiben, er wurde mitgesogen, um eine Ecke herum, hinein in einen Seitenarm, einen dunklen Flußlauf. Hier könnte er nicht einmal dann stehenbleiben, wenn er wollte, und doch, dies war die Welt, die er vielleicht am meisten liebte, die der Waren. Im Dahintreiben versuchte er, alles für sich zu benennen, alles Eßbare, das er in den halbdunklen Spelunken sah, Krabben in Plastikeimern, übereinanderkrabbelnde kleine schwarze Schildkröten, Fische mit Mafiaköpfen, Schlangen, rotgemalte Schweinsohren, polierte Muscheln, gepökelte Rindsfüße, Knollen wie Teufelsnasen und Kräuter wie Engelshaar, *matter*, Vielfalt, und damit Kultur. Er verfluchte die Armut der sogenannten Ersten Welt, der er entstammte, und die eines Tages, wie das Gesetz es will, die letzte sein würde, weil das Wohlbehagen aus ihr verschwunden war. Er sah auf die Hände, die dies alles geordnet und aufgeschichtet hatten, Gelb zu Gelb, Rot zu Rot, den Raubfisch zu seinen Opfern, das Nasse neben das Getrocknete, die Gemüse, die er kannte, neben die Gemüse, die er nie kennen würde, die toten, lackierten Enten neben ihre lebenden Küken, das Rohe neben das Gekochte, die Kräuter zum Gesundwerden oder, wer weiß, zum Sterben – eine ganze Schöpfung im Angebot. Und so sah er auch, während er von der Menge mitgeschwemmt wurde, die Menschen in den Buchten, von Neon oder flackernden Lampen beschienen, magere Männer in schwarzen kurzen Hosen, die Eis zerhackten, Frauen, die Fische mit Wasser besprenkelten oder Fliegen verjagten, alte Männer in geheimnisvollen Zusammenballungen unter den Porträts noch älterer Männer, andere alte Männer, die mit Mah-Jongg-Steinen klapperten, und dann, als hätte der Strom Mitleid mit ihm bekommen, spülte er ihn an einer freien Fläche an Land, einem Eßmarkt, und er setzte sich zu einem lachenden Mann, der in wohl zwanzig *woks* gleichzeitig rührte. (Ein *soi* ist eine Straße, ein *klong* ein Kanal, ein *wat* ein Tempel, ein *bath* ein Geldstück, ein *wok* eine runde, gewölbte gußeiserne Schale, in der man ständig rühren muß, weil die Sachen sonst anbrennen.)

Er zeigte auf einen Fisch, der immer noch wütend war, weil man ihn gefangen hatte, und als der Fisch zehn Minuten später, bis zur Unkenntlichkeit verändert, in einer Soße mit der Farbe und Konsistenz von Blut wiederkam, fühlte er sich auf unklare, aber doch überzeugende Weise mit dem Südchinesischen Meer oder dem Golf von Bengalen verbunden. Chinesisch hing über ihm wie ein Baldachin aus Lauten. Er sah die Welt dunkel werden. Das geht sehr schnell in den Tropen. Ein Mann ließ einen Korb mit nackten Hühnern auf den schwarzen glitschigen Asphalt fallen, aber das sah er jetzt durch die Goldfarbe des Mekong, den er in sein Sodawasser hatte fließen lassen. Er war zufrieden. Sein rotes Buch ließ er in der Tasche. Es war doch vergebliche Liebesmüh. Einen Ozean kann man nicht aufschreiben. Er saß da in einer Ecke unter einer sanft hin und her schwingenden Karbidlampe und trieb auf der Welt dahin, die sich nicht um ihn kümmerte. Sich lösen, man brauchte es nicht selbst zu tun. Man

konnte auch gelöst *werden*. Abgekoppelt. Er sah auf die chinesischen Zeichen, konzentrierte sich auf eines von ihnen und fragte sich, welchen Weg es zurückgelegt hatte, ehe aus einem Ding die Abstraktion geworden war, die dieses Ding jetzt bezeichnete. Danach bestellte er sich ein Eis.
»Wurde auch Zeit«, sagte die Stimme.
»Fuck you«, antwortete er. Das Gesicht am Bretterzaun konnte er jetzt nicht sehen, aber daß sie beide lachten, wußte er genau.

Das TT-Guesthouse muß in der Nähe der Si Phraya Road liegen, aber der *tuktuk*-Fahrer kann es nicht finden. Später zeigt Adelheid ihm, daß an strategisch wichtigen Punkten kleine Schilder mit TT-Guesthouse angebracht sind, aber die hat er natürlich wieder nicht bemerkt. Statt dessen verirrt er sich auf ein Tempelgelände, gerät in ein Stück Niemandsland, das gar nicht so »niemand« ist, denn irgendwo thront immer ein Buddha, der ihn allein dadurch auslacht, daß er ihn nicht auslacht, fragt zwei Mädchen nach dem Weg, die eine Bahn goldener Seide unter der Nadel einer alten Singer hin und her schieben, und gelangt auf einen so schmalen Weg, daß er glaubt, gleich unweigerlich auf den Hof von irgend jemandem zu geraten. Die kleinen Häuser, an denen er vorbeikommt, sind aus Holz, niedrig und dunkel, es riecht da nach Holzkohle, er kann hineinschauen und sieht eine Frau, die, auf einer Matte zusammengerollt, auf den tanzenden Fleck eines kleinen Schwarzweißfernsehers starrt. TT? fragt er trotzdem noch einmal, und sie schickt ihn weiter, ebendiesen Weg entlang, und dann ist er plötzlich da. Hierher kann kein *tuktuk* fahren, geschweige denn ein Taxi.

Jugendherberge, schießt ihm als erstes durch den Kopf, und es scheint zu stimmen. Adelheid und ihre Freundin Tineke erzählen, daß sie vor Mitternacht im Haus sein müssen. Um einen großen Tisch sitzt gemischtes, frischgewaschenes Vagabundenvolk, ein kurzhaariger fanatischer Schotte liest dem letzten Blumenmädchen der westlichen Welt sein Reisetagebuch vor. Er kennt all diese Typen, den Franzosen mit den zu kurz abgeschnittenen, absichtlich ausgefransten Jeans, die eng um seinen Marshügel gemeißelt ist, den wettergegerbten alten Wandervogel aus Westfalen, die Frauensleute in den Flatterkleidern wie einstens Isidora Duncan, die künftigen Genies mit ihren vollen Notizbüchern, die Barfußläuferinnen, die Körnerfresser, die Heiligen der letzten Tage. Er kennt sie, denn er hat schon einmal gelebt. In einer Ecke steht der Fernseher, den er durch das Telefon gehört hat, und um ihn schart sich die Thai-Familie, die dies alles führt, für die Welt verloren bei einem einheimischen Drama mit großen Augen und schmerzlichen Stimmen. Liebe, darum geht es, und um die Ecke lauert der Tod.

Bevor das Leid zuschlägt, verlassen sie das Anwesen über wieder andere labyrinthische Wege. Sie sind nicht weit vom Oriental und trinken dort Kaffee zwischen den Amerikanern. Das kostet, sagt Tineke, soviel wie eine komplette Mahlzeit für zwei Personen in einem der Thai-Restaurants in der Nähe. Ihm gefällt es ganz gut, jetzt Gesellschaft zu haben. Tineke hat seine Größe und ein nordholländisches Lachen, Adelheid wird im Straßenbild zu einem goldenen gotischen Buchstaben, jeder will ihn lesen. Sie nehmen ein Boot, das in Richtung Nationalmuseum fährt, und berichten sich gegenseitig von ihren Erfahrungen. Auch A. und T. haben die Mädchen an der Kreuzung vor dem Erawan Hotel tanzen sehen, doch sie sind ihm einen Schritt voraus. Die sechsarmige Götterfigur ist der Brahmanengott Sarn Phra Prom. Der Elefant ist sein Tragtier, daher bekleben die Leute ihn mit Gold oder schenken ihm kleine Holzelefanten. Er lernt viel. Man darf Kinder nicht über den Kopf streicheln, denn der Kopf ist heilig. Füße sind das Niedrigste, was es gibt, daher darf man nie mit den Füßen zu einer Buddhafigur sitzen. Und wenn ein Mann eine Frau in der Öffentlichkeit berührt, ist sie für einen Thai gleich eine Hure. Daran sollte er denken, meinen sie. Er auch. Und nie einen Kopf aus Versehen berühren, sagen sie noch. Er will sein Bestes tun, aber in Bussen ist das schwierig. Und Reis ist *kao*. Gekochter Reis *kao plau*. Gebratener Reis *kao pat*. Fisch ist *plah*, Schwein *muh*, Garnelen *gung*.

»Ich ist hier etwas anderes für Männer und Frauen«, sagt Tineke, »ein anderes Wort.« Sie kommen überein, das sei eine gute Idee, schließlich sei es etwas ganz anderes, wenn eine Frau »ich« sagt, als wenn ein Mann das tut. Oder nicht? Sie wissen es nicht so recht, jedenfalls sei es hier nicht üblich, von »ich« zu sprechen. Von »du« übrigens auch nicht. Die Gruppe sei wichtiger als der Einzelne, und die Sprache spiegele das wider. So steht es im Reiseführer, aber es ist schwer, sich darunter etwas vorzustellen. Darin sind sie sich einig. Was macht man denn, wenn einem etwas weh tut oder wenn man verliebt ist? Dann kann man doch schwerlich von »man« sprechen. Was tun sie dann? »Beim Sterben ist es wohl leicht«, meint Adelheid. »Wenn du nicht so wichtig bist, stirbt auch nicht so viel.« Vielleicht begreifen wir es einfach nicht richtig, stellen sie zum Schluß fest. Eine Sprache ohne das Wort »ich«, das ist natürlich nicht möglich, finden sie alle, doch was soll man damit, wenn man es eigentlich nicht verwenden darf? Vielleicht hat es etwas mit dem Glauben an die Wiedergeburt zu tun. Wenn du weißt, daß du (zweimal »du«) doch wiederkehrst, spielt es vielleicht keine so große Rolle?

Er denkt an das erste Mal, als er im Nationalmuseum war, vor ein paar Tagen. Es gab eine Führung zum Thema Buddhismus, und zwischen amerikanischen Studenten mit Kugelschreibern und Notizblöcken war er hinter einer Französin hergetrottet. Anfangs dachte er noch, es gehe um Blutwurst, weil sie die ganze Zeit von »boudin« redete, aber später hatte er begriffen, daß dies ihre Art war, »Buddha« auf englisch auszusprechen. Trotzdem hörte er weiter »Blutwurst« und war daher auf gut Glück allein an den Statuen entlanggewandert. Etwas, was die Französin gesagt hatte, war immerhin hängengeblieben. Bei der Wiedergeburt werde man nicht selbst, die Person, in anderer Gestalt wiedergeboren, nein, das Gepäck gehe weiter, werde gleichsam wie bei einer Flugreise, bei der man umsteigen müsse, vorausgeschickt. Gepäck, das hatte ihm gefallen. »Zere ies no soul«, hatte sie gesagt, »zere ies only bágage, and ze bágage ies promoted.« Er hatte in jenem auf Kriegspapier gedruckten Büchlein nachgeschaut, das er auf einem Markt gefunden hatte, *Thai Religion*. Ganz klar war es ihm auch da nicht geworden. »Buddha discovered«, stand da, »that there is no soul, and only Karma survives after death. Karma can be described as the force which determines our circumstances in this life and fashions our conditions in the future.« Er glaubte es nicht, doch es hatte einen angenehmen Klang. »It is the energy which survives man at death and links this life with the next. If there is no Karma, then there can be no rebirth. Neither the mind nor body is reborn, only the powerful energy of Karma.« Er erinnerte sich, vor nicht allzu langer Zeit etwas über Gene gelesen zu haben, die sich unseres Körpers nur vorübergehend auf dem Weg zu »etwas anderem« bedienten, die einfach damit beschäftigt seien, zu überleben, mit uns als Zwischenstation. Auch das hatte ihm gefallen. Der Körper als Durchgangsstation für eine unbekannte Größe. Dann war die Idee des vorausgeschickten Gepäcks als Metapher gar nicht so schlecht.

Das Boot hupte. »Wir müssen raus«, sagte Adelheid. Die Stimme hatte sich bisher noch nicht in das Gespräch eingemischt. Das Museum kam ihm jetzt vor wie ein Haus mit alten Bekannten. Der Soldat, der die Eintrittskarten (5 *baht*) abriß und vor dem er insgeheim etwas Angst hatte, stand immer noch da, und auch all die Buddhas, die die Jahrhunderte überdauert hatten, konnten sich seit dem vorigen Mal nicht bewegt haben. Er hatte jetzt auch seine Favoriten, wie zum Beispiel diesen stehenden aus dem Jahr 1482, der den rechten Fuß so babylonisch vorstellte und ihn im Boden abdrückte wie in einer Tontafel. Seine Arme hingen senkrecht zur Erde, und er beugte sich leicht vor. Dieser Schritt dauerte nun schon fünfhundert Jahre, und nichts hatte sich bewegt:

Entering the forest he moves not the grass
Entering the water he makes not a ripple.

Die Augen waren auf die Erde gerichtet, die *unisha* stand wie eine Lotusknospe auf dem spitz zulaufenden, geschmiedeten Haar, Licht schimmerte auf der Bronze. Es kam von draußen, dieses Licht, aber es hatte den Anschein, als käme es von innen, als befände sich in dieser kleinen, geschlossenen Figur eine Lichtquelle, die den Buddha, wenn er wollte und wenn sie nicht da waren, schweben lassen könnte. Er dachte an die Nächte in die-

sem Museum, an die Stille. Da konnte man wohl erschauern. Es gab nun einmal Worte wie Erhabenheit, Weisheit, Loslösung, und zu Worten gehörten Begriffe, und wenn diese Begriffe jemals Ausdruck in Materie gefunden hatten, dann hier. Man kam nicht *hinein*, in diese Gesichter. Sie konnten sich in den fünfhundert, sechshundert, siebenhundert Jahren nicht verändert haben, seit sie geschaffen worden waren, und Zeit war ohnehin keine Kategorie für das Denken oder die Abwesenheit von Denken, die diese Köpfe und Haltungen umgab. Aber er selbst, er, der Betrachter, hatte, und wenn auch nur aus dem Grund, daß es für ihn davon so wenig gab, durchaus etwas mit Zeit zu tun, und etwas, die allergeringste Abnutzung, das kleinste, nicht meßbare Verstreichen, mußte diese Figuren doch verändert haben? Mehr als in irgendeinem anderen Museum hat er das Gefühl, er dürfe in Zeitschichten umherstreifen, doch Schichten ist vielleicht nicht das richtige Wort, weil es ein Hinauf und Hinunter voraussetzt, und so ist es nicht. Das Rad des Gesetzes aus dem alten Königreich Dvaravati, das im siebten und achten Jahrhundert mitten in Thailand lag, die pharaonisch gekleideten Wischnus aus noch früherer Zeit, der durchgeistigte Buddha mit den Schlangen, die ihn, als vielköpfiger Schirm, vor dem Ertrinken gerettet haben – eines findet seine Fortsetzung im anderen, und so kann er sich umdrehen, zurückgehen, hin- und hergehen in der Zeit, seine vergängliche Anwesenheit unter das mischen, was um ihn her in Stein und Bronze unvergänglich scheint.
Die drei Reisenden haben sich in diesen Räumen voneinander getrennt. Als er wenig später aufschaut, sieht er, wie die beiden anderen sich als Kunstwerke im nächsten Saal postiert haben. Adelheid hat sich über etwas gebeugt, das er nicht sehen kann, und richtet sich dann wieder auf, selbst eine Statue. Für lebende Menschen spricht auch einiges. Sie können zwar keine fünfhundert oder fünftausend Jahre alt werden, dürfen dafür aber ständig ihren Ausdruck ändern. Sie blickt jetzt, vielleicht nur von ihm beachtet, in von draußen hereinfallendes Licht und macht ihre

Freundin auf etwas aufmerksam. Die Statuen, die sie umgeben, lassen sie jetzt selbst zu einer Skulptur werden, höher als die ringsum, eine Sibylle, doch was prophezeit sie?

»Das reicht mal wieder«, sagt die Stimme. Er gehorcht und dreht sich um. Als er glaubt, niemand schaue zu, legt er seine profane Hand um einen der beiden Paradiesmonde einer indischen Tempeltänzerin und stellt sich vor, wie diese Figur da gestanden hat, in der sengenden Sonne, hoch oben in einer Tempelwand, Erotik allen Augen entgegenstrahlend, die je zu ihr hinaufgeschaut haben. Die Brust fühlt sich kühl in seiner Hand an, aber diesmal ist er es, der gesehen wird, denn er hört, wie Adelheids Stimme hinter ihm sagt: »Aha, erwischt, der Herr. Zur Strafe soll deine Hand jetzt auch zu Stein werden.« Er fragt sich, wie das wohl wäre, nicht nur seine Hand, sondern er ganz aus Stein, für immer in dieser Haltung eingefroren. Würde er sein Leben dafür hergeben, um, allerdings in Stein, Tausende von Jahren alt zu werden? Er meint, nein.

Der logische Weg des Museums führt vom Göttlichen zum Königlichen, von Plastiken zu Plunder. Lanzen, Elfenbeinsänften, ein »Laotian alphabet typewriter presented by American missionaries«, Tafelgeschirre, Palankine, derart kleine Uniformen, daß man sich nicht vorstellen kann, sie paßten jemandem, Schmuck, alte Fotos, alles unwiderruflich Vergangenheit. Gewehre, so lang wie Lanzen, präparierte Stücke weißer Elefant, »the drum of Justice made in 1837«, der zusammenklappbare Feldstuhl König Ramas I., und dann, im letzten Saal, die »Royal Funeral Chariots«. Möglicherweise gibt es auf der ganzen Welt keine merkwürdigeren Fahrzeuge. Zwei stehen da, und sie haben Namen. Maha Phichairatcharot und Wechayanratcharot. Letzterer wird noch immer bei der Einäscherung von Königen und Königinnen benutzt. Das kann man auf Fotos sehen. Alten Fotos. Eine endlose Prozession von Höflingen, gekleidet in etwas, was wie englische Kolonialuniformen aussieht – Stiefel, galonierte weiße Hosen, Zweispitze mit Federbusch –, biegt um die Ecke auf dem Weg zum Museumsvorplatz. Irgendeine Vorzeit, das Foto ist schwarzweiß, wie versengt, mitgenommen, als wolle es damit zeigen, daß jeder der darauf Abgebildeten tot ist. Und in der Mitte dieses Fotos steht Wechayanratcharot. Sein Gold ist jetzt grau, aber wenn man zwischen dem Foto und dem echten Objekt so nahe vor einem hin- und herschaut, kann man es sehen. Er überragt alles; obendrin befindet sich die goldene Urne, in der der Leichnam in Embryohaltung zusammengekauert hockt. Höher als ein Nashorn auf zwei Elefanten, breiter als vier Nilpferde, das Knarren der goldenen Holzräder, das würde er jetzt gern hören. Auch die Urne steht in diesem Raum, und ein Führer erzählt, wie der Leichnam in die Kindshaltung zurückgedrückt wird und dann darin bleibt, von niemandem mehr gespeist, im nicht vorhandenen Fruchtwasser des Todes, bis die Astrologen sagen, daß er verbrannt werden darf. Manchmal erst neun Monate später. Die Flüssigkeit, die der Leichnam absondert, wird täglich von einem Mönch in einer Silberschale aufgefangen, mit Weihrauch versetzt und verbrannt, bis nichts mehr übrig ist als eine Mumie, eine vertrocknete Königspuppe, ein zu großer, gegerbter Fötus in einem goldenen Gefäß. Später, an einem anderen Abend, als der Reisende bei dem Botschafter seines Landes zu Besuch ist, hört er mehr davon. Es ist, wieder einmal, ein kolonialer Abend. Er ist von Wächtern eingelassen worden und unter dem Wappen seines Landes die Auffahrt entlanggegangen. Ein Teich mit Fröschen, aufgeblasen quakend. Tropische Blumen wiegen sich im Wind, der vom Fluß kommen muß, in der Residenz ist es weit und kühl, als gäbe es das Bangkoker Chaos nicht. Der Botschafter ist ein Dichter, er kann gut erzählen. Vor acht Monaten ist die Witwe eines früheren Königs verstorben, das diplomatische Corps war eingeladen, der Beisetzung der Urne, falls man das so nennen darf, beizuwohnen. Der Leichnam der alten Königin wurde in einem Jutesack hereingetragen, bereits in der Haltung, in der er nun neun Monate bleiben sollte, Zeit genug, um eine goldene Stellage zu bauen, in die man die Urne für die Verbrennung setzen konnte. Der König mußte diese Zeremonie persönlich leiten, und daher durfte die Stellage nicht allzu hoch sein, denn zu dem Ritual gehört auch, daß der König immer wieder die hohen, steilen, goldenen Treppen hinauf- und hinunterschreitet, und dieser König ist nicht gesund. Dies alles geschieht bei Tage, und bei Tage ist es in Thailand heiß. Der Reisende hat sich das angehört und genickt, er hat die Stellage in einem großen Schuppen neben dem Museum wachsen sehen. Man hat eine Flugzeughalle darum herumgebaut, um die Lackierer, Goldmaler und Kunstschreiner vor der Hitze zu schützen. Aus einem Raum in der Nähe dringen die Klänge eines großen übenden Chors, langgezogene, weich modulierte Töne vieler hoher Stimmen. Hier, beim Gold, herrscht ein anderes Zeitalter. Die Könige sind noch Götter und dulden selbst im Tod das Volk nur in erdfarbener Tiefe. Einer der Kunstschreiner schaut auf und lacht. Er sieht aus wie das, was er ist, ein namenloser Kunstschreiner, derselbe, der so viele hundert Jahre zuvor am Maha Phichairatcharot gearbeitet hat. Der König hat einen Namen und eine Zahl. Selbst sein Totenwagen hat einen Namen. Namenlos ist der Kunstschreiner. Er lacht, einen kleinen goldenen Turm der Königspracht in den Händen, und die drei Reisenden, die auf diese Entfernung ebenso namenlos sind, lachen zurück.

Den Rest des Tages widmen sie Tempeln, aber sie tun es leichtfüßig. Sie werden sich von all dem Gold und Glanz umringen lassen, sie werden mit bloßen Füßen über glänzenden Marmor und glänzendes Mahagoni wandern, Mönche und Fabeltiere gleiten zu ihren Augen hinein und hinaus, sie essen an einer Bude neben einer Tempelmauer, sie wiegen sich in der Weisheit der nicht mehr gezählten Buddhas, und am Ende des Tages sind sie müde. »Look here!« steht an einem kleinen, in einer Ecke des Wat-Pho-Tempelbezirks versteckten Gebäude. »Look here! All of you, here is one of the most famous fortune tellers of Thailand you are able to check your destiny of your life every problem all of you welcome good luck to you.« »Daneben«, sagt Adelheid, »ist ein Häuschen, in dem man sich von alten Damen massieren lassen kann.« Sie hatten es einmal gemacht, es kostete nur 100 *baht* die Stunde, und wenn man wieder herauskam, schwebte man. Es reizt ihn schon, aber erst will er doch noch den liegenden Buddha sehen. A. und T. gehen nicht mit, sie sind von Gott und Gold gesättigt. Er tritt allein in das dunkle Gebäude, das um die Figur herumgebaut ist. Sie liegt langausgestreckt da, überall, durch jede Öffnung zwischen Säulen und Nischen sieht man ein Stück Gold von ihm. Neunundvierzig Meter lang, so liegt er da, das Riesenhaupt in der Riesenhand, in seinem endlosen goldenen Schlummer. Ja, Gold ist ein Wort, um das man hier nicht herumkommt. Er beschließt, als erstes zum Kopf zu gehen. Durch eine der riesigen hohen und dicken Luken sieht er, wie draußen ein junger Mönch schläft, die orangene Kutte ausgebreitet, als wäre er aus großer Höhe auf den Marmor gestürzt. Dann wendet er sich wieder der Skulptur zu, läßt sich in einer Ecke des Tempels nieder, sieht in der Ferne, wie am Ende eines Bahnsteigs, den Glanz der viel zu großen Füße und schaut auf den *Betrieb*, anders kann er es nicht bezeichnen. Er kennt ihn aus tausend spanischen Kirchen. Rings um die Figur sind gußeiserne Töpfe aufgestellt, an denen ganze Familien entlangziehen, um das kleinste Geldstück hineinzuwerfen. Andere knien, entzünden Weihrauch, schütteln eine Dose mit kleinen Stäbchen, bis eines herausfällt, und das bedeutet dann etwas. Frömmigkeit, Versessenheit, Begierde, Routine. Immer das gleiche Bild, wenn in einem geweihten Raum irgend etwas, egal was, verkauft wird. Eine Gruppe Japaner verbeugt sich, als wollten sie in den Boden hinein, überall das Klingeln von Münzen, kleine Vögel werden gekauft und freigelassen, damit erwirbt man sich Verdienste, das wirkt sich aus im nächsten Leben. Er blickt auf den Buddha, um zu sehen, was der dazu meint, aber er meint nichts. Er ist irgendwo anders, umgeben von Bildnissen seiner selbst, schlummert er im größten Bildnis von allen, er sieht nicht, wie der Tempeldiener mit einer Zigarette zwischen den Lippen die abgebrannten Räucherstäbchen wegnimmt, und auch nicht den Unsinn eines Telefons. Sein goldenes Haupt ragt über dem Reisenden auf wie ein polierter Fels, die *unisha* reicht bis zum Tempelfirst. Die metergroßen Fußsohlen sind aus eingelegtem Perlmutt voll kabbalistischer Botschaften und Geheimnisse.

Als der Reisende ins Freie tritt, sieht er seine Freundinnen nicht mehr. Er geht in das Massagehäuschen, unsicher, ob er das eigentlich will. Eine alte Frau bedeutet ihm, sich auf eine Holzbank zu setzen. Vor ihm steht eine Art Podest, auf dem Matratzen ausgebreitet sind. Fünf Menschen liegen darauf, bekleidet und nebeneinander. Es sind keine Europäer darunter. Leise, gemurmelte Unterhaltungen auf den Matratzen. Die Masseusen sind alt, aber stark. Sie krempeln die Körper unter ihren Händen um, stemmen die Füße gegen einen Schenkel, ziehen einen Rücken an zwei Armen gegen den eigenen Rücken, drücken Köpfe zur Seite. Er hört Knochen krachen, lange Seufzer, tiefes Stöhnen. Es gibt einen Masseur, und der hat einen Sprachfehler, das kann er sogar im Thai hören. Dann ist er an der Reihe. Eine der Frauen winkt ihn auf eine Matratze, er schnallt den Gürtel ab, nimmt die harten Gegenstände aus den Taschen und knöpft das Hemd auf. Neben ihm liegt eine dicke alte Dame. Er sieht, wie ihre gepolsterten Fußknöchel in die Mangel genommen werden. Die Frau über ihm lacht, kniet sich hin und faltet die Hände vor dem Gesicht. Sie betet und schließt die Augen. Das tut er auch. Kurz darauf lernt sein Körper, was es heißt, gleichzeitig im Osten, Westen, Norden und Süden zu sein. Es ist, als bringe ihn jemand dazu, einen Schlangentanz auszuführen, ohne daß er dabei stehen muß, aber noch merkwürdiger ist vielleicht, daß er darüber einschläft. Als er wieder wach wird, hört er friedliches Thai-Gemurmel ringsum, sieht, daß die dicke Dame neben ihm ein junger Mann in Fallschirmspringeruniform geworden ist. Die Frau, die ihn massiert hat, macht die Geste des *wai*, und auch er neigt in seiner liegenden Haltung den Kopf und drückt die Hände gegeneinander.

»Sawatdee, good fortune to you.«
Es stimmt, er schwebt jetzt. Seine Lehmfüße, die Knoten in seinen Muskeln sind auf der Gemeinschaftsmatratze zurückgeblieben. Als wäre es Pflicht, geht er noch einmal mit gemächlichem Flügelschlag in den Tempel, wo er A. und T. in schweigender Bewunderung vor den reich verzierten Fußsohlen des Erleuchteten antrifft. Sie haben die eisernen Geldtöpfe gezählt, es sind einhundertacht, und weil die ganze Zeit Münzen hineingeworfen werden, klingt es an dem Fleck, wo sie stehen, wie die stereophone Übertragung eines avantgardistischen Schlagzeugstücks.
Es ist später Nachmittag.
»Laßt uns den Sonnenuntergang am Wat Arun anschauen«, sagt Adelheid. Es ist der Tempel der Morgenröte auf der anderen Flußseite, aber Morgenröte und Abenddämmerung sind theatralische Zwillingsschwestern – ihnen geht es in erster Linie um den Ort. Sie nehmen eine Fähre und gehen durch grasige Wiesen voller Mönche, spielender Kinder und Limonadeverkäufer zu den steilen Treppen. »Zweiundachtzig Meter hoch«, sagt Tineke. Sie betrachten die chinesischen Porzellanscherben, die in die Bergwand vor ihnen eingemauert sind, aber schon bald schauen sie auf nichts anderes mehr als auf die nächste Stufe, denn die Treppen werden immer steiler und senkrechter, man kommt nur noch mit Händen und Füßen weiter. Auf den gefährlich schmalen Absätzen stehen junge Mönche, die über ihre angespannten Gesichter lachen müssen, aber er sieht, wie auch sie beim Abstieg nicht nach unten zu schauen wagen. Auf dem obersten Absatz ruhen sie keuchend aus. Auf der anderen Seite des Flusses sehen sie den Wat Pho und den Wat Phra Keo und die Türme des großen Palasts. Die Zunge der untergehenden Sonne leckt noch einmal über all das Gold, das Grau der Stadt versinkt bereits im Staub des Abends. Auf dem Fluß fahren mit Planen überspannte Lastkähne in langen Ketten, Öllampen werden angezündet, die Nacht macht einen Hechtsprung, die Lichter der Stadt gehen an,

in einer Viertelstunde wird es dunkel sein, unten klatscht jemand in die Hände, der Tempel wird geschlossen. Einen Augenblick bleiben sie noch so sitzen. Morgen werden A. und T. weiterziehen auf dieser Reise, deren Ziel sie nicht kennen, und auf einmal hat er das physische Empfinden, daß sie alle drei in dem Milliardentanz Asiens untertauchen, von der Menschenflut verschlungen werden, unsichtbar, nicht mehr zu erreichen, verschwunden. Aber das ist es doch, weshalb und wofür sie losgezogen sind? Er wird nach Birma und Japan gehen, sie fahren erst einmal auf eine kleine Insel im Südchinesischen Meer, »wo es nichts gibt«, und in den Tagen nach ihrem Abschied, wenn er selbst noch in unbestimmten, nur für ihn gedachten Missionen Bangkok durchstreift, sieht er die beiden vertrauten Gestalten vor sich auf dieser Insel des Nichts, umgeben von einem Meer von Allem, Hütten aus getrocknetem Laub unter hohen, windzerzausten Palmen. Fisch auf Holzkohlefeuer, Bücher mit trägen Seiten, ein kleines Boot von Zeit zu Zeit, das Leute bringt und holt.

Auch er macht sich ans Abschiednehmen. Er sieht den König von Thailand und den Präsidenten von China in einem beigen Rolls Royce, abends ißt er im 14. Soi am Straßenrand, als arbeitete er in einem Büro um die Ecke, und verschafft sich so einen Anschein von *permanence*. Man sitzt dort herum und redet in der Nacht, die von der großen chinesischen Pendeluhr weggetickt wird, er liest und trinkt von seinem Kloster-Bier und sieht einen Boxwettkampf in Schwarzweiß über den Aluminiumtöpfen in der Küche.

Abschied, Abschied. Es gibt noch einen Buddha, den er besuchen will, den im Wat Trimitr. Er hat Fotos von ihm gesehen. Dieser Buddha, denkt er, wird etwas für ihn zusammenfassen, die Summe dessen ziehen, was er denkt, das meint er damit.
»Vergiß es.«
Die Stimme gibt es also doch noch.
»Natürlich gibt es mich noch. Du hast es immer noch nicht begriffen. Diese Summe kannst du selbst ziehen. Oder nicht.«
Er geht trotzdem hin, und es stimmt: Die Geheimnisse werden, wie üblich, noch geheimnisvoller.
1953 fiel ein großer Gipsbuddha von einem Kran. Die Figur sprang, bekam einen großen Riß im Gips. In derselben Nacht gab es ein Unwetter, das den Riß verbreiterte und den Staub wegwusch, so daß es plötzlich golden schimmerte. Verborgen unter dem Gips war eine drei Meter hohe goldene Statue, die fünfeinhalb Tonnen wog. Sie steht in einer zartrosa Kapelle. Die Hunderte von Jahren Gips (wahrscheinlich angebracht, um die goldene Statue vor birmesischen Invasoren zu verbergen) sind wie eine Sekunde vergangen. Was ist Zeit? Die Figur sitzt kerzengerade da, die Augen nach unten gerichtet, ein strenger Meister. Er steht eine Zeitlang davor, versucht in sie einzudringen, prallt daran ab. Er sieht, wie sich sein eigener Schemen in diesem glatten goldenen Panzer bewegt, der ihn abweist. Sein Gesicht ist darin verzerrt, er ist jemand anders geworden, einer, der an der Außenseite dieser Figur bleiben muß. Und außerhalb dessen, was sie darstellt, was sie bedeutet. Er versucht es noch einmal von der Seite, die langgereckten Ohren, die gebogene scharfe Nase. Aber diese Figur ist nicht nur die Masse ihres Goldes, sie ist auch die Masse ihrer Seele, dieser Erleuchtete hat so viel Schwerkraft, daß er nicht nur in sich selbst versunken ist, sondern geradezu eingestürzt, ein goldenes Loch, nichts gibt er preis. Der Reisende unternimmt einen letzten Versuch, diesmal bei der Hand, die locker herabhängt, als wöge sie nicht Hunderte von Kilo. Als er lange darauf schaut, schwindelt es ihn, das Gold strahlt eine Kraft

aus, gegen die er nicht ankommt. Die langen Finger hängen herab, *subduing Mara*, das Böse unterdrückend. Auf einmal will er wissen, wie lange diese Figur noch existieren wird, ob sie sich je abnutzen kann, ob es sie noch bei den letzten Menschen geben wird, doch der geschlossene Mund vermittelt ihm, daß dies einfältige Fragen sind, daß jede Antwort Unsinn ist, daß selbst die Vernichtung dieser Hand und dieses Mundes von keinerlei Bedeutung sein wird.

Er zählt die letzten Tage, freilich ohne Eile. Eine weibliche Seele wird in seinem Zimmer erscheinen und es wieder verlassen. Die wurde also dem Gepäck hinzugefügt, das er immer und überall bei sich trug und das irgendwann einmal vorausgeschickt werden würde oder auch nicht (nicht, dachte er). Sanfte Worte, Thai-Gesten, Formen von Liebe, Schatten an der Wand. Und er hatte noch oft auf dem Balkon gestanden und auf die immer wieder veränderte Anordnung der Körper auf der Straße unter ihm geschaut. Er hatte auch den Himmel in vielen verschiedenen Farben gesehen. Nun war es Zeit zu gehen. Zu lange in dieser Stadt zu bleiben wäre wohl nicht gut. Und doch wußte er, was geschehen würde. Das Flugzeug würde über dem dampfenden Delta aufsteigen. Die Stadt, in der er jetzt noch weilte, würde unter ihm liegen wie ein Haufen schändlicher Unsinn, garniert mit dem Gold der Tempel und Paläste. Und er, er würde Heimweh haben, Heimweh oder Kummer. Nicht viel Kummer, aber immerhin. Wie man die *condition humaine* genau definierte, wußte er auch nicht, aber auf eine unerklärliche Weise schien es, als gäbe es hier mehr davon als sonst irgendwo. Vielleicht kam es von den Gegensätzen. Versöhn die Bilder. »So, so«, sagte die Stimme, aber darauf brauchte er jetzt nicht mehr zu achten. Er öffnete die Augen, um noch einmal den Woolworth-Buddha hinterm Bretterzaun zu sehen, doch alles, was er sah, war die graue, fleckige Wand seines Zimmers im gelben Licht der Birne über ihm. Er war also bereits unterwegs. Langsam nahm er den Telefonhörer und wählte die Nummer der Rezeption.

»Yes«, sagte Mr. Deng.
»Mr. Deng«, sagte er, »this is just to tell you that I am leaving tomorrow.«
»Well«, sagte Mr. Deng, »you will be back one day, no?«
So Gott will, wollte er auf spanisch sagen, oder irgend etwas anderes Feierliches, wie Inschallah, aber Mr. Deng hatte bereits aufgehängt.

DIE FOLGENDE GESCHICHTE

Scham sträubt sich dagegen,
metaphysische Intentionen unmittelbar
auszudrücken;
wagte man es, so wäre man
dem jubelnden
Mißverständnis preisgegeben.

Th. W. Adorno,
Noten zur Literatur II,
Zur Schlußszene des Faust

I

Meine eigene Person hat mich nie sonderlich interessiert, doch das hieß nicht, daß ich auf Wunsch einfach hätte aufhören können, über mich nachzudenken – leider nicht. Und an jenem Morgen hatte ich etwas zum Nachdenken, soviel ist sicher. Ein anderer würde es vielleicht als eine Sache von Leben und Tod bezeichnen, doch derlei große Worte kommen mir nicht über die Lippen, nicht einmal, wenn niemand zugegen ist, wie damals.

Ich war mit dem lächerlichen Gefühl wach geworden, ich sei vielleicht tot, doch ob ich nun wirklich tot war oder tot gewesen war, oder nichts von alledem, konnte ich zu diesem Zeitpunkt nicht feststellen. Der Tod, so hatte ich gelernt, war nichts, und wenn man tot war, auch das hatte ich gelernt, dann hörte jegliches Nachdenken auf. Das also traf nicht zu, denn sie waren noch da, Überlegungen, Gedanken, Erinnerungen. Und ich war noch da, wenig später sollte sich sogar herausstellen, daß ich gehen konnte, sehen, essen (den süßen Geschmack dieser aus Muttermilch und Honig zubereiteten Teigklöße, die die Portugiesen zum Frühstück essen, hatte ich noch Stunden danach im Mund). Ich konnte sogar mit richtigem Geld bezahlen. Und dieser Umstand war für mich der überzeugendste. Man wacht in einem Zimmer auf, in dem man nicht eingeschlafen ist, die eigene Brieftasche liegt, wie sich das gehört, auf einem Stuhl neben dem Bett. Daß ich in Portugal war, wußte ich bereits, wenngleich ich am Abend zuvor wie üblich in Amsterdam zu Bett gegangen war, aber daß sich portugiesisches Geld in meiner Brieftasche befinden würde, das hätte ich nicht erwartet. Das Zimmer selbst hatte ich auf Anhieb erkannt. Hier hatte sich schließlich eine der bedeutsamsten Episoden meines Lebens abgespielt, sofern in meinem Leben von derlei überhaupt die Rede sein konnte.

Doch ich schweife ab. Aus meiner Zeit als Lehrer weiß ich, daß man alles mindestens zweimal erzählen muß und damit die Möglichkeit eröffnen, daß Ordnung sich einstellt, wo Chaos zu herrschen scheint. Ich kehre also zur ersten Stunde jenes Morgens zurück, dem Augenblick, in dem ich die Augen, die ich demnach noch besaß, aufschlug. »Wir werden spüren, wie es durch die Ritzen des Kausalgebäudes zieht«, hat jemand gesagt. Nun, an jenem Morgen zog es bei mir ganz gehörig, auch wenn mein Blick als erstes auf eine Decke mit mehreren äußerst stabilen, parallel zueinander verlaufenden Balken fiel, eine Konstruktion, die durch ihre funktionale Klarheit den Eindruck von Ruhe und Sicherheit erweckt, etwas, was jedes menschliche Wesen, und mag es noch so ausgeglichen sein, braucht, wenn es aus dem dunklen Reich des Schlafes zurückkehrt. Funktional waren diese Balken, weil sie mit ihrer Kraft das darüber liegende Stockwerk stützten, und klar war die Konstruktion wegen der völlig gleichbleibenden Abstände zwischen den Balken. Das hätte mich folglich beruhigen müssen, doch davon war keine Rede. Zum einen waren es nicht meine Balken, und zum anderen war von oben jenes für mich, in diesem Zimmer, so schmerzliche Geräusch menschlicher Lust zu hören. Es gab nur zwei Möglichkeiten: Entweder war es nicht mein Zimmer, oder es war nicht ich, und in diesem Fall waren es auch nicht meine Augen und Ohren, denn diese Balken waren nicht nur schmaler als die meines Schlafzimmers an der Keizersgracht, sondern dort wohnte auch niemand über mir, der mich mit seiner – oder ihrer – unsichtbaren Leidenschaft belästigen konnte. Ich blieb ganz still liegen, und sei es nur, um mich an den Gedanken zu gewöhnen, meine Augen seien möglicherweise nicht meine Augen, was natürlich eine umständliche Art und Weise ist, zu sagen, daß ich totenstill dalag, weil ich tödliche Angst hatte, ich sei jemand anders. Dies ist das erste Mal, daß ich es zu erzählen versuche, und es fällt mir nicht leicht. Ich wagte nicht, mich zu bewegen, denn wenn ich jemand anders war, dann wußte ich nicht, wie das vor sich gehen sollte. So ungefähr. Meine Augen, so nannte ich sie fürs erste weiter, sahen die Balken, die nicht meine Balken waren, und meine Ohren oder die

jenes möglichen anderen hörten, wie das erotische Crescendo über mir mit der Sirene eines Krankenwagens draußen verschmolz, der auch nicht die richtigen Töne von sich gab.
Ich befühlte meine Augen und merkte, daß ich sie dabei schloß. Die eigenen Augen wirklich befühlen ist nicht möglich, man schiebt immer erst den Schutz davor, der dafür gedacht ist, nur: Dann kann man natürlich nicht die Hand sehen, die diese verschleierten Augen befühlt. Kugeln, das fühlte ich. Wenn man sich traut, kann man sogar vorsichtig hineinkneifen. Ich schäme mich, zugeben zu müssen, daß ich nach all den vielen Jahren, die ich auf der Welt bin, noch immer nicht weiß, woraus ein Auge eigentlich besteht. Hornhaut, Netzhaut sowie Iris und Linse, aus denen in jedem Kryptogramm eine Blume und eine Hülsenfrucht wird, die kannte ich, aber das eigentliche Zeug, diese zähe Masse aus erstarrtem Gelee, die hat mir immer Angst eingejagt. Ich wurde unweigerlich ausgelacht, wenn ich von Gelee sprach, und doch sagt der Herzog von Cornwall, als er in *King Lear* dem Grafen von Gloucester die Augen ausreißt: *out! vile jelly!*, und genau daran mußte ich denken, als ich in diese nichtssehenden Kugeln kniff, die meine Augen waren oder nicht waren.
Lange Zeit blieb ich so liegen und versuchte, mich an den vergangenen Abend zu erinnern. Es ist nichts Aufregendes an den Abenden eines Junggesellen, wie ich einer bin, sofern ich zumindest derjenige war, um den es hier ging. Manchmal sieht man das, einen Hund, der sich in den eigenen Schwanz zu beißen versucht. Dann entsteht eine Art hündischer Wirbelwind, der erst aufhört, wenn aus diesem Sturm der Hund als Hund hervortritt. Leere, das ist es, was man dann in diesen Hundeaugen sieht, und Leere war es, was ich in jenem fremden Bett empfand. Denn angenommen, daß ich nicht ich war und folglich jemand anders (niemand zu sein, dachte ich, würde zu weit gehen), dann würde ich bei den Erinnerungen jenes anderen doch denken müssen, daß es *meine* Erinnerungen seien, schließlich sagt jeder »meine« Erinnerungen, wenn er seine Erinnerungen meint.

Selbstbeherrschung habe ich leider immer besessen, sonst hätte ich vielleicht geschrien, und wer dieser andere auch war, er verfügte über dieselbe Eigenschaft und verhielt sich still. Kurz und gut, derjenige, der da lag, beschloß, sich nicht um seine oder meine Spekulationen zu kümmern, sondern sich an die Arbeit des Erinnerns zu machen, und da er, wer immer er auch war, ich zu sich selbst sagte in jenem Lissabonner Zimmer, das ich natürlich verdammt gut wiedererkannte, erinnerte ich mich an folgendes, den Abend eines Junggesellen in Amsterdam, der sich etwas zu essen macht, was in meinem Fall auf das Öffnen einer Dose weißer Bohnen hinausläuft. »Am liebsten würdest du sie auch noch kalt aus der Dose essen«, hat eine alte Freundin einmal gesagt, und da ist etwas dran. Der Geschmack ist unvergleichlich. Nun muß ich natürlich alles mögliche erklären, was ich tue und was ich bin, doch damit warten wir vielleicht noch etwas. Nur soviel – ich bin Altphilologe, ehemaliger Studienrat für alte Sprachen, oder, wie meine Schüler es ausdrückten, alter Studienrat für Sprachen. Dreißig oder so muß ich damals gewesen sein. Meine Wohnung ist voll von Büchern, die mir erlauben, zwischen ihnen zu leben. Das ist also die Kulisse, und der Hauptdarsteller gestern abend war: ein ziemlich kleiner Mann mit rötlichem Haar, das jetzt weiß zu werden droht, zumindest wenn es die Chance dazu noch bekommt. Ich benehme mich anscheinend wie ein englischer Stubengelehrter aus dem vorigen Jahrhundert, ich wohne in einem alten Chesterfield, auf dem ein uralter Perser liegt, damit man die hervorquellenden Eingeweide nicht zu sehen braucht, und lese unter einer hohen Stehlampe direkt vorm Fenster. Ich lese immer. Meine Nachbarn auf der gegenüberliegenden Seite der Gracht haben mal gesagt, sie seien immer froh, wenn ich wieder im Lande sei, weil sie mich als eine Art Leuchtturm betrachten. Die Frau hat mir sogar anvertraut, daß sie manchmal mit einem Fernglas zu mir hinüberschaut. »Wenn ich dann nach einer Stunde wieder schaue, sitzen Sie noch genauso da, manchmal denke ich, Sie sind tot.«

»Was Sie als Tod bezeichnen, ist in Wirklichkeit Konzentration, gnädige Frau«, sagte ich, denn ich bin ein Meister im abrupten Beenden unerwünschter Unterhaltungen. Doch sie wollte wissen, was ich so alles läse. Das sind wunderbare Momente, denn dieses Gespräch fand in unserer Eckkneipe *De Klepel* statt, und ich habe eine kräftige, manche sagen sogar aggressive Stimme. »Gestern abend, gnädige Frau, las ich die *Charaktere* von Theophrast und danach noch ein wenig in den *Dionysiaka* von Nonnos.« Für einen Augenblick wird es dann still in einer solchen Kneipe, und man läßt mich künftig in Frieden.

Doch jetzt geht es um ein anderes Gesternabend. Ich war, von fünf Genevern beflügelt, nach Hause geschwebt und hatte meine drei Dosen geöffnet: Campbel's Mock Turtle, Heinz' weiße Bohnen in Tomatensoße und Heinz' Frankfurter. Das Gefühl beim Dosenöffnen, das leise »Tok«, wenn man den Öffner ins Blech drückt und schon etwas vom Inhalt riechen kann, und dann das Schneiden selbst entlang dem runden Rand und das unbeschreibliche Geräusch, das dazugehört – es ist eine der sinnlichsten Erfahrungen, die ich kenne, wenngleich das in meinem Fall natürlich nicht viel besagen will. Ich esse auf einem Küchenstuhl am Küchentisch, gegenüber der Reproduktion eines Bildes, das Prithinos im sechsten Jahrhundert vor Christus (der so anmaßend war, auch die Jahrhunderte *vor* sich in Beschlag zu nehmen) auf den Boden einer Schale gemalt hat, Peleus im Kampf mit Thetis. Ich habe stets eine Schwäche für die Nereide Thetis gehabt, nicht nur, weil sie die Mutter von Achilles war, sondern vor allem, weil sie als Kind der Götter den sterblichen Peleus nicht heiraten wollte. Recht hatte sie. Wenn man selbst unsterblich ist, muß der Gestank, der sterbliche Wesen umgibt, unerträglich sein. Sie versuchte alles mögliche, um diesem künftig Toten zu entrinnen, verwandelte sich nacheinander in Feuer, Wasser, einen Löwen und eine Schlange. Das ist der Unterschied zwischen Göttern und Menschen. Götter können sich selbst verwandeln, Menschen können nur verwandelt werden. Ich liebe meine Schale, die beiden Kämpfenden sehen sich nicht an, man sieht von beiden nur ein Auge, ein quergestelltes Loch, das nirgendwohin gerichtet zu sein scheint. Der wütende Löwe steht neben ihrer aberwitzig langen Hand, die Schlange windet sich um Peleus' Knöchel, und gleichzeitig scheint alles stillzustehen, es ist ein totenstiller Kampf. Ich betrachte ihn die ganze Zeit, während ich esse, denn ich erlaube mir nicht, beim Essen zu lesen. Und ich genieße, auch wenn niemand das glaubt. Katzen essen auch jeden Tag das gleiche, ebenso die Löwen im Zoo, und ich habe noch nie eine Beschwerde von ihnen gehört. Piccalilli auf die Bohnen, Mostert auf die Frankfurter – apropos, das erinnert mich daran, daß ich Mussert* heiße. Herman Mussert. Nicht schön, Mostert wäre mir lieber gewesen, aber das läßt sich nicht ändern. Und meine Stimme ist laut genug, jedes blöde Gelächter im Keim zu ersticken.

Nach meinem Mahl habe ich abgewaschen und mich dann mit einer Tasse Nescafé in den Sessel gesetzt. Lampe an, jetzt finden die Nachbarn ihren Heimathafen wieder. Erst habe ich ein wenig Tacitus gelesen, um den Genever kleinzukriegen. Das klappt immer, darauf kann man Gift nehmen. Eine Sprache wie polierter Marmor, das vertreibt die bösen Dünste. Danach habe ich etwas über Java gelesen, denn seit meiner Entlassung aus dem Schuldienst schreibe ich Reiseführer, eine schwachsinnige Tätigkeit, mit der ich mein Brot verdiene, aber längst nicht so stupide wie all diese sogenannten literarischen Reiseschriftsteller, die ihre kostbare Seele unbedingt über die Landschaften der ganzen Welt ergießen müssen, um brave Bürger in sprachloses Erstaunen zu versetzen. Als nächstes las ich das *Handelsblad*, in dem genau eine Sache stand, die sich auszuschneiden und mit ins Bett zu nehmen lohnte, und das war ein Foto. Der Rest war niederländische Politik, und man muß schon an Hirnerweichung leiden, um sich damit zu befassen. Dann noch einen Artikel über die Schuldenlast – die habe ich selbst – und über Korruption in der Dritten Welt, doch das hatte ich gerade viel besser bei Tacitus gelesen,

bitte sehr: Buch II, Kapitel LXXXVI, über Primus Antonius *(tempore Neronis falsi damnatus)*. Heutzutage kann niemand mehr schreiben, ich auch nicht, aber ich will es auch nicht, wenngleich jeder vierte Niederländer einen Reiseführer von Dr. Strabo (Mussert fand der Verleger unmöglich) im Haus hat. »Nachdem wir den schönen Garten des Saihoji-Tempels verlassen haben, kehren wir zu unserem Ausgangspunkt zurück...« In dem Stil, und dann noch zum größten Teil abgeschrieben, wie alle Kochbücher und Reiseführer. Der Mensch muß leben, aber wenn ich nächstes Jahr meine Pension bekomme, ist Schluß damit, dann arbeite ich an meiner Ovid-Übersetzung weiter. »Und von Achill, einst so groß, bleibt nur eine karge Handvoll«, so weit war ich gestern abend gekommen. *Metamorphosen*, Buch XII, um genau zu sein, und dann wurden meine Augenlider schwer. Das Versmaß stimmte nicht, und nie, das war mir klar, nie würde ich die geschliffene Einfachheit von »*et de tam magno restat Achille nescio quid parvum, quod non bene compleat urnam*« erreichen, gerade genug, um eine Urne zu füllen... Nie wird es wieder eine Sprache wie Latein geben, nie mehr werden Präzision und Schönheit und Ausdruck eine solche Einheit bilden. Unsere Sprachen haben allesamt zu viele Wörter, man sehe sich nur die zweisprachigen Ausgaben an, links die wenigen, gemessenen Worte, die gemeißelten Zeilen, rechts die volle Seite, der Verkehrsstau, das Wortgedränge, das unübersichtliche Gebrabbel. Niemand wird meine Übersetzung je sehen, wenn ich ein Grab bekäme, nähme ich sie mit. Ich will nicht zu den anderen Pfuschern gehören.
Ich zog mich aus und ging zu Bett und nahm das Foto mit, das ich aus dem *Handelsblad* ausgeschnitten hatte, um einfach ein wenig darüber nachzudenken. Es war nicht von einem Menschen gemacht worden, dieses Foto, sondern von einem Ding, einem Raumfahrzeug, dem Voyager, aus sechs Milliarden Kilometer Entfernung von der Erde, von der er kam. So etwas sagt mir an sich nicht so viel, meine Vergänglichkeit nimmt schließlich nicht in dem Maße zu, in dem ich winziger werde. Aber ich hatte ein

besonderes Verhältnis zu diesem Reisenden, weil ich das Gefühl hatte, ich sei selbst mit ihm unterwegs gewesen. Wer will, kann das in Dr. Strabo's Reiseführer für Nordamerika nachschlagen, wenngleich sich meine kitschige Rührung an jenem Tag darin natürlich nicht findet, ich werde mich hüten. Ich hatte das Smithsonian Institute in Washington besucht, da der Verleger gesagt hatte, Jugendliche würden sich dafür interessieren. Allein schon das Wort Jugendliche stößt mir unangenehm auf, aber ich bin gehorsam. Technik sagt mir nicht viel, das ist eine stetige Erweiterung des Körpers mit unvorhersehbaren Konsequenzen, man findet wahrscheinlich erst dann etwas daran, wenn man selbst schon stellenweise aus Aluminium und Plastik besteht und nicht mehr unbedingt an den freien Willen glaubt. Doch manche Apparate haben ihre eigene Schönheit, wenngleich ich das nie öffentlich zugeben würde, und so spazierte ich also doch recht zufrieden zwischen den aufgehängten kleinen Flugzeugen aus der modernen Vorgeschichte und den versengten Raumkapseln umher, die den Beginn unseres Mutantentums so überzeugend demonstrieren. Natürlich ist der Raum unsere Bestimmung, das weiß ich auch, schließlich lebe ich da. Doch die Aufregung großer Reisen werde ich nicht mehr erleben, ich bin derjenige, der weinend am Amsterdamer Schreierstoren* zurückbleibt, einer von früher, aus der Zeit vor Armstrongs großem, geriffeltem Fußabdruck auf der Haut des Mondes. Den bekam ich an jenem Nachmittag auch noch zu sehen, denn ohne groß nachzudenken war ich in eine Art Theater gegangen, in dem Filme über Raumfahrt gezeigt wurden. Ich landete in einem jener amerikanischen Sessel, die sich wie eine Gebärmutter um einen schmiegen, und trat meine Reise durch den Raum an, und fast im selben Augenblick schossen mir die Tränen in die Augen. Darüber fand sich später kein Wort bei Dr. Strabo. Ergriffenheit sollte durch Kunst ausgelöst werden, und hier wurde ich mit der Wirklichkeit betrogen, irgendein technischer Hochstapler hatte es mit Hilfe optischer Tricks geschafft, daß der Mondstaub zu unseren Füßen lag, als stünden wir selbst auf dem Mond und könnten auf ihm herumspazieren. In der Ferne schien (!) die unwirkliche Erde, auf dieser dünnen, versilberten, schwebenden Scheibe konnten unmöglich ein Homer oder ein Ovid vom Schicksal der Götter und Menschen berichtet haben. Ich roch den toten Staub zu meinen Füßen, ich sah die Wölkchen Mondpulver, die aufwirbelten und sich wieder legten, meine Existenz wurde mir genommen, ohne daß ich eine andere an ihrer Statt erhielt. Ob es den menschlichen Wesen rings um mich auch so erging, weiß ich nicht. Es war totenstill, wir waren auf dem Mond und würden nie dorthin gelangen können, gleich würden wir im grellen Tageslicht hinaustreten auf eine Scheibe, so groß wie ein Gulden, ein sich bewegender Gegenstand, der irgendwo in den schwarzen Vorhängen des Raums hing und an nichts haftete. Doch es kam noch schlimmer. Ich verwalte – so empfinde ich es zumindest – die schönsten Texte, die die Welt hervorgebracht hat, aber ich habe noch nie eine einzige Träne über eine Zeile oder ein Bild vergießen können, genausowenig wie ich je über die Dinge weinen konnte, über die man gemeinhin weint. Bei mir fließen die Tränen ausschließlich bei Kitsch, wenn Er Sie zum ersten Mal in Technicolor erblickt, bei allem, was der Schmalzplebs erdacht hat, und der entsprechenden Musik, pervertierter Honig, dazu bestimmt, der Seele keinerlei Ausweg zu gönnen, die Idee der Musik gegen sich selbst gewendet. Diese Musik ertönte jetzt, und natürlich zerfloß ich in Tränen. Churchill heulte, wie es heißt, bei allem, wahrscheinlich aber nicht, als er den Befehl zur Bombardierung Dresdens erteilte. Da schwebte der Voyager, eine unsinnige, von Menschenhand geschaffene Maschine, eine glänzende Spinne im leeren Raum, er flog dicht an den leblosen Planeten vorbei, auf denen es noch nie Trauer gegeben hat, es sei denn die Trauer von Felsen, die unter einer unerträglichen Schicht Eis leiden, und ich heulte. Der Reisende selbst entschwebte für alle Zeiten, machte hin und wieder »Bliep« und fotografierte all diese erkalteten oder glühenden, jedoch leblosen

Kugeln, die zusammen mit der Kugel, auf der wir leben müssen, um eine glühende Gasblase kreisen, und die Lautsprecher, die im Dunkeln unsichtbar rings um uns standen, überschütteten uns mit der Musik, die verzweifelt versuchte, die Stille, die zu diesem einsamen metallenen Reisenden gehörte, zu verfälschen, und im selben Augenblick begann, erst noch halb mit der Musik verschmolzen, danach fast wie ein Soloinstrument, eine körperlose Stimme auf uns einzureden. In neunzigtausend Jahren, sagte die Stimme, werde der Reisende die Grenzen unseres Milchstraßensystems erreicht haben. Die Stimme pausierte, die Musik schwoll an wie eine vergiftete Brandung und verstummte dann wieder, so daß die Stimme ihren tödlichen Schuß abfeuern konnte.

»And then, maybe, we will know the answer to those eternal questions.«
Die Humanoiden im Saal krochen in sich zusammen.
»Is there anyone out there?«
Um mich herum war es jetzt ebenso still wie in den leeren Straßen des Universums, durch die der Reisende, in irgendeinem kosmischen Licht aufglänzend, lautlos flog, erst im fünften seiner neunzigtausend Jahre. Neunzigtausend! Die Asche der Asche unserer Asche würde unsere Herkunft lange vor dieser Zeit verleugnet haben. Es hatte uns nie gegeben! Die Musik schwoll an, Eiter tropfte mir aus den Augen. Das waren vielleicht Metamorphosen! Die Stimme schoß zum letzten Mal.
»Are we all alone?«
Plötzlich wußte ich es. Diese Stimme besaß keine Kehle. Es war die Stimme, die bereits zu unserer Abwesenheit gehörte, so wie diese Musik die Leugnung all dessen war, was jemals in der Harmonielehre des Pythagoras ausgedrückt worden war. Inmitten der anderen verließ ich den Saal, entrückt und erbärmlich zugleich. Im Spiegel des Toilettenraums betrachtete ich meine lächerlich roten Augen und wußte, daß ich nicht über meine Sterblichkeit geheult hatte, sondern über die Verfälschung, den

Betrug. Wenn ich zu Hause gewesen wäre, hätte ich mit einem Madrigal von Gesualdo (einem Mörder, der die reinste Musik der Welt geschrieben hat) die Ordnung wiederhergestellt, doch hier mußte ich mich mit einem doppelten Bourbon begnügen. In der Ferne lag, erhaben und kolonial, das Weiße Haus, in dem zweifellos in diesem Moment etwas Schreckliches vorbereitet wurde.

Und jetzt, dieses unmögliche Wort, das uns immer den Teppich unter den Füßen wegzieht, lag ich in einem Zimmer in Lissabon, die Augen geschlossen, und dachte an jenes andere Jetzt vom Abend zuvor (wenn es der Abend zuvor gewesen war), an dem ich mit geöffneten Augen dagelegen und auf dieses Foto geschaut hatte. Sowohl der mechanische Reisende als auch ich waren inzwischen weitergereist, ich hatte meine dämlichen Reiseführer geschrieben, er hatte in einem fort Fotos gemacht, und jetzt hielt ich sechs davon, zu einem einzigen zusammengefügt, in der Hand. Venus, Erde, Jupiter, Saturn, Uranus, Neptun, mir alle bestens bekannt aus Ovid, die nun zu mickrigen Lichtpünktchen auf grobkörnigen, fahlen, befleckten Leichenhemden metamorphosiert waren, die zweifellos den Raum darstellen sollten. »Voyager verläßt gerade das Sonnensystem«, stand darunter. Jawohl! Hinein in die weite Welt! Uns allein lassen! Und dann noch schnell ein Foto schicken, das genausogut ein Bild von einem der anderen Milliarden Sterne aus dem hintersten Winkel des Weltalls sein könnte, um uns unsere beschämende Nichtigkeit so richtig vor Augen zu führen, und das, wo wir doch wohlgemerkt diesen Fotografen nicht nur selber gemacht, sondern auch noch losgeschickt haben, um in neunzigtausend Jahren wenigstens in etwa zu wissen, woran wir sind.
Ich merkte, daß ich allmählich einschlummerte, und zugleich schien eine gewaltige Welle mich zu durchfluten, aufzunehmen, zu umschließen und mit einer Kraft mitzureißen, von der ich nicht wußte, daß es sie gab. Ich dachte an den Tod, wenngleich

nicht aus diesem Grund, sondern noch wegen des Fotos. Jeder Gedanke zieht bei mir nun einmal sofort den nächsten nach sich, und durch diese mickrigen Sterne aus Zeitungspapier, die ich in der Hand hielt, sah ich eines dieser gräßlichen Vanitasbilder, die unsere Vorfahren dazu benutzten, um den Gedanken an ihren Tod wachzurufen, irgendein Mönch (wenn irgendwo zwischen den leidenden Disteln an seinen nackten Füßen ein Kardinalshut lag, war es immer der Heilige Hieronymus) an einem Tisch, der abwechselnd auf den Schädel von jemandem starrte, der niemals so geistreich wie Hamlets Yorrick gewesen sein konnte, und auf den Gemarterten am Kreuz. Unheilswolken, unfruchtbare Landschaften, irgendwo ein Löwe. Vielleicht mußten sie sich der Welt widersetzen, da sie noch eine hatten, die unsrige ist ein Foto in einer Zeitung, aus sechs Milliarden Kilometer Entfernung aufgenommen. Daß die Zeitung, die ich in der Hand hielt, sich gleichzeitig auf jenem fahlen Stern befand, das war natürlich das Wunder, aber ich weiß nicht, ob ich das alles noch an diesem Abend gedacht habe. Meist kann ich meine Gedanken durchaus bis zu jenem dummen und demütigenden Augenblick des Einschlafens zurückverfolgen, wenn der Geist dem Körper unterliegt, der sich als ergebener Diener mit der Dunkelheit der Nacht abgefunden hat und nichts lieber will, als Abwesenheit vortäuschen.

Gestern war es anders. Ich merkte, daß der Gedanke, der mich – wie auch immer – beschäftigte, verzweifelt versuchte, mit der trägen Woge in Einklang zu kommen, die mich mitzureißen schien. Das gesamte Universum war darauf aus, mich zu betäuben, und es schien, als versuchte ich, mit dieser Betäubung mitzusingen, dazuzugehören, so wie ein Fisch, der von der Brandung mitgesogen wird, gleichzeitig zu dieser Brandung gehört. Doch was ich auch wollte – fliegen, schwimmen, singen, denken –, es gelang mir nicht mehr. Die stärksten Arme der Welt hatten mich in Amsterdam aufgehoben und, wie es schien, in einem Zimmer in Lissabon wieder abgelegt. Sie hatten mir nichts zuleide getan. Ich spürte keinerlei Schmerz. Ich empfand auch keinen, wie soll ich das sagen, Kummer. Und ich war nicht neugierig, doch das mag durch meinen täglichen Umgang mit Ovids *Metamorphosen* kommen. Siehe Buch XV, Vers 60-65. Auch ich habe meine Bibel, und sie hilft wirklich. Und außerdem – mein Körper, obwohl wenn ich noch immer nicht in den Spiegel geschaut hatte, fühlte sich an wie er selbst. Das heißt, nicht ich war ein anderer geworden, ich befand mich lediglich in einem Zimmer, in dem ich mich nach den Gesetzen der Logik, soweit ich sie kannte, nicht befinden konnte. Das Zimmer kannte ich, denn hier hatte ich vor gut zwanzig Jahren mit der Frau eines anderen geschlafen.

Das Abgeschmackte dieses Ausdrucks brachte mich in die Welt zurück. Mehr noch, ich zog die Knie an und schob mir das nicht beschlafene Kissen, das neben meinem lag, unter den Kopf, so daß ich halb aufgerichtet saß. Es geht nichts über ein richtiges Déjà-vu, und da hingen sie immer noch, das alberne, aus dem siebzehnten Jahrhundert stammende Porträt des überschätzten Dichters Camões sowie der Stich vom großen Erdbeben in Lissabon, auf dem kleine gesichtslose Figuren in alle Richtungen rennen, um nicht unter den einstürzenden Trümmern begraben zu werden. Darüber hatte ich noch Witze gemacht, ihr gegenüber, doch sie mochte derlei Witze nicht. Dafür war sie nicht in diesem Zimmer. Sie war in diesem Zimmer, um Rache zu nehmen, und dafür brauchte sie mich nun einmal. Liebe ist der Zeitvertreib der Bourgeoisie, hatte ich einmal gesagt, aber ich meinte natürlich einfach den Mittelstand. Und jetzt war ich also verliebt und dadurch zum Mitglied eben jenes faden, zusammengewürfelten Vereins gleichgeschalteter Automaten geworden, den ich angeblich so sehr verabscheute. Ich versuchte mir selbst weiszumachen, daß es sich hier um Leidenschaft handelte, doch wenn es bei ihr so war, dann galt diese Leidenschaft jedenfalls nicht mir, sondern ihrem blutleeren Ehemann, einer Art Riese aus Kalbfleisch, glatzköpfig, mit einem ewig grinsenden Gesicht, als würde er ständig Kekse anbieten. Niederländischlehrer – nun, wenn man je einen Vertreter dieses Typs zu zeichnen hätte, so könnte man ihn als Vorlage nehmen. Kindern eine Sprache beizubringen, die sie schon lange vor ihrer Geburt im Echoraum der Gebärmutter gehört haben, den natürlichen Wildwuchs dieser Sprache mit mechanischem Gefasel von Ordnungszahlen, doppelten Pluralformen, trennbaren Verben, prädikativem Gebrauch und Präpositionalverbindungen zu stutzen ist *eine* Sache, aber auszusehen wie ein schlecht gebratenes Kotelett und von Poesie zu sprechen, das geht zu weit. Und er sprach nicht nur von Poesie, er schrieb auch welche. Alle paar Jahre erschien ein winziges Bändchen mit Berichten aus der lauen Provinz seiner Seele, Zeilen ohne Biß, Wortreihen, die irgendwie zusammenhanglos auf der Seite schwammen. Sollten sie je in Berührung mit auch nur einer einzigen Zeile von Horaz kommen, so würden sie sich auflösen, ohne eine Spur zu hinterlassen.

Ich setzte mich auf und verspürte das dringende Verlangen, mich selbst zu sehen, nicht dessentwegen, was ich dann zu sehen bekäme, denn mein Äußeres war mir zuwider, und zu Recht. Nein, es ging um die Konfrontation. Ich mußte wissen, welche Version von mir hier in diesem Zimmer von damals war, die heutige oder die damalige. Ich wußte nicht, welche ich schlimmer fände. Ich streckte ein Bein aus dem Bett, ein weißes Altmännerbein. Aber so hatten meine Beine immer ausgesehen, daraus konnte ich nichts schließen. Es blieb nur eine Lösung, der Spiegel im Bad, und dort ging ich jetzt hin, ohne das Zögern, das man nach all den Jahren hätte erwarten können. So, da stand ich nun. Ich weiß nicht, ob es eine Erleichterung war, daß ich wenigstens nicht mein früheres Ich zu sein brauchte und daß derjenige, der da stand, doch mehr oder weniger demjenigen glich, dessen Anblick ich gestern abend ohne allzuviel Erfolg vor meinem Amsterdamer Spiegel vermieden hatte. »Sokrates«, das war mein Spitzname in dem Provinzgymnasium, an dem ich unterrichtet hatte, und das war gut getroffen, denn so sah ich aus. Sokrates ohne Bart und mit Brille, das gleiche klumpige Gesicht, bei dem keiner je an Philosophie denken würde, wenn wir nicht zufällig wüßten, welche Worte diese Specklippen unter der stumpfen Nase mit den breiten Nasenlöchern gesprochen hatten und welche Gedanken hinter dieser Schlägerstirn entstanden waren. Ohne Brille, wie damals, war es noch schlimmer.

»Jetzt siehst du wirklich wie Sokrates aus«, hatte sie gesagt, nachdem sie mich zum erstenmal gebeten hatte, die Brille abzusetzen. Wenn ich das tue, komme ich mir vor wie eine Schildkröte ohne Schild. Das bedeutet, daß ich in der intimen Nähe eines Frauenkörpers das Wehrloseste aller Geschöpfe bin, und das wiederum bedeutet, daß ich mich meist von diesen Aktivitäten ferngehalten habe, die ständig in aller Munde sind und die meiner Meinung nach doch eher zum Tierreich gehören als zu den Menschen, die sich mit den weniger greifbaren Dingen des Daseins befassen, wobei noch hinzukommt, daß gerade dieses Greifen mir in solchen Situationen so schlecht gelang. Es war eher das Grabschen und Krallen eines Blinden, denn wenn ich natürlich auch wußte, wo ungefähr meine Hände hinmußten, so blieb es doch Suchen, denn meine Augen verweigerten entschieden die Mitarbeit, wenn die beiden runden gläsernen Sklaven, meine Brille, nicht in der Nähe waren. Alles, was ich sah, sofern man es überhaupt so nennen konnte, war eine mehr oder weniger rosa Masse mit hier und da, wie es schien, einer komischen Ausstülpung oder einem dunklen Fleck. Was mich noch am meisten ärgerte, ist, daß meine unschuldigen Hände, die mir in solchen, Gott sei Dank seltenen Fällen ja nur helfen wollten, dann gerade der Roheit, Frechheit, Plumpheit bezichtigt wurden, als wären es aus einer Anstalt entflohene Kinderschänder. Doch über die merkwürdigen Details, die die Liebe zwischen menschlichen Wesen mit sich bringt, will ich jetzt nicht sprechen. Wollen wir es dabei bewenden lassen, daß sie sich sehr große Mühe gab. Denn das habe ich immerhin gelernt, wenn Frauen sich etwas in den Kopf gesetzt

haben, dann werden Kräfte mobilisiert, gegen die Männer mit all ihrer sogenannten Willenskraft nichts ausrichten können.
Ich sah mich an. Das gelbe Licht von damals war durch Neon ersetzt worden, was auch dem schönsten Gesicht eine Leichenblässe verleiht. Doch das war es nicht, was ich vor mir sah. Es war eher so, daß ich jetzt (da haben wir dieses Wort wieder) zum erstenmal Sokrates geworden war. Bart, Brille, das Drum und Dran tat nichts mehr zur Sache. Der, der dort stand, der, den ich nie geliebt habe, erweckte Liebe in mir. Aber warum? Das Barbarische an diesem Gesicht hatte mich mein Leben lang begleitet, doch nun war ein anderes Element hinzugekommen, etwas, das ich nicht deuten konnte. Was war mit mir? Etwas war mit mir passiert, und ich wußte nicht, was, etwas, bei dem meine unerwartete Anwesenheit hier nur ein belangloses Detail war.
Ich streckte die Zunge heraus, das tue ich öfter. In all ihrer schweineähnlichen Einfachheit ist sie noch einer meiner anziehendsten Körperteile, doch wenn ich sie mir vor dem Spiegel herausstrecke, hilft mir das meist sehr gut, mich zu konzentrieren. Man kann es auch eine Form von Meditation nennen, die mich wieder auf einen früheren Gedanken bringt. Und mit einemmal wußte ich, was ich am vorigen Abend, wenn es der vorige Abend gewesen war, gedacht hatte. Die Woge, die mich im Schlaf oder Halbschlaf durchflutet hatte, war Angst gewesen, physische Angst, ich könnte von der Erde, die da so lose und schutzlos im Raum hing, herunterfallen. Ich versuchte, diese Angst jetzt wieder wachzurufen, aber es ging nicht mehr, mit aller Newtonschen Sicherheit stand ich wie angenagelt auf den roten Fliesen des Bads von Zimmer 6 im Essex House in Lissabon und dachte an Maria Zeinstra, Biologielehrerin am selben Gymnasium, an dem auch ihr Mann, Arend Herfst, unterrichtete. Und ich natürlich. Während sie erklärte, wie das Gedächtnis funktionierte und wie Tiere sterben, sprach ich, nur durch einen Dezimeter Backstein von ihr getrennt, von Göttern und Helden oder den Tücken des Aorist, während aus seiner Klasse schmieriges, puber-

täres Gelächter ertönte, denn er sprach wie gewöhnlich von gar nichts und war daher wahnsinnig beliebt. Ein leibhaftiger Dichter und dann noch einer, der die Basketballmannschaft der Schule trainiert, das ist schließlich etwas anderes als ein wie Sokrates aussehender Zwerg, der nur ein paar Leichen anzubieten hat von zweitausend Jahre zuvor gestorbenen Exemplaren eben jener Spezies, die die Schönheit ihrer Sprache hinter den Schanzen einer hermetischen Syntax so versteckt hat, daß die Bewunderer lebender Klassiker wie Prince, Gullit und Madonna keine Spur davon wiederfinden können. Ausgenommen, ganz selten, in einem Jahr der Gnade, jener eine Schüler, der den penetranten Geruch von Unlust und Widerwillen, der einem entgegenschlägt, vergessen läßt, einer, der sich auf dem mitreißenden Wellenschlag der Hexameter mitschwingen läßt, einer mit einem Ohr für Musik, der bravourös alle Kasus-Hindernisse nimmt, der Linie der Gedanken folgt, die Verbindungen erkennt, das Gebäude, die Schönheit. Schon wieder dieses Wort, doch das läßt sich nicht ändern. Ich war häßlich, und Schönheit war meine Leidenschaft, nicht die sichtbare, unmittelbar greifbare, sondern jene andere, um soviel geheimnisvollere Variante, die sich hinter dem abweisenden Panzer einer toten Sprache verbarg. Tot! Wenn diese Sprachen tot waren, dann war ich Jesus, der Lazarus von den Toten auferstehen lassen konnte. Und in jenem einen Jahr der Gnade gab es jemanden, der das sah, nein, schlimmer noch, der es selbst konnte.
Lisa d'India fehlte mein Wissen, doch das war einerlei. Jede Zeile Latein, über die sie sich beugte, begann zu schwingen, zu leben, zu fließen. Sie war ein Wunder, und wenn ich auch nicht weiß, weshalb ich hier bin, so weiß ich doch in jedem Fall, daß sie etwas damit zu tun hat.

Jetzt trete ich einen Schritt zurück, doch das Seltsame bleibt, als würde ich von innen heraus leuchten. Wenn es gestern abend Angst war, so ist es jetzt Rührung. Essex House, idiotischer Name für ein portugiesisches Hotel. Rua das Janelas Verdes, unweit des Tejo. »Ich fühle mich innen verderben, jetzt weiß ich, woran ich werd' sterben/An den Ufern des Tejo, wo das Leben wie nirgendwo...« Slauerhoff.* Ich weiß noch, daß ich der Klasse von der in kaum einer Sprache wiederzugebenden vertrackten Funktion der Präposition *an* in dieser Zeile erzählte. Nur im Niederländischen und im Deutschen könne man an Krebs und am Tejo sterben, doch niemand lachte, nur sie. Ich muß aus diesem Bad raus, meine eigene Anwesenheit wird mir zuviel. Ich frage mich, ob ich Hunger habe, und meine, nein. Ich bestelle den Roomservice fürs Frühstück. *Prima almoço*, ich hatte vergessen, daß ich Portugiesisch konnte. Die Stimme, die antwortet, ist ruhig, freundlich, jung. Eine Frau. Keine Spur von Erstaunen, auch nicht bei dem Mädchen, das das Frühstück bringt. Oder täusche ich mich, ist etwas Ehrerbietiges in ihrer Haltung, eine Ehrerbietung (was für ein lächerliches Wort im Grunde genommen), mit der ich von seiten des Bedienungspersonals meist nicht zu rechnen brauche. Ich setze mich im Schneidersitz auf den Boden und breite das Frühstück um mich aus. Ich weiß, jetzt muß ich mit der Arbeit des Erinnerns beginnen. Das will das Zimmer. Ich habe genau das gleiche Gefühl wie früher, wenn ich einen Stapel Herodot-Übersetzungen zu korrigieren hatte. Ich habe immer eine Schwäche für diesen durchsichtigen Phantasten gehabt, ersonnene Geschichte ist reizvoller als die langweilige Schreckensherrschaft der Fakten. Doch das Erwürgen der ohnehin nicht besonders glänzenden Prosa des alten Fabulanten durch meine Schüler nahm mir natürlich jegliche Lust. Es sei denn, eine Übersetzung von ihr war dabei, und sei es allein deswegen, weil sie manchmal etwas dazuerfand, das einfach nicht dastand, eine persische Sitte, eine lydische Prinzessin, einen ägyptischen Gott.

Ich war der einzige der gesamten Schule, Direktor, Lehrer, Lehrerinnen, Hilfskräfte inbegriffen, der nicht in Lisa d'India verliebt war. Sie war nicht nur bei mir gut, sie war in allen Fächern gut. In

Mathematik war sie die Klarheit, in Physik der Geist der Entdeckung, und bei den Sprachen schlüpfte sie in die Seele der Sprache. In der Schulzeitung standen ihre ersten Erzählungen, und das waren die Erzählungen einer Frau zwischen den Erzählungen von Kindern. Der entscheidende Treffer, mit dem unsere Schule das Basketballturnier gewonnen hatte, stammte von ihr. Körperliche Schönheit war bei alledem natürlich überflüssig, doch es war so, zwischen den sechzig Augen in einer Klasse konnte man ihren nicht ausweichen. Sie hatte weiße Strähnen in ihrem schwarzen Haar, als hätte sie schon sehr lange gelebt, das Zeichen einer anderen Zeitordnung in der Domäne der Jugend, als wüßte ihr Körper bereits, daß sie früh sterben müsse. Ich nannte sie insgeheim Graia, nach den Töchtern von Keto und Phorkys, die mit weißem Haar geboren wurden, von einem schrecklichen Alter befallen. Einmal sagte ich das zu ihr, und sie sah mich mit dem Blick von Menschen an, die einen eigentlich nicht sehen, weil sie mit ihren Gedanken irgendwo anders sind oder weil man etwas gesagt hat, das an einen geheimen Bereich ihrer Person rührt, etwas, was sie bereits wissen, das sie jedoch vor anderen verbergen wollen.

Sie war die Tochter eines Ehepaars aus der ersten Generation von Gastarbeitern, Italienern, die gemeinsam mit Türken, Spaniern und Portugiesen den ersten Anstoß dazu geben sollten, die Niederlande von ihrem ewigen Provinzialismus zu erlösen. Wenn ihr Vater, ein Metallarbeiter aus Catania, gewußt hätte, daß Arend Herfst ein Verhältnis mit ihr hatte, hätte er ihn wahrscheinlich totgeschlagen oder wäre schreiend zum Direktor gerannt, der es selbst schon schwer genug hatte, weil er sie an den gräßlichen Herfst hatte abtreten müssen. Wieso diese Dinge nicht früher herauskamen, weiß ich nicht, es schien, als ob jeder, Schüler wie Lehrer, einen Schleier des Schweigens um sie gewoben hatte, vielleicht, weil wir alle wußten, daß es dann vorbei wäre, daß sie dann entschwinden würde. Wir, das heißt auch ich. Doch ich war nicht verliebt in sie, das war mir nicht möglich, ich habe meinen kategorischen Imperativ fest in meinem System verankert, es gehört sich nicht, und dann kann ich es nicht. Die paar Jahre, die sie in meiner Klasse saß, habe ich eine Art von Glück erlebt, die zwar mit Liebe zu tun hatte, doch nicht mit der vulgären Variante, die jeden Tag von allen Bildschirmen strahlt, und auch nicht mit dieser verwirrenden, törichten und nicht zu kontrollierenden Empfindung, die man Verliebtheit nennt. Von dem Elend, das damit einhergeht, wußte ich mehr als genug. Ein einziges Mal in meinem Leben habe ich dann doch zu den gewöhnlichen Menschen gehört, den Sterblichen, den anderen, denn ich war in Maria Zeinstra verliebt. Ein einziges Mal, und gleich war es verhängnisvoll für alle Parteien.

Ich bin froh, daß die anderen weg sind und daß ich es nur dir zu erzählen brauche, auch wenn du selbst jemand aus meiner Geschichte bist. Aber das weißt du schon, und ich lasse dich so. Dritte Person, bis es mir zu schwierig wird.

Banalitas banalitatis, das war die Beschwörungsformel, mit der ich zwanzig Jahre lang selbst den entferntesten Gedanken an die Ereignisse jener Tage zu vermeiden verstanden habe. Was mich anbelangt, so hatte ich vom Wasser des Flusses Lethe getrunken: Für mich gab es keine Vergangenheit mehr, nur noch Hotels mit zwei, drei oder fünf Sternen und den Blödsinn, den ich dazu schrieb. Das sogenannte wirkliche Leben hatte sich ein einziges Mal in meine Angelegenheiten eingemischt, und es hatte in nichts dem geglichen, worauf Worte, Verse, Bücher mich vorbereitet hatten. Schicksal gehörte zu blinden Sehern, Orakeln, Chören, die den Tod verkünden, es gehörte nicht zu dem Gekeuche neben dem Kühlschrank, Gefummel mit Kondomen, dem Warten in einem Honda um die Ecke und heimlichen Verabredungen in einem Lissabonner Hotel. Nur das Geschriebene existiert, alles, was man selbst tun muß, ist formlos, dem reimlosen Zufall unterworfen. Und es dauert zu lange. Und wenn es böse endet, stimmt das Versmaß nicht, man kann nichts streichen. So schreib doch, Sokrates! Aber nein, er nicht und ich nicht. Schreiben, wenn bereits geschrieben ist, das ist etwas für die Hochmütigen, die Blinden, diejenigen, die nicht um ihre eigene Sterblichkeit wissen.

Nun wäre ich gern eine Weile still, um all diese Worte hinunterzuspülen. Du hast mir nicht gesagt, wieviel Zeit ich für diese Geschichte habe. Ich kann nichts mehr messen. Ich würde jetzt gern ein Madrigal von Sigismundo d'India hören. Klarheit, Timing, nur Stimmen, das Chaos der Gefühle in die Ordnung der Komposition gezwängt. Bei mir zu Hause hatte sie zum erstenmal ein Madrigal von d'India gehört. Dein Vorfahr, sagte ich, als machte ich ihr ein Geschenk. Ein Flegel, ich. Immer gewesen. Der kastenlose Lehrer neben der fürstlichen Schülerin. Sie stand vor meinem Bücherschrank, meinem einzigen wahren Stammbaum, die wundersam lange Hand in der Nähe von Hesiod, Horaz, drehte sich um und sagte, mein Vater ist Metallarbeiter, als wolle sie den Abstand zwischen sich selbst und der Musik so groß wie möglich machen. Doch ich war nicht verliebt in sie, ich war verliebt in Maria Zeinstra.

Raus aus dem Zimmer! Aus welchem Zimmer? Aus diesem hier, dem Zimmer in Lissabon. Sokrates hat Angst, Dr. Strabo wagt sein Gesicht nicht zu zeigen, Herman Mussert weiß nicht, ob er hier überhaupt registriert ist. »Wo kommt denn dieses komische Männeken her?« »Welches Zimmer hat er?« »Hast du ihn denn eingetragen?«

Nichts von alledem. Ich nehme meinen Michelin, den Stadtplan von Lissabon. Natürlich lag alles bereit. Reiseschecks, Escudos in meiner Brieftasche, jemand liebt mich, *ipsa sibi virtus praemium*. Und die Angst war umsonst, denn die strahlende Nymphe, der ich meinen Schlüssel gebe, bedeckt mich mit dem Glanz ihrer Augen und sagt: »Bom dia, Doutor Mussert.« August, der Monat des Erhabenen, die hellvioletten Trauben der Glyzinie, der überschattete Patio, die Steintreppe nach unten, derselbe Portier von damals, zwanzig Jahre in der Zeit geschmort, ich erkenne ihn wieder, er tut, als erkenne er mich. Nach links muß ich, zu der kleinen *pastelaria*, in der sie sich mit dotterfarbenen kleinen *brioches* vollstopfte, der Honig lackt ihre gierigen Lippen. Nix lackt. Lackte! Die *pastelaria* gibt es noch, die Welt ist ewig. *Bom dia!* Aus Pietät esse ich so ein Ding, um den Geschmack ihres Mundes noch einmal zu kosten. *Cafezinho*, stark, bitter, mehr mein eigener Beitrag. Bittersüß gehe ich zum Kiosk gegenüber, kaufe den *Diário de Notícias*, doch die Neuigkeiten der Welt haben für mich keine Gültigkeit. Übrigens genausowenig wie damals. Jetzt ist es der Irak, was es damals war, weiß ich nicht mehr. Und Irak ist eine späte Maske für mein eigenes Babylonien, für Akkad und Sumer und das Land der Chaldäer. Ur, Euphrat, Tigris und das herrliche Babylon, Bordell der hundertfachen Sprache.

Ich merke, daß ich irgendeine Melodie summe, daß ich den flotten Schritt meiner besten Tage habe. Ich gehe zum Largo de Santos, dann zur Avenida 24 de Julho. Rechts von mir der kleine Zug und die Spielzeugstraßenbahnen in ihren Kinderfarben. Dahinter muß er liegen, mein Fluß. Warum es von allen Flüssen gerade dieser Fluß war, der mich so bewegte, weiß ich nicht, es muß jene erste Vision gewesen sein, vor so langer Zeit, 1954, als Lissabon noch Hauptstadt eines zerfallenden Weltreichs war. Wir hatten Indonesien bereits verloren und die Engländer Indien, doch an diesem Fluß schienen die Gesetze der realen Welt nicht zu gelten. Sie hatten Timor noch und Goa, Macao, Angola, Moçambique, ihre Sonne war noch immer nicht untergegangen, in ihrem Reich war es irgendwo immer Tag und zugleich Nacht, so daß es schien, als hielten sich die Menschen, die ich sah, am hellichten Tag im Reich des Schlafes auf. Männer mit weißen Schuhen, wie man sie damals im Norden schon nicht mehr sah, spazierten Arm in Arm entlang dem breiten, braunen Fluß und sprachen in einem umflorten, gedehnten Latein miteinander, das für mein Gefühl etwas mit Wasser zu tun hatte, dem Wasser von Tränen und dem Wasser der Weltmeere, der manuelischen Schiffstaue und ihrer Knoten, die die Bauwerke der früheren Könige schmückten, bis hin zu den kleinen Booten, die emsig hin und her fuhren nach Caçilhas und Barreiro, und dem düsteren Abschiedszeichen Torre de Belém, dem letzten, was die in See stechenden Entdecker von ihrem Vaterland sehen sollten, und dem ersten, was sie erblickten, wenn sie nach Jahren zurückkehrten. Sofern sie zurückkehrten. Ich war zurückgekehrt, ich war an dem pathetischen Standbild des Duque de Terceira vorbeigegangen, der Lissabon im vorigen Jahrhundert von irgend etwas befreit hatte, ich hatte zwischen den Straßenbahnen den Cais do Sodré überquert, und jetzt stand ich am Fluß, demselben von einst und damals, nur kannte ich ihn jetzt besser, ich kannte seinen Ursprung in einem grünen Feld irgendwo in Spanien in der Nähe von Cuenca, ich kannte die Felswände, die er bei Toledo ausgewaschen hat, seinen breiteren, trägeren Fluß durch die Estremadura, ich kannte seine Herkunft, ich hörte das Rauschen des Wassers in der Sprache um mich her. Später (viel später) hatte ich einmal zu Lisa d'India gesagt: »Latein ist das Wesen, Französisch der Gedanke, Spanisch das Feuer, Italienisch die Luft (ich sagte natürlich Äther), Katalanisch die Erde und Portugiesisch das Wasser.« Sie hatte gelacht, hoch, hell, nicht aber Maria Zeinstra. Vielleicht war es sogar an derselben Stelle, an der ich jetzt stehe, wo ich es an ihr ausprobierte, doch ihr sagte das nichts. »Für mich ist Portugiesisch eine Art Geflüster«, sagte sie, »ich verstehe kein Wort. Und das mit dem Wasser, das kommt mir ziemlich weit hergeholt vor, zumindest nicht gerade wissenschaftlich.« Dem hatte ich, wie gewöhnlich, nichts entgegenzusetzen. Ich war schon froh, daß sie da war, auch wenn sie meinen Fluß zu braun fand. »Kann man sich vorstellen, was da alles drin ist.«

Ich wende mich der Stadt zu, die langsam ansteigt, und weiß, daß ich hier etwas suche, aber was? Etwas, das ich wiedersehen will und das ich erst erkennen werde, wenn ich es sehe. Und dann sehe ich es, ein komisches kleines Gebäude mit einer riesigen Uhr, fast ein Steinschuppen, der ganz aus Uhr besteht, groß, rund, weiß, mit mächtigen Zeigern, sie zeigen die Zeit an, ver-

walten sie. HORA LEGAL steht mit großen Buchstaben darüber, und in dem lockeren Wirrwarr dieses Platzes klingt das tatsächlich wie ein Gesetzestext: Wer immer und wo immer der Zeit etwas anhaben will, wer sie dehnen, aufhalten, fließen lassen, lahmlegen, beugen will, der wisse, daß an meinem Gesetz nicht zu rütteln ist, meine ehrfurchtgebietenden Zeiger zeigen das ätherische, ephemere, nicht existierende Jetzt an, und das tun sie immer. Sie kümmern sich nicht um die korrumpierende Teilung, die Hurenhaftigkeit des Jetzt der Gelehrten, das meine ist das einzige, wirkliche, dauernde Jetzt, und immer wieder aufs neue dauert es sechzig wohlgezählte Sekunden, und jetzt, genau wie damals, stehe ich da und zähle und schaue auf den großen, schwarzen eisernen Zeiger, der auf die leere weiße, in Segmente aufgeteilte Fläche zwischen 10 und 15 zeigt, bis er mit einem Ruck zur nächsten leeren Fläche springt und befiehlt, bestimmt, sagt, daß es jetzt dort jetzt ist. Jetzt?
Eine flüchtige Taube setzte sich auf den Halbbogen über der Uhr, als wollte sie damit etwas verdeutlichen, aber ich war nicht von meinem inneren Konzept abzubringen. Uhren hatten meiner Ansicht nach zwei Funktionen. Erstens, den Leuten zu sagen, wie spät es ist, und zweitens, mich mit der Überzeugung zu durchdringen, daß die Zeit ein Rätsel ist, ein zügelloses, maßloses Phänomen, das sich dem Verständnis entzieht und dem wir, mangels besserer Möglichkeiten, den Schein einer Ordnung gegeben haben. Zeit ist das System, das dafür sorgen soll, daß nicht alles gleichzeitig geschieht, diesen Satz hatte ich einmal zufällig im Radio gehört. War, hatte, was rede ich da, ich stehe jetzt hier, und einmal stand ich mit Maria Zeinstra hier, die mich mit ihren grünen, nordholländischen Augen ansah und sagte: »Was redest du da bloß, Bratklops? Wenn du die Zeit der Wissenschaft und die deines Seelchens nicht auseinanderhalten kannst, gibt's nur Durcheinander.«
Darauf hatte ich keine Antwort gegeben, nicht weil ich beleidigt war, denn ich fand es herrlich, von ihr Bratklops (oder Lampen-

schirm, Bratfisch, Apfelsine) genannt zu werden, sondern weil die Antwort hundert Meter weiter in der British Bar an der Wand hing. Sie merkte nichts, als wir dort eintraten, doch als wir in der Kühle und dem Schatten saßen und sie den ersten Schluck von ihrem Madeira genommen hatte, fragte ich beiläufig: »Wie spät ist es eigentlich?«
Sie sah auf die große hölzerne Penduluhr, die schräg gegenüber von uns hing, und ihr Gesicht nahm sofort den unwirschen Ausdruck von Menschen an, die es nicht leiden können, wenn die heiligen Regeln des geordneten Universums durchbrochen werden. »Ja, ja, so kann ich's auch«, sagte sie und sah auf ihre Armbanduhr. »Gott, wie blöd.« »Ach, es ist auch eine Art, wie man die Zeit sehen kann«, sagte ich, »Einstein machte Sirup daraus, und Dalí ließ sie samt Uhr und allem schmelzen.« Auf der Uhr gegenüber war die übliche Zahlenreihe, die uns helfen soll, mehr oder weniger geordnet durch den uns zugewiesenen Teil des großen Luftballons zu kommen, umgedreht: Zehn vor halb sieben war zehn vor halb fünf geworden, mit allen Schwindelgefühlen, die dazu gehören. Ich hatte den Barkeeper mal gefragt, wie er zu der Uhr gekommen sei, und er hatte gesagt, er habe sie mitsamt dem ganzen Inventar übernommen. Und nein, er habe so etwas auch noch nie gesehen, aber ein Engländer habe ihm erklärt, es müsse etwas mit der Art und Weise zu tun haben, wie Kenner Portwein einschenken, gegen den Uhrzeigersinn.
»Was kann man von Leuten schon anderes erwarten, die auf der falschen Straßenseite fahren«, sagte sie. »Wann gehen wir endlich rauf?«
Thema beendet, und hinter ihrem wehenden roten Haar ging ich die Avenida das Naus entlang, die Avenida der Schiffe, als zeigte nicht ich ihr, sondern sie mir die Stadt. Das war damals, nicht jetzt. Die verkehrte Uhr hängt immer noch da, seit ich sie in Dr. Strabo's Reiseführer aufgenommen habe, kommt halb Holland, um sie sich anzuschauen. Maria tanzte vor mir her wie ein Schiff, alles was Mann war, drehte sich um, um noch mal zu schauen, um

dieses wogende Wunder auch von hinten zu sehen, nicht weil sie so schön war, sondern weil sie, auf jeden Fall dort und damals, eine provozierende Freiheit verkörperte. Besser läßt sich das natürlich nicht sagen, es war, als steuerte sie ihren Körper durch die Menge, um von allen bewundert zu werden. Ich sagte einmal: »Du gehst nicht wie die Frau aus dem Gedicht, die nie sterben würde, sondern wie eine Frau, für die jeder sofort alles stehen- und liegenläßt«, und einen Augenblick lang glaubte ich, sie würde böse, aber sie antwortete nur: »Dann aber wohl mit Ausnahme von Arend Herfst.«

Wie habe ich es der Klasse immer erklärt? Der *Form* nach sind die *Historiae* des Tacitus annalistisch (ja, du Lümmel, das bedeutet in der Form von Annalen und nicht, was du denkst), aber er unterbricht seine Erzählung häufig, um die Reihenfolge der Ereignisse festhalten zu können. Das sollte ich auch mal tun, einen Sonnenhut kaufen, Ordnung schaffen in meinem Kopf, die Zeiten auseinanderhalten, hinaufgehen, aus dem verschlungenen Labyrinth der Alfama flüchten, mich oben in der Kühle einer *bela sombra* beim Castelo São Jorge hinsetzen, die Stadt zu meinen Füßen betrachten, einen Überblick über den Stand meines Lebens gewinnen, den Ablauf der Uhr umdrehen und die Vergangenheit auf mich zulaufen lassen wie einen gehorsamen Hund. Ich würde wie gewöhnlich wieder alles selbst tun müssen, und damit sollte ich am besten sofort beginnen. Doch erst ein Sonnenhut. Weiß, geflochtenes Schilf. Ich wuchs ein Stück damit. »He, Jungs, seht mal, Sokrates hat einen Tuntenhut auf der Brille.«
Unter allen von den sechziger Jahren angegriffenen Köpfen war der des Direktors unseres Gymnasiums wohl am stärksten in Mitleidenschaft gezogen, wenn es nach ihm gegangen wäre, hätten wir Unterricht von den Schülern bekommen. Eines der schönsten Dinge, die er sich hatte einfallen lassen, war, daß die Lehrer sich die Unterrichtsstunden der Kollegen anhören konnten. Die

paar, die es bei mir probiert hatten, hatten sich schon nach dem ersten Mal wieder verzogen, und ich selbst habe es nur zweimal getan, einmal beim fakultativen Religionsunterricht, wo ich einer von drei Schülern war und den Pfarrer vom Dienst für alle Zeiten der christlichen Nächstenliebe entfremdet habe. Das andere Mal war natürlich bei ihr, und wenn auch nur deswegen, weil sie mich im Lehrerzimmer noch nicht einmal angeschaut hatte, weil ich nachts von ihr träumte, wie ich seit meiner Pubertät nicht mehr geträumt hatte, und weil Lisa d'India mir erzählt hatte, daß sie so *tollen* Unterricht gebe.

Letzteres stimmte. Ich hatte mich ganz hinten neben einen albernden Teenager gesetzt und *ihn* damit in Verlegenheit gebracht, doch *sie* tat, als bemerkte sie meine Anwesenheit nicht. Ich hatte gefragt, ob es ihr recht sei, und sie hatte gesagt, »ich kann's nicht verbieten, und vielleicht lernst du noch was dabei, heute geht's über den Tod«, und das war für jemanden, der so gern wissenschaftlich sein wollte, merkwürdig ungenau ausgedrückt, denn es ging nicht so sehr über den Tod, sondern über das, was danach kommt, Metamorphosen. Und wenn es auch nicht dieselben sind – damit kenne ich mich aus. Es war lange her, seit ich in einer Klasse gesessen hatte, und durch diese Umkehrung der Verhältnisse sah ich plötzlich wieder, wie merkwürdig der Beruf des Lehrers doch ist. Da sitzen zwanzig oder mehr, und nur einer steht, und das Wissen dieses einen Stehenden muß in die noch unbeschriebenen Gehirne aller anderen.

Sie stand gut, ihr rotes Haar segelte wie eine Fahne durch die Klasse, doch lange konnte ich das nicht genießen, denn vor der Tafel wurde eine Filmleinwand entrollt, und die Vorhänge des Klassenraums, ein paar unansehnliche beige Lappen, wurden zugezogen. »Herr Mussert hat Glück«, sagte sie, »gleich beim ersten Mal Film.« Gejohle.

»Sokrates, Pfoten weg«, hörte ich noch jemanden im Dunkeln sagen, und dann wurde es still, denn auf der Leinwand erschien eine tote Ratte. Sie war nicht groß, aber eindeutig tot, das Maul

leicht geöffnet, ein wenig Blut an den Schnurrhaaren, ein wenig Glanz im halboffenen Auge. Der eingeknickte Körper lag halb zusammengesackt in jener Haltung, die unabweislich den Tod markiert, Stillstand, das Unvermögen, sich je wieder zu bewegen. Jemand machte ein Kotzgeräusch.
»Nicht nötig.« Das war ihre Stimme, knapp, wie ein Schlag. Es war gleich wieder still. Dann erschien ein Totengräber auf der Bildfläche. Nicht, daß ich gewußt hätte, daß es einer war – sie sagte es. Ein Totengräber, ein Käfer in den Farben eines Feuersalamanders. Auch das sagte sie. Ich sah ein adliges Tier, Ebenholz und tiefes Ocker. Es sah aus, als trüge er ein Wappen auf den Flügeln. Nix er, sie.
»Dies ist das Weibchen.«
Das mußte stimmen, schließlich kam es von ihr. Ich versuchte es mir vorzustellen. Jemand anders auch, denn eine Stimme sagte: »Dufte Biene.« Niemand lachte.
Der Käfer begann, eine Art Laufgraben um die tote Ratte zu graben. Jetzt kam ein zweiter Käfer hinzu, aber der tat nicht so viel.
»Das Männchen.« Natürlich.
Das Weibchen begann jetzt, den Kadaver anzuschubsen, er bewegte sich jedesmal ein wenig, steif, unwillig. Tote, egal welcher Spezies, wollen weiterschlafen. Es sah aus, als wollte der Käfer die Ratte krumm biegen, der dicke, gepanzerte, schwarzglänzende Kopf stieß jedesmal gegen das Aas, ein Bildhauer mit einem zu großen Stück Marmor. Ab und an sprang das Bild ein bißchen, dann waren wir wieder ein Stück weiter.
»Ihr seht, der Film wurde zusammengeschnitten, der Ablauf dauert insgesamt etwa acht Stunden.«
Die Kurzfassung war auch noch lang genug. Immer runder wurde der Kadaver, die Beine verknoteten sich fast, der Rattenkopf wurde in die weiche Bauchhöhle geschoben und verschwand, der Käfer tanzte seinen Totentanz um einen haarigen Ball.

»Dies nennen wir eine Aaskugel.«
Aaskugel, ich probierte das Wort. Noch nie gehört. Ich bin immer dankbar für ein neues Wort. Und dieses war ein schönes Wort. Eine behaarte Kugel aus Rattenfleisch, die langsam in den Laufgraben rollte.
»Jetzt paart sie sich mit dem Männchen im Grab.«
Jemand gab ein schmatzendes Geräusch von sich im fahlen Dunkel.
Sie knipste das Licht an und nahm einen großen pickligen Jungen in der dritten Reihe ins Visier.
»Tu nicht so umschattet«, sagte sie.
Umschattet. Das Wort allein schon! In nordholländischem Tonfall ausgesprochen, aus dunkler Kehle. Das Licht war bereits wieder gelöscht, doch ich wußte, daß das unbestimmte Gefühl, das ich für sie gehegt hatte, plötzlich zu Liebe ernannt war. *Tu nicht so umschattet.* Die beiden Käfer machten ein bißchen aneinander herum, als sei dies ihr Auftrag, was natürlich auch so ist. Wir sind die einzige Gattung, die von diesem Zweck abgekommen ist. Das gleiche Herumgewurstel wie immer, noch seltsamer, weil die meisten Tiere sich dabei nicht hinlegen, so daß das Herumgemache da auf der Leinwand einem ziellosen Tanz glich, bei dem der eine den anderen ein bißchen herumschwenken muß, alles in tödlicher Stille. Tanzen ohne Musik, das Übereinanderschieben der Panzer muß einen wahnsinnigen Lärm machen. Aber vielleicht haben Käfer ja keine Ohren, ich habe vergessen, danach zu fragen. Die beiden Tanks ließen voneinander ab, der eine fing an, den anderen zu verfolgen. Ich wußte schon längst nicht mehr, wer wer war. Sie schon.
»Jetzt jagt das Weibchen das Männchen aus dem Grab.«
Gesumm in der Klasse, die hohen Töne der Mädchen. Dazwischen hörte ich ihr dunkles, beifälliges Lachen und fühlte mich beleidigt.
Jetzt grub das Weibchen eine zweite Grube, »für die Eikam-

mern«. Wieder so ein Wort. Diese Frau brachte mir neue Wörter bei. Kein Zweifel, ich liebte sie.

»In zwei Tagen legt sie dort ihre Eier ab. Aber erst macht sie das Aasfleisch weicher.«

Ihre Eier. Ich hatte noch nie einen Käfer sich erbrechen sehen, doch jetzt sah ich es. Ich saß in der Klasse der Frau, die ich liebte, und sah den hundertfach vergrößerten Science-fiction-Kopf eines Käfers, der Totengräber hieß, grünen Magensaft über eine runde Kugel Aasfleisch ausspucken, die vor einer Stunde noch wie eine tote Ratte ausgesehen hatte.

»Jetzt frißt sie ein Loch in das Aasfleisch.« Es stimmte. Die Grabmaschine, die Mutter, Eierträgerin, Liebhaberin, Mörderin, *mamma*, fraß ein Stück aus der Rattenkugel und erbrach es wieder in die kleine Höhlung, die sie gerade mit ihren Zähnen in ebendiese Kugel gegraben hatte. »So macht sie einen Futtertrog.« Aaskugel, Eikammer, Futtertrog. Und die Beschleunigung der Zeit: in zwei Tagen die Eier, fünf Tage danach die Larven. Nein, ich weiß, daß Zeit nicht beschleunigt werden kann. Oder doch? Die Eier sind weiß und glänzend, samenfarbene Kapseln, die Larven sanft geringelt, von der Farbe lebenden Elfenbeins. Mutter beißt ins Rattenpüree, die Larven lecken ihr das Maul aus. Alles hat mit Liebe zu tun. Fünf Stunden später fressen sie selbst, am Tag darauf kriechen sie bereits in den zusammengerollten Kadaver. CAro DAta VERmibus – Fleisch, den Würmern gegeben. Lateinerscherz, sorry. Das Licht ging an, die Vorhänge auf, aber was wirklich anging, war ihr Haar. Draußen schien die Sonne, eine Kastanie bewegte die Zweige im Wind. Frühling, doch in der Klasse hatte sich eine Ahnung vom Tod eingeschlichen, der Zusammenhang zwischen Töten, Paaren, Fressen, Sichverwandeln, die gefräßige, sich bewegende Kette mit Zähnen, die das Leben ist. Die Klasse löste sich auf, wir blieben leicht verlegen stehen.

»Nächstes Mal Milben und Maden.«

Sie sagte es herausfordernd, als ob sie sehe, daß ich ein wenig

angeschlagen war. Alles, was ich gesehen hatte, schien auf irgendeine Weise mit Wut zu tun zu haben. Wut, oder Wille. Diese mahlenden Kiefer, das mittelalterliche Aufeinanderkrachen der sich paarenden Harnische, die glänzenden, blinden Masken der Larven, die das Panzermaul ihrer Mutter ausleckten, das wahre Leben.
»The never ending story«, sagte ich. Genial, Sokrates. Noch was gedacht in letzter Zeit?
Sie blies die Wangen auf. Das tat sie, wenn sie nachdachte.
»Weiß ich nicht. Irgendwann einmal gibt es bestimmt ein Ende. Es hat doch auch mal einen Anfang gegeben.« Und wieder dieser herausfordernde Blick, als hätte sie gerade die Vergänglichkeit erfunden und wollte die mal an einem Humanisten ausprobieren. Aber so schnell ließ ich mich nicht aus dem Grab jagen.
»Läßt du dich einäschern?« fragte ich. Mit dieser Frage kann man sich in jeder Gesellschaft sehen lassen. Der Körper des Angesprochenen wird zu Materie degradiert, die zu einem bestimmten Zeitpunkt beiseite geschafft werden muß, und das hat vor allem in erotischen Situationen etwas Pikantes.
»Wieso?« fragte sie.
»Ich habe einen Pathologen sagen hören, daß das wehtut.«
»Unsinn. Na gut, vielleicht spürt man lokal noch was.«
»Lokal?«
»Na ja, wenn man ein Streichholz abbrennen läßt, wird es ganz krumm, das gibt natürlich eine enorme Spannung im Material.«
»Ich habe in Nepal mal eine öffentliche Verbrennung erlebt, an einem Fluß.« Das war gelogen, ich hatte es nur gelesen, aber ich sah den brennenden Holzstoß.
»Oh. Und was passierte da?«
»Der Schädel explodierte. Ein wahnsinniges Geräusch. Als ob man eine riesengroße Kastanie geröstet hätte.«
Sie mußte lachen, und dann erstarrte ihr Gesicht. Draußen auf dem Schulhof – ich weiß nicht, ob man den jetzt noch so nennt –

liefen Arend Herfst und Lisa d'India in Sportkleidern. Das war legitim, er war der Trainer der Mannschaft. Herfst legte sich ins Zeug. Durch sein ewiges Grinsen hatte der Dichter Ähnlichkeit mit den Larven bekommen, die ich gerade gesehen hatte.
»Ist sie in deiner Klasse?« fragte Maria Zeinstra.
»Ja.«
»Was hältst du von ihr?«
»Sie ist die Freude meiner alten Tage.« Ich war in den Dreißigern und sagte das ohne jegliche Ironie. Keiner von uns beiden schaute auf ihn, wir sahen, wie die Frau neben ihm den Raum draußen verschob, wie sich durch ihr Fortbewegen der Mittelpunkt des Schulhofs immer wieder verlagerte.
»Auch verliebt?« Es sollte spöttisch klingen.
»Nein.« Es war die Wahrheit. Wie bereits erklärt.
»Kann ich nächstes Mal in deine Stunde kommen?«
»Ich fürchte, du wirst nichts daran finden.«
»Das werd' ich schon selbst sehen.«
Ich sah sie an. Die grünen Augen halb hinter dem roten Haar verborgen, ein widerspenstiger Vorhang. Ein Sternenhimmel aus Sprossen.
»Dann komm, wenn Ovid dran ist. Da verwandelt sich auch etwas. Keine Ratten in Aaskugeln, aber immerhin...«
Was sollte ich an diesem Nachmittag lesen? Phaëthon, die halbe Erde, die im Feuer vergeht? Oder die Schrecken der Unterwelt? Ich versuchte mir vorzustellen, wie sie in meiner Klasse sitzen würde, aber es gelang mir nicht.
»Also, bis dann«, sagte sie und ging. Als ich später ins Lehrerzimmer kam, sah ich, daß sie in ein unerfreuliches Gespräch mit ihrem Mann verwickelt war. Sein ewiges Grinsen hatte jetzt etwas Höhnisches an sich, und zum erstenmal sah ich, daß sie verletzlich war.
»Bei tragischen Gesprächen mußt du deinen Trainingsanzug ausziehen«, wollte ich zu ihm sagen, aber ich sage nie, was ich denke.

Das Leben ist ein Eimer Scheiße, der immer voller wird und den wir bis zum Ende mitschleppen müssen. Das soll der heilige Augustinus gesagt haben, ich habe den lateinischen Text leider nie nachgeprüft. Wenn er nicht apokryph ist, steht er natürlich in den *Confessiones*. Ich hätte sie schon längst vergessen haben müssen, es ist so lange her. Kummer hat etwas in den Linien deines Gesichts zu suchen, nicht in deiner Erinnerung. Außerdem ist das altmodisch, Kummer. Man hört fast nie mehr etwas davon. Und bürgerlich. Schon zwanzig Jahre keinen Kummer mehr gehabt. Es ist kühl hier oben, ich bin im Park hinter einem weißen Pfau hergegangen (warum gibt es nicht für *alle* weißen Tiere ein spezielles Wort, warum nur für Pferde?), als wäre das meine Lebensaufgabe, und jetzt sitze ich auf der Außenmauer des Kastells und blicke über die Stadt, den Fluß, die Fläche des Meeres dahinter. Oleander, Frangipani, große Ulmen. Neben mir sitzt ein Mädchen und schreibt. Das Wort Abschied umschwebt mich, und ich kann es nicht fassen. Diese ganze Stadt ist Abschied. Der Rand Europas, das letzte Ufer der ersten Welt, dort, wo der angefressene Kontinent langsam im Meer versinkt, zerfließt, in den großen Nebel hinein, dem der Ozean heute gleicht. Diese Stadt gehört nicht zum Heute, es ist hier früher, weil es später ist. Das banale Jetzt hat noch nicht begonnen, Lissabon zaudert. Das muß es sein, diese Stadt zögert den Abschied hinaus, hier nimmt Europa Abschied von sich selbst. Träge Lieder, sanfter Verfall, große Schönheit. Erinnerung, Aufschub der Metamorphose. Nichts dergleichen würde ich je in Dr. Strabo's Reiseführer bringen. Ich schicke die Trottel in die Fado-Lokale, zu ihrer vorgekauten Portion *saudade*. Slauerhoff und Pessoa behalte ich für mich selbst, ich erwähne sie, ich schicke das Volk in die Mouraria oder ins Café A Brasileira, und ansonsten beiße ich mir lieber die Zunge ab. Von mir werden sie nichts davon zu hören bekommen, von den Seelenverwandlungen des alkoholsüchtigen Dichters, des fließenden, vielgestaltigen Ich, das in all seinem düsteren Glanz hier noch immer durch die Straßen streift, sich unsichtbar

in Zigarrenläden, an Kais, Mauern, in finsteren Kneipen festgesetzt hat, wo Slauerhoff und er sich vielleicht begegnet sind, ohne etwas voneinander zu wissen.
Das fließende Ich, das kam nach jenem ersten und einzigen Mal zur Sprache, als sie bei mir in der Klasse war. Mit so etwas brauchte man ihr nicht zu kommen, und ich kann nie erklären, was ich damit meine. *Regia Solis erat sublimibus alta columnis...* Metamorphosen, Buch II, so hatte meine Stunde begonnen, und Lisa d'India hatte mit ihrer hohen, hellen Stimme übersetzt. »Der Palast der Sonne stand hoch auf hochstrebenden Säulen...«, und ich hatte gesagt, daß ich »stolz« besser fände als »hoch«, weil »hochstreben« so häßlich sei und man schon allein deswegen das zweimalige »hoch« vermeiden sollte, und sie hatte sich auf die Lippe gebissen, als müsse die entzwei, und wiederholt: »Der Palast der Sonne stand stolz auf hohen Säulen...«, und erst da hatte ich mit meinem sokratischen Hundekopf begriffen, daß ich der einzige war, der noch nichts von diesem Verhältnis wußte, und daß d'India wußte, daß Zeinstra es wußte, und daß Zeinstra wußte, daß d'India wußte, daß sie es wußte, und all das, während ich dröhnend weiter über die *fastigia summa* sprach und über Triton und Proteus und Phaëthon, der langsam den steilen Weg zum Palast seines Vaters emporstieg und nicht näher herankam wegen des allesverzehrenden Lichts, das im Hause des Sonnengotts herrscht. Drittklassiges Drama in den Bänken vor mir nicht sehen, lauthals tönen von Phaëthons Schicksal. Je bereut? Nie! Nie? Jeder Schwachkopf hätte die Angst in d'Indias Augen gesehen, und natürlich sehe ich sie noch immer, Augen wie bei einem angeschossenen Hirsch, die Stimme klar wie immer, aber viel leiser als sonst. Nur, dahinter sah ich andere Augen, und diesen Augen erzählte ich von dem Göttersohn, der nur einmal mit dem Sonnenwagen des Vaters die Erde umrunden will.
Natürlich weiß man, daß es schlecht ausgehen wird, daß der törichte Sohn des Apoll mitsamt seinem goldenen Wagen und den feuerspeienden Pferden herabstürzen wird. Wie ein tanzender

Derwisch sprang ich vor der Klasse hin und her, dies war meine große Erfolgsnummer, die purpurnen Tore der Aurora flogen auf, und hindurch raste der Verdammte mit seinen Pferden in juwelenbesetzten Geschirren, der ärmliche Nachkömmling auf seiner Todesfahrt. Noch Millionen von Malen würde er in diesen Hexametern untergehen, doch von dem einmaligen Fernsehdrama vor mir sah ich nichts und schon gar nicht die Rolle, die *ich* darin spielen sollte, ich war es, der in diesem von Gold und Silber und Edelsteinen gleißenden Wagen saß und das unzähmbare Vierergespann durch die fünf Bezirke des Himmels lenkte. Was hatte mein Vater, der Sonnengott, gesagt? Nicht zu hoch, sonst verbrennst du den Himmel, nicht zu tief, sonst zerstörst du die Erde... doch ich bin schon fort, ich rase durch die Lüfte, umgeben von schallendem Wiehern, ich sehe die stürmenden Hufe, die die Wolken wie mit Messern aufreißen, und schon ist es passiert, der Wagen fliegt am Himmel entlang, ist bereits aus seiner ewigen Bahn geschleudert, das entfesselte Licht lodert in alle Richtungen, die Pferde treten ins Leere, die Hitze versengt das Fell des Bären, ich spüre, wie die Finsternis mich herabzieht, ich weiß es, ich werde stürzen, Länder, Berge, alles schießt in einer Bahn der Verwirrung an mir vorüber, das Feuer, das ich ausstrahle, setzt die Wälder in Brand, ich sehe den schwarzen, giftigen Schweiß des riesenhaften Skorpions, der den Schwanz nach mir reckt, die Erde steht in Flammen, die Felder werden zu weißer Asche versengt, der Ätna speit Feuer nach mir, der goldene Samt des Tejo schmilzt, das Eis schmilzt auf den Bergen, die Flüsse treten tosend über die Ufer, ich ziehe die wehrlose Welt in mein Schicksal hinein, der Wagen unter mir glüht vor Hitze, der babylonische Euphrat brennt, der Nil flieht in Todesangst und verbirgt seine Quelle, alles Seiende wehklagt, und dann schleudert Jupiter seinen todbringenden Blitz, der mich durchbohrt und versengt und aus dem Wagen des Lebens schleudert, die Pferde reißen sich los, und ich stürze wie ein brennender Stern zur Erde, mein Körper schlägt in einen zischenden Strom, meine

Leiche ein verkohlter Stein im Wasser... Plötzlich merke ich, wie still es in der Klasse ist. Sie sehen mich an, als ob sie mich noch nie gesehen hätten, und um mir wieder Haltung zu geben, drehe ich allen Augen, auch den grünen, den Rücken zu und schreibe an die Tafel, als stünde es nicht schon in dem Buch, das vor ihnen liegt:

HIC · SITUS · EST · PHAËTHON · CURRUS
AURIGA · PATERNI
QUEM · SI · NON · TENUIT · MAGNIS
TAMEN · EXCIDIT · AUSIS

Hier liegt Phaëthon: Er fuhr in Phoibos' Wagen, er scheiterte, aber hatte es zumindest gewagt. Metrisch stimmte es hinten und vorne nicht. Und daß es Wassernymphen waren, die mich (ihn!) bestatteten, hatte ich weggelassen, warum, mag der Himmel wissen.
Als es klingelte, war die Klasse sofort verschwunden, schneller als sonst. Maria Zeinstra trat zu mir ans Pult und fragte: »Regst du dich immer so auf?«
»Sorry«, sagte ich.
»Nein, ich fand das gerade so toll. Und es ist eine phantastische Geschichte, ich kannte sie noch nicht. Geht sie noch weiter?«
Und ich erzählte ihr von Phaëthons Schwestern, den Heliaden, die sich aus Trauer über den Tod ihres Bruders in Bäume verwandelten. »Genauso wie deine Ratte in Larven und dann in Käfer.«
»Mit einem Umweg. Aber es ist nicht dasselbe.«
Ich wollte ihr erzählen, wie prachtvoll Ovid diese Verwandlung in Bäume beschreibt, wie ihre Mutter, während dieser Prozeß noch im Gange ist, die Mädchen küssen will und Rinde und Zweige abreißt, und wie dann blutige Tropfen aus den Zweigen hervorquellen. Frauen, Bäume, Blut, Bernstein. Doch es war so schon kompliziert genug.

»Diese ganzen Verwandlungen bei mir sind Metaphern für die Verwandlungen bei dir.«
»Bei mir?«
»Na ja, in der Natur. Nur ohne Götter. Niemand tut es für uns, wir tun es selbst.«
»Was?«
»Uns verwandeln.«
»Wenn wir tot sind, ja, aber dafür brauchen wir dann Totengräber.«
»Ziemliche Arbeit, uns zusammenzurollen. Das gäbe eine ganz schön große Aaskugel. Rosa.« Ich sah es vor mir. Händchen nach innen gedreht, Denkerstirn im Bauch.
Sie lachte. »Dafür haben wir anderes Hilfspersonal. Maden, Würmer. Auch sehr fein.« Sie blieb stehen. Plötzlich sah sie wie vierzehn aus.
»Glaubst du, daß wir weiterexistieren?«
»Nein«, antwortete ich ihr wahrheitsgetreu. Ich bin mir noch nicht einmal ganz sicher, daß wir überhaupt existieren, wollte ich sagen, und dann sagte ich es doch.
»Ach so, *der* Schwachsinn.« Das klang sehr nordholländisch. Aber plötzlich packte sie mich an den Jackenaufschlägen.
»Gehst du mit, was trinken?« Und ohne Übergang, den Finger auf meine Brust gedrückt: »Und das? Existiert das etwa nicht?«
»Das ist mein Leib«, sagte ich. Es klang pedantisch.
»Ja, das hat Jesus Christus auch gesagt. Du gibst also wenigstens zu, daß der Leib existiert.«
»Aber ja.«
»Und wie nennst du das dann? Mich, ich, irgend so etwas?«
»Ist dein Ich denn dasselbe wie vor zehn Jahren? Oder in fünfzig Jahren?«
»Dann lebe ich hoffentlich nicht mehr. Aber sag doch mal genau – was glaubst du, sind wir?«
»Ein Bündel zusammengesetzter, sich ständig verändernder Gegebenheiten und Funktionen, das wir Ich nennen. Ich weiß auch

nichts Besseres. Wir tun so, als sei es unveränderlich, aber es verändert sich ständig, bis es ausgelöscht wird. Aber wir sagen weiter Ich dazu. Eigentlich ist es eine Art Beruf des Körpers.«
»Hört, hört.«
»Nein, ich meine das ernst. Dieser mehr oder weniger zufällige Körper oder diese Ansammlung von Funktionen hat die Aufgabe, während seines Lebens Ich zu sein. Das kommt doch so etwas wie einem Beruf sehr nahe. Oder etwa nicht?«
»Meiner Meinung nach bist du ein bißchen meschugge«, sagte sie. »Aber du bist groß im Reden. Und jetzt will ich einen Schnaps.«

Gut, sie meinte, ich sei ein komisches Männeken, aber mein verkohlter Phaëthon hatte Eindruck auf sie gemacht, ich stand unübersehbar zur Verfügung, und sie hatte Rache zu nehmen. Was griechische Dramen groß macht, ist, daß derlei psychologischer Unsinn darin keine Rolle spielt. Auch das hatte ich ihr sagen wollen, aber Konversation besteht nun einmal größtenteils aus den Dingen, die man nicht sagt. Wir sind Nachkömmlinge, wir haben keine mythischen Leben, nur psychologische. Und wir wissen alles, wir sind stets unser eigener einstimmiger Chor.
»An der ganzen Geschichte am schlimmsten finde ich«, sagte sie, »daß es so ein Klischee ist.«
Ich war mir gar nicht so sicher, ob das stimmte. Das Schlimmste war natürlich Lisa d'Indias Rätselhaftigkeit. Alles andere, jung, schön, Schülerin, Lehrer, das war das Klischee. Das Rätselhafte steckte in der Macht, die die Schülerin erlangt hatte.
»Kannst du das verstehen?«
Ja, das konnte ich sehr gut verstehen. Was ich nicht verstehen konnte, aber nicht sagte, war, weshalb sie sich ausgerechnet diesen Einfaltspinsel ausgesucht hatte, aber dafür hatte Plato bereits seine Zauberformel: »Liebe ist in dem, der liebt, nicht in dem, der geliebt wird.« Es würde künftig zu ihrem Leben gehören, es war

ein Irrtum, der stand ihr zu. Mir war das nur recht, denn ich war zum erstenmal in meinem Leben in die Nähe von etwas gekommen, das wie Liebe aussah. Maria Zeinstra gehörte zu den freien Menschen und hielt das für selbstverständlich, sie war in allem äußerst direkt, ich kam mir vor, als hätte ich nun auch zum erstenmal etwas mit Niederländern zu tun, oder mit Volk. Aber so etwas kann man nicht sagen. Sie stand in erstarrter Tanzpose zwischen meinen vier Wänden mit den viertausend Büchern und sagte: »Ich würde mich selbst nicht gerade als Banausen bezeichnen, aber wenn ich *das* sehe... Wohnst du hier allein?« »Mit Fledermaus«, sagte ich. Fledermaus war meine Katze. »Die wirst du wohl nicht zu Gesicht bekommen, sie ist sehr scheu.« Fünf Minuten später lag sie auf der Couch und Fledermaus ratzend auf ihr, letztes Sonnenlicht im roten Haar, das dadurch wieder anderes rotes Haar wurde, zwei sich windende Leiber, Geschnurre und Geschwatze, und ich stand daneben wie die Verlängerung meines Bücherschranks und wartete, bis ich zugelassen würde. Weibliche Bücherwürmer, leicht ätherisch, das war bisher meine Domäne gewesen, von verschämt bis verbittert, und alle hatten sie bestens erklären können, wo der Haken bei mir war. Stinkeigensinnig oder »Meiner Meinung nach merkst du nicht einmal, ob ich da bin« waren oft gehörte Klagen, neben »Mußt du jetzt schon wieder lesen?« und »Denkst du eigentlich je an jemand anders?« Nun, das tat ich, aber nicht an sie. Und außerdem, ja, ich mußte schon wieder lesen, denn die Gesellschaft der meisten Menschen liefert nach den vorhersehbaren Ereignissen keinen Anlaß zum Gespräch. Ich war folglich ein Meister im sogenannten Hinauskomplimentieren geworden, so daß mein Umgang sich schließlich auf menschliche Wesen weiblichen Geschlechts beschränkte, die darüber genauso dachten wie ich. Tee, Sympathie, Notwendigkeit, und danach das Umblättern von Seiten. Knurrende rothaarige Frauen, die alles über Totengräber und Eikammern wußten, gehörten nicht dazu, vor allem nicht, wenn sie sich mit meiner Katze in einer wogenden Folge von Bäuchen,

Brüsten, ausgestreckten Armen, lachenden grünen Augen über den Diwan rollten, mich an sich zogen, mir die Brille abnahmen, sich, wie ich aus den Farbveränderungen in meinem dämmrigen Blickfeld schloß, auszogen und alles mögliche sagten, das ich nicht verstehen konnte. Sogar ich habe an diesem Abend möglicherweise die Dinge gesagt, die Menschen unter solchen Umständen sagen, ich weiß nur noch, daß alles sich fortwährend veränderte und daß dies folglich so etwas Ähnliches sein mußte wie Glück. Hinterher hatte ich das Gefühl, ich hätte den Ärmelkanal durchschwommen, ich bekam meine Brille wieder und sah sie winkend davonziehen. Fledermaus sah mich an, als würde sie gleich zum erstenmal sprechen, ich trank eine halbe Flasche Calvados aus und spielte das *Ritorno d'Ulisse in Patria*, bis die Leute unter mir zu klopfen begannen.

Erinnerung an Lust ist die schwächste, die es gibt, sobald diese Lust nur noch aus Gedanken besteht, verkehrt sie sich in ihr eigenes Gegenteil: Sie wird abwesend, und damit undenkbar. Ich weiß, daß ich mich selbst plötzlich an diesem Abend sah, einen Mann, allein in einem Kubus, umgeben von unsichtbaren anderen in den Kuben daneben und von Zehntausenden von Buchseiten ringsum, auf denen die gleichen, aber andere, Gefühle echter oder erdachter Menschen beschrieben waren. Ich war von mir selbst gerührt. Nie würde ich eine von diesen Seiten schreiben, aber das Gefühl der vergangenen Stunden konnte mir niemand mehr nehmen. Sie hatte mir ein Gebiet gezeigt, das mir verschlossen gewesen war. Das war es noch immer, doch jetzt hatte ich es zumindest gesehen. Gesehen ist nicht das richtige Wort. Gehört. Sie hatte einen Laut von sich gegeben, der nicht zu dieser Welt gehörte, den ich nie zuvor gehört hatte. Es war der Laut eines Kindes und zugleich eines Schmerzes, zu dem keine Worte paßten. Wo dieser Laut herkam, war Leben unmöglich.

Abend in meiner Erinnerung, Abend in Lissabon. Die Lichter der Stadt waren angegangen, mein Blick war ein Vogel geworden,

der ziellos über die Straßen flog. Es war kühl geworden, da oben, die Stimmen der Kinder waren aus den Gärten verschwunden, ich sah die dunklen Schatten von Liebenden, Standbilder, die sich aneinanderklammerten, sich träge bewegende Doppelmenschen. *Ignis mutat res*, murmelte ich, doch kein Feuer der Welt würde *meine* Materie noch verwandeln, ich war bereits verwandelt. Rings um mich wurde noch geschmolzen, gebrannt, da entstanden andere zweiköpfige Wesen, doch ich hatte meinen anderen, so rothaarigen Kopf schon vor so langer Zeit verloren, die weibliche Hälfte von mir war abgebrochen, ich war eine Art Schlacke geworden, ein Überbleibsel. Was ich hier tat, auf dieser von mir vielleicht gesuchten, vielleicht auch nicht gesuchten Fahrt, mußte eine Wallfahrt in jene Tage sein, und wenn das so war, dann mußte ich wie ein frommer Mensch des Mittelalters alle Stätten meines so kurzen Heiligenlebens aufsuchen, alle Stationen, an denen die Vergangenheit ein Gesicht hatte. Genau wie die Lichter unter mir würde ich in die Stadt ziehen bis zu dem Fluß, der breiten, geheimen Bahn Dunkelheit dort unten, über der sich bewegende Lichter ihre Spuren zogen, eine Schrift, leuchtende Buchstaben auf einer schwarzen Tafel. Immer wieder hatte sie diese kleinen Fährschiffe nehmen wollen, damals, in einer Orgie von Ankunft und Abschied. Mal sahen wir die Stadt entschwinden, mal die Hügel und Docks am anderen Ufer, so daß wir nur noch dem Wasser anzugehören schienen, zwei leichtsinnige Narren zwischen den Arbeitenden, Menschen, die nicht zur richtigen Welt gehörten, sondern zu den Messerstichen der Sonne im Wasser, dem Wind, der an ihren Kleidern zerrte. Es war ihre Idee gewesen, sie hatte mich eingeladen. Wir sollten nicht gemeinsam reisen, sie mußte zu einem Biologenkongreß in Coimbra, danach würde sie noch ein paar Tage in Lissabon sein, ich sollte dort zu ihr kommen.
»Und dein Mann?«
»Basketballturnier.«
Rache kannte ich aus Aischylos, Basketball nicht. Um ihrer Nähe

willen mußte ich den Schatten eines Dichters im Trainingsanzug ertragen, aber wer einmal die Gestalt eines Verliebten angenommen hat, ißt und trinkt alles, Teller voll Disteln, Fässer voll Essig. Am ersten Abend nahm ich sie mit ins *Tavares* in der Rua da Misericórdia. Tausend Spiegel und ein Schrank voll Gold. Es ist kein Masochismus, wenn ich heute abend wieder dorthin gehe. Ich gehe aus Gründen der Verifizierung. Ich will mich sehen, und tatsächlich, da bin ich, gespiegelt in einem Meer von Spiegeln, die mich immer weiter wegwerfen mit meinen Rücken, das Licht der Lüster in meinen tausend Brillengläsern. Umringt von immer mehr Obern werde ich zu meinem Tisch geleitet, Dutzende von Händen zünden Dutzende von Kerzen an, ich bekomme bestimmt zwölf Speisekarten und fünfzehn Gläser Sercial, und als sie endlich alle fort sind, sehe ich mich da sitzen, vielfach, vielseitig, meine unausstehliche Rückseite, meine verräterische Seitenansicht, meine unzähligen Arme, die sich nach meinem einen Glas, meinen zahllosen Gläsern ausstrecken. Aber sie ist nicht da. Nichts können Spiegel, nichts können sie festhalten, keine Lebenden und keine Toten, es sind elende gläserne Lakaien, Zeugen, die fortwährend Meineide schwören.

Sie wurde ganz aufgeregt, damals, sie hielt den Kopf immer wieder anders, schaute aus verschiedenen Blickwinkeln, taxierte ihren Körper, wie nur Frauen das können, sah ihn, wie andere ihn sahen. Mit all diesen rothaarigen Frauen würde ich an diesem Abend schlafen, sogar mit der fernsten, dort ganz hinten, rote Flecken im schwarzen Feld der hin und her eilenden Ober, und ich, ich wurde immer kleiner, und während sie ihre Hand auf meine legte und all diese Hände zärtlich durch das Bild wimmelten, schloß ihr Blick mich aus, meine Dimensionen schwanden, während ihre wuchsen, sie sog die Blicke der Gäste und Ober in sich ein, sie hatte noch nie so sehr existiert. So voll machte sie die Spiegel, daß ich sie jetzt noch darauf suche, doch ich sehe sie nicht. Irgendwo in der archivalischen Software hinter dieser glänzenden Stirn des Mannes, der mich ansieht, dort hält sie sich auf, redend, lachend, essend, mit den Obern flirtend, eine Frau, die mit ihren ach so weißen Zähnen in den Portwein beißt, als wäre er aus Fleisch. Ich kenne diese Frau, sie ist noch nicht die Fremde von später. Spazierengegangen waren wir an jenem Abend, sogar nach zwanzig Jahren brauchte ich keine Brotkrumen, um den Weg wiederzufinden, ich folgte der Route meines Verlangens. Ich wollte zu diesem merkwürdigen Vorbau am Praça do Comércio, wo zwei Säulen im sanft wogenden Wasser stehen wie ein Tor zum Ozean und der restlichen Welt. Der Name des Diktators steht da, aber er selbst ist verschwunden mitsamt seinem anachronistischen Imperium, das Wasser nagt leise an diesen Säulen. Findest du dich noch in meinen Zeiten zurecht? Sie gehören jetzt alle der Vergangenheit an, ich war für einen Moment entfleucht, entschuldige bitte. Hier bin ich wieder, das Unvollendete, das in der Vergangenheit über die Vergangenheit nachdenkt, Imperfekt über Plusquamperfekt. Dieses Präsens war ein Irrtum, das gilt nur dem Jetzt, gilt dir, auch wenn du keinen Namen hast. Wir sind hier schließlich beide präsent, noch.

Ich setzte mich, wo ich mit ihr gesessen hatte, und beschwor sie in Gedanken, doch sie kam nicht, alles, was mich umgab, war ein Fächer ohnmächtiger Worte, die noch ein einziges Mal die Farbe ihres Haares benennen wollten, ein Wettstreit zwischen Zinnoberrot, Kastanie, Blutrot, Rosarot, Rost, und nicht *eine* dieser Farben war ihre Farbe, ihr Rot entglitt mir, sowie ich es nicht mehr sehen konnte, und dennoch suchte ich weiter nach etwas, das sie zumindest äußerlich festlegen könnte, als sollte an diesem Ort des Abschieds ein Protokoll geschrieben werden, als wäre es Arbeit, *officium*. Doch was ich auch tat, der Platz neben mir blieb leer, genauso leer wie der Stuhl neben dem Standbild Pessoas vor dem Café A Brasileira in der Rua Garrett. Der hatte seine Einsamkeit zumindest selbst gewählt, wenn jemand neben ihm gesessen hätte, wäre er selbst es gewesen, eines seiner drei anderen Ichs, die sich gemeinsam mit ihm schweigend und mit Bedacht in der dunklen Spelunke dahinter zu Tode gesoffen hatten, zwischen den hohen Stühlen mit dem schwarzen Leder und den kupfernen Knöpfen, den verzerrenden Spiegeln der Heteronyme, den durch die Luft schwebenden griechischen Tempeln an den Wänden und der schweren Uhr von A. Romero hinten im schmalen Saal, die von der Zeit trank wie die Gäste von dem schwarzen, süßen Todestrank in den kleinen, weißen Tassen.

Ich versuchte mich zu erinnern, worüber wir an jenem Abend gesprochen hatten, aber wenn es nach meiner Erinnerung ging, so hatten wir über nichts gesprochen, wir hatten da stumm zwischen denselben gesessen, die jetzt da saßen, dem eingenickten Losverkäufer, den flüsternden Matrosen am Rande des Wassers, dem einsamen Mann mit seinem ach so leisen Radio, den beiden Mädchen mit ihren Geheimnissen. Nein, diese Nacht gab die Worte nicht zurück, sie schwebten irgendwo anders in der Welt, sie waren gestohlen für andere Münder, andere Sätze, sie waren Teil von Lügen geworden, von Zeitungsmeldungen, Briefen, oder sie lagen an irgendeinem Strand am anderen Ende der Welt, angespült, leer, unverständlich.

Ich stand auf, fuhr mit den Fingern über die fast abgegriffenen Worte in der Säule, die von dem Reich sprachen, das nie untergehen würde, sah, wie das Wasser im Dunkel fortströmte und die Stadt hinter sich ließ wie ein schlafendes Knochengerüst, eine Hülse, in der ich mich verkriechen würde, als stünde mein Bett nicht in einer anderen Stadt, an einem anderen, nördlichen Wasser. Der Nachtportier grüßte mich, als hätte er mich auch gestern und vorgestern gesehen, und gab mir, ohne daß ich danach zu fragen brauchte, den Schlüssel zu meinem Zimmer. Ich machte das Licht nicht an und tastete mich vor, jemand, der gerade erblindet ist. Ich wollte mich nicht im Spiegel sehen, und ich wollte auch nicht mehr lesen. Es war kein Raum mehr für Worte. Wie lange ich geschlafen habe, weiß ich nicht, aber wieder war es, als zöge eine unvorstellbare Kraft mich mit oder als triebe ich in einer Brandung, gegen die ein kümmerlicher Schwimmer wie ich nichts ausrichten konnte, eine große, alles verschlingende Woge, die mich an einen verlassenen Strand warf. Da lag ich ganz still, das Wasser rann mir übers Gesicht, und durch diese Tränen sah ich mich in meinem Zimmer in Amsterdam liegen. Ich schlief und rollte den Kopf hin und her und heulte, in der Linken hielt ich noch das Foto aus dem *Handelsblad*. Ich sah auf den roten japanischen Wecker, der immer neben meinem Bett steht. Was ist das für eine Zeit, in der sich die Zeit nicht bewegt? Es war noch nicht später geworden, seit ich schlafen gegangen war. Die dunkle Form an meinen Füßen mußte Nachteule sein, die Nachfolgerin von Fledermaus. Ich sah, daß der Mann in Amsterdam wach werden wollte, sich bewegte, als ob er mit jemandem ringe, seine Rechte tastete nach der Brille, aber nicht er war es, der das Licht anknipste, das war ich, hier in Lissabon.

This is, I believe, it:
not the crude anguish of physical death
but the incomparable pangs
of the mysterious mental maneuver
needed to pass
from one state of being to another.
Easy, you know, does it, son.

Vladimir Nabokov,
Transparent Things

II

Wer gewohnt ist, mit einer Klasse von dreißig Schülern fertig zu werden, hat gelernt, schnell zu schauen. Ein Junge, zwei alte Männer, zwei meines Alters. Die Frau, die etwas abseits stand, mit einem Gesicht wie eine Galionsfigur, konnte ich nicht einschätzen: Vielleicht war dieser erste Eindruck noch der beste, eine Galionsfigur. Sie winkte dem kleinen Boot, das uns zu dem größeren Schiff bringen sollte, das weiter oben im Fluß ankerte. Es war noch früh, leichter Nebel, das Schiff eine umflorte schwarze Form. Was mir am meisten auffiel, war der Ernst des Jungen, zwei Augen wie Gewehrläufe. Ich kenne solche Augen, man sieht sie auf der Meseta, der spanischen Hochebene. Es sind Augen, die in die Ferne schauen können, ins weiße Licht der Sonne. Gesprochen wurde noch nicht. Wir wußten sofort, daß wir zueinander gehörten. Meine Träume haben immer auf unangenehme Weise dem Leben geglichen, als könnte ich mir nicht einmal im Schlaf etwas ausdenken, doch jetzt war es umgekehrt, jetzt glich mein Leben endlich einem Traum. Träume sind geschlossene Systeme, in ihnen stimmt alles.

Ich sah zu der lächerlichen Christusfigur, die hoch oben am Südufer stand, Arme weit ausgebreitet, fertig zum Sprung. »Fertig zum Sprung«, das hatte sie gesagt. Jetzt, wo ich die Figur sah, wußte ich plötzlich wieder, worüber wir gesprochen hatten an jenem Abend am Wasser. Sie hatte mir alles mögliche erklären wollen von Gehirnen, Zellen, Impulsen, dem Stamm, der Rinde, diesem ganzen raffinierten Fleischerladen, der angeblich unser Tun und Lassen steuert und kontrolliert, und ich hatte ihr gesagt, ich fände Worte wie graue Masse einfach gräßlich, und bei Zellen müsse ich an Gefängnisse denken und ich hätte Fledermaus regelmäßig so einen blutig durchäderten kleinen Pudding gegeben, kurz, ich hatte klargestellt, daß es für meine Gedankengänge nicht wesentlich sei zu wissen, in welchen schwammigen Höhlen sie sich im einzelnen abspielten. Daraufhin hatte sie gesagt, ich sei noch schlimmer als ein Mensch aus dem Mittelalter, das Messer des Vesalius hätte geistig Minderbemittelte wie mich schon vor Jahrhunderten aus ihrem geschlossenen Körper befreit. Darauf hatte ich natürlich entgegnet, all ihre noch so scharfen Messer und Laserstrahlen hätten bislang nicht das verborgene Königreich der Erinnerung gefunden und Mnemosynè sei für mich unendlich realer als die Vorstellung, daß alle meine Erinnerungen, auch die Erinnerungen, die ich später, irgendwann einmal, an sie haben würde, in einer Spardose aufbewahrt werden müßten aus grauer, beiger oder cremefarbener schwammiger und reichlich schleimiger Materie, und daraufhin hatte sie mich geküßt, und ich hatte noch etwas zu diesen fordernden, suchenden, verlangenden Lippen gebrabbelt, aber sie hatte meinen Mund, diesen ewigen Schwätzer, einfach zugebissen, und wir waren dort sitzen geblieben, bis die Morgenröte mit ihren rosigen Fingern auf die Christusfigur am anderen Flußufer gedeutet hatte.

Aber das alles war damals. Der alte Fährmann, der uns nun übersetzen sollte, ließ den Motor an, die Stadt rückte schaukelnd von uns weg. Auch auf dem größeren Schiff blieben wir beieinander, Besatzungsmitglieder wiesen uns die Kajüten zu, und wenige Minuten später waren wir wieder auf dem Achterdeck, jeder an einem selbstgewählten Platz an der Reling, ein merkwürdiges Siebengestirn, eine Konstellation, in der der Junge den entferntesten Stern bildete, da er sich am äußersten Ende des Hecks hingestellt hatte, als sollte sein schmaler Rücken den Fluchtpunkt der Welt markieren.

Als er sich umblickte, wußte ich, wen *ich* sah, es war das Profil des Ikarus aus dem Relief der Villa Albani in Rom, der Körper noch beinahe der eines Kindes, der Kopf bereits zu groß, die Rechte auf dem Schicksalsflügel ruhend, den sein Vater fast fertiggestellt hat. Und als läse er meine Gedanken, legt der Junge seine Hand jetzt auf den Flaggenstock ohne Flagge, der auf die entschwindende Welt zeigt. Denn so war es, wir standen still, und der Turm von Belém, die Hügel der Stadt, die weite Mündung des Flusses, die kleine Insel mit dem Leuchtturm, das alles wurde zu einem Punkt hin gesogen, die Zeit tat etwas mit der sichtbaren Welt, bis diese nur noch ein flüchtiges, langes Ding war, das sich immer träger dehnen ließ. Eine Trägheit, die Schnelligkeit war, du weißt das besser als jeder andere, weil du immer in dieser Traumzeit leben mußt, in der Schrumpfen und Dehnen sich nach Belieben aufheben. Weg, verschwunden war jetzt der letzte Seufzer des Landes, und noch immer standen wir unbeweglich da, nur der Schaum hinter dem Schiff und der erste Tanz der starken Dünung straften den Stillstand Lügen. Das Wasser des Ozeans schien schwarz, es schwankte, wogte, flutete in sich selbst weg, wollte sich immer wieder mit sich selbst bedecken, fließende, glänzende Platten aus Metall, die lautlos einstürzten, ineinander übergingen, füreinander Mulden gruben und sich darin ergossen, die unerbittliche, endlose Veränderung im Immergleichen. Wir starrten alle darauf, alle diese verschiedenen Augen, die ich in den Tagen danach so gut kennenlernen sollte, schienen vom Wasser verzaubert.

Tage, jetzt, wo ich das Wort laut ausspreche, höre ich, wie schwerelos es klingt. Würde man mich fragen, was am schwersten ist, so würde ich sagen, der Abschied vom Maß. Wir kommen nicht ohne aus. Das Leben ist uns zu leer, zu offen, wir haben alles mögliche ersonnen, um uns daran festzuhalten, Namen, Zeiten, Maße, Anekdoten. Laß mich also, ich habe nichts anderes als meine Konventionen und sage also einfach weiter Tag und Stunde, auch wenn sich unsere Reise um deren Schreckensherrschaft nicht zu kümmern schien. Die Sioux hatten kein Wort für Zeit, aber so weit bin ich noch nicht, wenngleich ich schnell lerne. Manchmal war alles endlose Nacht, und dann wieder huschten die Tage wie scheue Momente am Horizont vorbei, gerade genug, um den Ozean zweimal in die verschiedensten Rottöne zu tauchen und dann wieder der Dunkelheit auszuliefern.

In den ersten Stunden sprachen wir nicht miteinander. Ein Priester, ein Pilot, ein Kind, ein Lehrer, ein Journalist, ein Gelehrter. Das war die Gruppe, jemand oder niemand hatte es so beschlossen, in diesem Spiegel sollten wir uns spiegeln. Du wußtest, wohin wir fuhren, und es war genug, daß du es wußtest. Aber so kann ich nicht mit dir sprechen, du kannst nicht gleichzeitig in und außerhalb dieser Geschichte sein. Und ich bin nicht allmächtig, weiß also nicht, was sich in den verborgenen Gedanken der anderen abspielte. Soweit ich es an mir selbst messen konnte, herrschte eine Ruhe, wie zumindest ich sie nie gekannt hatte. Jeder schien mit irgend etwas beschäftigt, schien an einem tieferen Gedanken oder einer Erinnerung zu kauen, manchmal verschwanden sie für längere Zeit irgendwo auf dem Schiff, oder man sah in der Ferne jemanden mit einem Besatzungsmitglied sprechen oder auf der Brücke auf und ab gehen. Der Junge stand oft auf dem Vordeck, niemand störte ihn da, der Priester las in einer Ecke des Salons, der Gelehrte blieb meist in seiner Kajüte, der Pilot starrte nachts durch das Teleskop neben dem Ruderhaus, der Journalist würfelte mit dem Barkeeper und trank, und ich blickte über die ewig wogenden Tücher, dachte nach und übersetzte die bösen *Oden* aus Buch III. Ja, von Horaz, von wem sonst. Der Verfall Roms, Geilheit, Untergang, Degenerierung. *Quid non imminuit dies?* Was wird nicht von der Zeit zerstört? »Warum übersetzen Sie *dies* mit Zeit?« hatte Lisa d'India gefragt. Auch jetzt noch, auf dieser Reise, mußte ich über ihre Frage lachen. Ihre Tage waren vorbei, sie hatte schon so lange keine Zeit mehr, und doch hatten wir einmal, eines Tages, am Pult gestanden, sie mit der reimenden Übersetzung von James Michie aus den Penguin Classics, ich mit meinen eigenen hingekritzelten Zeilen, und selbst hier kann ich ihre Stimme noch hören, die Graviernadel jener fünf lateinischen Wörter, *damnosa quid non imminuit dies?*, gefolgt von der nördlichen Zeile, die neun Wörter benötigte, um dasselbe zu sagen: *Time corrupts all. What has it not made worse?*

Ich hatte etwas Brillantes sagen wollen über die Singularform des einen Tages, die für die Überfülle an Zeit stehen kann, in der alle Tage enthalten sind, und hatte mich in allerlei Unsinn verstrickt über den Kalender als Zählrahmen für das, was nicht zu zählen ist, und plötzlich hatte ich in ihren Augen die Enttäuschung gesehen, den Augenblick, in dem der Schüler merkt, daß der Lehrer um das Rätsel herumredet und selbst keine Antwort weiß. Ich dozierte noch eine Weile weiter über Stunde und Dauer, doch meine Ohnmacht hatte ich bereits verraten. Als sie wegging, eine Frau, wußte ich, daß ich ein Kind enttäuscht hatte, und auch das gehört zu meinem Beruf, Minderjährige zu verderben. Mit dem Abbröckeln der eigenen Autorität verweist man sie in eine Welt ohne Antworten. Es ist nicht schön, Menschen erwachsen zu machen, vor allem nicht, wenn sie noch glänzen. Aber ich bin schon so lange kein Lehrer mehr.
Der Priester ging an der Reling entlang. Dem Anschein nach war er fast schwerelos, schwebte ein wenig durch die Bewegung des Schiffs. Dom Antonio Fermi, so hatte er sich vorgestellt, und als ich leicht überrascht aufschaute bei diesem DOM, hatte er gesagt, *Dominus*, vom Orden der Benediktiner. Fermi, Harris, Deng, Mussert, Carnero, Dekobra, diese Wörter waren unsere Namen. Wir hatten einander Bruchstücke unseres Lebens serviert und fuhren jetzt alle mit diesen fremden, noch nicht verdauten Brokken über das Meer. Es hätten auch andere Leben sein können, andere Formen des Zufalls. Wenn man nicht alleine reist, ist man auf jeder Reise mit Fremden zusammen.
»Ich sah Sie Selbstgespräche führen«, sagte er.
Noch einmal, nun aber laut, sprach ich den letzten Vers der sechsten Ode, diesen Luxus ließ ich mir nicht entgehen, ich begegne nicht jeden Tag jemandem, für den Latein noch eine lebende Sprache ist. Bei der zweiten Zeile fiel er mit seiner dünnen Altmännerstimme ein, zwei römische Reiher auf See.
»Ich wußte nicht, daß Benediktiner Horaz lesen.«
Er lachte. »Man ist immer erst etwas anderes, bevor man Bene-

diktiner wird«, und tanzte davon. Jetzt wußte ich wieder etwas mehr über ihn, doch was sollte ich mit all diesen Informationen? War dies nicht eine Reise, die ich allein hätte machen sollen? Was hatte ich mit ihnen, was hatten sie mit mir gemein? »Ich hatte wohl tausend Leben und nahm nur eines«, hatte ich einmal in einem Gedicht gelesen. Sollte das in diesem Fall heißen, daß ich ihre Leben auch hätte haben können? Ich hatte natürlich genausowenig den Beschluß gefaßt, im zwanzigsten Jahrhundert in den Niederlanden geboren zu werden, wie Professor Deng sich für China entschieden hatte. Die Chance für Pater Fermi, als Katholik zur Welt zu kommen, war in Italien natürlich größer gewesen als anderswo, aber Italien an sich oder das zwanzigste Jahrhundert anstatt des dritten oder des dreiundfünfzigsten, das unterlag natürlich wieder den Gesetzen des Zufalls. Unerträglich. Man existierte bereits zu einem großen Teil, bevor man selbst zum Zuge kam. Alonso Carnero konnte nichts dafür, daß seine Großmutter im Spanischen Bürgerkrieg von den Faschisten erschossen worden war, und so konnten wir damit fortfahren, uns gegenseitig den Spiegel unserer exemplarischen Zufälligkeit vorzuhalten. Wenn ich »ich« zur Person von Peter Harris hätte sagen müssen, so wäre ich nicht nur ein Trunkenbold und Frauenheld gewesen, sondern auch ein Fachmann für die Verschuldung der Dritten Welt, und wenn ich Captain Dekobra gewesen wäre, hätte ich nicht nur einen kerzengeraden Körper besessen und bohrende eisblaue Augen, sondern dann hätte ich auch unzählige Male in einer DC-8 eben diesen Ozean überquert, über den ich jetzt in der metallenen Hülle dieses namenlosen Schiffes kroch. Wenn ich mich in ihre Leben vertiefen würde, brauchte ich ein Leben, so lang wie das ihre, dafür, und weil das nicht möglich war, blieb man mit unsinnigen Bruchstücken sitzen, *faits divers*.
Professor Deng hatte einst über den Vergleich zwischen westlicher und chinesischer Astronomie der Frühzeit promoviert. Phantastisch. Harris mochte keine blonden Frauen und lebte daher in Bangkok. Herzlichen Glückwunsch. Er reiste als Journalist

durch die Dritte Welt. »Ihre Schulden – mein Brot.« Zweifellos. Und Pater Fermi war einst schlichtweg ein Laienpriester am Mailänder Dom gewesen. »Kennen Sie den Dom?« Und ob. Ich hätte ihm gern Dr. Strabo's seelenlosen *Reiseführer für Norditalien* geschenkt, in dem es mir gelungen war, aus diesem lyrischen, steinernen Mastodonten eine Art Woolworth zu machen, durch das man die Touristen jagen konnte.
»Dieses Bauwerk bedeutete für mich die Hölle.« Starke Worte für einen Priester. »Jahrelang habe ich da die Beichte abgenommen. Das brauchten Sie zumindest nie zu tun.« Das stimmte. Ich versuchte es mir vorzustellen, aber es gelang mir nicht.
»Wenn ich den Dom aus der Sakristei betrat, war mir schon übel. Ich hatte das Gefühl, als wäre ich ein Putzlumpen auf dem Boden, an dem die Leute ihre Leben abstreiften. Sie wissen nicht, wozu Menschen imstande sind. Sie haben auch nie diese Gesichter aus so großer Nähe gesehen, diese Scheinheiligkeit, Geilheit, die miefigen Betten, die Geldgier. Und immer wieder kamen sie zu mir, und immer wieder war man gezwungen, ihnen zu vergeben. Aber dadurch wurde man auf grauenhafte Weise mitschuldig, man wurde ein Teil der Beziehung, die sie nicht lösen konnten, ein Teil der Schmierigkeit ihres Wesens. Ich bin geflüchtet, ich bin ins Kloster gegangen, ich konnte menschliche Stimmen nur noch ertragen, wenn sie sangen.« Und auch jetzt war er davongetanzt.
Dieser Platz da an der Reling war *mein* Beichtstuhl. Ich hatte entdeckt, daß die anderen von selbst kamen, wenn man sich stets an denselben Platz stellte. Nur Alonso Carnero kam nie. Er hatte seinen eigenen Platz. Einmal war ich zu ihm gegangen. Die Frau hatte neben ihm gestanden, gemeinsam blickten sie in das schwarze Loch der Nacht. Es waren keine Sterne zu sehen, und zum erstenmal hatte ich ein körperliches Gefühl von Unterwelt. Je länger die Reise dauerte, desto realer schien alles zu werden, was ich der Klasse früher einmal als Dichtung vorgetragen hatte. Der Ozean war, wie Phaëthons Todesfahrt, eine meiner Glanz-

nummern gewesen, ich konnte ihn sogar nachmachen, wie er schwarz und böse und sich bewegend die flache Erde umschlang, das angsteinflößende Element, in dem die bekannten Dinge ihre Konturen verlieren, das formlose Überbleibsel der Urmaterie, aus der alles entstanden war, das Chaos, die gefährliche Schattenseite der Welt, das, was unsere Vorfahren die Sünde der Natur genannt hatten, die ewige Drohung einer neuen Sintflut. Und dahinter, im Westen, wo die Sonne unterging und das Licht sich davonstahl und die Menschen diesem anderen formlosen Element, der Nacht, überließ, lag das Meer, in dem Atlas stand und das seinen Namen trug, und dahinter das dunkle Land des Todes, der Tartaros, wohin Saturn verbannt worden war, *Saturno tenebrosa in Tartara misso*, ich glaube nicht, daß ich je werde klarmachen können, mit welcher Wollust ich Latein aussprach. Es hat etwas mit körperlichem Genuß zu tun, eine umgekehrte Form des Essens.

Ach, was für ein alberner Sokrates war dieser Lehrer, der eines Tages, als es stürmte, seine Schüler ans Meer mitnahm, die paar, die nicht vor Lachen umfielen. Mit dem Zug in die Unterwelt, aber als wir weit draußen auf der Pier standen, war es wirklich genug, die wütende See schlug gegen den Basalt, als wollte sie ihn fressen, der Himmel hing voller Unheilwolken, der Regen peitschte unsere kleine Fünfergruppe, und zwischen dem Gekreische der Möwen machte ich Überstunden und schrie durch den Sturm nach Westen, und natürlich lag dort hinter den tosenden Wassermassen die geheime Schattenwelt mit ihren vier tödlichen Flüssen. Bei allem, was ich rief, schrien die Möwen wie Rachegöttinnen ihre Echos von Orpheus und Styx, und ich erinnere mich an das weiße, durchscheinende Gesicht meiner Lieblingsschülerin, weil in solchen Gesichtern die Fabeln wahr werden. Ich stand der Generation des verschwiegenen Tods gegenüber und brüllte wie ein verrückt gewordener Kobold von ewigen Nebeln und Untergang, Sokrates an der Nordsee.

Am nächsten Tag hatte Lisa d'India mir ein Gedicht gegeben,

etwas über Sturm und Einsamkeit, ich hatte es zusammengefaltet und in die Tasche gesteckt, es hatte keine *Form*, es ähnelte der modernen Poesie, wie man sie in Literaturzeitschriften liest, und weil ich das nicht sagen wollte, hatte ich gar nichts gesagt, und jetzt fragte ich mich hier, an Bord dieses Schiffes, wo dieses Gedicht geblieben war. Irgendwo zwischen all meinen Papieren, irgendwo in einem Zimmer in Amsterdam.
Er hatte ihre Augen, der Junge. Lateinische Augen. Er sah, wie ich auf ihn zukam, wandte den Blick nicht ab. Als ich dicht bei ihm war, nahm die Frau ihre Hand von seiner Schulter und verschwand, es war, als löste sie sich auf.
»Unsere Führerin«, hatte Captain Dekobra sie einmal genannt, mit einer Mischung aus Spott und Ehrfurcht. Sie war da und war nicht da, doch – ob anwesend oder abwesend – sie war diejenige, die uns beisammenhielt, die aus unserer komischen Gruppe eine Gesellschaft machte, ohne daß jemand sich zu fragen schien, warum. Als ich bei Alonso Carnero angelangt war, wußte ich nicht mehr, was ich ihm hatte sagen wollen. Das einzige, was mir einfiel, war: »Woran denkst du?« Er zuckte mit den Achseln und sagte: »An die Fische im Meer«, und natürlich mußte ich dann auch daran denken, an all dies unsichtbare, von uns abgewandte Leben Tausende von Metern unter uns, und ich erschauerte und ging in meine Kajüte.

In dieser Nacht träumte ich wieder von mir selbst in meinem Zimmer in Amsterdam. Tat ich denn nie etwas anderes als schlafen? Ich wollte mich wecken und merkte, wie ich das Licht in meiner Kajüte anknipste, verwirrt, verschwitzt. Ich wollte diesen schlafenden Mann nicht mehr sehen mit dem offenen Mund und den blinden Augen, die Einsamkeit dieses sich hin und her wendenden, wälzenden Körpers. Nach Maria Zeinstra hatte ich nie wieder die Nacht mit jemandem verbracht, es war, dachte ich damals, meine letzte Chance auf ein wirkliches Leben gewesen, was immer das bedeuten mochte. Zu jemandem gehören, zur

Welt gehören, derlei Unsinn. Einmal hatte ich sogar von Kindern gesprochen. Hohngelächter. »Wir werden doch auf keine merkwürdigen Ideen unter dieser Glatze kommen«, hatte sie gesagt, als spräche sie zu einer ganzen Klasse. »Du und Kinder! Manche Menschen dürfen nie Kinder haben, und zu denen gehörst du.«
»Du tust, als ob ich eine schreckliche Krankheit hätte. Wenn du mich so eklig findest, warum gehst du dann mit mir ins Bett?«
»Weil ich das sehr gut auseinanderhalten kann. Und weil ich Lust darauf habe, wenn du das vielleicht hören willst.«
»Vielleicht mußt du deine Kinder dann doch von deinem dichtenden Basketballer bekommen.«
»Von wem ich sie bekomme, ist meine Sache. Auf jeden Fall nicht von einem schizophrenen Gartenzwerg aus dem Antiquitätengeschäft. Und Arend Herfst ist für dich kein Gesprächsthema.«
Arend Herfst. Dritte Person. Der Fleischkloß mit dem eingebauten Dichtergrinsen.
»Und außerdem, schreib erst mal selbst ein Gedicht. Und ein bißchen Sport würde dir auch nicht schaden.« Das stimmte, denn dann hätte ich jetzt vielleicht fliegen können, anstatt mit dem Schiff zu fahren. Raus aus der Kajüte, die Arme weit ausbreiten und wegfliegen, das schlafende Schiff zu meinen Füßen, die einsame Wache im gelblichen Licht, unser Fährmann, mich lösen von all den anderen, hinein in die tiefe Dunkelheit.
Ich zog mich an und ging an Deck. Sie waren alle da, es kam mir vor wie eine Verschwörung. Sie standen um Captain Dekobra herum, der mit einem Fernglas den Himmel absuchte. Es konnte keinesfalls dieselbe Nacht sein, denn es gibt Nächte, in denen die Sterne es darauf angelegt haben, uns Angst einzujagen, und diese war eine davon. So viele wie in dieser Nacht hatte ich noch nie gesehen. Ich hatte das Gefühl, als könnte ich sie durch das Geräusch der See hindurch hören, als riefen sie uns, verlangend, wütend, höhnend, durch das Fehlen allen sonstigen Lichts standen sie wie in einer Halbkuppel über uns, Lichtlöcher, Lichtstaub, lachten über die Namen und Zahlen, die wir ihnen

gegeben hatten in jener späten Sekunde, als wir erschienen waren. Sie wußten selbst nicht, wie sie hießen, welche albernen Gestalten unsere beschränkten Augen einmal in ihnen erkannt hatten, Skorpione, Pferde, Schlangen, Löwen aus brennendem Gas, und darunter wir, mit diesem unausrottbaren Gedanken, wir seien der Mittelpunkt, und tief unter uns noch so eine geschlossene Kuppel, so daß uns ein sicherer, runder Schutz umgab, der seine Gestalt nie verändern würde.

Das Meer glänzte und wogte, ich hielt mich an der Reling fest und sah zu den anderen. Zu beweisen war nichts, aber sie hatten sich verändert, nein, sie waren schon wieder verändert. Manche Dinge waren nicht mehr da, Linien fehlten, immer sah ich, ganz kurz, bei einem den Mund nicht, oder ein Auge, für den Bruchteil einer Sekunde war ihre Erkennbarkeit verschwunden, dann sah ich den Körper des einen in dem des anderen, als hätte eine Demontage unserer Festigkeit eingesetzt, und zugleich verstärkte sich der Glanz dessen, was sichtbar war, wenn es nicht so idiotisch klingen würde, hätte ich gesagt, daß sie strahlten. Ich hielt die Hände vor die Augen, sah jedoch nichts anderes als meine Hände. Mir passieren nie Wunder, und somit gab es keinerlei Grund dafür, daß die anderen mich so seltsam ansahen, als ich nähertrat.

»Siehst du den Jäger?« sagte Captain Dekobra zu Alonso Carnero. »Das ist Orion.« Der große himmlische Mann war leicht nach vorne gebogen. »Er ist auf der Jagd, er späht. Aber er ist vorsichtig, denn er ist blind. Siehst du diesen hellen, strahlenden Stern dort zu seinen Füßen, vor ihm? Das ist Sirius, sein Hund. Wenn du hier durchschaust, kannst du sehen, wie er atmet.«

Der Junge nahm das schwere Fernglas und schaute lange schweigend hindurch.

»Jetzt gehst du nach oben, an seinem Gürtel entlang, Alnilam, Alnitak, Mintaka« – er sprach die Worte wie eine Beschwörung – »dann kommst du zu seiner rechten Schulter, Ibt Al Jakrah, die Achsel, das ist Betelgeuse, vierhundertmal so groß wie die Sonne...«

Alonso Carnero ließ das Fernglas sinken und sah Dekobra an. Da war es wieder: Die dunklen Augen starrten in die eisblauen, zwei Formen des Sehens, die sich ineinanderbohrten, keine Gesichter mehr, nur noch Augen, für den Bruchteil einer Sekunde, und dann floß die Form ihres Gesichts in der nächtlichen Luft wieder zurück. Die anderen sahen es nicht oder sagten nichts. Auch ich sagte nichts. Vierhundertmal so groß wie die Sonne, das hatte Maria Zeinstra mir auch erzählt, ich hatte meine Unschuld bereits verloren. Sie wußte alles, was ich nicht wissen wollte. Mit diesen Schnapsgläsern, durch die ich auf die Welt schauen mußte, war ich sowieso nicht mit dem nächtlichen Himmel vertraut, doch den Jäger konnte ich auch so erkennen, ich wußte, wie er zum Ende der Nacht hin auf die noch schlafende Welt klettert, für mich war er der Verbannte - aus dem neunten Buch der *Odyssee*, der Geliebte der rosenfingrigen Morgenröte, ich wollte nicht wissen, wie heiß oder wie alt seine Sterne waren und wie weit entfernt er war.

»Dann bleib eben dumm.«

Ich höre ihre Stimme neben mir, aber sie ist nicht da.

»Was hast du davon, die Welt so zu kennen, wie du sie kennst?« hatte ich gefragt. »Diese lächerlichen Zahlen, die uns mit ihren Nullen erschlagen?«

Erstaunen. Kopf schief. Rotes Haar hängt wie eine Fahne zur Seite, Orion ist im Tageslicht schon fast erloschen. Wir haben noch nicht geschlafen.

»Wie meinst du das?«

»Zellen, Enzyme, Lichtjahre, Hormone. Hinter allem, was ich sehe, siehst du immer etwas anderes.«

»Weil es da ist.«

»Na und?«

»Ich will hier nicht blind auf der Erde herumlaufen, das eine Mal, das ich hier bin.«

Sie stand auf. »Und jetzt muß ich nach Hause für den Besuch des

großen Jägers. Ich dachte, Italiener passen besser auf ihre Kinder auf.«
»Sie ist kein Kind.«
»Nein.« Es klang bitter. »Das haben sie alle gut hingekriegt.« Stille.
»Ich muß gehen«, sagte sie dann. »Der Herr ist auch noch eifersüchtig.«
Ob ich eifersüchtig sei, fragte sie nicht.
»Castor und Pollux«, hörte ich den Captain sagen. Wirklich, es schien, als wollte mich jeder in meine Vergangenheit zurückholen. Die Schultafel des Himmels war mit Latein beschrieben, und ich war kein Lehrer mehr. »Orion, Taurus, dann hoch zu Perseus, Auriga...« Ich folgte der Hand, die zu den Bildern deutete, die jetzt, wie wir, sanft zu schwanken schienen. Irgendwann einmal, sagte der Captain, würden diese Bilder aufgelöst werden, zerpflückt, über den künftigen Himmel verstreut. Was sie zusammengehalten hatte, war unser zufälliges Auge in den letzten paar Jahrtausenden, das, was wir in ihnen hatten sehen wollen. Sie gehörten genausowenig zueinander wie Spaziergänger auf den Champs-Élysees, diese Konstellationen waren Momentaufnahmen, nur dauerten diese Momente für unsere Begriffe reichlich lang. Nach wiederum einigen tausend Jahren würde der Große Bär sich aufgelöst haben, würde der Schütze nicht länger schießen, ihre Einzelsterne würden eigene Wege verfolgen, ihre trägen Bewegungen würden die Bilder, wie wir sie kannten, zum Verschwinden bringen, Boötes würde den Bären nicht mehr bewachen, Perseus würde nie mehr Andromeda von ihrem Felsen befreien, Andromeda würde ihre Mutter Kassiopeia nicht mehr erkennen. Natürlich würden neue, ebenso zufällige Konstellationen (ja, von *stella* gleich Stern, ich weiß, Captain) entstehen, doch wer würde ihnen Namen geben? Die Mythologie, die mein Leben beherrscht hatte, würde dann unwiderruflich ungültig sein, das war sie schon jetzt, für die Welt wurde sie eigentlich nur noch durch diese Konstellationen am Leben erhalten. Namen entstehen nur, wenn etwas noch lebt. Weil dieses Sternbild noch

da war, wurden die Menschen gezwungen, über Perseus nachzudenken, wußten sie noch, wie der Captain, daß er das abgeschlagene Gorgonenhaupt der Medusa in der Hand hielt und daß es ihr böses Auge war, das uns zublinzelte, bösartig, höhnisch, zum letztenmal gefährlich.
»Der Himmelsteich«, sagte Professor Deng.
Wir sahen ihn an. Er deutete auf Auriga, den Wagenlenker. Ein Wagen, ein Teich. Er sprach sehr leise, sein Gesicht schien zu leuchten. Mir fiel auf, wie sehr er Pater Fermi ähnelte. Sie mußten beide gleich alt sein, aber alt war nicht mehr die Kategorie, mit der sich ihre Leben beschreiben ließen. Sie befanden sich jenseits der Zeit, durchsichtig, entrückt, uns weit voraus.

»Ich tränkte meine Drachen im Himmelsteich
und band ihre Zügel an den Fu-Sang-Baum.
Ich brach einen Zweig vom Ruo-Baum,
um die Sonne damit zu schlagen...«

»Sehen Sie«, sagte er, »wir gaben den Sternen unsere eigenen Namen. Das war so früh in der Geschichte, wir kannten Ihre Mythologie noch nicht.« Seine Augen funkelten ironisch. »Es war zu kurz, es wäre auch noch zu kurz gewesen, wenn es Tausende von Jahren gedauert hätte... mein ganzes Leben habe ich damit verbracht.«
»Und das Gedicht?« fragte ich. »Bei uns zogen Pferde über den Himmel, keine Drachen.«
»Es ist von Qu Yuan«, sagte Professor Deng, »aber den werden Sie wohl nicht kennen. Einer unserer Klassiker. Älter als Ihr Ovid.«
Es schien, als entschuldigte er sich. »Auch Qu Yuan wurde verbannt. Auch er beklagt sich über seinen Fürsten, über die üblen Charaktere, mit denen er sich umgibt, über den Verfall am Hof.«
Er lachte. »Auch bei uns wurde die Sonne über den Himmel gezogen, nur war der Wagenlenker kein Mann wie Ihr Phoibos

Apollon, sondern eine Frau. Und wir hatten nicht eine Sonne, sondern zehn. Sie schliefen in den Zweigen des Fu-Sang-Baums, eines riesigen Baums am westlichen Ende der Welt, dort, wo Ihr Atlas steht. Bei uns sprachen die Dichter und Schamanen über die Konstellationen, als gebe es sie wirklich. Ihr Auriga ist unser Himmelsteich, ein tatsächlich existierender See, in dem der Gott sein Haar wäscht, genauso wie es auch ein Lied gibt, in dem der Sonnengott zusammen mit dem Großen Bären Wein trinkt…«

Wir blickten auf diese Stelle am Himmel, die jetzt plötzlich ein See geworden war, und ich wollte noch sagen, daß Orion für mich auch immer ein echter Jäger gewesen sei, aber plötzlich hatte jeder etwas zu erzählen. Pater Fermi fing von dem Wallfahrtsweg nach Santiago de Compostela an, der im Mittelalter Milchstraße genannt wurde. Er hatte diese Wallfahrt selbst unternommen, zu Fuß, und weil die einzige Milchstraße, die wir in diesem Augenblick sehen konnten, der Lichtschleier war, der über unseren Köpfen schwebte, sahen wir ihn jetzt dort gehen mit seinem leichtfüßigen Tänzelschritt.

Der Captain erzählte, wie er gelernt habe, nach den Sternen zu fliegen, und auch ihn sahen wir, wie er hoch über uns in seinem einsamen Lichtkreis flog, das Geräusch der Motoren in dem Kokon kalter Stille um ihn, die Armaturen mit den zitternden Zeigern vor sich, und über ihm, noch viel näher als jetzt für uns, dieselben oder andere Baken, an die Chinesen oder Griechen, Babylonier und Ägypter ihre Namen gehängt hatten, ohne zu wissen, daß sich hinter all diesen Sternen so viele andere unsichtbare verbargen, wie Sandkörner an allen Stränden der Erde liegen, und daß keine Mythologie je genug Namen hätte, um sie alle zu benennen.

Harris, der bislang schweigend zugehört hatte, sagte, er habe nur dann die Sterne gesehen, wenn er wieder einmal betrunken aus einer Kneipe geschmissen worden sei, und als wir lachten, erzählte Alonso Carnero, er habe in jenem unsichtbaren Dorf auf

der Meseta, aus dem er stamme, abends, wenn alle vor dem Fernseher saßen, mit seiner Schleuder auf den Großen Bären geschossen, und auch das sahen wir, und wie er vielleicht gedacht haben mochte, daß er mit seinem kleinen Stein diese riesige Entfernung tatsächlich überbrücken und das große Tier an der Flanke treffen könne. Wir alle hatten etwas von diesen kühlen, leuchtenden Punkten gewollt, das sie uns nie geben würden.
»Es wird Tag«, sagte der Captain.
»Oder so etwas Ähnliches«, sagte Harris.
Wir lachten, und ich sah, daß Professor Deng in meinem Gesicht das sah oder, besser gesagt, nicht sah, was ich zuvor bei ihm gesehen hatte.
»Bin ich noch da?« fragte ich.
»O ja«, sagte er, und weil er genau vor der aufgehenden Sonne stand, legte sich ein goldener Schein um seinen Kopf, weshalb es so aussah, als sei dieser Kopf jetzt wirklich verschwunden, und vielleicht war es auch so. Erst als ich einen Schritt zur Seite trat, sah ich ihn wieder.
»Ich brach frühmorgens an der durchwatbaren Stelle des Himmels auf, und abends kam ich zur westlichen Grenze der Welt...«, deklamierte Professor Deng, und als ich ihn fragend ansah: »Auch von Qu Yuan. Die Zeit der Geister vergeht bei uns viel schneller als die normale Zeit, das ist bei Ihnen doch auch so? Er ist ein großer Dichter, im nächsten Leben müssen Sie ihn doch mal studieren. In den ersten Zeilen seines langen Gedichts erzählt er, daß er von den Göttern abstammt, am Ende sagt er, daß er diese korrupte Welt jetzt verläßt, um die Gesellschaft der heiligen Toten aufzusuchen.«
»Wo die durchwatbare Stelle im Himmel genau ist, weiß ich nicht«, sagte Dekobra, »aber ich war oft abends ganz weit im Westen und dabei erst am Morgen im Osten aufgestanden.«
»Wenn man nicht weiß, wohin man geht, tut die Geschwindigkeit dabei nicht viel zur Sache«, murmelte Harris.
Niemand antwortete, als habe er ein Tabu durchbrochen. Er

zuckte mit den Achseln und nahm einen Schluck aus einem silbernen Flacon, den er in der Hosentasche hatte.
»Ich ertrage das Tageslicht nicht mehr«, sagte er und verschwand.
Ich ging zum hintersten Teil des Decks. Die gespaltene Spur, die wir hinter uns ließen, lief bis zum Horizont. Ich liebte es, genau in der Mitte zu stehen, die eiserne Krümmung der Reling wie eine Liebkosung um mich. Die Spur hatte die Farbe von Gold und Blut.
»Ich ertrage das Tageslicht nicht mehr.« Ich wußte, daß ich, wenn ich mich umdrehen würde, die anderen wie ein verzerrtes Siebengestirn sehen würde, nur weil ich mich daraus entfernt hatte. Ich mußte dort stehen, allein, und nachdenken. Es waren die Worte, die sie am Ende des vorletzten Tages meines Lehrerdaseins gesagt hatte oder zu Beginn des letzten Tages, so konnte man es auch ausdrücken. Schlaf war nicht die Brücke gewesen zwischen diesen beiden Tagen, vielleicht daß es mir deshalb wie der längste Tag meines Lebens vorgekommen war. Wollen wir uns darauf einigen, daß ich an jenem Tag glücklich war? In meinem Fall geht das immer mit Verlust einher und folglich mit Melancholie, doch der Grundton war Glück. Sie wollte nie sagen, daß sie mich liebte (»Frag doch deine Mutter«), war aber unendlich findig im Ausdenken von Stunden, Codes, Orten für Verabredungen. Jedenfalls konnte ich in jenen Tagen sogar meinen eigenen Anblick ertragen, und etwas davon mußte auch nach außen hin sichtbar gewesen sein. (»Für einen, der so häßlich ist, siehst du ganz passabel aus.«)
Wie auch immer, weil sich nun einmal alles in meinem Leben reimen muß, war die letzte Unterrichtsstunde, die ich geben sollte, Platons *Phaidon* gewidmet. Ich mag bescheuerte Reiseführer schreiben, aber ich war ein begnadeter Lehrer. Ich konnte sie wie Schäfchen um die dornigen Hecken der Syntax und der Grammatik führen, ich konnte den Sonnenwagen herabstürzen lassen, so, als stünde die ganze Klasse in Flammen, und ich konnte, und das tat ich an jenem Tag, Sokrates mit einer Würde

sterben lassen, die sie in ihrem kurzen oder langen Leben nie mehr vergessen würden. Anfangs noch etwas dämliches Gekicher wegen meines Spitznamens (»Nein, meine Damen und Herren, diesen Gefallen werde ich Ihnen heute bestimmt nicht tun«) und danach Stille. Denn es stimmte nicht, was ich gerade sagte, ich starb da tatsächlich. »Wenn Kollege Mussert seine Sokratesnummer abgezogen hat, herrscht in der nächsten Stunde totale Ruhe«, hatte Arend Herfst gesagt, und ausnahmsweise hatte er recht. Aus dem Klassenraum war ein Athener Gefängnis geworden, ich hatte meine Freunde um mich versammelt, bei Sonnenuntergang sollte ich den Giftbecher trinken. Ich hätte mich dem entziehen können, ich hätte fliehen können, Athen verlassen, ich hatte es nicht getan. Jetzt würde ich noch einen Tag lang mit meinen Freunden sprechen, die meine Schüler waren, ich würde sie lehren, wie man stirbt, und ich würde nicht allein sein im Tod, ich würde in ihrer Gesellschaft sterben, jemand, der zur Welt gehört. Ich, mein anderes Ich, wußte, daß ich die Klasse über dünne Abstraktionen führen mußte, höhere Chemie, wobei der Mann, der bald sterben würde, die Seele vom Körper trennen wollte. Er führte einen Beweis nach dem anderen für die Unsterblichkeit der Seele an, doch unter all diesen so scharfsinnigen Argumenten gähnte der Abgrund des Todes, die Nichtexistenz der Seele. Dieser häßliche Körper, der da saß und sprach, der hin und wieder jemanden am Nacken streichelte, der herumging und dachte und Laute hervorbrachte, würde bald sterben, er würde verbrannt oder bestattet werden, die anderen sahen auf diesen Körper und lauschten den Lauten, die er hervorbrachte, mit denen er sie tröstete, sich selbst tröstete. Natürlich wollten sie glauben, daß sich in dieser plumpen, klobigen Hülle eine königliche, unsichtbare, unsterbliche Substanz verbarg, die keine Substanz war, etwas, das, wenn dieser eigenartige siebzigjährige Körper endlich verdreht am Boden liegen würde, diesem entfleuchen würde und, endlich von allem befreit, was das klare Denken behindert, befreit von Begierde, sich aufmachen würde,

die Welt verlassen und gleichzeitig bleiben oder zurückkehren, das Unmögliche.
Daß ich selbst nicht daran glaubte, tat nichts zur Sache, ich spielte jemanden, der es glaubte. Es ging an jenem Nachmittag nicht darum, was *ich* dachte, es ging um einen Mann, der seine Freunde tröstet, während er selbst es sein müßte, der getröstet wurde, und es ging darum, daß man die letzten Stunden seines Lebens mit Denken verbringen konnte, nicht mit den Argumenten an sich, sondern mit dem Hin und Her von Gedanken, Optionen, Vermutungen, Gegensätzen, mit den Bögen, die in diesem Raum vom einen zum anderen geschlagen wurden, mit den bestürzenden Möglichkeiten des menschlichen Geistes, über sich selbst nachzudenken, Auffassungen umzukehren, ein Netz von Fragen zu spinnen und dieses dann wieder in dem leeren Nichts zu verankern, in dem die Gewißheit sich selbst in Abrede stellen kann. Und wieder, wie bei Phaethon, zeigte ich ihnen die Erde von oben, meine Schüler, die die Erde schon hundertmal auf dem Fernsehschirm als blauweiße Kugel hatten schweben sehen, die längst wußten, daß die Erde nicht der Mittelpunkt des Universums ist, waren jetzt die Schüler jenes anderen Sokrates geworden, sie flogen mit ihm aus jener Athener Zelle und sahen ihre damals noch um soviel geheimnisvollere Welt »als Ball, gebildet aus zwölf Lederstücken«, wie der echte Sokrates gesagt hatte, eine leuchtende, farbige Welt aus Edelsteinen, von der die Welt, in der sie täglich leben mußten und aus der ihr alter Freund ein paar Stunden später würde verschwinden müssen, lediglich eine kümmerliche, armselige Abbildung war. Und ich erzählte ihnen, daß in dieser Welt, die von oben gesehen wird und die die reale und zugleich nicht die reale Welt ist, unsagbar viele Flüsse unter der Erde zu dem großen, unterirdischen Gewässer des Tartaros fließen, Gewässer ohne Grund und Boden, eine unendliche Masse, und ich lief und tanzte vor der Klasse hin und her, schob mit meinen kurzen Armen gewaltige Wassermassen durch den Klassenraum, so wie jener andere Mann, von dem ich die Worte

entliehen hatte, sie durch die Athener Gefängniszelle hatte fließen lassen, die er nie mehr verlassen sollte. Ein großes Schöpfwerk wurde ich, das das Wasser über die Erde verteilte. Und ich erzählte ihnen, er erzählte ihnen von den vier großen Flüssen jener Unterwelt, von Okeanos, dem größten, der um die Erde herumfließt, von Acheron, der durch tödliche Öde seinen Weg sucht und in einen See mündet, in dem die Seelen der Verstorbenen ankommen und auf ihr neues Leben warten, von Gebieten mit Feuer und Schlamm und Felsen, und immer wieder diese menschlichen Träume von ewiger Belohnung und ewiger Strafe, und ich ließ die armseligen Seelen dort im Nebel stehen, wo sie, sagte ich, warteten wie Arbeiter an einer Bushaltestelle im Wintermorgennebel.

Und dann ist es soweit. Ich ziehe mich zurück, ich lege einen enormen Abstand zwischen mich und die ersten Bänke. Jetzt werde ich sterben. Ich sehe in die Augen meiner Schüler, wie er in die Augen seiner Schüler geschaut haben muß, ich weiß genau, wer Simmias ist und wer Kebes, und die ganze Zeit war Lisa d'India natürlich Kriton, der im Innersten seines Herzens nicht an die Unsterblichkeit glaubt. Ich habe alles vergeblich gesagt. Ich bleibe in der Ecke stehen, die der Tafel am nächsten ist, und sehe zu Kriton, meinem Lieblingsschüler. Sie sitzt weiß und aufrecht in ihrer Bank. Ich sage, ein Dichter würde sagen, daß das Schicksal mich jetzt ruft. Ich will mich waschen, damit die Frauen das nachher nicht mehr zu tun brauchen. Dann fragt Kriton mich, was sie noch für mich tun könnten oder für meine Kinder, und ich sage nur, das einzige, was meine Freunde tun könnten, ist, für sich selbst zu sorgen, das sei das Wichtigste, und als Kriton mich dann fragt, wie ich bestattet werden wolle, necke ich ihn und sage, er solle nur versuchen, mich zu fassen zu kriegen, und meine natürlich meine Seele, dieses flüchtige Ding, und halte ihm vor, daß er mich nur als künftigen Leichnam sehen wolle, daß er nicht an meine unsichtbare Reise glaube, nicht an meine Unsterblichkeit, nur an das, was ich zurückließe, den Kör-

per, den er sieht. Und dann gehe ich baden, während ich dort in der Ecke des Klassenraums stehenbleibe, und Kriton geht mit mir, während sie dort in ihrer Bank sitzenbleibt, und ich sehe, wie sie mich alle anschauen, und dann komme ich zurück und spreche mit dem Mann, der mir sagt, es sei Zeit, das Gift zu trinken. Er, dieser Mann, weiß, daß ich nicht toben und wüten werde wie die anderen Verurteilten, denen er den tödlichen Becher reichen muß, und dann will Kriton, daß ich erst noch etwas esse, er sagt, daß die Sonne noch auf den Bergen scheine, daß sie noch nicht ganz untergegangen sei, und dann schauen wir alle zu den Bergen auf dem Schulhof, und wir sehen es, eine rote Glut über den blauen Bergen. Aber ich weigere mich. Ich weiß, daß es andere gibt, die bis zum Schluß warten, doch das will ich nicht. »Nein, Kriton«, sage ich, »was würde ich damit gewinnen, wenn ich das Gift etwas später tränke, wenn ich wie ein jammerndes Kind am Leben hinge?« Und dann gibt Kriton das Zeichen, und der Mann kommt mit seinem Becher, und ich frage, was ich tun muß, und er sagt: »Nichts, nur austrinken und ein wenig herumgehen, dann werden die Beine schwer, und dann legst du dich hin. Es wirkt von allein.« Und er reicht mir den Becher, und ich trinke ihn langsam aus, und als ich diesen nicht existierenden Becher bis zur Neige geleert habe und ihn dann dem unsichtbaren Diener zurückgebe, sehe ich in die Augen Kritons, die die Augen d'Indias sind, und dann breche ich ab, wir machen kein Grand Guignol daraus. Ich lege mich nicht auf den Boden, ich lasse den Diener nicht meine Beine betasten, ob noch Gefühl in ihnen ist, ich bleibe stehen, wo ich stehe, und sterbe und lese die letzten Zeilen vor, in denen eine große Kälte über mich kommt und ich noch etwas sage von einem Hahn, den wir Asklepios schuldig sind, und das tue ich, um zu zeigen, daß ich in der Welt sterbe, der Welt der Wirklichkeit. Und dann ist es vorbei. Das Tuch wird von Sokrates' Gesicht genommen, die Augen sind starr. Kriton schließt sie und schließt seinen offenen Mund.
Jetzt kommt der heikle Moment, sie müssen den Raum verlassen.

Ihnen ist nicht danach, etwas zu sagen, und mir auch nicht. Ich drehe mich um und suche etwas in meiner Tasche. Ich weiß, daß Platons Theorien über den Körper als Hindernis für die Seele im Christentum Auswirkungen hatten, die mir überhaupt nicht gefallen, und ich weiß auch, daß Sokrates Teil des ewigen Mißverständnisses der abendländischen Kultur ist, doch sein Tod rührt mich immer, vor allem, wenn ich ihn selbst spiele. Als ich mich umdrehe, sind die meisten weg. Ein paar rote Augen, Jungen mit abgewandten Köpfen, die besagen, denk bloß nicht, daß ich beeindruckt bin. Auf dem Gang großer Lärm, viel zu lautes Gelächter. Aber Lisa d'India war geblieben, und die weinte wirklich.

»Hör sofort damit auf«, sagte ich, »wenn du das tust, hast du nichts verstanden.«

»Deswegen heule ich nicht.« Sie steckte ihre Bücher in die Tasche.

»Weswegen dann?« Dumme Frage Nummer 807.

»Wegen allem.«

Ein Götterbild in Tränen. Kein schöner Anblick.

»Alles ist ein ziemlich weiter Begriff.«

»Schon möglich.« Und dann, heftig: »Sie glauben ja selber nicht dran, an die Unsterblichkeit der Seele.«

»Nein.«

»Warum tragen Sie es dann so gut vor?«

»Die Situation in dieser Zelle hing nicht davon ab, was ich einmal darüber denken würde.«

»Aber warum glauben Sie nicht daran?«

»Weil er es viermal zu beweisen versucht. Das ist immer ein Zeichen von Schwäche. Meiner Meinung nach glaubte er selber nicht daran, oder nicht richtig. Aber es geht nicht um die Unsterblichkeit.«

»Worum dann?«

»Es geht darum, daß wir über die Unsterblichkeit nachdenken können. Das ist ganz eigenartig.«

»Ohne daran zu glauben?«

»Ich meine, ja. Aber Gespräche dieser Art sind nicht meine Stärke.«
Sie stand auf. Sie war größer als ich, unwillkürlich trat ich einen Schritt zurück. Dann, plötzlich, sah sie mir direkt in die Augen und sagte: »Wenn ich mit Arend Herfst Schluß mache, bedeutet das dann, daß Sie Frau Zeinstra verlieren?«
Es war ein Volltreffer. Ich war noch nicht ganz gestorben, da mußte ich schon wieder in einem anderen Stück mitspielen. Es war undenkbar, daß der echte Sokrates je so ein Gespräch führen mußte. Jede Zeit hat ihre eigene Strafe, und diese hat eine Menge davon.
»Wollen wir sagen, daß dieses Gespräch nicht stattgefunden hat?« sagte ich schließlich. Sie wollte noch etwas erwidern, doch in diesem Moment trat Maria Zeinstra in die Klasse, und da sie das mit ihrer üblichen Schnelligkeit tat, stand sie bereits halb im Raum, bevor sie Lisa d'India sah. So etwas geht in einer Sekunde. Das rote Haar, das hereinzuwehen schien, das schwarze, das hinausstürmte, eine Schülerin mit einem Taschentuch vor dem Mund.
»Also doch ein Kind«, sagte Maria Zeinstra zufrieden.
»Nicht ganz.«
»Das brauchst du mir nicht zu erzählen.«
Dann sahen wir beide das Buch, das Lisa d'India auf der Bank hatte liegenlassen. Sie nahm es und schaute hinein.
»Platon, dagegen komme ich nicht an. Bei mir hatte sie heute Blutgefäße und Schlagadern.«
Als sie es zurücklegen wollte, fiel ein Umschlag heraus. Sie schaute darauf und hielt ihn dann hoch.
»Für dich.«
»Für mich?«
»Wenn du Herman Mussert bist, ist er für dich. Darf ich ihn lesen?«
»Lieber nicht.«
»Warum nicht?«

»Weil *du* jedenfalls nicht Herman Mussert bist.«
Plötzlich fauchte sie vor Wut. Ich streckte die Hand nach dem Brief aus, aber sie schüttelte den Kopf.
»Du kannst wählen«, sagte sie. »Entweder, du bekommst ihn, und dann siehst du mich nicht mehr, egal, was drinsteht. Oder ich zerreiße ihn hier und jetzt in tausend Stücke.«
Wunderlich, der menschliche Geist. Kann alles mögliche gleichzeitig denken. Kein Buch, das ich je gelesen habe, hat mich hierauf vorbereitet, dachte ich, und gleichzeitig, mit solchem Unfug beschäftigen sich also leibhaftige Menschen, und dann wieder, daß Horaz über derlei Banalitäten glänzende Gedichte geschrieben habe, und zwischen alldem, daß ich sie nicht verlieren wollte, und da hatte ich schon längst gesagt, dann zerreiß ihn doch, und sie hatte es auch getan, auf den papiernen Schneeflocken sah ich zerrissene Wörter, zerfranste Buchstaben zu Boden trudeln, Sätze, die an mich gerichtet waren und jetzt hilflos auf dem Boden lagen, ohne etwas zu sagen.
»Ich will hier weg. Meine Sachen sind noch in der 5b.«
Die Gänge waren verlassen, unsere Schritte hallten in einem verkehrten Rhythmus gegeneinander. In der 5b stand eine seltsame Zeichnung an der Tafel, eine Art Flußsystem mit zusammengeklumpten Inseln zwischen den Strömen. Ich hörte, wie sie den Schlüssel im Schloß umdrehte. Auf dem breiten Wasser der Flüsse schwammen kleine Kreise.
»Was ist das?«
»Gewebeflüssigkeit, Haargefäße, Lymphgefäße, Blutplasma, alles, was in dir ist und fließt und worüber ich jetzt nicht reden will.«
Sie hatte mich von hinten gepackt, ihr Kinn ruhte auf meiner linken Schulter, aus dem Augenwinkel sah ich einen Schleier von Rot.
»Gehen wir zu mir nach Hause«, sagte ich, oder vielleicht flehte ich auch, denn in diesem Augenblick ertönten Schritte auf dem Gang. Wir standen ganz still, aneinandergepreßt. Sie hatte mich

auf die Brille geküßt, so daß ich nichts mehr sah. Ich hörte, wie sich die Türklinke bewegte und dann losgelassen wurde, so daß sie mit einem Klick in die ursprüngliche Position sprang. Dann wieder die Schritte, bis wir sie nicht mehr hörten.
»*Danach* gehen wir zu dir«, sagte sie, »und dann bleibe ich bei dir.«
Dieser Entschluß war also gefaßt. Wir würden die ganze Nacht reden, sie würde den ersten Zug nehmen, sie würde Herfst sagen, daß sie ihn verlasse, sie würde abends bei mir einziehen. Sie fragte nicht, sie teilte mit. Eine halbe Tagesspanne später sah ich, wie sie bei mir am Fenster stand und ins erste fahle Tageslicht schaute. Ich hörte, was sie sagte.
»Ich ertrage das Tageslicht nicht mehr.«
Und dann noch einmal, als wüßte sie, was für ein Tag das werden würde: »Ich hasse Tageslicht.«
Und dann? Sie hatte geduscht, gerufen, daß sie keinen Kaffee wolle, war wie ein Wirbelwind durchs Zimmer gefegt, Fledermaus hatte sich unter den Decken verkrochen, ich hatte das rote Haar über die Gracht davongehen sehen. Ich versuchte mir vorzustellen, wie es wäre, wenn sie immer da war, und konnte es nicht. Dann versuchte ich mich auf meine erste Unterrichtsstunde an diesem Tag vorzubereiten, Cicero, *De amicitia*, Kapitel XXVII, Abschnitt 104, die Stunde, die ich nie mehr halten sollte, und auch das konnte ich nicht. Ich löste den lateinischen Satz aus dem Gebäude seiner Konstruktion, schob Verbformen von hinten nach vorn (Meine Damen und Herren, ich serviere es Ihnen in mundgerechten Happen, eingerostet wie Sie in der Syntax Ihrer Muttersprache sind), aber ich konnte es nicht, ich wollte nicht, ich saß mit ihr im Zug, und nach einer Stunde war es auch für mich Zeit zu gehen. Alles sah anders aus, das Brückengeländer an der Gracht, die Treppe im Hauptbahnhof, die Weiden neben den Gleisen, sie schienen auf einmal auf unangenehme Weise von sich selbst besessen zu sein, die läppischsten Dinge hatten mir alles mögliche zu erzählen, die Welt der Gegenstände hatte es auf mich abgesehen, ich war also gewarnt, als ich ins Lehrerzimmer trat.

Der erste, den ich sah, war Arend Herfst, und er wartete auf mich. Bevor ich wieder hinausgehen konnte, stand er schon vor mir. Er stank nach Alkohol und hatte sich nicht rasiert, derlei Dinge scheinen immer nach dem gleichen Muster ablaufen zu müssen. Der nächste Schritt ist Packen, Sich-über-einen-Beugen, An-den-Kleidern-Zerren, Schreien. Dann muß jemand kommen, der beschwichtigt, die Parteien trennt, sich dazwischenstellt. Der kam also nicht.
»Herman Mussert, wir werden jetzt miteinander reden. Ich hab dir 'ne Menge zu sagen.«
»Nicht jetzt, nachher, ich habe Unterricht.«
»Dein Unterricht ist mir scheißegal, du bleibst hier.«
Kein häufig vorkommendes Bild, ein Lehrer, der einem anderen hinterherrennt. Ich erreichte den Klassenraum mit Müh und Not, versuchte, so würdevoll wie möglich hineinzugehen, aber er zerrte mich wieder hinaus. Ich riß mich los und flüchtete auf den Schulhof. Für das Schauspiel war das ein brillanter Einfall, denn jetzt konnte die ganze Schule vom Fenster aus zusehen, wie ich zusammengeschlagen wurde. Nach Strich und Faden verprügeln, heißt das, glaube ich. Wie gewöhnlich konnte ich wieder alles gleichzeitig, fallen, mich aufrappeln, bluten, doch noch ein bißchen zurückschlagen, das Gebrüll registrieren, das aus diesem weit geöffneten Kalbskopf drang, bis ich auch den nicht mehr sah, weil er mir die Brille von der Nase geschlagen hatte. Ich tastete um mich, bis ich den vertrauten Gegenstand wieder in die Hand gedrückt bekam.
»Hier ist deine Brille, du Arschloch!«
Als ich sie wieder aufhatte, hatte sich alles verändert. Hinter allen Fenstern sah ich die weißen Gesichter der Schüler, Masken mit dem Ausdruck heimlicher Freude. Es war auch nicht schlecht, was da zu sehen war, ein riesiges steinernes Schachbrett mit fünf Figuren, von denen zwei stillstanden, denn während der Direktor sich auf mich zubewegte, lief Maria Zeinstra zu Arend Herfst, der seinerseits auf Lisa d'India zulief. Im selben Augenblick, in

dem der Direktor bei mir angekommen war, hatte Herfst Maria Zeinstra mit soviel Schwung beiseitegestoßen, daß sie hinfiel. Bevor sie wieder auf den Beinen war, hatte der Direktor bereits gesagt: »Herr Mussert, Sie haben sich hier völlig unmöglich gemacht«, aber gleichzeitig hatte Herfst Lisa d'India beim Arm gepackt und begann sie mitzuzerren.
»Arend!«
Das war die Stimme, die mir erst an diesem Morgen gesagt hatte, daß sie zu mir ziehen wolle. Jetzt stand alles still. Ich wurde über die eingefrorene Szene hinausgehoben, und von oben sah ich es, als gehörte ich nicht dazu: der ältere Mann mit dem verzerrten Gesicht, der die Finger nach dem blutenden Mann ausstreckte, der an der Mauer lehnte, die rothaarige Frau mitten auf der freien Fläche, der andere Mann, der schwankte, und das Mädchen, das er im Klammergriff zu halten schien. Und in diese Stille hinein ertönte jenes idiotische Wort, mit dem die Schüler mich immer nannten.
»Sokrates.«
Es wollte etwas, dieses Wort. Es klagte und wollte nicht von diesem Schulhof verschwinden, es hing noch in der Luft, als diejenige, die es gerufen oder gesagt oder geflüstert hatte, längst weg war, in ein Auto gezerrt, das ein paar Kilometer weiter gegen einen Lastwagen prallen sollte. Nein, bei der Beerdigung bin ich nicht gewesen, und ja, natürlich hatte Herfst sich nur die Beine gebrochen. Und nein, von Maria Zeinstra habe ich nie mehr etwas gehört, und ja, Herfst und ich wurden beide entlassen, und das Ehepaar Autumn unterrichtet jetzt irgendwo in Austin, Texas. Und nein, ich habe nie mehr unterrichtet, und ja, ich bin der Autor von Dr. Strabo's viel gelesenen Reiseführern geworden, mit denen sich so mancher Niederländer ins gefährliche Ausland wagt. Manchmal, ganz selten, treffe ich ehemalige Schüler. Eine schreckliche Reife hat Besitz von ihrem Gesicht ergriffen, die beiden Namen, die über ihren Köpfen schweben, sprechen sie nie aus. Ich auch nicht.

Peter Harris stellte sich neben mich.
»Ich dachte, Sie hassen das Tageslicht«, sagte ich. Er roch nach Alkohol, wie Arend Herfst an jenem Morgen. Die Welt ist ein einziger unaufhörlicher Querverweis. Aber er schlug mich wenigstens nicht. Er hielt mir seinen Flachmann hin, und ich lehnte ab. »Wir nähern uns dem Land«, sagte er.
Ich schaute zum Horizont, sah aber nichts.
»Sie müssen nicht dorthin schauen. Hier unten.« Er deutete auf das Wasser. Die ganze Reise über war es grau gewesen, oder blau, oder schwarz, oder alles zugleich. Jetzt war es braun.
»Sand aus dem Amazonas. Schlamm.«
»Woher wissen Sie das?«
»Ich bin hier schon mal gewesen. Und wir sind nach Südwesten gefahren. In ein paar Stunden sieht man Belém. Ich war immer der Meinung, daß das eine gute Idee von den Portugiesen war. Man fährt weg in Belém, man kommt an in Belém. Auf diese Weise erreicht man doch noch so etwas wie die ewige Wiederkehr. Woran Sie natürlich nicht glauben.«
»Nur bei Tieren.« Das war nur so dahingesagt.
»Warum?«
»Weil sie immer als sie selbst wiederkehren. Sie könnten keinen Unterschied erkennen zwischen einer Taube von 1253 und einer von heute. Es ist einfach dieselbe Taube. Entweder sind sie ewig oder sie kehren immer wieder.«
Belém. Ich sah es vor mir. Den Praça da República in der dampfenden Hitze, das Teatro da Paz. Es ist ein Schicksal, überall gewesen zu sein. Universität, Zoo mit Anakondas, Goldhasen und *matanees*, Kathedrale aus dem 18. Jahrhundert. Alles in Dr. Strabo's Reiseführer. Ja, ich kannte Belém. Der Bosque mit seinen tropischen Pflanzen, Eintritt vierzehn Centavos. Indianische Nutten. Und das Goeldi-Museum. Lehr mich die Welt kennen. Mein Koffer ist mein bester Freund.
Das Wasser nahm ein tieferes, bitteres Braun an. Große Holzstücke trieben darin, dies war der Schlund des großen Flusses,

hier kotzte ein Kontinent sich die Gedärme aus dem Leib, dieser Schlamm war von den Anden bis hierher geströmt durch den geschundenen Urwald mit seinen letzten Geheimnissen, seinen letzten verborgenen Bewohnern, der verlorenen Welt der ewigen Finsternis, *tenebrae. Procul recedant somnia, et noctium fantasmata.* Halte mir fern die bösen Träume, die Trugbilder der Nacht. Das beten Mönche, bevor sie schlafen gehen. Dunst schien über dem Wasser zu hängen, wie Schleier. Gleich würden wir die beiden verzweifelt fernen Ufer sehen, zwei Geliebte, die einander nie bekommen würden. Auch die anderen waren an Deck erschienen. Die Frau mit dem Jungen, die beiden alten Männer, die einem Zwillingspaar glichen, der Captain mit seinem Fernglas, jeder in seiner eigenen Nische, allein oder zu zweit. Meine Reisegesellschaft.

Die Wellenbewegung wurde schwächer, aus der dampfenden Wasserfläche wurde eine Schale, auf der das Schiff wie ein Opfer lag. Bewegten wir uns noch? Ich schaute zu den anderen, meinen seltsamen Freunden, die ich nicht ausgewählt hatte. Wir waren einander vom Zufall bestimmte Begleiter, ich gehörte zu ihnen wie sie zu mir. Lange konnte es nicht mehr dauern. »Gold und Holz«, hörte ich Harris sagen. Für einen Moment war sein Gesicht unter dem kastanienbraunen Haar verschwunden, und ich sah einen Mann ohne Gesicht, der einfach weitersprach. Langsam gewöhnte ich mich daran, an plötzliche Abwesenheiten, unausgefüllte Konturen, Hände, die man lokalisieren konnte, ohne sie zu sehen. Gold und Holz, ich lauschte, die Welt hatte mir noch alles mögliche zu erzählen, und das würde sie, wie es aussah, einstweilen auch weiter tun. Gold, darüber hatte er einmal ein Buch geschrieben, dieser Schatten von einem Harris, der große Goldkrieg zwischen Johnson und de Gaulle, von dem niemand je sprach, weil Vietnam alle Aufmerksamkeit von diesem Thema abgelenkt hatte. Und doch sei es ein richtiger Krieg gewesen, ohne Soldaten, aber mit Opfern; er habe ein Buch darüber geschrieben, und niemand habe es gelesen. Und Holz, deswegen sei er hier gewesen, in Amazonien, *The lost world*, ob ich je das Buch von Conan Doyle gelesen hätte, darin komme auch ein Schiff vor, das den Amazonas hinauffuhr, die Esmeralda. Gold und Holz, darüber wisse er alles. Das Gold werde bleiben, das Holz nicht. »Wenn man in hundert Jahren wieder hierherkommt, ist das eine große Wüste, schlimmer als die Sahel-Zone. Dann ist es erst so richtig das Ende der Welt, ein leergeschlürfter Sumpf, ein versteinerter Sandkasten.«

Er sprach weiter, doch ich mußte wohl der Großmeister der Levitation sein, denn unter mir fuhr das Schiff, ein kleines Boot auf dem weiten Wasser. Es zeichnete ein einfaches V hinter sich, einen Keil, der immer breiter wurde. Eine Seite mit nur einem Buchstaben, der mir nun schon eine Reise lang etwas erzählen wollte. Aber was? Ich sah die fernen Ufer wie zwei weite Arme, die sich vielleicht um das Schiff schließen würden, um uns so für immer bei sich zu behalten, ich sah mich selbst, ich sah das begrenzte Sternsystem meiner Reisegefährten, drei Zwillinge, einer allein, ich sah, wie die Frau sich von dem Jungen löste und sich auf ihrer eigenen Bahn, unabhängig von den anderen, bewegte, aber auch, wie sie die anderen in ihrer Bahn mitzog, als wäre dies ein Naturgesetz, wie die beiden alten Männer ihr fast tänzelnd folgten, wie der Captain sein Fernglas sinken ließ und ihr nachging, wie Harris sich von mir löste, wie mein von mir getrenntes Ich dort unten sich langsam, zögernd der Prozession anschloß, während ich da oben wie ein Ballon in immer größere Höhen aufstieg und sah, wie immer mehr Fluß verschwand und immer mehr Land in Sicht kam, grünes, gefährliches, schwitzendes Land, eingehüllt in die Schwaden seiner eigenen Hitze, in die sich nun das Dunkel des plötzlich hereinbrechenden tropischen Abends mischte. Die Lichter von Belém sah ich, wie der Voyager die Erde zwischen den anderen leuchtenden Punkten und Flecken unseres Sonnensystems gesehen hatte. Jetzt war ich höher geflogen, als Sokrates in seiner Phantasie je gewesen war, er, der glaubte, man sähe das Paradies, wenn man sich nur weit genug über die Erde erhebe. Ich war höher als Armstrong, der den Mond entweiht hatte, ich mußte dieser siderischen Kälte entfliehen, ich mußte zurück an meinen Platz, in meinen seltsamen Körper.

Ich war der Letzte, der den Salon betrat. Alonso Carnero saß zu Füßen der Frau. Etwas an der Anordnung verriet, daß er der Mittelpunkt sein würde. Die beiden alten Männer sahen ihn wohlgefällig an, dieses Wort paßte. Unsere Körper schienen sich in ständigem Zweifel darüber zu befinden, ob sie echt sein wollten oder nicht, selten hatte ich eine Gruppe von Menschen gesehen, an denen so viel fehlte, ab und an verschwanden ganze Knie, Schulterpartien, Füße, doch unsere Augen hatten damit nicht die geringste Schwierigkeit, füllten die leeren Stellen aus, wenn es allzu schlimm wurde, vergruben sich in die des Gegenübers, als könnte dieses Verschwinden so gebannt werden. Nur sie blieb, wie sie war, der Junge sah sie an, sah sie die ganze Zeit an, während er zu sprechen anfing. Sie mußte ihm irgendein Zeichen gegeben haben, daß er anfangen solle.

Anfangen? Dies war nicht das richtige Wort, und es kommt jetzt darauf an, die richtigen Worte zu wählen, du weißt das besser als ich. Er fing nicht an, er endete. Wie sagt man so etwas? Seine Geschichte war eine Geschichte mit einem Anfang und einem Ende, doch gleichzeitig war sie das Ende einer Geschichte, die wir in großen Teilen bereits kannten, seine Großmutter, die gemeinsam mit anderen Frauen des Dorfes von den Faschisten in Burgos erschossen worden war, und daß der Großvater seines besten Freundes zum Erschießungskommando gehört hatte und daß jeder im Dorf das wußte und auch wußte, daß die Frauen im letzten Augenblick ihres Lebens die Röcke gehoben hatten, als tödliche Beleidigung für die Soldaten, die in eben dem Augenblick schießen sollten, und daß seine Eltern ihm aus diesem Grund den Umgang mit seinem Freund nicht erlaubten, da diese Dinge nie und nimmer vergessen wurden, nicht, wo er lebte, so daß er und sein Freund, der Manolo hieß, sich bei Dunkelheit trafen und sich auch an jenem Abend getroffen hatten, von dem er erzählen wollte, von dem er erzählte in einer Litanei, einem langen Strom von Wörtern, daß er Manolo immer herausforderte, so wie Manolo ihn, und daß sie dabei immer weiter gingen und sich schon oft auf die Gleise gelegt hatten, wenn der Nachtexpreß von Burgos nach Madrid herandonnerte, und daß es dann darum ging, wer sich am längsten liegenzubleiben getraute. Es war ganz still im Salon, wir sahen alle, wie er aufgestanden war und aussah wie Jesus im Tempel, wir wußten, was jetzt geschehen würde, und wollten es nicht hören, wir sahen uns an, weil sein Anblick fast nicht mehr zu ertragen war. Uns sah er nicht mehr an, nur noch sie, und ich sah etwas, das ich auch bei den anderen, späteren Geschichten sehen würde: Der Erzähler bemerkte etwas in ihr, das ihm unendlich vertraut vorkam, als wäre sie nicht die, die sie war, sondern etwas, das er schon lange kannte, so daß er seine Geschichte nicht jener Fremden erzählte, sondern jemandem, den nur er allein sah. Wir sahen also eigentlich niemanden, der Erzähler hingegen jemanden, der es ihm ermöglichte, die Worte zu finden, die der inneren Wirklichkeit seiner Geschichte so nahe wie möglich kamen. Ich hörte, wie das Geräusch des Schiffes erstarb, wie da draußen nicht mehr der breite, nächtliche Fluß lag, sondern nur noch Land, trockene Fläche. Sie hätten sich hingelegt, er habe den Großen Bären gesehen, auf den er früher mit seiner Schleuder gezielt habe, und er habe gedacht, daß der Bär zu ihm schaue, daß er alles sehen werde. Erst hätten sie noch miteinander geredet, jeder habe gesagt, er werde nicht der erste sein, der aufstehe, aber dieses Mal habe er genau gewußt, daß das für ihn stimme, und dann sei es ganz still geworden, ein leises Rascheln von trockenem Gras, ab und an noch ein Auto, das sei alles gewesen. Und dann, von ganz weit weg, sei das Geräusch gekommen, fast wie Singen sei es ihm vorgekommen, es sei unmittelbar aus den harten eisernen Schienen in seinen Schädel gedrungen, er spüre es immer noch, Tränen seien ihm in die Augen gestiegen, und dafür habe er sich geschämt, und gleichzeitig sei es herrlich gewesen, weil jetzt alles so kommen würde, wie es kommen mußte, das schreckliche, immer lautere Summen, die Stille, in der es näher kam, die Sterne über der Meseta, die Tränen, in denen sie zu feuchten, zitternden Lichtflecken verschwammen. Wir saßen reglos, ich weiß, daß ich ihn nicht mehr anzuschauen wagte, denn in seiner Stimme war das Summen in lautes Heulen übergegangen, alles sei jetzt nur noch dieses Geräusch gewesen, das könne sich niemand vorstellen, und während er das sagte, hielt er die Hände an die Ohren, und durch das, was für ihn ein tosender, alles verschlingender Sturm von Geräuschen seinmußte, sprach seine Stimme unendlich leise weiter, und er erzählte, daß er gesehen habe, wie Manolo gerade noch aufgesprungen sei, bevor die riesige schwarze, schwere Form über ihn gekommen sei, und mit weit ausgebreiteten Armen, als wolle er vormachen, wie ein Körper zerreißt, stand er in der Mitte des Salons und sah in die Runde, ohne einen von uns zu sehen, und wir, wir saßen totenstill und sahen, wie sie aufgestanden war und ihn mit einer Gebärde unendlicher Zärtlichkeit hinausführte.

Wir blieben noch eine Zeitlang sitzen und gingen dann an Deck. Niemand sprach. Ich stand an Backbord und blickte auf das Südufer, dort, wo die fernen Geräusche herkamen. Ich sah nichts, nur den Schein unserer Lichter auf dem satinglänzenden Wasser. So war es also. Die Welt würde ihre Scheingestalten von Tag und Nacht weiter auf die Bühne schicken, als wollte sie uns noch an irgend etwas erinnern, und wir, die wir bereits irgendwo anders waren, würden zuschauen. Ich kannte das nun unsichtbare Land, ich wußte, was sich an jenen fernen Ufern abspielte. Wir würden durch die Enge von Obidos fahren, ein Labyrinth aus gelblichem, schlammigem Wasser, die Bäume des großen Waldes ganz nahe, im Furo Grande würden die Zweige unser Schiff berühren, ich wußte es, ich war schon einmal hier gewesen. Natürlich war ich hier gewesen. Nackte Indianerkinder auf Brettersteigen, Hütten auf Pfählen im Wasser, ausgehöhlte Baumstämme mit Ruderern aus Hieroglyphen, Gekreisch und Geschnatter großer Affenhorden in den Baumtürmen, wenn der Abend hereinbricht. *Wieder einmal hereinbricht.* Manchmal ein elektrischer Sturm in das Schwarz des Himmels geschrieben, wütende, blitzende Worte, unleserlich, zuckend. Und danach, wenn wir die Enge passiert hätten, die Berge wie seltsame Tische, Santarem, auf halbem Weg nach Manaos mit seiner aberwitzigen Oper, das grüne Wasser des Tapajos, das sich in den vergoldeten Schlamm mischt, und das andere, so viel grellere Grün und Rot und Gelb der kreischenden Papageien, Schmetterlinge wie schwebende, farbige Tücher und abends die handgroßen samtenen Motten, die sich in den Decklichtern versengten.

So sollte es weitergehen, eine Schwere, eine Last, und wir, die Reisenden, in einer Vorhölle. Jeden Abend, wenn man so sagen durfte, würde einer von uns seine Geschichte erzählen, und ich würde sie kennen und nicht kennen, und jede dieser Geschichten würde das Ende einer anderen, längeren Geschichte sein. Das einzige war, daß die anderen so viel besser zu wissen schienen als ich, was sie erzählen sollten. Gut, ich weiß es jetzt, aber damals noch nicht. Ein Erzähler mit einer Geschichte ohne Ende ist ein schlechter Erzähler, das weißt du. Angst hatte keiner, soweit ich sehen konnte. Das war bereits vorbei. Was ich selber spürte, war eine Verzückung, die ich nicht erklären konnte.

Der Fluß wurde schmaler, war aber immer noch so breit wie ein See. Bei Manaos überquerten wir die Scheidelinie zwischen dem Amazonas und dem Rio Negro, das schwarze neben dem braunen Wasser in der Flußmitte, zwei Farben, die sich dort nicht miteinander vermischen, das schwarze Totenwasser geschliffen wie Onyx, das braune gegerbt und zäh, von der Ferne erzählend, dem Urwald. Wann ich an der Reihe sein würde, wußte ich nicht, vorläufig konnte ich zuhören und die anderen betrachten, die Ereignisse ihres Lebens lesen, als hätte jemand sie für mich erdacht. Der Priester lauschte Harris' Geschichte, als müsse er noch einmal im Beichtstuhl sitzen, und Harris brauchte die Geschichte von Pater Fermi nicht mehr zu hören, weil er zu diesem Zeitpunkt bereits verschwunden war.

Er war der zweite, und wir lauschten, so wie wir allem lauschen sollten, es war eine Abschiedszeremonie, das Feiern der Zufälligkeit, die unsere Leben an eine Zeit und einen Ort und einen Namen geheftet hatte. Und wir waren höflich, wir starben miteinander mit, wir halfen uns gegenseitig, jene letzte Sekunde zum Ende einer Geschichte auszudehnen, wir hatten noch etwas zu tun, es mußte noch nachgedacht werden, und es schien, als hätten wir dafür mehr Zeit, als wir verbrauchen konnten.

Harris war in einer Bar in Guyana niedergestochen worden, all diese unendlichen Sekunden lang, in denen das silbern aufblitzende Messer in ihn eindrang, hatte er Zeit gehabt, um sich in Lissabon einzuschiffen und mit uns zu reisen, und noch immer war dieser Todesstoß nicht an sein Ziel gelangt. Irgend etwas mit einer Schwarzen war es gewesen, in einem verfallenen Bordell in einem Außenbezirk von Georgetown, aus tausend Kilometer Entfernung hatte er dieses eifersüchtige Messer ankommen sehen, sein ganzes Leben hatte er darin unterbringen können, was ihm auffiel, war, wie *logisch* dieses Leben verlaufen war, das war das Wort, das er gebrauchte.

Dreizehn Minuten, natürlich wußte Captain Dekobra das noch genau, hatte es gedauert zwischen dem Augenblick, in dem der erste seiner vier Motoren ausfiel, und dem Augenblick, in dem er die Meeresoberfläche berührt hatte: *Sound of impact*. Er erzählte von der Wolke an dem wolkenlosen Himmel, die, weil er die Sonne hinter sich hatte, wie ein gigantischer silberner Mann ausgesehen habe, der sich, als er sich ihm näherte, über den ganzen Himmel auszudehnen schien. Er habe in diesem Moment nicht an die Hunderte von Pilgern gedacht, die mit ihm aus Mekka zurückgeflogen seien, sondern an seine Frau in Paris und an seine Freundin in Djakarta, aber eigentlich noch mehr an zwei alberne Dinge, die da unten, irgendwo auf der Erde, in zwei verschiedenen Tiefkühlfächern lagen. Alles andere sei inzwischen weiter-

gegangen, das Radar habe wieder einmal nicht richtig funktioniert, er habe nicht gleich begriffen, daß es sich hier um eine Wolke aus Vulkanasche gehandelt habe, die der Krakatau unter ihm ausgestoßen habe, er habe seine Motoren unter sich sterben hören, einen nach dem anderen, die Temperatur sei von 350 Grad auf fast nichts mehr gesunken, weil keine Verbrennung mehr stattgefunden habe, natürlich sei er erschrocken, er habe versucht, die Motoren mit der Zusatzzündung wieder in Gang zu setzen, aber nichts, kein Antrieb mehr, und plötzlich sei es wieder gewesen wie bei seinem ersten Segelflugzeug, vor so langer Zeit, nur sei dies das größte Segelflugzeug gewesen, das es gab, mit unirdischem Rauschen seien sie durch die Luft geschwebt, er habe Schreie von hinten gehört, er habe auf seine Notbatterien zurückgegriffen, habe das Notrufsignal abgesetzt, und in all dieser Fieberhaftigkeit sei eine überirdische Ruhe über ihn gekommen, es habe, sagte er, wohl ein Jahr gedauert, er hätte in dieser Zeit ein Buch mit seinen Erinnerungen schreiben können, dem Krieg, den Luftgefechten, den Bombenangriffen, den beiden Frauen in seinem Leben, für die er bei jeder Abreise eine besondere Mahlzeit zubereitete und einfror, damit sie die essen könnten, wenn er am anderen Ende der Welt war, das sei vielleicht albern und kindisch, aber es habe ihm immer insgeheim Freude bereitet, genauso wie es ihm jetzt Freude bereitete, daran zu denken, daß bald, wenn er nicht mehr wäre, diese beiden Frauen, die nichts voneinander wüßten, eine Mahlzeit zu sich nehmen würden, die er, den es dann nicht mehr auf der Welt gebe, noch zubereitet habe, und ob wir das nicht witzig fänden, und gewiß, wir fanden das witzig und blickten in seine stahlharten blauen Augen, und so war auch er weggegangen, aufrecht, federnd, einer, der vor nichts Angst hatte, der mit dem größten Flugzeug der Welt durch die Luft geschwebt war wie mit einem kleinen Papierflieger, er nahm die Hand, die du ausgestreckt hattest, ich sah euch hinter den Glastüren des Salons verschwinden.
In dieser Nacht träumte ich zum letztenmal von mir in meinem

Bett in Amsterdam, aber ich begann mich, der Mann in diesem Bett begann mich zu langweilen. Dieser Schweiß auf der Stirn, dieses verzerrte Gesicht, dieser Ausdruck, als werde da doch noch sehr gelitten, während ich hier so ruhig den Amazonas hinauffuhr, diese Uhr neben meinem Bett, auf der die Zeit festgeklebt zu sein schien, während ich inzwischen schon wieder soviel erlebt hatte. Ich meinte, er solle sich beeilen, dieses Leiden da habe nichts mit dem Apotheosegefühl von mir hier zu tun. Wir waren jetzt nur noch zu dritt, und für jemanden, der von den Klassikern gelernt hat, daß Geschichten einen Anfang und ein Ende haben müssen, sah es allmählich düster aus. Ich konnte nicht abstürzen, niemand hatte je versucht, mich niederzustechen, das einzige Mal, daß ich je mit körperlicher Gewalt konfrontiert worden war, war damals, als Arend Herfst mich zusammengeschlagen hatte, und sogar das hatte er nicht richtig zu Ende geführt.
Pater Fermi hatte solche Probleme nicht. Er erzählte unbekümmert von dem ekstatischen Augenblick, als er von seinem Abt die Erlaubnis erhalten habe, die Wallfahrt nach Santiago de Compostela zu unternehmen. Eine Vision habe ihn dabei geleitet, die Säule am Hauptportal der Kathedrale, an der sich nun schon seit Jahrhunderten die Pilger am Ende ihres oft monatelangen Weges festgehalten hätten, so daß sich an dieser Stelle eine abwesende Hand im polierten Marmor gebildet habe. Es war ein starkes Bild, muß ich zugeben, er machte wesentlich mehr daraus als ich in Dr. Strabo's *Reiseführer für West- und Nordspanien*. Ich hatte es erwähnt, mehr nicht, doch er machte es hochdramatisch: Wie es möglich sei, daß eine Hand, mit der man den Marmor einer Säule berühre, den winzigsten Teil Marmor mitnehme, mikroskopisch, unsichtbar klein, und wie all diese Hände in all diesen Jahrhunderten durch die unablässig wiederholte Handlung eine Hand skulptiert hätten, die nun gerade *nicht* existiere. Wie lange würde es dauern, wenn man so etwas allein tun müßte? Vielleicht zehntausend Jahre!
Ich wußte, wovon er sprach, denn auch ich war einer der Bild-

hauer, auch ich hatte meine Hand in dieses Handnegativ gelegt. Das war mehr, als Dom Fermi je getan hatte, denn als er endlich nach dreimonatiger Wanderung von Mailand aus in Santiago angelangt war, hatte er getan, was jeder tat (vorgeschrieben von Dr. Strabo), er war auf den Hügel gestiegen, der dort vor der Stadt liegt, um die Silhouette der Kathedrale in der Ferne zu sehen, er war auf die Knie gefallen und hatte gebetet, und dann war er in Ekstase (sagte er verlegen) den Hügel hinabgeeilt und unten, als er die Straße überqueren wollte, um auf der »richtigen Seite« zu gehen, prompt von einem Krankenwagen angefahren worden. So wie er seine Pilgerfahrt vorgemacht hatte, ein alter Mann mit tänzelnden Schritten, so tanzte er sich selbst unter das Gewicht dieses Wagens, mit den Armen fuchtelnd, als wäre ein ganz großer Vogel auf ihn zugeflogen oder ein furchterregender Engel, auch das ist möglich. Professor Deng mußte aufspringen, um ihn zu halten, doch das merkte er schon nicht mehr, er hatte nur noch Augen für dich. Was hattest du ihm vorgezaubert? Keiner von uns wird je wissen, was der andere gesehen hat, wenn er dir seine Geschichte erzählt, doch welches Gesicht du auch zeigst, erkennbar oder gerade nicht, erwartet oder unerwartet, es muß etwas mit Erfüllung zu tun haben. Ich bin neugierig.

Jetzt ist nur noch Deng da, und er ist vor mir an der Reihe. Das Schiff scheint zu schleichen, es will nirgends mehr hin. Ich weiß den nächtlichen Urwald rings um uns, wenn wir an einer Siedlung vorbeikommen, rieche ich den Geruch getrockneter Fische und faulender Früchte. Manchmal höre ich die Stimmen von Kindern über dem Wasser, manchmal kommt ein Kahn mit Indianern vorbei, dann höre ich noch eine Weile das Schluchzen des Dieselmotors. Coari, Fefé, die Welt hat noch Namen.
Ihr seid schon da, als ich eintrete. Meine Geschichte werde ich dir allein erzählen müssen. Du trägst deine Persephone-Maske (Pater Fermi: »Aber Sie als Kenner der Klassik müssen doch wissen, daß der Tod eine Frau ist«), aber Professor Deng sieht etwas ande-

res, etwas, das vielleicht mit dem Dichter zusammenhängt, mit dem er sein Leben verbracht hat wie ich das meine mit Ovid, und plötzlich läßt er uns mit seiner Altmännerstimme die Menge hören, die ihn niederschreit, seine eigenen Studenten in den Tagen der Kulturrevolution, auf einem Podest habe er stehen müssen und sei bespuckt und geschlagen worden, weil er die Revolution verraten habe und sich in den dekadenten, feudalistischen Hervorbringungen der ausbeutenden Klasse gesuhlt habe, weil er eine Kaste, die das Volk erniedrigt hätte, verherrlicht habe und sich mit Produkten des Aberglaubens und den belanglosen persönlichen Gefühlen von Menschen aus einer verachtenswerten Epoche beschäftigt habe. Er hatte Glück gehabt, er war lebend davongekommen und an einen entlegenen Ort auf dem Land verbannt worden, wo er weitergelebt habe, bis wieder neue Veränderungen gekommen seien, doch irgend etwas war gebrochen und angeknackst, wie Qu Yuan fühlte er sich gefangen in einer vergifteten Zeit, in der er nicht leben wollte, und als er gesehen hatte, daß das Rad der Veränderung sich wieder einmal eine Umdrehung weiterdrehte, hatte er der Welt den Rücken zugewandt und war gegangen. Er zitierte seinen Dichter: »Ich war am Morgen geschmäht und am selben Abend noch aus dem Weg geräumt.« Mit nichts als seinem Gedicht im Gepäck hatte er sich aufgemacht, bis er an einen Fluß kam, und so hatte er sein Leben hinter sich gelassen, wie ein Ding am Ufer. Das Wasser war schwer in seine Kleider gedrungen, er war wie ein kleines Boot geschwommen und hatte gewartet, bis der Wind aufkommen und er seine große Reise antreten würde. Um sich hatte er das Wasser mit allerlei Stimmen gehört, ganz hell und leise hatte es geklungen. Sein Arm machte eine Bewegung zu dir hin, es war schon fast nichts mehr von ihm zu sehen, als bestünde er aus hauchdünner, uralter Materie, und du hattest die gleiche Bewegung gemacht und warst bereits aufgestanden.
Im entfernten Spiegel des Salons sah ich mich allein dasitzen und dachte an diesen Mann in Amsterdam, das Foto in der Hand, den

Traum, den er träumte, in dem ich an ihn dachte. Ich ging an diesem Mann, der Sokrates glich, vorbei nach draußen, ich sah in die blinden Augen unter den groben Brauen, auf den denkenden Neandertaler-Kopf, der an mich dachte in Amsterdam. Das Schiff hinterließ kaum mehr ein Zeichen, das Wasser war so still und schwarz, daß ich die strahlenden Schlangen und Skorpione, die Götter und Helden sich im Glas spiegeln sah, ich hätte mich auch gern hineingleiten lassen wie Professor Deng, ich hatte die Wollust des Abschieds auf seinem Gesicht gesehen. Von den Ufern ertönte ein tiefes Quarren von Kröten oder Riesenfröschen.

Wie lange ich da stand, weiß ich nicht, die Sonne tauchte noch einmal von Osten her den Urwald in eine schreckliche Glut, noch einmal strich der hastige Schein des Tages über den Fluß, bis das Schwarz sich wieder über alles legte, Vögel und Bäume, und es einhüllte. Unwissend war dieser Mann in Amsterdam schlafen gegangen, nicht wissend, was für eine Reise er machen würde. Jemand würde ihn finden, sobald ich dir meine Geschichte erzählt haben würde, Leute würden kommen, um diesen gedrungenen Körper aufzubahren, in Westerveld einzuäschern, meine unmögliche Familie würde meine Ovid-Übersetzung wegwerfen oder weiß der Himmel ebenfalls verbrennen, Dr. Strabo's Reiseführer würden vielleicht noch zehn Jahre weiter erscheinen, bis sie einen anderen Idioten gefunden hätten, ein ehemaliger Schüler würde die Todesanzeige von Herman Mussert lesen und sagen, he, Sokrates ist tot, und gleichzeitig würde ich mich verwandeln, nicht meine Seele würde auf die Reise gehen, wie der echte Sokrates geglaubt hatte, sondern mein Körper würde aus dem Universum nicht wegzubekommen sein, er würde den phantastischsten Metamorphosen unterliegen und würde mir nichts davon erzählen, weil er mich längst vergessen hätte. Einst hatte der Staub, aus dem er bestand, eine Seele beherbergt, die mir geglichen hatte, jetzt hatte mein Staub andere Pflichten. Und ich? Ich mußte mich umdrehen, die Reling loslassen, alles loslas-

sen, dich anschauen. Du winktest, es war nicht schwer, dir zu folgen. Du hattest mich etwas gelehrt über die Unermeßlichkeit, daß die kleinste Zeiteinheit einen maßlosen Raum an Erinnerung bergen kann, und während ich so klein und zufällig bleiben durfte, wie ich war, hattest du mich gelehrt, wie groß ich war. Du brauchst mir nicht mehr zu winken, ich komme schon. Keiner der anderen wird meine Geschichte hören, keiner von ihnen wird sehen, daß die Frau, die da sitzt und auf mich wartet, das Gesicht meiner allerliebsten Kriton hat, des Mädchens, das meine Schülerin war, so jung, daß man mit ihr über die Unsterblichkeit sprechen konnte. Und dann erzählte ich ihr, dann erzählte ich dir
DIE FOLGENDE GESCHICHTE

Es Consell, Sant Lluis,
2. Oktober 1990

ALLERSEELEN

Roman

Nun haben aber die Sirenen eine noch schrecklichere Waffe als den Gesang, nämlich ihr Schweigen.

Franz Kafka, *Das Schweigen der Sirenen*

So regen wir die Ruder, stemmen uns gegen den Strom – und treiben doch stetig zurück, dem Vergangenen zu.

F. Scott Fitzgerald, *Der große Gatsby*

Erst einige Sekunden nachdem Arthur Daane an der Buchhandlung vorbeigegangen war, merkte er, daß sich ein Wort in seinen Gedanken festgehakt hatte und daß er dieses Wort inzwischen bereits in seine eigene Sprache übersetzt hatte, wodurch es sofort ungefährlicher klang als im Deutschen. Er überlegte, ob das durch die letzte Silbe kam. *Nis**, Nische, ein merkwürdig kurzes Wort, nicht gemein und scharf wie manche anderen kurzen Wörter, sondern eher beruhigend. Etwas, in dem man sich verbergen konnte oder in dem man etwas Verborgenes fand. In anderen Sprachen gab es das nicht. Er versuchte, das Wort loszuwerden, indem er schneller ging, doch es gelang ihm nicht mehr, nicht in dieser Stadt, die davon durchtränkt war. Es hatte sich in ihm festgehakt. In letzter Zeit ging ihm das so mit Wörtern, insofern war Haken der richtige Ausdruck: Sie hakten sich in ihm fest. Und sie hatten einen Klang. Selbst wenn er sie nicht laut aussprach, hörte er sie, manchmal schien es sogar, als schallten sie. Sobald man sie aus der Reihe der Sätze löste, in die sie gehörten, bekamen sie, falls man dafür empfänglich war, etwas Angsterregendes, eine Fremdheit, über die man besser nicht zuviel nachdachte, da sonst die ganze Welt ins Wanken geriet. Zuviel freie Zeit, dachte er, aber genau so hatte er sich sein Leben ja eingerichtet. In einem alten Schulbuch hatte er einmal von »dem Javaner« gelesen, der sich, kaum hatte er einen Viertelgulden verdient, unter einer Palme niederließ. Offenbar konnte man in jenen längst verflogenen Tagen von einem Viertelgulden sehr lange leben, denn dieser Javaner machte sich, so jedenfalls ging die Geschichte, erst dann wieder an die Arbeit, wenn der Viertelgulden aufgebraucht war. Darüber empörte sich das Buch, denn so komme man schließlich nicht voran, doch Arthur Daane gab dem Javaner recht. Er machte Fernsehdokumentarfilme, die er konzeptionell erarbeitete und anschließend realisierte, verdingte sich, wenn das Thema ihn interessierte, als Kameramann, und drehte gelegentlich, wenn es sich so ergab oder er wirklich Geld brauchte, einen Werbespot für die Firma eines Freundes. Machte er das nicht zu oft, war es spannend, danach tat er wieder eine Zeitlang nichts. Er hatte eine Frau gehabt, und er hatte ein Kind gehabt, doch weil sie bei einem Flugzeugunglück umgekommen waren, besaß er jetzt nur noch Fotos, auf denen sie jedesmal, wenn er sie anschaute, sich wieder etwas weiter entfernt hatten. Zehn Jahre war es jetzt her, sie waren einfach eines Morgens nach Málaga aufgebrochen und nicht mehr zurückgekehrt. Eine Aufnahme, die er selbst gemacht, aber nie gesehen hat. Die blonde Frau mit dem Kind, einem kleinen Jungen, auf dem Rücken. Schiphol, in der Schlange vor der Paßkontrolle. Eigentlich ist das Kind schon zu groß, um an ihrem Rücken zu hängen. Er ruft sie, sie dreht sich um. Gefrier, Gedächtnis. Da stehen sie, eine Sekunde lang um neunzig Grad zu ihm gedreht. Sie hat die Hand gehoben, das Kind winkt mit kurzen Gebärden. Jemand anders wird die Ankunft filmen, die mitsamt Bungalow, Swimmingpool, Strand in der klumpigen, schwarzen, erstarrten Masse verschwinden wird, in der ihr Leben verschwunden ist. Er geht an der Schlange vorbei und gibt ihr die kleine Handkamera. Das war das letzte, danach verschwinden sie. Dem Rätsel, das die Fotos aufgeben, hat er sich verschlossen, es ist zu groß, er kommt ihm nicht bei. In manchen Träumen geschieht es, daß man sehr laut schreien muß und es nicht kann, ein Geräusch, das man nicht macht und doch hört, ein Geräusch aus Glas. Er hat das Haus verkauft, die Kleider und das Spielzeug weggegeben, als sei alles verseucht. Seit dieser Zeit ist er ein Reisender ohne Gepäck – mit Laptop, Kamera, Handy, Weltempfänger, ein paar Büchern. Anrufbeantworter in seiner Wohnung in Amsterdam-Nord, ein Mann mit Maschinen, Fax im Büro eines Freundes. Locker und fest, unsichtbare Drähte verbinden ihn mit der Welt. Stimmen, Nachrichten. Freunde, meist vom Fach, die das gleiche Leben führen. Sie dürfen sein Appartement benutzen, er das ihrige. Andernfalls kleine billige Hotels oder Pensionen, ein Universum in Bewegung. New York, Madrid, Berlin, überall, denkt er jetzt, eine Nische. Er ist noch nicht fertig mit diesem Wort, nicht mit dem kleinen, und mit dem großen, an dem es hängt und zu dem es gehört und nicht gehört, schon gar nicht.

»Was willst du bloß in Deutschland?« fragten niederländische Freunde ihn regelmäßig. Meist klang das dann, als habe er sich eine schwere Krankheit zugezogen. Er hatte sich eine stereotype Antwort zurechtgelegt, die in der Regel ihre Wirkung tat.

»Ich bin gern da, es ist ein ernsthaftes Volk.«

Die Antwort darauf lautete gewöhnlich »Kann schon sein« oder etwas Ähnliches. Eigenartig, niederländische Umgangsformen zu erklären. Wie soll ein Ausländer, auch wenn er Niederländisch gelernt hat, wissen können, daß diese halb bejahende Antwort nun gerade zynischen Zweifel ausdrückt?

In der Zeit, während der ihm diese Worte durch den Kopf gingen, war Arthur Daane an dem Spirituosengeschäft Knesebeck-/Ecke Mommsenstraße angelangt, dem Punkt, an dem er meist nicht wußte, ob er umkehren oder weitergehen sollte. Er blieb stehen, schaute auf die glänzenden Autos in dem Ausstellungsraum auf der gegenüberliegenden Straßenseite, sah den Verkehr auf dem Kurfürstendamm und dann sein eigenes Abbild im Spiegel einer Champagnerreklame im Schaufenster des Spirituosengeschäfts. Das gräßlich Sklavische von Spiegeln. Sie würden einen stets reflektieren, sogar wenn man, wie jetzt, überhaupt keine Lust dazu hatte. Er hatte sich an diesem Tag schon einmal gesehen. Doch nun war er gewappnet, stadtgerecht gekleidet, das war etwas anderes. Er wußte einiges über sich selbst und fragte sich, was davon für andere sichtbar war.

»Alles und nichts«, hatte Erna gesagt. Was sollte er jetzt mit Erna an der Ecke Mommsenstraße?

»Ist das dein Ernst?«

»Aber hallo!« So etwas konnte nur Erna sagen. Es begann zu

schneien. Er sah im Spiegel, wie sich die leichten Flocken an seinem Mantel festsetzten. Gut, dachte er, dann sehe ich weniger wie aus der Werbung aus.

»Red doch keinen Stuß.« Auch das würde Erna sagen. Dieses Thema hatten sie schon öfter durchgekaut.

»Wenn du meinst, du siehst wie aus der Werbung aus, dann mußt du eben andere Klamotten kaufen. Keinen Armani.«

»Das ist kein Armani.«

»Aber es sieht aus wie Armani.«

»Genau das mein ich ja. Ich weiß nicht mal, was für eine Marke das ist, war irgendwo runtergesetzt. Hat nichts gekostet.«

»Dir steht einfach alles.«

»Sag ich ja, ich seh aus wie aus der Werbung.«

»Du kannst dich selbst nicht leiden, das ist alles. Das ist das Alter. Kommt öfter vor bei Männern.«

»Nein, das ist es nicht. Ich sehe einfach nicht aus, wie ich denke, daß ich bin.«

»Du meinst, du überlegst dir alles mögliche, worüber du nie sprichst, und wir können das nicht sehen?«

»So ungefähr.«

»Dann mußt du dir die Haare anders schneiden lassen. Das ist keine Frisur, das ist 'ne Krankheit.«

»Also doch.«

Erna war seine älteste Freundin. Durch sie hatte er seine Frau kennengelernt, und sie war die einzige, mit der er noch über Roelfje sprach. Andere Männer hatten Freunde. Die hatte er auch, aber sein bester Freund war Erna.

»Ich weiß nicht, ob ich das als Kompliment betrachten soll.«

Manchmal rief er sie an, mitten in der Nacht, von irgendeinem gottverlassenen Ort am Ende der Welt. Sie war immer da. Die Männer kamen und gingen in ihrem Leben, zogen bei ihr ein, waren eifersüchtig auf ihn. »So ein Blender, dieser Daane. Ein paar läppische Dokumentarfilme, und läuft durch die Stadt, als sei er Claude Lanzmann persönlich.« Das war dann meist das Ende

einer Beziehung. Von diesen Männern waren ihr drei Kinder geblieben, die alle aussahen wie sie.
»Das kommt davon, wenn du dir immer nur solche nichtssagenden Typen aussuchst. Wirklich eine lächerliche Zuchtwahl. All diese Weicheier. Dann hättest du noch besser mich nehmen können.«
»Du bist meine verbotene Frucht.«
»Von der Liebe, die Freundschaft heißt.«
»Genau.«
Er drehte sich um. Das bedeutete: Kurfürstendamm – nein, Savignyplatz – ja. Es bedeutete auch, daß er wieder an der Buchhandlung Schoeller vorbeikam. Was war das nur für eine Nische, *nis*, in der Sprache? Bekümmernis, Ereignis, Bekenntnis, Finsternis. Es begann stärker zu schneien. Es kam durch die Arbeit mit Kameras, dachte er, daß man sich ständig selbst gehen sah. Nicht als Form von Eitelkeit, eher so etwas wie Staunen, gemischt mit, na ja ... Auch darüber hatte er einmal mit Erna gesprochen.
»Warum sagst du's nicht einfach?«
»Weil ich es nicht weiß.«
»Quatsch. Du weißt es ganz genau. Wenn ich es weiß, dann weißt du es auch. Du kannst es bloß nicht sagen.«
»Welches Wort kommt dann?«
»Angst. Bestürzung.«
Er entschied sich für Bestürzung.
Jetzt nahm die Kamera mit *einem* langen Schwenk die verschneite Knesebeckstraße auf, die grauen, so mächtigen Berliner Häuser, die wenigen Passanten, die gebeugt in die Flocken hineinliefen. Und er war einer von ihnen. Darum ging es, die absolute Zufälligkeit dieses Augenblicks. Der eine, der da geht, ganz in der Nähe der Buchhandlung Schoeller, an der Fotogalerie vorbei, das bist du. Warum war das immer normal und manchmal, plötzlich, eine bestürzende Sekunde lang, nicht auszuhalten? Daran mußte man doch gewöhnt sein? Außer, man war eine Art ewig pubertierender Teenager.

»Damit hat es nichts zu tun. Manche Menschen stellen sich nie eine Frage. Aber aus dieser Bestürzung heraus entsteht alles.«
»Zum Beispiel was?«
»Kunst, Religion, Philosophie. Weißt du, manchmal lese ich auch was.«
Erna hatte ein paar Jahre Philosophie studiert und war dann zu Niederländisch übergewechselt.
Am Savignyplatz schlug ihm eine plötzliche Schneebö entgegen, er hatte Mühe, auf den Beinen zu bleiben. Es wurde Ernst. Kontinentalklima. Das war einer der Gründe, weshalb er Berlin liebte, er hatte stets das Gefühl, sich auf einer riesigen Ebene zu befinden, die sich bis weit nach Rußland hinzog. Berlin, Warschau, Moskau waren nur kurze Unterbrechungen.
Er hatte keine Handschuhe an, seine Finger waren eiskalt. Darüber hatte er beim selben Gespräch auch noch ein Referat gehalten, über Finger.
»Hier, was ist das?«
»Das sind Finger, Arthur.«
»Ja, aber es sind auch Tentakel, schau doch nur.«
Er nahm einen Bleistift, drehte ihn um die Finger.
»Schlau, nicht? Die Menschen staunen über Roboter, aber nie über sich selbst. Wenn ein Roboter so etwas macht, dann finden sie das gruselig, aber nicht, wenn sie es selbst machen. Roboter aus Fleisch, ganz schön gruselig. Noch mal, tolles Wort. Können alles, sogar sich fortpflanzen. Und Augen! Kamera und Bildschirm in einem. Aufnehmen und senden mit ein und demselben Gerät. Ich weiß nicht mal, wie man das ausdrücken soll. Wir haben Computer, oder wir sind Computer. Elektronische Befehle, chemische Reaktionen, wie du willst.«
»Computer haben keine chemischen Reaktionen.«
»Kommt noch. Weißt du, was ich am verrücktesten finde?«
»Nein.«
»Daß die Menschen im Mittelalter, die nichts von Elektronik oder Neurologie wußten, oder, nein, noch extremer, die Nean-

dertaler, Menschen, die wir für primitiv halten, daß die genauso hochentwickelte Maschinen waren. Die wußten nicht mal, daß sie beim Sprechen das Audiosystem benutzten, das sie selbst waren, komplett mit Lautsprechern, Boxen ...«
»Oh Arthur, hör auf.«
»Hab ich doch gesagt, ein Teenager. Staunt und staunt.«
»Aber das hast du nicht gemeint.«
»Nein.«
Was ich gemeint habe, ist die Angst, die wie ein Blitz einschlägt, wollte er sagen, eine heilige Scheu vor dem unnahbaren Fremden von allem, was andere offenbar nie als fremd empfanden und woran man sich in seinem Alter gewöhnt haben sollte.
Er ging an der Weinstube seines Freundes Philippe vorbei, der noch nicht mal wußte, daß er wieder in Berlin war. Er sagte nie jemandem Bescheid. Er schneite einfach wieder irgendwo herein. An der Kantstraße stand die Ampel auf Rot. Er schaute nach links und nach rechts, sah, daß keine Autos kamen, wollte die Straße überqueren und blieb doch stehen, spürte, wie sein Körper diese beiden widersprüchlichen Befehle verarbeitete, ein Art merkwürdiger Wellenschlag, der ihn auf dem falschen Bein hatte landen lassen, ein Fuß auf dem Bürgersteig, der andere auf der Straße. Durch den Schnee hindurch sah er zu der schweigenden Gruppe der Wartenden auf der anderen Seite. Wenn man je den Unterschied zwischen Deutschen und Niederländern feststellen wollte, so war das in solchen Momenten möglich. In Amsterdam war man verrückt, wenn man als Fußgänger bei Rot nicht losging, hier war man verrückt, wenn man es tat, was man auch deutlich zu hören bekam.
»Der will wohl Selbstmord begehen.«
Er hatte Victor, einen Bildhauer, der wie er aus Amsterdam stammte, jetzt aber in Berlin lebte, gefragt, was er tat, wenn wirklich nichts kam.
»Dann geh ich rüber, außer, es sind Kinder in der Nähe. Mit gutem Beispiel vorangehen, du weißt schon.«

Er selbst hatte beschlossen, diese eigenartigen leeren Augenblicke für das zu nutzen, was er »Instantmeditation« nannte. In Amsterdam fuhren alle Radfahrer aus Prinzip ohne Licht, bei Rot und auch gegen die Verkehrsrichtung. Niederländer wollten immer selbst entscheiden, ob eine Regel auch für sie galt oder nicht, eine Mischung aus Protestantismus und Anarchie, die so etwas wie ein eigensinniges Chaos ergab. Bei seinen letzten Besuchen hatte er gemerkt, daß Autos, und manchmal auch Straßenbahnen, mittlerweile schon bei Rot losfuhren.

»Du wirst schon ein richtiger Deutscher. *Ordnung muß sein.* Hör dir nur mal an, wie sie in der U-Bahn schreien. *Einsteigen bitte!* ZURÜCKBLEIBEN!! Na, wir haben ja gesehen, wozu dieser ganze *Gehorsam* geführt hat.« Niederländer ließen sich nicht gern etwas sagen. Deutsche straften gern. Die Kette der Vorurteile hatte offenbar nie ein Ende.

»Ich finde den Verkehr in Amsterdam lebensgefährlich.«

»Ach, hör doch auf. Sieh dir doch mal an, wie die Deutschen über die Autobahn jagen. Ein einziger großer Wutanfall. Aggression pur.«

Die Ampel sprang auf Grün. Die sechs verschneiten Gestalten gegenüber setzten sich gleichzeitig in Bewegung. Man durfte nicht verallgemeinern. Und trotzdem besaßen Völker bestimmte Charaktereigenschaften. Woher kamen die?

»Aus der Geschichte«, hatte Erna gesagt.

Was ihn an der Idee der Geschichte faszinierte, war die chemische Verbindung aus Schicksal, Zufall und Absicht. Aus dieser Kombination ergaben sich Geschicke, die wiederum andere Geschicke nach sich zogen, blind nach Ansicht einiger, unabwendbar nach Ansicht anderer, oder, wie noch wieder andere meinten, mit einer geheimen, von uns noch nicht erkannten Absicht, aber damit bewegte man sich dann schon in mystischen Sphären.

Einen Moment lang erwog er, in den »Zwiebelfisch« zu gehen und Zeitung zu lesen, und sei es nur, um sich aufzuwärmen. Er kannte dort niemanden, und zugleich kannte er alle vom Sehen.

Es waren Menschen wie er, Menschen, die Zeit hatten. Aber sie sahen nicht aus wie Reklamegestalten. Der »Zwiebelfisch« hatte ein großes Fenster über die gesamte Front. Hinter diesem Fenster standen ein paar Tische aufgereiht, dahinter kam gleich die Bar, aber daran saß niemand, wie man normal an einer Bar sitzt. Der Sog der Außenwelt war zu groß. Was man von außen sah, war eine Reihe starrender Gestalten, die aussahen, als hinge *ein* großer, langsamer Gedanke über ihnen, ein schweigendes Grübeln von einer solchen Schwere, daß es sich nur durch das äußerst langsame Trinken riesiger Biergläser ertragen ließ.

Sein Gesicht war mittlerweile eiskalt, aber es war einer jener Tage, an denen er das wollte, selbstauferlegte Strafe, vermischt mit Genuß. Spaziergänge bei strömendem Regen auf der Insel Schiermonnikoog, Kletterpartien zu einem verlassenen Pyrenäendorf bei großer Hitze. Die Erschöpfung, die damit einherging, sah man manchmal auch auf den Gesichtern von Joggern, Formen öffentlichen Leidens, die indezent waren, rennende Christusse auf dem Wege nach Golgatha. Laufen war nichts für ihn, es störte den Rhythmus dessen, was er Denken nannte. Mit richtigem Denken hatte das wahrscheinlich kaum etwas zu tun, aber so hatte er es nun mal früher genannt, als er fünfzehn, sechzehn war. Abgeschiedenheit war dafür nötig. Lächerlich natürlich, aber er hatte nie damit aufgehört. Früher war es an bestimmte Orte gebunden, jetzt war es überall möglich. Die Voraussetzung war, daß er nicht zu reden brauchte. Roelfje hatte das verstanden. Stundenlang konnten sie gehen, ohne etwas zu sagen. Ohne daß es je ausgesprochen worden wäre, wußte er, daß sie wußte, daß alle Erfolge in seiner Arbeit auf diese Weise zustande kamen. Wie dieser Mechanismus funktionierte, konnte er nicht sagen. Später schien es oft, als erinnere er sich an die Dinge, die er mit einem Film ausdrücken wollte, nicht nur an die Idee, sondern auch wie sie auszuführen war. Erinnern, das war das richtige Wort. Kameraeinstellung, Licht, Reihenfolge, ein seltsames Déjà-vu schien ihn bei allem, was er tat, zu begleiten. Auch die wenigen Kurzspielfilme, die er mit Studenten der Filmakademie gedreht hatte, waren eigentlich so zustande gekommen, zur Verzweiflung derer, die mit ihm zusammenarbeiten mußten. Er fing mit nichts an, schlug einen Salto mortale – aber dann so einen, bei dem ein Körper im hohen Raum des Zirkuszelts minutenlang in der Luft zu stehen scheint – und landete dann wieder auf den Füßen. Von dem ursprünglichen Treatment, das er eingereicht hatte, um Geld loszueisen oder den Auftrag zu ergattern, war dann meist nicht mehr viel übrig, doch das wurde ihm verziehen, wenn das Resultat gut war. Und trotzdem, was war das nun eigentlich, dieses Denken? Es hatte etwas mit Leere zu tun, viel mehr ließ sich dazu nicht sagen. Der Tag mußte leer sein, und er selbst eigentlich auch. Beim Gehen hatte er das Gefühl, daß diese Leere durch ihn hindurchströmte, daß er durchsichtig geworden war oder auf eigenartige Weise nicht da war, nicht zu der Welt der anderen gehörte, ebensogut nicht hätte dasein können. Die Gedanken, wenngleich dieses Wort schon zu groß war für das vage, diffuse Sinnieren, bei dem unbestimmte Bilder und Satzfetzen aufeinander folgten, konnte er hinterher nie in irgendeiner konkreten Form reproduzieren; am ehesten ähnelte das Ganze noch einem surrealistischen Gemälde, das er einmal gesehen hatte, dessen Titel er aber nicht mehr wußte. Eine aus Scherben bestehende Frau stieg eine endlos hohe Treppe hinauf. Sie war noch nicht weit gekommen, und die Treppe verschwand irgendwo in den Wolken. Ihr Körper war nicht vollständig, und trotzdem war sie als Frau erkennbar, auch wenn die Scherben, aus denen sie bestand, nirgends aneinanderhafteten. Wenn man richtig hinschaute, war es im Grunde ziemlich beängstigend. Nebelschleier flossen durch diesen Körper an der Stelle, wo ihre Augen, die Brüste, der Schoß hätten sein müssen, amorphe, noch nicht erkennbare Software drang in sie ein, die sich irgendwann, wenn alles gut lief, in etwas umsetzen ließ, wovon er jetzt noch keine Vorstellung hatte.

An der Ecke Goethestraße nahm der Wind ihm fast den Atem.

Mommsen, Kant, Goethe, hier befand man sich stets in guter Gesellschaft. Er ging an dem türkischen Italiener vorbei, wo Victor immer Kaffee trank, sah ihn dort aber nicht. Victor hatte sich, wie er es selbst nannte, tief in die deutsche Seele hineinsinken lassen, hatte Gespräche mit Opfern und Tätern geführt und darüber geschrieben, ohne je einen Namen zu nennen, kleine Skizzen, die den Leser gerade durch das Fehlen jeglichen zur Schau getragenen Pathos tief berührten. Arthur Daane mochte Menschen, die, wie er es ausdrückte, »mehr als nur eine Person waren«, und ganz besonders, wenn diese verschiedenen Personen gegensätzlich zu sein schienen. In Victor wohnte eine ganze Gesellschaft unter einer Fassade vorgetäuschter Nonchalance. Ein Pianist, ein Bergsteiger, ein kühler Beobachter des menschlichen Tuns, ein wagnerianischer Dichter mit Blut und Feldherren, ein Bildhauer und ein Erschaffer äußerst rhetorischer Zeichnungen, die zuweilen nur aus wenigen Strichen bestanden und deren Titel, auch jetzt noch, offensichtlich etwas über den Krieg sagen wollten, der schon so lange verschwunden war. Berlin und der Krieg, das war Victors Jagdrevier geworden. Wenn er darüber überhaupt etwas sagte, dann mit einem halben Scherz, der darauf hinauslief, daß es mit seiner Kindheit zusammenhing, da »wenn man selbst noch klein ist, Soldaten sehr groß sind«, und Soldaten hatte er als Kind in den besetzten Niederlanden sehr viele gesehen, weil das Haus seiner Eltern in der Nähe einer deutschen Kaserne lag. Mit seiner Kleidung erinnerte er ein wenig an einen Revuekünstler aus der Vorkriegszeit, karierte Sakkos, Seidenschal, der dünne, gezeichnete Schnurrbart eines David Niven, der wie zwei hochgezogene Augenbrauen aussah, als wolle er auch mit seinem Äußeren ausdrücken, daß es nie Krieg hätte geben dürfen und daß die dreißiger Jahre für immer hätten andauern müssen.

»Schau mal, siehst du die Einschußlöcher da...« So begann oft ein Berlin-Spaziergang mit Victor. In solchen Augenblicken schien es, als sei er selbst der Bürgersteig geworden und erinnere sich an etwas, einen politischen Mord, eine Razzia, eine Bücherverbrennung, die Stelle am Landwehrkanal, an der Rosa Luxemburg ins Wasser geworfen worden war, den Punkt, bis zu dem die Russen 1945 vorgedrungen waren. Er las die Stadt wie ein Buch, eine Geschichte über unsichtbare, in der Historie verschwundene Gebäude, Folterkammern der Gestapo, die Stelle, an der Hitlers Flugzeug noch hatte landen können, alles erzählt in einem kontinuierlichen, fast skandierten Rezitativ. Irgendwann einmal hatte Arthur mit Victor eine Sendung über Walter Benjamin machen wollen, die er nach einem Benjamin-Zitat über den Flaneur »Die Sohlen der Erinnerung« hatte nennen wollen, wobei Victor dann die Rolle eines Berliner Flaneurs hätte übernehmen müssen, denn wenn irgend jemand auf den Sohlen der Erinnerung ging, dann er. Aber das niederländische Fernsehen wollte keine Sendung über Walter Benjamin. Den Redakteur, ein Akademiker aus Tilburg mit der üblichen Mischung aus Marxismus und Katholizismus als verschmutzten Nimbus um sich, sah er noch vor sich, einen dumpfen Fünfziger in einem dumpfen kleinen Zimmer der großen zugeschlammten Traumfabrik, in deren Kantine sich die Sonnenbankvisagen der nationalen Berühmtheiten mit ihren Kehlkopfkrebsstimmen tummelten. Ständige Abwesenheit hatte Arthur Daane davor bewahrt, ihre Namen zu behalten, doch *ein* Blick genügte, und man wußte, um wen es sich handelte.

»Ich weiß, daß du zwei Pole in deinem Wesen hast«, sagte der Redakteur (um ein Haar hätte er »in deiner Seele« gesagt) – »Reflexion und Aktion; aber mit Reflexion schafft man nun mal keine Einschaltquoten.« Der gebrochene Idealismus des Marxisten und die versteckte Korruption des Katholiken, der sich verkauft hat, um ungefährdet auf eine Rente zuzulavieren – es blieb eine unwiderstehliche Kombination.

»Was du über Guatemala gemacht hast, diese Sache mit den verschwundenen Gewerkschaftsführern, das war Klasse. Und Rio de Janeiro, die von der Polizei erschossenen Kinder, wofür du in

Ottawa diesen Preis bekommen hast, so was suchen wir. Teuer war es schon, aber ich glaube doch, daß wir plus/minus null rausgekommen sind. Deutschland hat es für die dritten Programme gekauft, und Schweden ... Benjamin! Den hab ich früher in- und auswendig gekannt ...«
Arthur Daane sah die Leichen von ungefähr acht Jungen und Mädchen, ausgestreckt auf hohen Steintischen, groteske Füße, die unter schmutziggrauen Laken hervorschauten, Schilder um die Knöchel, die Namen auf dem ebenso vergänglichen Papier austauschbar, Wortfragmente, die sich auf diesem Tisch bereits aufzulösen begannen, zusammen mit den kaputten Körpern, die sie hatten benennen müssen.
»Tragisches Schicksal, Benjamin«, sagte der Redakteur. »Und trotzdem, hätte er dort in den Pyrenäen nach dem ersten gescheiterten Versuch nicht gleich aufgegeben, dann hätte es natürlich geklappt. Dann hätte er es geschafft. Denn obwohl die Spanier faschistische Schweine waren, ihre Juden haben sie trotzdem nicht zu Hitler geschickt. Ich weiß nicht, aber ich hab immer Probleme mit Selbstmord. Beim zweitenmal wäre er natürlich reingekommen, wie die anderen auch. Stell dir vor, Benjamin in Amerika, zusammen mit Adorno und Horkheimer.«
»Ja, stell dir vor«, sagte Arthur.
»Aber wer weiß, vielleicht hätten sie Krach bekommen«, sinnierte der Redakteur weiter, »du weißt doch, wie das bei Exilanten läuft.«
Er erhob sich. Manche Menschen, dachte Arthur, sehen, selbst wenn sie korrekt gekleidet sind, so aus, als lägen sie in einem schmuddeligen Schlafanzug im Bett und stünden nie wieder auf. Er schaute auf den schwammigen Körper vor dem Fenster, das Ausblick auf einen anderen Flügel des Komplexes bot. Hier wurde die Pampe fabriziert, die sich als klebriger Brei über das Königreich ergoß, durch Kanäle, in denen sich der nationale Abklatsch mit dem Mist des großen transatlantischen Vorbilds

mischte. Jeder, den er kannte, sagte, er oder sie sehe nie fern, doch aus der Unterhaltung in Kneipen oder bei Freunden konnte man ganz andere Schlüsse ziehen.
Er stand auf, um zu gehen. Der Redakteur öffnete die Tür zu einem Saal voll schweigender Gestalten an Computern. Lieber tot, er wußte später noch, daß er das gedacht hatte. Doch das war unfair. Was wußte er von diesen Menschen?
»Was machen die da?« fragte er.
»Hintergrund für die Nachrichtensendungen und Panels. Das bekommen unsere Genies dann in die Hand gedrückt, wenn sie über etwas sprechen müssen, wovon sie keine Ahnung haben, und das ist so ungefähr alles. Fakten, historische Analysen, solche Dinge. Wir bereiten das für sie auf und dicken es ein.«
»Zu mundgerechten Happen?«
»Noch nicht mal. Von dem, was die hier rantragen, wird vielleicht ein Zehntel verwendet. Mehr verkraften die Leute nicht. Die Welt wird dann zwar verdammt klein, aber für die meisten Menschen ist sie immer noch zu groß. Am liebsten wäre es ihnen, glaube ich, wenn sie gar nicht mehr existierte. Jedenfalls wollen sie nicht daran erinnert werden.«
»Und meine Gewerkschaftsführer?«
Auch die sah er jetzt vor sich. Fotos auf dem Tisch bei einer Menschenrechtsorganisation in New York: harte, verschlossene indianische Gesichter. Verschwunden, irgendwo zu Tode gefoltert, schon wieder vergessen. »Soll ich ehrlich sein? Du bist unsere Alibinummer. Und die toten Stunden müssen auch gefüllt werden. Die Leute haben die Nase gestrichen voll von Bosnien, aber wenn *du* nach Bosnien gingst ...«
»Ich will nicht mehr nach Bosnien.«
»... dann kämst du mit etwas, was immerhin eine Minderheit einer Minderheit spannend findet und womit wir uns international sehen lassen können. Macht sich immer gut, so'ne Auszeichnung im Foyer. Die dritte Welt krieg ich auch kaum noch durch, aber wenn *du* bereit wärst zu gehen ...«

»Die dritte Welt kommt in Kürze zu uns. Beziehungsweise ist schon da.«
»Das will niemand wissen. Es muß weit weg bleiben.« Alibinummer. »Langeweile ist die physische Empfindung von Chaos«, hatte er erst vor kurzem irgendwo gelesen. Es gab überhaupt keinen Grund, jetzt daran zu denken. Oder doch? Die Gestalten im Saal, Männer und Frauen, wollten nicht menschlich werden. *Flash*! Die eine Sekunde unmenschlicher, tierischer Langeweile, von Abscheu, Haß und Angst hing voll mit den Bildschirmen zusammen, an denen diese Körper festgewachsen waren, halbmechanische Zweiheiten mit Fingern, die auf die hellen Tasten tippten, wodurch Wörter auf den Schirmen erschienen, die so schnell wie möglich durchgespult werden würden, nun aber für einen kleinen Moment das Chaos, das die Welt war, darstellen mußten. Er versuchte, das Geräusch der Tasten in der abgrundtiefen Stille zu benennen. Am meisten ähnelte es noch dem leisen Glucken betäubter Hühner. Er sah, wie sich all diese gewaschenen Hände über die Tasten bewegten. Sie arbeiten, dachte er, das ist *Arbeit*. Was hatte der Redakteur gesagt? Aufbereiten, eindikken. Sie bereiten das Schicksal auf, die jüngste Vergangenheit des Schicksals. Gegebenheiten, das Gegebene. Aber wer hat es gegeben?
»Und trotzdem hätte ich gern eine Sendung über Benjamin gemacht«, sagte er.
»Versuch's in Deutschland«, sagte der Redakteur. »Da bist du inzwischen bekannt genug.«
»In Deutschland wollen sie eine Sendung über Drogen«, sagte Arthur Daane. »Und sie wollen wissen, warum wir sie noch immer hassen.«
»Ich hasse sie nicht.«
»Wenn ich ihnen das erzähle, wollen sie die Sendung nicht.«
»Oh. Na, dann tschüs. Du weißt, wir sind immer offen für Vorschläge. Zumal wenn sie von dir kommen. Neue russische Kriminalität, Mafia und so, denk mal drüber nach.«

Die Tür fiel mit einem Klick hinter ihm ins Schloß. Er ging durch den Saal, als ginge er durch eine Kirche, mit einem Gefühl großer Verlassenheit. Welches Recht hatte er, ein Urteil über die Menschen zu fällen, die dort saßen? Und wieder war da dieser Gedanke aufgetaucht, der ihn jetzt, in diesem anderen Jetzt, hier, in Berlin, wieder überkam. Was für ein Mensch wäre er geworden, wenn seine Frau und sein Kind nicht gestorben wären?
»Thomas.« Das war Ernas Stimme. »Wenn du ihm seinen Namen nimmst, willst du ihn weghaben.«
»Er ist schon weg.«
»Er hat ein Recht auf seinen Namen.« Erna konnte sehr streng sein. Dieses Gespräch hatte er jedenfalls nie vergessen. Aber da war etwas Teuflisches an dieser Frage. Was für ein Mensch wäre er geworden? Jedenfalls hätte er die Freiheit, die ihn so von den anderen isolierte, nie gehabt. Allein dieser Gedanke löste schon ein Schuldgefühl aus, mit dem er sich keinen Rat wußte. Er war inzwischen so an seine Freiheit gewöhnt, daß er sich kein anderes Leben mehr vorstellen konnte. Doch diese Freiheit bedeutete auch Kahlheit, Armut. Und wenn schon? Das sah er auch bei den anderen, die Kinder hatten, die nicht, wie er einmal betrunken zu Erna gesagt hatte, »allein zu sterben brauchten«.
»Arthur, hör auf. Ich kann dich nicht ausstehen, wenn du sentimental wirst. Das paßt nicht zu dir.«
Er lachte. Mit diesen Gedanken war er noch nicht über den Steinplatz hinausgekommen. Erstaunlich, wieviel man auf ein paar hundert Metern denken konnte. An der Tür eines großen Hauses in der Uhlandstraße sah er einen provozierend blank geputzten Messingknauf. Auf ihm lag ein Schneehäufchen, wie Schlagsahne auf einem goldenen Eis. (»Du wirst immer ein Kind bleiben.«) Er ging hin und wischte den Schnee ab. Jetzt sah er sich selbst als Kugel, ein zusammengemanschter Zwerg, der Glöckner von Notre Dame. Er blickte auf seine unförmig geschwollene Nase, die seitlich wegschwimmenden Augen. Natürlich streckte er die Zunge heraus, das beste Mittel, all die Schemen zu ver-

jagen. Dafür war dieser Tag nicht gedacht, dann konnte er sich ebensogut betrinken. Leer mußte der Tag bleiben, er würde etwas Unsinniges tun, und dabei würde ihm der Schnee helfen, der große Vertuscher, der nun dabei war, alles Anekdotische, Überflüssige zu verschleiern.

Woher kommen plötzliche Eingebungen?

Es gab zwei Gemälde von Caspar David Friedrich, die er jetzt sofort sehen wollte, eigenartige, pathetische Bilder. Hatte im Schaufenster bei Schoeller vielleicht ein Buch über den Maler gelegen? Er konnte sich nicht erinnern. Friedrich, so richtig mochte er seine Werke nicht mal, und dennoch sah er diese beiden Bilder deutlich vor sich. Die verlassene Ruine eines Klosters, triefend vor Symbolik. Tod und Verlassenheit. Und das andere, fast idiotisch, eine Landschaft mit violetten Bergen, Nebel, eine wogende, wellige Ebene, und in deren Mitte ein unmöglich hoher Felsen mit einem noch unmöglicheren Kreuz obendrauf. Ein dünnes Kreuz, ein dürftiges Kreuz, wie nannte man das? Auch wieder zu hoch, und am Fuße dieses Kreuzes eine Frau in etwas, das einem Ballkleid glich, eine Frau, die ohne Mantel von einem Ball beim Herzog von P. weggelaufen war und in ihrem viel zu dünnen Kleid einen entbehrungsreichen Marsch zu diesem bizarren Felsen unternommen hatte, auf dem der Gekreuzigte ohne Mutter und ohne den Täufer, ohne Römer und Hohepriester in unerreichbarer Einsamkeit leidend hing. Es war zu weit weg, als daß man einen Ausdruck auf den Gesichtern hätte erkennen können. Die Frau half einem Mann, der hinter ihr ging, bei den letzten Schritten, die er noch zu klettern hatte, doch sie sieht ihn dabei nicht an, und er hat den Rücken eines Menschen, der sich niemals umdrehen wird. Zu diesem Bild gehörte eine betäubende religiöse Stille oder ein bilderstürmerisches Gelächter, das höhnisch zwischen den violetten Felswänden hin und her geworfen würde. Für diese Interpretation war in der geschlossenen Welt Friedrichs allerdings kein Millimeter Platz, sie stammte aus seiner eigenen, verdorbenen Seele des zwanzigsten Jahrhunderts.

Ironie gleich null, die Apotheose des großen Schmachtens. Wie er gesagt hatte, ein ernsthaftes Volk. Und dennoch hatte er einen Freund, mit dem man viel lachen konnte, der ein ganzes Buch über den Maler geschrieben hatte. Und Victor hatte ihm erklärt, warum einem bei Friedrich alle Männer den Rücken zukehren, es hatte mit Abschied zu tun, Weltabgewandtheit, doch was es genau gewesen war, hatte er vergessen. Vielleicht würde es ihm einfallen, wenn er das Bild sah, es hing im Schloß Charlottenburg, nicht weit von hier.
»Hallo! Hallo!«
Nein, er sah wirklich nicht, woher diese Laute kamen, und das bedeutete, daß der Mensch, der da rief, eine Frau, wie es sich anhörte, ihn durch den Schnee auch nicht sehen konnte, und somit nicht ihn rief, sondern die ganze Welt.
»Hallo! Hallo! Kann mir jemand helfen? Hilfe bitte! Hilfe!«
Auf gut Glück ging er durch die wilden weißen Böen auf die Stelle zu, von der die Rufe zu kommen schienen. Das erste, was der Regisseur in ihm sah, war die Szene: ihr Unsinn. Eine Soldatin der Heilsarmee kniete bei einem Neger, der möglicherweise tot war. Heimatlose, Obdachlose, Junkies, Penner, Schreihälse, wohin er auch kam in der Welt, die Straßen waren voll von ihnen. Vor sich hinbrabbelnd, suchend, in Lumpen gehüllt, schwarz vor Schmutz, mit gewaltigen verfilzten Haarmähnen, schweigend, schimpfend oder bettelnd liefen sie durch die Städte, als seien sie aus einer Urzeit gekommen, um die Menschheit an irgend etwas zu erinnern, nur woran? Etwas starb fortwährend auf dieser Welt, und sie machten es sichtbar. Arthur Daane hatte sich überlegt, daß sie in die Bestürzung verwandelt waren, die er nur ab und zu fühlte, aber er wußte auch, daß eine nicht zu benennende Anziehungskraft davon ausging, als sei es möglich, sich einfach danebenzulegen und den Karton um sich zu falten, gute Nacht, wart's ab, ob du noch einmal aufwachst. Zeit, wenn irgend etwas in ihrem Leben abgeschafft war, dann das. Nicht die dunkle oder helle Zeit des Tages und der Nacht,

sondern die gedachte Zeit des Ziels und der Richtung. Zeit, die irgendwo hinging, gab es in ihrem Leben nicht mehr. Sie hatten sich einem raschen oder langsamen Verfall ausgeliefert, bis sie irgendwo liegenblieben, um aufgelesen zu werden, wie dieser hier. Der wollte jedoch nicht aufgelesen werden, soviel war klar. Wie eine träge, schwere Masse hing er in den Armen der Heilsarmeesoldatin, die ihn aufzurichten versuchte. Sie war jung, Ende zwanzig, blaue Augen in einem blassen Heiligengesicht aus dem Mittelalter, Cranach im Schnee. Das mußte natürlich wieder ihm passieren. Er mußte sich bremsen, nicht den Schnee von ihrem Hütchen zu wischen.
»Können Sie ihn bitte halten, während ich telefoniere?«
Deutsch aus den Mündern mancher Frauen war eines der schönsten Dinge, die es gab, doch nun war keine Zeit für Frivolitäten. Und außerdem stank der Mann. Die Schwester, oder wie nannte man so jemanden, hatte offenbar Erfahrung damit, denn ihr schien das nichts auszumachen. Arthur mußte gegen den Brechreiz ankämpfen, doch kam ihm der Mann zuvor, denn in dem Augenblick, als er ihn übernahm, quollen sowohl Kotze als auch Blut aus seinem Mund.
»Oh Gott«, sagte die Frau, und es klang, als bete sie, »ich bin gleich zurück.«
Sie verschwand im Schneetreiben. Arthur, der jetzt auf den Knien hockte, ließ den Körper, den er halb aufgerichtet hatte, an seiner Brust lehnen. Er sah, wie sich die Schneeflocken im grauen Kraushaar einnisteten, dort schmolzen, wie Tropfen glänzten und dann wieder von neuen Flocken zugedeckt wurden. Mit der Rechten nahm er eine Handvoll Schnee auf und versuchte damit, das Blut und die Kotze wegzuwischen. Er hörte den Verkehr auf der Hardenbergstraße, das nasse Zischeln der Reifen. Innerhalb weniger Stunden würde alles eine ungeheure Pampe sein, Schneematsch, der gegen Abend gefrieren würde. Berlin, ein Dorf in der Tundra. Wie hatte sie diesen Mann bloß gefunden? Er fragte sie, als sie zurückkam.

»Bei solchem Wetter suchen wir sie. Wir wissen schon ungefähr, wo sie stecken.«
»Aber wen haben Sie denn jetzt angerufen?«
»Kollegen.«
Das schien ihm ein seltsames Wort in diesem Zusammenhang. Ob es Menschen gab, die ein Verhältnis mit einer Soldatin der Heilsarmee hatten? Das Eisblau ihrer Augen war lebensgefährlich. Daane, hör auf. Hier hockst du, einen halbtoten Neger in den Armen. Versuch doch ein einziges Mal, zur Menschheit zu gehören.
»Scheiße«, sagte der Neger in perfektem Deutsch. »Scheiße, Arschloch, Scheiße.«
»Sei ruhig«, sagte die Soldatin und wischte ihm, ebenfalls mit etwas Schnee, den Mund ab.
»Scheiße.«
»Sie können gehen«, sagte sie. »Das war sehr freundlich von Ihnen. Aber meine Kollegen kommen gleich, ich habe sie vom Wagen aus angerufen.«
Soldaten Christi, dachte er. Irgendwo ist immer Krieg. Der Mann hatte die Augen geöffnet, zwei ockerfarbene Kugeln, in denen Blut schimmerte. Die Welt als Serie von Erscheinungen. Wie viele dieser Epiphanien würde er bis zu seinem Lebensende gesehen haben? Wo blieb alles nur?
»Bier«, sagte der Mann.
»Jaja.«
Arthur Daane hatte schon früher gemerkt, daß er, wenn an seinen meditativen Tagen etwas Besonderes passierte, darüber ausschließlich in Klischees nachdenken konnte, Dinge, die jeder andere genauso hätte denken können, wie zum Beispiel, daß der große schwarze Körper, den er in seinen Armen hielt, einmal ein Kind war in irgendeinem afrikanischen Land oder, weiß der Himmel, in Amerika – alles banaler Quatsch, der einem nicht weiterhalf. Liegenlassen wäre vielleicht noch die beste Lösung gewesen, Tod im Schnee. Angeblich merkte man davon nichts.

Jetzt würde er von der gutwilligen Soldatin in irgendeinen Schlafsaal geschleppt und unter die Dusche gestellt werden.
Ein Neger im Schnee, das wäre vielleicht auch etwas für Caspar David Friedrich gewesen. In all seinen Bildern lauerte ein Abgrund, der erst später sichtbar wurde, für den der Maler einfach noch keinen Ausdruck gefunden hatte. Dann mußte man sich mit törichten Kreuzigungen auf Berggipfeln und verfallenen Klostermauern behelfen, mit in Fledermäuse verwandelten Mönchen, den Bastardengeln des Verfalls. Er hörte eine Sirene näher kommen, wimmernd ersterben. Durch den Schnee sah er das Auto mit dem Blaulicht. »Ja, hier!« rief die Frau mit dem Hütchen. Mühsam erhob er sich. Die beiden Männer, die durch den Schnee auf ihn zustapften, sahen aus wie echte Soldaten, er mußte machen, daß er wegkam. Ein Rum an der Ecke, und dann nach Golgatha im Riesengebirge. Wer nichts zu tun hat, muß sich an das halten, was er sich vorgenommen hat. Er sah das Gemälde vor sich. Das Ambivalente an Kunst war, daß sie den Abgrund sichtbar machte und gleichzeitig einen Schein von Ordnung darüberspannte.
Er ging in Richtung Schillerstraße. Es gab nur zwei Städte, die einen so zum Laufen herausforderten, Paris und Berlin. Das stimmte natürlich auch wieder nicht, er war sein ganzes Leben lang überall viel zu Fuß gegangen, doch hier war es anders. Er fragte sich, ob das durch den Bruch kam, der durch beide Städte lief, wodurch das Zufußgehen den Charakter einer Reise, einer Pilgerfahrt bekam. Bei der Seine wurde dieser Bruch durch Brücken gemildert, und dennoch wußte man immer, daß man irgendwo anders hinging, daß eine Grenze überschritten wurde, so daß man, wie so viele Pariser, auf seiner Seite des Flusses blieb, wenn keine Notwendigkeit bestand, das eigene Territorium zu verlassen. In Berlin war das anders. Diese Stadt hatte mal einen Schlaganfall erlitten, und die Folgen waren noch immer sichtbar. Wer von der einen Seite in die andere ging, durchquerte einen merkwürdigen Riktus, eine Narbe, die noch lange zu sehen sein

würde. Hier war das trennende Element nicht das Wasser, sondern jene unvollständige Form der Geschichte, die Politik genannt wird, wenn die Farbe noch nicht ganz trocken ist. Wer dafür empfänglich war, konnte den Bruch fast körperlich spüren.

Er trat auf die endlose Fläche des Ernst-Reuter-Platzes, sah, daß die hohen Metallampen in der Bismarckstraße (»das einzige, was von Speer übriggeblieben ist« – Victor) brannten, so daß die dahintreibenden, sich selbst nachjagenden Schneeböen dort kurzzeitig zu Gold wurden. Ihn fröstelte, aber nicht vor Kälte. Wie lange war es jetzt her, daß er zum erstenmal in Berlin war? Als Praktikant mit einem Team vom niederländischen Sender NOS, das über einen Parteitag im Osten berichten sollte. So etwas konnte man schon jetzt nicht mehr erklären. Wer es nicht miterlebt hatte, konnte es nie mehr nachempfinden, und wer es mitgemacht hatte, wollte nichts mehr davon wissen. So etwas gibt es, Jahre, in denen die Ereignisse dahinrasen, in denen Seite 398 Seite 395 schon längst vergessen hat und die Wirklichkeit von vor ein paar Jahren eher lächerlich als dramatisch wirkt. Es war ihm aber noch bewußt, die Kälte, die Bedrohung. Brav hatte er zusammen mit den anderen auf einem Holzpodest gestanden, um über das Niemandsland hinweg in die andere Welt zu blicken, in der er am Tag zuvor noch gedreht hatte. Selbst das war ihm damals unmöglich erschienen. Nein, darüber konnte man nichts Vernünftiges sagen, auch heute noch nicht. Wenn die steinernen Zeichen, Ruinen, Baugruben, leeren Flächen nicht gewesen wären, hätte man noch am besten alles als Produkt einer krankhaften Phantasie abtun können.

Später war er häufiger in die erdachte Stadt zurückgekehrt, mitunter Monate am Stück. Er hatte Freunde gewonnen, die er gern wiedersah, bekam gelegentlich einen Auftrag vom SFB, doch nichts konnte erklären, weshalb diese geheime Liebe nun ausgerechnet Berlin galt und nicht Städten, in denen es angenehmer oder spannender war, wie zum Beispiel Madrid oder New York.

Es mußte etwas mit der Größe zu tun haben, wenn er durch die Stadt ging, wußte er genau, was er damit meinte, ohne daß er jemand anders eine befriedigende Erklärung dafür hätte liefern können. »Ich bin überall ein bißchen ungern.« Dieser Satz war in ihm haften geblieben, weil er ihn so gut nachempfinden konnte. In diesem *ungern*, das man überall mit sich herumtrug, steckte eine essentielle Melancholie, die einem nicht viel nützte, doch hier ging die eigene Melancholie scheinbar eine Verbindung mit einem anderen, widerspenstigeren und gefährlicheren Element ein, das man vielleicht auch als Melancholie bezeichnen konnte, dann freilich eine der Dimensionen, der breiten Straßen, durch die ganze Armeen marschieren konnten, der pompösen Gebäude und der leeren Räume zwischen ihnen sowie des Wissens um das, was in diesen Räumen gedacht und getan worden war, eine Häufung ineinandergreifender und sich gegenseitig verursachender Bewegungen von Tätern und Opfern, ein Memento, in dem man Jahre umherstreifen könnte. Die Berliner selbst hatten, wahrscheinlich aus Selbsterhaltungsgründen, dafür keine Zeit. Sie waren damit beschäftigt, die Narben abzutragen. Doch was für ein unerträgliches Gedächtnis müßte man schließlich auch haben, um das zu können? Es würde an seiner eigenen Schwerkraft zugrunde gehen, zusammenbrechen, alles würde in ihm verschwinden, die Lebenden würden zu den Toten gesogen.

*

So dünn war der Verkehrsstrom auf der Otto-Suhr-Allee geworden, daß man hätte meinen können, es wäre eine Warnung ergangen, jetzt besser zu Hause zu bleiben. Auf den Bürgersteigen ging kaum mehr jemand, der sibirische Wind hatte freies Spiel. In der Ferne sah er bereits die ersten Schneeräumgeräte mit ihren neurotischen, giftig orangen Warnblinkleuchten, und auch die wenigen Autos fuhren mit Fernlicht. Er überlegte, wieso er wohl gerade jetzt an eine griechische Insel denken mußte. Das passierte ihm öfter: Aus dem Ungereimten tauchte mit einemmal, ohne unmittelbar erkennbaren Anlaß, ein Bild auf, eine Kirche, eine Landstraße, ein paar Häuser an einer verlassenen Küste. Er wußte, daß er das irgendwann gesehen hatte, konnte sich aber nicht erinnern, wo, als trüge er eine erinnerte, aber nicht mehr benennbare Erde mit sich herum, einen anderen Planeten, auf dem er ebenfalls existiert hatte, dessen Name jedoch gelöscht war. Manchmal, wie zum Beispiel jetzt, wenn er sich bis zum Äußersten anstrengte, konnte er sein Gedächtnis zwingen, mehr preiszugeben als lediglich vage Rätsel aus einem Leben, das sich bemühte, dem eines anderen zu gleichen und ihn damit in die Irre zu führen.

Am Abend zuvor hatte er in einem griechischen Restaurant gegessen, es mußte etwas mit der Musik zu tun haben, die er dort gehört hatte, und er versuchte, sich die Melodie dieser Musik, die er leise mitgesummt hatte, ins Gedächtnis zurückzurufen. Ein Chor war es gewesen, dunkle Stimmen, die tief und beschwörend halb gesungen, halb gesprochen hatten. Der Kellner, der ihn bediente, hatte die Worte gekannt und mitgeraunt, und als er gefragt hatte, was sie bedeuteten, hatte der Mann die Hände gehoben und gesagt: »Eine alte Geschichte, sehr kompliziert, sehr traurig«, und war dann, als müsse er die Stimmen einholen, laut artikulierend im Takt der Musik weggegangen, die Kreise durch das Restaurant beschrieb, mal drohend, mal ergeben, fast ländlich, melancholisch, der Kommentar zu einem dramatischen Ereignis, das stattgefunden hatte und ein großes, dauerndes Leiden nach sich ziehen würde. Das war es gewesen, wußte er jetzt, die Küste Ithakas hatte er gesehen, Phorkys' Bucht, die Hügel wie große, dunkle Tiere, das Meer, das sich an diesem Tag keine Wellen hatte vorstellen können, trügerischer Onyx, der bersten würde, sobald man einen Fuß darauf setzte. Galini nannten die Griechen dieses regungslose Wasser. Und jetzt kamen die anderen Gedanken, er wurde, so nannte er das, wieder gerufen. Nicht, daß er das je einem anderen erzählen würde – nicht einmal, zumindest nicht mit diesen Worten, Erna. Ithaka, seine erste große Reise mit Roelfje, irgendwann in den späten siebziger Jahren, lächerlicher Ausdruck. Irgendwann im Morast der vergangenen Zeit. Sie rief ihn nicht, und doch rief sie ihn. Sie war dort irgendwo, sie wollte etwas sagen, sie wollte, daß er an sie dachte. Anfangs hatte er solche Gedanken als gefährlichen Hinterhalt unterdrückt, später hatte er ganze Gespräche mit ihr geführt, eine Form von Intimität, die er mit niemandem sonst haben konnte und die ihm den Atem nahm. Sie tat das, dachte er, nicht oft, aber sie hatte ihn noch nicht vergessen, wie Eurydike in diesem Rilke-Gedicht, das Arno einmal vorgelesen hatte, in dem sie Orpheus, der sie aus der Unterwelt zurückholen will, nicht mehr erkennt: »Wer«, sagt sie, »wer ist dieser Mann?« Aber wie kam es, daß er jetzt an sie dachte und nicht gestern abend, als er diese Musik hörte? Wer bestimmte die Augenblicke? Und dann der andere, gefährliche Gedanke: Würde er sie wiedererkennen? Tote verschleißen nicht, sie bleiben immer gleich alt. Was verschleißt, ist die Möglichkeit, an sie zu denken, wie man an einen Lebenden denkt. Anwesend, abwesend. Einmal hatte sie ihn gefragt, warum er sie liebe. Auf diese völlig unmögliche Frage, auf die es tausend Antworten gab, hatte er nur sagen können: »Wegen deines temperierten Ernstes.« Temperierter Ernst! Und dennoch war es das gewesen, in diese beiden Wörter paßten alle Bilder, die er noch von ihr hatte. Es hatte mit dem Ernst zu tun, den man zuweilen in Gemälden der italienischen Renaissance sieht, blonde Frauen, die Licht ausstrahlen und gleichzeitig unnahbar wirken, man würde erschrecken, wenn sie sich plötzlich bewegten.

Doch solche Dinge sagte man nun mal nicht, genausowenig wie man mit diesem »temperiert« sehr viel weiterkam. Und dennoch war dies das Wort, das zu ihr gehört hatte. Und natürlich wußte er ihre Antwort noch, eine Antwort in Form einer Frage.

»Ein wohltemperiertes Klavier?«

»So ungefähr.«

Sie waren in der Pension Mentor untergekommen, hatten im kalten Wasser der Bucht geschwommen. Es hatte kaum andere Touristen gegeben, keine ausländischen Zeitungen, er hatte sich, sobald sie in den Hügeln zwischen den Oliven und Steineichen spazierengingen, eingebildet, daß sich hier seit den Zeiten Homers nichts geändert haben konnte, daß Odysseus hier gegangen sein mochte, daß er gesehen hatte, was er, Arthur Daane, jetzt sah. Und natürlich war das Meer weinschwarz, und natürlich war das Schiff am Horizont das Schiff der Heimkehr, und die armselige Hütte, die ihnen als die Hütte des Schweinehirten Eumaios bezeichnet wurde, war sie natürlich auch. Roelfje hatte ihre *Odyssee* bei sich gehabt, und in der Sonne, auf einem Hügel voller Klatschmohn und Klee, hatte sie ihm daraus vorgelesen.

Im Gymnasium war Odysseus sein Held gewesen, und als er nun dort dieselben Worte und Namen hörte, ging ihm zum erstenmal die wahre Bedeutung des Ausdrucks génie de lieu auf. Selbst wenn es nicht dort gewesen wäre, wäre es doch dort gewesen, auf diesem Feld voller Steine und halb eingestürzter Mäuerchen, wo der zurückgekehrte König, als Bettler verkleidet, den Schweinehirten aufsucht und später seinen Sohn wiederfindet.

Sein Sohn, in welchem Jetzt befand er sich? Das war das Gefährliche am Umgang mit Toten. Manchmal gaben sie einem einen Augenblick zurück, und für einen Moment war es, als könne man sie berühren, doch der Augenblick, der dem hätte folgen müssen, war verronnen, verschwunden, schaffte es nicht mehr durch die Zeitmauer. Ein Jetzt in Berlin und ein Damals in Ithaka, das sich ganz kurz als Jetzt ausgegeben und ihn also betrogen hatte, das Jetzt dieses Augenblicks hatte sich als Ort von Damals vermummt, wie es durch die Kraft dieses Gedichts auch geschehen war, als sie dort waren. Sie hatte nicht die Abenteuer vorgelesen, die er früher so bewundert hatte, sondern gerade die Szenen, die auf Ithaka spielten, von Eurykleia, die einst, als sie noch jung war, von Laertes, dem Vater des Odysseus, für zwanzig Ochsen gekauft worden war. In der Nacht, bevor Telemachos sich auf die

Suche nach seinem Vater Odysseus begibt, geht sie in sein Zimmer, nimmt seine Kleider, faltet sie, streicht sie glatt. Man sieht die alten Frauenhände, die das tun, man sieht sie, als sie den Raum verläßt, sie faßt an den silbernen Türknauf, und man hört das Geräusch, wie sie den Riegel ins Schloß schiebt. Das war eine andere Welt gewesen, in der die Diener ein Teil der Familie waren. Man durfte kein Heimweh danach haben, doch manchmal schien es, als rissen die Diener bei ihrem Weggang auch die Familien auseinander. Dort, auf diesem Feld, hatte sich die Welt noch nicht aufgelöst, nach allem Tod und Untergang und der labyrinthischen Bewegung des Reisens hatte der Dichter schließlich das Gewebe der Rückkehr gesponnen. Rückkehr, Vereinigung, Mann und Frau, Vater und Sohn. Arthur unterdrückte den Gedanken, der jetzt aufkam. Er hatte rasch gelernt, daß Sentimentalität nicht die richtige Art und Weise war, mit Toten umzugehen. Erst mit ihrem Tod war der Augenblick gekommen, da sie etwas nicht mehr konnten, und weil sie das nicht wußten, konnte man mit ihnen darüber nicht mehr sprechen. Die Gesetze sind nur für die Überlebenden da, und das bedeutete, daß kein Telemachos ihm je nachreisen würde und daß er zusehen mußte, wie er die Melodie aus diesem griechischen Restaurant aus dem Kopf bekam. Und dennoch, ein Gedanke, der ihn damals auf dieser steinigen Wiese beschäftigt hatte, würde ihn, wußte er jetzt, nie mehr loslassen: daß sie dort, an diesem Hang, in die Geschichte mit eingewoben worden waren, daß der Dichter sie einbezogen hatte, nicht mit ihren Namen, aber doch mit dem, was sie waren. Ob es Odysseus und Eumaios je gegeben hatte, ob sie ihre Hände auf diese Steine hier gelegt hatten, spielte keine Rolle, wichtig war, daß sie, die späten Leser, die die Worte in einer Sprache aussprachen, die der Dichter nie kennen würde, Teil seines Gespinsts geworden waren, auch wenn sie nicht darin vorkamen. Das machte die Steine, den Weg, diese Landschaft magisch, und nicht umgekehrt. Es sind die Augenblicke, da das Jetzt sich verewigt, da die alte Frau dort mit ihren Ziegen Eurykleia ist und da

sie noch einmal erzählen wollte, wie der Held heimkehrte, wie sie ihn erkannte und wie sie den Sohn hatte weggehen sehen, den Weg hinunter zum Hafen, an einem Tag wie diesem, und damit diesem Tag, ihrem Tag, weil ein Gedicht nun einmal erst dann fertig ist, wenn der letzte Leser es gelesen oder gehört hat.
»Ruhig, Daane.«
War er das nun selbst oder hörte er das? »Ruhig, Daane.« Jedenfalls hatte es geholfen, der Gedankenstrom war unterbrochen. Bruchstücke bekam man zurück, Fragmente, nie mehr den ganzen Zeitraum.
»Daran würdest du auch ersticken.« Das war Erna. Und diese andere Stimme, wem immer sie gehören mochte, hatte ihn aus Ithaka zurückgebracht in die Otto-Suhr-Allee. Ein alberner Pfosten der Buslinie 145 ragte aus dem Schnee. In dem Glashäuschen der Haltestelle saß eine alte Frau und winkte ihm. Er winkte zurück, sah nun aber, daß die Geste kein Zuwinken war, sondern ein Herbeiwinken, und dann auch noch eher ein Befehl als eine Bitte. Sie war uralt, vielleicht schon neunzig. Sollte zu Hause sein bei diesem Wetter. Neunzig, man stelle sich vor, sie war wirklich so alt. Mit einer Hand hielt sie sich an einer der Glasplatten fest, mit der anderen stützte sie sich auf eine Art Bergstock.
»Glauben Sie, daß noch ein Bus kommt?«
»Nein, und Sie sollten hier nicht bleiben.«
»Ich bin schon fast eine Stunde hier.«
Sie sagte das in einem Ton, als habe sie schon Schlimmeres erlebt. Vielleicht im Sportpalast mitgejubelt, oder gerade nicht. Man konnte nie wissen. Mann gefallen an der Ostfront, Haus zertrümmert von einer Bombe aus einer Lancaster. Nichts wußte man von anderen Menschen, außer, daß sie damals ungefähr vierzig gewesen sein mußte.
»Glauben Sie, daß die U-Bahn noch fährt?«
Sie hatte eine dünne, hohe Kommandostimme. Krankenschwester an der Front? Oder doch Kabarett in den zwanziger Jahren?

»Ich weiß es nicht. Wir können es versuchen.«
»Wo müssen Sie hin«, hätte er jetzt fragen müssen, aber er tat es nicht.
»Ich kann Sie zum Richard-Wagner-Platz bringen.«
»Gut.«
Dies ist mein Menschenrettertag, dachte er, während er sie praktisch aus dem Häuschen hob. Es war nicht weit. Sie gingen so dicht wie möglich am Rathaus Charlottenburg entlang. Die großen schwarzen Steine sahen aus wie eine Felswand. Die Hand, mit der sie seinen Arm hielt, hatte einen festen Griff. Mit dem rechten Fuß fegte er bei jedem Schritt den Schnee vor ihr weg, so daß ein kleiner Pfad entstand.
»Sie sind sehr freundlich.«
Darauf ließ sich nichts erwidern. Wäre er ein Mitglied der neuen rumänischen Mafia gewesen, was hätte er dann getan? Aber die ließen sich bei diesem Wetter nicht auf den Straßen blicken.
»Der hätte ihr die Handtasche weggenommen.« Victors Stimme. Dieser Schnee verbarg alle möglichen Spukgestalten.
»Wie alt sind Sie?« Jetzt hatte er doch gefragt.
»Neunundachtzig.« Sie blieb stehen, um wieder zu Atem zu kommen, und sagte dann: »Aber alt zu werden ist kein Verdienst.«
Und dann: »Sie sind kein Deutscher.«
»Nein, ich komme aus den Niederlanden.«
Die Hand zupfte an seinem Mantel. »Wir haben Ihnen großes Unrecht angetan.«
Mir persönlich nicht, wollte er sagen, hielt sich aber zurück. Das Thema war zu kompliziert. Er konnte es nicht ausstehen, wenn die Deutschen von Schuld anfingen, und sei es nur deswegen, weil sich darauf nichts entgegnen ließ. Schließlich war er nicht das niederländische Volk, und sie jedenfalls hatte ihm nichts getan. »Von allen besetzten Ländern hatten wir das größte Kontingent der Waffen-SS.« Aber wenn man so etwas sagte, war's auch wieder nicht richtig.

»Ich bin zu jung«, sagte er schließlich. »Ich bin dreiundfünfzig geboren.«

Sie blieb stehen bei einem behelmten Zwerg und einem riesenhaften König, der sein Schwert senkrecht vor sich auf die Erde stützte. Ein Krieger.

»Mein Mann war ein Freund von Ossietzky«, sagte sie. »Er ist in Dachau geblieben.«

Geblieben, das sagten Deutsche, wenn jemand an der Front gefallen war. Gefallen, geblieben. Hatte sie das wirklich gesagt?

»Er war genauso alt wie Sie.«

»Kommunist?«

Sie beschrieb eine Geste in der Luft, als werfe sie etwas ganz weit weg. Schon während er das dachte, wußte er, daß es eigentlich nicht stimmte. Diese Geste, die sich nie mehr so wiederholen ließ, war eher klein gewesen, doch etwas war dadurch weggeflogen, etwas, das vielleicht mit alldem zusammenhing, was nach dem Krieg passiert war. Es würde nie eine gesprochene Antwort geben, und er würde nicht weiterfragen. »Mein Vater war Kommunist.« Das würde er auch nicht sagen. Sie waren fast am Ziel. Er schob sich mit ihr am Schaufenster eines Bräunungsstudios entlang. Eine aus einer Holzfaserplatte ausgesägte Frau in gelbem Bikini gab sich hingebungsvoll der Sonnengewalt hin. Sie war hübsch, aber lächerlich braun.

Die alte Frau blieb oben an der Treppe stehen. Von unten klang das Gewitter der U-Bahn herauf. Die fuhr also noch. Jemand hatte Asche auf die Stufen gestreut. Bürgerliche Tugenden. Er brachte sie nach unten. Nein, sie brauche keinen Fahrschein zu lösen, sie habe einen Seniorenausweis. Er wollte nicht fragen, tat es dann aber doch. »Wissen Sie, wie Sie fahren müssen? Ich meine, mit dem Bus wären Sie doch irgendwo anders hingefahren?«

»Vielleicht fahre ich ja nirgendwohin, und mit einem Umweg kommt man da auch hin.«

Dagegen war nichts zu sagen.

»Und dann?«

»Am anderen Ende finde ich wieder so jemanden wie Sie.«

Sie ging weg, drehte sich um und sagte: »Alles Unsinn.« Dabei lachte sie, und einen kurzen Moment lang, so flüchtig, daß man ihn mit keiner Kamera hätte einfangen können, hatte sie das Gesicht, das sie einst, in irgendeinem Augenblick ihres Lebens, schon einmal gehabt haben mußte. Doch was für ein Augenblick das gewesen sein sollte, davon hatte er keine Ahnung. Die meisten Lebenden waren genauso unerreichbar wie die Toten. Er summte »Alles Unsinn« und stieg wieder in den Schnee hinauf.

Innerhalb einer Minute hatte er sich in eine weiße Gestalt zurückverwandelt. Dachau, Napoleon in Moskau, nach Frankreich zogen zwei Grenadier', Stalingrad, von Paulus, dies ungefähr waren seine Gedanken, als er sich dem vanillefarbenen Schloß Charlottenburg näherte. Die Garderobenfrau nahm seinen Mantel entgegen, als klebe Scheiße daran. Durch die Fenster an der Rückseite konnte er die reglementierten Gärten sehen. Der runde Springbrunnen, in dem im Sommer Kinder ihre Bötchen schwimmen ließen, war jetzt nicht in Betrieb, eine hilflose halbe Erektion aus grauem Eis hing schief aus der metallenen Öffnung. Eine Schlachtordnung von Schneemännern, das waren die Büsche zu beiden Seiten des Weges, die in jetzt geschlossenen Holzverschlägen überwintern mußten. Weiter entfernt von dieser in preußische Ordnung gezwungenen Natur standen hohe Bäume als Wächter, zwischen denen ein schwarzgraues Rabenvolk hin und her flog. Hier hatte er einmal ein Interview mit Victor aufgenommen, und so hatten sie sich kennengelernt. Die Interviewerin war mit Victor nicht zurechtgekommen. Sie hatte ihm Fragen gestellt zum deutschen Volkscharakter und worin der Unterschied bestehe zu Niederländern, und Victor hatte darauf geantwortet, der Unterschied sei der, daß Deutsche einen Kreislauf hätten und Niederländer nicht, daß Niederländer hingegen große Probleme mit dem Rücken hätten, aber auch sehr viel

schlechte Tomaten produzierten. Das Mädchen hatte völlig hilflos zu Arthur geblickt und gefragt, ob er diese Szene noch einmal aufnehmen könne. Er hatte den Finger auf seine Lippen gelegt und langsam den Kopf geschüttelt.
»Warum nicht?«
»Weil es keinen Sinn hat.«
Aus dem Augenwinkel hatte er gesehen, wie Victor sich von ihnen entfernt hatte und ein Stück weiter stehengeblieben war, wo er krampfhaft nach oben schaute.
»Aber warum denn nicht?«
»Ich glaube nicht, daß er Lust hat auf allgemeine Fragen. Niederländer und Deutsche, darüber spricht doch schon jeder, das hängt einem doch schon zum Hals raus.«
»Schau mal«, sagte Victor in diesem Augenblick vor sechs Jahren, »siehst du die Figuren da oben am Dachrand?«
Hoch über ihnen standen, beschwingt und tanzend, Frauengestalten mit nackten Brüsten und sich bauschenden Gewändern, die allem Anschein nach aus Gips waren. In den Armen hielten sie Attribute, die die freien Künste darstellen sollten, Zirkel, eine Leier, eine Maske, ein Buch. Die Entfernung war zu groß zum Filmen gewesen, und statt dessen hatte er Victor gefilmt, der sich die Hände vors Gesicht hielt.
»Sie haben keine Gesichter, siehst du das nicht?«
»Hat man ihnen die abgeschlagen? Waren das die Russen?« fragte die Interviewerin.
»Die Russen waren hier nicht, Schätzchen, die Figuren waren von Anfang an so. Kegel ohne Augen. Wie bei de Chirico. Wer etwas darstellt, braucht kein Gesicht, da sieht man's mal wieder.«
Die Stelle, an der Victor das gesagt hatte, war nur wenige Meter von dem Fleck entfernt, an dem Arthur jetzt stand. Immer mehr Vergangenheit. So etwas bedeutete natürlich nichts, und melancholisch war es eigentlich auch nicht. Wenn alles gut ging, würde er Victor am Abend sehen, darum ging es also nicht. Doch wor-

um dann? Um einen unbedeutenden Moment, eine Szene aus einem seiner vielen Interviews, wenn er das alles behalten müßte, würde er verrückt. Victor hatte dieses Interview bewußt vermasselt, soviel war sicher. Eigentlich ging es eher darum, warum er sich an jenen Augenblick erinnerte, an dem man zum erstenmal etwas vom Charakter eines anderen wahrnimmt.
»Und trotzdem würde ich Ihnen gern ein paar Fragen zu der Beziehung zwischen den Niederlanden und Deutschland stellen. So lautet schließlich mein Auftrag. Die Vorstellung von der deutschen Einheit, von einem neuen, großen Deutschland ist für viele Niederländer sehr bedrohlich ...«
»Igitt«, sagte Victor. »Findest du das nicht sonderbar, kein Gesicht und trotzdem eine Maske?«
Wie war es möglich, daß seine Erinnerung jetzt den Schnee wegfegte, den Springbrunnen springen, die Bäume blühen ließ? Mit Ausnahme des Tonmanns trugen sie alle drei Sommerkleidung. Nur an das Mädchen konnte er sich nicht mehr erinnern. Sie hatte also kein Gesicht gehabt. Aber wie stand es mit Victor, der stets jegliche Gefühlsregung aus seinem Gesicht verbannte? Die leere Stelle draußen, im Schnee, dort, wo sie jetzt nicht mehr standen, hatte dieses sommerliche Gespräch für ihn wachgerufen. So war es immer, eine Welt voll leerer Stellen, an denen man in verschiedenen Konstellationen aufgetreten war, Gespräche, Streitereien, Lieben, und an all diesen leeren Stellen irrte ein Geist von dir herum, ein unsichtbarer, ungültig gewordener Doppelgänger, der diese Räume mit keinem einzigen Atom füllen konnte, eine frühere Anwesenheit, die jetzt zu einer Abwesenheit geworden war und sich an dieser Stelle mit der Abwesenheit wieder anderer vermischte, ein Reich von Verschwundenen und Toten. Tot war man, wenn man sich sogar an sein eigenes Verschwinden nicht mehr erinnerte.
»Im Himmel gehen eine Million Seelen in eine Streichholzschachtel.« Ausspruch von Erna.
»Woher hast du das?«

»Von meiner Mutter.« Ihre Mutter war drei- oder viermal verheiratet gewesen, und Erna hatte sie mal gefragt, welchen ihrer Männer sie nach ihrem Tod am liebsten wiedersehen würde. Nachdem die Interviewerin und der Tonmann gegangen waren (»Also, vielen Dank, da werden sie sich in Hilversum wahnsinnig freuen«), hatte Victor Arthur zu dem Mausoleum mitgenommen, das hinter dem Schloß im Park lag.

Frühling, herumtollende Hunde, ein Geiger, der gegen ein mechanisches Orchester anspielte, das in einem Ghettoblaster zu seinen Füßen eingesperrt war. (»Ganz kleine Männer und Frauen, und die kommen da nie mehr raus. Ein Pfuhl der Unzucht und Inzucht. Igitt. Übrigens, Sie spielen gar nicht so schlecht.«) Victor in einer teuren Lederjacke, die ihn wie Satin umfloß. Diesmal ein blauer Schal, mit weißen Polkatupfen. Lou Bandy*. (»Wissen Sie überhaupt noch, wer das war?«) »Ich möchte dir etwas zeigen. Gehört in die Rubrik Lehre fürs Leben. Nicht weinen.«
Lou Bandy, es war in der Tat ein Wunder, daß er das noch wußte. Irgendwann einmal, alte Aufnahmen. Wie in den Wochenschauen damals, diese merkwürdigen hohen Laute, als hätten die Menschen früher andere Stimmen gehabt, Stimmen, die jetzt ausgestorben waren. Victor kannte alle seine Lieder.

»Ich bin verliebt/in 'ne Masseuse/
Eine graziöse/schön muskulöse/
Plagt mich die Gicht oder 's Rheuma wieder/
Dann reibt sie mir/reibt mir die Glieder/
Und wohl wird's mir/am ganzen Leibe...

Die dreißiger Jahre. Und nach dem Krieg das Gas, er konnte den Abstieg nicht ertragen. Aber immer mit Schal früher, o ja. Und Brillantine, nicht? Pomade. Pomadisiertes Haar. Gibt's auch nicht mehr.«

Er hatte alles aufgenommen, jetzt ohne Ton. Victor konnte nicht nur ausdruckslos schauen, er konnte auch unbeteiligt gehen, fast wie ein Roboter, und so war er vor ihm hergegangen, hinter dem Schloß entlang, als sei es die normalste Sache der Welt, daß ihm eine Kamera folgte. Er hatte diesen Film sehr lange nicht mehr gesehen, erinnerte sich aber an eine Einstellung mit Geranien, blutrot, hochstielig, an Stöcke gebunden, als hätte es sich hier nicht um alltägliche Blumen gehandelt, sondern um etwas ganz Seltenes, etwas Erdachtes, Requisiten für böse Träume. Victor bog in einen Seitenweg. An seinem Ende standen vor einer Art Tempel zwei Marmorbecken, halbkreisförmig umgeben von wildwuchernden hohen Rhododendronbüschen, das Violett schmerzte in den Augen. Der Tempel selbst war geschlossen. Bronzetüren, dorische Marmorsäulen, das Rauschen der hohen Bäume.

»Dort liegt sie«, sagte Victor und zog eine Ansichtskarte hervor, ein Zaubertrick. Sie zeigte eine junge Frau. Arthur sah ihn an, doch auf Victors Gesicht war nichts zu lesen. War er nun einfach sentimental, lachte er ihn aus, oder was? Er wußte nicht, wie er reagieren sollte. Die Frau war hübsch, hatte zugleich aber etwas Törichtes. Ein locker fallendes weißes Gewand, das unter den großen sahnefarbenen Brüsten mit einer hellblauen Schleife zusammengeschnürt war. Victor hatte ihm die Karte so nachdrücklich hingehalten, daß er die Kamera auf den Boden gestellt hatte. Die Frau sah einen an, als wolle sie etwas von einem, soviel stand fest. Unter einem massiven edelsteinbesetzten Diadem sprangen kleine Löckchen hervor, das Sahnige von Brust und Hals hatte sich im Gesicht rosa getönt. Eine gerade Nase, zu kleine Ohren, die Lippen von einem satteren Rosa, leicht gekräuselt an den Mundwinkeln. Am seltsamsten waren jedoch die Augen. Das Blau korrespondierte mit den Edelsteinen im Diadem und mit der Farbe des Umhangs, der von ihr herabzugleiten schien, eine Einladung. Sie standen weit auseinander, diese Augen, groß, fast unbewimpert.

Er drehte die Karte um. Königin Luise von Preußen, 1804. Joseph Grassi. Was soll ich damit, dachte Arthur. »Hast du diese Karte immer bei dir?«
Er wußte noch nicht, daß dies Victors Art war, andere Menschen zu testen, zumindest wenn er sie der Mühe wert fand.
»Nein«, sagte Victor. »Ich war euretwegen hier. Und ich schaue immer kurz bei ihr vorbei, wenn ich hier bin. Ich habe Freundinnen auf der ganzen Welt. Sie freuen sich immer, wenn sie mich wiedersehen.«
Kein Zug in seinem Gesicht, der sich änderte.
»Diese Karte habe ich für dich gekauft. Ich bin nicht eifersüchtig. Das entspricht nicht meinem Charakter.« Arthur wußte noch immer nicht, wie er reagieren sollte.
»Man fragt sich, was von ihr übrig ist«, sagte Victor, während er auf den Grabtempel deutete. »Wird nicht besonders angenehm sein, denke ich. Wahrscheinlich eingetrocknet. Schade. Nichts bleibt. Aber stell dir vor, sie wäre nicht porträtiert worden, dann hätten wir sie nie gesehen.«
Arthur sah sich die Karte an und später, als sie hineingegangen waren, das Gemälde. Er mußte zugeben, irgendwas war mit ihr. Sie hatte nicht nur eine unverkennbar sexuelle Ausstrahlung, sondern es schien auch so, als wolle die Frau aus dem Bild heraus, als ertrage sie den Rahmen nicht. Und diese Schnalle auf ihrer Schulter war natürlich dazu da, sie zu lösen, genauso wie auch diese Schleife mit einer einzigen Bewegung hätte aufgezogen werden können. Die Suggestion, die von dem Bild ausging, besagte, daß die Frau das nicht schlimm fände. Aber vielleicht war das auch nur die Geilheit des Malers, der wußte, daß er sich auf die Geilheit des Betrachters verlassen konnte. Sie ließ einen nicht aus den Augen, das war das Leidige daran.
»Es ist noch nicht mal ein wirklich schönes Bild«, sagte Arthur.
Victor tat so, als habe er ihn nicht gehört. Sein Kopf war ganz nah an die Leinwand herangegangen. Nur in alten Filmen trugen Leute solche Frisuren, dachte Arthur. Fred Astaire. Cary Grant.

Untadelig, war das Wort dafür. Dieses Haar konnte nicht in Unordnung geraten.
»Ein Lamm für die Schlachtbank. Solche Frauen gibt es nicht mehr. Ich kenne keine Frau mehr, die so schauen kann. Sehr verwirrend. Dieser Blick ist ausgestorben. Sieh mal. Die ganze Welt quengelt wegen irgendeines Salamanders, der auszusterben droht, aber von Attitüden spricht niemand. Um uns herum stirbt alles mögliche aus, darüber müßtest du, mit deiner Kamera, doch nachdenken.«
»Ich tue nichts anderes.«
Nein, das hatte er nicht gesagt. Damals noch nicht. Er hatte zugehört.
»Kannst du dir vorstellen, wie diese Frau gegangen ist?« sagte Victor. »Nein, das kannst du nicht. Sehr dumme Schauspielerinnen in einem historischen Stück, die versuchen es. Ich habe neulich erst etwas von Kleist gesehen. Kleider können nicht aussterben, die kann man bewahren oder nachmachen, das ist kein Problem. Aber die Bewegung in diesen Kleidern, die ist ausgestorben. Stoff fällt anders, wenn die Bewegung eine andere ist. Diese Frau hätte nie einen Bikini tragen können. Dafür hatte sie nicht den Gang, der war noch nicht erfunden.«
»Aber wer hat ihn denn erfunden?«
»Oh«, sagte Victor, »die Zeit. Oder der Kapitalismus, aber das ist dasselbe. Berufstätige Frau, Arbeitsprozeß, Autos, Jeans. Und kurze Hosen, Frauen wie kleine Jungen, sehr merkwürdig. Rauchen, Herzinfarkte. Dann stirbt das aus, so ein Augenaufschlag. Mußte vielleicht auch sein. Schau noch mal gut hin. Es ist ein hinterhältiges Bild.«
Er beugte sich vor, in unmittelbarer Nähe der vollendet gerundeten rechten Brust.
»Frage des Bildhauers: Wo, glaubst du, sitzt die Brustwarze?«
»Da«, sagte Arthur und zeigte auf die Stelle. Umgehend schrillte der Alarm los, ein Wärter in blauer Uniform kam angerannt und schrie etwas in Stakkato-Deutsch, das er nicht verstand.

»Das ist jedenfalls noch nicht ausgestorben«, sagte Victor. »Hab ich doch gesagt, ein hinterhältiges Bild.«
Bevor der Mann bei ihnen war, hatte er sich ihm bereits zugewandt, leicht gebeugt, tiefe Entschuldigung im Gesicht.
»Mein Freund hier ist unerfahren. Er geht nie in Museen. Ich sorge dafür, daß es nicht mehr vorkommt.« Und als der Mann weg war: »Aber die Stelle war richtig. Mathematisch richtig, eher noch als biologisch, denn dafür haben wir keinen Anhaltspunkt. Sehr weich, sehr rosa, fast wie ein Erröten. Gibt's übrigens auch nicht mehr, so ungefähr das Gegenteil dessen, was man an Nacktstränden sieht, diese frechen Korinthen. Wind und Wetter. Oder richtige Knöpfe, wie die Mutation zur mechanischen Frau.«
»Aber was meinst du denn jetzt eigentlich«, fragte Arthur, »vergangene Formen von Untertänigkeit, Verfügbarkeit, oder was?«
»Ich weiß nicht, ob ich etwas meine«, sagte Victor. »Vielleicht nur die Vergangenheit. Die Verfügbarkeit ist im übrigen heutzutage größer, wie man hört.«
Das wiederum lockte neue Fragen heraus, die Arthur aber nicht stellen wollte. Schließlich kannte er diesen Mann noch nicht. Am nächsten Tag hatte er in Victors Atelier gedreht, bedrohliche steinerne Objekte, massiv, gedrungen, roter Stein, der sich rauh anfühlte, wenn man mit dem Finger darüberfuhr. Sie glichen in nichts ihrem Erschaffer, und mit der Vergangenheit hatten sie schon gar nichts zu tun, es sei denn mit einer aus der Zeit, bevor man in Jahren zählte, sakrale Gegenstände eines verschwundenen Volkes. Dieser Mann konnte diese Objekte unmöglich geschaffen haben. Arthur erinnerte sich an eine Art Pferd, das aus Vulkangestein gemacht zu sein schien, mit hängendem Kopf, als sei es im Begriff zu sterben. Kein Schweif, keine Hufe, es deutete ein Pferd eher an, als daß es eines war. Durch die geschwärzte Farbe des Steins hatte es etwas Heiliges, ein Idol aus der Vorzeit.
Er hatte das gesagt, und Victor hatte ihn angesehen, wie man ein kleines Kind ansieht, das Kacke und Pisse gesagt hat.

»Doch kein Kunstkenner, hoffe ich?«
Damals, damals, damals. Er konnte jetzt wählen, nach links, zu den königlichen Gemächern, oder nach rechts, wo die Friedrichs hingen. Ihretwegen war er schließlich gekommen. Wenn er nach links ging, konnte er das Bild von Luise wieder sehen. Ungehörig, wie Bilder im Lauf der Jahre sie selber blieben. Er wußte genau, was er empfinden würde, und das wollte er nicht. Er hatte es nicht sagen wollen, damals, und wahrscheinlich war es auch Unsinn, aber tief in seinem Herzen hatte er gedacht, daß Roelfje vielleicht genauso gegangen war wie diese Frau. Scheu war das Wort, das dazugehörte. Scheu, es schien, als ob dieses Wort nun, da er es aussprach, nicht einmal mehr existierte. »Es stirbt aus«, hatte Victor gesagt. »Nur noch in Reservaten zu finden.«
»Wie zum Beispiel was?«
»Oh, Schubertlieder. Aber dann mußt du die Noten lesen und dir vorstellen, wie sie einst geklungen haben.«
»Sie werden doch noch immer gesungen?«
»Aber nicht so. Lies doch mal ein Buch von Jane Austen. Da findest du das noch: Scheu.«
Mit Mühe löste er sich vom Fenster. Der Himmel war inzwischen fast schwarz. In Berlin schien es früher dunkel zu werden als irgendwo sonst. Es war noch nicht mal halb zwei. Und was dieses Bild und die mögliche Ähnlichkeit betraf, so handelte es sich natürlich nicht nur um Scheu. Da war auch noch die Herausforderung, selbst wenn sie nur suggeriert wurde oder sogar nichts anderes war als die Geilheit des Betrachters aus dem zwanzigsten Jahrhundert, der von Scheu keine Ahnung mehr hatte. Deine Frau ähnelt einer der törichten Jungfrauen aus der Bibel, hatte mal jemand zu ihm gesagt, doch wenn er daran dachte, war er wieder in Amsterdam, und da wollte er jetzt wirklich nicht sein. Also nach rechts, Caspar David Friedrich.
Genau der richtige Tag dafür, dachte er. Aber hier täuschte er sich, und genau aus diesem Grund. Der Himmel hinter den Fensterscheiben, der sich immer weiter verdüsterte, paßte vortreff-

lich zu den Bildern, derentwegen er gekommen war. Er ging auf sie zu, als würde er zu ihnen geschickt, doch gleichzeitig spürte er eine Kraft in seinem Körper, die sich dem widersetzte. Warum um Himmels willen hatte er hierherkommen wollen? Dies war ein Universum, mit dem er nichts zu schaffen hatte, und es strahlte mit großer Kraft aus.

Genauso ein Idiot wie ich, dachte er, als er vor dem Bild »Mönch am Meer« stand. Was tat der da in dieser gottverlassenen Landschaft? Büßen, jammern in Einsamkeit? Diese dünnen weißen Striche auf dem aufgewühlten düstergrünen Wasser, waren das Möwen? Schaumköpfe? Lichtreflexe? Der Mann hatte eine merkwürdige Krümmung in seinem Körper, er wollte dort offenbar ebensowenig sein wie der Mann, der ihn über einen Abgrund von zweihundert Jahren hinweg ansah. Was dachte einer, der so ein Bild malte? Der Dünensand war so weiß und fein, daß er wie Schnee wirkte, der Horizont ein gerader Strich, über dem eine Wolkenfront heranrückte, eine Barrikade, die jeden Gedanken an Entrinnen ausschloß. Und die Frau, die er hatte wiedersehen wollen, die in seiner Erinnerung leuchtende Gestalt, wie war sie denn bloß auf diesen Berggipfel gekommen? Das war nun wirklich im wahrsten Sinne des Wortes eine Exaltation. Die feinen Krakelüren hielten sie gefangen, ein Schmetterling in einem Netz. Ob jemand dieses Bild irgendwann einmal zerstören wollte, und sei es auch nur wegen des unerträglichen Mangels an Ironie? Anziehung, Abstoßung, es hatte unwiderruflich etwas mit der deutschen Seele zu tun, was immer das war. Das Schmachten Wilhelm Meisters, Zarathustra, der weinend am Hals eines Kutschpferdes endet, Friedrichs Bilder, Kleists Doppelselbstmord, Kiefers Blei und Strauß' druidische Bocksgesänge, das alles schien miteinander zusammenzuhängen, ein düsteres Gewühle, in dem für Menschen aus einem Land mit Poldern kein Platz war. Worin bestand dann aber die Anziehungskraft? Auf dem nächsten Bild war eine verlassene Abtei in einem Eichenwald unter unheilvollem Himmel zu sehen.

»Du hast Wagner noch vergessen«, hatte Victor gesagt, als sie darüber sprachen. Victor fuhr, wenn irgend möglich, jedes Jahr nach Bayreuth.

»Kannst du dir das vorstellen, ein englischer Wagner? Ein niederländischer Nietzsche? Niederländer hätten nicht gewußt, wo sie hinschauen sollen. Benimm dich ganz normal, dann bist du schon verrückt genug.«

»Das gilt also auch für Hitler.«

»Genau. Der schrie zu laut und hatte so einen komischen Schnurrbart. So was gefällt den Nachbarn nicht. Wir haben eine Königin, die Fahrrad fährt. Bei Hitler konnte man nicht in die Wohnung schauen. Das mögen wir nicht. Wir wollen wissen, ob Frau Hitler schon Staub gesaugt hat. Genau, was du sagst, die Niederlande, ein Land ohne Berge. Oberflächlich, nicht wahr? Keine Berge, keine Höhlen. Nichts zu verbergen. Keine dunklen Flecken auf der Seele. Mondrian. Reine Farben, gerade Linien. Gräben, Deiche, Polderwege. Keine Abgründe, keine Grotten.«

»Manchmal ist es besser ohne.«

»Binsenweisheit. Und außerdem, das Düstere gehört auch dazu. Und es hat immer genug Gegengifte gegeben.«

»Nicht während der Weimarer Republik.«

»Kauen wir die Weltgeschichte jetzt noch mal durch? Erinnerst du dich, was Hein Donner* gesagt hat? Die Niederlande sollten Gott auf bloßen Knien danken, daß Deutschland *willens* war, sie in den Zweiten Weltkrieg hineinzuziehen – und sei es nur aus dem Grund, um uns endlich aus dem neunzehnten Jahrhundert herauszuholen. Und so heldenhaft, wie die Niederländer nach eigenem Bekunden waren, sind die meisten nun auch wieder nicht gewesen. Ich kann zwei Arten von Menschen nicht ausstehen: Niederländer, die glauben, weil sie sich vierhundert Jahre lang in einem fort gegenseitig widersprochen haben, hätten sie die Demokratie erfunden, und Deutsche, die ewig nur im Büßergewand herumrennen. Und falls du das jetzt fragen willst: Ja,

es gibt Schuld. Aber nicht bei denen, die selbst nichts getan haben.«
»Wenn ich dich so höre, dann ist es ihnen im Grunde nur widerfahren?«
»Es ist uns allen nur widerfahren. Igitt, das wird ja ein richtiges Gespräch.«
»Und trotzdem wäre ein Voltaire oder ein Cervantes vielleicht ganz nützlich gewesen.«
Und damit waren sie wieder am Ausgangspunkt angelangt, der Ironie, beziehungsweise ihrem Fehlen. Zusammen mit den Juden war auch die Ironie aus Deutschland verschwunden. Danach waren sie wieder unter sich, so was gönnte man keinem. Ironie, Distanz, notwendige Luft, so ungefähr hatte der letzte Satz gelautet, und danach nur noch zwei Worte von Victor.
»Langweilig, nicht?«
Noch einmal starrte er auf die Abtei. Ein Stück einer Mauer stand noch, mit einem hohen gotischen Fenster, durch das ein Licht schien, das nicht von dem kleinen Mond herrühren konnte. Ruinen, umgefallene Grabsteine, kahle, bizarre Bäume wie Gespenster, metaphysisches Licht, ein Kreuz, das schief auf einem Grab stand, es stimmte alles. Öde, Finsternis, das Jagdrevier der germanischen Seele, die nun endlich, am Ende dieses wahnwitzigen Jahrhunderts, am Ende der Jagd angelangt war. Ob das nun von der neuen Klarheit des Denkens, der Ernüchterung der Niederlage, der doppelten Strafe der Teilung kam oder ganz einfach, wie anderswo auch, letztendlich vom Triumph des Geldes, wußte er nicht.
Die Gemälde in den folgenden Sälen waren von unaussprechlicher Biederkeit. Kupferne Sonnenuntergänge, gefahrlose Wälder, rauschende Wasserfälle, unschuldige Frauen, Hunde, die ihre Herren liebten, die Welt ohne Erbsünde. Das mußte er Friedrich lassen: Er hatte zumindest eine Ahnung gehabt. In diesem Sinne hatte Victor dann vielleicht doch recht. Kunst ohne Vorahnung ist nichts. Ob es einem nun auf diese Weise einge-

hämmert werden mußte, war eine andere Frage, aber es gab so etwas wie die Mächte der Finsternis.
»Und dann schafft man es mit Ironie allein vielleicht auch nicht.« Nein, das war nicht Victor, der das sagte. Er schaute auf seine Armbanduhr. Halb drei. Ohne eine Idee zu haben, was er jetzt tun würde, ging er zur Garderobe. In den Fenstern auf der Südseite sah er schon wieder ein großes Schneeräumgerät vorbeifahren. Das orangefarbene Blinklicht schien die heftig dahinjagenden Flocken in Brand setzen zu wollen.
Thomas. Es gab keinerlei Schutz vor den Toten, mochten sie noch so klein sein. Das erste Mal, als er Schnee gesehen hatte. Noch nicht einmal drei mochte er da gewesen sein. Sie hatten ihn geweckt und waren mit ihm in den Garten gegangen, um ihm das Wunder zu zeigen. Doch er hatte geschrien und geweint und das Gesicht an Roelfjes Haut gedrückt. Arthur wußte noch genau, daß er gerufen hatte: »Darf nicht, darf nicht!« Es war so lange her, und doch konnte er sie noch hören, diese hohen, schrillen Laute. Das wunderte ihn. Wie ist es möglich, daß Gesichter langsam verschwinden, sich zurückziehen, nicht mehr gesehen werden wollen, und daß ein einziger Satz all diese Jahre hindurch als Geräusch unversehrt erhalten bleibt?
Hinaus, aber schnell. Der Schnee flog ihm entgegen, in die Haare, in die Augenwinkel. Er wischte die nassen Kristalle weg und schaute nach oben. Das mußte sein. Victor hatte seine gemalten Mätressen, er seinen goldenen Engel. Dort tanzte die Engelsgestalt, hoch über der Kuppel auf der Weltkugel, kalt, die nackten goldenen Brüste vom Schnee gegeißelt. Vielleicht konnte sie ihre Schwester sehen, den Friedensengel auf dem großen Stern, ebenfalls aus Gold. Frauen, die etwas verkörpern sollten, sei es nun den Frieden oder den Sieg, wurden immer so hoch und so weit entfernt wie möglich weggestellt.

★
★ ★

Was uns immer wieder wundert, ist, daß ihr euch so wenig wundert. Wir sind nur die Begleitung, doch wenn wir selbst richtig leben dürften, würden wir uns mehr Zeit für die Meditation nehmen. Eines der Dinge, die wir nicht verstehen können, ist, wie schlecht ihr in euer eigenes Dasein paßt, ohne daß ihr darüber nachdenkt. Und daß ihr euch so wenig klarmacht, über welch unendliche Möglichkeiten ihr verfügt. Nein, keine Sorge, wir werden diese Geschichte nicht zu oft unterbrechen. Vier-, fünfmal höchstens, und immer sehr kurz. Laßt uns nur. Wir können ihm währenddessen sehr gut folgen. Busse fahren noch immer nicht. Er hat nun gerade gesehen, daß wieder ein Schneeräumgerät auf dem Spandauer Damm angefahren kommt. Es macht alles schön frei, ihm folgt er jetzt, als fegten Diener den Weg vor ihm. Der aufgehäufte Schnee bildet links und rechts eine Wand neben ihm, er geht in einem weißen Laufgraben. Was wir aber meinten, ist folgendes: Ihr seid zwar sterblich, doch die Tatsache, daß ihr mit diesem einen winzigen Hirn über die Ewigkeit nachdenken könnt oder über die Vergangenheit und daß ihr dadurch, mit dem begrenzten Raum und der begrenzten Zeit, die euch gegeben ist, so unermeßlich viel Raum und Zeit einnehmen könnt, darin besteht das Rätsel. Stück um Stück kolonisiert ihr, zumindest sofern ihr es wollt, Epochen und Erdteile. Ihr seid die einzigen Wesen im gesamten Universum, die dazu in der Lage sind, und das ausschließlich, indem ihr denkt. Ewigkeit, Gott, Geschichte, das alles sind eure Erfindungen, es ist so viel, daß ihr euch darin verirrt habt. Alles ist echt und zugleich Illusion, damit läßt sich tatsächlich schwer leben. Und als wäre das noch nicht genug, habt ihr auch noch diese sich fortwährend verändernde Vergangenheit, mit der die Gegenwart euch belästigt. Helden, die eine Generation später schon wieder Verbrecher sind, solche Dinge, als explodierte die Zeit hinter euch in einem fort. Ihr müßt euch gegen den Strom der Zeit stemmen, um etwas mehr zu erfahren, und gleichzeitig müßt ihr voran. Daher kommt ihr auch nie irgendwo an. Und wer wir sind? Sagen wir vielleicht, der Chor. Irgendeine registrierende Instanz, die etwas weiter schauen kann als ihr, allerdings ohne Macht zu besitzen, auch wenn es vielleicht so ist, daß das, was wir verfolgen, erst durch unser Hinschauen entsteht. Da, jetzt ist er beim Richard-Wagner-Platz, bei der U-Bahn-Station, an der er vor wenigen Stunden die alte Frau abgesetzt hat. Sie ist inzwischen tot, und dem Neger geht es auch nicht gut. Der Mann, der da hinter dem Schneeräumgerät hergeht, weiß das nicht. Das gehört zu euren Begrenzungen, und vielleicht ist es auch besser so.

★
★ ★

In dem Augenblick, in dem Arthur Daane die Treppen zur Unterwelt hinunterstieg, hörte er draußen die Sirene eines Krankenwagens, die reinste Fanfare. Unten war es fast behaglich, er liebte das Halbdunkel der U-Bahn, die Züge, die wie ein rollender Donner heransausten und kalten Wind vor sich herjagten. Am liebsten aber war ihm die anonyme Gemeinschaft, die Blicke, mit denen die Leute sich gegenseitig musterten, der defensive Raum, den jeder um sich herum schaffen wollte, um sich dann aus dieser Verschanzung heraus an die Erkundung, Katalogisierung und Verurteilung zu machen. Die heimlichen Mitleser, die geilen Typen, die andere mit ihren Blicken auszogen, der Rassist, der autistische Hundekopf mit seinem Walkman, dessen Peitschenschläge bis in den entferntesten Winkel zu hören waren ... Sofern man nur lange genug sitzen blieb, trat jeder mal auf.
»Meine Familie«, hatte er zu Erna gesagt, als sie ihn in Berlin besuchte.
»Jetzt wirst du aber sehr pathetisch.« Erna sagte immer, was sie dachte.
»Soll ich dir einen Vater und eine Mutter aussuchen?«
»Nein, laß nur.«
Seit dieser Zeit schaute er immer, ob ein Vater oder eine Mutter dabei war. So hatte er schon mal einen türkischen Vater gehabt, eine angolanische Schwester, eine chinesische Mutter, und dann natürlich unzählige deutsche Familienangehörige.
»Und Freundinnen?«
»Ja, aber dann wird es echt.«
»Und nach welchen Kriterien gehst du vor?«
»Mein letzter Bruder las eine Novelle von E.T.A. Hoffmann, meine letzte Mutter kam aus Ost-Berlin.«
»Die hat doch bestimmt auch gelesen?«
»Nein, sie weinte und versuchte, das so zu tun, daß wir es nicht sahen.«

Diesmal waren keine Väter dabei. Er stieg an der Station Bismarckstraße um. Eigentlich hatte er ins Historische Museum gehen wollen, aber zwei Museen an einem Tag waren zuviel des Guten. Und außerdem war ganz Berlin ein historisches Museum. Nein, er würde ins »Einstein« gehen und einen Glühwein trinken. Erst jetzt wurde ihm bewußt, wie durchfroren er mittlerweile war.

Im »Einstein« waren die Deutschen zu Europäern geworden. Dieser Raum ließ sich jederzeit gegen ein Café an der Place St. Michel oder gegen das »Luxembourg« in Amsterdam austauschen. Die Leute, die dort saßen, sahen aus wie Reklamefiguren, genau wie er selbst. Vielleicht hatten auch sie Familienangehörige in der U-Bahn, wer weiß. Schließlich säßen sie hier sonst nicht. Große blonde Mädchen bedienten, mit Schürzen, die fast zum Boden reichten. Zeitungen voll Welt, an langen Stöcken. *Le Monde*, der *Corriere della Sera*, die *Taz*. Gleichzeitig mit seiner griff eine andere Hand nach *El País*, doch seine war schneller. Er war schneller, und sie war wütend, das war nicht zu übersehen. Funkelaugen. Berberkopf. Daß er das gedacht hatte, wußte er später nur noch, weil dieser Gedanke so geheimnisvoll richtig gewesen war. Er hielt ihr die Zeitung hin, doch sie schüttelte den Kopf. Es ging also nicht um die Zeitung, sondern um den Moment des Zuspätkommens, des Verlierens. Sie nahm *Le Monde* und verschwand um die Ecke der Bar. Er selbst fand einen Platz am Fenster. Es war noch nicht einmal vier und schon fast Nacht. »Das Volk, das im Finstern wandelt.« Wo kam das her? Waren das die Ungläubigen? Warum war Arno nicht da, der wußte immer alles. Notieren, heute abend fragen. Doch er vergaß es auf der Stelle. Dieses Gesicht, das ihn so wütend angesehen hatte, was für ein Gesicht war das? Eine Narbe am rechten Wangenknochen. An der Hand war übrigens auch eine Narbe gewesen, in diesem merkwürdigen weichen Teil, in dem es keinen Knochen gibt, zwischen Zeigefinger und Daumen. Das Füllfederbett, hatte Victor das mal genannt. Sie hatte die Hand ausgestreckt und dadurch die Narbe gedehnt, glänzend, eine andere, hellere Haut. Die Narbe im Gesicht war grausamer, jemand hatte seinen Finger fest auf den Wangenknochen gepreßt, um sein oder ihr Signum hineinzudrücken. Einen Moment lang überlegte er, ob er ihr die Zeitung bringen sollte, aber das war Unsinn. Wenn sie nicht so wütend geschaut hätte, würde sie jetzt *El País* lesen anstatt *Le Monde*. Das Land oder die Welt, spanisch oder französisch. Auf alle Fälle nicht deutsch, nicht mit diesem Gesicht. Jemand, der es nicht ertragen konnte zu verlieren. So, und jetzt vergessen, Zeitung lesen. Skandale, Korruption, González, ETA, er war mit den Gedanken nicht bei der Sache. Ob sie Spanierin war? Sie sah nicht so aus, aber das hieß nichts. Jedenfalls keine Reklamefigur, Reklamefiguren haben keine Narben. Heutzutage sah die Hälfte der Menschheit nicht aus, wie sie auszusehen hatte. Juden sahen aus wie Germanen, Niederländer wie Amerikaner, ganz zu schweigen von Spanien mit seinen Kelten, Juden, Mauren. Mauren? Berberkopf war immerhin sein erster Gedanke gewesen. Aber jetzt mußte er sich wirklich auf die Zeitung konzentrieren. Länder waren Gesellschaftsspiele, wenn man die Regeln kannte, konnte man vom Rand aus mitspielen. Die Regeln, die für Deutschland galten, versuchte er noch zu lernen, die für Spanien waren ihm bekannt. Nie gut genug, aber immerhin. Man kannte sie zumindest ein wenig, wenn man genau wußte, wie eine Zeitung aufgebaut war, oder wenn man die Nuancen der neuesten Korruptionsskandale erfassen konnte, und die waren in Spanien mittlerweile von byzantinischer Komplexität. Generäle, die Geld mit dem Drogenhandel verdienten, der geflüchtete oberste Chef der Guardia Civil, der mit falschen Papieren aus Laos zurückgeholt wurde, Minister, die Mordkommandos über die Grenze geschickt hatten, Chefredakteure, die in der Fallgrube ihrer absonderlichen Lüste gefilmt worden waren, und ansonsten nur Geld, schnödes, stinkendes Geld überall, eine Schicht Scheiße aus Lügen und Eigennutz, über die sich im übrigen niemand zu wundern schien. Vielleicht war das ja der Grund,

weshalb er Spanien liebte: weil dieser ganze Wahnsinn zum alltäglichen Leben zu gehören schien. War natürlich Quatsch, aber trotzdem. Irgendwann, mit Anfang Zwanzig, hatte er dort als junger Kameramann ein paar touristische Reportagen gemacht. Das Übliche, die Semana Santa in Sevilla, die Costa Brava, alles, wo Millionen von Niederländern hinfuhren, Torremolinos, Marbella. Durch diese Reisen hatte er einen kurzen Blick auf das erhascht, was ihn wirklich interessierte, Städte, die sich ein hochmütiges eigenes Dasein bewahrt hatten, das nichts mit dem Ausverkauf im restlichen Land zu tun hatte, steinerne Inseln in den trockenen, harten Ebenen Kastiliens und der Estremadura, es hatte ihn fasziniert, als sei dort etwas erhalten geblieben, das zu seinem eigenen Wesen gehörte und das er erst jetzt entdeckte. Danach hatte er um jeden Preis die Sprache erlernen wollen und jeden Auftrag angenommen, der ihn wieder dorthin führte. Vor einigen Jahren hatte er eine kleine Wohnung an der Plaza Manuel Becerra, im heruntergekommenen Teil Madrids, gemietet, eine Etage, die er sich mit Daniel García teilte, was ihnen beiden gut paßte, weil Daniel, ein Filmer aus Nicaragua, der in Angola schwer verletzt worden war und nach jahrelanger Rehabilitation wieder als Fotograf zu arbeiten begonnen hatte, auch regelmäßig nach Amsterdam und Berlin mußte. Arthur benutzte Madrid als Ausgangspunkt, um das Land zu bereisen. Er hatte beim WDR ein Projekt eingereicht, für das er Arno Tieck vorgeschlagen hatte: Klöster in Spanien. Dieser Plan lag dort nun schon seit einem Jahr, allmählich war es hier genauso wie in den Niederlanden. Alles, was schwierig erschien und länger als zwanzig Minuten dauern sollte, war suspekt. Kein Geld, kein Interesse. »Wen interessiert so was denn schon? Heutzutage gehen keine zwanzig Prozent aller Leute mehr in die Kirche, und wieviel sind davon noch katholisch? Und dann ... Klöster? Wenn du wenigstens was über Zenklöster hättest machen wollen ...«
Er stand auf, um zur Toilette zu gehen, und machte einen Umweg an der Bar vorbei. Sie saß noch da, der Inbegriff an Konzen-

tration. Jetzt sah er, wie blaß ihre Haut war. Sie hatte die Zeitung genau vor sich auf dem Tisch, beide Hände in Höhe der Ohren, die Fäuste geballt in dem kurzen schwarzen Haar, das wie Draht in die Höhe stand. Es mußte sich hart anfühlen, wenn man es berührte. Als er auf dem Rückweg wieder an ihr vorbeiging, hatte sie sich nicht bewegt.

Er fragte sich, ob sie ihn wohl für einen Spanier gehalten hatte. Eigentlich wäre es naheliegend gewesen, daß einer von ihnen etwas gesagt hätte. Schließlich waren sie Landsleute in der Fremde, und dazu noch in einer Stadt, die durch den Schnee wie eingeschlossen wirkte. Aber wenn er kein Spanier war, brauchte sie schließlich auch keine Spanierin zu sein. Und außerdem hatte er das nie gekonnt, fremde Menschen anquatschen.

»Keine Menschen, Arthur, Frauen.« Das war Erna, so sicher wie das Amen in der Kirche.

»Aber ich kann es nicht.«

»Warum nicht?«

»Ich stelle mir immer vor, daß *ich* diese Frau bin und daß da plötzlich so ein Trumm von Mann auf dich zukommt und dir irgend 'nen Stuß erzählt, obwohl es ihm eigentlich nur ums Vögeln geht.«

»Wenn es so ist, dann hast du recht.«

»Und wenn es nicht so ist?«

»Dann merkt sie das schon. Das hängt dann davon ab, was du sagst.«

»Ich bin einfach zu schüchtern.«

»Okay, nennen wir's so. Dreht überall auf der Welt und ist zu schüchtern, eine Frau anzusprechen. Du hast einfach zuviel Angst, dich lächerlich zu machen. Pure Eitelkeit. Aber dadurch verpaßt du eine Menge.«

»Schon möglich.«

Er blätterte die Zeitung durch. Bei einem Artikel über die ETA stand ein Foto, das er schon einmal gesehen hatte. Ein ausgebranntes Auto, eine Leiche, die über dem Vordersitz hing, den

Kopf rückwärts nach unten, zur Straße. Durch das Schwarzweiß des Fotos war die Blutlache auf dem Bürgersteig zu Teer geworden. Das Gesicht eines etwa fünfzigjährigen Mannes, den Mund über dem makellosen Schnurrbart leicht geöffnet. Den Schnurrbart hatte er an diesem Morgen erst nachgeschnitten. Ein Armeeoffizier an seinem freien Tag. Doch die ETA hatte nie einen freien Tag, wer in diesem Gebiet wohnte, über dem schwebte ständig das Schicksal. Der soundsovielte Tote dieses Jahres, wieder einer für das große Buch, er konnte mühelos zu all den anderen hinzugezählt werden und in der Abstraktion des Buches als Teil eines Ganzen verschwinden. In einem noch späteren Buch bildeten sie dann alle zusammen vielleicht *eine* Zeile. Er sah sich die Gesichter der Umstehenden an. Sie wußten genau, wie sie auf einem solchen Foto auszusehen hatten, ein Regisseur war dabeigewesen. Die Dame hier ein wenig nach rechts, das Kind, das am Mantel seines Vaters mit einer Hand zieht, die fast eine Klaue geworden ist, einen kleinen Schritt nach vorn, und auf all diesen Gesichtern Entsetzen, Wut, Trauer, Kummer, Ohnmacht. Die Maschine der Geschichte lief mit dem Blut und dem Leiden von Menschenfleisch, auf diesem spanischen Foto nicht anders als in der Stadt, in der er sich jetzt befand. Er sah hinaus. Es hatte für kurze Zeit aufgehört zu schneien. Niemand würde jetzt filmen, für ihn natürlich gerade ein Grund, es zu tun. Wenn er jetzt schnell nach Hause ginge, um seine Kamera zu holen, dann konnte er noch ein paar Einstellungen bei den Baugruben am Potsdamer Platz drehen. An der Filmakademie, vor langer Zeit, hatten sie ihn erst ausgelacht, wenn er mit solchen Bildern ankam, und es ihm danach rundweg verboten. (»Film ist dazu gedacht, gesehen zu werden, Daane. Wenn du vorhast, dich aufs Halbdunkel zu spezialisieren – bitte sehr, aber hier brauchst du mit so was nicht anzukommen und später beim Fernsehen schon gar nicht.«) Das stimmte, mit Ausnahme von einigen wenigen Malen, und um die ging es. Anfangs hatte er sich noch gewehrt. (»Wenn man es aus diesem Grund nicht macht, schließt man einen wesentlichen Teil

des Tages aus.« »Kann schon sein, Daane, aber es gibt technische Mittel, um diesen Teil des Tages zu zeigen oder zu suggerieren, und die willst du nicht nutzen. Du setzt dich doch auch nicht im Dunkeln hin, um zu lesen, oder?«)
Aber Filmen war nicht Lesen, und so waren diese Stunden zwischen Nacht und Tag und dann wieder diese so anderen zwischen Tag und Nacht seine Spezialität geworden, samt allen Nuancen von Grau, die dazugehörten, inklusive die der Fast-Unsichtbarkeit. Am schönsten war es, dachte er, wenn dieses Grau die Farben des Films hatte, den geheimnisvollen Glanz von Zelluloid. Dunkel, das langsam aus der Erde hervorzukriechen oder wieder in ihr zu verschwinden schien, und in diesem Dunkel alle Formen von Licht, die möglich waren, das der verschwindenden oder aufgehenden Sonne, vor allem wenn sie selbst nicht oder noch nicht oder nicht mehr zu sehen war, weil es erst dann spannend wurde. Scheinwerfer, das leuchtende Auge von Känen über einer Baugrube, Neon in einer verlassenen Straße, orangefarbene oder eisblaue Blinklichter, die, wenn man sie schwarzweiß filmte, ihren jeweils eigenen Tonwert behielten, die Leuchtspur fahrender Züge oder langsamer Autoschlangen, immer wieder der unaussprechliche Reiz von Licht im Dunkel.
Wenn man ihn fragte, was er denn eigentlich mit all den Metern Film vorhabe, wußte er keine rechte Antwort, jedenfalls keine, die er aussprechen wollte. Nein, es gehöre zu nichts. Nein, es sei kein Teil eines bestimmten Projekts, es sei denn, man wolle sein ganzes Leben als Projekt bezeichnen. Er filme, wie ein Schriftsteller sich etwas notiere, vielleicht könne man es damit vergleichen. Jedenfalls mache er es für sich selbst. Ja, aber was habe er dann damit vor? Nichts, oder vorläufig nichts. Aufbewahren, das auf jeden Fall. Vielleicht würde es irgendwann einmal in etwas hineinpassen. Vielleicht auch nur, um zu üben, genauso wie irgendein chinesischer oder japanischer Meister jeden Tag einen Löwen gezeichnet hatte, um irgendwann einmal, so jedenfalls

ging die Geschichte, am Ende seines Lebens den vollendeten Löwen zu zeichnen. Irgendwann würde er in der Lage sein, Dämmerlicht zu filmen wie kein zweiter. Und noch ein Element komme hinzu, das der Jagd. Jagen, sammeln, wie er es bei den Aborigines in Australien beobachtet hatte: nach Hause kommen mit irgendwas, so einfach war das. Seine Sammlung, so hieß dieser Stapel von Dosen, die in Madrid, in Amsterdam und hier in Berlin lagerten.
Er faltete die Zeitung zusammen und ging mit dieser Papierfahne am Stock durch das Lokal. Er wußte, daß er ihr diese Flagge doch nicht gebracht hätte, war aber erleichtert und enttäuscht zugleich, daß sie nicht mehr dasaß. Jetzt mußte er sich beeilen. Er liebte die Dunkelheit zwar, doch die Dunkelheit schenkte ihm nichts, sie wollte nie warten. Er stieg am Nollendorfplatz in die U-Bahn ein und an der Deutschen Oper wieder aus. Sein Zimmer lag in der Sesenheimer Straße, in der Nähe der Oper, eine Nebenstraße der Goethestraße. In seiner Straße standen ein paar türkische Jungen frierend und verwaist auf dem Spielplatz herum, wo im Sommer Mütter mit ihren Kindern saßen.
Er rannte die Treppen zu seinem Zimmer hinauf, schnappte sich die Kamera, ging wieder. Eine halbe Stunde später kam er am Potsdamer Platz aus der U-Bahn herauf. Hierhin hatte Victor ihn nach ihrer ersten Begegnung mitgenommen, hier hatte er seine ersten Berlin-Lektionen erhalten. Niemand, der diese Stadt geteilt erlebt hatte, würde jemals vergessen können, wie das gewesen war. Nicht vergessen, nicht beschreiben, nicht wirklich wiedergeben. Doch jetzt war er hier allein, auf der Jagd, bloß wonach? Nach etwas, das er damals, irgendwann gesehen hatte und nie wieder sehen würde. Oder vielleicht doch nach dem, was davor hier gewesen war, was er nur von Fotos kannte? Er wußte, was er sehen würde, wenn der Schnee hier nicht läge, eine nach allen Seiten hin aufgewühlte Erde, in der Arbeiter mit gelben Helmen in der Tiefe herumwühlten, als suchten sie die Vergangenheit persönlich. Bulldozer, die sich wie Science-fiction-

Maschinen ruckartig hin und her bewegten, Grab-, Scharr- und Bohrgeräusche. »Als ob sie ein Massengrab freilegen.« Das war Erna. Sie hatte er gleich dorthin mitgenommen, als sie ihn besuchte. Es gehörte zur Wallfahrt. Es hatte tatsächlich so ausgesehen, nur würden sie hier keine Leichen finden. Und trotzdem, dieses Graben und Wühlen, diese Maschinen, die mit breiten Eisengabeln im harten Boden herumkratzten – der Gedanke, daß sie etwas suchten, drängte sich auf, etwas, das nur die nie wieder aufspürbare Vergangenheit sein konnte, als müßte sie sich dort tatsächlich als Substanz befinden, etwas, das man anfassen, vorsichtig freilegen konnte, als sei es nicht möglich, daß so viel Vergangenheit nur wie Erde, Boden, Staub aussah. Hier irgendwo mußte sich Hitlers Bunker befunden haben, hier in der Nähe auch die Folterkammern der Gestapo, doch darum ging es jetzt nicht, das war ja vielleicht noch greifbar genug, nein, es ging um das, was vor dieser Zeit und nach dieser Zeit hier gestanden hatte und jetzt zusammen damit verschwunden war und nie wieder zum Vorschein kommen würde, so tief man auch grub.

Ein Auto näherte sich. Das Licht der grellen Scheinwerfer strich über all die merkwürdigen Formen der unter dem Schnee verborgenen Bulldozer und Bagger, über die kubistischen Flächen, die durch das maschinelle Graben entstanden waren. Es betonte die Tiefenunterschiede, tauchte die Schneewände für einen Moment in ein Fast-Schwarz und verwandelte sie dann plötzlich wieder in eine leuchtende Leinwand, es versetzte die totstille, pulvrige Substanz in Bewegung, vermischte sich mit den hohen Lichtern, die von den stillstehenden Kränen herab das Gelände beschienen, wie um es zu bewachen. Erst als das Auto dicht vor ihm stand, sah er, daß es ein weißgrüner Dienstwagen der Polizei war. Sie hatten das blaue Blinklicht nicht eingeschaltet. Schade. Die beiden Polizisten drinnen schienen sich über etwas zu beraten. Die Frau argumentierte, und der Mann schüttelte den Kopf, während er gleichzeitig mit den Achseln zuckte.

Die Frau stieg aus. Sie machte eine unbestimmte Handbewegung in Richtung des grünen Käppis, das sich nur mit Mühe auf dem lockigen blonden Haar zu halten schien.

»Was machen Sie hier?«

Es klang eher nach einem Vorwurf als nach einer Frage. Dies war die zweite uniformierte Frau, die heute zu ihm sprach. Er hob seine Kamera hoch.

»Ja, das sehe ich auch«, sagte sie. »Aber Sie haben den Bauzaun geöffnet. Das ist verboten, ist groß draufgeschrieben. Und er ist abgeschlossen.«

Das stimmte nicht ganz. Zwischen zwei Teilstücken der metallenen Umzäunung war eine schmale Öffnung gewesen – da hatte er sich hindurchgezwängt. Immer war alles verboten. Er sagte nichts.

Es kam selten vor, daß weibliche Polizisten in nördlichen Ländern hübsch waren. Aber er durfte keine Scherze machen, auch mit dieser Frau nicht. Sie sah ihn an mit einem besorgten Ernst, der durch die Bühnenscheinwerfer ringsum noch gesteigert wurde. Dieses Paar hätte er gern gefilmt: namenloser, einäugiger Landstreicher mit der Bewacherin des Totenreichs. Es war sehr still, das leise Motorgeräusch ihres Autos machte es nur noch schlimmer. Der Mann in dem Auto rührte sich nicht, er schaute nur.

»Es gibt doch fast kein Licht mehr.«

Jetzt war es kein Vorwurf mehr, sondern eine Anklage. Sie sahen einander durch die metallenen Vierecke des Zauns an. Er hatte die Kamera nicht ausgeschaltet und filmte nun aus der Hüfte. Unsinn.

»Für das, was ich will, gerade noch genug, hoffe ich.« Die Dunkelheit ist meine Spezialität, wollte er sagen, tat es aber nicht. Auch sie wollte noch etwas sagen, doch in dem Moment krächzte eine drängende Stimme aus ihrem Funksprechgerät, ein anderes, männliches Wesen, das im Bereich ihrer Brüste zu wohnen schien. Der Mann im Auto antwortete und rief sie gleichzeitig. Wie man einen Hund ruft, dachte Arthur.

»Sie dürfen da nicht bleiben«, sagte sie noch, jetzt wieder mit ihrer eigenen Stimme, »bei den vielen Gruben ist das sehr gefährlich.«
Sie rannte zum Auto und setzte zurück. Gleichzeitig sprang das blaue Blinklicht an. Sie rief noch etwas aus dem Auto heraus, aber was sie sagte, konnte er wegen des Sirenenlärms nicht mehr verstehen, und was dann folgte, ging so schnell, daß er es nur mit Mühe aufnehmen konnte. Sie gab so schnell Gas, daß das Auto sofort ins Trudeln geriet. Er sah, daß sie den Mund weit geöffnet hatte und so, mit aller Macht am Lenkrad kurbelnd, frontal gegen das mit einemmal riesengroße Ungetüm von Schneeräumgerät prallte, das in diesem Moment um die Ecke bog. Auch nach dem Aufprall schrie die Sirene noch eine kurze Zeit weiter. Erst als dieses Geräusch verstummte, hörte er ihr merkwürdiges leises Jammern. Er ging zu ihr hin. Sie war genau in die große dreieckige Metallspitze gefahren, die sich wie eine Waffe in ihr Auto gebohrt hatte. Durch den Aufprall war ihr die Mütze nun wirklich vom Kopf gerutscht und durch die zerborstene Frontscheibe auf der Motorhaube gelandet. Ihr Gesicht war voller Blut, das langsam in den Schnee tropfte. Ihr Kollege war ausgestiegen, und auch der Fahrer des Schneeräumgeräts war aus seinem hohen Turm geklettert.
»Na so was«, sagte er. »Das war aber nicht meine Schuld. Ich kann doch überhaupt nicht manövrieren.« Arthur nahm die Mütze von der Motorhaube und hielt sie in den Händen. Die Frau wimmerte leise.
»Kann ich helfen?« fragte er die beiden Männer. Der Polizist sah ihn an und dann auf die Kamera, als sei die an allem schuld.
»Nein, gehen Sie. Und nicht filmen!«
Aber mittlerweile war es sogar für ihn zu dunkel geworden. In der Ferne hörte er einen Rettungswagen. Drei verschiedene Warnblinkleuchten. Und auch noch Musik. Die Stadt war ein Kunstwerk, und er war ein Teil davon. Aus der Ferne sah er, wie sie auf eine Trage gelegt und in den Rettungswagen geschoben

wurde. Der Polizeiwagen konnte noch fahren. Die beiden Männer tauschten Angaben aus. Er war der einzige Zeuge, aber ihn brauchten sie nicht.

Danach fuhren sie beide weg. Sehr still war es plötzlich. Der spärliche Verkehr am Brandenburger Tor klang wie ein leises, dunkles Rauschen, das Bandgeräusch, kurz bevor die Musik einsetzt.

»Es gibt doch fast kein Licht mehr«, hatte sie gesagt. Eben hatten sie dort noch gestanden, gesprochen. Natürlich hatte sie nicht begriffen, was er dort filmen wollte. Doch es war gerade dieser nun schon wieder verschwundene Augenblick, der damit etwas zu tun hatte. Es ging ihm um etwas, das er nicht in Worte fassen konnte, schon gar nicht anderen gegenüber, etwas, das er für sich die Ungerührtheit der Welt nannte, das spurlose Verschwinden von Erinnerungen, das dazugehörte. Das Rätselhafte dabei war, daß es allenthalben geleugnet wurde. Noch nie, so schien es, war so viel gemetzelt, gemordet, ausgerottet worden wie in diesem Jahrhundert. Man brauchte auch mit niemandem darüber zu sprechen, es war jedem bekannt. Vielleicht aber waren die Anschläge, die Genickschüsse, die Vergewaltigungen und Enthauptungen, das Abschlachten Zehntausender noch nicht einmal das Schlimmste – am schlimmsten war das Vergessen, das fast unmittelbar danach einsetzte, die Tagesordnung, als spielte es angesichts einer Bevölkerung von sieben Milliarden keine Rolle mehr, als käme – und das beschäftigte ihn dabei am meisten – die Gattung eigentlich bereits ohne Namen aus und wäre nur noch darauf erpicht, als Gattung blind zu überleben. Eine Frau, die in Madrid gerade in dem Moment vorbeikam, als die Bombe explodierte, die sieben Trappisten in Algier, denen man die Kehle durchgeschnitten hatte, die zwanzig Jungen in Kolumbien, die vor den Augen ihrer Eltern niedergeschossen worden waren, die Macheten, die in fünf Minuten orgiastischer Gewalt bei Johannesburg einen ganzen Zug mit Pendlern in Stücke gehackt hatten, die zweihundert Passagiere des Flugzeugs, das über dem

Meer durch eine Bombe explodiert war, die zwei- oder drei- oder sechstausend Jungen und Männer, die in Srebrenica ermordet worden waren, die Hunderttausende von Frauen und Kindern in Ruanda, Burundi, Liberia, Angola. Kurzfristig, einen Tag, eine Woche lang waren sie in den Nachrichten, sekundenlang liefen sie durch alle Kabel dieser Welt, doch danach begann es erst, die schwarze, alles auslöschende Dunkelheit eines Vergessens, das fortan nur noch weiter zunähme. Sie würden keinen Namen mehr haben, diese Toten, sie würden ausgewischt sein in der Leere des Bösen, jeder im gesonderten Augenblick seines oder ihres grauenhaften Todes. Er erinnerte sich an Bilder, die er in der letzten Zeit gesehen hatte: immer wieder die menschliche Form, auf diese oder jene Weise unbrauchbar geworden, zerlegt, von sich selbst getrennt, Skelette, deren Handgelenke noch mit Draht zusammengebunden waren, ein halbes Kind, übersät mit Fliegen, die man sogar auf dem Foto sich noch bewegen sah, der Kopf eines russischen Soldaten zwischen allem übrigen Müll auf dem Bürgersteig in Grosny, das ölige Wasser des Meeres, in dem Leichen, Schuhe, Koffer schwammen. Bei diesen letzten Bildern hatte plötzlich ein Haken einen BH aus dem Wasser gefischt, ein winziges Kleidungsstück, das noch am Morgen ebendieses Tages, an dem es der ganzen Welt gezeigt werden würde, von einer Frau angezogen oder eingepackt worden war, jemandem, dessen Name bereits für immer verschwunden war, auch wenn er zwischen all den anderen Namen in der Zeitung gestanden hatte.

Und so war es auch hier, auf diesem Platz. Früher hatte es am westlichen Rand ein Podest gegeben, von dem aus man über den Platz in den Osten schauen konnte, eine weite leere Fläche, die wie bei einem frühen Mondrian in geometrischem Gleichmaß mit metallenen Hindernissen vollgestellt worden war, um zu verhindern, daß Menschen mit einem Auto über die Grenze flüchteten. Männer mit Hunden patrouillierten über diesen Platz, uniformierte Männer, die man nicht mehr wiedererkennen konnte, da sie jetzt in normaler Kleidung in ebendieser Stadt herumliefen. Und auch mit diesem Gedanken konnte man niemanden mehr behelligen, wenn man davon anfing, legte sich ein Zug großer Langeweile auf alle Gesichter. Das wußte schließlich jeder. Jeder aß und trank seine tägliche Portion Terror, seine tägliche Portion unverdaulicher Vergangenheit. Es war Unsinn zu sagen, daß das Böse nun endgültig Einzug in die Welt gehalten hatte, das Böse war immer dagewesen, und nur, weil es jetzt so rettungslos mit Technik vermengt war, war es doch keine andere Art von Bösem geworden, oder? Doch so weit konnte er nicht mal denken. Worum es ihm bei seiner unbedeutenden Bilderjagd ging, war die Unmöglichkeit dessen, was er versuchte. Vor diesen Hunden und diesen Soldaten hatte es hier andere Soldaten gegeben, hier hatte der Mann, dessen Name länger überdauern würde als die Namen seiner Opfer, vor Jahren in einem Buch, das die ganze Welt hätte lesen können, seinen tödlichen Kreuzzug angekündigt, und hier hatte er bis zu seinem verächtlichen Tod wie ein Geist unter der Erde gelebt. Er selbst hatte diese vage, gewölbte Form noch gesehen, die Stelle, an der bis ganz zuletzt kleine Flugzeuge gelandet waren mit Botschaften aus der Hölle an den Tod und umgekehrt. Es gab auch noch Fotos aus jenen letzten Tagen, auf denen der Mann, der jetzt nur noch aus Krankheit bestand, den Kragen gegen die Winterkälte hochgeschlagen, eine Reihe von Jungen begrüßt, die nicht älter als vierzehn, fünfzehn sein konnten und die er in den Tod mitreißen sollte, eine Kinderarmee. Doch an diesem Podest war auch noch ein großes, auf eine Holzfaserplatte aufgezogenes Foto aus wieder einer anderen Vergangenheit angebracht gewesen, die jetzt, genau wie diese beiden späteren, unsichtbar unter dem Schnee begraben lag, eine Vergangenheit in Schwarzweiß, mit einem Platz, ebendiesem Platz, der im Licht glitzerte, so daß die rechteckigen schwarzen Autos wie aschfarbene Schachteln auf einem weißen Tischtuch glänzten. Straßenbahnen, schimmernde Schienen und dieses Allermerkwürdigste von allem: Menschen. Jedes Foto hält die Zeit an, aber ob es nun an der Technik lag oder an der Ver-

größerung eines Bildes, das dafür nicht bestimmt war, hier sah es so aus, als sei es jemandem tatsächlich gelungen, ein Stück Zeit aus der Zeit zu schlagen, das so hart war wie Marmor. Die Sonne schien, und das mußte die gleiche Sonne sein wie immer, diese jedoch hatte ein Licht mit einer derartigen Strahlung verbreitet, daß alles darin festgefroren war. Da standen sie, zwischen ihren für alle Zeit festgefrorenen Autos, auf dem Weg zu einem Bürgersteig oder einer Straßenbahnhaltestelle. Niemand trug einen Stern, und an den Gesichtern ließen sich keine Täter oder Opfer erkennen, doch ausnahmslos befanden sich diese Festgefrorenen auf dem Weg zu ihrem Schicksal, sich der Schichten nicht bewußt, die sich noch im selben Jahrhundert, am selben Platz, an dem sie in diesem einen, nicht mehr ungeschehen zu machenden Augenblick standen, über ihr Bild legen würden, die der Paraden, die des tödlichen Spinnennetzes, die der improvisierten Scheiterhaufen und des Schlachtfelds, die der umzäunten Leere, der Wächter und der Hunde und schließlich die einer unter dickem Schnee begrabenen Baugrube, in der am Ende eines dämonischen Jahrhunderts dieselben und doch andere Mercedeslimousinen in Ausstellungsräumen prunken würden, für die die Zeichnungen bereits fertig waren. Hatte er nun wirklich versucht, in diesem Halbdunkel, zwischen Bauzäunen und Baggern, etwas zu erbeuten, das das Rätsel verkleinern würde?
»Die Vergangenheit hat keine Atome«, hatte Arno gesagt, »und jedes Mahnmal ist eine Verfälschung, und jeder Name auf einem solchen Mahnmal erinnert nicht an eine Person, sondern an die Abwesenheit dieser Person. Die Botschaft lautet stets, daß man auf uns verzichten kann, und darin liegt das Paradoxe an Mahnmalen, denn die behaupten das Gegenteil. Namen stellen sich der wirklichen Wahrheit entgegen. Es wäre besser, wir hätten sie nicht.«
Arthur hatte aus diesen Worten eine merkwürdige Art von Unheil herausgespürt, und wie so oft war er sich nicht sicher, ob er Arno richtig verstanden hatte. Arno besaß die Gabe des Wortes.

Verglichen mit ihm, besaßen seine eigenen Gedanken zumeist die Geschwindigkeit eines Wurms. Nicht, daß er Redegewandtheit an sich mißtraut hätte, bei ihm dauerte einfach alles länger. Wenn man keinen Namen hatte, existierte man nur als Gattung, wie Ameisen oder Möwen.
»Igitt«, würde Victor sagen. Es wurde Zeit, seine Freunde aufzusuchen. Sie hatten sich in der Weinstube von jemandem verabredet, der Heinz Schultze hieß, nicht zu diesem Namen paßte, aber Gott sei Dank das entsprechende Essen servierte.

*

Es hatte wieder zu schneien begonnen, doch die Flocken waren jetzt aus einer anderen Wollart, zu schwer, um zu rieseln. Der Schnee sah aus wie eine sich bewegende Wand, die man beiseite schieben mußte. Er brachte seine Kamera zurück und hörte den Anrufbeantworter ab. Es war nur eine Nachricht darauf, und zwar von Erna. Die bekannte Stimme füllte das leere Zimmer, heiter und zugleich besorgt.
»Wo treibst du dich bloß rum? Bist du irgendwann auch mal zu Hause?«
An der Art und Weise, wie sie »zu Hause« aussprach, erkannte er, daß sie es eigentlich nicht hatte sagen wollen.
Es folgte ein leichtes Zögern und dann ein kurzes Lachen.
»Na ja, du hast hier Freunde, und die haben Telefon.«
Er wartete noch kurz, aber es kam nichts mehr. Erna. Er würde sie nicht löschen. Immer gut, noch eine Stimme zu haben, wenn man nachts nach Hause kam. Aber dieser Abend war bereits Nacht, gedämpft, ohne Verkehr, schwarz und weiß, still und in Bewegung zugleich. Noche transfigurada, er murmelte Schönbergs spanischen Titel wie einen Zauberspruch. Verklärte Nacht, aber transfigurada klang viel schöner, als wäre die Ordnung der Dinge umgekehrt worden und zugleich geheimnisvoller.
Es war nicht weit bis zum Adenauerplatz. Die Weinstube befand

sich in einem häßlichen modernen Gebäude mit Rechtsanwälten und Zahnärzten, in dem man ein derartiges Etablissement nicht erwartet hätte. Man mußte zuerst einen kahlen Innenhof mit Garagen durchqueren und kam dann an einer Reihe vergitterter Mattglastüren vorbei, an denen die Schilder aller Praxen angebracht waren. Erst dann erblickte man in einer Ecke eine in dieser Umgebung possierlich wirkende rustikale Lampe, doch wenn man die Tür öffnete, stand man plötzlich in einem Pfälzer Dorf: ein niedriger dunkler Raum mit schweren Eichenmöbeln, spärliches gelbliches Licht, Kerzen, gedämpfte Stimmen, das Geräusch von Gläsern, die aneinander gestoßen wurden. Er klopfte sich den Schnee vom Mantel und ging hinein. Von weitem sah er, daß Arno und Victor bereits da waren. Sie hatten einen Stammplatz in der hintersten Ecke. Herr Schultze schien sich zu freuen, ihn zu sehen. »Sie haben sich wenigstens rausgetraut! Die Holländer sind tüchtige Leute, die sind nicht so zimperlich wie die Berliner.«

Arno Tieck war in Form, das war schon von weitem zu erkennen. Er besaß nicht nur die Gabe des Wortes, sondern auch die jener Tugend, die Arthur Daane Begeisterung nannte, und das hatte er ihm auch einmal gesagt. Arno hatte diese Worte wiederholt, die Gabe der Begeisterung, und Arthur hatte sich, und sei es nur deswegen, weil er sich an die Einzelheiten nicht erinnerte, nicht getraut, ihm zu sagen, daß sie aus einem Traum stammten, in dem sich alles in einem hohen und klaren Licht abgespielt hatte und in dem nach langem Streit schließlich jemand »auserkoren« wurde, weil er »die Gabe der Begeisterung« besaß.

Als er viel später Arno bei der Koproduktion eines kleinen Dokumentarfilms über das Sterbehaus von Nietzsche kennenlernte, was nun schon wieder einige Jahre zurücklag, war ihm sofort klar gewesen, daß der einzige, zu dem dieser Satz wirklich paßte, dieser merkwürdige Mann sein mußte, der fortwährend vor Geschichten, Anekdoten, Theorien überzuströmen schien. Das wenige, das Arthur Daane von Nietzsche gelesen hatte, war ihm in Erinnerung geblieben als eine Art Orkangeheul, mit dem eine sich überschlagende Stimme vom Gipfel eines Berges den namenlosen Knechten unten zuschrie, daß sie nichts taugten, um dann plötzlich in ein einsames und unverstandenes Gejammer überzugehen. Daß da viel mehr sein mußte, war ihm auch klar gewesen, doch die Tragik dieses inneren Widerspruchs war ihm im Grunde erst aufgegangen, als er, filmend und lauschend, Arno Tieck mit seiner Kamera durch die Flure und über die Treppen dieses verfallenen Hauses gefolgt war.

Arno war nicht leicht zu filmen gewesen. Er trug eine Brille, die so geschliffen war, daß sie möglichst viel Licht reflektierte, und Kontaktlinsen konnte er nicht tragen, weil er irgend etwas mit seinem linken Auge hatte, wodurch das Glas vor diesem Auge eher einer Augenklappe als einem Brillenglas glich, während das andere Auge geradezu furchterregend funkelte, ein asymmetrischer Zyklop. Dazu hatte er graues dickes Haar, das nach allen Seiten hin abstand, als wolle er aus dem Bildrahmen fliehen, und er bewegte sich in einem fort, wenn er sprach. Arthur hatte das Gefühl gehabt, nun zum erstenmal etwas von diesem geisteskrank gewordenen Philosophen begriffen zu haben, stärker noch, als müsse er die buchstäbliche Schwere dieses großen Kopfes mit diesem Gestrüpp von Schnurrbart selbst tragen, bis er sich endlich heulend an den Hals jenes Droschkenpferdes in Turin hängen und zum Haus seiner schrecklichen Schwester verbracht werden durfte, das nach all den Jahren der Vernachlässigung erbarmenswürdig aussah. Ein Elektriker wohnte darin, der hoffte, irgendwann einmal ein Museum daraus machen zu dürfen, doch der Philosoph der Macht und der Gewaltphantasien war in der Republik der totalitären Demokraten nicht populär, und folglich war aus dieser Hoffnung nichts geworden. Von dieser ersten Begegnung rührte ihre Freundschaft her. Es gab, hatte Arthur Daane gelernt, verschiedene Arten von Freundschaft, doch nur eine, die auf so etwas Altmodischem wie gegenseitiger Achtung basierte, war die Mühe wert.

Erst nach dem Drehen und nachdem sie Stunden gemeinsam im Schneideraum verbracht hatten, hatte er Arno Tieck einige seiner Filme gezeigt. Dessen Kommentare hatten ihn überrascht, es war eines der seltenen Male, daß er jemanden traf, der wirklich verstand, wonach er suchte. Eigentlich mochte er es nicht, wenn er gelobt wurde, und sei es nur deswegen, weil er nie wußte, was er darauf entgegnen sollte; hinzu kam, daß Arnos Begeisterung ein zweischneidiges Schwert war: Während er einerseits einen Film als Ganzes in Wohlwollen und Wärme tauchte, nahm ein strengerer Doppelgänger offenbar eine glasklare, detaillierte Analyse vor. Erst danach hatte Arthur es gewagt, ihm von seinem anderen, geheimeren Projekt zu erzählen, all den über viele Jahre hinweg gefilmten Fragmenten, die auf den ersten Blick keine klare Linie aufwiesen und von denen einige so kurz wie das waren, was er an diesem Abend im Schnee aufgenommen hatte, andere länger, fast schon eintönig, Teile eines gigantischen Puzzles, bei dem er als einziger je wissen würde, wie es zusammenpassen könnte.
»Wenn ich jemals glaube, daß es soweit ist, würdest du dann den Text dazu schreiben?« Und bevor der andere antworten konnte: »Du weißt, dafür wird sich kein Schwein interessieren.«
Arno hatte ihn angeschaut und irgend etwas in der Richtung geantwortet, daß es ihm eine Ehre wäre, oder eine ähnliche Formulierung, ein Satz, der aus einem anderen und früheren oder verschwundenen Deutschland zu stammen schien, aus Arnos Mund aber völlig natürlich klang, genauso wie er auch sagen konnte: »Sei mir gegrüßt« oder auf eine atavistische Art und Weise mit einer rhetorischen Hingabe schimpfen konnte, die ebensowenig von dieser Zeit zu sein schien.
Stundenlang hatten sie sich daraufhin die Sammlung angeschaut: Eislandschaften in Alaska, Candombléséancen aus São Salvador da Bahia, lange Reihen von Kriegsgefangenen, Kinder in Lagern, Söldner, griechische Mönche, Straßenszenen aus Amsterdam. Es schien weder Hand noch Fuß zu haben, doch das stimmte nicht, eine in Stücke gerissene Welt, vom Rand her aufgenom-

men, langsam, beschaulich, ohne Anekdote, Fragmente, die irgendwann als *summa* – dieses Wort stammte von Arno – ineinanderpassen würden. Plötzlich, bei Bildern von einem Kamelmarkt im südlichen Atlas, hatte sein neuer Freund die Hand gehoben zum Zeichen, daß Arthur den Film stoppen sollte.
»Laß das noch mal zurücklaufen.«
»Warum?« Aber er kannte die Antwort und fühlte sich ertappt.
»Langsam, langsam. Dieser Schatten ... irgend etwas Eigenartiges ist mit diesem Schatten auf dem Boden. Diese Einstellung ist eine Idee zu lang, aber ich habe das Gefühl, daß du es absichtlich gemacht hast.«
»Stimmt.«
»Aber warum?«
»Weil es *mein* Schatten ist.«
»Warum sehe ich dann deine Kamera nicht?«
»Weil ich das nicht wollte. Das ist nicht so schwer.« Er machte es ihm vor. »Siehst du?«
»Ja, aber warum? Stimmt es, daß ich so was schon mal gesehen habe?«
»Ja. Aber nicht, weil ich eitel wäre.«
»Nein, das verstehe ich. Aber so bist du drin und gleichzeitig nicht drin.«
»Genauso wollte ich es. Vielleicht ist das kindisch. Es hat etwas zu tun mit ...« Er suchte nach Worten. Wie drückte man so etwas bloß aus? Ein Zeichen, Sichtbarkeit, Unsichtbarkeit. Ein Schatten, der keinen Namen haben durfte, den niemand oder so gut wie niemand jemals bemerken würde – mit Ausnahme dieses Mannes.
»Es hat etwas mit Anonymität zu tun.«
Er mochte solche Worte nicht. Abstraktionen waren, wenn man sie aussprach, immer zu groß.
»Aber der Film wird doch unter deinem Namen laufen, oder?«
»Das weiß ich, aber darum geht es nicht ... Es geht darum, daß ...«

Er konnte es nicht formulieren. Ein Schemen in einer Schaufensterscheibe, ein Fußstapfen im Schnee, für einen Moment festgehalten, eine sich bewegende Blume oder ein kleiner Zweig, gegen den jemand gepustet hat, der unsichtbar blieb, Spuren ...
»Eine unsichtbare Signatur. Aber das ist ein Paradox ...«
»Du hast sie bemerkt. Oder etwa nicht?«
»Möchtest du noch dasein, wenn du nicht mehr da bist?«
Das war zuviel des Guten. Es kam dem gleich, war es aber nicht.
Wenn niemand es wußte oder bemerkte, würde er ja gerade nicht mehr dasein. Ein Teil all dieses Verschwundenen. Aber man konnte doch schwerlich sagen, daß man sich dem Verschwindenden hinzugesellen wollte, wenn man gerade damit beschäftigt war, eine Sammlung anzulegen, um es zu bewahren?
Was er Arno bei diesem ersten Mal gezeigt hatte, waren nur die am leichtesten erkennbaren Bilder. In ihnen konnte man, so man wollte, noch einen unmittelbaren Sinn erkennen. Die anderen, anonymeren Aufnahmen – schwimmende Wasserpflanzen, ein ausgelaugtes Feld mit Disteln, eine Sturmbö, die eine Pappelreihe peitschte, hastig mit der Flutlinie mittrippelnde Strandläufer – hatte er noch nicht gezeigt. Aber es gehörte alles dazu. Vielleicht, dachte er, bin ich einfach nicht recht bei Trost. Er ging auf den Tisch zu.
Das Gespräch zwischen Victor und Arno war von ganz anderer Art, soviel war klar, denn es ging um Wurst. Arno hatte hier seine eigenen Kategorien aufgestellt, vorläufige oder endgültige Wurst, darum ging es. Doch Arthur war noch nicht soweit, es war, dachte er, als gehe bei ihm immer alles langsamer. Eine Begrüßung war doch das Natürlichste überhaupt, warum mußte darüber doch wieder nachgedacht werden? Alle anderen schienen sich in einer schnelleren Welt aufzuhalten als er, einer Welt, in der Arno die Arme ausbreitete, um ihn ans Herz zu drücken, während Victors Zurückhaltung, der Kokon, den er immer um

sich hatte, ihm nicht mehr als eine formelle Registrierung seiner Ankunft erlaubte. Früher mußten Menschen sich gegenseitig so begrüßt haben wie Arno, früher, wenn ein Dichter oder ein Philosoph von Weimar nach Tübingen reiste, um einen Freund zu besuchen. Zeitaufwand, Entfernung und Beschwerlichkeit flossen in solche Begrüßungen ein, bestimmten die Intensität der Freude auf den Gesichtern gemäß der gleichen Rechnung, nach der Zeit und Entfernung in den Briefen aus jenen Tagen sichtbar geblieben waren. Deshalb konnte man mit Arno auch nicht telefonieren: Sein rhetorisches Talent, das in Briefen oder in körperlicher Nähe aufblühte, welkte in der gefälschten Nähe, die ein Telefongespräch ist, genauso wie die praktische Gleichzeitigkeit von Fax und E-mail ihm den Glanz von Entfernung und verstrichener Zeit nehmen würde.

»Das hat etwas mit der Rätselhaftigkeit der Sache an sich zu tun, dem Geheimnisvollen des Briefs, des Gegenstands, des Fetischs.«

So hatte Arnos Antwort gelautet, als er das einmal zur Sprache gebracht hatte, und wie gewöhnlich hatte er ihn nicht gleich verstanden.

»Wie meinst du das?«

Aber eigentlich kannte er die Antwort bereits, während er fragte. Er selbst tat sich schwer beim Briefeschreiben, und schon gar auf deutsch, doch für Arno hatte er seine Bedenken über Bord geworfen, die Fehler mußte sein Freund eben mit in Kauf nehmen. Schließlich war es pure Willkür, daß Deutsche Dinge als weiblich bezeichneten, die im Spanischen männlich waren, während das Niederländische seine Hände in Unschuld wusch und wegschaute, anders als das Englische, das der Sonne, dem Tod und dem Meer radikal jegliche Geschlechtlichkeit verweigerte, allerdings viel scheinheiliger, indem es nämlich das Geschlecht hinter oder unter einem einheitlichen Artikel verbarg, so daß nur ein Spezialist oder ein Wörterbuch noch sagen konnte, ob sich hinter einem bestimmten Wort ein Mann oder eine Frau verbarg.

»Findest du das nicht verrückt?« hatte er Arno gefragt.
»Was?«
»Daß eure Wörter zu Transsexuellen werden, sobald sie den Rhein überqueren? Der Mond wird bei Straßburg zu einer Frau, die Zeit zu einem Mann, der Tod zu einer Frau, die Sonne zu einem Mann ... und so weiter.«
»Und im Niederländischen?«
»Bei uns hat man die Geschlechter unsichtbar gemacht, die Wörter tragen einen unisexuellen Artikel, mit Ausnahme der Neutra. Bei uns weiß keiner mehr, ob die See ein Mann oder eine Frau ist.«
Arno schüttelte sich bei dem Gedanken.
»Damit versperrt man den Weg zum Ursprung. Heine hatte unrecht. Bei euch passiert alles fünfzig Jahre früher. Aber schreib mir ruhig, ich höre deine Stimme schon durch.«
Und so hatten sie korrespondiert. Und natürlich war es das, was Arno mit dem Geheimnisvollen von Briefen meinte. Man schrieb – keiner von ihnen würde je seinen Computer dafür benutzen – mit der Hand, als werde dadurch das Unersetzliche des Geschriebenen betont. Die Gedanken flossen mit der Tinte mit, wurden nicht durch die Form eines maschinell produzierten Buchstabens vergegenständlicht. Falten, Umschlag, Briefmarke, lecken, versiegeln, einwerfen. Letzteres machte er immer selbst. In manchen Ländern konnte man seinen Brief noch durch einen Löwenkopf in den Kasten werfen. Das Maul war dann etwas albern aufgesperrt, zahnlos, die Lippen von einem helleren Bronze- oder Messington durch die Millionen von Briefen, die durch sie hineingeschoben worden waren. Danach war, hatten sie gemeinsam festgestellt, ein Brief lange Zeit auf wundersame Weise allein. Der Löwe hatte ihn, würde ihn aber nicht behalten. Er war aus einer Hand geglitten, nun würde es Tage dauern, ehe die andere Hand, die des Freundes, ihn berühren würde. All die anderen Hände, die ihn angefaßt, gestempelt, sortiert, zugestellt hatten, würden sie nicht kennen, es sei denn, sie träfen den Post-

boten (Arno: »Alle Postboten sind Hermeserscheinungen«) vor der Haustür.
Jetzt wurde von ihm erwartet, sich an einem Gespräch über Wurst zu beteiligen. Vorläufige Wurst war Arno zufolge, was bei Herrn Schultze »frische Blut- und Leberwurst« hieß, auf beiden Seiten geschlossene Kondome, bis zum Platzen gefüllt mit einer feuchten grauen beziehungsweise schwarzvioletten lockeren Masse. Stach man mit dem Messer hinein, war es, als pieke man in einen Schlauch, unter leichtem Zischen entwich ein wenig nach Leber oder nach Blut riechende Luft, und der weiche Brei begann herauszuquellen.
»Ich trinke mein Blut lieber aus einem Kelch«, sagte Victor. Und zu Arno: »Hast du schon mal darüber nachgedacht, warum ihr das eßt? Ich meine, was du als vorläufige Wurst bezeichnest, die noch nicht erstarrte Variante? Die kannst du schlürfen, und damit bist du doch sehr in die Nähe der Vampire gerückt. Blutrünstig seid ihr, gib's nur zu. Dann kannst du doch gleich deine Zähne in ein Schwein schlagen, oder? Wie war das doch wieder, le cru et le cuit, roh oder gekocht, Lévi-Strauss, das ist doch der entscheidende Unterschied? Die Franzosen kochen das Blut noch eine Weile weiter, erst dann lassen sie es gerinnen, kalt werden, und dann hast du deine endgültige Wurst, boudin. Das bedeutet im übrigen Pudding, ist dir das schon mal aufgegangen? Blutpudding. Und bei der Leber ist es genauso schlimm. Eine Art schleimiger, schlaffer Brei, der auf dem Teller zerfließt. Weißt du eigentlich, wie wunderbar so ein Leberchen in einem Schwein verpackt ist? Schweine sind sehr kompakte Dinger, es gibt kein Tier, das vom Äußeren her schon so schlachtreif ist. Schinken, Haxe, Bauchspeck, diese knuddeligen großen Ohren, die du nur noch zu panieren brauchst...«
In diesem Augenblick wurde er von Herrn Schultze unterbrochen.
»Die Herren haben sich durch das Schneegestöber gewagt. Das wissen wir zu schätzen. So lernt man seine wahren Gäste kennen.

Darum biete ich den Herren einen schönen, von mir nicht näher zu beschreibenden Grauburgunder an, in dem soviel südliche Sonne eingelagert ist, daß Sie den Schnee für eine Weile vergessen werden.«
Er verbeugte sich. Jetzt kam, wußte Arthur, das Aufsagen der Gerichte. Daraus hatte Herr Schultze ein kleines Theaterstück gemacht, das mit Ironie aufgeführt wurde. Arno richtete sein eines, funkelndes Auge auf ihren Gastgeber und fragte: »Haben Sie heute abend Saumagen?«
Saumagen, hatte Victor einmal bemerkt, war das Lieblingsgericht des Bundeskanzlers. Das mußte er jetzt also wieder sagen.
»Und meins«, sagte Arno. »Wir sind eine konservative Nation. Wir liefern uns nicht mir nichts, dir nichts der neuen Zeit aus, in der alles unerkennbar sein muß, um gegessen zu werden. Wir kommunizieren noch direkt mit der Tierwelt. Du ißt genau das, was ich esse ...«
»Bäh«, sagte Victor.
»...aber du willst es nicht wissen. Ihr seid scheinheilige Esser. In deiner Frankfurter steckt ein komplettes feingemahlenes Schwein samt Augen, Magen, Därmen, Lungen, Mehl und Wasser, aber einer ehrlichen Begegnung mit Schwester Sau gehst du aus dem Weg. Ich habe dich erst vor kurzem über irgend so ein Vögelchen mit einem in die Höhe stehenden roten Schopf jammern hören, das in Venezuela im Aussterben begriffen war. Aber daß ein Gericht, das bereits seit dem frühen Mittelalter im Schwabenland zubereitet wird, gegen ein gemahlenes Stück Kuhhintern eingetauscht wird, das von Los Angeles bis Sydney absolut gleich schmecken muß, das läßt dich kalt.«
»Wem sagst du das eigentlich?« fragte Arthur, »uns brauchst du nicht zu überzeugen. Im übrigen sind das Victors Argumente, mit denen du uns hier kommst.«
Arno machte ein fassungsloses Gesicht, wie immer, wenn er in seinem Redefluß gestoppt wurde, und sagte dann: »Aber es war doch gar nicht persönlich gemeint. Ich finde es nur so schreck-

lich ... die können es nicht erwarten, bis die ganze Welt das gleiche ißt, und im übrigen nicht nur ißt, denn das gehört alles zusammen. Das gleiche essen, das gleiche hören, das gleiche sehen und dann natürlich auch das gleiche denken, sofern man dann noch von Denken sprechen kann. Ende der Vielfalt. Dann machen wir hier draus einen Hamburgerladen.«
Er deutete mit dramatischer Geste um sich. Im schummrigen Licht saßen kleine Grüppchen, die wie sie der Kälte und dem Schnee getrotzt hatten. Der Sohn von Herrn Schultze ging mit großen Gläsern honigfarbenem Wein herum, aus der kleinen Küche kamen altmodische Essensgerüche, die unter der niedrigen dunklen Decke hängenblieben. Leises Stimmengewirr, Gebärden im Kerzenlicht, Gespräche, deren Inhalt er nie erfahren würde, Worte, die verschwanden, sobald sie gesagt waren, Teile des nie endenden Gesprächs, das über die Erde irrt, ein allerkleinster Teil der Milliarden Worte, die an einem Tag ausgesprochen werden. Das mußte der Traum des alles verarbeitenden Tonmanns sein: ein Mikrophon, so groß wie das All, das diese Worte alle auffangen und bewahren könnte, als ob dadurch etwas klar würde, etwas, das die Monotonie, die Wiederholung und zugleich die unvorstellbare Vielfalt des Lebens auf der Erde in *einer* Formel zusammenfassen könnte. Aber diese Formel gab es nicht.
»Was meinst du denn mit Vielfalt?« fragte Arthur.
»Alles, was in Gesprächen vorkommt oder vorkommen kann.«
»Dann brauchst du nur unsere eigenen Gespräche mit tausend zu multiplizieren.«
»Nein, das ist es nicht. Ich meine Geilheit, Religionswahn, das Planen eines Mordes, Angst, menschliche Extremsituationen, in Worten ausgedrückt. Alles ... was unhaltbar ist. Und geheim.«
»Und dann kann nur die Monotonie uns retten?«
»Könnte man sagen.«
»Und was ist die Monotonie? Unsere Gespräche?«
»Die Wiederholung. ›Wie geht es Ihnen?‹ ›Hast du die Kühe

schon gemolken?‹ ›Mein Auto geht nicht.‹ ›Wann fängt die Sprechstunde an?‹ ›Der Präsident hat angekündigt, daß die Steuern in diesem Jahr nicht erhöht werden.‹ Die Vielfalt darfst du selbst hineinbringen.«

»Wenn du mich nicht machen läßt, dann schneid ich dir die Kehle durch.«

»Siehst du, es geht doch. Alles ganz alltägliche Wörter. Man hört sie in der Realität nur nicht so oft.«

»Lad diese Arschlöcher in ein paar Busse und knall sie irgendwo ab. Und die Leute, die du dazu anheuerst, gleich hinterher. Ungelöschten Kalk drüber, und so weiter ...«

»Geht dir locker von der Zunge.«

»Ich bin ein Kind meiner Zeit. Wir können uns jeden Dialog vorstellen. Den der Grabschänder, der Kinderschänder, der Selbstmordterroristen ... die anderen Dialoge sind viel schwieriger.«

»Wieso? Warum?«

»Weil sie so langweilig sind. Die endlose, zähe, träge, rettende Normalität. ›Haben Sie gut geschlafen?‹ ›In sechs Monaten wird Ihnen die erste Rente ausbezahlt.‹«

»Könnt ihr mal aufhören?« sagte Victor auf deutsch.

»Wird's noch was mit dem Bestellen? Schultze ist schon traurig weggegangen. Er wollte gerade mit seinem Vortrag anfangen. Und ihr kakelt hier nur rum.«

»Nicht ganz«, sagte Arno. »Und warum hast du's so eilig?«

»Ich bin ein Einmannkloster, ich hab meine festen Zeiten. Stein wartet nicht.«

★

Stein wartet nicht. Meist war ein Besuch in Victors Atelier Arthurs erster Gang, wenn er wieder in Berlin war. Ein hoher weißer Raum in einem Gartenhaus in der Heerstraße, mit großen Glasöffnungen im Dach. Ein Bett, ein Stuhl für den Besuch,

ein hoher Hocker, stets in mehreren Metern Entfernung von dem, woran Victor gerade arbeitete, eine Stereoanlage, ein Flügel, auf dem er jeden Tag ein paar Stunden spielte. Er wohnte in Kreuzberg, allein. Über seine Arbeit mochte er nie sprechen.
»Nach so etwas fragt man nicht.«
Doch er hatte nichts dagegen, wenn Arthur in sein Atelier kam. »Aber du weißt, claustrum, Worte sind erlaubt, Geschichten nicht.« Filmen durfte er. Wenn Victor arbeitete oder wenn er auf seinem Flügel spielte, schien er einen nicht zu bemerken.
»Was für eine Musik war das?«
»Schostakowitsch. Sonaten und Präludien.«
»Es klang wie eine Meditation.« Keine Antwort.
Das Ding, an dem Victor arbeitete, stand mitten im Raum, ein schwerer Steinbrocken von einem Rot, wie er es noch nie gesehen hatte. Ding durfte man natürlich nicht sagen, aber was sonst?
»Kunstwerk«, höhnte Victor.
»Was für ein Stein ist das?«
»Finnischer Granit.«
Er saß auf seinem Stuhl in der Ecke und sah, wie Victor seinen Hocker ständig irgendwo anders hinstellte und auf dieses Stück Stein lauerte. Das konnte Stunden oder Tage dauern, doch irgendwann würde das Hauen, viel später das Schleifen und Kerben beginnen, bis der Granit keine Ähnlichkeit mehr mit sich selbst, seine ursprüngliche Form verloren hätte. Doch dann wäre auch eine paradoxe Verwandlung vor sich gegangen, für die Arthur noch keine Worte gefunden hatte.
»Alles muß viel geheimnisvoller und viel gefährlicher werden«, war das einzige, was Victor, und dann noch nicht mal über seine eigene Arbeit, gesagt hatte.
Das mußte es sein, denn obwohl der Stein kleiner geworden war, wirkte er größer, und trotz der Tatsache, daß er jetzt raffinierter und polierter war, strahlte er plötzlich eine verhaltene Macht aus, deren Rätsel vielleicht durch die Runen, die der Bildhauer hin-

eingeritzt hatte, erklärt wurde, doch wer konnte das lesen? Das Hauen und Meißeln, Abschleifen und Polieren, all diese Geräusche hatte Arthur schon einmal aufgenommen, nicht, um sie unter den gleichzeitigen Prozeß, sondern vielmehr unter völlig andere, viel leisere Bilder zu legen, bei denen die Skulptur bereits fertig war und das Geräusch somit ein Anachronismus. Bei diesen Aufnahmen war er mit seiner Kamera genauso um die Skulptur herumgeschlichen, wie er es bei Victor gesehen hatte. Nie hatte der ihn gefragt, ob er die Aufnahmen für irgend etwas verwenden würde.

Stein wartet nicht. Sie riefen Herrn Schultze, entschuldigten sich.
»Ich liebe es, wenn die Herren diskutieren«, sagte Schultze, »die meisten Gäste sprechen nur Luft.«
Nun kam der Moment des Vortrags. Die für niederländische Ohren ohnehin schon eigenartigen Gerichte erhielten durch die Diktion des Gastgebers – eine verwirrende Mischung unerwarteter Tonlagen und Betonungen, als wolle er absichtlich gegen seine eigene Sprache anskandieren – eine noch exotischere Wirkung. Er wußte, daß sie seine Vorführung liebten, und überzog sie daher noch zusätzlich, um die Schwere der Gerichte durch seine Ironie zu mildern, bis Eisbein und Wellfleisch und Schweinshaxe eher wie Ankündigungen eines Balletts klangen denn wie gebratene und geschmorte tierische Überreste, mit denen sich die Germanen, so schien es, seit Varus in ihren finsteren Wäldern ernährt hatten, die im übrigen auch immer noch standen. Arno nahm Saumagen, Victor eine Maultaschensuppe, Arthur die frische Blut- und Leberwurst. Vor langer Zeit hatte er zwei ehemalige Lagerinsassen nach Dachau begleitet, wo eine Gedenkfeier stattfinden sollte. Damals hatte er zum erstenmal Blut- und Leberwurst gegessen.
»Wir werden dir jetzt mal beibringen, wie man deutsch ißt.«
Eine unbegreifliche Nostalgie hatte sich der beiden alten Män-

ner bemächtigt, Greuelgeschichten wurden erzählt, als wären es fröhliche Jugenderinnerungen. »Und wenn man nach so einem Wettkampf dann in seine Baracke ging, blieben immer ein paar liegen.«
Und Lieder waren im Auto erschallt, Widerstandslieder, kommunistische Lieder, das Horst-Wessel-Lied und Schlimmeres, die bösesten, unwiederholbaren Texte dessen, der einmal der Feind gewesen war.
»Dafür seid ihr zu spät geboren.« Er kannte sie noch immer, diese Lieder. Und im Lager selbst Umarmungen, Tränen, Erinnerungen, und immer wieder dieser Ton wie bei einem Klassentreffen. »Dort stand der Galgen, davon hab ich noch ein Foto. Dann mußten wir hier stehen, nein, nicht dort, hier in der Ecke, damit wir es auch richtig sehen konnten ...«
Was für eine Chemie war das, die Tod und Leid in eine Gerührtheit verwandelte, in der die Stimmen und Gesichter verschwundener anderer mitsprachen? Bei Hardtke in der Meineckestraße hätten sie fast geschrien. »Karpfen in Bier gedünstet. Pilsener Urquell. Bommerlunder ...« Diese Worte waren plötzlich durch einen für niemanden sonst in diesem Raum erkennbaren Beiklang verhext worden, alles schmeckte nach Krieg. Das einzige Mal, daß sie still gewesen waren, war auch das einzige Mal, daß er nicht hatte filmen dürfen, bei der Grenzwache der DDR, als strahle das Grün der Uniformen, der Anblick von Stiefeln und Koppeln und Mützen, das Gekeuche eines Hundes an der Kette immer noch eine Drohung aus, gegen die keine Erbsensuppe und kein Linseneintopf oder Hackepeter ankamen. Er hatte gesehen, wie sie sich unwillkürlich näher zusammengestellt hatten, zwei alte Niederländer auf Urlaub in Deutschland.
»Der Filmer befindet sich in absentia.« Plötzlich wurde ihm bewußt, daß die beiden anderen bereits eine Zeitlang geschwiegen hatten. Aber davor, davor war etwas gesagt worden, das sich in ihm festgehakt hatte.
»Das hat er öfter«, sagte Victor. »Dann filmt er innerlich. Er ver-

läßt seine Freunde und macht eine Reise durchs All. Jemand getroffen?«
»Nein«, sagte Arthur. »Ich mußte auf einmal an ... denken«, und er nannte die Namen der beiden Männer, weil er wußte, daß Victor sie kannte.
»Niet lullen maar poetsen«, sagte Victor auf niederländisch, und zu Arno: »Unübersetzbar. Du weißt, Niederländisch ist eine Geheimsprache, die dazu bestimmt ist, andere auszuschließen.«
»Ich versteh's aber auch nicht«, sagte Arthur.
»Nicht quatschen – putzen! Die Devise der niederländischen Militärpolizei. Ich habe Stallaert, den älteren der beiden, mal gefragt, wie er es drei Jahre lang in diesem Lager ausgehalten hat. Da sagte er das, nicht quatschen – putzen! ›So hieß das bei uns, bei der Militärpolizei.‹ Und als ich ihn fragte, wie der andere, der Dichter, das überlebt hatte, sagte er: ›Ach ja, den hat das sehr mitgenommen, aber wir haben ihn durchgeschleppt. Wir sind dafür ausgebildet worden, Dichter nicht. Und schließlich zeigten die Deutschen doch einen gewissen Respekt, wenn sie wußten, daß man Offizier war ...‹« Letzteres wieder auf deutsch.
»Erzähl das mal in Polen«, sagte Arno.
Aber Arthur wollte noch immer wissen, worüber sie gesprochen hatten.
»Die Sohlen der Erinnerung.«
Das war es. Eigenartig, daß man doch etwas hören konnte, obwohl man nicht zuhörte. Da war er wieder, sein schon im Keim erstickter Film über Walter Benjamin.
»Aber wie seid ihr darauf gekommen«, fragte er.
»Ich habe für zwanzig Pfennig Vergangenheit gekauft«, sagte Arno. Sein Zyklopenauge funkelte, Arthur wußte, daß er jetzt mit einer Überraschung aufwarten würde. Freunde waren verläßlich. Arno, dachte er, war eine Art von jubelndem Denken eigen, das von allem möglichen in Gang gesetzt werden konnte, danach lief seine Orgel von allein. Aber zunächst noch ein wenig Geheimniskrämerei. Sie bestellten eine weitere Flasche

Wein. Spielchen. Drei erwachsene Männer, zusammen gut und gerne hundertfünfzig Jahre alt. Arno legte zwei bedruckte Blätter auf den Tisch, Text mit ziemlich einfältigen Zeichnungen. Eine weite Landschaft, ein paar kleine Gebäude, die wie Hütten aussahen, eine niedrige Verschanzung, wie es schien aus Schilf geflochten. In der Ferne Hügel, ein Wald, ein Mann, der Heu auf dem Rücken trug, eine Frau auf einer Lichtung, mit irgend etwas in einem Topf beschäftigt. Auf dem nächsten Blatt etwas, das anscheinend ein Grab darstellen sollte. Knochen, ein Schädel, Tongefäße.
»Ich war in der Unterwelt«, sagte Arno. »Erinnerung muß schließlich irgendwo anfangen. Dies ist das allerälteste Berlin, die Rekonstruktion einer Siedlung aus der Bronzezeit. Diese Menschen wohnten im wahrsten Sinne des Wortes unter unseren Füßen. Das macht die Gegenwart ja so arrogant, daß wir uns weigern, darüber nachzudenken, daß auch wir irgendwann unter den Füßen anderer liegen werden. Hegels Schuld...«
»Wieso Hegel?«
»Weil der glaubte, wir hätten das Ziel so ungefähr erreicht. Und das läßt sich nicht mehr ausrotten. Wir können uns nie soviel Zukunft vorstellen, wie wir an Vergangenheit haben. Schaut euch mal diese Zeichnung an ... alles natürlich liebevoll gemacht, aber trotzdem spricht Geringschätzung daraus. So im Sinne von: Das kann uns nie passieren. Uns brauchen sie nicht auszugraben. Unsere Kleider können nie so lächerlich werden wie ein Bärenfell. Niemand möchte sich die Zukunft als etwas vorstellen, bei dem zur Abwechslung mal wir die Dummen sind, ein Häufchen Knochen in einer Museumsvitrine. Über dieses Stadium sind wir hinaus, haha. Entweder glauben wir, daß es immer so weitergeht, oder, daß alles mit uns endet. Raumfahrt ist Unsinn, zum kleinsten Planeten ist man schon Jahre unterwegs, dafür müssen sie erst eine andere Menschheit züchten. Und das All kommt bestens ohne uns aus, das ist schon bewiesen. Womöglich wäre uns das durchaus recht, obgleich wir das nie

zugeben werden, denn ohne uns ist es natürlich eine öde Geschichte. Ein paar Uhren, die weiterticken, und keiner, der darauf achtet.«

»Sieht ganz gemütlich aus, mit diesen Hütten«, sagte Victor. »Und da, das kleine Boot mit dem Netz. Holzkohlenfeuer. Fisch ohne Quecksilber, ausschließlich Vollkornbrot mit schönen dikken Körnern. Und keine Scherereien ...«

Arthur griff nach der Zeichnung. Museum für Vor- und Frühgeschichte. Das befand sich ebenfalls im Schloß Charlottenburg. Diese Blätter konnte man für zehn Pfennig das Stück kaufen. Wie wäre es gewesen, wenn man diese Menschen hätte sprechen hören können?

»Wenn du mit der U-Bahn nach Lichterfelde fährst«, sagte Arno, »dann saust du mitten durch die Vergangenheit. Auf diese Weise befinden wir uns ständig im Totenreich. Aber diese Toten haben sich uns nie vorstellen können ...«

»Was für ein Alptraum ...«

»Ja, aber trotzdem. Seit diese Menschen hier lebten, hat es hier nie mehr aufgehört. Ein immerwährendes Gespräch an ein und derselben Stelle. Gebrummel, Gemurmel, jahrhundertelange Worte und Sätze, ein endloses, unabsehbares Meer aus Geschrei und Geflüster, eine sich selbst vervollkommnende Grammatik, ein immer dicker werdendes Wörterbuch, und immerzu hier, stets weiter aufgehäuft, gleichzeitg verschwunden und geblieben – verschwunden, was gesagt wurde, und geblieben als Sprache –, alles was wir sagen, so wie wir es sagen, all diese ererbten Wörter und Wendungen, die sie uns hinterlassen haben und die wir dann auch wieder hinterlassen für ...« Er deutete auf die dunkelbraune Decke, wo der Rauch seiner Zigarre Spiralen bildete wie der Nebel, in dem sich die undenkbare Zukunft verborgen hielt.

»...für die Arschlöcher, die nach uns kommen«, sagte Victor.

»Wenn du es so plastisch darstellst, habe ich das Gefühl, sie sitzen schon mit den Füßen in meinem Essen.« Er blickte noch einmal auf die Zeichnung. »Mir würde es im übrigen durchaus gefallen,

mich auf so einem Bild zu sehen, als die erdachte Erinnerung eines anderen. Hauptsache, sie laufen mir nicht mit ihren Sohlen durch meine Suppe. Aber gründlich zu verschwinden, dagegen habe ich nichts. Gründlich ist gut. Eigentlich eine beruhigende Vorstellung, finde ich.«
»Und die Werke, die du zurückläßt?« fragte Arno.
»Du glaubst doch wohl hoffentlich nicht an die Unsterblichkeit der Kunst, oder?« sagte Victor streng. »Über so was könnte ich mich immer totlachen. Vor allem Schriftsteller verstehen sich darauf, Meister der künftigen Unsterblichkeit. Spuren hinterlassen, nennen sie das, während das, was sie machen, noch am schnellsten verschimmelt. Aber sogar die wenigen Male, wo das nicht so ist, worum handelt es sich da? Dreitausend Jahre? Texte, die wir auf unsere Weise lesen, obwohl sie womöglich völlig anders gedacht waren ...«
Er schaute wieder auf die Zeichnung. »Bitte sehr, kein Buch weit und breit. Weißt du was ... du bringst denen mal ein Buch von Hegel und tauschst es gegen diesen Fisch ein. Für einen Freund, mußt du dann sagen, das verstehen sie schon. Berliner sind nette Leute. Und ich wüßte doch gar zu gern, wie so ein prähistorischer Fisch schmeckt.«
Herr Schultze brachte den Saumagen, der aussah wie ein zugenähter Ledersack.
»Soll ich ihn anschneiden?«
»Gern«, sagte Arno, und an Victor gewandt: »Aber noch mal zurück zu deinen Werken. Die sind ja immerhin aus Stein, die überdauern also eine Weile ...«
»Und wenn schon? Eines Tages findet jemand eins und starrt eine Weile darauf. Oder es landet in so einer gräßlichen Vitrine ... Mitte 20. Jahrhundert, Künstler unbekannt, hahaha ... Das ist das gleiche, wie wenn ich mir in einem Museum so ein Steingefäß wie auf dieser Zeichnung anschaue. Dann stelle ich mir vielleicht noch vor, daß jemand das aus Ton getöpfert hat oder daß eine große blonde Germanenfrau, die mir vielleicht gefallen hätte,

daraus getrunken hat, aber was hat der Mann davon, der dieses Gefäß gemacht hat ...«
»Daß er es gemacht hat. Die Freude am Machen.«
»Oh, das streite ich ja gar nicht ab«, sagte Victor, »aber da muß dann Schluß sein.«
Arno erhob sein Glas.
»Auf unsere kurzen Tage. Und auf die Millionen Geister, die um uns herumschwirren.« Sie tranken.
»Ich finde es ganz hübsch, von Toten umgeben zu sein. Tote Könige, tote Soldaten, tote Huren, tote Priester ... du bist nie allein.«
Er lehnte sich zurück und begann zu brummen. Sowohl Victor als auch Arthur kannten dieses Geräusch, Schwerlastverkehr in der Ferne, ein Hund, der auf dem gegenüberliegenden Bürgersteig einen Artgenossen sieht, ein Musiker, der einen Baß ausprobiert. Auf jeden Fall bedeutete es, daß er über etwas nachdachte, was ihm zu schaffen machte.
»Hm. Und trotzdem stimmt da was nicht. Du bist nicht derjenige, der bestimmt, wo die Grenze deiner Unsterblichkeit liegt.«
»Unsterblichkeit gibt es nicht.«
»Na schön, dann also metaphorisch gesprochen. Homer, wer immer das war, konnte auch nicht wissen, daß er eines Tages vielleicht in einem Raumfahrzeug gelesen werden würde. Du willst eine Grenze bestimmen, du willst sagen, dann oder dann schaut sich niemand mehr meine Werke an. Aber eigentlich bedeutet das genau das Gegenteil.«
Das Auge funkelte. Jetzt kam die Beschuldigung.
»Du sagst das ja nur aus purer Angst, weil du die Verfügungsgewalt über das, was du erschaffen hast, nicht verlieren willst. Es ist eine Flucht nach vorn. Du willst deiner eigenen Abwesenheit zuvorkommen, aber solange deine Werke noch existieren, werden sie dich auf irgendeine Weise verkörpern, auch wenn du nichts mehr davon weißt und dein Name schon lange vergessen

ist. Und weißt du, warum? Weil es sich hier um einen *gemachten* Gegenstand handelt. Hier kannst du keine Grenze bestimmen. Genau das wirft Hegel Kant ja vor: Wer eine Grenze festlegt, hat sie im Grunde schon überschritten, und wer sich auf seine Endlichkeit berufen will, kann das nur aus der Perspektive der Unendlichkeit. Ha!«
»Ich kenne diese Herren nur vom Namen«, sagte Victor, »ich habe noch nie Kaffee mit ihnen getrunken. Ich bin nur ein einfacher, pessimistischer Bildhauer.«
»Es ist doch ein Unterschied, ob die Natur etwas erschafft oder ob du etwas erschaffst, stimmt's oder stimmt's nicht?«
»Bin ich denn keine Natur?«
»Oh doch, du bist auch ein bißchen Natur. Unvollendete Natur, verschandelte Natur, sublimierte Natur, das kannst du dir selbst aussuchen. Aber eines kannst du nicht – und das ist: nicht dabei denken, wenn du etwas erschaffst.«
»Ist Denken denn unnatürlich?«
»Hab ich nicht gesagt. Aber in dem Moment, in dem du über die Natur nachdenkst, entfernst du dich von ihr. Die Natur kann nicht über sich nachdenken. Du schon.«
»Aber dann könntest du auch sagen, daß die Natur mich benutzt, um über sich selbst nachzudenken ...« In diesem Augenblick fegte eine Sturmbö durch den Raum, unmittelbar gefolgt von einer stattlichen Frauengestalt im Pelzmantel. Die Kerzen auf allen Tischen flackerten, als würden sie gleich verlöschen. Eine Sekunde später stand sie an ihrem Tisch.
»Zenobia, laß mich eben noch diesen Satz beenden«, sagte Arno, und an Victor gewandt: »Du kannst nicht über dein Grab hinaus regieren, auch nicht im Negativen!«
»Kinder, was für ein trauriges Gespräch ... Dein Grab, dein Grab, die ganze Stadt ist unter Schnee begraben. Schaut! Zählt!«
»Zählt was?«
»Wie lange es dauert, bis diese Schneeflocken Tränen werden ...«

Sie hatte die Arme hochgehoben und schaute nach unten. Auf ihrem Busen schmolzen die Schneeflocken.

»Mein Mantel cheult!«

Zenobia Stejn war die Zwillingsschwester von Vera, Arnos Frau. Nur wer beide sehr gut kannte, konnte sie auseinanderhalten. Sie hatten den gleichen schweren russischen Akzent, aber Vera, die malte, war schweigsam und verschlossen, während Zenobia sich wie eine Gewitterwolke durchs Leben bewegte. Sie hatte Theoretische Physik studiert und schrieb Rezensionen und Artikel für russische Zeitungen, doch daneben hatte sie noch eine kleine Fotogalerie in der Fasanenstraße, die, drei Tage in der Woche nur nachmittags oder nach Vereinbarung geöffnet, auf deutsche Naturfotografie aus den zwanziger Jahren spezialisiert war, die Wolkenformationen von Stieglitz, die seriellen Sandriffel von Alfred Ehrhardt, Arvid Gutschows Wasser- und Sandstudien. Es war der Gegensatz zwischen ihrem exuberanten Äußeren und Auftreten und der lautlosen Welt dieser Fotos, der Arthur angezogen hatte. Alles auf ihnen schien mit einem Verschwinden zu tun zu haben, das gerade noch im letzten Augenblick verhindert worden war. An irgendeinem willkürlichen Tag vor über siebzig Jahren hatte ein Fotograf auf Sylt oder einer anderen deutschen Wattenmeerinsel unter alldem, was ihn umgab, diesen einen Ausschnitt gesehen, eine Spur, die der Wind gemacht hatte, das Meer, das die schmalen, unscheinbaren Furchen dieser Spur gefüllt und sich danach wieder zurückgezogen hatte. Das eiserne Licht jenes Tages hatte das winzige, sich stets wiederholende Ereignis gesteigert, der Fotograf hatte es gesehen, aufgezeichnet und bewahrt. Die Technik jener Zeit machte das Foto altmodisch und verschärfte den Widerspruch: Etwas, das zeitlos war, blieb das auch und wurde zugleich als etwas aus den zwanziger Jahren markiert. Das gleiche war mit Stieglitz' Wolkenformationen passiert. Was dort am Himmel trieb, war diese eine, nie mehr dingfest zu machende Wolke, die langsam über die Landschaft gezogen war wie ein schwereloses Luftschiff, gesehen von Menschen, die jetzt

nicht mehr existierten. Durch dieses Foto jedoch war diese Wolke alle Wolken geworden, die namenlosen Gebilde aus Wasser, die es immer gegeben hat, die es gab, bevor es Menschen gab, die sich in Gedichten und Sprichwörtern eingenistet hatten, flüchtige Himmelskörper, die wir meist wahrnahmen, ohne sie zu sehen, bis ein Fotograf kam, der diesem Vergänglichsten aller Phänomene eine paradoxe Beständigkeit verlieh, wodurch man gezwungen war, darüber nachzudenken, daß eine Welt ohne Wolken undenkbar ist und daß jede Wolke, wann oder wo auch immer, der Ausdruck aller Wolken ist, die wir nie gesehen haben und nie sehen werden. Nutzlose Gedanken, die ihm aber trotzdem kamen, weil diese Fotos und was mit ihnen versucht wurde, mit dem zu tun hatten, was er selbst anstrebte, das Bewahren von Dingen, die für niemanden bewahrt zu werden brauchten, weil sie im Grunde immer vorhanden waren. Aber darum ging es ja nun gerade: Irgendwann hatten der Wind und das Meer diese geriffelten, aufeinander folgenden Spuren geformt, sie waren nicht von einem Künstler erdacht, es hatte sie in Zeit und Raum wirklich gegeben, und jetzt, so viele Jahre später, lag diese Spur oder diese Wolke vor einem auf dem Tisch, man hatte das schützende Seidenpapier, das über dem Passepartout lag, vorsichtig weggenommen, und was da jetzt, ausgeschnitten in diesem Papprahmen, sichtbar wurde, war ein Augenblick in der wirklichen Zeit, anonym und doch bestimmt, ein namenloser Sieg über die Vergänglichkeit. Keine erdachte Wolke in einem Gemälde von Tiepolo, Ruysdael oder Turner konnte es damit aufnehmen ... die stellten lediglich andere, wirkliche Wolken dar, die sich von niemandem hatten erwischen lassen.
Zenobia hatte ihre große Hand auf Arthurs Kopf gelegt.
»Was geht hier drinnen vor sich? Ein ernster Kopf, versunken in Gedanken? Was denkt er?«
»Er denkt über Wolken nach.«
»Ach, Wolken! Wolken sind die Pferde des Heiligen Geistes, hat meine Chemielehrerin immer gesagt, wenn sie erklären wollte,

wie wenig eine Wolke wiegt. Nicht sehr wissenschaftlich. Wolken müssen über die ganze Welt ziehen, um zu sehen, ob alles in Ordnung ist ... Russischer Unterricht, Faktenwissen und Aberglaube ...«
Sie warf ihren Mantel nach hinten, als sei es selbstverständlich, daß dort ein Herr Schultze stand, um ihn aufzufangen.
»Außerdem durfte sie so etwas gar nicht sagen. Ach«, rief sie Schultze nach, »einen Wodka bitte! Einen doppelten, einen für mich und einen für meine Seele. Was für ein Tag! Und der Weg hierher! Ich komme mir vor wie ein Kavalleriepferd. Jetzt wird es tausend Jahre schneien, ich hab sie im Fernsehen gesehen, deine Wolken! Genau was de Gaulle gesagt hat, vom Atlantik bis zum Ural. Ein großer Meteorologe! Europa endlich vereint, *eine* große graue Decke tausendjähriger Wolken, und darunter wuseln wir herum, auf unseren albernen Beinchen. Ach, und Berlin im Schnee der Unschuld, sämtliche Unterschiede verwischt, die perfekte Ehe zwischen Ost und West, die Apotheose der Versöhnung. Schnee auf holländischen Bänken, deutschen Kirchen, dem sich entvölkernden Brandenburg, dem leidenschaftlichen Polen, Schnee auf Königsberg-Kaliningrad, hauchzart, wie Spitze, Schnee über der Oder, Schnee auf den Toten ... ja, kleiner Däumling, jetzt hast du mich angesteckt mit deinen Wolkendämonen, ich komm hier rein als glückliche Frau, verfolgt von einem Wirbelwind, auf der Suche nach menschlicher Wärme, und sei es auch nur die eines Holländers, und was find ich: drei düstere Waldschrate. Das erste Wort, das ich höre, ist: Grab. Wenn jetzt jemand beerdigt werden muß, dann müssen sie erst den Schnee wegräumen und danach den Boden aufhacken!«
»Uns graust's vor nichts«, sagte Victor. »Ich hab die Geräte dafür. Wer will als erster?«
Arthur lehnte sich zurück. Vielleicht, dachte er, ist das ja der Grund, warum ich immer wieder nach Berlin zurückkehre. Ein Kreis, in den er aufgenommen war, dessen Mitglieder einander

mit halben Worten oder Sätzen verstanden, in dem man in Metaphern oder Hyperbeln sprach oder schwieg, Unsinn seine eigene Bedeutung hatte und man nichts zu erklären brauchte, wenn man keine Lust dazu hatte. Er wußte auch, wie dieser Abend enden würde. Er und Victor würden immer stiller werden, und Zenobia und Arno würden sich gegenseitig mit Mandelstam und Benn bombardieren, deren komplette Werke sie anscheinend auswendig konnten. Daß sie das Russisch von Mandelstam nicht verstanden, spielte dann schon längst keine Rolle mehr, genausowenig wie die Kluft zwischen den Biographien der beiden Dichter noch eine Rolle spielte. Die russischen Verse wogten durch den kleinen Raum, andere Gäste gab es nicht mehr, sie umspülten den kleinen Tisch mit diesen leidenschaftlichen, explodierenden Lauten, und die schroffen, zerfetzenden Gedichte Benns mit ihren unerwarteten, so undeutschen Reimworten strömten dagegen, zwei tragische Leben, die in ihrer Zerstörung und schuldhaften Verletzung das Jahrhundert zusammenzufassen schienen. Wenn sie dann noch nicht genug hatten, gingen sie zu Arno, der nicht weit von dort wohnte, und auch da war es Deutschland und Rußland, denn Arno hatte ein Klavier, auf dem er schlecht, aber mit viel Pathos Schubert und Schumann spielte, woraufhin Victor auf Veras und Zenobias Bitte stets das Largo aus der 2. Sonate von Schostakowitsch spielen mußte, äußerst langsam, fast flüsternd, »wie nur ein Russe es spielen kann, Schostakowitsch, dieses Hundekind. Ach Victor, gib's doch zu, eigentlich bist du ein Russe!«
Deutschland und Rußland, in solchen Augenblicken war es, als hätten diese beiden Länder ein für einen atlantischen Niederländer kaum zu begreifendes Heimweh nacheinander, als übe diese unermeßliche Ebene, die dort, bei Berlin, zu beginnen schien, einen geheimnisvollen Sog aus, aus dem früher oder später wieder etwas hervorgehen mußte, das jetzt noch nicht an der Reihe war, das aber allem scheinbaren Gegenteil zum Trotz die europäische Geschichte noch einmal kippen würde, so als könnte

diese gewaltige Landmasse sich umdrehen, wobei die westliche Peripherie wie eine Decke von ihr abgleiten würde.
Wieder diese Hand! Warum Zenobia ihn immer kleiner Däumling nannte, wußte er nicht. Vierundvierzig Jahre und ein Meter einundachtzig, aber er war's zufrieden. Neben dieser Gewalt fühlte er sich wohl, gerade weil ihr Radar immer erspürte, womit er sich gerade beschäftigte, und sie ihm gleichzeitig die Freiheit ließ, an seinen Gedanken zu spinnen. Und außerdem wußte er, daß »Alkohol die Wolke war, aus der sie ihre Seele schneien ließ«. Schon wieder Wolken, schon wieder Schnee. Aber sie hatte es selbst einmal gesagt, als sie sturzbetrunken war und er sie mit fester Hand zu ihrer Wohnung bugsiert hatte.
»Ich trinke gegen die Fakten an«, hatte sie damals erklärt, und obwohl er nicht genau wußte, was sie damit meinte, hatte er doch das Gefühl, sie verstanden zu haben. Sie hatte mit ihrer geballten Faust gegen seine Brust geschlagen (»Das machen wir Russen so«), ihre blauen Augen im Licht des Hauseingangs genau auf seine gerichtet (»Es gibt auch Juden mit blauen Augen«).
»Das Subjektive trinkt gegen das Objektive ... hör auf meine Worte, hahaha ...«, und damit war sie in ihr Haus gestürmt und hatte ihm die Tür vor der Nase zugeschlagen. Im Treppenhaus hörte er sie noch rufen: »Hör auf meine Worte, hör auf meine Worte!«
Herr Schultze war wieder am Tisch erschienen. Sein Sohn, der das Aussehen eines bösen Engels hatte und die Manierismen seines Vaters (»Falls es sein Vater ist«, sagte Victor), hatte inzwischen abgeräumt, und der Vater starrte auf den leeren Tisch, als ginge es um ein metaphysisches Problem. Wie eine Marionette streckte er einen steifen Arm zu dem leeren Fleck aus und fragte, was da jetzt hinkommen solle. Er habe einen Vorschlag, und sie wußten alle, welchen. Es kam jetzt nur noch auf die rituelle Formulierung an.
»Der Triumph des Landmanns?«
»Wunderbar.«

»Das Korn, die Kuh und das Schwein?«
»Alles.«
Kurz darauf erschienen ein Brett und darauf ein Topf Schmalz, ein paar Scheiben grobes, fast schwarzes Brot und ein großes Stück Käse, das jemand irgendwann im Mittelalter in den Schrank gelegt und das man erst jetzt wiedergefunden hatte. Handkäse.
»Es sieht eigentlich noch am ehesten aus wie ein Stück Sunlichtseife«, sagte Victor. »Warum nennt ihr so was eigentlich Käse? Das ist etwas, womit man Leichen versiegelt.«
»Luther, Hildegard von Bingen, Jakob Böhme, Novalis und Heidegger haben alle diesen Käse gegessen«, sagte Arno. »Was du riechst, dieser penetrante Gestank, das ist die deutsche Variante der Ewigkeit. Und was du siehst, diese glänzende und zugleich matte durchscheinende, leicht talgig aussehende Materie, das könnte durchaus die mystische Essenz meines geliebten Vaterlands sein«, und er stieß sein Messer hinein. »Trinken wir erst noch einen Roten oder gehen wir gleich zum Hefe über? Herr Schultze, bitte, vier Hefe aus dem Kloster Eberbach.«
Hefe, Arthur hatte das Wort nachgeschlagen. Hefe, Bodensatz, Sediment, Hefe des Volkes, aber diese Umschreibungen konnten mit dem so hell aussehenden, bleichgoldenen Getränk in den hohen Gläsern, die jetzt vor ihnen standen, nichts zu tun haben. Der Geist des Weins. Ringsum hörte er das leise Stimmengewirr der anderen Gäste. Es konnte unmöglich wahr sein, daß sie hier mitten in einer Weltstadt saßen, und ebensowenig, daß diese Stadt unter einer dicken Schneeschicht lag, die wieder schmelzen und *eine* große graue, eiskalte Matschwüste hinterlassen würde. Morgen früh, bei Tagesanbruch, würde er zum Hotel Esplanade gehen, um den Potsdamer Platz noch einmal zu filmen.
»Cherr Schultze«, sagte Zenobia, »wie geht's dem alten Herrn Galinsky? Der ist natürlich nicht durch dieses Sauwetter gekommen, oder?«
»Da kennen Sie Galinsky aber schlecht. Der sitzt wie üblich an seinem Platz in der Ecke.«

Sie drehten sich um. In einer entfernten Ecke saß ein sehr alter Mann allein am Tisch, das Profil seines Gesichts ihnen zugewandt. Niemand wußte genau, wie alt er war, jedenfalls weit über neunzig. Er kam jeden Abend zu später Stunde (»Ich schlafe ja doch nicht mehr«), war einst in einem Berlin, das keiner von ihnen mehr erlebt hatte, Stehgeiger gewesen, Primas in einer Zigeunerkapelle, die im »Adlon« spielte. Er hatte alles überlebt. Sonst wußten sie nichts von ihm. Nach elf kam er in das Lokal, trank langsam eine Karaffe Wein, rauchte eine Zigarre und schien in ein endloses Grübeln versunken.

»Ich geh ihn mal eben begrüßen«, sagte Zenobia, aber als sie zurückkam, schien es, als sei das kurze Gespräch nicht gut verlaufen.

»Was hat er gesagt?« fragte Arno.

»Er hat nichts gesagt, und es sieht nicht danach aus, als hätte er Lust, je noch etwas zu sagen.«

»Traurig?«

»Im Gegenteil. Aber er hatte so einen eigenartigen Blick, als würde er innerlich in Brand stehen. Er strahlte.«

»Russische Phantasie. Slawische Übertreibung.«

»Kann schon sein. Ich kann es auch noch russischer sagen. Er hatte beinahe einen Nimbus, er ist eine Ikone geworden. So besser?«

Sie schauten.

»Du meinst doch nicht diese kleine Schirmlampe über ihm?«

»Nein. Wenn ihr es sehen wollt, dann müßt ihr euch genau vor ihn stellen. Seine Augen leuchten ... Ich kenne diesen Blick.«

Sie brauchte nichts zu erläutern. Zenobia hatte als Kind die Belagerung Leningrads miterlebt und einmal davon erzählt. Was Arthur im Gedächtnis geblieben war, war ihre Beschreibung dessen, was sie das stille Sterben nannte, Sterben vor Hunger und Kälte, Menschen, die aufgegeben hatten, die sich irgendwo mit dem Gesicht zur Wand in eine Ecke gelegt hatten, als sei die Welt, die nun auf ein einziges Zimmer reduziert war, bereits von ihnen

abgeglitten, ein feindseliges, leeres Element, zu dem sie nicht mehr gehörten. Das, dachte Arthur, mußte es auch gewesen sein, was sie in jener betrunkenen Nacht mit ihrem »Haß gegen die Fakten« gemeint hatte. Einmal war er darauf zurückgekommen.
»Ach das«, hatte sie gesagt, »das ist nun wieder eine typische Däumling-Frage. Du darfst nie jemanden daran erinnern, was er in betrunkenem Zustand gesagt hat. Und mich schon gar nicht, denn ich bin öfter mal betrunken.«
»Warum nennst du mich eigentlich immer kleiner Däumling?« fragte er plötzlich, »so klein bin ich nun auch wieder nicht.«
»Damit hat es auch nichts zu tun. Du streust überall deine Krümel aus, Victor behält alles für sich, und Arno wirft ganze Brote hin. Du sagst nie viel, aber einen Tag später oder so finde ich doch immer Krümel.«
»Und diese Fakten?«
»Fängst du schon wieder an?«
»Ja.«
»Schwierig, schwierig.«
»Eine Wissenschaftlerin kann doch nichts gegen Fakten haben?«
»Ach, solche Fakten meine ich natürlich auch nicht. Sofern ich überhaupt noch weiß, was ich damals gemeint habe. Die Fakten, von denen du jetzt sprichst, besitzen natürlich immer Gültigkeit.«
Stille.
»Ja, ich weiß, daß du wartest.«
Stille.
»Es geht darum ... daß alles Elend dieser Welt als Fakt hingestellt wird ... und daß dadurch alles nur weniger wirklich wird. So wird es in der Geschichte aufgeführt sein, ausführlicher oder weniger ausführlich, das hängt vom Buch ab: Belagerung von Berlin, Belagerung von Leningrad, von dann bis dann, so viele Tote, heldenhafte Bevölkerung ... und genauso sehen wir jetzt fern,

wir sehen Menschen, Flüchtlinge, die ganze Chose, jeden Abend andere, alles Fakten, genauso wie die Lager des Gulag Fakten sind, aber faktisch«, sie lachte, »sieh dir die Sprache an! – aber faktisch halten uns die Zahlen und die Berichte eher davon fern, als daß sie uns dem näherbringen ... so als sähen wir, während wir schauen, mit einer Art Titanenblick über all die Lager, Massengräber, Minenfelder, Blutbäder hinweg ... unser Blick ist bereits unmenschlich geworden ... es kommt nicht mehr an uns heran, wir registrieren diese Dinge als Fakten, vielleicht noch gerade eben als Symbole des Leids, aber schon nicht mehr als Leid, das zu uns gehört ... und so werden diese Fakten, wird der Anblick dieser Fakten zu dem Panzer, der uns vor ihnen verschließt ... vielleicht kaufen wir uns noch mit ein bißchen Geld frei, oder der abstrakte Staat tut das für uns, aber es berührt uns nicht mehr, das sind andere, die sind auf den falschen Seiten des Buchs gelandet. Denn das wissen wir, sogar in dem Moment, in dem es passiert, in dem es Geschichte ist, dafür haben wir einen Riecher entwikkelt ... das ist doch ein Wunder, gleichzeitige Geschichte, und dann auch noch nichts damit zu tun zu haben ... Arno, was hat dein dämlicher Hegel gleich wieder gesagt ... die Tage des Friedens sind die unbeschriebenen Seiten im Buch der Geschichte, oder so was Ähnliches ... nun, jetzt sind wir diese weißen Seiten, und das genau ist es ja, wir sind nicht da.«

»Er sitzt so still wie eine Statue«, sagte Victor, der schnell mal nach Galinsky schauen gegangen war. »Ich wollte mich noch hinknien, aber ich sah nichts glänzen. Er denkt mit geschlossenen Augen nach.«

»Dann hat er sie rechtzeitig geschlossen«, sagte Zenobia, »ruf mal Schultze.«

»Ah, eine scharfsinnige Tischrunde«, sagte Schultze. »Ich hatte es schon gesehen, aber ich dachte, ich laß ihn noch ein bißchen sitzen. Ich hab ihn gefragt, ob er noch ein Glas Wein will, denn er hatte seine Karaffe ausgetrunken. Aber er saß nur da und strahlte ein bißchen vor sich hin, als ob er in der Ferne Musik hörte. Er sah

durch mich hindurch, nein, er *lachte* durch mich hindurch, und dann legte er seine Zigarre beiseite und schloß die Augen. Und weil wir sowieso bald zumachen, wollte ich meinen Gästen keinen Schreck einjagen. Sobald Sie alle weg sind, rufe ich den Notarzt. Aber Sie brauchen sich nicht zu beeilen. Er sitzt da sehr zufrieden und sehr aufrecht. Ein perfekter Gast, immer gewesen. Ein Herr. Sie bekommen noch ein Hefe, vom Haus.« Er goß etwas voller ein als sonst, und sie erhoben die Gläser in Richtung des Toten.
»Servus«, sagte Victor, und es klang, als sänge er die Melodie dazu.
Sie gingen nach draußen. Jetzt waren es keine dicken Flocken mehr, sondern weiche Pulverkörnchen, die unter den hohen Lichtern des Kurfürstendamms herabrieselten. Während sie sich verabschiedeten, hörten sie von ferne die Sirene eines Rettungswagens näher kommen.
»Das ist heute schon der ich weiß nicht wievielte«, sagte Arthur. »Man könnte meinen, die Sirenen verfolgen mich.«
»Sirenen verfolgen einen nicht«, antwortete Zenobia, »sie locken einen zu sich.«
»Und dann weißt du ja, was du tun mußt, lieber Freund«, sagte Arno, »laß dich von uns an den Mast binden. Denn das Schiff muß weiter.«
Ohne sich umzudrehen, sah Arthur, wie sie jetzt alle vier, jeder in seine Richtung, gingen, Arno nach Süden, Victor nach Norden, Zenobia nach Osten, er selbst nach Westen, wo der Schnee auch herzukommen schien. So beschrieben sie zum zweitenmal an diesem Abend ein Kreuz durch die verschneite Stadt, erst jeder für sich, aufeinander zu, jetzt gleichzeitig, voneinander weg. Bei solchen Gedanken stellte sich Arthur immer eine Kamera vor, die irgendwo da oben, wo man jetzt wegen der wirbelnden Flocken nicht hinschauen konnte, ihren vierfachen, getrennten Gang aufnehmen würde, bis sie, jeder am Ende seines Weges angekommen, das Kreuz mit ein paar komischen Schlenkern vollendet

hätten. Danach gehörten sie sich wieder selbst, Menschen, allein in ihrer merkwürdigen steinernen Behausung, Bewohner einer Großstadt, mit plötzlich schweigenden Mündern. Manchmal wurde er so sein eigener Voyeur, jemand, der sich vorstellte, wie jemand anderer, der er selbst war, ihn beim Nachhausekommen, selbst unsichtbar, heimlich beobachtete. Es ließ sich nicht ändern, daß dabei jede Bewegung und jede Handlung theatralisch wurde, ein Film ohne Plot. Ein Mann, der die Eingangstür öffnet, sich den Schnee vom Mantel klopft, den Mantel auszieht und noch einmal an der Tür ausschüttelt, dann in dem großen Berliner Treppenhaus nach oben geht, eine zweite Tür öffnet und in seinem Raum steht. Und jetzt? Am Spiegel vorbei ohne hineinzuschauen, drei, das ist zuviel. Er streicht mit der Hand über die Kamera, die er sich nie nur als Gegenstand vorstellen kann, er sieht das Foto einer Frau, eines Kindes, den Mann, der daneben steht, wie, wo, wann, er muß dabei aussehen wie einer, der weiß, daß er nicht gesehen wird, stärker noch, dieser Gedanke darf nicht einmal in ihm aufkommen, aber wie sieht er aus?
Er sucht unter seinen CDs, schiebt eine in seinen tragbaren CD-Player, Winter Music, John Cage, Stille, Geräusche, Stille, vehemente Geräusche, Stille, langsame Töne. Die Stillephasen unterscheiden sich nur durch ihre Dauer, dadurch wird ihm klar, daß all diese Pausen ebenfalls Musik sind, gezählte Stille, Takte, Komposition. Es fühlt sich an wie verlangsamte Zeit, falls es so etwas gibt. Diese Musik muß er den Bildern unterlegen, die er am Abend aufgenommen hat, das weiß er schon jetzt, weil Musik, die die Zeit dehnt, auch den Raum des Bildes dehnt.
Er erschrickt, als das Telefon klingelt. Ein Uhr. Das kann nur Erna sein.
»Was hast du gerade gemacht? Wo warst du heute abend?«
»Ich war mit Freunden aus. In einem Weinlokal. Da ist jemand gestorben.«
»Oh. Was für 'ne komische Musik läuft da bei dir?«
»Cage.«

»Keine Musik zum Einschlafen.«
»Ich ging auch noch nicht schlafen. Ich habe noch ein bißchen nachgedacht.«
»Worüber? Oder hast du Besuch?«
»Nein. Ich habe gerade darüber nachgedacht, daß Uhren in Zimmern von Alleinstehenden langsamer gehen.«
»Haben wir Mitleid mit uns selbst? Ich bin auch allein.«
»Anders. Schneit es bei euch auch so?«
»Ja. Was meinst du mit anders? Weil ich Kinder habe?«
»Auch. Du wohnst mit Leuten zusammen.«
»Muß ich mir Sorgen um dich machen?«
»Keineswegs. Ich habe einen äußerst geselligen Abend verbracht. Zusammen mit drei anderen Leuten, von denen zwei auch allein leben. Wir sind in der Mehrzahl. Die Zukunft gehört den Einsiedlern. Don't worry.«
»Arthur?«
»Ja?«
»Hast du nicht ein kleines bißchen Heimweh? Es hat gefroren, auf der Gracht liegt Schnee, morgen können wir Schlittschuh laufen.«
Erna wohnte an der Keizersgracht. Er sah es vor sich. Dritter Stock.
»Stehst du am Fenster?«
»Ja.«
»Gelbes Licht aus den Laternen. Schnee auf den Autos. Nächtliche Gestalten, die sich am Brückengeländer festhalten, weil es so glatt ist.«
»Stimmt. Und du hast kein Heimweh?«
»Nein.«
»Hast du Arbeit? Hast du einen Auftrag?«
»Nein. Will ich auch nicht. Ich schaff es noch eine Weile so. Es kommt schon wieder was. Ich bin beschäftigt.«
»Mit Rumwurschteln?« So nannte Erna die Arbeit an seiner Sammlung. Er gab keine Antwort.

»Was filmst du denn?«
»Straßen, Schnee, Bürgersteige ...«
»Kannst du hier auch haben.«
»Nein, zu schön, zu pittoresk. Nicht genug Geschichte. Kein Drama.«
»Genug Geschichte, aber ...«
»Nicht schlimm genug. Keine Macht.« Er mußte an Zenobia denken und sah eine Szene vor sich, die er vor einigen Jahren auf dem Weg nach Potsdam gedreht hatte. Er hatte an einer Kreuzung anhalten müssen, die von einer russischen Kolonne überquert wurde, eine endlose Reihe von Männern zu Fuß, grobe Stiefel, Mützen weit zurückgeschoben. Den Gesichtern nach kamen sie aus sämtlichen Regionen des sowjetischen Imperiums, Kirgisen, Tschetschenen, Tartaren, Turkmenen, ein ganzer Kontinent zog da über die Straße, zurück in das auseinanderfallende Vaterland. Er hatte sich gefragt, was sie wohl dachten, was sie in diesen Köpfen mitnahmen, jetzt, da sie, zurückgekehrt als Verlierer aus dem Land, das sie einst erobert hatten, wieder bis in die entferntesten Weiten Asiens ausschwärmten. Aber damit konnte die Geschichte nicht zu Ende sein. Vielleicht war es das, was ihn hier hielt. Hier wurde ständig an einem gezogen, Ebbe und Flut. Hier wurde, viel stärker als irgendwo anders, das Schicksal Europas gebraut. Er versuchte es zu erklären.
»Prost Mahlzeit.«
»Gute Nacht.«
»Bist du beleidigt? Seit du ständig in Berlin bist, nimmst du alles so fürchterlich schwer. Fahr doch mal wieder nach Spanien. Geschichte wird ja langsam zur Obsession für dich. So lebt niemand, meiner Meinung auch die Deutschen nicht. Wo ein anderer Zeitung liest, liest du Geschichte. Bei dir wird eine Zeitung gleich zu Marmor, glaube ich. Das ist doch Unsinn! Und derweil vergißt du schlichtweg zu leben. Du hast viel zuviel Zeit zum Nachdenken. Mach doch mal wieder ein paar Werbespots. Jeder geht an

Standbildern vorbei, aber du mußt sie *sehen*, das ist doch ein Tick, oder nicht? Früher ...«
»Ja, früher, früher. Früher war ich ganz anders, das wolltest du doch sagen?«
Früher, das war vor Roelfjes Tod, das bedurfte keiner Erläuterung. Aber er wußte nicht mehr, wie er früher gewesen war. Er konnte sich nicht daran erinnern, und weiß der Himmel, er hatte es versucht! Eigentlich war es, als hätte er früher nicht existiert, jedenfalls kam es ihm so vor. Schuljahre, Lehrer, davon war kaum etwas geblieben. Er lebte mit Fragmenten. Aber wenn man das sagte, klang es so blöd. Und doch war es so, ein Teil der Buchhaltung war weg, verschwunden. Es war Zeit, dieses Gespräch zu beenden. Erna würde etwas in der Richtung sagen, er solle sich lieber mit seiner eigenen Geschichte beschäftigen, aber das wollte er nicht hören. Es war gut, wie es war, dieser Mann auf dem Foto konnte ein Fremder bleiben. Er selbst hatte jetzt anderes zu tun.
»Ich stelle mich neben dich ans Fenster«, sagte er.
»Und legst deinen Arm um meine Schulter?«
»Ja.«
»Dann gehen wir jetzt schlafen.« Und schon hatte sie aufgelegt. Er lauschte noch eine Weile der Stille und ging dann zu Bett.

★
★ ★

Und wir, die wir von unserer Lichterwelt aus auf das Merkwürdige in ihrer Welt blicken, was sehen wir? Wie sie in ihren Betten liegen, wie sie, wie Zenobia sagt, sich von vertikalen Wesen plötzlich in horizontale verwandeln. »Von der Welt gefallen«, nennt sie das, als wären sie nicht mehr von ihrer Welt. Für uns ist ihr ganzes Dasein Bewußtlosigkeit, Betäubung, Schlaf. Darin ist der kleinere Schlaf, in dem sie sich nun befinden, eine Verdoppelung. Sie glauben, daß sie sich ausruhen, und in der Entwurzelung ihres Lebens stimmt das auch. Aber so entfernen sie sich auch weiter von uns. Sie weigern sich nicht, wie die meisten, man könnte sogar sagen, daß sie, jeder auf seine oder ihre Weise, an die Rätsel rühren, aber das ist nicht genug. Die falschen Türen, die falschen Wege. Mehr als wir tun, können wir nicht tun, unsere Macht, sofern es eine ist, endet bei diesem Beobachten, beim Lesen von Gedanken, so wie ihr ein Buch lest. Wir müssen folgen, wir blättern die Seiten um, hören die Worte ihrer halb schlafenden Gedanken, hören, wie sie sich, während sie in ihren dunklen Zimmern in der verschneiten Stadt liegen, in diesen Gedanken aufeinander zu bewegen, vier Spinnen, die an *einem* Netz weben, das, was nicht geht. Sie lassen die Worte dieses Abends noch einmal zurücklaufen, sagen, was sie vor ein paar Stunden nicht gesagt haben, Fragmente, Fäden, die fehlenden Fetzen. Morgen, wenn sie aufwachen, hat die Chemie der Nacht diese Gedanken verformt, das Netz aufgeribbelt. Dann müssen sie wieder von vorn anfangen. So läuft das bei ihnen.

★
★ ★

Die englische Stimme füllte das Zimmer mit Toten und Verletzten. Arthur Daane war daran gewöhnt, mit dem BBC World Service aufzuwachen, als wäre er der Welt in anderen Sprachen noch nicht gewachsen. Meist war er dann eigentlich schon wach und wartete auf diese männlichen oder weiblichen Stimmen, die immer als erstes erzählten, welcher Name zu ihnen gehörte. Vielleicht glaubten sie, daß die dann folgenden Greuel, Anschläge, Aufstände, Truppenbewegungen, Orkane, Mißernten, Überflutungen, Erdbeben, Zugunglücke, Prozesse, Skandale, Folterungen leichter zu ertragen wären. Jemand erzählte es einem, jemand mit einem Namen und einer Diktion, die man nach einiger Zeit als zu diesem Namen gehörend erkannte, so daß die Ereignisse im Irak, in Afghanistan, Sierra Leone, Albanien genauso wie die Gesundheit des Dollar, die Erkältung des Yen, die vorübergehende Unpäßlichkeit der Rupie das Air einer Familienangelegenheit bekamen.

Jemand hatte ihm mal erzählt, daß, als der Zweite Weltkrieg ausbrach, eine dieser Stimmen die Sendung unterbrochen hatte, um der Welt diese Neuigkeit mitzuteilen, und daß dieselbe gelassene, beruhigende, ungerührte Stimme, die über der Welt zu schweben schien, fünf Jahre später, als der Krieg vorbei war, ihre damals unterbrochene Sendung mit den Worten fortgesetzt hatte: »As I was saying ...«, womit sie diesen ganzen Krieg auf eine Lücke reduzierte, eines der Dinge, die ständig passieren, passiert sind und wieder passieren werden.

An diesem Morgen jedoch war er noch nicht wach, als die Stimme, diesmal eine Frau, genau um sieben Uhr in sein Gehirn stürmte und sich dort mit der Nachhut dessen vermischte, was ihn bis zu diesem Augenblick offenbar beschäftigt hatte, sich im selben Moment aber schon nicht mehr ausliefern wollte, so daß, als er das Radio ausgeschaltet hatte, keine Spur mehr von was auch immer übrigblieb. Die englische Frauenstimme, die mit einem leicht schottischen Akzent gesprochen hatte, war mit einem vermummten Traumfragment auf und davon. Hinter dem vorhanglosen Fenster herrschte noch Dunkelheit. Er blieb unbeweglich liegen, um den Gedanken, die unwiderruflich kommen mußten, zu entrinnen, eine rituelle Gewissenserforschung, bei der nicht nur die Gespräche der vergangenen Nacht und die Handlungen des vorangegangenen Tages, sondern auch der Augenblick und der Ort, an dem er sich befand, überdacht wurden, eine jesuitische Disziplin oder gerade das Gegenteil davon, luxuriöse Sinniererei eines Menschen, der keine Pflichten hatte. Doch dieses Zuviel an Zeit war, was er gewollt hatte, was es ihm ermöglichen sollte, an seinem ewigen Projekt zu arbeiten. Wußte er eigentlich genau, was er damit wollte? Wieviel Zeit gab er sich selbst dafür? Würde es je fertig werden? Oder spielte das keine Rolle? War es nicht nötig, eine präzise Form dafür zu finden, eine Komposition? Andererseits, er arbeitete mit Material, das sich gerade anbot, mit Bildern, auf die er zufällig stieß. Die Einheit bei diesen Bildern bestand darin, daß er sie ausgewählt und aufgenommen hatte. Vielleicht, dachte er, konnte man das mit Dichten vergleichen. Sofern er irgend etwas von den völlig auseinandergehenden Äußerungen verstanden hatte, die Dichter darüber machten, gab es auch bei ihnen kein festes Schema, außer daß die meisten doch von einem Bild, einem Satz, einem Gedanken ausgingen, der ihnen plötzlich in den Sinn gekommen war und den sie notiert hatten, ohne, in einigen Fällen, selbst viel davon zu begreifen. Wußte er nun genau, warum er gestern abend diese Szenen auf dem Potsdamer Platz gedreht hatte? Vielleicht nicht, aber immerhin wußte er, daß diese Bilder »dazu«-gehörten. Wozu, könnte man dann zu Recht fragen. An einen Film konnte man schließlich andere Anforderungen stellen als an ein Gedicht. Außer daß dies ein Film ohne Auftrag war, einer, den er selbst bezahlte, weil er ihn nun mal machen wollte, vielleicht also doch so, wie ein Dichter ein Gedicht machen wollte.

War es lächerlich zu sagen, daß ein Gedicht, gleichgültig, wie klein es war, um die Welt ging? Er machte einen Film, auf den niemand wartete, genauso wie seines Wissens niemand je auf ein Gedicht wartete. Dieser Film, das wußte er genau, würde etwas über die Welt zum Ausdruck bringen müssen, wie er, Arthur Daane, sie sah. Aber er würde auch in ihm verschwinden müssen. Daß dieser Film mit Zeit, mit Anonymität, mit Verschwinden und mit, auch wenn er das Wort haßte, Abschied zu tun haben würde, war nichts, wonach er gesucht hatte, es war einfach so, schrieb sich selbst vor. Aber Deutschland schrieb sich auch vor, und davon ließ sich doch schwerlich behaupten, es sei anonym. Die Kunst würde darin bestehen, diese beiden Dinge miteinander zu vereinen, und dafür mußte er Geduld haben, mußte er sammeln. Berlin würde der Ort sein, an dem ein Teil seines Films spielen würde, und trotzdem durfte es kein Dokumentarfilm werden. Er durfte sich keine Sorgen machen, es würde nicht das erste Mal sein, daß sich aus etwas, das als Chaos erschien, Klarheit entwickelte. Und außerdem, wenn es mißlang, brauchte er sich vor niemandem zu verantworten.

Aber warum, um Himmels willen, Deutschland? Wegen einer spezifischen Art von Unglück, worin er etwas von sich selbst wiedererkannte? Dafür gab es doch keine Beweise, eher das Gegenteil? Eine Wirtschaftsmacht, die, wie auch immer, ganz Europa mitzuziehen schien, eine Währung, die so stark war, daß sich die übrige Welt die Zähne daran ausbeißen konnte, eine geographische Lage, die bewirkte, daß, wenn dieser gewaltige Körper sich nur im Schlaf umdrehte, so etwas wie ein leichtes Erdbeben durch die Nachbarländer ging, weil jedes dieser Länder irgendwann in seiner Geschichte Wunden und Verletzungen erlitten hatte, die sich als nicht mehr zu löschende Erinnerung in die nationale Psyche gegraben hatten, als Niederlage, Besetzung, Demütigung und die dazugehörigen Gefühle von Argwohn, Mißtrauen, Bitterkeit, die sich ihrerseits wieder mit Trauer, Buße, Schuldgefühl in dem großen Land mischten, Melancholie um

das, was sie dort selbst häufig die deutsche Krankheit nannten, ein Unglück, das aus Zweifel bestand, weil es nicht sicher war oder sein konnte, daß die Nicht-Schuldigen die Schuld ihrer Vorgänger tragen müßten, während sie sich gleichzeitig fragen mußten, ob es, wie manche behaupteten, in der Seele ihres Volkes einen verhängnisvollen Charakterzug gab, der jederzeit wieder zum Vorschein kommen könnte.
Sichtbar waren diese Dinge meist nicht, doch dem, der ein seismographisches Registriervermögen besaß, konnte nicht entgehen, daß unter all diesem ostentativen Wohlstand, all dieser glänzenden Gediegenheit eine Unsicherheit nagte, die zwar von den meisten geleugnet oder unterdrückt wurde, in den unerwartetsten Augenblicken aber doch in Erscheinung treten konnte. Er war nun schon lange genug hier, um zu wissen, daß im Gegensatz zu im Ausland oft gehörten Behauptungen die ewige Selbsterforschung, in welcher Form auch immer, nie aufhörte, dafür brauchte man nur während einer beliebig ausgewählten Woche das Wort Juden in allen Medien zu zählen, eine mal unterschwellige, mal offen zutage tretende Obsession, die nach wie vor in dem mitschwang, was sich schon lange zu einer gut funktionierenden liberalen, modernen Demokratie entwickelt hatte. Der beste Beweis dafür war, daß man das als Ausländer nicht einmal sagen durfte, daß man gerade von Leuten, die aufgrund ihres Alters an keinerlei Schandtat beteiligt gewesen sein konnten, gewarnt wurde, ihr Land auf gar keinen Fall je zu unterschätzen. Dann führten sie Brandstiftungen an, Greuelgeschichten aus dem Osten, wo man einen Angolaner aus dem Zug geworfen hatte, oder jemanden, der von zwei Skinheads halbtot geschlagen worden war, weil er nicht mit dem Hitlergruß hatte grüßen wollen, und wenn man dann sagte, daß solche Dinge grauenhaft und abscheulich waren, in Frankreich, England oder Schweden aber ebenfalls vorkamen, dann wurde man beschuldigt, blind zu sein für das immer stärker dräuende Unwetter.
Er erinnerte sich an einen Spaziergang, den er mit Victor durch

die Gärten von Sanssouci, noch vor der Restaurierung, gemacht hatte. Es war ein dunkler, regnerischer Tag gewesen, und falls er je Bilder für das gesucht hatte, was ihn beschäftigte, dann hatte er sie dort gefunden: die violette Trauer der üppigen Rhododendren vor den Ruinen des Belvedere, die verunstalteten Frauen und Engel, die sich nur durch rostige Eisenstangen aufrecht hielten, die Risse im Backstein, die eher Narben glichen als irgend etwas sonst – alles schien die Sorglosigkeit des Namens leugnen zu wollen, den der große König dem Schloß gegeben hatte. »Man kann nicht sagen, er hätte es nicht versucht, der große Friedrich«, sagte Victor. »Flöte spielen, französische Briefe schreiben, eine leichtfertige gepuderte Perücke tragen, Voltaire einladen, aber Voltaire ist hier in Preußen nie richtig heimisch geworden. Er paßte nicht zum spezifischen Gewicht dieses Landes. Es wurde doch wieder Hegel und Jünger. Gewogen und zu leicht befunden. Ein amüsanter Plauderer, kein wirkliches Schwergewicht, ein Schmetterling. Nicht genug Marmor. Zuviel Ironie. Das Verrückte ist, daß die Franzosen heute Jünger und Heidegger hinterherlaufen. Sie hatten Diderot und Voltaire, jetzt haben sie Derrida. Zu viele Worte. Die haben auch die Orientierung verloren, genau wie hier.«

Und als müßte das demonstriert werden, führte er kurz darauf ein kleines Ballett mit einem deutschen Ehepaar auf, das genau in dem Augenblick die Freitreppe herunterkam, als Victor, der ein paar Meter vor Arthur ging, sie hinaufgehen wollte. Als Victor etwas nach rechts treten wollte, um dem Ehepaar auszuweichen, zog der Mann seine Frau nach links, so daß sie sich wieder frontal gegenüberstanden. Aber als Victor erneut einen Ausweichversuch unternahm, hatte das Ehepaar gleichzeitig einen Schritt nach rechts getan, so daß der Bildhauer nun regungslos stehenblieb und das Ehepaar in einem Bogen um ihn herumging.

»Ist dir das nicht aufgefallen?« fragte er, »das passiert mir hier ständig. In New York oder in Amsterdam erlebt man das nicht. Sie wissen noch immer nicht, wohin sie gehen, sie haben keinen Radar.«

Arthur hielt das für Unsinn, doch Victor war nicht davon abzubringen.

»Ich wohne hier schon lange genug, ich weiß, wovon ich rede. Im übrigen finde ich es auch ganz sympathisch. Metaphysische nationale Unsicherheit, die ihren Ausdruck in mißglückten Tanzschritten findet. Vor fünfzig Jahren wußten sie genau, wohin sie gingen. Das ist das Merkwürdige, wenn man sie nicht einlädt, kommen sie trotzdem, und wenn man sie jetzt bittet, mitzumachen, dann wollen sie erst nicht, gerade weil sie es damals getan haben. Das ist genauso wie mit diesen Tanzschritten. Der Schreck steckt ihnen in den Knochen.«

Im Teesalon des Schlosses waren sie kurz danach wie zwei störende Elemente behandelt worden. Die Mauer war zwar schon gefallen, doch hier herrschte noch die Volksrepublik, und das bedeutete: keine Fisimatenten, Mantel nicht auf den Stuhl neben sich legen, sondern zur Garderobe bringen, nichts verlangen, was es heute nicht gibt, auch wenn man nicht weiß, daß es das heute nicht gibt, und sich überhaupt unterwürfig den Wünschen des Personals fügen.

»Hier haben sie noch keine Probleme«, sagte Arthur. »Die wissen genau, was sie wollen.«

»Was sie nicht wollen. Das wird ein Prozeß von großer Schönheit. Jetzt müssen sie mit zwei Vergangenheiten zugleich auf die Couch. Die hier haben immer gelernt, daß diese andere Vergangenheit nicht die ihre war. Damit hatten sie nichts zu schaffen, sie waren keine Nazis, vielleicht waren sie ja nicht einmal Deutsche, sie brauchten nie nach innen zu schauen. Und danach noch diese vierzig Jahre. Achtung vor dem Hund. Aber ich werde es vermissen. Alles wird sich unwiderruflich verändern, und dann ist es nicht mehr mein Berlin. In Kürze wird sich niemand mehr diesen völligen Wahnsinn vorstellen können, außer den Leuten, die hier gelebt haben, und ein paar nostalgischen Narren wie mir. Aber

selbst wenn sie die Mauer morgen in die Luft jagen, man bekommt sie nicht weg. Merke dir, mein Freund, es gibt immer ein paar, die es sich ausdenken, allen anderen widerfährt es. Und die haben dann Pech gehabt. Vierzig Jahre, das ist ein Leben. Eine gewisse Bescheidenheit unsererseits ist folglich angebracht.«
Wie lange war dieses Gespräch jetzt her? Fünf Jahre, sechs Jahre? Licht, ein erster Hauch von Licht kroch am Fenster hinauf. Er konnte die hohe Form der Kastanie erkennen, die auf dem Innenhof stand. Gut und gerne dreißig Wohnungen hatten Ausblick auf diesen Baum. Er hatte mal erwogen, bei allen Bewohnern um die Erlaubnis zu bitten, den Baum aus ihren Fenstern aufnehmen zu dürfen, hatte jedoch darauf verzichtet, nachdem sich drei voller Argwohn geweigert hatten. Statt dessen hatte er den Baum in den vergangenen Jahren in jeder Jahreszeit aufgenommen. Das war nun also das erste, was er tun würde, sobald es etwas heller war. Filmen war besser als denken. Nicht quatschen – putzen! Er stand auf, um Kaffee zu kochen. Hinter den Fenstern der meisten Häuser brannte bereits Licht. In diesem Land stand man früh auf. Fleiß. Er liebte es, sein eigenes Licht auszulassen und zu all diesen Menschen, die sich in ihren Zimmern bewegten, hinüberzuschauen. Daß er sie nicht kannte, spielte keine Rolle oder machte gerade den Reiz aus. So hatte er doch noch teil an einer Gemeinschaft, wobei es dieser Baum war, der sie alle verband.
Die einzige, die ihm damals ihre Zustimmung erteilt hatte, war eine sehr alte Frau, die drei Stockwerke über ihm wohnte. Von ihrem Fenster aus konnte er genau in die Baumkrone schauen.
»Ich habe ihn noch gekannt, als er ganz klein war. Ich habe hier schon vor dem Krieg gewohnt. Alles hat er überlebt, Bombenangriffe der Engländer, alles. Mein Mann ist in Stalingrad geblieben. Seitdem wohne ich hier allein. Sie sind der erste, der so was vorhat, aber ich kann es verstehen, ich rede oft mit meinem Baum. Und er ist im Laufe der Zeit immer näher zu mir herangerückt. Sie können sich nicht vorstellen, was das bedeutet, wenn sich

jedes Jahr wieder Knospen und Blüten bilden. Dann weiß ich, daß ich wieder ein Jahr gelebt habe. Richtige Gespräche führen wir, vor allem wenn es draußen kalt zu werden beginnt. Unsere Winter sind so lang. Wenn er über mein Fenster hinausgewachsen ist, dann gibt es mich nicht mehr.«

Sie deutete auf das Foto eines jungen Mannes in Offiziersuniform, das auf der großen Anrichte stand. Dreißiger-Jahre-Frisur, blond, zurückgekämmtes Haar. Er lachte der sehr alten Frau zu, die er nicht wiedererkannte, und dem jungen, eigenartig gekleideten Fremden.

»Ich erzähle ihm von dem Baum, wie groß der geworden ist. Alles andere kann er nicht verstehen, wie alles geworden ist. Ich trau mich nicht, ihm das zu erzählen.«

Manchmal sah Arthur sie noch auf der Straße oder auf der Treppe. Sie erkannte ihn nie. Äußerst langsam dahinschlurfend in solchen großen grauen Schuhen, die nur alte Frauen in Deutschland noch trugen. Lodenmantel, engschließender Filzhut mit Feder.

Das Telefon klingelte, aber er nahm nicht ab. Jetzt niemand, jetzt wollte er den richtigen Augenblick für das Licht abwarten. Es würde nicht viel dabei herauskommen, vielleicht noch nicht einmal eine halbe Minute, statisch, fast ein Foto. Aber es mußte sein. Kein Tag ohne Regel, das galt auch für ihn. Seine Regeln waren Bilder. Er schaute auf den Baum. Ein Turm voll Schnee. Nur ein japanischer Meister konnte damit etwas anfangen. Der Schnee hatte den Baum noch einmal gezeichnet, fast so, als hätten die Äste darunter keine Funktion mehr. Dort könnte auch ein Baum ganz aus Schnee stehen, eine weiße, gefrorene Skulptur aus weißestem Marmor. Aber er mußte noch mindestens zehn Minuten warten. Mit weniger als 500 ASA würde es nicht gehen.

Im selben Augenblick überlegte Arno Tieck, ob er zum Frühstück Müsli oder Toast essen sollte, kehrte dann aber doch wieder zu dem Gedanken zurück, mit dem er wach geworden war und der etwas mit ein paar Versen aus dem *Purgatorio* zu tun hatte, über denen er am Abend zuvor eingeschlafen war. Er hatte die Angewohnheit, vor dem Schlafengehen, gleichgültig ob er nun tüchtig gebechert hatte oder nicht, irgendein beliebiges Buch aus dem Schrank zu nehmen und darin eine ebenso beliebige Seite zu lesen, die ihn dann ins Reich des Schlafes begleiten würde. Er las diese Zeilen laut, und oft hatte er dabei seine eigene Stimme ersterben hören. Dann war es die Stimme eines anderen geworden, eines Menschen, der aus der Ferne zu ihm sprach und den er nicht sehen konnte.

Das *Fegefeuer* war nicht sein Lieblingsbuch, doch zu dieser späten Stunde war es ihm wie so oft vorgekommen, als beinhalteten die Zeilen, die er zufällig las, einen Fingerzeig auf das, womit er sich gerade beschäftigte. Er setzte die Brille auf und suchte mit der rechten Hand nach dem Buch, das irgendwo neben dem Bett auf dem Boden liegen mußte.

> Ihr laßt euch, stolze Christen, so verleiten,
> Daß ihr, am Auge eures Geistes blind,
> Vertrauen habt allein beim Rückwärtsschreiten.
> Seht ihr nicht, daß wir alle Würmer sind
> Für eines Himmelsschmetterlings Entfaltung,
> Der wehrlos zum Gericht den Flug beginnt!

las er und fragte sich, ob er wohl diese Verse in den Essay, den er über Nietzsche schrieb, einbauen konnte, doch der Mensch als Wurm war nun nicht gerade ein nietzscheanischer Gedanke, es sei denn, man meinte damit so etwas wie die verachtenswürdigen letzten Menschen, und die kümmerten sich schon gar nicht um eine transzendente Welt, in der sie einst vor Gericht würden stehen müssen. Und was diesen Falter anging, so war das, ganz abgesehen von der biologischen Unmöglichkeit, daß aus einem Wurm ein Falter wurde, in all seiner luftigen Flüchtigkeit auch nicht das richtige Bild, schon gar nicht, wenn dieser arme Falter dann auch noch zum Thron des Jüngsten Gerichts würde flattern müssen. Nein, Dante hatte ihn im Stich gelassen. Oder war es das Hefebier gewesen? Auch möglich. Jedenfalls verstand er nicht mehr, warum er diese Verse letzte Nacht so bedeutungsvoll gefunden hatte.

Daß Zenobia Stejn in diesem Augenblick dieselben Verse auf englisch las, konnte natürlich keiner von ihnen ahnen. So ein Zufall wäre ihnen auch reichlich verrückt vorgekommen, wenngleich nicht unmöglich in einem Universum, das Zenobia zufolge ausschließlich aus Zufall bestand, wenngleich ihm in diesem Fall die Allgegenwärtigkeit Dantes in sämtlichen Sprachen zu Hilfe kam. Zenobia war auch keineswegs darauf erpicht gewesen, Dante zu lesen, sie hatte ihn nicht mal im Haus. Vielmehr war sie auf der letzten Seite eines Buches eines Physikers auf dieses Zitat gestoßen und nicht sonderlich beeindruckt davon gewesen, nicht zuletzt weil das metaphysische Element dieses Buches ihr Mißtrauen erregte. Ihre Wohnung besaß keine Zentralheizung, und sie hatte noch keine Lust, den Ofen anzumachen. Daher blieb sie, das Buch mit einer Hand umklammernd, noch etwas liegen und starrte auf diese Zeilen. *Infinite in All Directions.* Dyson war einer der Großen in der Theoretischen Physik, unbestritten, aber was hatte es bloß mit diesem Zwang auf sich, um jeden Preis etwas glauben zu wollen? Ohne Gott ging es offenbar nicht, nicht einmal für Einstein mit seinen Würfeln, und sie mußte zugeben, daß die Variante, die Dyson aufs Tapet brachte, etwas Reizvolles hatte, ein Gott, den es noch nicht gab, ein unvollkommenes Wesen, das mit seiner eigenen unvollkommenen Schöpfung mitwuchs.
Sie selbst glaubte nicht an Gott, aber ob man alles, was man nicht verstand, nun als Rätsel bezeichnete oder als Zufall oder dann doch wieder ganz einfach als Gott, wenn einem das besser in den Kram paßte, spielte schließlich keine so große Rolle, und wenn man überhaupt an etwas glauben mußte, dann vielleicht doch

lieber an einen schwachen, menschlichen Gott, der inmitten all dieses Elends auf der Suche nach seiner eigenen Erlösung war, oder an einen, der erst noch wachsen mußte, sofern man das, was das Universum tat, als Wachsen bezeichnen konnte. Jemand hatte Dyson offenbar erzählt, daß seine Ideen mit einer frühen Ketzerei von Socinius übereinstimmten. Das war vielleicht noch das Schönste daran. Spekulationen, gleich welcher Art, hatten sie immer beschäftigt, und der Gedanke, daß jemand im selben Italien wie Thomas von Aquin und Galileo Galilei einen Gott erdacht hatte, der nicht allwissend und nicht allmächtig war, amüsierte sie, doch was Dyson damit verband, war doch wirklich reine Spekulation, nun aber eine, die nicht das sechzehnte Jahrhundert als mildernden Umstand anführen konnte. Was für Hirngespinste am frühen Morgen! Es würde gar nicht so einfach sein, diesen Artikel über Dyson zu schreiben. »Gott lernt und wächst, während das Universum sich entfaltet« – gut, aber keinen Unterschied mehr machen zu wollen zwischen dem Geist und Gott, indem man Gott als dasjenige definierte, was der Geist wird, wenn er die Grenzen unseres Verständnisses überschreitet, da sträubte sich alles in ihr, würde das doch bedeuten, daß alles, was wir nicht verstehen, automatisch Gott wird, oder, noch anders, falls sie ihn richtig verstand, daß wir, wenn wir nicht mit ihm mitwachsen, leider zurückbleiben müssen. Dann lieber zurückbleiben. Warum hielt er es überhaupt für nötig, an etwas zu glauben? Eine Antwort würden sie zu Lebzeiten ja doch nicht mehr bekommen, und danach auch nicht. Andererseits, daß die Menschheit ein ganz netter Auftakt war, aber noch lange nicht der Weisheit letzter Schluß, besaß den Charme der Vorläufigkeit, dann schimmerte etwas in der Ferne, wofür selbst sie nicht unempfänglich war, etwas, das eher ihrer Fotosammlung entsprach als ihrer wissenschaftlichen Arbeit, und dieser Gedanke brachte sie zu Arthur Daane und zum Wodka der vergangenen Nacht. Hinter diesem verschlossenen holländischen Gesicht spielte sich alles mögliche ab, worüber geschwiegen wurde, soviel war sicher, man konnte es daran erkennen, wie er stundenlang schweigend ihre Fotosammlung betrachten konnte. Es mußte etwas mit dem zu tun haben, was ihm widerfahren war, und das, dachte sie, hatte wiederum etwas mit seinen Filmen zu tun. Arno war ganz begeistert davon, aber Arthur hatte ihr noch nichts zeigen wollen. »Später, es sind erst Fragmente, ich weiß noch nicht, in welche Richtung es geht.« Was sie gesehen hatte, war der Dokumentarfilm, den er mit Arno gedreht hatte, der war einfach sehr gut, aber das war es offensichtlich nicht, was er anstrebte. Er besaß, wie sie es nannte, eine zweite Seele, und das war, wenn man darüber nachdachte, etwas genauso Unbeweisbares wie die Ideen Dysons, der dann wohl auch eine besaß. Offenbar war es noch nicht möglich, über diese Dinge nachzudenken, ohne in diese lächerlichen Kategorien zu verfallen. Geist, Gott, Seele. Besser den Ofen anmachen. Obwohl Dyson es hübsch ausdrücken konnte. »Materie ist die Art und Weise, wie Teilchen sich verhalten, wenn eine größere Anzahl von ihnen aneinandergeklebt werden.« Das hatte natürlich Charme, aber Falter auf dem Weg zum Thron, damit konnte sie, selbst wenn sie von Dante stammten, an einem Wintertag wie diesem wenig anfangen.

Victor Leven war in dem Augenblick, als Zenobia Stejn und Arno Tieck widerstrebend ihr warmes Bett verließen, bereits eine gute Stunde auf. Sein Wecker rief schrill und gnadenlos, und ihm mußte gehorcht werden. Gymnastik, rasieren, eiskalte Dusche, Kaffee, kein Frühstück, keine Musik, keine Stimmen, anziehen wie um auszugehen, untadelig gekämmt, ins Atelier, sich auf den Stuhl vor das Werkstück setzen, an dem er gerade arbeitete, schauen und damit für mindestens eine Stunde fortfahren, bevor er die erste Bewegung machen würde. Was er dabei dachte, wußte er selber nicht, und das war kein Zufall, sondern Training.
»Ich will nichts denken«, hatte er einmal zu Arthur gesagt, »und das ist verdammt schwer, aber man kann es lernen. Du wirst sa-

gen, das geht nicht, das sagt nämlich jeder – wenn du so dasitzt und schaust, denkst du doch irgendwas, aber das stimmt nicht. Oder stimmt nicht mehr. Über das, was man tut, zu sprechen, ist Blödsinn, aber schön, weil du es bist: Ich denke nichts, weil ich dieses Ding werde. Gut so? Ende des Gesprächs.«

*

Manchmal gab es das, ein Licht, das alles straff gespannt aussehen ließ und den Eindruck erweckte, der Himmel könnte zersplittern wie Kristall. Der Potsdamer Platz war jetzt eine weite, offene Fläche, der gefrorene Schnee auf den Baggern machte eine kubistische Szene daraus. Er filmte, fast kämpfend gegen das reflektierende Licht. Weg war alles vom vorigen Abend. Die Polizistin, der Rettungswagen, alles war nie dagewesen, was da war, bestand höchstens noch in einigen obskuren, ruckenden Filmbildern, die er geschossen hatte. Jetzt mußte er noch den Bauzaun aufnehmen. Jemand hatte ihn geschlossen. Er versuchte ihn aufzureißen, rutschte aus. Jetzt war er es, der mit dem Kopf an das Eisen schlug. Er versuchte seine Kamera zu retten, knallte mit dem Rücken auf den gefrorenen Boden, spürte, wie ihm etwas aus der Tasche rutschte, versuchte sich aufzurappeln, kniete da und starrte auf ein Foto von Thomas, das ihm aus der Brieftasche geglitten war und ihn inmitten einiger Kreditkarten anlachte.
»Kann ich Ihnen helfen?« Eine Art Wachmann.
»Nein danke.«
Dies war kein Zufall. Seine Toten ließen ihn noch immer nicht in Ruhe. Aber er wollte nicht. Er hielt sich am Zaun fest und zog sich hoch. Die Kamera stellte er in den Schnee, um das Foto aufzuheben.
»Ich habe keine Zeit«, murmelte er. Durfte man so etwas sagen? Er steckte das Foto weg, aber das half nicht. Egal wohin er ginge, sie würden weiter an ihm zupfen, ihn begleiten. Er war hier, aber sie waren allgegenwärtig, sie hatten keinen Ort mehr und waren

überall, sie hatten keine Zeit mehr und waren immer da. Sie haben keine Zeit mehr, dieser elende Satz stammte Gott sei Dank nicht von ihm selbst, sondern von dem katholischen Priester bei der Beerdigung. Darauf hatten ihre Eltern bestanden, und in der Verwirrung jener Tage war er einverstanden gewesen, genauso wie er einverstanden gewesen war, daß Thomas getauft wurde, auch wenn er es für Unsinn hielt. Er war ohne jede Religion aufgewachsen, und Roelfje praktizierte ihren Glauben nicht mehr, wie Katholiken das nannten, etwas, was ihre Eltern ihm immer übelgenommen hatten. Diese Taufe war die erste katholische Zeremonie, die er aus der Nähe erlebte, plötzlich war der Mann, den sie eben noch in ganz gewöhnlichen Menschenkleidern im Pfarrhaus gesehen hatten, in weißen bestickten Gewändern durch eine Seitentür in die Kirche getreten, sein Schwiegervater hatte Roelfje das Kind abgenommen und merkwürdige Texte gesprochen, die ihm mehr oder weniger vorgesagt wurden, wie zum Beispiel »Schwörst du dem Teufel ab?« – »Ich schwöre ab«, und in der nachfolgenden Sequenz hatte der Mann jedesmal »Ich schwöre ab« geantwortet, weil Thomas das noch nicht selbst sagen konnte, und Arthur hatte daneben gestanden und diese afrikanische Beschwörungszeremonie mit einer Art Wut gefilmt. Er hatte das Gefühl gehabt, sein Kind würde ihm mit diesem ganzen heidnischen Mumpitz weggenommen. Aber hier war er ja der Heide, das hatte er ganz deutlich an den Nahaufnahmen erkennen können, die er von Roelfje gemacht hatte, an den glänzenden großen Augen, mit denen sie das ganze Theater verfolgt hatte. Später hatte sie gesagt, daß sie es »doch irgendwie schön« finde, zwar glaube sie nicht daran, aber ganz ohne sei auch wieder so kahl, und nun habe sie das Gefühl, daß Thomas mit einer gewissen Festlichkeit in der Welt empfangen, willkommen geheißen worden sei. Wenn man nicht glaube, schade es ja eigentlich auch nichts, aber so sei es doch ein bißchen, als hätten sie seine Geburt gefeiert, und außerdem mache sie ihren Eltern damit eine Freude. Er hatte nicht gesagt, daß ihm klar sei, daß es nicht um ihre Eltern gehe, sondern daß in ihr selbst noch etwas von diesem Aberglauben durchschimmere, als habe ihr Sohn durch diese wenigen Handlungen und Zaubersprüche des nicht unbedingt wohlriechenden Priesters mit seiner leicht ekstatischen, tuntigen Art zu sprechen doch so etwas wie ein wenig zusätzlichen Schutz mitbekommen. Vielleicht hatte er nichts gesagt, dachte er, weil das einer der geheimen Gründe war, warum er sie liebte, eine abergläubische Frau, die nie ganz von dieser Welt war. Langsam, das war das Wort, das er sich dafür überlegt hatte. Red keinen Stuß (das war Erna), was dich anzieht, ist einfach die Tatsache, daß sie nicht modern ist, aber das klang ebenso unsinnig wie altmodisch, dann war langsam schon besser, und dabei war es geblieben. Eine Frau, die ihr eigenes Tempo in der Welt festgelegt hatte, seine langsame Frau, die einen so schnellen Tod gestorben war. Gleich nachdem er die Nachricht erhalten hatte, war er nach Spanien geflogen, die Fluggesellschaft hatte ihn gebeten, Röntgenaufnahmen von Roelfjes und Thomas' Zähnen mitzubringen. Schon da hatte er begriffen, daß er sie wahrscheinlich nicht mehr würde sehen dürfen, und so war es auch. Bis zur Unkenntlichkeit verstümmelte Leichen, so hieß es in der Zeitung, doch er hatte sich darunter nichts vorstellen wollen, das war genauso abstrakt wie die Aufnahmen, die ihm der Erkennungsdienst zurückgegeben hatte, als hätte er dafür noch eine Verwendung. Er hatte sie in seinem Hotelzimmer zerrissen, gräuliche, glänzende Zähne aus Zelluloid, die in gesichtslosen Kiefern steckten, das war alles nichts, nicht einmal der große und der kleine weiße Sarg nebeneinander in derselben Kirche mit den geschmacklosen Bleiglasfenstern aus den dreißiger Jahren, das gelbe Backsteingewölbe, aus dem die Worte dieses elenden Pfaffen auf ihn zugekommen waren, die er nie mehr vergessen konnte. Der Mann, derselbe wie bei der Taufe, hatte ihre Vornamen genannt, als ob es seine eigene Frau und sein eigenes Kind gewesen wären, »Roelfje und Thomas haben uns verlassen. Sie konnten nicht mehr bleiben. Sie haben keine Zeit mehr.« Unerträglich, dieser üble rhetorische Trick, und dann auch noch diese weibische, affektierte Stimme, diese elende Aufeinanderfolge einer vergangenen und einer gegenwärtigen Zeit, sie *konnten* nicht mehr bleiben, sie *haben* keine Zeit mehr, haben, sie waren also immer noch da, nun jedoch mit diesem einen fehlenden Element, Zeit, etwas, was man nicht haben kann wie zum Beispiel Geld oder Brot, das man irgendwo holen oder kaufen konnte. Die Zeit heilt alle Wunden, doch das war offensichtlich eine andere Zeit, eine, die man noch hatte. Und auch das war eine Lüge, denn nichts heilte, nicht daß er wüßte. Er stampfte so fest mit dem Fuß auf, daß er es bis in den Schädel hinein spürte. Hörte das denn nie auf? Tote waren schlau, sie überfielen einen immer, wenn man nicht darauf gefaßt war. Trauer. Für jedes Jahr drei Jahre Trauer, hatte Erna gesagt. O, Erna, damn it. Er drehte sich um, ob jemand hinter ihm stand, und dachte, jetzt reicht's aber, laßt mich in Ruhe. Heute nicht, Milchmann. Weg. Er wußte, wo er hinging. Auch er hatte seine Götter. Das war zwar ebenfalls Unsinn, aber trotzdem. Schnell, als würde er noch verfolgt, ging er in Richtung Brandenburger Tor, die Augen auf die glatten gefrorenen Fußstapfen im Eisschnee geheftet. Er nahm die Filmkassette aus seiner Kamera und legte eine neue ein. Eigenartig, so ein Bürgersteig! All diese Grau- und Weißtöne. Breite Füße, schmale Absätze, Stiefel, in der Nacht und am Morgen mußten doch noch eine ganze Menge Leute hier entlanggegangen sein, alle hatten sie ihre Abdrücke im Schnee hinterlassen, der dann mitsamt diesen Stempeln gefroren war. Passanten, so hießen die Leute, die da gegangen und jetzt verschwunden waren, nachdem sie den Weg, den sie gegangen waren, markiert hatten. Die Körper, die auf diese Füße gedrückt hatten, befanden sich nun irgendwo anders. Er beschloß, einem markanten Abdruck eine Zeitlang zu folgen, filmte im Gehen, die Kamera so nah wie möglich auf die Spur gerichtet. Links von ihm standen die entblätterten Bäume des Tiergartens, schwarze Pfähle, der Schnee auf den Ästen wie ein weißer Schatten. Er dachte, daß er das Bild

dieser Abdrücke mit Füßen, die eine U-Bahntreppe hinuntergehen, in Verbindung bringen würde, eine Menge unterwegs, ohne erkennbares Ziel, Bewegung, die, wie hier, ihr leeres Bild zurückließ und irgendwo anders unaufhörlich weiterging. Wie lange konnte man so etwas aufnehmen, um diese Unaufhörlichkeit zu suggerieren? Die Unendlichkeit? Doch das klang schrecklich, und genau dieses Schreckliche war es, das etwas mit seinem ganzen Projekt zu tun hatte, dieser verrückten Idee, die vor ihm auswich, die er nie wirklich zu fassen bekam, die ihm, dachte er, hoffte er, klar werden würde, wenn er genug Bilder gesammelt hatte. Er hatte Zeit, er schon.
»Die gesamte Menschheit, gesehen durch das Prisma Berlins?«
Das war Victor.
»Nicht nur Menschen, und nicht nur Berlin.«
»Und was«, hatte Victor gefragt, »ist dann dein Kriterium?«
Immer wieder dieselbe Frage und nie die richtige Antwort.
»Mein Instinkt?«
»Ich höre das Fragezeichen. Wird dieser Instinkt noch von irgend etwas regiert?«
»Von meiner Seele«, hatte er sagen wollen, aber eher hätte er sich die Zunge abgebissen.
»Von mir«, sagte er.
»Kannst du in einem Wort sagen, worum es geht?«
Nein, konnte er nicht. Man konnte ja schwerlich sagen, »um den Gegensatz«. Und doch war es das. Die Füße gingen irgendwohin. Sie hatten ein Ziel. Und gleichzeitig verschwanden sie. Anonyme Schritte. Blindes Ziel. Verschwinden. Die blinde Kraft, die Menschen zu etwas hintrieb, das mit ihrem Verschwinden endete. Nur wenn man wußte, daß man auf diese Weise betrogen wurde, konnte man noch etwas daraus machen. Und es zeigen. Aber er sagte nichts.
»Kunst ist Präzision«, sagte Victor. Das saß. »Präzision und Organisation. Rechnest du auch manchmal damit, daß es mißlingt?«
»Ja, aber dann habe ich es immerhin gemacht.«

»Jagen ohne Beute? Um des Jagens willen? Treiber, Halali, Hundegebell?«
»Ja, so ungefähr, aber allein. Ohne Hunde.«
Am Tag darauf hatte er von Victor mit der Post ein flaches Päckchen bekommen, in dem eine CD lag von einem Komponisten, der ihm nichts sagte. Ken Volans. Auf dem Cover war das Farbfoto einer weiten, flachen Landschaft, Wüste, Savanne, leer. Er hatte sofort an Australien denken müssen, wo er einmal als Kameramann an einem mißlungenen Dokumentarfilm über die Aborigines mitgewirkt hatte. Es war darum gegangen, anhand des Buchs von Chatwin etwas über Songlines zu erklären, aber der englische Regisseur hatte dieses Buch offensichtlich nicht verstanden und die menschlichen Wracks weit interessanter gefunden, die, von ihrem Volk ausgestoßen, am Rande der Großstädte gelandet waren, nach Bier stinkende schwarze Männer und Frauen, die ihren Platz auf dem eigenen Kontinent verloren hatten und, sofern man sie überhaupt verstehen konnte, nichts Poetisches über die Art und Weise zu berichten wußten, wie ihr Volk einst Tausende von Kilometern zurückgelegt hatte, ohne sich in diesen leeren Landschaften zu verirren, weil sie ihren Weg durch diese Landschaft singen konnten. Alles, was für ein ungeübtes Auge eine eintönige Sandfläche war, in der man umkommen würde, falls man sie allein durchquerte, enthielt Zeichen, die Eingang in endlose Sprechgesänge gefunden hatten. Gesungene Landkarten. Auch dort hatte er die Füße filmen wollen. Statt dessen waren es Bierflaschen geworden.
Jagen, sammeln, er konnte sich das Lächeln vorstellen, mit dem Victor die CD eingepackt hatte. Erst später erfuhr er, daß nicht Australien, sondern Afrika den Komponisten inspiriert hatte, doch die Wirkung der Musik blieb die gleiche, ein anhaltender, eindringlicher Rhythmus, der das ganze Stück über beibehalten wurde und bei dem man eigentlich nichts anderes sehen konnte als Menschen unterwegs durch baumlose Landschaften, Menschen, die ihr Tempo keine Sekunde lang verringern würden.

Ein Gespräch hatte er darin gehört, an dem sich alle beteiligten, weiß der Himmel, worum es ging, wovon sprachen Menschen, die durch so eine Landschaft zogen, die Wasser finden konnten, wo man selbst nur Dürre sah, und Nahrung fanden, wo man selbst verhungern würde. Männer und Frauen, sprechende Wesen, die einen ganzen Kontinent für sich allein hatten, auf dem alles einen Namen und eine Seele hatte, eine Schöpfung, die für sie allein geschaffen war, in der ihre Vorfahren gelebt hatten, solange man in der Zeit zurückblicken konnte. Traumzeit, eine Form der Ewigkeit. Wie wäre es gewesen, in einer solchen Welt zu leben?

Er erinnerte sich, daß er eines Nachts in Alice Springs entgegen allen Warnungen einen Spaziergang gemacht hatte. Sobald er die letzten Häuser hinter sich gelassen hatte, war der Himmel auf ihn gefallen, anders konnte man es nicht ausdrücken. Er war noch ein Stück weitergegangen, weil er sich nicht eingestehen wollte, daß er Angst hatte. Angst wovor? Vor nichts natürlich, Angst war auch nicht das richtige Wort, Furcht war es, wirkliche Furcht vor der absoluten, rauschenden Stille, vor dem trockenen, staubigen Geruch des Landes, vor dem leisen Geraschel, vor einem kaum spürbaren Hauch, irgendeinem Blatt, atmenden, flüsternden Geräuschen, die die Stille nur noch gefährlicher machten. Und plötzlich, wirklich aus dem Nichts, hatten drei Gestalten dagestanden, wie aus dem Erdboden geschossen, im halben Mondlicht hatte er sogar das Gelb ihrer Augen in den schweren schwarzen, glänzenden Gesichtern erkennen können, die gut und gern tausend Jahre von seinem entfernt waren, weil sie, dachte er, das ihre nie hatten verändern müssen, da ihre Welt bis vor kurzem unverändert geblieben war. Keiner sagte etwas, auch er nicht. Er stand ganz still und sah sie an, und sie sahen zurück, ohne Feindschaft, ohne Neugier, nur leicht schwankend, als hätten sie die Bewegung ihres fortwährenden Gehens noch nicht verloren. Sie rochen nach Bier, aber er hatte nicht den Eindruck, daß sie betrunken waren.

»Das hätte aber verdammt schiefgehen können«, sagte man ihm später, doch er glaubte es nicht. Die Angst, die er zuvor verspürt hatte, war plötzlich verschwunden, doch statt dessen war er sich armselig vorgekommen, weil er nicht in diese Welt gehörte, unzulänglich, weil er hier keine Woche überleben würde, nicht nur, weil er kein Wasser und keine Nahrung finden könnte, sondern auch, weil es hier keine Geister gab, die bereit waren, ihn zu beschützen, weil er nie in einem Lied mit diesem Land sprechen könnte und so, taub und stumm, sich für immer verirren würde.

Und jetzt (jetzt!) stand er hier, ein Idiot am Brandenburger Tor. Er ging zu der Figur der Pallas Athene in einer der Nischen und legte eine Hand auf ihren großen nackten Fuß. Das einzige, dachte er, was ein australischer Ureinwohner erkennen würde, abgesehen von ihrem zu großen Menschenleib und den gewaltigen steinernen Gewändern, die über ihre großen Brüste und die mächtigen Knie drapiert waren, war wohl die Eule auf ihrem Helm und vielleicht die Lanze. Wieviel Vergangenheit konnte man eigentlich in sich selbst verkraften? Es hatte etwas Verächtliches, so schnell von Geistern zu einer Göttin gehen zu können, von schwarzen nackten Menschen mit weißer Körperbemalung zu gut eingepackten Teutonen, von einer Wüste zu einer Eisfläche. Er blickte auf die Figur, diese Göttin, die nicht mehr verehrt wurde. Die ganze Welt war ein Verweis, alles verwies auf etwas zurück, Eule, Helm und Lanze, Verästelungen, Linien, Spuren, die an ihm hafteten, Gymnasiallehrer, Griechisch, Homer, es waren nicht nur die Toten, die ihn nicht in Ruhe ließen, es war die endlose Zeit, die er gelebt zu haben schien, und ein dazugehörender, unübersehbarer Raum, in dem er sich wie die Geringste der Ameisen auf dem Weg befand von einer australischen Eiswüste zu dieser griechischen Göttin seiner Schulzeit, die vorübergehend, erst ein paar hundert Jahre, Obdach in einem Tor mit dorischen Säulen gesucht hatte, durch das Friedrich Wilhelm und Bismarck und Hitler gezogen waren und wo sie jetzt auf ihrem

fetten Arsch saß und irgend etwas behauptete, was ein triumphales achtzehntes Jahrhundert ihr eingeflüstert hatte, etwas, das niemand mehr verstand.
Wie Ebbe und Flut waren Truppen durch diesen Spülkasten der Geschichte gezogen. Wenn man doppelt so alt war wie er jetzt, mußte es kaum mehr auszuhalten sein. Verirrt im Myriadennetz eines Computers, gäbe es nichts, das einen nicht an dieses oder jenes erinnern wollte. Oder war er der einzige, der darunter litt? Geistererscheinungen! Wie oft hatte er dieses Siegestor schon im Film gesehen, bevor er es in Wirklichkeit gesehen hatte? Die menschlichen Karrees, sich bewegende Vierecke marschierender Männer, alle Gesichter in *eine* Richtung gewandt, das Geräusch ihrer Stiefel, die vollkommen gleiche, maschinenhafte Bewegung, die jetzt für immer angehalten war, weil auch Maschinen sterben konnten, die offenen Mercedeslimousinen, der gestreckte Arm, das umgedrehte Runenzeichen. Ihre Vorgänger aus dem vorigen Krieg hatten sich wegen der primitiven Filmtechnik noch mit nervösen Trippelschritten bewegen müssen und waren dadurch noch gnadenloser ihrer Menschlichkeit entblößt, enervierte kleine Räder, die in hitzigem Tremolo von hier aus in ihre Schützengräben getrippelt waren, als hätten sie es eilig zu sterben. Sie alle waren hier marschiert und hatten etwas nicht mehr Feststellbares gedacht.
Er war dabeigewesen, als sich dieses Tor erneut geöffnet hatte, wieder eine Euphorie, er würde wohl auf diesen Bildern zu sehen sein, als Menge verkleidet, jemand, der genau wie das ihn umringende Bildmaterial denken konnte, etwas dachte und wahrnahm, der die Euphorie in sich eingesogen hatte und spürte, wie er mitgesogen wurde, hierhin, dorthin. Er hatte wieder auf dem hohen Podest gestanden und in die bis dahin verbotene Welt geschaut, hatte gesehen, wie junge Menschen auf der Mauer tanzten, die damals noch stand, Abend war es, der erste Abend, die Tanzenden wurden von Wasserwerfern bespritzt, aber es kümmerte sie nicht, die weißen Wasserschleier wurden von Scheinwerfern be-

schienen, er hatte auf die wirbelnden Gestalten der Tanzenden geschaut, auf die durch nichts zu vergällende Freude, und für einen Moment hatte er, vielleicht zum erstenmal in seinem Leben, das Gefühl gehabt, zum Volk zu gehören, nein, nicht zum Volk, sondern zu Volk. Nicht nur auf dieser Mauer, auch unter ihm wurde getanzt, zu Füßen dieses Podests, gleich hinter dem Reichstag, eine blonde Frau hatte ihn an der Hand gefaßt und zwischen die Tanzenden gezogen. Er war mit ihr mitgegangen, erst in eine Kneipe und später zu ihr, irgendwo in Kreuzberg, und danach war er die langen, langen Straßen nach Hause zurückgegangen und hatte sie nie wiedergesehen. Er erinnerte sich daran wie an einen Glücksmoment, weil er frei gewesen war von jedem anderen Gedanken. Ihr strahlender Blick, ihre Festfreude hatten für dieses eine Mal alle anderen Erinnerungen gelöscht, keine Wohnung, keine Einrichtung, kein Name war geblieben, nur dieses Strahlen und ein geflüsterter Abschied, ein kleines Ereignis als Teil der allgemeinen Freude, etwas, das von Natur aus dazugehörte, wenn man Volk war, fast so, als hätte er einem Naturgesetz gehorcht, genauso wie fünfzig Jahre zuvor in ebendieser Stadt Plündern, Brandstiften und Vergewaltigen mit dazugehört hatten. Er blieb stehen. In welche Richtung sollte er gehen? Jetzt hätte er diese Frau gern wiedergesehen, aber er wußte nicht mehr, wie sie hieß oder wo sie wohnte, und außerdem würde das auch gegen die Abmachung verstoßen, die sie nie getroffen hatten. In welche Richtung sollte er gehen: Nur wer diese Frage jederzeit stellen kann, ist in seinem Leben völlig frei. Das hatte sein Griechischlehrer gesagt, anhand des Beispiels von Odysseus, wie er sich erinnerte. Erst später war er dahintergekommen, daß das nicht stimmte. Schlau war Odysseus, aber nicht frei, genausowenig wie er selbst. Die Hälfte der Zeit hatte Athene dem listigen Helden zu Hilfe eilen müssen, um ihn in dieser oder jener Gestalt zu retten. Da war sie wieder, die Göttin. Aber wenn das noch immer so war? Wenn diese Frau, dieses Mädchen, in jener Nacht etwas anderes gewesen war als ihr sichtbares Selbst, wenn man

einen einzigen Augenblick lang an ein göttliches Wesen glauben konnte, das dein Schicksal begleitete, konnte sie dann nicht dessen namenlose Verkörperung gewesen sein, »eine junge Frau«, »eine Hirtin«, »eine alte Frau«, jemand, der ihn vorübergehend aus seinem Autismus erlöst hatte?
Er schaute zu der Figur der Athene, doch sie schaute über ihn hinweg. Götter sahen einen nie, es sei denn, sie wollten einen sehen. Odysseus hatte Glück gehabt. Jemand hatte ihm den Weg gezeigt. Sie hätte es vielleicht einfacher tun können, doch dann wäre die Geschichte nicht so schön gewesen. Er machte eine Aufnahme, die er schon einmal gemacht hatte, einen langen Schwenk, der bei den Baugruben am Potsdamer Platz begann und dann äußerst langsam über das Brandenburger Tor zum Reichstag ging. Aus der Hand, das leichte Wackeln gehörte einfach dazu. Nichts stand fest, und hier schon gar nicht. Deutsche hatten, wenn man's recht betrachtete, wenig Glück gehabt. Sie hatten immer genau gewußt, wo sie hinmußten, waren aber geschlagen zurückgekehrt.
»Das ist vielleicht ein eigenartiger Grund, sie zu lieben.« Victor.
Oh, hätte er doch nur kein topographisches Gedächtnis! Denn hier war es gewesen, natürlich wieder genau hier, wo sein Freund diese Worte ausgesprochen hatte. Und natürlich war wieder ein Wort dabeigewesen, das bei ihm hängengeblieben war, weil es überhaupt nicht zu der Umgebung gehört hatte, und das war das Wort Puder. »Das ist ein eigenartiger Grund, sie zu lieben.« Damit hatte das Gespräch begonnen oder, besser gesagt, ein Teil des Gesprächs, denn ein Spaziergang mit Victor war eine peripatetische Vorlesung, bei der diesmal das Scheunenviertel, die Synagoge, der Prenzlauer Berg, der Tod des Schriftstellers Franz Fühmann in der Charité und natürlich der Reichstag und das Brandenburger Tor zur Sprache gekommen waren.
»Sie lieben sich selbst nicht, und sie lieben einander nicht. Also muß ich es wohl tun.«

Bei solchen Gelegenheiten wußte Arthur nie, ob Victor ihn nicht veräppelte.

»Puder.«

»Was?«

»Puder ist es. Fühl mal.« Er hatte die Hände in die Luft gestreckt und danach die Zeigefinger- und Daumenkuppen aneinandergerieben, als befände sich etwas dazwischen. Danach klopfte er sich die Hände ab. Puder.

»Spürst du das denn nicht?«

»Was sollte ich spüren?«

»Man sieht, daß du kein Bildhauer bist.«

Ein Frühlingstag war es gewesen. Er hatte gesehen, daß die anderen Spaziergänger zu Victor geschaut hatten, einem untadelig gekleideten Herrn mit seidenem Halstuch und dunkelglänzender Frisur, der in die Luft griff, etwas herausnahm, das nicht da war, und sich dieses Nichts dann von den Händen klopfte. Zaubertricks.

»Alles ist voll davon. Es sitzt in ihren Augen. Darum sehen sie nicht gut. Jetzt auch wieder nicht. Wiedervereinigung, es will ihnen nicht in den Kopf. Sie bekommen ein ganzes Land geschenkt und wissen nichts damit anzufangen. Erinnerst du dich noch an die Euphorie? Wie sie mit Bananen am Checkpoint Charlie standen? Brüder und Schwestern? Und hast du sie in letzter Zeit gehört? Wie *die* aussehen, wie *die* sich benehmen? Rassistische Witze über Leute mit derselben Hautfarbe. Was *die* alles nicht können, wofür *die* zu faul sind. ›Wir konnten auch nicht gleich nach dem Krieg nach Mallorca, aber die hocken da schon.‹ ›Die eine Hälfte hat die andere bei der Stasi angezeigt, und die haben wir jetzt dazubekommen.‹ ›Meinetwegen hätten sie die Mauer nicht abzureißen brauchen.‹ ›Mit denen kann man doch nicht in *einem* Land leben, diese vierzig Jahre kriegst du nie wieder raus, das ist ein anderes Volk.‹ Und so weiter, die ganze Leier.«

»Und die andere Seite?«

»Die fühlt sich verarscht, wunderst dich das? Erst offene Arme und hundert Mark, aber jetzt: Wollen wir uns doch mal unser altes Haus anschauen, und: Verkauf diese Fabrik lieber an uns, wir können das besser. Auf beiden Seiten Groll, Argwohn, Neid, Abhängigkeit, Puder, der sich überall festsetzt. Hast du deine aufgeklärten Berliner Freunde schon gehört? Die hatten so eine schöne Enklave. Subventionen für den Fall, daß du bereit warst zu kommen, Theaterparadies, Ateliers für Künstler, keine Wehrpflicht. Alles vorbei. Die Mauer können sie ruhig abreißen, sie bleibt trotzdem stehen. Und dann gibt's noch die im Westen, die verabscheuen sich selbst so sehr, die sagen, man hätte es so belassen müssen, weil es doch soviel Schönes und soviel Solidarität gab. Schon möglich, dann mußt du dir nur die Jagdreviere der obersten Parteibonzen anschauen, die Apotheose des kleinbürgerlichen Parvenüstaats. Das mußt du dir mal vorstellen, ein angeblich unabhängiges Land, eingeklemmt zwischen Polen und dem dicken Westen. Siehst du, wie es leerströmt, wie es demontiert wird? Dann wären sie erst richtig kolonisiert gewesen, jetzt muß der Westen zumindest noch zähneknirschend für den Traum bezahlen. Und jeder weiß genau, wie der andere sich hätte verhalten müssen, in jedem Keller liegen Leichen, alle Berichte, Listen, Prozesse sind aufbewahrt und schlummern irgendwo weiter mitsamt allen Namen und Decknamen. Du mußt dich mal auf dieser Seite in die U-Bahn setzen und bis zur Endhaltestelle im Osten fahren. Du glaubst, du halluzinierst, noch immer. Und dann mußt du wirklich alten Leuten ins Gesicht schauen, Köpfe mit Brennesseln und Spinnweben, die alles überlebt haben. Viele gibt es nicht mehr davon, aber immerhin noch welche. Vergleich das Jahrhundert dieser Menschen mit dem eines Amerikaners. Kaiserreich, Revolution, Versailles, Weimar, Wirtschaftskrise, Hitler, Krieg, Besetzung, Ulbricht, Honecker, Wiedervereinigung, Demokratie. Doch eine eigenartige Wegstrecke, würde man sagen. Und noch immer in derselben Stadt, mitgemacht oder nie mitgemacht, auf der richtigen Seite, auf der fal-

schen Seite, zwei, drei, vier Vergangenheiten, die in sich zusammengebrochen sind, ein ganzes Geschichtsbuch hat sich in diese Gesichter gekerbt, Kriegsgefangenschaft in Rußland, im Widerstand gewesen oder mitgelaufen, Scham und Schande, und dann wieder alles weg, verschwunden, Fotos in einem Museum, Fähnchen schwenkend, Erinnerungen, Puder, nichts mehr, nur noch die anderen, die nichts davon begreifen. Und was haben wir jetzt? Sag nicht, daß das keine schöne Arie war.«
»Warum wohnst du hier eigentlich noch?« fragte Arthur.
»Dann hast du nichts verstanden. Weil ich hier wohnen *will*. Hier passiert es, merk dir meine Worte.« Und er hatte mit dem Finger die gleiche Bewegung gemacht wie Arthur mit seiner Kamera, die Gebäude, die leeren Flächen, der Phallus des Fernsehturms am Alexanderplatz mit dieser monströs aufgeblähten silbernen Schwellung in der Mitte. Am selben Abend, nun aber in Gegenwart von Arno, hatte Arthur versucht, Victor zur Wiederholung seiner Tirade zu bewegen, weil er hören wollte, wie Arno darauf reagieren würde, doch Victor, der im Beisein mehrerer Leute meist nur in kurzen Sätzen sprach, schien das Feuer vom Morgen verloren zu haben, und das Wort Puder war nicht mehr gefallen. In diesem Augenblick fragten ihn ein Junge und ein Mädchen nach dem Weg. Sie hatten so eine elende Faltkarte, die den Eindruck erweckt, die Welt sei bereits in Stücke zerrissen, bevor man sich je in ihr hat zurechtfinden können. Die Frage wurde in unzulänglichem Deutsch gestellt, durch das das Spanische strahlend durchschien, doch es wunderte die beiden anscheinend nicht, daß er auf spanisch antwortete. Die Inhaber – so nannte er sie – großer Sprachen, sei es nun Deutsch, Englisch oder Spanisch, schienen es immer selbstverständlich zu finden, daß weniger Gesegnete, die das Unglück besaßen, in einer Geheimsprache geboren zu sein, die Konsequenz daraus zogen und dafür sorgten, daß sie sich trotz dieses Mangels verständlich machen konnten. Mit vor Kälte steifen Händen versuchten sie zu dritt, Berlin wieder zusammenzufügen, und Arthur zeigte ihnen die heiligen Stätten

auf der Karte und in der Realität, als wäre er der Wärter dieses historischen Museums und stünde täglich an dieser Stelle, um Besuchern den Weg zu zeigen. Sie dankten ihm ausgiebig (»Ihr Deutschen seid immer so freundlich«) und ließen ihn zurück mit einem plötzlichen Heimweh nach Spanien, nach anderen Geräuschen, anderem Licht, Licht, das nicht, wie hier, übergrell vom Schnee reflektiert wurde, so daß alles gläsern wurde und kurz vor dem Bersten stand.

Auch in Spanien konnte einem das Licht entgegenknallen, so daß man Gott weiß was anstellen mußte, um noch ein ordentliches Bild zu bekommen, doch dort schien es, als sei das Licht immer da, sei Teil der Landschaft, keine ekstatische Ausnahme wie an einem Tag wie diesem, wodurch alles unwirklich wurde.

Er drehte sich um seine eigene Achse, als filmte er noch. Der gräßliche Neubau an der Grotewohl-Straße (»nur Parteibonzen durften so nahe an der Mauer wohnen«) schien zu schweben. Er überlegte, wie viele Städte er so gut kannte, daß er auch blind in ihnen herumlaufen könnte. Die Entfernung zu all diesen Gebäuden war eine physische Sensation, er war organisch mit ihnen verbunden, Teil eines großen Körpers. Aber warum nun gerade hier? Diese Stadt war siegreich und gedemütigt, herausfordernd und bestraft, königlich und volkstümlich, eine Stadt der Erlasse und Aufstände, eine Stadt voller Lücken, ein verkrüppelter Kriegspilot, ein lebender Organismus, der dazu verurteilt war, gleichzeitig mit seiner Vergangenheit zu leben, die Zeit selbst hatte sich in all diesen Gebäuden hoffnungslos verstrickt, nichts stimmte mehr, Anerkennung und Leugnung gingen schrill ineinander über, diese Stadt ließ einen keinen Augenblick in Ruhe. Was immer die Bewohner mit Neubauten versuchen würden, mußte dieses Gefühl nur verstärken, flagrante Restaurierungen wie am Gendarmenmarkt würden noch ein halbes Jahrhundert benötigen, um zumindest mit Anstand zu altern, so daß der arme Schiller mit seinem Lorbeerkranz dort keine so lächerliche Figur mehr abgäbe. Nein, hier wohnte man nicht ungestraft. Schuldige

Stadt, gefangene Stadt, all das hatte er bereits gehört, Zerstörung, Spaltung, Luftbrücke, jeder kannte diese Dinge, es war nicht nötig, ständig etwas dabei zu empfinden, und schon gar nicht als Ausländer. Doch wenn man sich erst mal im Netz befand, war es schwer, sich wieder zu befreien.

In Canberra hatte er vor Jahren das Kriegsmuseum gefilmt. Was sich ihm am deutlichsten eingeprägt hatte, war die bedrohliche Form eines Lancasterbombers. Das Ding hatte einen ganzen Saal gefüllt und noch am ehesten einem prähistorischen Tier geglichen. Auf der Nase, in der Nähe des Cockpits, waren Striche angebracht worden, einer für jede erfolgreiche Mission, wenn die Maschine mit heiler Haut aus Deutschland zurückgekehrt war. Dort wurde auch ein Dokumentarfilm gezeigt, er erinnerte sich an das eigenartig langsame Zeichen, das ein solches Geschwader in den leuchtenden, feurigen Himmel schrieb, das ununterbrochene tiefe, unheilverkündende Geräusch der Motoren.

Als er das Victor erzählte, hatte dieser das Geräusch sofort nachgemacht, wie ein Baß hatte es geklungen, *ein* dröhnender, lang angehaltener Ton, der einfach nicht verklingen wollte.

»Dann sagten meine Eltern, die sind jetzt auf dem Weg, um Berlin zu bombardieren. Dazu gab es sogar ein Lied.« Er sang es: »Nach Osten laßt uns zieh'n, wir bombardieren jetzt Berlin, tralalala, tralalala, pompompom.« Die Arie zum Continuo dieser Bässe hatte Goebbels im Sportpalast gesungen. *Wollt ihr den totalen Krieg?*

»Immerhin hat er sie höflich gefragt«, sagte Victor. »Nur, daß er dabei ein bißchen schrie. Aber dort war auch viel los. Viel Publikum. Versuch das erst mal, als Künstler, so viele Menschen zusammenzubekommen. Er hatte zwar eine gute Stimme, aber er sah nach nichts aus. Ein widerlicher Typ, erst so viele Kinder machen und sie dann alle vergiften. Typisch gescheiterter Künstler. Gruseliges Völkchen. Der andere im übrigen auch. Seien Sie auf der Hut.« Er hatte diese Stimme noch einmal nachgemacht, so daß die Passanten erschrocken aufsahen.

Ein anderer Spaziergang. Diesmal das Luftfahrtministerium. (»Göring mochte keine Lancaster.«) Victor hatte die Hand in ein Einschußloch gesteckt (»Ich lege meine Hand in Seine Wunde«) und gesagt, »wenn man sich's recht überlegt, dann ist es das, was Städte ausmacht; Gebäude und Stimmen. Und verschwundene Gebäude und verschwundene Stimmen. Jede richtige Stadt ist eine gestimmte Stadt. So, das reicht«.
Doch Arthur hatte diesen Ausdruck nicht mehr vergessen. Die gestimmte Stadt. Das galt natürlich für alle alten Städte, aber nicht in allen alten Städten waren solche Worte gesagt, geschrieben, gerufen, geschrien worden wie hier. Die Stadt als Ansammlung von Gebäuden, das war eine Sache, aber Stimmen, das war eine andere. Wie mußte man sich diese Fülle vorstellen? Weg waren sie, die Worte, ihren Toten vorausgeeilt, und doch hatte man, gerade in Berlin, die Vorstellung, daß sie noch da waren, daß die Luft mit ihnen gesättigt war, daß man durch diese unsichtbaren, unhörbar gewordenen Worte watete, einfach weil sie hier einmal ausgesprochen worden waren, das geflüsterte Gerücht, das Urteil, das Kommando, die letzten Worte, der Abschied, das Verhör, die Meldung vom Hauptquartier. Und all die anderen anonymen Worte, die immer in Städten gesagt wurden. Milliarden Stunden würde es dauern, sie aneinanderzureihen, umkommen würde man in ihnen, ersticken, ertrinken, sogar heute in diesem Eispalast umgaben sie einen, man konnte sie in der strahlenden, splittrigen Luft hören, flüsternd, murmelnd zwischen den neu geprägten Worten der Passanten, ein Rauschen für die feinsten, empfindlichsten Ohren, solchen, wie sie ein Lebender nicht haben sollte, weil Städte so nicht zu ertragen waren, und diese Stadt schon gar nicht.
Er begann zu pfeifen, um das Summen in sich zu übertönen.
»Sie haben ja gute Laune«, sagte ein alter Herr, der einen Hund, groß wie ein Kalb, hinter sich herschleifte, und plötzlich beschloß Arthur, daß es so war. Gute Laune, gute Laune, er beschleunigte seine Schritte und hörte, noch im Fallen, den alten

Mann rufen, »Achtung, passen Sie auf! Es ist glatt!«, aber da war er schon gefallen, zum zweiten Mal an diesem Tag, zu Boden gegangen in einer gebrochenen Pirouette, die Kamera wie ein Baby mit den Armen umklammernd, die Äste mit dem gefrorenen Schnee genau über sich, der eisblaue Himmel geborsten. Jemand wollte ihm ein Zeichen geben. Der alte Herr war besorgt näher gekommen, und weil er für einen Moment liegengeblieben war, hing plötzlich der riesige Hundekopf über ihm, große nasse Augen, deren Tränen weiter unten glänzend gefroren waren.

»Ich sagte noch, passen Sie auf!« sagte der Alte vorwurfsvoll.

Arthur stand auf und klopfte sich ab.

»Keine Sorge, ich kann wunderbar fallen.«

Das stimmte. Irgendwann hatte er einen Fallkurs absolviert. Das hatte ein Kriegsberichterstatter ihm einmal geraten, und er hatte es nie bereut.

»Es gibt eine Menge Länder auf der Welt, in denen du in der Lage sein mußt, deine senkrechte Position von einer Sekunde zur anderen aufzugeben«, hatte der Mann gesagt. »Nichts ist schöner als das Pfeifen von Kugeln durch den Raum, den dein Körper noch vor einem halben Gedanken eingenommen hat.« Wie wahr das war, hatte er zweimal erlebt, einmal in Somalia, einmal beim Karneval in Rio. Plötzlich Schüsse, ein bizarrer Seufzer fallender Körper, und als alle wieder standen, waren drei liegengeblieben, die nie mehr aufstehen sollten. Den Abschluß seines Kurses hatte ein Sturz von einer hohen Treppe gebildet. Der Lehrer, ein ehemaliger Fallschirmspringer, machte eine Wahnsinnsshow daraus, polternd und rumpelnd war sein wehrloser Körper die Treppe hinuntergeknallt und für einen Moment ganz still liegengeblieben, so daß alle vor Schreck leichenblaß wurden. Dann war er aufgestanden, hatte sich die Kleider abgeklopft und gesagt: »Diese Mimikry kann euch noch mal von Nutzen sein, Scheintod ist die schönste Überraschung.«

Sie haben ja gute Laune, Scheintod ist die schönste Überraschung, nein, diesen Tag ließ er sich nicht mehr nehmen. Er

würde jetzt zum Alexanderplatz gehen, erst am Roten Rathaus seine Hand auf das Knie des jetzt so verwaisten Karl Marx legen, dann Füße filmen auf den Treppen der U-Bahn. Er grüßte den alten Herrn, streichelte dem Hund über den mächtigen Kopf und ging, jetzt etwas vorsichtiger, Richtung Osten.
Zwei Stunden später hatte er alles erledigt, was er sich vorgenommen hatte. Marx und Engels starrten noch immer in den Fernen Osten und taten so, als sähen sie die Geschwulst am Fernsehturm nicht, aber Marx hatte einen kleinen Schneemann auf dem Schoß, der ihn plötzlich sehr menschlich machte, ein Großvater aus dem neunzehnten Jahrhundert, der vergessen hat, seinen Wintermantel anzuziehen. Bei den Füßen in der U-Bahn war es ihm diesmal eigentlich nicht um das Bild gegangen als vielmehr um den Ton, dieses unaufhörliche Schlurfen und Scharren, auf den oberen Stufen noch satt schmatzend vom nassen Schnee, weiter unten dann trockener, aber weniger laut, als er gehofft hatte. Stiefel waren infolge einer plötzlichen Epidemie so gut wie ausgestorben, und richtige Schuhe schien fast niemand mehr zu tragen, Freizeitschuhe waren es jetzt, in viel zu hellen Farben unter den tristen Kleidern. Eine Tretmühle, die die Welt mit Füßen trat, Menschen in der Großstadt wurden erst richtig eigenartig, wenn man nur ihre Füße filmte, das Räderwerk einer gesichtslosen Fabrik, die nie stillstand, von der jedoch niemand wußte, was sie produzierte.
»An deinen Füßen hätten sie bei deiner Geburt so ein kleines Maschinchen montieren müssen.« Erna. »Dann hättest du wenigstens gewußt, wieviel Kilometer du in deinem Leben zurückgelegt hast. Ich glaube, ich kenne niemand, der so viel zu Fuß geht wie du.«
»Ich bin ein Pilger.«
»Dann ist jeder ein Pilger.«
Und so war es natürlich auch. Er blickte auf die Schlange der Füße, die an ihm vorbeizogen, und achtete nicht darauf, ob die Menschen, die zu diesen Füßen gehörten, sich vielleicht fragten,

was das begierige Auge der Kamera dort unten suchte, vor dieser schmutzigen, gelb gefliesten Wand, zwischen der brackigen Mischung aus Draußen und Drinnen. Anscheinend war es ihnen auch egal. Wahrscheinlich wieder irgend so eine Fernsehgeschichte.
Von allen Kleidungsstücken konnten Schuhe noch am besten Demütigung ausdrücken. Abgetreten, naß, matschig, fahl im samenfarbenen Neonlicht, mußten sie Leute durch die Höhlen der Unterwelt zu ihren pathetischen Zielen tragen und wurden dann abends in irgendeiner dunklen Ecke abgestreift und unter ein Bett geschoben. Eigentlich müßte er auch Schuhgeschäfte filmen, ein Schaufenster nach dem anderen, um sie in ihrem verblüffenden jungfräulichen Zustand zu zeigen, ungeknechtete Schuhe ohne Menschen, noch nirgendwohin gerichtet, noch nicht unterwegs.
Eine Sekunde später waren diese Gedanken wie weggewischt, weil er zwischen all den Schuhen zwei aus Kuhfell gesehen hatte, Stiefeletten an nicht allzu großen Füßen, rotschwarzweiß gefleckt, bunte Kuh, Stiefeletten, die ihn zwangen, hochzuschauen über kräftige, sich schnell bewegende Beine in Jeans, eine Jacke mit großen schwarzen und weißen Karos, einen breiten Wollschal in der Farbe der Fahne, die man hier jetzt nicht mehr sah, und der teilweise, aber zum Glück nicht ganz den Kopf bedeckte, den er gestern noch als Berberkopf bezeichnet hatte. Es war nicht schwer, dem Rot dieses Schals zu folgen. Sie nahm die U 2 in Richtung Ruhleben, stieg am Gleisdreieck in die U 15 um und an der Kurfürstenstraße schon wieder aus.
Er folgte ihr die Treppen hinauf und lief, wie sie, in die plötzliche Falle des Lichts. Er glaubte oder hoffte zu wissen, wohin sie ging, jedenfalls ging sie in die richtige Richtung. Potsdamer Straße in nördlicher Richtung, an dem türkischen Gemüseladen vorbei, wo die Auberginen und gelben Paprikas lagen, als hätte man sie gerade am Nordpol ausgegraben, am Bäcker vorbei, wo er sich immer ein Zwiebelbrötchen kaufte. Dies hier kannte er, das war

sein Weg, in der Ferne konnte man bereits die merkwürdige Form, die ockerartigen Farben der Staatsbibliothek sehen. Über der Schulter trug sie eine Segeltuchtasche, in der eindeutig Bücher waren, nein, kein Zweifel. Als gerade kein Verkehr kam, überquerte sie die breite Straße zum rechten Bürgersteig, sehr undeutsch, nicht an der Ampel, wie es sich gehörte, nicht am Zebrastreifen. Sollte er ihr folgen? Was machte er da eigentlich? Was für ein Blödsinn! Wie ein Spätpubertierender lief er hinter einem roten Schal her! Eine unangenehme Situation, die etwas mit Ungleichheit zu tun hatte. Die Person, die verfolgt wurde, war dabei die Unschuldige. Sie war einzig und allein sie selbst, in die eigenen Gedanken versunken, sich des Fremden nicht bewußt, der durch eine unsichtbare Linie mit ihr verbunden war. Er war im Vorteil, er hatte etwas mit ihr, sie nichts mit ihm. Wenn er sich umdrehte, würde sie ihm nicht folgen, soviel war sicher. Er verlangsamte seine Schritte und blieb dann auf der Brücke über den Landwehrkanal stehen. Eisschollen, graue, durchsichtige Placken, reglos im schwarzen Wasser. Und wenn sie stehenbliebe? Aber sie blieb nicht stehen. Jemandem zu folgen war eine Einmischung. Diesmal hatte er ihr Gesicht nicht gut sehen können, das matte Weiß war flächenhaft vorbeigeschwebt. Von gestern erinnerte er sich an den mürrischen Ausdruck, die Narbe. So ein Quatsch. Und er war zu alt dafür. Er mußte einfach tun, was er immer tat, eine Tasse Kaffee oben in der Cafeteria trinken, Kaffee zu einer Mark, Totenwasser aus dem Fluß Lethe, und dann nach unten in die große Halle zurückgehen und die Zeitung am breiten Fenster lesen, aus dem man die Nationalgalerie sehen konnte. Dort schliefen immer ein paar Obdachlose auf Stühlen, eine zerknitterte Zeitung als Alibi über sich.
Er gab seinen Mantel und die Kamera an der Garderobe ab, zeigte den beiden Bewacherinnen, die alles sehen wollten, was man hinein- und wieder hinausnahm, seine leeren Hände und ging nach oben. Seit die Studenten aus dem Osten dazugekommen waren, war es hier viel voller geworden, schließlich saß man hier

besser als in der Humboldt-Universität. Iranerinnen mit Kopftüchern, Chinesen, Wikinger, Neger, eine artenreiche Schmetterlingssammlung, die in großer Stille Honig aus den Büchern sog. Sie sah er nirgends.

In der Halle unten waren Fotos ausgestellt, diesmal Lager und Hunger. Es war wohl so, daß die Unfähigkeit zu trauern sich in ihr Gegenteil verkehrt hatte und daß sich eine zwingende, unaufhörliche Trauer in den Seelen mancher niedergeschlagen hatte, ein schweigender Klosterorden, der keine Antwort auf das Böse hatte finden können und es nun im Namen der anderen mit sich trug. Im Vorbeigehen schaute er sich die Bilder an. Einer Sache ins Auge sehen, so lautete der Ausdruck. Leiden, Hunger, immer hatte es mit Augen zu tun. Schädel, die einen mit einer Bestürzung ansahen, die nie mehr vergehen würde, Fotos, bei denen man während des Schauens älter wurde. Die schlafenden Obdachlosen unter *The Herald Tribune* und der *Frankfurter Allgemeinen* waren ohne Mühe Teil der Ausstellung geworden. Das wenigstens sah nach dem Ende des zwanzigsten Jahrhunderts aus. Und mit einemmal wußte er auch, wo er sie finden konnte, denn für *El País* mußte man ins angrenzende Gebäude, ins Ibero-Amerikanische Institut. Wenn man den Weg kannte, konnte man innen durch. Dann war man mit einem Schritt in Spanien und mit dem nächsten bereits in Buenos Aires, Lima oder São Paolo. Er sah die *Nación*, *Granma*, *Excelsior*, *El Mundo*, aber *El País* war nicht da. Die hatte sie.

»Die hast du schon gelesen«, sagte sie auf spanisch, »es ist die von gestern. Die hinken hier immer hinterher.« Und weg war sie. Schwarzer Pullover. Schultern. Kleine Zähne. Er starrte in den *Excelsior*, ohne etwas zu sehen. Neue Morde in Mexiko. Etwas, was Zedillo gesagt hatte. Zeugen verschwunden. Die Leiche eines Drogenhändlers. Ihr Akzent war nicht südamerikanisch gewesen, aber auch nicht spanisch. Irgend etwas hatte er wiedererkannt, ohne genau darauf zu kommen, was, ebensowenig wie er etwas über dieses Gesicht hätte sagen können, obwohl er es so gerne wollte. Kompakt, geballt, aber das konnte man von einem Gesicht natürlich nicht sagen. Immerhin hatte sie ihn wahrgenommen, gestern, das war schon eine ganze Menge. Er verfolgte ihre Bewegungen in der Ferne. Zu einer Art Pult, Lampe anknipsen, Lichtschein auf den kurzen Händen, Bücher hinlegen, zurechtrücken, Gefühl für Ordnung. Stift, Block. Jetzt zurück, viel zu nah, aber sie schaute nicht. Sie nicht. Computer einschalten, für einen Moment das graue Nichts ertragen, dann Bilder, Sätze, doch noch zu weit für ihn, um etwas erkennen zu können. Verspringende Reihen, starren, Formulare ausfüllen. Nach vorn, zum Schalter, anstellen. Nicht wippend oder mit den Füßen scharrend wie die anderen, die auf Bücher warteten. Lesend, nicht aufschauend. Formen von Gefräßigkeit. Diese Zähne könnten ein Buch fressen.

Ein Gespräch mit Erna, auch schon wieder ein paar Jahre her. Über Sich-Verlieben. Ausgerechnet mit Erna, die sich ständig verliebte. Am Fenster, wie so viele ihrer Gespräche. Holländisches Licht auf einem holländischen Gesicht, Licht in Vermeer-Augen, Licht auf einer Vermeer-Haut. Vermeer, dieser geheimnisvolle Maler, hatte etwas mit niederländischen Frauen angestellt, er hatte ihre Nüchternheit verzaubert, seine Frauen walteten über verborgene, verschlossene Welten, in die nicht hineinzukommen war. Die Briefe, die sie lasen, enthielten die Formel der Unsterblichkeit. Auf dem Foto, das Erna von Roelfje hatte rahmen lassen, las sie auch einen Brief, von ihm.

»Damals warst du in Afrika.«

Erna dunkler, Roelfje leuchtend blond, beide hätten sie von dem Delfter gemalt worden sein können. Solche Frauen sah man noch immer in den Niederlanden, durchscheinend und zugleich stabil. Das Geheimnis war das des Malers gewesen, er hatte etwas gesehen, was andere nicht sahen, etwas, wodurch man noch immer, wenn man – in Den Haag oder in Washington oder Wien – vor einem seiner Bilder stand, das Gefühl hatte, irgendwo hineingelockt zu werden, durch eine Tür, die sich, sobald man eingetreten

war, hinter einem schließen würde. Es war von einer allesverzehrenden Intimität. Wenn er neben anderen vor einem solchen Bild stand, kam er sich immer sehr niederländisch vor. »Aber warum denn, um Himmels willen«, hatte Arno gefragt, »große Kunst gehört doch allen, was hat das denn mit Nationalität zu tun?«
»Wenn sie aufschauen und etwas sagen würde, könnte ich sie verstehen, du nicht.«
Er wußte auch, wie diese Stimmen klingen würden, doch das sagte er nicht. Roelfjes Stimme war hoch und hell gewesen, Ernas war schneller, heftiger, vielleicht, dachte er, weil Erna länger gelebt hatte. Stimmen wurden auch älter. Von der Stelle aus, wo er am Fenster stand, konnte er das Foto sehen. Seine eigenen Briefe hatte er nie mehr lesen wollen. Die eigenen Briefe zu erben, das war nicht in Ordnung. Aber er hatte sich auch nicht dazu überwinden können, sie zu verbrennen, das nun auch wieder nicht. Regen kratzte die Gracht auf, weiße Nadeln im dunkelgrünen Wasser.
»Wieso kannst du dich nicht mehr verlieben? Doch nicht wegen der Vorstellung des Verrats?«
»Nein, das ist es nicht.«
Und das war es auch nicht. Wenn es Verrat gab, dann mußte es das Überleben an sich sein, das ungebührliche Tun und Treiben der Lebenden, das bereits begann, wenn sie sich am Grab zum Gehen wandten. Sooft man später auch wiederkehrte, dieses allererste Mal konnte man nie mehr ungeschehen machen. Das war die Trennung zwischen den Toten und den Lebenden, die durch endloses Händeschütteln, gemurmelte Beileidsworte, Kaffee, der nachts von der Verstorbenen gebraut wurde, eidottergelben Kuchen, die Nahrung der Unterwelt, beschworen werden mußte. Die Tote war allein gelassen mit schwarzgekleideten Männern, gehörte nun Fremden, gleichgültigen Schändern, während derjenige, der neben ihr hätte liegen müssen, sich ein paar hundert Meter weiter von den Banalitäten der Hilflosigkeit einschnüren ließ.

»Aber was sonst?«
»Mangelndes Vorstellungsvermögen, glaube ich.«
Möglicherweise hätte er sogar Treue sagen wollen, aber dann wären sie doch wieder beim Verrat gelandet, und das paßte nicht. Erna kannte seine Abenteuer, vor ihr hatte er keine Geheimnisse.
»Es wäre viel abwegiger, wenn du immer allein bleiben würdest. Dann fängst du nämlich an zu schimmeln. Du kannst doch jederzeit eine Frau kennenlernen, die ...« Aber das genau war undenkbar. Er konnte sich alles mögliche vorstellen, nur keine wirkliche Intimität.
»Ich bin ständig unterwegs.«
»Das warst du früher auch.«
»Ja, Erna.«
Jetzt war sie an der Reihe, da vorne. Diskussion. Der Bibliothekar tat sein Bestes. Er suchte ein Papier im Karteikasten, drehte sich um und hob dann zwei schwere Bücher aus einem Regal, in dem schon viel andere Weisheit in Stapeln bereitlag. Sie warf einen Blick hinein, nickte und ging zu ihrem Platz zurück. Jetzt sah er nur noch einen Rücken. Keinen Vermeer-Rücken, soviel war sicher. Das war auch nicht möglich bei diesen Augen.
Was konnte man eigentlich über jemanden denken, den man überhaupt nicht kannte? Dieser Rücken verriet nichts. Ein schwarzes Rechteck, an dem Fragen abprallten. Und was wollte er selbst hier mit seiner armseligen mexikanischen Zeitung? Worin bestand seine Legitimation? Rechts von sich hörte er das leise Klicken von Computertasten. Er liebte Bibliotheken. Man war allein und gleichzeitig unter Leuten, die alle mit irgend etwas beschäftigt waren. Hier war es klösterlich still, und nach einer Weile konnte er die unterschiedlichen Arten von Geräuschen unterscheiden, Schritte, wenngleich gedämpfte, das Hinlegen schwerer Bücher, Geraschel von Seiten, die umgeschlagen wurden, ein geflüstertes Gespräch, das kurze, immer wiederkehrende Geräusch eines Fotokopierapparats. Dies war das Revier

von Spezialisten, jeder hier beschäftigte sich mit etwas, das mit Spanien oder Lateinamerika zu tun hatte, hier hatte er nichts zu suchen. Sein einziges Alibi waren die Zeitungen und Zeitschriften sowie die Tatsache, daß er Spanisch sprach.

Nach oben, in die große Bibliothek, ging er regelmäßig. Nur spezielle Bücher mußte man bestellen, der Rest stand in der sogenannten Handbibliothek, französische, deutsche und englische Klassiker, niederländische Zeitschriften, die verschiedensten Enzyklopädien, Stunden konnte man hier verbringen, und das tat er auch regelmäßig, ein schon etwas älterer Student, der niemandem unangenehm auffiel. Hier in der spanischen Abteilung fiel er übrigens auch nicht auf, Olav Rasmussen, Spezialist für portugiesische Literatur des neunzehnten Jahrhunderts, wer wollte einem was? Er legte die Zeitung hin und ging zu einem der kleinen zellenartigen, jedoch offenen Räume, wandte sich zu den offenen Bücherschränken vorn am Ausgabeschalter und zog den erstbesten dicken Band heraus, D. Abad de Sentillon, *Diccionario de argentinismos*. Nun mußte er seine Identität anpassen, Philip Humphries, assistant professor at Syracuse University, Spezialist für Gaucholiteratur. Er legte den dicken Band auf seinen Arbeitsplatz und knipste das Licht an, damit sich hier niemand anders hinsetzte, erhob sich dann wieder als Umberto Viscusi, beschäftigt mit einer Magisterarbeit über spanische Mystiker, und ging zu der langen Reihe der Karteikästen, um so zu tun, als suche er etwas. Er fand alles mögliche, und nach wenigen Minuten hatte er vergessen, daß er nur so tat, als ob. Einige der Karten waren noch von Hand beschriftet, andere auf Schreibmaschinen getippt, die nicht mehr existierten. Willkürlich notierte er Titel aus verschiedenen Karteikästen, angestachelt durch einen geheimen, schreiberlinghaften Genuß. Haïm Vidal Sephira, *l'Agonie des judéo-espagnols*, José Orlandis, *Semblanzas visigodas*, Juan Vernet, *La Ciencia en Al-Andalus*, *Cartulario del Monasterio de Santa Maria de la Huerta*, Menéndez-Pidal, *Dichtung und Geschichte in Spanien*. Auch dies war also eine Sammlung, eine Buchhaltung – im eigentlichen Sinne des Wortes – der Welt, der aktuellen wie der vergangenen Wirklichkeit. Er dachte, wie leicht man sich darin verlieren könnte, und fragte sich, ob es auch Bücher und Veröffentlichungen gebe, nach denen nie mehr gefragt wurde, so daß das Wissen, das in ihnen zusammengetragen war, dort irgendwo in einem Magazin weiterschwelte, wartend, bis jemand sich plötzlich für diesen vernachlässigten Zeitabschnitt interessierte, das jüdische Viertel von Zaragoza im dreizehnten Jahrhundert, den Verlauf einer Feldschlacht zwischen längst vergessenen mittelalterlichen Fürsten, die Kolonialverwaltung Perus im siebzehnten Jahrhundert, alles genauso ungültig geworden wie die Sandriffel und Wolkenformationen auf Zenobias Fotos und trotzdem aus dem einfachen Grund aufbewahrt, weil es irgendwann existiert hatte, irgendwann zu einer lebendigen Wirklichkeit von Menschen gehört hatte, etwas, das jetzt noch als radioaktiver Abfall dort irgendwo in verstaubten Büchern oder auf einem Mikrofilm als unzulängliche Verdoppelung weiterschlummerte, Widerspiegelung eines Fragments, als sei diese Welt selbst in einen nie endenden Papierwickel gerollt und müsse so noch einmal existieren, der Lärm von Schlachtfeldern, das Protokoll einer Verhandlung, all das unaufhörliche Wollen und Agieren, erstickt und ohnmächtig geworden unter stets wieder neuen Schichten flüsternden, raschelnden Papiers, wartend auf das Auge des Zauberers, das sie noch einmal zum Leben erwekken würde.

Er schaute zu den Leuten, die da saßen und arbeiteten, jeder verbunden mit einer für ihn unsichtbaren, an einen Ort und eine Zeit gebundenen Wirklichkeit. Bibliotheken, dachte er, waren dazu da, um Dinge zu bewahren, natürlich hatten sie auch mit der Gegenwart zu tun, die sich im übrigen mit jeder Minute in eine Vergangenheit verwandelte, doch das Bewahren war ein Ausdruck von etwas anderem, einem verbissenen Kampf selbst des geringfügigsten Ereignisses gegen das Vergessenwerden, und das konnte nichts anderes sein als Überlebenstrieb, die Weigerung zu sterben. Wenn wir etwas, gleichgültig was, von der Vergangenheit sterben lassen, dann kann uns das genauso passieren, und das ließ sich nur durch diese Aufbewahrsucht beschwören. Es war unwichtig, ob irgend jemand noch je die Nebenlinien des aragonischen Adels im zehnten Jahrhundert erforschen wollte oder das Taufregister der Kathedrale von Teruel im sechzehnten Jahrhundert oder die Entwurfszeichnung des Hafens von Santa Cruz de Tenerife, es ging vielmehr darum, daß sich die Vergangenheit als Vergangenheit noch irgendwo befand und damit weiterexistierte, bis die Beschreibung der Welt, gemeinsam mit der Welt, aufgehört hatte.

Er schaute zu dem Platz, wo sie sitzen mußte, sah sie aber nicht mehr. Idiot, sagte er zu sich selbst, und er wußte nicht, ob er das tat, weil er sie hatte gehen lassen, oder weil er sich noch immer mit diesem Kinderkram beschäftigte. Was *sie* hier wohl tat? Diese Frage war durch all die Karteikarten plötzlich aktuell geworden. Schließ mal eine Wette mit dir selbst ab. Gut, also Soziologie, Lateinamerika, jedenfalls etwas Gegenwärtiges, etwas, das mit Aktion zu tun hatte. Das sagte ihm dieser Rücken; keine Spinnweben, kein temps perdu und schon gar keine Wolkenformationen, keine Anonymität. Die Stellung der guatemaltekischen Frau in der zweiten Hälfte des zwanzigsten Jahrhunderts, irgend so was. Mit Verschwinden hatte dieses Gesicht, das, was er davon gesehen hatte, bestimmt nichts zu tun.

Er ging zu dem Platz, an dem sie gesessen hatte, nahe dem Ausgabeschalter. An ihrem Tisch bückte er sich, um etwas aufzuheben, was nicht dalag, und sah auf das aufgeschlagene Buch auf ihrem Tisch, ein spanischer Text auf vergilbtem Papier, von demselben Format wie das Buch mit dem roten Leineneinband daneben, *Archivos Leoneses, 1948*. Mit Lateinamerika hatte das offensichtlich wenig zu tun. Was ihn aber noch mehr verwirrte, war der halb aus der Segeltuchtasche hervorschauende *Groene Amsterdammer*, den er gerade noch bemerkt hatte, als er sich aus der gebückten Haltung aufgerichtet hatte und weiterging, weil er kurze, schnelle

Schritte hinter sich hörte. Am Schalter fragte er, was er tun müsse, um hier Bücher bestellen zu können.

»Für hier oder für draußen?«

»Das weiß ich noch nicht.«

»Wenn Sie sie mit nach Hause nehmen wollen, müssen Sie einen Nachweis erbringen, daß Sie in Berlin polizeilich gemeldet sind.«

Ein niederländischer Akzent hatte zur Folge, daß man sofort als Ausländer enttarnt wurde. Ihren aber hatte er denn doch nicht in ihrem Spanisch erkannt. Und sie bei ihm? Andererseits, man mußte nicht unbedingt Niederländer sein, um den *Groene Amsterdammer* lesen zu können.

»Und außerdem brauchen Sie dann eine Referenz.«

Er bedankte sich bei dem Mann und schrieb auf eines der Bestellformulare, die dort lagen: »Kann ich dich nachher etwas fragen? Ich sitze um ein Uhr in der Cafeteria der Staatsbibliothek oben, am Fenster. Es geht um eine Referenz. Arthur Daane.« Er legte den Zettel im Vorbeigehen auf ihren Arbeitsplatz.

Zwei Stunden später würde auch sie einen Namen haben, der Beginn der Ent-Fremdung, die Erkundung des Grenzgebiets. Menschen, die einander nicht kennen und ihre Körper einander gegenüber plazieren, grenzen in diesem Augenblick zum erstenmal aneinander. Namen haben nichts Selbstverständliches, es ist unmöglich, einen Körper, den man nicht kennt, zu sehen und zu wissen, wie er heißt. Ent-Fremdung war ein gutes Wort. Jemand würde von diesem Augenblick an weniger fremd werden, und dieser Prozeß war unumkehrbar. Stimme, Bewegungen, Motorik, Augenaufschlag, alles, was jetzt noch unbekannt war, woran man jemanden aber wiedererkennen würde, wurde jetzt registriert. Patrouillen hin und her im Grenzgebiet, Aufregung, Neugier, Genuß. Ihre Motorik war jedoch einstweilen abwehrend.

Sie war stehen geblieben, er war aufgestanden und hatte gesagt: »Setz dich doch.« Sie hatte ihren Namen nicht genannt, aber

kannte nun seinen, und lange Sekunden war sie mit ihrem unbenannten Körper im Vorteil, er wußte nicht, warum ihn das erregte, eine namenlose Frau, ungelenk auf ihrem Stuhl, ungeduldig. »Möchtest du einen Kaffee?«
»Ja.«
Das bedeutete, daß er aufstehen mußte, sich in die Schlange einreihen, sehr sichtbar, aber sie schaute nicht, saß am Fenster und blickte auf das Spalier der Baukräne. Bockwurst, Kartoffelsalat wurde auf die Teller vor ihm gehäuft, vorsichtig kehrte er zurück mit den beiden großen Tassen voll schwarzem Wasser. Während er auf den Kaffee wartete, hatte er ein paar Namen ausprobiert, keiner davon stimmte. Annemarie, Claudia, Lucy, es war genauso lächerlich wie Eltern, die sich für ihr noch unsichtbares Kind einen Namen zu überlegen versuchen. Sie jedoch war sichtbar, und kein einziger Name schien zu ihr zu passen. »Ich heiße Elik.«
Elik, so hieß man nicht, und von dieser Sekunde an hätte sie folglich nie anders heißen können. Elik, natürlich. Der Körper, der Elik hieß, war plötzlich ganz und gar Elik, der grobe Stoff ihrer dunkelgrauen Jeans: Elik, die grüngrauen klaren Augen: Elik.
»Den Namen hab ich noch nie gehört.«
»Meine Mutter hat sich bei drei Dingen vertan. Erstens bei dem Mann, mit dem sie ins Bett ging, meinem Vater also, zweitens weil sie schwanger wurde und das Kind nicht wegmachen ließ, und drittens bei diesem Namen. Den hat sie irgendwann aufgeschnappt und geglaubt, es sei ein Mädchenname. Aber er stammt vom hintersten Balkan und ist ein Männername, in der Verkleinerungsform.«
Dies war keine Erkundung des Grenzgebiets mehr. Die unsichtbare Grenze, die irgendwo in der Mitte des Tisches gelegen hatte, lag nun dicht bei ihm, dies war ein Überfall. Hier war jemand, der ganz viel auf einmal gesagt hatte, und zwar auf eine Art und Weise, als beträfe es sie nicht. Er wußte nicht, wie er darauf reagieren sollte. Elik.

»Ich finde, das ist ein schöner Name.«
Schweigen. Wenn man so auf seinem Stuhl saß, gab man darauf keine Antwort. Schön, das wußte sie selber. Nichts an ihr bewegte sich. Regungslos, die Hände auf dem Tisch. Eine Frau wie ein Hinterhalt. Wieder so ein tolles Wort.
»Jetzt hör doch mal auf mit deinen ewigen Wörtern.« Erna. Wohnst du in Berlin? Was studierst du? Wie lange bist du schon hier? Ich dachte, du bist Spanierin. Das alles sagte er nicht.
»Lebt deine Mutter noch?«
»Nein. Die hat sich zu Tode getrunken.«
Und dein Vater hat sich erhängt, wollte er sagen, aber das war schon nicht mehr nötig. Vater unbekannt, Nordafrikaner, Maghreb, Kellner in einer Bar in Spanien, Mutter wie üblich betrunken, Elik.
Das Gespräch zwischen Mutter und Tochter wurde mit dazugeliefert.
»Wie sah mein Vater aus?«
»Keine Ahnung. Ich habe dann gleich woanders gewohnt.«
Irgendwo anders, aber in Spanien. Daher das Spanisch.
Jetzt mußte er vielleicht auch etwas erzählen, aber sie schien nicht neugierig darauf.
»Ich hab dir doch keinen Schrecken eingejagt?« Sondierung, Sarkasmus?
»Nein, nicht richtig. Aber ich kann mit so was nicht aufwarten. Meine Mutter ist Ende siebzig und pusselt in ihrem Garten in Loenen rum. Mein Vater ist tot.«
Aber er hatte die Vision eines Mannes, der ihr glich. Bergdorf, rote Lehmmauern. Rif oder Atlas. Schnee auf den Gipfeln. Kalt; klare Luft. Berberkopf. War gar nicht so schlecht gewesen.
»Warum lachst du?«
Er beschrieb es. Sie hatte eine andere Version. Ein Mann in einem nicht übermäßig sauberen Oberhemd, der mit einem nassen braunen Lappen einen Tisch abwischte. Tanger, Marbella.
»Bist du nicht neugierig?«

»Nicht mehr. Wenn er mich jetzt sähe, würde er Geld wollen für alle meine lieben Brüder und Schwestern in Tinerhir oder Zagora. Oder nach Holland kommen. Familienzusammenführung.«
Zagora, der Kamelmarkt, mal gefilmt. Kamele werden liegend geschlachtet. Oder nannte man das sitzend? Kniend war vielleicht der richtige Ausdruck. Sie wurden gezwungen, sich auf die Knie zu lassen, und hockten dann dumm auf dem trockenen Boden, die großen Köpfe vorgestreckt, jemand schnitt ihnen die große Kehle durch, das Blut lief in den Sand. Das ging ja alles noch. Die wirkliche Überraschung war, daß dann das Fell mit einer langen Bewegung aufgeschnitten wurde, der Länge nach über den Rücken mit den albernen Buckeln, und daß dann noch ein Kamel darunterstecke aus glänzend blauem Plastik, das den Kopf in den Sand gelegt hatte. Dies jetzt nicht erzählen.
»Möchtest du noch einen Kaffee?« Sie sieht ihm nach. Er ist größer als die meisten anderen in der Schlange.

★
★ ★

Was sie nicht sieht. Was er nicht sieht. Jedes dieser beiden Leben zerfällt in eine unendliche Reihe von Bildern. Der Film ist aufgegliedert worden, zurückgespult, an willkürlichen Stellen angehalten. Das alles ist völlig normal, das kennen wir. Die unsichtbare Vergangenheit, die sich in Erinnerungen entlädt, bis wir genau bei dem Körper, der Haltung, der Strategie des Jetzt gelandet sind, eine Frau an einem Tisch in einer Cafeteria in Berlin. Die Strecke von irgendwann in Spanien wurde nonstop zurückgelegt, Schlaf zählt nicht. Das ist die durchwatbare Stelle, Träume, Schlamm, Kristall. Der Gang ist nicht aufzuhalten. Was nicht da ist, ist das, was noch folgen muß.

Was er nicht sieht: Das zehnjährige Kind, in die Niederlande geholt und von der Mutter ihrer Mutter großgezogen. Einzelgängerisch. *Das* hat er bereits gesehen. Sprache, Sprache, hilfreiche Sprache: ein einzelgängerisches Kind. Und auch das hätte er wiedererkannt auf all den Standfotos: zwölf, vierzehn, sechzehn, noch mit anderen, dann allein, jemand, der etwas beschlossen hat. Und davor: eine Achtjährige, die in einem spanischen Zimmer mit dünnen Wänden Geräusche speichert aus dem Nebenzimmer. Die bekannte Stimme, weinerlich langgezogene Laute, dann die andere, die Männerstimme, die sie nicht kennt, jedesmal eine andere, manchmal auch wieder dieselbe. Dann einmal nicht der plötzliche Schrei oder das hartnäckige Summen, Zischen, Murmeln, diesmal Schläge, Gewimmer, Schritte auf dem Flur, eine dunkle Gestalt, die bei ihr aufs Bett fällt, keuchend, nach Alkohol stinkend, ein großer Kopf, eine Berührung, vor der man flüchten muß, schreien, Nachbarn auf dem Flur, der Schmerz, der brennende Schmerz, das Muttergesicht, das durchs Zimmer fällt, Männer in Uniform, Gekreisch, der Schmerz, der nicht vergeht, der in deinem Gesicht, deinem Körper weiterbrennt, und später, in dem kühlen Zimmer in Holland, in den so stillen Nächten, der quälende Aufmarsch der Bilder, immer dieselben. So wird man zur Ausnahme, das Gesicht auf dem Foto, neben dem später das kleine Kreuz steht, Elik in ihrer Schulklasse, Elik von der Seite, weil sie ihre Narbe vom Auge der Kamera, das immer alles erforscht, abgewandt hat.

Was sie nicht sieht: Väter, die anders sind als alle anderen Väter, die jeden Abend nach der Arbeit, beide Ellbogen auf den Tisch gestützt, Bücher lesen und dabei die Lippen bewegen, weil Lesen schwierig ist, die ihre Söhne mit einem Stigma versehen, die von Friedenskongressen in Bukarest, Moskau, Ost-Berlin, Leipzig, Havanna zurückkehren, die recht haben bei Panzern in Prag, als du fünfzehn bist, die auch bei jedem Schuß an der Mauer noch recht haben, laß die in der Schule nur reden, da mußt du drüberstehen. Irgendwann wirst du es besser verstehen. Es sind alles nur Lügen, hör nicht drauf, genauso wie wieheißternochgleich, und das konnte er dann selbst ergänzen. Dieses Bild war ihm in Erinnerung geblieben, die lockenden Stimmen, der Mann am Mast, mit den Ohren voll Wachs, genauso wie dieses andere Bild ihm in Erinnerung geblieben war, der Mann, sein Vater, den er an einem verregneten Tag wie einen Clown mit einem mageren Stapel *Die Wahrheit* unter durchsichtigem Plastik an der Ecke des Albert-Cuyp-Markts stehen sieht, inmitten Hunderter, die vorbeigehen, wie er selbst vorbeigegangen war, sich unsichtbar gemacht hatte, um das nicht sehen zu müssen, den Mann nicht grüßen zu müssen, nicht dasein zu müssen. Die letzten Jahre vor seinem Tod hatte sein Vater nichts mehr gesagt. Ein Überzeugter, und folglich bitter gestorben. »Jetzt bekommt Deutschland doch noch, was es wollte. Die kaufen den ganzen Osten auf. Das ist billiger als Krieg. Und von der Partei hier ist nichts mehr übrig als ein paar Schwachköpfe, Lesben und Schwuchteln, die nicht wissen, was Arbeiten ist...«

Es ist gut. Wir gehen schon.

★
★ ★

Karten auf den Tisch. Dies mußten sie austauschen. Transaktionen. Noch nicht an diesem ersten Tag. Was sie jetzt sieht: wie er sich bewegt. Formen von Unsichtbarkeit, weil man die für irgend etwas braucht. Sogar in der kurzen Schlange verschwindet er ein wenig, trotz seiner Größe. Abwesenheit als Methode. Als er mit dem Kaffee zurückkommt, schiebt er ihr eine Tasse hin, seine bleibt noch unangerührt, er legt seine Hände daneben wie Dinge, übereinander. In einem Museum in Paris hat sie mal eine bronzene Hand gesehen, Klassenreise, Französischlehrerin, »Schaut, schaut! Voilà, die Hand von Balzac! Mit dieser Hand hat er die *Comédie humaine* geschrieben, mes enfants!«
»Ja, und mit dieser Hand hat der Dicke alle seine Mätressen von innen beguckt.« Hatte sie das gesagt? »Und sich den Hintern abgewischt«, hatte jemand anders zu deutlich geantwortet. Wieder ein verkorkster Nachmittag in musealer Stille. Diese Hand, tot und tatenlos, Bronze, auf einem offenen Buch, Buchstaben mit dieser toten, abgehackten Hand geschrieben, Buchstaben aus bleicher Tinte. Gräßlich. Zum erstenmal eine Ahnung, was Hände sind. Instrumente, Diener, Helfershelfer. Bei Gutem wie bei Bösem. Musiker, Chirurgen, Schriftsteller, Liebhaber, Mörder. Männliche Hände. Sie legt ihre Hand neben seine, um den Unterschied zu sehen. Er berührt sie kurz, vielleicht-eigentlich-nicht-aber-doch, und zieht seine dann zurück. In den darauffolgenden Sätzen hört er zum erstenmal, wie bei ihr nicht die Reihenfolge der Wörter angibt, daß es sich um eine Frage handelt, sondern der Ton. Kann man ein Fragezeichen sprechen?
?
»Filmemacher, na ja, Filmakademie. Manchmal ja. Und Dokumentarfilme. Kameramann. Noch immer, wenn's sich gerade so ergibt. Eigenes? Ja, manchmal ja.«
?

»Spanisch. Hab schließlich 'nen Vorsprung. Geschichte. Dissertation. Sagt dir doch nichts. Königin, Mittelalter. León, Asturien. Urraca. Ja, mit zwei r. Zwölftes Jahrhundert.«
Jedes menschliche Beisammensein ist Politik. Wer hatte das gesagt? Informationen geben, zurückhalten, Transaktionen. Aber er tauscht keine betrunkene Mutter gegen eine tote Frau. Noch nicht. Und was für Säle, Krypten, Keller, Dachböden verwaltet sie? Keine weiteren Fragen, keiner von beiden. Noch eine.
»Und diese Referenz?«
»Ich wollte gern mit dir sprechen.«
Sie schaut ihn an, sieht nicht, was er sonst noch nicht sagt. Was er filmt? Er denkt an seinen letzten Auftrag, vor zwei, drei Monaten.
»Ja, dafür hätten wir dich gern.« Eine niederländische Stimme. »Wir haben im Moment keinen Kameramann. Aber ich sag's ganz ehrlich, du mußt wirklich wollen, es ist ein Drecksjob, nimm dir bloß eine Wäscheklammer mit. Du kannst von Berlin aus fahren. Die anderen triffst du dann in Belgrad. Dort wird alles Weitere geregelt. Aaton Super-16, ausgezeichnet, damit arbeitest du doch immer?« Gut. Die Wäscheklammer war nicht nötig gewesen, der Gestank war nur noch der von Schlamm, ein nasses, fettes Tuch über Klumpen, Schrägen, Formen, die Körpern glichen, Brocken, ein Fuß, Schuhe, zu groß gewordene Schuhe an Skelettfüßen, Lumpen, Fetzen, Textil, langsam triefend, behandschuhte Hände, die den Schein eines Körpers umdrehen, verwesende Arme in Binden, abgenagte Handgelenke in Stacheldraht, doppeltes Armband, nicht hinschauen, die Kamera wie eine Augenbinde vor sich, doch hinschauen, verstärkt, Ausschau haltend, gehend, knöcheltief durch den Schlamm auf dem schmalen Pfad neben dieser Grube watend, vorbei an dieser ausgegrabenen liegenden Parade, Augenhöhlen, lächerliche Pferdezähne ohne Lippen. Und Regen, Dauerregen, Ebene grau, wellig, eine menschliche Landschaft, ein Haus, durch das der Krieg marschiert ist, die Leiche einer Matratze, ein rostiges Bett, ein zer-

brochener Motor. Jemand muß das sehen, jemand filmt von der Schulter in einer langen Bewegung diese Bewegungslosigkeit, jemand stellt ein Stativ am Rand der Grube auf und filmt noch einmal denselben Fleck, wodurch es langsamer wird, die trägste Bewegung, der große Schuh, von dem der Schlamm weitertrieft, der Sirup der Vergänglichkeit. Niemand hat hier einen Namen. Gedächtnis, Stapelplatz. Verdoppelung der Erinnerung. Fujicolor Negativ, eingesogen, Bilder reingerollt, hundertzwanzig Meter Rollzeit, dann noch einmal, stets verfügbar, herausgenommen, Materie, glänzend. Und die innere Hälfte des Zwillings kehrt zurück, wenn sie nicht gerufen wird, ist in eine Haltung gekrochen, einen Augenaufschlag, einen Alptraum, verborgen in Gelächter, Alkohol nach Abschluß der Dreharbeiten, abgegeben zusammen mit den Dosen, zurückgekehrt, jemand muß das sehen, aber was ist es? Zwei, drei Minuten, vielleicht nicht mal das, Wohnzimmer in Oklahoma, Adelaide, Lyon, Oslo, Assen, Instant-Apokalypse, Werbung, Zähne mit Lippen, strahlend, Füße, jung, glänzend, sanft eingecremt, ja, auch gefilmt, o ja, Film kann alles.
»Ich muß wieder an die Arbeit.«
»Es wird hier so früh dunkel.«
»In Amsterdam ist es viel länger hell, oder ist das Einbildung?«
»Das Meer vertreibt die Dunkelheit.«
»Kennst du die Stadt? Berlin?«
»Ein bißchen.«
Und schon weiß er, daß sie beide ihr eigenes Berlin haben.
»Elik. Wie heißt du weiter?«
»Du glaubst es nicht.«
»Sag schon.«
»Oranje.«
Zum erstenmal lachen sie. Der Wind weht durch das Haus, die Tür springt auf, ein Fenster klappert, und dann noch etwas mit Blumen, mit Farben, nein, stimmt nicht, nichts von alledem, doch dies war der Augenblick, er wird hinausgezögert, vielleicht

kommt er nie. Dieses Lachen, eine Verzauberung. Bei ihm die Augen, bei ihr der Mund, offen, rosa.
»Gehst du noch nach unten?«
»Ja, noch kurz, ich muß was nachschauen.«
Sie gehen gemeinsam hinunter, durch die Kontrolle, leere Hände kurz erhoben, »Schon gut«, die Schieferplatten, die Lager, der Hunger, die Augen. Dann verschwindet sie. Du kannst mich hier meistens finden. Nicht mehr.
Er geht in den Saal, in dem er die spanische Enzyklopädie gesehen hat, und schlägt sie bei U auf.

★
★ ★

Jetzt ist sein Zimmer auf einmal von Männerstimmen erfüllt. Sein Freund hatte die Wohnung äußerst spärlich möbliert, sein Zimmer war eher eine Zelle denn ein Wohnraum. Aber immerhin groß. Die Kamera stand darin wie eine kleine kompakte Skulptur. Das gehörte zum Nachhausekommen. Mantel aufhängen. Der Baum. Die Post (nichts). Dies alles in Stille, die Welt draußen ausgeklinkt.

In der U-Bahn hatte er sich überlegt, daß er ihr (keine Rede davon, »Elik« denken zu können) gern einiges in der Stadt zeigen wollte. Dabei hatte er sich selbst ausgelacht. Die *Taz* gekauft, ein paar Dinge besorgt. Corned beef, Zwiebeln, Kartoffeln. Corned beef hash, »das Gericht der Einsamen« (Erna). Aber es war angenehm, die Bewegungen eines Menschen, der allein in einem Raum ist. Wie viele solcher Menschen lebten in einer Stadt wie dieser? Mit ihnen empfand er sich auf geheime Weise verbunden. Zwiebeln braten, Kartoffeln kochen, alles vermischen und mit Ingwer, Pfeffer und Senf abschmecken. An den seltsamsten Orten der Erde hatte er das gekocht, Corned beef war allgegenwärtig, argentinische Dosen in Begleitung von Bruder Kartoffel und Schwester Zwiebel. In Stille gegessen, aufrecht am Tisch gesessen. Danach eine Tasse Tee gekocht, an den rosa Mund gedacht, wie der sich geöffnet hatte, gelacht hatte. Nur ganz kurz. Ob sie jetzt auch irgendwo aß? Heute abend hierbleiben, niemanden anrufen. Und kein Cage jetzt. Der Freund hatte einen Schrank voller CDs, er hatte sich Varèse herausgesucht, diesen eigenartigen Chor in *Ecuatorial*, all diese Männerstimmen, als stünde ein ganzer Chor hier im Zimmer. Das nächste Stück hörte er sich mehrere Male an, es war nur kurz, Fanfaren, Peitschenhiebe, Sirenen. Danach war die Stille jedesmal stiller. Später, im Radio, hörte er, daß es jetzt taute, in der Nacht wieder frieren und morgen weitertauen würde. Wenn er auf die Straße ginge, sähe er Ballett, eine chaotische Choreographie. Pirouetten, plötzliche

Horizontalität, wie bei ihm selbst zweimal an diesem Tag, unwürdige Haltungen, Autos in rutschender Verlangsamung, albern. Paßt hier nicht her. Es gehört sich nicht, daß Deutsche ausrutschen. Das war also ein Vorurteil. Passen Sie auf, hatte der alte Mann gesagt. Aber da war es bereits zu spät gewesen. Er las, was er sich aus der Enzyklopädie herausgeschrieben hatte, ein merkwürdig dürres, abgehacktes Spanisch. Urraca. Plötzlich fiel es ihm wieder ein. Das bedeutete auch Elster. Er war immer neugierig auf Vogelnamen. Als Laut war es treffend, dieses Harte, Knarrende, obgleich es sich vielleicht doch eher nach Raben, Krähen anhörte. Urráca. Königin Elster, Elik, irgendwas war mit diesen kurzen Wörtern. Elster, die Diebin. Stahl alles, was glänzte. Doch das alles stand nicht in der Enzyklopädie. Erste Frau, die über ein spanisches Königreich regierte. Bürgerkrieg, Bedrohung durch den Islam von Süden, wie kam man auf so etwas? 1109-1126, was konnte man darüber schreiben? La reina Urraca, ra, kra. Und eine plötzliche Sehnsucht, auch schon das zweite Mal an diesem Tag, nach Spanien, Leere, Aragón, León.
»Kannst du denn nie mal ein paar Monate an einem Fleck bleiben?«
»Nein, Erna.«
Er versuchte an sie zu denken als an jemanden, der eine Dissertation schrieb, doch das gelang ihm nicht. Frau Doktor mit Narbe und Pelzstiefelchen. Frau Doktor Elster. Elster, der Wintervogel, schwarz und weiß, wie die Stadt jetzt. Der Vogel, der auf einmal ein wenig singen konnte, wenn er brütete, und sonst nur schrie, als sei er immer nur böse. Mit geschlossenen Augen sah er es, sogar der Schwanz war böse, mit diesem fortwährenden giftigen Gewippe. Flog im übrigen auch komisch, Wellenflug hieß das, in großen Schwüngen über eine Winterlandschaft, in den zugefrorenen, verschneiten Gärten von Schloß Charlottenburg. Wollte er doch jemanden anrufen? Nein, er wollte niemanden anrufen. Er öffnete einen großen Schrank, holte verschiedene Filmdosen

heraus, sah auf die Aufschriften, stapelte sie auf einem Tisch, bis sie einen hohen Turm bildeten, und legte, der Männerstimmen wegen, noch einmal Varèse auf. Irgendwo in diesem Schrank mußten noch Tonaufnahmen von einem Film liegen, den er mit Arno über Klöster gemacht hatte, eine französisch-deutsche Koproduktion für Arte. Bis zu dem Zeitpunkt hatte er nichts über Klöster gewußt, und auch jetzt wußte er noch nicht, was er davon halten sollte. Die Mönche, junge wie alte, hatten relativ normal ausgesehen. Deutsche, französische und spanische Mönche, Beuron, Cluny, Veruela, Aula Dei, Benediktiner, Trappisten, Kartäuser, aussterbende Tierarten, die man an ihren Gewändern erkennen konnte, die Trappisten schwarzweiß, wie Elstern, im Chor jedoch weiß, wenn die Kutten alt wurden, sahen sie aus wie alte Schwäne. Die Benediktiner schwarz wie Krähen und die Kartäuser wieder weiß, aber die hatte er nicht im Chor filmen dürfen. Dafür einmal in der Zelle, denn im Gegensatz zu den anderen Orden aßen Kartäuser allein, was etwas sehr Trauriges hatte. Sie bekamen ihr Essen durch eine Luke geschoben. Er hatte es von innen nach außen und von außen nach innen gedreht, den kahlen Raum ohne irgend etwas darin, eine Art Altar mit einer Marienfigur, ein Gärtchen daneben, der Tisch an die Wand hochgeklappt, neben der Luke, die konnten sie herunterlassen, wenn das Essen gebracht wurde. Draußen an der Luke war ein Holzklotz angebracht, den man in drei verschiedene Stellungen drehen konnte, er sah es noch vor sich: ein Brot, ein halbes Brot, kein Brot. Un pan, medio pan, no pan. Es gab also immer jemanden, der wußte, ob man viel oder wenig aß. Das hatte ihm, mehr noch als der geschlossene Raum, ein klaustrophobisches Gefühl eingeflößt.

Bertrand, der französische Tontechniker, konnte alles erklären, die Zeiten und Namen der Stundengebete, den ganzen, ewigen, zwanghaften Zyklus des sich nie verändernden Tages, des sich nie verändernden Jahres, »l'éternité quoi«, das war ziemlich stolz herausgekommen, als wäre Bertrand persönlich der Besitzer dieser

Ewigkeit. Ein paarmal im Jahr trat er in die Ewigkeit ein, dann wurde er nach seinen eigenen Worten zum Mönch und verbrachte einige Wochen in einem Kloster in der Normandie bei den Benediktinern, »die singen nämlich am schönsten«. Arthur und Arno glaubten ihm, denn Bertrand besaß eine Eigentümlichkeit, mit der sie nicht recht umzugehen wußten: Er trank jeden Freitag nur Wasser und aß an dem Tag überhaupt nicht.
»Oh, dafür ist er berühmt«, hatte die rothaarige Producerin der Sendung gesagt, »bei uns heißt er nur ›Bertrand le moine‹, aber jeder will mit ihm zusammenarbeiten, weil er so gut ist.«
Letzteres stimmte. Von Zeit zu Zeit legte Arthur dieses Band noch mal ein, doch stärker als der Ton hatte ihn Bertrands Arbeitsweise beeindruckt, wie er mit seiner sechs Kilogramm schweren Nagra herumgeschlichen war, als wäre es eine Feder, ein Raubtier auf der Jagd mit diesem flauschigen Zylinder wie eine große tote Ratte ohne Kopf am Ende der Tonangel, fast zwischen den Sandalen der Mönche auf dem Weg zum Chor, das alltägliche Schlurfen, das sie schon längst nicht mehr hörten, plötzlich gesteigert zu einem absoluten Laut, ein unausweichlicher Auftakt zu der Stille und dem Gesang, die danach kommen würden. Und mit einemmal konnten sie sich Bertrands merkwürdige Ferien vorstellen, denn er stand da als Mönch zwischen den Mönchen und ließ die Psalmen hereinfluten, ein immerwährender Wellenschlag.
»Aber warum gehst du dann nicht ganz ins Kloster, Bertrand?« hatte Arno mit seinem dicken deutschen Akzent gefragt, wodurch es fast schien, als werde Bertrand verhört.
»Weil ich noch verheiratet bin und Kinder habe«, sagte Bertrand.
»Und eine Mätresse und noch ein Kind«, sagte die rothaarige Producerin, »n'est-ce pas, cher Bertrand?«
»Die Mätresse ist nicht das Problem«, sagte Bertrand. »Meine Frau ist das Problem. Als Katholiken können wir uns nicht scheiden lassen, und solange man verheiratet ist, kann man nicht ins Klo-

ster. Eine Mätresse zählt nicht. Das ist eine Sache des Beichtens und Abschiednehmens. Aber die Ehe, die ist ein Sakrament.« Daraufhin hatte sich Arno an Ort und Stelle einen »Tatort« ausgedacht: Bertrand mußte seine Frau ermorden, denn als Witwer konnte er ins Kloster gehen. Jahre danach würde jemand dahinterkommen, die Spur führte ins Kloster. Arno freute sich schon auf das Verhör durch den Kommissar.
Doch Bertrand glaubte nicht, daß er seine Frau ermorden wollte. Viel zuviel Scherereien.
»Das gibt nur Probleme. Ich hätte einfach viel früher eintreten müssen.«
Über die Mätresse hatten sie damals nicht mehr gesprochen, und alle diese Sorgen waren auf dem Senkel nicht zu hören gewesen. Die Aufnahmen der gregorianischen Gesänge waren von einer schaurigen Präzision. (»Ach, früher! Als sie noch lateinisch sangen! Auf französisch klingt es viel zu tuntenhaft, Spanisch kommt dem viel näher.«) Bertrand hatte sogar einen Prix de Rome dafür bekommen.
»Nein, nein, das hat nichts mit Präzision zu tun, dieser Ton, diese Gesänge erklingen schon seit Jahrhunderten in diesen Räumen, was du hörst, ist das Röcheln der Ewigkeit, aeternitas, ich höre immer die ganzen Nullen. Darin besteht die Kunst: daß ich das hörbar mache, Zeit und Zeitlosigkeit zugleich. Ich werde dir irgendwann mal vorspielen, was ich früher aufgenommen habe. Lach mich nicht aus, aber das Latein klang ewiger ... hör mal.« Er warf sich in die Brust und sang: »*Domine* ... oder das: *Seigneur*, Altdamenstimme, ersterbend, den Unterschied hört man doch, oder etwa nicht?«
Aber als sie in Beuron waren, fand er Deutsch auch nicht schlecht.
»Zumindest männlicher als Französisch. Aber wenn sie mit diesen gutturalen Stimmen auch noch lateinisch singen würden, kannst du dir das vorstellen?« Und er versuchte, einen deutschen Akzent in das Latein zu legen: »*Procul recedant somnia* ...«

»Hier in Beuron war Heidegger oft«, sagte Arno. »Hier in der Nähe war er Meßdiener gewesen, in Meßkirch. Er hat sich nie ganz davon lösen können. Hat seine Initialen in die Kirchenbank geritzt. Jemand hat ihn mal beobachtet, wie er sich mit Weihwasser bekreuzigte, und hat ihn gefragt: ›Warum machen Sie das? Sie glauben doch nicht mehr daran?‹
›Nein‹, hatte Heidegger geantwortet, ›aber wo so viel gebetet worden ist, da ist das Göttliche in einer ganz besonderen Weise nahe.‹
Aber was ist das Göttliche ohne Gott?« Dabei hatte er leicht hilflos durch seine dicken Gläser geschaut, und der Mönch, der sie begleitete, hatte plötzlich gesagt, »ach, so absonderlich ist das nun auch wieder nicht. Hier finden es offenbar auch Menschen, die an nichts glauben, behaglich. Und außerdem, *Sein zum Tode* ist an sich nicht so rätselhaft, das tun wir auch, allerdings mit einem Unterschied: Heidegger war die Angst, und wir sind die Hoffnung. Vielleicht besucht die heldenhafte Angst ja von Zeit zu Zeit gern mal die ängstliche Hoffnung, vor allem, wenn dabei noch gesungen wird. Um die Angst kann man schließlich kein Ritual aufbauen.«
»Da bin ich mir nicht so ganz sicher«, antwortete Arno. »Was ist mit den Reichsparteitagen in Nürnberg?«
»Ja, das genau habe ich gemeint«, sagte der Mönch. »Die finden doch nicht mehr statt, oder? Das hier« – er beschrieb eine Armbewegung, als wolle er den ganzen Klostergang, auf dem sie gerade standen, schützend um sie herumziehen – »ist doch eine relativ zähe Substanz ... Wenn ich Heidegger lese ...« Er beendete seinen Satz nicht.
»Dann sind Sie froh, daß Sie abends wieder zwischen den Chorbänken stehen«, sagte Arno.
»So ungefähr«, sagte der Mönch. »Vielleicht bin ich auch froh, weil ich weiß, daß an allen möglichen Orten der Erde noch ein paar Menschen zur gleichen Zeit dasselbe singen.«
»Und dasselbe denken?«

»Vielleicht. Nicht immer.«
»Geborgenheit?«
»Oh ja, natürlich.«
»Aber finden Sie es dann nicht merkwürdig, daß er sich zwar an Ihrer Geborgenheit erfreute, sie für sich selbst aber nicht wollte?«
»Merkwürdig nicht, aber vielleicht ... mutig, falls das das richtige Wort ist.«
»Sie könnten auch sagen, daß ihm einfach die Gnade nicht zuteil wurde. So heißt das doch?«
»Ja, so heißt das. Und das müßte ich auch sagen ... nur, zu ihm paßt das nicht, obwohl ich das natürlich nicht denken – und folglich auch nicht sagen darf.«
Auf dem Rückweg hatte Arno Bertrand den Verlauf und Arthur den Inhalt des Gesprächs erklären müssen, denn ersterer verstand kein Deutsch, und letzterer hatte es nur zur Hälfte begriffen, und das mit der Gnade gar nicht. Danach hatte Arno vor sich hin gesummt, irgend etwas, das zwischen Gregorianisch und Pompompom lag, und hatte dann plötzlich gesagt: »Die Idee! Stell dir vor, Elfriede ist gestorben, und Heidegger tritt bei den Benediktinern in Beuron ein. Dieser Skandal! Phantastisch! Noch schöner als Voltaire auf dem Sterbebett! Und trotzdem hatte dieser Mönch mehr recht, als er glaubte. Heidegger war ein metaphysischer Zirkusartist. Er hing ganz oben im Zelt des philosophischen Zirkus am Trapez und machte seinen Salto mortale über dem abgründigen Nichts, und alle hielten den Atem an, weil sie glaubten, es gebe kein Fangnetz. Aber es gab doch eines, für die anderen unsichtbar, und natürlich nie in die philosophischen Protokolle aufgenommen, weil es nicht um die Gesetze der Theologie ging, sondern um das religiöse Gefühl, ein älterer Herr, der sich an einer anderen Antwort auf dieselben Fragen wärmt; vielleicht war es auch nur eine Anhänglichkeit an heimatliche Erinnerungen, an den Himmel von Meßkirch, das hielt ihn mehr, als er sich eingestand. Genau wie Bertrand, n'est-ce pas, Bertrand?«

»Genau wie Bertrand, aber anders«, sagte Bertrand, und er sagte es so, daß Arthur Daane jetzt, mehrere Jahre später, in seinem Berliner Zimmer noch darüber lachen mußte. Er löschte das Licht, blickte noch eine Weile auf die sich bewegenden Gestalten hinter den anderen Fenstern, bis auch dort die Lichter ausgingen. Er glaubte nicht, daß er am nächsten Tag in die Staatsbibliothek gehen würde.

★
★ ★

Und wir, sind wir noch zu irgend etwas nütze? Es ist uns natürlich schon längst aus den Händen geglitten, sofern es sich überhaupt je darin befunden hat. Wir vollziehen diese Bewegung mit Leichtigkeit, über die vereiste, verschneite, zugefrorene Stadt, über die Spree, über die Narbe, die Ritze, die Furche, wo einst die Mauer stand. Wir vergessen nichts, sogar die entfernteste Angst, Stimmung, Bedrohung von damals und einst ist für uns eine Tatsache, völlig gegenwärtig, nicht auszulöschen. Wir kennen den Pergamonaltar aus der Zeit, als er noch neu war, zweitausend Jahre, viertausend Jahre, alle Erinnerungen sind für uns gleichzeitig. Alle diese Museen sind Kraftwerke, und wir, die wir so leicht sind, kennen die Schwere von allem, was in ihnen steht. Ja, das hat verdächtig viel Ähnlichkeit mit Allmacht, aber was soll's? Man könnte es auch als Last bezeichnen. Ein Schild aus Neuguinea, ein Gemälde von Cranach, eine Papyrusrolle, die Stimme Laforgues, die Kaiserin Augusta im verschwundenen Schloß vorliest, alles ist für uns Gegenwart. Ja, es irritiert natürlich, nicht zu wissen, wer wir sind, aber ihr könnt uns wirklich jeden Namen geben, Hirngespinst ist auch in Ordnung, es stimmt und es stimmt nicht. Ursache, Motor, gleichzeitige Erinnerung, das mag vielleicht ein Paradoxon sein, paßt aber zur Gedächtniskirche dort drüben. Die sehen wir gleichzeitig so, wie sie war, und als Ruine, Loch, ausgehöhltes Monument. Ihr braucht euch nicht um uns zu kümmern, wir sind immer da mit dieser Last, ihr aber habt nur jetzt etwas mit uns zu tun, in diesem Abschnitt, in dieser Geschichte, die im übrigen erst zwei Tage alt ist. Nur jetzt, da ihr uns hört oder lest, darüber hinaus existieren wir für euch nicht, es sei denn als Möglichkeit. Jetzt, hier, wo die Stadt dunkler ist, Falkplatz, dieselbe Stadt, aber anders, farbloser, geschundener, verwahrlost. Eine hohe Treppe, ein Zimmer, jemand in einem Bett, nicht schlafend, sondern mit weit geöffneten Augen vor sich hin starrend. Ja, das wissen wir genau, aber das tut jetzt nichts zur Sache, der auf nichts gerichtete Blick sagt viel mehr. Ihre Hand liegt auf dem Buch, in dem sie gerade gelesen hat, und auch dieses Buch strahlt etwas aus, vage Geschichten, plötzliche Lichtpunkte, Zahlen, Fakten, und dann wieder zurück zu Vermutungen, Annahmen, deren Wahrheitsgehalt wir kennen und dieses Buch nicht, diese Geschichte hat sich vor zu langer Zeit abgespielt. So etwas wie eine Ausgrabung, bei der lediglich ein Viertel oder noch weniger von dem gefunden wird, was einmal da war. Und selbst dann – selbst wenn ihr alles wüßtet, was wir wissen – könntet ihr nicht damit umgehen. Wir können nichts resümieren, konzentrieren, abstrahieren. Bei uns hat alles seine Länge, sein eigenes spezifisches Gewicht. Besser, wir halten uns an das Einfache. Es ist leicht, eine Verbindungslinie zwischen diesen beiden stillen Zimmern zu ziehen, schließlich ist etwas passiert. Doch sobald wir etwas über die Zukunft sagen, werden unsere Stimmen unhörbar, weil es die Zukunft nicht gibt, ja, lassen wir es dabei bewenden. Seht ihr, wie unruhig sich diese Hand bewegt, während der Kopf so still ist? Etwas möchte die Hand aus dem Buch ziehen, doch wie bekommt man aus Papier und Wörtern einen lebenden Kern, eine Macht, einen Körper, hier, jetzt, ohne den Schimmel einer Vergangenheit, einer Zeit, die vergangen ist?

★
★ ★

Falls es so war, daß Arthur Daane an Elik Oranje dachte, so war es umgekehrt nicht der Fall. Elik Oranje war mit ihrem Kopf, der tatsächlich sehr still auf dem Kopfkissen lag, bei den Vorlesungen, die sie zur Zeit in Berlin besuchte, eine zehnteilige Vorlesungsreihe, für die sie vom Deutschen Akademischen Austauschdienst ein Stipendium erhalten hatte. Der Professor war ein staubtrokkener Redner, aber etwas, was er gesagt hatte, ließ sie nicht los. »Wenn du in einem Zug sitzt« – so eine Art von Satz war es gewesen. Die Vorlesungen gingen über Hegels Geschichtsphilosophie. Sie konnte sich meist nicht lange darauf konzentrieren, verspürte einen holländischen Widerstand gegen das, was sie »Paragraphendenken« nannte, und außerdem sah der Mann verknöchert aus und sprach mit sächsischem Akzent, so daß sie ihn nicht immer gut verstehen konnte. Manchmal aber, wie zum Beispiel bei diesem einen Mal, hörte sie seinem Ton an, daß eine Rettungsinsel in Sicht war, eine Anekdote, persönliche Anmerkung, Ausweichmöglichkeit aus der doktrinären Masse, der einst, in ebendieser Stadt, junge Männer ihres eigenen Alters mit soviel Begeisterung im Vortrag des Meisters persönlich gelauscht hatten.

»Wenn du in einem Zug sitzt und nicht aus dem Fenster schaust, sondern dir die Mitreisenden ansiehst, dann machst du dir, vielleicht durch das, was sie sagen oder lesen, aber auch durch ihre Haltung, ihre Kleidung, ein Bild von ihnen. Würdest du dieses Bild nun aufschreiben, so würdest du wahrscheinlich denken, daß du damit ein der Wirklichkeit entsprechendes Bild gezeichnet hast. Du hast sie schließlich wirklich gesehen, vielleicht sogar mit ihnen gesprochen. Aber wenn du das jetzt umdrehst und dir vorstellst, daß einer von ihnen dich genauso aufmerksam beobachtet hat wie du ihn oder sie, inwieweit ist das Bild, das derjenige von dir hat, ein der Wirklichkeit entsprechendes Bild? Du weißt selbst, wieviel du dir nicht anmerken läßt, was du verheimlichst,

verbirgst oder was du noch nicht einmal für dich selbst definiert hast – weil es nun mal auch Dinge gibt, die ein Mensch vor sich selbst geheimhält, leugnet, nicht wissen will. Dazu kommt dann noch das ganze Arsenal an Erinnerungen, der Bereich des Gesehenen und Gelesenen, die Welt der verborgenen Wünsche ... der ganze Zug wäre nicht groß genug, das alles aufzunehmen. Trotzdem glaubt jeder der drei oder sechs Fahrgäste in diesem Abteil, daß während dieser Reise eine, wie soll ich das sagen, irgendeine Manifestation der Wirklichkeit stattgefunden hat. Aber stimmt das denn auch?«
Von hier war er auf das fiktionale Element in der Geschichtsschreibung zu sprechen gekommen, sogar bei Menschen, die sich so strikt wie möglich an die Fakten hielten. Doch was waren Fakten? Ohne den Kopf zu drehen, griff sie nach dem Buch, das auf ihrem Bauch lag, und hielt es sich vor die Augen. Ein graubeiger Umschlag, und darauf das verschwommene Foto eines Flusses. Im Vordergrund Schilf, das, wie es schien, vom Wind bewegt wurde. Wolken waren nicht zu sehen, aber die hatte wahrscheinlich der Umschlaggestalter weggenommen, um Platz für den Titel und den Namen des Verfassers zu schaffen, Bernard F. Reilly, *The Kingdom of León-Castilla under Queen Urraca, 1109-1126*. Am jenseitigen Flußufer Gebäude mit schwarzen Fensterhöhlen, ein paar dunkle Baumformen, ein hohes Gebäude mit einer Säulengalerie, ein Turm, ein hoher Anbau, die Zitadelle von Zamora, vom Südufer des Duero aus betrachtet.
»Warum willst du eigentlich überhaupt promovieren«, hatte ihr Doktorvater gefragt, als wäre sie mit einem unschicklichen Ansinnen an ihn herangetreten.
»Weil es ja doch keine Lehrerstellen gibt«, hatte sie gesagt, aber das war nur die halbe Wahrheit. Das bißchen Unterricht, das sie ab und zu als Vertreterin hatte geben können, hatte ihr überhaupt nicht gefallen, und sei es nur deshalb, weil sie ständig das Gefühl hatte, sich in der Klasse auf der falschen Seite der Trennungslinie zu befinden, daß sie lieber noch dort gesessen hätte, wo die an-

deren saßen, wo alles noch undefiniert war, unreif, chaotisch, jedenfalls wenn man es mit der unausstehlichen Reife im Lehrerzimmer verglich, mit den Kollegen und ihrem vorgezeichneten Leben. Ein Teil ihrer Jugend war ihr, wie sie fand, bereits gestohlen worden, was noch davon übrig war, wollte sie so lange wie möglich auskosten. Freiheit und Unabhängigkeit waren es ihr wert, von fast nichts zu leben, und die Dissertation war ein perfektes Alibi, genauso wie die Vorlesungen dieser Trantüte, die ihr eine Reise nach Berlin verschafft hatten. Dafür nahm sie Hegel in Kauf. »Daß du dir, bei deinem Hintergrund, Spanien ausgesucht hast, verstehe ich ja, aber warum ausgerechnet diese obskure mittelalterliche Königin? Eine Königin von was eigentlich?«
So hatte die nächste Frage des Doktorvaters gelautet, und die Antwort war natürlich ein Kinderspiel gewesen. »Erstens, weil sie eine Frau ist« – dagegen konnte heutzutage keiner mehr etwas sagen –, »aber gerade auch deswegen, weil sie so unbekannt ist. Und es ist sehr spannend...«
Spannend war es sicherlich, eine Frau zwischen Männern, Bischöfen, Liebhabern, Ehegatten, Söhnen, ein großer Kampf um Macht, Position, die einzige mittelalterliche Königin, die dort tatsächlich regiert hatte.
»Aber gibt es denn genug Material? Wann war das noch mal genau?«
»Frühes zwölftes Jahrhundert. Und es gibt sehr viel Material.«
»Verläßliches oder nebulöses? Ich kenne mich da nicht so aus, es ist im Grunde nur ein Randgebiet. Und es bedeutet natürlich auch, daß ich mich darin vertiefen muß.«
Nicht nötig, hatte sie sagen wollen, ich geb's fix und fertig ab, aber ich habe vor, sehr lange daran zu arbeiten, doch das hatte sie natürlich nicht gesagt. Diese Königin war die Garantin ihrer Freiheit, jedenfalls für einige Jahre, und dafür war sie dankbar. Königin Elster. Sie hatte sich bereits dabei ertappt, wie sie mit ihr sprach. Elik Schildknappe. Wie sie wohl ausgesehen hatte? Apropos Wirklichkeit! Das einzige Porträt, das sie von ihr kannte, sagte

nichts aus, es war in einem spanischen Buch über ihren Freund und Feind Gelmirez, den Bischof von Santiago, zu finden, und darauf glich sie einer Königin aus einem Kartenspiel, mit einer Art rechtwinklig gefalteter Banderole in der Rechten, auf der ihr Name stand, mit einem r und mit k, Uraka Regina. Thron, Krone, Zepter, die Füße in rosa Pantoffeln weit auseinandergestellt auf ein paar ineinander verschlungenen mozarabischen Bögen, der Umhang wie ein Himmel mit dicken Sternen, die Krone wie ein komisches, schiefes Döschen auf dem Kopf, der Kopf selbst stereotyp, nicht das Gesicht von jemandem, der irgendwann wirklich gelebt hat, der gesprochen, gelacht, gekämpft und gevögelt hat. Wie um Himmels willen kam man mit einem solchen Leben in Berührung? Und umgekehrt, wie hätte sie ihr eigenes anachronistisches Leben erklären sollen? Berlin, das damals noch nicht einmal existierte. Und dennoch, jemandem, der gewöhnt war, mit Macht umzugehen, konnte man, solange man in einem mittelalterlichen Kontext blieb und die Ideologien beiseite ließ, die reine Machtgeschichte noch erzählen, der Kaiser, sein verlorener Krieg, der Volksaufstand, die Forderungen der Sieger, der Volkstribun, der nächste Krieg ... nur, danach wurde es schwieriger. Oder nicht? Pogrome, Islam, das ging ja noch, sogar die Atombombe konnte man in gewisser Weise noch als eine alleszerstörende Waffe erklären ... aber eine Welt ohne Religion, das war für einen Menschen des Mittelalters natürlich undenkbar, es sei denn, man sprach von der Hölle. Aber wenn solche Abgründe zwischen der Gegenwart und der Vergangenheit lagen, wie konnte dann jemals die Rede davon sein, die Wirklichkeit der Vergangenheit verstehen und beschreiben zu können? Wirkliche Wirklichkeit, was für ein Unsinn. Besser, sie schliefe jetzt. Nicht weiter Fäden spinnen, schlafen. Vom Innenhof unten drang Lärm herauf, sie erkannte die Schritte des Freundes, der sie hier fast für umsonst wohnen ließ. Er arbeitete in einer Bar, anfangs war er mal betrunken an ihrem Bett erschienen, doch nach der Geringschätzung, mit der sie ihn am nächsten Tag

behandelt hatte, war das nicht wieder vorgekommen. Erst als sie das Licht löschte, dachte sie wieder an den eigenartigen Niederländer, den sie an diesem Tag kennengelernt hatte. Filmer, hatte er gesagt, Dokumentarfilmer.
Es gibt viele Wege, wie man ins Reich des Schlafs gelangt, mal mit Hilfe von Bildern, mal von Worten, Verschiebungen, Wiederholungen. Dokumentarfilme, Dokumente. Jemand kommt so leise wie möglich die Treppe herauf. Wenig Verkehr heute nacht. Stille. Stadt auf einer weiten Ebene, die sich nach Osten ausdehnt und ausdehnt und ausdehnt, in eine ach so dunkle Dunkelheit hinein ...

*

Tauwetter, schmelzender Schnee, und dann, mit einemmal, ein Morgen mit einem Licht, das etwas vom Abschied des Winters behauptet. Es hat auf dem Breitengrad, auf dem Berlin liegt, und zu dieser Jahreszeit nur wenige Stunden zur Verfügung, niemand weiß das besser als ein Filmer. Arthur Daane hat die große Karte der Stadt auf dem Fußboden ausgebreitet, die Karte der schizophrenen Stadt, aber das macht nichts, soviel hat sich nicht verändert, man muß sich lediglich die dicke rosa Linie mit ihren willkürlichen Ecken wegdenken, die angab, wo das Reich der anderen begann. Von dieser Stadt aus war die Welt angebrüllt worden, und die Welt hatte die Stadt gestraft und versucht, sie wieder im Erdboden verschwinden zu lassen, hier hatte ein Volk sich selbst aufgezehrt, doch die Überlebenden waren aus den Ruinen und Kellern hervorgekrochen unter neuen Herren, die ihre Sprache nicht sprachen, danach war ihre Welt in zwei Teile zerbrochen und der schwächere Teil aus der Luft am Leben erhalten worden, und unter all diesem menschlichen Treiben, in einem Wellenschlag von Gut und Böse, von Schuld und Sühne, hatte die Stadt ihre eigenartige, geschundene, gestrafte, gedemütigte Seele wiedergefunden, wodurch die beiden kurzen Silben ihres Namens alle Verbrechen, allen Widerstand und alles Leiden ausdrückten, das in ihr stattgefunden hatte, ebenso wie in dieser einen dumpfen und der anderen hellen Silbe alle Stimmen mitsummten, die je in ihr erklungen waren. Aber das brauchte man nicht zu denken, das tat die Stadt schon selbst mit ihren Denkmälern, ihren Vierteln, ihren Namen, und auch er sollte jetzt nicht länger auf diese Karte schauen, sondern sie im Gegenteil aufblasen, bis sie so groß war wie die Stadt selbst, er sollte seine Kamera nehmen, mit dem Taxi zur Staatsbibliothek fahren, schauen, ob sie da war, und dann Arno anrufen, fragen, ob er sich sein Auto leihen dürfe, und sie mitnehmen zur Glienicker Brücke, zum Halensee oder zur Pfaueninsel.

★

Er war immer der Meinung gewesen, wenn er mal eine Musik bräuchte, um Tempo auszudrücken, dann müßte es etwas von Schostakowitsch sein. Victor hatte ein paar seiner Stücke gespielt, und er hatte Bewegung dabei gesehen, Wasser, das schnell über Felsen strömt, laufende Tiere, eine Verfolgung. Zwar kam bei ihm davon nicht soviel vor, aber er versuchte trotzdem, eine Liste mit Musikstücken anzulegen, die ihm eines Tages von Nutzen sein konnte. Am liebsten Chormusik oder, das genaue Gegenteil, Musik mit mehreren Instrumenten, zum Beispiel so etwas, was er gerade gehört hatte. Doch Victor hatte sich nicht sehr bereitwillig gezeigt. »Nummer 11, Nummer 12, Präludien und Fugen, welches Stück meinst du?«
»Was du als erstes gespielt hast, was so hinter sich her rennt.«
»Das war Nummer 11, in H-Dur.«
»H-Dur sagt mir nichts, aber 11 kann ich mir merken.«
»Und das legen wir dann unter den Film, Bild deckt sich mit Ton, plum plum? Schafft der Film es nicht allein? Zeichen von Schwäche.«
»Es geht nicht um irgendeine Begleitung, sondern um Steigerung. Oder um den Kontrast.«

»Wie bei Brecht. Große Tragödie, die Unterdrückten leiden, aber die Musik macht tschingderassabum.«
»Bei mir gibt es keine Unterdrückten.«
Darauf hatte Victor keine Antwort mehr gegeben. Oder, besser gesagt, er hatte mit den Achseln gezuckt und, höchst trocken, Nummer 13 gesagt und ein sehr meditatives Stück gespielt. Erst nach dem letzten Takt sagte er, allerdings in einem Ton, als wäre Arthur nicht mehr im Zimmer: »Ein Idiot, ein Idiot. Wie kann jemand bloß, der so etwas macht, auch solche scheußlichen Symphonien schreiben?«
Und warum er daran dachte? Weil er mit der Kamera die Treppe hinunterrannte, auf die Straße, um die Ecke, Wilmersdorfer, Bismarckstraße, wenn die Ampel nicht gegen ihn war, saß er genau bei den letzten Noten von Nummer 12 im Taxi, dann hatte er 12 und 13, um über diesen unsinnigen Plan nachzudenken. Er kannte die Serie jetzt auswendig, 14 war kurz, alles zusammen eine halbe Stunde, dann lieferte Nummer 15 genau die abrupten, erregten Hammerschläge, die für den Fall nötig waren, daß sie da war. Aber der Dirigent an der Garderobe spielte nicht mit.
»Die Kamera müssen Sie ins Schließfach tun, damit können Sie nicht rein.«
»Ich will nur schnell einen Blick reinwerfen.«
»Nicht in Preußen, Dodo.« Victor.
Er ging ohne Kamera hinein. Sie sah ihn wie eine Geistererscheinung an. So heißt das wohl, aber es war natürlich genau umgekehrt. Sie war es, die mit Geistern verkehrte. Ihre Königin ist besiegt und wird fast von dem Mann gefangen, mit dem sie verheiratet ist und den sie bekriegt. Es ist der Monat Oktober im nie mehr wiederkehrenden Jahr 1111. Königin Urraca wird gehetzt von Alfonso el Batallador. Alfons der Schlachtenkämpfer. Elster und Schlachtenkämpfer, irgend jemand wird irgendwann ein Buch über sie schreiben.
»The whereabouts of Urraca at this point is an almost insoluble puzzle«, eines, das Elik Oranje gern lösen würde. In den Bergen

Galiciens, so lautete eine Theorie. Aber was hatte man sich darunter vorzustellen?

»Du darfst dir vorläufig gar nichts vorstellen«, hatte ihr Doktorvater gesagt, als sie diese Art von Problemen besprachen. »Du mußt die Quellen zu Rate ziehen, und du mußt Quellen finden, die noch keiner gefunden hat. In Spanien wimmelt es nur so vor Archiven. Und wenn es Lücken gibt, dann mußt du sie einfach als Lücken erwähnen. Der Rest ist Fiktion.« Aber darum ging es ja gerade.

»Ich kann doch nichts dafür, wenn ich dabei etwas *sehe*?«

»Das scheint mir ein wenig wissenschaftlicher Ansatz zu sein. Was du siehst, ist ein Produkt deiner Phantasie. Briefe, Urkunden, Bullen, Protokolle sind keine Phantasieprodukte. Du schreibst doch schließlich keinen Roman, oder? Historische Romane sind die lächerlichste Literaturgattung überhaupt. Du versuchst, hinter die Wahrheit zu kommen, hinter die Fakten, die Realität, so schwer das auch ist. Wenn du dabei Ritter, Pagen und Schwerter vor dir siehst – wunderbar, solange sie nicht mit dir durchbrennen. So schätze ich dich im übrigen auch gar nicht ein, besonders romantisch scheinst du mir nicht zu sein. Und falls du doch mal in die Versuchung gerätst, dann mußt du einfach daran denken, wie sie damals gestunken haben.«

Nein, besonders romantisch war sie nicht. Wie kam es dann aber, daß dieses Bild von Urraca mit einer kleinen Schar Getreuer in den Bergen so stark war? Identifizierung mit der Frau, mit der man sich gerade beschäftigte, einerseits, und andererseits das Fehlen von Fakten, das ließ der Phantasie unerlaubt viel Spielraum. Eines der schwierigsten Dinge war der Faktor Zeit, wodurch jede Partei stets im ungewissen über die Bewegungen der anderen war, was wiederum zur Folge hatte, daß Dokumente so oft unzuverlässig waren. Die höchste Geschwindigkeit war die des Pferdes, und sie bestimmte, in welchem Augenblick man erfuhr, wann das eigene Heer eine Stadt eingenommen hatte oder geschlagen worden war.

»Ah«, sagte ihr Doktorvater, »vergiß nie, was Marc Bloch gesagt hat: Ein historisches Phänomen läßt sich außerhalb des Zeitpunkts, zu dem es sich ereignet hat, auf keinerlei Weise verstehen.«
Das war wunderbar und zugleich paradox, wenn man sich dabei nichts vorstellen durfte. Am besten hielt sie sich an die Landkarten und versuchte, die Hauptfiguren bei ihren tatsächlichen oder vermeintlichen Bewegungen zu verfolgen – den König, der Palencia eingenommen hatte und sich jetzt auf dem Weg nach León befand, den Bischof, der seine Schlacht verloren hatte und nun Verwundete und Versprengte in Astorga einsammelte, um dann nach Santiago zurückzureiten, die Königin irgendwo, aber wo ... Und dann gab es noch die restlichen Schachfiguren, den Sohn, den sie von einem anderen hatte und der jetzt ebenfalls in Santiago zum König gekrönt worden war. Solange sie den bei sich hatte ... Und nun stand da auf einmal dieser Mann vor ihr, den sie eine Sekunde lang nicht wiedererkannte, und der etwas gesagt hat, aber was? Jetzt sah sie, wie intensiv blau seine Augen waren, und wußte, daß sie nicht auf seine Frage – hinaus, Pfaueninsel, was war das um Himmels willen – eingehen wollte, und registrierte, wie sie die Landkarten zusammenfaltete, die *Historia compostelana* zuschlug, ihre Königin in den Bergen Galiciens oder wo auch immer zurückließ und dieser langen, wiegenden Gestalt ins Freie folgte, wo die Wintersonne auf das auf und ab schwingende Gebäude der Philharmonie prallte.

*

Elik Oranje war die erste Frau, die Arthur Daane je zu Arno Tieck mitgenommen hatte, und das war um so merkwürdiger, dachte Arno, weil die beiden sich ganz offenbar noch nicht lange kannten. Er ließ sich ihren seltsamen niederländischen Namen auf der Zunge zergehen, ließ sich versichern, daß er nichts mit der königlichen Familie der Niederlande zu tun hatte, und beteiligte sich dann an dem gemeinsamen Schweigen, bis es ihm zuviel wurde. Schweigen tat er schon den ganzen Tag zwischen den vier Wänden mit seinen Büchern, doch das war nicht durchzuhalten, wenn einem menschliche Wesen gegenübersaßen.

Was er sah, war ein verlegener Arthur, der eigentlich schon wieder wegwollte, vielleicht aber auch auf ein Urteil über diejenige, die er mitgebracht hatte, zu warten schien, selbst wenn es jetzt nicht ausgesprochen würde. Nur, solange die nichts sagte, war das schwierig, und es sah vorläufig nicht danach aus, daß dieses Schweigen gebrochen würde, dafür war das Gesicht zu verschlossen, zu obstinat.

Was er nicht wissen konnte, war, daß Elik in diesem Moment mit ihrer eigenen Inventarisierung beschäftigt war. Nun, da sie jemanden vor sich hatte, den sie nicht kannte, konnte sie zumindest fürs erste damit tun, was sie wollte, und sie machte aus dem Mann ihr gegenüber mit den so wild funkelnden Brillengläsern und diesem Nimbus aus nach allen Seiten hin abstehendem Haar einen furchterregenden Zauberer, einen obskurantistischen Gelehrten, und als spürte er das und wollte auf der Stelle ein Teil ihrer Phantasie werden, entlud Arno Tieck sich in einer Tirade über die Symbolik der Farbe Orange.

Es gab, so wußte Arthur, nichts Obskurantistisches oder Okkultes an seinem Freund, doch wer sich in den Bann seiner rhetorischen Gaben ziehen ließ, hatte es immer schwer, ihn nicht mit seinem Thema gleichzusetzen. Seine Sprechweise war emphatisch, der korpulente Körper bewegte sich entsprechend seiner Argumentation mit, die Hände wedelten durch den Raum, um die Trugbilder, die seine Darlegungen beeinträchtigen könnten, zu verjagen, noch bevor die anderen sie gesehen hatten. Ob er nun über Hitlers Gnostizismus sprach, über die Rechtschreibreform, über die Größe von Jüngers *Arbeiter* oder die Wonnen von Karpfen in Bierteig oder Prousts Schattenseiten, ob das Thema gewagt oder heiter war, ernst, oberflächlich oder hermetisch, die Strategie war fast immer die gleiche: der optimale Gebrauch der

Sprache, des Glanzes von Wörtern, der Musikalität, von Presti und Andantes, des Maschinengewehrfeuers von Staccati bis hin zu jener ultimativen Waffe der Rhetorik, der sorgfältig in Takte aufgeteilten Stille, und so wurden die beiden Niederländer, die sich nur mal schnell ein Auto für ihren ersten gemeinsamen Ausflug ausleihen wollten, in jene Farbe auf der Mitte zwischen Gelb und Rot getaucht, die natürlich nicht umsonst die emblematische Farbe ihres Königshauses war. Wie auf einer Achterbahn flogen sie vom himmlischen Gold zum chthonischen Rot, vom Safrangelb der buddhistischen Mönche zum Orange, das Dionysos getragen haben mußte, und damit auch von der Treue zur Untreue, von der Wollust zur Vergeistigung und so, wie Arno meinte, zu allem, was aufregend war.

»Wie zum Beispiel Helenas Schleier«, sagte Elik. »Und das Kreuz der Ritter vom Heiligen Geist.«

Arthur sah, wie Arnos Augen hinter den Brillengläsern aufleuchteten.

»Wieso, Helenas Schleier?«

»Bei Vergil. Auch Safran.«

»Hm.«

Jetzt war wieder ein Stein in den Teich geworfen worden, und kurz darauf war Arno Tieck in ein tiefes Gespräch mit dieser überraschenden Holländerin verwickelt, mit der sein immer so ruhiger Freund Daane angekommen war.

Geschichte, Hegelkurs (nein!), Dissertation (ach!), Mittelalter (herrlich!), wie ein Weberschiffchen schoß das Gespräch zwischen Narbe und Brillengläsern hin und her, Titel, Namen, Begriffe, die Arthur ausschlossen, während draußen, dachte er, das Licht unmerklich mit jeder Sekunde an Gültigkeit verlor. Er wollte weg und wollte sitzen bleiben. Ob es durch das Deutsch kam, wußte er nicht, aber es schien so, als werde ihre Stimme dunkler, wenn sie diese Sprache sprach, und nicht nur das, sie selbst schien anders zu werden, jemand, der ihm schon jetzt entglitt. Noch kannte er sie nicht, und schon war sie woanders.

Sprachen sprechen war seiner Ansicht nach eine Imitation, die viel mehr beinhaltete als nur die Laute. Es hatte etwas mit Ehrgeiz zu tun und mit Beobachtung, die Aneignung von Betonung und Tonalität, des ganzen Habitus derjenigen, die diese andere Sprache sprachen. Der Ehrgeiz hing mit einem Drang zusammen, nicht auffallen, gerade nicht als Ausländer oder Außenstehender in Erscheinung treten zu wollen. In dieser Hinsicht war sie das Gegenteil von Arno, der fast nackt wirkte, wenn er Französisch oder Englisch sprechen mußte, nackt oder entwaffnet, weil ihm dann sein wichtigstes Instrument genommen war. Nicht, daß ihm das viel ausmachte, dafür war er sich seiner Argumente viel zu sicher. Bei ihr wußte er das nicht, es wäre vielleicht auch verwunderlich bei jemandem, der so jung war.

Jetzt glich es fast einem Theaterstück, er sah, daß sie Arnos Aufmerksamkeit genoß, sie brummte wie ein Cello, vielleicht hatte er deshalb aufgehört, den Worten der beiden zu lauschen, er empfand es als Musik, ein doppeltes Rezitativ für Alt und Bariton, bei dem er schon lange nicht mehr auf die Bedeutung der gesungenen Worte achtete. Er sah, daß sie nun auch ihre Bewegungen aufeinander abstimmten, so wurde es, Teufel noch mal, auch noch eine Art Ballett, bei dem unsichtbare Pfeile abgeschossen wurden, nein, das mußte jetzt ein Ende haben.

Er wartete eine zufriedene Pause ab, in der das Duo schnell mal auf die vollbrachten Heldentaten zurückblicken konnte, und stand dann so langsam wie möglich auf, wobei er seine Kamera, die er bei sich behalten hatte, so hob, daß er den anderen damit bedeutete, daß er mit diesem Tag noch etwas anderes vorhatte.

»Wo wollt ihr eigentlich hin?« fragte Arno.

»Zur Pfaueninsel, aber erst zur Glienicker Brücke.«

»Heimweh nach den tristen Tagen. Smiley, Vopos, Bedrohung? Die unerreichbare andere Seite?«

»Wer weiß.«

Als sie dort angekommen waren, wollte er ihr erklären, was Arno gemeint hatte, aber das wußte sie bereits.

»Auch ich sehe mir manchmal einen Film an.«
Film, Film. Aber hatte es einen Film gegeben, der exakt auszudrücken vermocht hatte, wie es hier, an genau dieser Stelle, vor zehn Jahren gewesen war? Natürlich hatte es den gegeben. Natürlich hatte es den nicht gegeben. Er lehnte sich über das grüne Geländer. Das Wasser der Havel floß noch wie damals in den Jungfernsee, doch die grauen Boote der Grenzpolizei gab es nicht mehr. Der Verkehr nach Potsdam flog vorbei, als wäre er nie gestoppt worden. Er suchte nach Worten. »Ich habe hier einen Film gemacht mit ...« und er nannte den Namen eines niederländischen Autors, »der Mann stand dort, und wir haben ihn bestimmt zehnmal hin und her gehen lassen vom Osten zum Westen und vom Westen zum Osten. Er erzählte von den Grenzkontrollen, vom Agentenaustausch, was allein schon das Wort Glienicker Brücke für manche bedeutete ... und er machte das ganz gut, aber ...«
»Es war nicht mehr die Vergangenheit?«
»Vielleicht war es das ... es hat was ... was Verlogenes, wenn etwas wirklich passiert ist und dann zu einer Geschichte wird, die sich jemand aneignet. Da fehlt alles.«
»Aber nur, weil du es selbst erlebt hast.«
»Aber das würde ja bedeuten, daß die Dinge, je weiter entfernt sie sind, um so weniger stimmen.«
»Das weiß ich nicht ... aber man kann doch die Vergangenheit nicht als Vergangenheit festhalten. Das machst du in deinem eigenen Leben auch nicht, das wäre ja nicht auszuhalten. Stell dir vor, deine Erinnerungen müßten genauso lange dauern wie die Ereignisse selbst? Du hättest keine Zeit mehr zum Leben, und das kann doch wohl nicht der Sinn der Sache sein, oder? Wenn die Vergangenheit sich nicht abnutzen darf, dann geht es nicht weiter. Das gilt für dein eigenes Leben, aber genauso für Länder.« Sie lachte. »Außerdem gibt es dafür Historiker. Die verbringen ihr eigenes Leben mit dem Gedächtnis anderer.«
»Und die Lüge nimmst du mit in Kauf?«

»Was für eine Lüge? Was du, glaube ich, meinst, ist, daß du es nicht erträgst, daß die Vergangenheit ihre Gültigkeit verliert. Aber so kann man nicht leben. Allzuviel Vergangenheit ist stinklangweilig. Hör auf meine Worte.«
Sie hatte sichtlich kein Interesse mehr an dem Thema und zündete sich eine Zigarette an.
»Wie kommen wir zur Pfaueninsel?«
Bevor er antworten konnte, drehte sie sich abrupt zu ihm um und sagte: »Dieser Film, den du hier gedreht hast, ist es das, was du eigentlich machst?«
Wie sollte man das nun wieder ausdrücken. »Das mach ich für Geld« klang zu banal, und außerdem stimmte es nicht. Er liebte das, was er das Öffentliche seiner Arbeit nannte, gleichgültig ob er nun selbst filmte oder es im Auftrag eines anderen, als Kameramann, tat. Aufträge konnten sehr lehrreich sein. Was er für sich selbst machte, war etwas anderes. Aber es war noch zu früh, um das zu erläutern.
Sie fuhren zurück bis zur Ausfahrt Nikolskoe. Unter den hohen, kahlen Bäumen lagen noch Schneereste, grauweiße Placken zwischen dunklen, feuchten Blättern. An der Fähre stellte er das Auto ab. Eigentlich war es ein Wunder, daß sie noch verkehrte, bis auf ein altes Ehepaar waren sie die einzigen Passagiere. Er dachte, daß auch sie für die anderen wie ein Paar aussehen mußten. Was hatte sie gesagt? Es geht nicht weiter, wenn die Vergangenheit sich nicht abnutzen darf. Inwiefern hatten sich Roelfje und Thomas abgenutzt? Allein schon der Klang dieses Worts hatte etwas Garstiges, abgenutzt, das sagte man von Dingen. Er hatte immer das Gefühl gehabt, daß sie sich langsam immer weiter von ihm entfernten und, sobald sie es wollten, sofort wieder bei ihm sein konnten. Doch wozu?
Der Motor des kleinen Boots begann heftiger zu dröhnen. Sie legte ihre Hand auf sein Bein, aber so, daß es aussah, als merke sie es selbst nicht. Die Überfahrt dauerte nur wenige Minuten, und dennoch war es eine richtige Reise. Abfahrt, Ankunft, die Bahn

über das leuchtende Wasser dazwischen, die glänzende, sanft schaukelnde Fläche, die das grelle Licht der Wintersonne zurückwarf, das Geheimnisvolle, das zu Inseln gehörte, mochten sie auch noch so klein sein.

In dem Augenblick, in dem sie an Land gingen, hörten sie den hohen, lauten, langgedehnten Schrei eines Pfaus. Sie blieben stehen, um zu hören, ob er noch einmal schreien würde, doch die Antwort kam von viel weiter weg.

»Als riefen sie nach etwas, das sie nie bekommen können.« Sagte sie.

Und noch so ein Schrei, und noch einer.

Plötzlich rannte sie los. Mit der Kamera käme er unmöglich nach. Das war auch nicht der Sinn der Sache. »Bis nachher«, rief sie.

Er sah sie davonrennen, und ihm wurde bewußt, wie schnell sie lief. Binnen weniger Minuten, vielleicht noch nicht einmal das, war sie verschwunden. Er war mit niemandem auf die Insel gekommen, er war wieder der, der er immer war. Auch das alte Ehepaar war verschwunden. Der Fährmann hatte gerufen, daß um vier Uhr die letzte Überfahrt war, also hatte er noch zwei Stunden.

Geraschel in den Sträuchern, ein paar Meter vor ihm trat plötzlich ein Pfau auf den Weg und blieb da stehen. Ein zweiter folgte, ein dritter. Er blickte auf ihre eigenartigen ledernen Füße mit den unangenehmen Zehen, die so kraß gegen die verschwenderische Pracht darüber abstachen. An Pfauen stimmte nichts, der boshafte kleine Kopf mit den stechenden Augen und den zwei oder drei idiotischen senkrecht in die Höhe stehenden Stengeln obendrauf, die dicke Schicht schwarz-weißer Federn, die wie ein Deckbett auf dem blaugrünen Leib lag, der lange Schwanz mit den Augen, der, wenn er nicht breit aufgefächert in die Höhe stand, wie ein schlaffer Besen hinter dem Tier herschleifte, die komische Pickbewegung zwischen den braunen Blättern.

Mit einem plötzlichen Schrei sprang er vor, so daß die drei Tiere den Weg entlangstoben. Er hatte vorgehabt, ihr den kleinen dorischen Tempel zu zeigen, der zum Gedenken an Königin Luise, die mit den sahnefarbenen Brüsten, erbaut worden war, ein Hauch von archaischem Griechenland, verirrt in den um soviel kühleren Norden, einer jener Heimwehbauten, mit denen deutsche Fürsten im vorigen Jahrhundert ihren Status als Neu-Athener unter Beweis hatten stellen wollen. Aber sie war nicht da, sie rannte irgendwo wie ein besessenes Kind so schnell und so weit wie möglich von ihm fort, einem Mann, der nicht einmal auf die Frage hatte antworten können, was er denn eigentlich machte. Eigentlich, das war es. Was machte er eigentlich. Was war Eigenes an dem, was er machte? Was hätte er gesagt, wenn sie nicht weggerannt wäre? Daß er die Welt in eine öffentliche Welt aufteilte, die meist mit Menschen zu tun hatte und dem, was sie taten, oder, besser gesagt, was sie einander antaten, und eine andere, in der die Welt, wie er es nannte, sich selbst gehörte. Nicht, daß in dieser zweiten Welt keine Menschen vorkamen, aber wenn, dann als Menschen ohne Namen und ohne Stimme. Daher benutzte er in solchen Fällen meist auch nur Teile ihres Körpers, Hände oder, wie an jenem Tag in der U-Bahn, Füße, anonyme Menschenmengen, Leute, Masse. An dieser zweiten Welt hatte kein einziger Auftraggeber je Interesse bekundet, und das zu Recht, es war etwas Ureigenes, und bis es je eine Form haben würde, mußte er es für sich behalten. »Notate«, hatte Arno gesagt, und dieses Wort hatte ihm gefallen. Damit war er eine Art von Notar geworden, ein Buchhalter, der irgendwann oder nie das Ergebnis seiner ewigen Rechnerei auf den Tisch legen würde. Ob diese erste Welt, die der Aufträge, einen Platz darin haben würde, war ihm noch nicht klar. Weil er stets einsatzbereit war, schickte man ihn überallhin, und er ließ sich schicken, ob es nun für die VARA war oder für Amnesty oder NOVIB, neben dem Auftrag konnte er immer für sich selbst filmen.

»Katastrophenfachmann erster Klasse mit Schwertern«, hatte Erna gesagt, »allgemeiner Leichenbitter, Todesexperte im allgemeinen Dienst, wann machst du mal wieder einen richtigen Film?«

»Ich will gar keinen richtigen Film machen. Und was *ich* machen will, das wollen *sie* nicht.«

»Arthur, manchmal fürchte ich, deine Sammlung ist nur ein Alibi. Du bezahlst deine zweite Welt, wie du es nennst, mit deiner ersten. Die erste kennen wir, die sehen wir abends, die tägliche Portion Elend, aber die zweite, die zweite ...«

»Das ist die Welt der Dinge, die es immer gibt und die offensichtlich nicht der Mühe wert ist, gefilmt zu werden, die nur als Hintergrund gezeigt wird, das, was dasein muß, worauf aber keiner achtet.«

»Das Überflüssige?«

»Wenn du willst. Das Rauschen. Das, womit kein Mensch sich befaßt.«

»Also alles. Hilfe.« Und dann: »Hör nicht auf mich. Ich versteh dich schon oder zumindest ein Stück weit, aber ich habe solche Angst, daß es nirgends hinführt. Einerseits siehst du immer nur diese grauenhaften Dinge, du weißt ja gar nicht, wie du aussiehst, wenn du von so einer Reise zurückkommst. Und du hast selber gesagt, daß du manchmal Alpträume hast ... Und ... du hast erst nach dem Unglück damit angefangen.«

»Nach dem Tod von Roelfje und Thomas. Du hast mir doch selbst beigebracht, daß ich ihre Namen aussprechen muß. Aber du sagtest, einerseits ... wie ging das dann weiter?«

»Und andererseits ... du hast mir nie viel davon gezeigt.«

»Und woran erinnerst du dich noch?«

»Menschenskind, Arthur, das ist unfair. Ähm, ein Gehweg mit Füßen, ein Gehweg ohne Füße, alles sehr lang, ein Gehweg im Regen, all die Bäume, im Frühling, und dann dasselbe im Winter, ja, Mensch, und das Wasserhuhn hier in der Gracht, das sich sein Nest aus allem möglichen Zeugs gebaut hat, Himmel, was für ein dämliches Vieh, so ein Nest nur aus Plastik und Dreckszeug, sogar ein Kondom war dabei, und als es fror ...«

»Rauschen, hab ich doch gesagt. Alles, was da ist und worauf keiner achtet.«
»Die Welt nach Arthur Daane. Aber das ist alles. Du kannst doch nicht alles filmen.«
»Nein, du kannst nicht alles filmen.« Und wenn man nicht reden konnte, so war dies das Ende des Gesprächs. Das war Erna. Und dort, auf einem Mäuerchen vor dem lächerlichen weißen Schloß, saß Elik. Sie hatte ihren Mantel ausgezogen und die Hände um die hochgezogenen Knie gefaltet.
»Tut mir leid, aber ich mußte gerade mal rennen.«
»Bin ich zu langsam gegangen?«
»Nein, zu schwerfällig.«
Sie sprang von dem Mäuerchen und machte es vor, Kinn vorgestreckt, Kopf leicht schwankend, als könne er sich nicht richtig auf dem Hals halten. Ein Grübler. Es war eine kuriose Darstellung, denn sie versuchte, sich gleichzeitig größer zu machen und dieses Größere dann wieder bodenwärts zu drücken.
»Geh ich so? Das ist ein alter Mann, den du da nachmachst.«
»Zieh deine eigenen Schlußfolgerungen. Hast du was aufgenommen? Ich sitz hier schon eine ganze Weile.«
»Nein. Ich habe einen Umweg gemacht.«
»Warum hast du die Kamera dann mitgenommen? Hier gibt's, scheint mir, nicht viel zu filmen. Du hast mir übrigens vorhin keine Antwort gegeben.«
Das Gespräch mit Erna war also ein Probelauf gewesen.
»Zieh deinen Mantel an, sonst erkältest du dich. Ich zeige dir was, aber erst weg aus diesem Disneyland. Ich habe immer geglaubt, daß dieses Schloß eine Imitation ist, aber es ist echt.«
Sie schauten auf den runden Turm mit der albernen kleinen Kuppel, die Fußgängerbrücke, die großen verputzten Steine.
»Es ist schon als Ruine erbaut worden, das muß eine deutsche Spezialität sein. Nicht abwarten können, einen Vorschuß auf die Vergangenheit der Zukunft nehmen. Sowas sollte Speer nach den Wünschen Hitlers bauen, ja, nicht so einen Kitsch, sondern etwas

Gigantisches, das nach tausend Jahren selbst als Ruine noch schön wäre. Auch Kitsch, natürlich. Es muß etwas mit Eile zu tun haben, den Dingen nicht ihren Lauf lassen zu können.«
»Aber...«
Er legte den Finger auf seine Lippen, und, als gehörte das noch zu derselben Bewegung, seinen linken Arm um ihre Schulter, spürte etwas Unwilliges, fast Bockiges, ließ wieder los, schob sie jedoch ganz leicht, vielleicht nur mit einem Finger, in Richtung Wasser. Sonnenlicht spielte im Schilf, ein paar Enten, in der Ferne, im Gegenlicht, ein kleines Boot, in dem zwei Gestalten ausgeschnitten schienen wie in einer Daguerreotypie.
»Was siehst du?« fragte er, während er filmte.
»Nichts. Na ja, Romantik. Schilfgürtel, Entchen, Bötchen, das Ufer drüben. Und unsere Füße, richtig?«
»Bleib stehen.«
Er filmte ihre Füße. Vier Schuhe im Gras, nahe am Wasser. Pelzstiefeletten. Ein läppisches Bild.
»Du wolltest doch wissen, was ich mache?«
Wie lange brauchte er, um dieser Unbekannten alles zu erklären? Nicht lange, denn sie entgegnete nichts, auch nicht, als sie beim Boot waren, als sie, nun langsam durchgefroren, auf die Überfahrt warten mußten. Diesmal waren sie allein. Von der Seite her sah er sie an, ihr verschlossenes Profil. Er befand sich auf der Seite mit der Narbe, und sie war, dachte er, wirklich ein Zeichen. An diesem grausamen dunklen Kratzer, dieser Rune, diesem Buchstaben ließ sich etwas entschleiern, etwas, das sowohl diese hartnäckige Stille als auch das plötzliche Wegrennen erklären würde, ein Schlüssel. Aber vielleicht gab es für Menschen keine Schlüssel.
Sie tranken einen Glühwein in dem ländlichen Gasthof gegenüber der Fähre, er sah, wie die Hitze des Weins ihre Wangen färbte.
»Ist der Tag zu Ende?« fragte sie plötzlich.
»Das bestimmst du, ich hätte dir gern noch was gezeigt.«

»Warum?« sagte sie in einem Ton, als müßte ein Protokoll aufgesetzt werden. Der Umgang mit Elik Oranje war möglicherweise nicht ganz einfach.
»Das kann ich dir zeigen, wenn wir da sind. Aber dann müssen wir jetzt gehen, sonst ist es dunkel, es ist ziemlich weit. Bist du schon mal in Lübars gewesen?«
»Nein.«
Irgendeine Bemerkung von ihr in dem Gespräch mit Arno hatte ihn auf diese Idee gebracht. Er hatte zwar nicht richtig zugehört, aber es war um Geschichtsschreibung als Ironie gegangen. Sie hatte das offenbar nicht gelten lassen wollen. Männergehabe, irgend so etwas hatte sie gesagt. Er war sich nicht ganz sicher und würde sie auch nicht danach fragen. Was er ihr zeigen wollte, war eines der Dinge, von denen es in Berlin so viele gab, vielleicht konnte man das auch als Ironie bezeichnen. Jedenfalls hatte es voll und ganz mit Geschichte zu tun. Victor konnte das besser ausdrücken, aber er, Arthur, war nun mal nicht Victor. Bei dem wußte man im übrigen oft nicht, ob er etwas ironisch meinte oder nicht. Dafür hatte man schließlich seine Freunde, solche wie Victor oder Arno oder Zenobia. Die würde sie vielleicht langweilig finden. Obwohl, die Begegnung mit Arno war ein Erfolg gewesen, zumindest was Arno betraf. Wenn er sich's recht überlegte, dann hatten die beiden ihn in Windeseile abgehängt. Wort-Menschen schienen immer schneller zu sein.
»Wo ist das?«
»Im Norden von Berlin, ein kleines Dorf. Zur Zeit der Mauer war es das einzige Dorf, das zum Westen gehörte, wodurch man den Eindruck hatte, daß die Stadt doch in einem Land lag.«
Sie fuhren die Avus entlang, brausten beim Funkturm auf die Autobahn Richtung Hamburg, Waidmannsluster Damm, warfen die Stadt über die Schulter. Plötzlich war alles ländlich, ein Mädchen auf einem Pferd, Kopfsteinpflaster, ein Bauernhof, ein alter Dorfkrug, Gräber rund um eine kleine Kirche. Mit einer Stadt hatte das keine Ähnlichkeit mehr. Hier war er immer hingefah-

ren, wenn er sich eingesperrt gefühlt hatte. »Dort«, zeigte er ihr, »war ein Biergarten, da saß man unter den Linden und schaute auf die Wiesen. Und da, am Ende, war die Mauer.« Wie üblich konnte er nicht sagen, warum ihn das so bewegt hatte. Konnte man das mit einem Land machen? Ein Riß, eine Wunde, es war, als beleidige man die Erde selbst. Doch Erde wußte von nichts, genausowenig wie die Vögel, die unbekümmert hin und her flogen, ohne irgend jemanden etwas zu fragen.
Sie gingen durch das Dorf, dann eine Landstraße entlang, die sie nach kurzer Zeit ebenfalls wieder verließen, um einem Feldweg zu folgen, der durch den Schnee der vergangenen Woche matschig geworden war. Es schien ihr nichts auszumachen, sie ging schweigend neben ihm her. Sie kamen zu einem schmalen, gewundenen Flüßchen, das dunkle Wasser bewegte sich, tote Blätter trieben darauf. Er war noch immer da. »Siehst du den Pfahl da?«
Mitten im Flüßchen, ein ganz alltäglicher Holzpfahl, niemand würde ihm etwas Besonderes ansehen.
»Ja, und?«
»Daran war ein Schild genagelt, auf dem stand, daß sich dort die Zonengrenze befand, mitten im Bach.«
»Und die Mauer?«
»Die lag weiter hinten. Das hier war die wirkliche Grenze.«
Vielleicht hatte er zuviel daraus gemacht, doch es war ihm absurd erschienen, daß sich dort, mitten in diesem läppischen Wasser, die Grenze zwischen zwei Welten befunden hatte. Absurd, und dennoch hatte es eine Logik gegeben, die das vorschrieb, eine Logik, zu der dieser kleine Pfahl gehört hatte. Eine tödliche Logik obendrein, man konnte an ihr sterben. Das sagte er, oder zumindest etwas in dieser Richtung.
»Versuch's doch von der komischen Seite zu sehen.« Er verstand sie nicht.
»Wieso?«
»Als eine Geschichte, die sich jemand ausgedacht hat. Ein Land

fängt einen Krieg an, weil es einen früheren Krieg verloren hat, und den verliert es jetzt auch wieder. Du kennst doch diese ganzen Chaplinfilme, in denen er immer das Entgegengesetzte dessen erreicht, was er will. Das hat etwas unvorstellbar Komisches.«
»Ich verstehe nicht. Und was ist mit den Menschen, die davon betroffen waren? War das auch komisch?«
Sie blieb stehen. Etwas Lauerndes und Bohrendes lag in ihren Augen. Er trat unwillkürlich einen Schritt zurück.
»Hilft es dir weiter, wenn du das als tragisch bezeichnest? Ich bin durchaus bereit, es so zu nennen. Natürlich, tragisch. Aber ist das Absurde nun tragisch oder komisch? In zweihundert Jahren, wenn die Gefühle verschwunden sind, bleibt nur die Idiotie übrig, die Ansprüche, die Argumente, die Rechtfertigungen.«
Sie wandten sich jetzt vom Bach ab und gingen an einem umgepflügten Feld entlang. Es war schon fast dunkel.
»Hier war deine komische Mauer. Ein Eisenzaun, der Todesstreifen...«
»Was war das?«
»Dort drüben, wo jetzt diese Sträucher sind, stand ein Wachturm, und wo wir uns jetzt befinden, war ein Asphaltweg, auf dem die Leute sonntags spazierengingen. Und wenn man dann stehenblieb, wußte man, daß die Soldaten in dem Turm einen durchs Fernglas beobachten würden. Man blieb stehen und sah eine Bewegung, als wäre man unlösbar mit dem Kerl verbunden. Das war dann vielleicht doch komisch.«
»Du hast mich falsch verstanden.«
»Ja, wahrscheinlich. Jedenfalls war diese Absperrung auf unserer Seite durchsichtig, das Land dahinter war lockere Erde, die bis zu der Mauer dort hinten ging, und da mittendrin stand der Turm an einem Weg, auf dem sie hin und her fuhren, um zu kontrollieren und um die Wächter in den Türmen abzulösen. Dieses Stück Land hieß Todesstreifen, wer sich auf ihn wagte, wurde erschossen.«

Nein, das Wort komisch würde er jetzt nicht mehr in den Mund nehmen. Er sah auf das leere Feld. Wenn hier ein Mädchen auf einem Pferd vorbeikam, gingen die Ferngläser sofort in die Höhe. Die Typen langweilten sich dort natürlich zu Tode. Wo die mittlerweile alle waren? Daran dachte er oft, wenn er im Osten herumlief oder in der U-Bahn saß. Aber das gehörte zu dem, was unsichtbar geworden war. Wenn sie hier allein gegangen wäre, dann hätte sie nichts gesehen, hier war nie etwas passiert, ein komischer Zwischenfall hatte sich ereignet, die Geschichte war vorbeigekommen und hatte nicht die geringste Spur hinterlassen. Was noch da war, befand sich in seinem Kopf und in dem einiger anderer. Es war alles Wirklichkeit gewesen, und jetzt war es nicht nur nicht mehr wirklich, sondern es schien auch nie Wirklichkeit gewesen zu sein. Eines Tages würde es niemanden mehr geben, der davon noch wußte. So etwas Ähnliches hatte sie doch gesagt, wenn alles bewahrt werden müßte, würde die Erde unter allen Erinnerungen zusammenbrechen. Toller Ausgangspunkt für jemanden, der sich mit Geschichte beschäftigte. Und trotzdem, er hatte in Nordfrankreich gedreht, in der Nähe der Somme, wo es solche merkwürdigen Flecke in der Landschaft gab, gräulich, aschig, nach all den Jahren lag immer noch der Schimmel jenes anderen Krieges darauf. Er bekam es nicht zusammen. Geschichtsschreibung durfte nicht ironisieren, aber die Ereignisse selbst waren komisch.
Sie war vorausgegangen. Es wurde dunkel und kalt. Wie verhielt es sich denn, wollte er fragen, mit dem Thema, das sie beschäftigte? Wenn das, was er selbst erlebt hatte, so gnadenlos verschwinden konnte, und sogar so vollständig, daß es, wenn man etwas darüber sagte, schien, als sei es erfunden, wie war das dann bei einer Zeit, die bereits ganz hinter dem Horizont verschwunden war, umgekippt, sechsmal begraben? Was davon stimmte noch? Wenn er sie nicht kennengelernt hätte, dann hätte er nie etwas von dieser Königin und ihren Kriegen gehört. Hier hatte

sich das Drama jedenfalls abgenutzt, da niemand mehr, sie vielleicht ausgenommen, davon berührt wurde. War es nicht komisch, sich mit so etwas zu beschäftigen? Es dauerte Jahre. Warum machte man so etwas?
»Weil es passiert ist.«
»Aber das hier ist auch passiert.«
Sie sah ihn an, wie man ein lästiges Kind ansieht.
»Das hier braucht nicht erforscht zu werden, das wissen wir. Das hier muß sich erst abnutzen, es ist zuviel. Und mit komisch habe ich den grauenvollen Stumpfsinn der ganzen Sache gemeint. Tut mir leid, wenn du das nicht verstanden hast.«
Abnutzen. Da war das Wort wieder. Geschichte begann demnach also erst, wenn die Menschen, die etwas damit zu tun hatten, daraus verschwunden waren. Wenn sie die Fiktionen der Historiker nicht mehr stören konnten. Folglich würde man nie wissen, was wirklich passiert war.
»Es gibt kein wirklich passiert. Nie ist etwas wirklich passiert. Alle Zeugen lügen sich ihre eigene Wahrheit zurecht. Geschichte, das ist Widerspruch. Im Internet kannst du lesen, daß es die Gaskammern nicht gegeben hat.«
»Das sind Faschisten.«
»Und Verrückte. Aber unter diesen Verrückten und Faschisten gibt es Historiker, und es steht da geschrieben.«
»Und was machst *du* dann, da im Mittelalter?«
»Suchen. Wie eine Ameise in den Fiktionen der anderen. Und frag mich jetzt nicht noch mal, warum. Steine aufheben und nachsehen, was darunter ist. Dinge entschlüsseln. Wenn ich mich mit dem hier beschäftigen würde, müßte ich das ganze Land hochheben, um nachzuschauen, was darunter ist. Hier wimmelt es noch. Das ist zu groß für mich.«
Sie schaute noch einmal auf das leere Land. Nebel, Dunkelheit. In wenigen Minuten würde alles verschwunden sein. Sie drehte sich um, ging vor ihm her. »Laß uns was trinken gehen, ich brauche einen Schnaps.«

In dem alten Dorfkrug bestellte sie einen Doornkaat, trank ihn schnell, bestellte einen zweiten.
»Willst du nichts essen?«
»Nein, ich muß los.«
Ehe er sich's versah, war sie aufgestanden und schon auf dem Weg zum Ausgang.
»Aber ich kann dich doch hinbringen.«
»Ich habe gesehen, daß hier ganz in der Nähe ein Bus geht, der Zweiundzwanziger.«
Wann hatte sie das herausgekriegt? Er kam sich lächerlich vor. So eine Zicke. So was machte man doch nicht. Draußen sah er die Scheinwerfer des Busses auf den kleinen Platz zufliegen. Sie mußte also auch noch nachgeschaut haben, wann das Mistding ging. Timing. Sehr schnell kam sie auf ihn zu, stellte sich kurz auf die Zehen und küßte ihn flüchtig, eine leichte Berührung, schnell und feucht, wobei sie ihre Hand für einen Moment an seinen Hals legte und ihm mit den Fingern so etwas wie einen kleinen Schubs gab, etwas, das in der Nichtigkeit dieser Abschiedsgeste wie ein eigenes Streicheln hängenblieb, eine Botschaft oder ein Versprechen, das auf keine Weise mit Worten besiegelt wurde. Erst als sie zur Tür hinaus war, ein Schemen, ein Blitz hinter dem Glas der Drehtür, und dann dieser Schemen schon wieder schneller unter den Kastanien zum Bus und dann plötzlich aufrecht und still hinter den Fenstern des Busses, ein blasses Gesicht im gelblichen Licht, ein Gesicht, das nicht mehr zurücksah, da wurde ihm klar, daß er noch immer keine Adresse von ihr besaß und auch keine Telefonnummer. Und sie besaß ebenfalls nichts von ihm. Hatte auch nach nichts gefragt. Doch von jemandem, der an einem dunklen Winterabend wußte, wann der Bus aus Lübars abfuhr, wo sie noch nie gewesen war, konnte man alles erwarten. Er schob den Wein beiseite und bestellte sich einen doppelten Doornkaat. »Dann weiß ich wenigstens, wie ihr Mund schmeckt.«

Wir stören. Noch *ein*mal. Doch unsere Interventionen werden immer kürzer, versprochen. Ja, natürlich sind wir ihr gefolgt, der rüttelnde Bus, die Haltestellen, die zahllosen Haltestellen, an denen keiner steht und niemand aussteigen will, wo der Bus aber trotzdem hält, weil er fahrplanmäßig ankommen und fahrplanmäßig abfahren muß, auch ohne Seelen. Wir befinden uns in einem geordneten Land, hier hat die Zeit kein Temperament, sondern nur Pflichten. Es war kein würdiger Abschied gewesen, dachte sie in dem Bus. Sie hatte den Mann wie ein ramponiertes Flaggschiff zurückgelassen. Sie geht über den Falkplatz. Auch darüber hätte er ihr etwas erzählen können, er, der zuviel weiß und es so schlecht zum Ausdruck bringen kann. Hier hatte er auch gedreht. Eine kahlgeschlagene Fläche, 1990. Ost-Berlin. Von allen Seiten waren sie gekommen, einfältige Kinder, Menschen guten Willens. Sogar Vopos waren dabeigewesen. Bäume hatten sie gepflanzt, chaotisch, amateurhaft, etwas, das ein Park oder Wald hätte werden sollen, werden können. Ein neuer Wald in einer alten, angefressenen Stadt. Die Anwohner dieses Platzes hatten sich nicht beteiligt, aus den Fenstern ihrer farblosen, abgeblätterten Häuser schauten sie auf das törichte Treiben da unten. Mit diesem elenden unbeweisbaren Recht, das zum Volk gehört, wissen sie schon längst, daß, was da unten geschieht, nicht die Zukunft ist. Die Bäume, zwischen denen sie geht, sind verwaist, der Abstand zwischen ihnen und ihre spezifische Ungleichheit spiegeln das Fiasko dieses so hoffnungsvollen Tages wider, und weil er jetzt nicht da ist, um es ihr zu erläutern, zu erzählen, gehört folglich auch dieser Tag zu der formlosen, unsichtbaren Geschichte, zu dem, was wir immer sehen, weil wir nie etwas vergessen können. Absolute Summe, vollkommene Objektivität, das, was ihr nie erreichen könnt, Gott sei Dank. Wir aber müssen es, wir beobachten das Labyrinth aus Egos, Schicksal, Absicht, Zufall, Gesetzmäßigkeit, Naturerscheinungen und Todestrieb, das ihr Geschichte nennt. Stets seid ihr an eure eigene Zeit gebunden, was ihr hört, sind Echos, was ihr seht, Spiegelungen, nie das unerträgliche, nicht auszuhaltende ganze Bild. Und dennoch ist das alles wirklich passiert, und nichts, keine Handlung, kein namenloses, unsichtbar gewordenes Ereignis fehlt, allein schon weil wir das wissen, halten wir das Gebäude instand, in dem ihr lebt und das ihr immer wieder in einem sich fortwährend verändernden, Zeit und Sprache unterworfenen Gedankengang beschreiben wollt, ihr, die ihr euch nie von Ort und Zeit lösen könnt, was immer ihr auch versucht. Das Buch, das ihr schreibt, ist die Fälschung des Buches, das wir immerzu lesen müssen. Nennt es Kunst, Wissenschaft, Satire, Ironie – es ist der Spiegel, in dem immer nur ein Teil sichtbar ist. Eure Größe besteht in dem ewigen Bemühen, mit dem ihr bis zuletzt damit fortfahren werdet. Die einzigen Helden seid ihr. An uns ist nichts Heldenhaftes.

Jetzt schläft sie. Nur wir sind wach, wie immer. Ihr Buch liegt neben ihr. Ja, natürlich haben wir sie alle gekannt. García, König von Galicien, Ibn Al Ahmar, König von Granada, Jeanne von Poitiers, Isaac Ibn Mayer, Esteban, Abt des Klosters La Vid. Was will diese Lebende mit all den Toten? Suchen, hat sie gesagt. Wir dürfen ihr nicht helfen. Die Namen in diesem Buch, in diesen Büchern, flüstern und wälzen sich unruhig herum. Sie sorgen sich um ihre Wahrheit, aber auch ihnen können wir nicht helfen. Stimmen auf der abgetretenen Treppe, es knarrt in dem alten Haus, in dem sie schläft, spanische Stimmen in der winterlichen Berliner Nacht, Stimmen, die gehört werden wollen, die ihre Geschichte erzählen wollen, die Siegel erbrechen wollen, das, was nicht möglich ist. Der Wind bewegt sich in dem zerschlissenen Vorhang, die Fenster haben Ritzen. Jemand müßte sie zudecken.

★
★ ★

Am nächsten Morgen weiß er nicht mehr, wie er nach Hause gekommen ist, und das ist ihm schon seit Jahren nicht mehr passiert. Böse Träume waren die Strafe für zuviel Alkohol, dadurch hatte er gelernt, sich zurückzuhalten. Die Haut zwischen ihm und dem Chaos war offenbar sehr dünn, und in dieser Nacht hatten Geräusche und Stimmen sie durchdrungen. Sie hatten Bilder mitgebracht, die er nie wieder zu sehen gehofft hatte, nicht so, ihre bekannten, verschwundenen Gesichter in allen Tonarten des Verfalls, des Verderbens, Fetzen von Unglücken, Hohngelächter, Annäherungen, gefolgt von viel schnellerem Sichentfernen, bis er sich selbst wach geschrien und wild nach dem Licht gegriffen hatte, Licht, das das Zimmer als Gefängniszelle enthüllte, die Wände feindselig kahl, die Kastanie draußen ein haushohes hölzernes Monster, das seine Arme hereinstrecken wollte. Hatte er nun eigentlich getrunken, weil diese Frau ihn auf eine so blödsinnige Art und Weise hatte sitzen lassen? Er glaubte, nicht, dafür hatte es doch zu sehr nach Flucht ausgesehen. Nein, es war eher etwas anderes, etwas, das er von sich selbst kannte und wogegen er normalerweise besser gewappnet war, eine Reaktion, die eintrat, wenn, wie er es nannte, zu vieles nach innen geschlagen war, zu viel gedacht, zu viel summiert, zu viel gesehen worden war, das keinen anderen Weg hatte finden können als den nach innen. Dafür gab es Anzeichen, und er konnte sie gut erkennen: ein vertrautes Gesicht, das plötzlich wie das eines Fremden aussah, eine Stimme, die er am Telefon nicht erkannte, Musik, die er regelmäßig hörte und die ihn plötzlich, auf einen Schlag, mit ihrer ganzen Magie zu durchdringen schien. Alles schärfer eingestellt, Farben, Laute, Gesichter, das Bekannte durch seine Unbekanntheit kaum zu ertragen. Schlafen, vor sich hinstarren war dann das beste Mittel, wie ein kranker Hund in der Ecke, regungslos, in einer Stille, die nicht still sein wollte, sondern ihn beklemmend umschloß. Die Bilder, die dann kamen, mußte man ertragen, den Abwesenden mußte er mimen, damit sie ihn nicht berührten.

Daß er nach Hause gekommen war, wußte er noch, das Telefon hatte ihn angestarrt wie ein viel zu großer schwarzer Käfer, er durfte nicht anrufen, er durfte keine Nachrichten abhören. Auch nicht von Erna? Auch die nicht, ihre Stimme könnte wie die einer anderen klingen oder die falschen Dinge sagen. Nein, nein, statt dessen sein Weltempfänger, dieser auf einmal so gefährliche Plastikstein mit dem einen bösartigen Fühler, durch den die Katastrophen eingesogen wurden, Tamiltiger in Hinterhalt auf Landmine, vierzehn Tote, weggespült von einem deutschen Schlager für nächtliche Lkw-Fahrer, Autobahn, Nebel, Worte, Tiger, alles ausgerechnet in seinem Zimmer, und er dachte daran, daß diese Stimmen jetzt auf der ganzen Welt gehört wurden, überall traten Tiger auf eine Landmine, im nassen Tuch der Atmosphäre schwirrten sie als Geister umher auf der Suche nach Antennen, durch die sie eindringen konnten, irgendwo war es hell geworden, irgendwo auf einer Veranda gehörten Tiger zu den Frühstücksgerüchen, Speck, Spiegeleier, Vögel im Jakarandabaum, die Stimme knarzend in einem Lastwagen auf dem Weg nach Phnom Penh, gestört bei Pater Abelardus im Leprahaus auf Sulawesi, im klimatisierten Schlafzimmer am Pazifik, Tiger, Aktien, Rupien, jemand bekommt jetzt, bekam vor einer Stunde eine Spritze in einem ordentlichen Raum in Texas, wo er auf einem Bett liegt wie ein wirklich Kranker, der vom Leben geheilt werden muß, durch die Fenster auf beiden Seiten schauen seine Familie und die seines Opfers interessiert zu, aber wie ist es bloß möglich, daß er das alles noch hört, er hat das Radio doch längst ausgeschaltet, wie kommt es dann, daß die Geräusche der nie innehaltenden Welt doch noch weiterströmen?

Was hatte Victor gesagt?

»Wir sind die größten Helden der Geschichte, wir müßten bei unserem Tod alle dekoriert werden. Keine Generation hat je so

viel wissen, sehen, hören müssen, Leid ohne Katharsis, Scheiße, die man in den neuen Tag hineinschleppt.«
»Es sei denn, man leugnet es. Das tun doch alle, oder?«
»Alle tun so, als ob. Dafür gibt es ausgezeichnete Strategien. Wir schauen und machen es gleichzeitig unsichtbar. Und trotzdem muß es irgendwo bleiben. Es sickert in deinen geheimen Archivschrank ein, schleicht sich in den Keller deines Computers. Was glaubst du, wohin deine Bilder gehen? Du machst sie doch nicht für den luftleeren Raum? Und auch du willst, daß es möglichst gut aussieht, schließlich bist du Fachmann. Die Ästhetik des Grauens. Und wir dürfen nicht darüber sprechen, alles, was man sagt, ist ein Klischee. Da ziehe ich doch den Dorferzähler vor: ›In einem Land, weit, weit von hier...‹ Das halte ich gerade noch aus. Was soll ich mit dem ganzen Elend, das mir tagtäglich vorgesetzt wird? Ich möchte das Leid dieser Welt in Reimen, in Hexametern, vorgetragen von John Gielgud, in einem schwarzen Moirémorgenmantel, aus einem in rotes Maroquin gebundenen Buch mit Farbstichen von Rubens. Und du darfst nur noch kleine Entchen filmen, die in einem Teich ohne Ratten hinter ihrer Mutter herschwimmen, oder hellblonde Kinder an ihrem ersten Schultag, mit Griffeln und Schiefertafeln, oder junge verlobte Paare mit neuen Schuhen. Was hältst du davon, Bildermensch?«
Bildermensch hatte keine Antwort gewußt, hatte nur diese neuen Schuhe vor sich gesehen, solide holländische Schuhe an einem sonnigen Teich mit kleinen Entchen, und jetzt, während er auf dem Fußboden in seinem Zimmer lag, wollte er das Bild dieser Schuhe wieder wachrufen, beruhigende braunglänzende Schuhe, die sich ruhig auf einem Weg ohne Ende dahinbewegten, so daß man ihre gleichmäßigen Schritte bis zum Horizont zählen konnte, wo der Schlaf dann vielleicht doch noch wartete und einen Schleier bereithielt, den man über alle Trugbilder werfen konnte, eine Verdunkelung, die bis zum neuen Wintertag anhalten würde, wenn er langsam und geheilt zusammen mit der leise grummelnden Stadt erwachen würde.

Vier Uhr, fünf Uhr, in den fernen Außenbezirken begann die S-Bahn zu fahren, die ersten U-Bahnwagen krochen unter die Erde, um die Heerscharen der noch mit Nacht bekleideten Menschen zu ihrer Arbeit zu bringen, die Busse hatten sich bereits auf ihren immergleichen Weg gemacht. Er lag totenstill da und hörte alles, das leise Grummeln, Sirren, Rauschen der Welt, zu der er gehörte.

*

Als er zum zweitenmal wach wird, ist das Licht pulvriggrau, dies wird ein richtiger Berliner Wintertag, graue Dämmerung zwischen zwei Nächten. »Nicht verweilen« (Victor), aufstehen, nicht verweilen, rasieren, duschen, das Radio nicht einschalten, heute gibt es keine Nachrichten, Kaffee im Bahnhof Zoo an hohen Stehtischen zwischen Obdachlosen, vietnamesischen Zigarettenverkäufern, Polizisten mit maulkorbtragenden Hunden, Erbrochenem, Sägespänen, rumänischen Putzfrauen, Junkies, Bettlern, Wurstgestank, Männern mit grauen abgetretenen Schuhen hinter dem Schrei der *Bildzeitung*, ein neuer Tag, der um ihn herumtanzt und -wirbelt, alle echt, das Personal von Metropolis und er ihr Diener, Porträtist und Archivar, der seinen Kaffee zusammen mit dem Bulgakow-Kater trinkt, der mannshoch neben ihm steht und seinen weichen, wolligen Arm um ihn legt, so daß die Tatze mit den langen, gebogenen, scharfen Krallen auf seiner Schulter ruht. Er ruft seinen Anrufbeantworter an. Ernas Stimme.
»Wie heißt sie? Wer seine beste Freundin schon fünf Tage lang nicht angerufen hat, hat eine Frau kennengelernt.« Klick.
Zenobia.
»Ich habe ein paar Fotos reingekriegt, die du dir anschauen mußt.«
Was hat sie gesagt? Anstarren? Auch gut. Aber anschauen ist besser.

Sobald er an diese Fotos denkt, wird er ruhiger. Nach Hause gehen, kalte Morgenluft. Mit einem Umweg. In der Autorenbuchhandlung ein Buch für Zenobia kaufen. Etwas Anständiges essen. Dann anschauen.
Arno.
»Wo ist mein Auto? Ich brauch es heute!«
Himmel, wo war sein Auto? Auto, Auto. Weißer Alfa, Philosophenauto. Aber wo? Plötzlich wußte er es. Behindertenparkplatz. »Darauf steht hier die Todesstrafe.« (Victor) »Auf Krücken verfolgen sie dich bis zu den Pforten der Hölle. Mit ihrem eisernen Haken wählen sie ununterbrochen die Nummer der Polizei.«
Kein Buch für Zenobia. Rennen.
NPS.
»Wir suchen noch einen Kameramann für Rußland, eine Reportage über Mafia, Korruption und so. Auf jeden Fall eine kugelsichere Weste mitnehmen, haha. Danach vielleicht noch Afghasien oder wie heißt das noch gleich...«
Während die Stimme in seiner Tasche immer noch quäkt, rennt er auf den Bahnsteig, steigt vier Minuten später an der Deutschen Oper aus, kommt außer Atem in der Goethestraße an, reißt den Strafzettel unter dem Scheibenwischer heraus, hört nicht auf das Geschrei des weißhaarigen Behinderten aus dem offenen Fenster... unverschämt, Arschloch... und entrinnt gerade noch dem um die Ecke biegenden Abschleppwagen.

*

Auf den hohen Treppen zu Arnos Wohnung befindet er sich übergangslos im Mittelalter. Sphärenhafte Frauenstimmen, begleitet von einem kaum ondulierenden Instrument, ein langer, fast nasaler Ton unter diesem Stimmengeflecht, er bleibt lauschend stehen. Die Tür steht weit offen, er muß durch das große Wohnzimmer, um in Arnos Arbeitszimmer zu gelangen, die

ganze Zeit von der Musik begleitet – und als er dort eintritt, sitzt sein alter Freund da wie ein Mönch in einem Skriptorium, das Gesicht viel zu dicht an dem Buch, aus dem er etwas abschreibt. Bücher auf dem Tisch, Bücher in den Schränken, Bücher auf dem Fußboden, undenkbar, daß sich hier noch jemand zurechtfindet.
»Das? Hildegard von Bingen. Wunderbar! Ich komme mir vor wie der Rektor eines Nonnenklosters. Kannst du dir diesen Genuß vorstellen? Ich arbeite hier, und hinter dieser Wand ist die Kapelle mit lauter gelehrten heiligen Frauen. *Studium Divinitatis* singen sie, die Mette des Festes der heiligen Ursula, den allerersten Morgengesang, Tau auf den Rosen, Nebel über dem Fluß. Und daran ist nur deine Freundin schuld.«
»Was hat die damit zu tun?«
»Sie hat mir gestern das Thema ihrer Doktorarbeit gesagt, und als ihr weg wart, dachte ich, mal schauen, was für eine Musik ich aus dieser Zeit habe.«
»Hat dich wohl beeindruckt?«
»Ist das etwa nicht erlaubt? Ja, beeindruckt. Vielleicht auch ein bißchen gerührt. Zunächst einmal durch das Gesicht, diese Intensität, dieses Mißtrauen. Aber vor allem ... ich kenne so wenig junge Leute. Sogar du bist nicht mehr jung, und dabei bist du noch so ungefähr der Jüngste, den ich kenne. Und dann sehe ich sie auf der Straße oder in der U-Bahn oder in diesem Ding da, bei Demonstrationen oder so, und dann denke ich, damit habe ich nichts mehr zu schaffen, das ist eine Welt, in der es meine« – und er deutete mit einer Armbewegung um sich, die nicht nur die Tausende von Büchern, sondern auch das unsichtbare Frauenkloster in den Lautsprechern einzuschließen schien – »schon fast nicht mehr gibt. Bei den Kontakten, die ich ab und zu mit Studenten oder so habe, Kindern von Freunden, merke ich, daß sie kaum noch etwas wissen, die Lücken sind unvorstellbar, sie leben in einem formlosen Präsens, die Welt hat nie existiert, man kann noch nicht mal sagen, sie leben nach dem jeweiligen Wahn des

Tages, denn sie scheinen sich für nichts ernsthaft zu interessieren, und dann atmet man bei so jemandem auf, dann denke ich, Tieck, altes Weib, du hast unrecht, es gibt auch andere.«

»Noch ist Polen nicht verloren.«

»Lach nur. Schau ...« Er suchte zwischen den Büchern, wobei eine große aufgeschlagene Schreibkladde zum Vorschein kam, in der er offenbar eben noch geschrieben hatte, denn auf der einen Seite lag ein aufgeschraubter Füller. Arno Tieck publizierte alle paar Jahre eine Sammlung seiner Essays, Meditationen über Dinge, die er erlebte, Bücher, die er las, Reisen, Gedanken.

»Du hast gestern einen ziemlich abwesenden Eindruck gemacht, du hattest es wohl eilig?«

»Das Licht.«

»Ja, natürlich. Aber unser Gespräch hattest du nicht so ganz mitverfolgt?«

»Nicht richtig, nein.«

»Na ja, also, es ging über ihr Studium. Sie vertritt ziemlich ausgeprägte Ansichten. Anscheinend besucht sie Hegelvorlesungen von irgend so einem Langweiler, und jetzt verkündet sie, daß Hegel nichts taugt, eine Pseudoreligion ...«

»Da muß ich passen, Arno, du weißt, ich bin die Abteilung Bild.«

»Ja, ja, aber trotzdem. So schwer ist das nun auch wieder nicht. Ich hatte ihr sagen wollen, daß da noch soviel mehr ist ... natürlich wollte ich sie nicht mit Abstraktionen langweilen, aber ich hätte ihr gern etwas über den phantastischen Augenblick erzählt, in dem Hegel in seinem Jenaer Studierzimmer die Kanonen hört, das Donnern von Napoleons Kanonen in der Schlacht von Jena, und in dem Moment weiß er, stell dir vor, für ihn *ist* das dann so, da weiß er, daß die Geschichte in ihre Endphase getreten ist, eigentlich schon darüber hinaus ist ... und *er* ist dabei, er erlebt den Moment der Freiheit mit, sein Konzept stimmt, mit Napoleon ist eine neue Zeit angebrochen, es gibt keine Herren und keine Knechte mehr, diesen Gegensatz, der die gesamte Geschichte hindurch bestanden hat ...«

»Arno, ich wollte dir nur dein Auto zurückbringen.«
»Ja, sie wollte auch nichts davon wissen. Ich sage ja gar nicht, daß das alles so ist, betrachte es meinetwegen als Metapher. Aber kannst du dir diesen Moment wenigstens vorstellen? Der *Code Napoléon* im verkrusteten Deutschland jener Tage ... und dann kommt ein Staat, in dem alle Bürger frei und autonom sein sollen, diese Aufregung. Überleg dir mal, was das in jener Zeit bedeutet hat!«
»Lieber Freund, du stehst da wie ein Volkstribun.«
»Tut mir leid.« Arno setzte sich wieder.
»Aber du wolltest doch nicht im Ernst sagen, daß die Geschichte in dem Moment aufhörte?«
»Ach nein, aber *eine* Geschichte hat doch aufgehört ... und das war gewissermaßen die der Welt bis zu diesem Zeitpunkt, allein schon deswegen, weil Hegels Theorien solche immensen Auswirkungen haben sollten. Etwas war unwiderruflich vorbei, und er wußte das. Nichts konnte mehr so bleiben, wie es war. Aber ich will dich nicht länger langweilen. Bringst du sie wieder mal mit?«
»Ich habe nicht mal ihre Adresse.«
»Oh. Ich hatte etwas für sie herausgesucht. Über Methoden der Geschichtsschreibung. Plutarch, der gegen Herodot wettert, weil der lügt, na ja, der Beginn aller Kontroversen, welches sind deine Quellen, wieviel hast du erfunden ... Darüber sprachen wir, das beschäftigt sie, glaube ich. Und dann natürlich Lucianus, das ist wunderbar, wo er sagt, daß er nicht der einzige Sprachlose sein will, der einzige, der in einer polyphonen Zeit schweigt ... aber ich weiß nicht, ob ihr das etwas sagt, sie hat behauptet, alle Geschichtsvorstellungen stammten von Männern, ach, das stimmt ja vielleicht auch, aber was soll man dazu sagen, ich kenne, glaube ich, auch keine großen Historikerinnen, keine vom Range eines Mommsen oder Macauly oder Michelet, aber wenn du das sagst, ist es auch wieder nicht recht, das kommt dann daher, weil Männer dieses Gebiet usurpiert und mit ihren Geset-

zen darüber verdorben haben, was Geschichte ist oder nicht ist, muß oder nicht muß ...« Er sah Arthur ein wenig hilflos an.
»Dazu kann ich immer wenig sagen.«
»Aber was will sie dann?«
»Spricht sie mit dir denn nicht darüber?«
»Arno, wir kennen uns kaum. Eigentlich gar nicht.«
»Was seid ihr Niederländer doch für komische Leute. Wie bist du dann an sie gekommen? Als sie hier mit dir zusammen auftauchte, dachte ich, daß du, daß ihr ...«
»Falsch gedacht.«
»Schade ...« Er hielt mit einemmal inne und legte einen Finger auf seine Lippen. »Hör mal, diese Stimmen, da, da ...«
Arthur begriff, daß er etwas ganz Besonderes hören müßte, und sah seinen Freund fragend an. Noch immer das gleiche hohe Jubilieren, wunderschön, aber was meinte Arno?
»Hier, da ist es wieder. Diese Hildegard von Bingen war wirklich eine phantastische Komponistin. Und eine Philosophin und Dichterin dazu! ›Aer enim volat ... die Luft nämlich weht dahin ...‹ Schau, es geht die ganze Zeit zwischen E und D hin und her ... E, das hast du gerade in der vierten Antiphon gehört und jetzt wieder in der siebten, das ist das weibliche Prinzip ... und dann kommt sechs und acht, und das heißt, damals, männliche Würde, weibliche Spiritualität, männliche Autorität, ja, es war zwar Mittelalter – das darf man natürlich auch nicht mehr sagen –, aber hörst du, wie großartig sie das gegeneinandersetzt? Na ja, alles vorbei, niemand hört das mehr.«
»Ich jedenfalls nicht. Aber was wolltest du damit sagen, mit dem ›schade‹?«
»Oh, daß ich sie sehr bemerkenswert fand. Es schien mir für dich zwar, na ja ... was ich unserem kurzen Gespräch entnahm, war, daß Menschen wie ich sie überhaupt nicht interessieren. Weißt du, wie sie mich genannt hat? Konstruktivist! Konstruktivisten, das sind Leute, die sich irgendein Konstrukt ausdenken, damit ihre Vorstellungen von was weiß ich, der Wirklichkeit, der Ge-

schichte, stimmen. Männerphantasien. Sie will sich ausschließlich mit dieser einen Nische beschäftigen, die sie sich ausgesucht hat, diese mittelalterliche Königin ...«
»Und deswegen die Musik?«
Arno machte ein leicht beschämtes Gesicht, als habe man ihn bei etwas ertappt. Das Zimmer gehörte jetzt nur noch den Stimmen.
»Ja. Ich hab mir das so vorgestellt: Man sucht sich etwas aus, eine Zeit und einen Ort, eine Person. Von dieser Zeit ist natürlich nicht mehr sehr viel erhalten. Aber immerhin Gebäude, Kirchen, Handschriften, und dann diese Musik – es ist nämlich genau die Zeit. Damit gewinnt man doch ein wenig mehr Eindruck von diesen Menschen ...«
»Aber hat das denn so geklungen? Das sind doch nur Rekonstruktionen, oder? Was du auf dieser CD hörst, ist doch *unser* Mittelalter?«
»Das weiß ich nicht. Ich denke, es kommt dem ziemlich nahe. Hier, genau wie das da.«
Und er gab Arthur die Karte, auf die er seine Anmerkungen für Elik geschrieben hatte.
»Gib ihr das mal.«
»Was ist das?«
»Ein Wandgemälde aus einer Kirche in León, eigentlich ein Deckengemälde. Die San Isidoro. Dort ist das Pantheon der frühen spanischen Könige. Vielleicht liegt ihre Urraca da auch. Jedenfalls ist es das zwölfte Jahrhundert, und der Ort stimmt ebenfalls.«
Arthur dachte daran, wie lieb ihm dieser Freund geworden war. In den Niederlanden gab es vielleicht auch solche Menschen wie ihn, aber er kannte sie nicht. Menschen, die so irrsinnig viel wußten, gab es wahrscheinlich in Hülle und Fülle, aber solche, die auch so darüber sprechen konnten, daß man es auf Anhieb verstand, nie von oben herab, sondern immer so, daß man sich mindestens zehn Minuten lang in dem Glauben wiegen konnte,

jetzt verstehe man es ebenfalls, die waren selten. Später, wenn man versuchte, ein solches Gespräch zu rekapitulieren, lief das auf eine böse Enttäuschung hinaus, doch irgend etwas blieb immer hängen, und er hatte den Eindruck, er habe in den Jahren, die er Arno nun schon kannte, viel von ihm gelernt. »Wann hast du das bloß alles gelesen?« hatte er ihn einmal gefragt.

»Als du unterwegs warst. Und täusch dich nicht, Unterwegssein ist auch Lesen. Auch die Welt ist ein Buch.« Das hatte sich in erster Linie nach einem Tröstungsversuch angehört. Arthur sah sich die Karte an. Ein Hirte mit einem Stab und einer Art viereckigem Blasinstrument. Ponyfrisur, ein Gewand, das an den Knien aufschlug, Pantoffeln. Eben so, wie ein Mensch des zwanzigsten Jahrhunderts sich einen mittelalterlichen Hirten vorstellt. Gut getroffen. Troubadoure in Wein- und Käsebuden sahen genauso aus.

»Witzig«, sagte Arno, »wenn man sich so einen Körper anschaut. Damals wußten sie nichts davon. Hast *du* das nicht mal gesagt? Hirnstamm, elektronische Impulse, Enzyme, Blutkörperchen, Neuronen, nichts von alledem. Muß entzückend gewesen sein. Wenn sie je etwas davon sahen, dann auf dem Schlachtfeld, wenn sie ein Stück davon abgehackt hatten. Bis Vesalius hat es noch eine Weile gedauert. Und mit exakt dem gleichen Hirn dachten sie andere Dinge. Wirst du sie noch mal besuchen?«

»Suchen, meinst du wohl.« Und er erzählte von dem gestrigen Abschied.

»Oh.« Arno machte ein bedrücktes Gesicht.

»Ich habe manchmal wirklich das Gefühl, daß ich von einem Ballon aus auf meine Zeitgenossen schaue. Oder ihnen zuhöre. Die Hälfte der Zeit habe ich keine Ahnung, worum es geht.«

»Dieses Gefühl müssen sie dann ja auch haben, wenn sie dich reden hören.«

»Ja, vermutlich. Erst war alles absurd, jetzt wird es skurril.« Er seufzte. »Aber was wirst du jetzt tun? Wirst du sie suchen? Wie macht man so was eigentlich? Muß romantisch sein.«

Und genau das gefällt mir nicht, dachte Arthur. Er versuchte, Abneigung gegen sie zu empfinden, doch das gelang ihm nicht recht. Dieses Gesicht. Als wäre sie ständig kurz davor, zuzubeißen.
»Von dieser Königin habe ich bis jetzt nicht viel kapiert. Du? Wie ich dich kenne, hast du bestimmt schon nachgeschlagen.«
»Du etwa nicht?«
»Da stand nicht viel.«
»Es gibt auch nicht viel«, sagte Arno. »Nur ein paar Fakten und Jahreszahlen. Mit acht Jahren verheiratet worden, schon früh ein Kind, verheiratet mit einem aus Burgund. Schon damals kannte man sich untereinander. Hab vergessen, wie der hieß. Stirbt im übrigen auch. Inzwischen hat sie ein ganzes Königreich geerbt und heiratet wieder, diesmal den König von Aragón, der sie schlägt, aber nicht vögeln kann. So stand das zwar nicht da, aber das kennt man ja. Die Ehe blieb kinderlos. Zeitgenössische Quellen etcetera.«
»Du weißt ja schon eine Menge.«
Arno machte ein leicht schuldbewußtes Gesicht. »Ach, nachdem ihr beide gestern weg wart. Ich mußte sowieso in die Universitätsbibliothek. Da hab ich ein bißchen in der frühspanischen Geschichte herumgeschnüffelt. Aber man wird kaum schlau daraus. Erstens einmal gibt es da noch gar kein Spanien. Die Grenzen verschieben sich ständig, zum Verrücktwerden. Muslime und Christen, und die wieder in alle möglichen kleineren und größeren Reiche aufgeteilt, man metzelt sich gegenseitig nieder – oder auch nicht, und jeder heißt überdies noch Alfonso, was die Sache auch nicht gerade einfacher macht. Ihr Vater, ihr zweiter Mann, ihr Bruder, alles Könige, alles Alfonsos, der Erste, der Sechste, der Siebente, und trotzdem ...«
»Und trotzdem?«
»Na ja, es geht eben darum, wie man letztlich über Geschichte denkt. Was ist verzichtbar? Sind große Ereignisse wichtiger als kleine? Die ewige Frage des Bachchors oder der Weinsoße ...«

»Hättest du die Güte, das genauer zu erklären?«
»Bachchor. Sechzehn Soprane, sechzehn Bässe, etcetera. Ein Baß ist krank, merkt man das? Sechzehn sind vorgeschrieben, sollen es sein. Einer fehlt, nein, das merkt man nicht. Vielleicht der Dirigent, aber du nicht. Nun fehlen zwei, drei ... ab wann stimmt es nicht mehr? Die Weinsoße erspare ich dir, das schmeckst du schon selbst. Laß uns mal annehmen, deine Freundin ist gut, ist irgend etwas auf der Spur. Womit sie und alle diese Leute sich beschäftigen, ist, ein Loch in der Zeit zu füllen, das da ist und nicht da ist.«
»Da ist und nicht da ist? Mein Gott!«
»Nein, hör doch mal zu. So schwer ist es nicht. Die Welt, so wie sie ist, ist das Resultat bestimmter Ereignisse. Von denen kann man folglich nichts mehr ausklammern, selbst wenn man sie nicht kennt. Sie haben stattgefunden.«
»Was man nicht kennt, kann man doch ohnehin nicht ausklammern, oder?«
»Vielleicht drücke ich mich nicht richtig aus. Ich will's mal so sagen: Die Welt, mit der wir zu tun haben, ist, wie auch immer, die Summe all dessen, was sich ereignet hat, obgleich wir häufig nicht wissen, was das ist, oder sich herausstellt, daß etwas, von dem wir glaubten, es habe sich so und so abgespielt, sich in Wirklichkeit ganz anders zugetragen hat ... und das, dieses Finden von etwas, was wir noch nicht wußten, oder dieses Korrigieren von etwas, was wir falsch wußten, ist die Arbeit von Historikern, jedenfalls von einigen: so komischen Pusselfritzen, die sich ihr ganzes sterbliches Leben lang mit einer einzigen Person oder einem Spezialgebiet befassen. Ich finde das unglaublich. Man kann natürlich fragen, hat das noch irgendeinen Einfluß auf den Lauf der Weltgeschichte? Nein, antwortet man dann. Und trotzdem, diese Zeit interessiert im Moment vielleicht niemanden mehr, aber in diesem seltsamen entlegenen Winkel Spaniens entschied sich damals tatsächlich das Schicksal Europas. Wenn diese paar verrückten Könige im Norden sich nicht dem Islam entgegenge-

stemmt hätten, dann würden wir beide jetzt vielleicht Mohammed heißen.«
»Nix dagegen.«
»Nein.«
Arno dachte einen Augenblick nach.
»Sie hat übrigens etwas Arabisches, hast du das bemerkt?«
Arthur befand, darauf keine Antwort geben zu müssen.
Sein Freund war inzwischen verschwunden und kehrte mit einer Weinflasche und zwei Gläsern zurück.
»Hier. Verboten für uns Mohammedaner. Eine Beerenauslese, das Schönste, was es gibt.«
»Nicht für mich«, sagte Arthur. »Ich bin noch bis obenhin voll, und dann läuft dieser Tag schief.«
»Aber ist schief wirklich schief? Hier, sieh dir mal diese Farbe an, flüssiges Gold, Nektar. Weißt du, was Tucholsky gesagt hat? Wein müßte man streicheln können. Wunderbar. Na, komm schon. Mach dir diesen eigenartigen Tag zum Geschenk. Und beeil dich, wenn Vera nach Hause kommt, ist es aus und vorbei. Sie ist der Ansicht, daß ich tagsüber denken muß. Erinnerst du dich noch daran, als Victor eine Flasche Williams Christ spendierte?«
Daran erinnerte er sich noch sehr gut. Ein später Nachmittag in Victors Atelier. Das Kunsthaus in Zürich hatte eine von Victors Plastiken angekauft, das mußte gefeiert werden.
»Meine Herren, die Birne muß aus der Flasche raus!« Nach dem zweiten Glas tauchte der Stiel auf und dazu das metaphysische Problem, wie die Birne in die Flasche gelangt war, und danach das viel größere Problem, wie man sie unversehrt wieder herausbekam. Victor behauptete, er habe ganze Obstgärten voller Flaschen an Schweizer Berghängen gesehen, »in der Sonne funkelnd«. Diese Mitteilung wurde von den beiden anderen beiseite gefegt. Sie kamen mit weit einfallsreicheren Lösungen, die um so unwahrscheinlicher klangen, je weiter die Birne in ihrer vollen Größe aus dem Alkohol ragte, bis sie zu guter Letzt ein wenig

kläglich, aber dennoch herausfordernd auf dem Grund der leeren Flasche lag.

»Und jetzt?« hatte Victor gesagt und die Flasche auf den Kopf gestellt, wodurch die Birne nach unten fiel und im Hals steckenblieb, eine Position, aus der man sie unmöglich herausbekommen konnte.

»Unterschätze mir den Handwerker nicht«, sagte Victor, »aber erst müssen wir losen, nein, würfeln: Wer die höchste Zahl hat, darf die Birne essen.«

Mit großem Ernst hatten sie gewürfelt. »You see, I *do* play dice«, hatte Arno mit Einsteins Akzent gesagt, und Arthur hatte gewonnen, woraufhin Victor aus dem Raum verschwunden und mit einem nassen Frotteetuch und einem Hammer zurückgekehrt war. Er wickelte die Flasche in das Handtuch.

»Arthur, hier, nimm den Hammer, hau einmal fest drauf, und es geschieht ein Wunder.«

Das hatte er getan und dann auf Victors Anweisung das Handtuch ganz langsam und vorsichtig aufgerollt, wobei die Flasche – mit intakter Birne – zum Schluß wie eine zersplitterte Autoscheibe vor ihnen lag.

»Erinnerst du dich an Toon Hermans«, sagte Victor, »diese Geschichte mit dem Pfirsich?« Und er machte Arno vor, wie der niederländische Komiker auf unnachahmliche Weise einen nicht existierenden Pfirsich gegessen hatte, wobei ihm der Saft über das Kinn lief. Die beiden anderen sahen jetzt neidisch zu, wie Arthur die Birne feierlich hochhob und an seinen Mund führte. »Ah, dieser himmlische Birnensaft«, sagte Victor noch, doch eine Sekunde später hatte sich Arthurs Miene in eine Grimasse verwandelt, seine Zähne blieben in der kalten, völlig unreifen Birne stecken, die *ihn* zu beißen schien statt umgekehrt.

»Da schmeckt das hier besser«, sagte Arno jetzt und hob das Weinglas.

»Ich muß noch zu Zenobia.«

»Ach, Zenobia. Wer mit einem Zwilling verheiratet ist, hat zwei

Frauen. Und dann noch russische Frauen, und dann noch Kunst und Wissenschaft! Arthur, wenn's mit dieser spanischen Oranje nichts wird, dann suchen wir dir einen Zwilling in Rußland. Ich mache eine Sendung über Schestow, und du kommst mit als Kameramann. Kennst du Schestow?«
»Keine Ahnung.«
»Ah, Schestow! Spekulation und Offenbarung! Verkannt, verkannt...«
»Arno, nicht jetzt.«
»Okay, Entschuldigung.«
Sie saßen da und schwiegen. Der Wein schien zu der Musik zu passen, die Frauenstimmen umschwebten sie, sie brauchten nichts mehr zu sagen. Arthur wußte, daß der Tag für ihn auf diese Weise weiter zerfließen würde und daß daran nichts mehr zu ändern war. Und dann dachte er, daß er Erna zurückrufen müßte und Zenobia vielleicht sagen müßte, daß er nicht käme, und dann dachte er vielleicht gar nichts mehr, und plötzlich hörte er, wie Arno sein gregorianisches Gesumme unterbrach und fragte:
»Wie, glaubst du, macht man die Menschen, die man im Traum sieht? Ich meine nicht die Leute, die man kennt, sondern die, von denen man sicher ist, daß man sie noch nie gesehen hat. Wie machen wir die? Sie müssen doch irgendwie fabriziert werden. Wie machen wir das? Sie haben richtige Gesichter, und dabei existieren sie gar nicht.«
»Eigentlich ist das unangenehm«, sagte Arthur.
»Vielleicht ist ihnen das selbst auch unangenehm«, sann Arno laut weiter.
»Stell dir vor, du existierst nicht, und auf einmal mußt du im Traum eines Wildfremden antanzen. Eigentlich ist das eine Form von Arbeit...«
In dem Moment klingelte das Telefon, in diesem Fall ein weinerliches, ersticktes Geräusch.
»Wo hab ich das Ding bloß wieder hingelegt? Oder ist es deins?«

»Das Geräusch kommt aus deinem Körper«, sagte Arthur, »schau doch mal in deiner Innentasche nach.«
»Ja, das bin ich«, sagte Arno zu dem Apparat, »aber wer sind Sie?«
...
»Oh, was für ein Zufall ... nein, nein, natürlich kein Zufall, haha. Ja ...«
Die Stimme am anderen Ende nahm sich jetzt Zeit, etwas zu erklären.
»Ja, ich denke schon, daß ich das darf«, sagte Arno. »Sesenheimerstraße 33. Ja, nichts zu danken. Ich hoffe, wir sehen uns noch mal? Wie sind Sie eigentlich an *meine* Nummer gekommen? Ach, ja natürlich, ich steh im Telefonbuch. So viele Tiecks gibt's nun auch wieder nicht. Auf Wiederhören.«
»Das war meine Adresse«, sagte Arthur.
»Ja. Du suchst sie nicht. Sie sucht dich. Und ich wollte nicht sagen, daß du gerade hier bist. Oder war das falsch?«
»Hat sie nicht nach meiner Telefonnummer gefragt?«
»Nein, aber die kann sie jetzt natürlich herausbekommen.«
»Das Telefon läuft nicht auf meinen Namen.«
»Dann bekommst du vielleicht einen Brief.«
Oder Besuch, dachte Arthur. Aber er konnte sich das nicht vorstellen.
»Was machst du jetzt?«
Bevor er antworten konnte, klingelte das Telefon erneut.
»Ah, Zenobia. Ja, den hab ich gesehen, den seh ich noch immer. Ein bißchen blaß um die Nase. Ja, die Niederländer können nicht trinken ... ich geb ihn dir mal.«
»Arthur?« Sie wickelte ihn in ihre Stimme ein wie in eine Wolldecke. Manche Menschen haben einen ausgesucht, ohne etwas von einem zu wollen. Man hatte nichts dafür zu tun brauchen. Sie hüllten einen in ihre Wärme ein, und man wußte, daß man sich bis zum bitteren Ende auf sie verlassen konnte.
»Wann siehst du dir meine Fotos an?«

»Morgen, Zenobia, morgen komme ich. Heute nachmittag? Nein. Jeden anderen würde ich anlügen, aber heute nachmittag habe ich eine Verabredung.«
»Obmanschtschik!«
»Was heißt das?«
»Betrüger. Mit welcher Frau bist du verabredet? Siehst du darum so blaß um die Nase aus?«
»Mit sehr vielen Frauen.«
»Angeber. Mit wem? Du weißt, was ich gesagt habe. Müssen wir dich an den Mast binden? Mit wem?«
»Mit einer Löwin.«
»Ich bin auch eine Löwin.«
»Weiß ich, aber meine hat echte Krallen. Ich gehe in den Tierpark im Osten. Dort wimmelt es nur so vor Frauen. Ozelote, Schlangen, Lamas ...«
»Natürlich.«
»...Elefanten, Eulen, Adler ... aber dafür gibt es keine weiblichen Formen.«
»Tigerin, Äffin, Wölfin ... Willst du filmen?«
»Nein, heute nicht. Ich will einfach keine Leute um mich.«
»Besten Dank«, sagten Arno und Zenobia gleichzeitig, und alle drei mußten lachen, während er auflegte. Sie kannten ihren Freund schon länger. Von Zeit zu Zeit verlangte es ihn mehr nach der Gesellschaft von Tieren als nach der von Menschen.
»Wie kommst du dahin?« fragte Arno. »Ich muß auch in die Richtung, ich fahre nach Wittenberg, Vortrag über Luther. Dort findet eine Konferenz statt. Darum brauchte ich mein Auto. Ich fahre sowieso über den Osten.«
»Und was ist damit?« fragte Arthur und zeigte auf die fast leere Flasche.
»Das verkraftet Luther schon. Fährst du mit?«
»Nein, nein. Heute will ich mit dem Bus fahren. Über den Köpfen schweben. Es gibt nichts Schöneres als Berlin vom Doppel-

decker aus. Was wirst du da über Luther erzählen, mit deinem Weinkopf?«
»Licht und Dunkel, und was für ein unglaublicher Stilist er war. Ohne Luther kein Deutsch. Kein Goethe, kein Mann, kein Benn. Ach...« Mit einemmal blieb er stocksteif stehen, als würde er von einer plötzlichen Erleuchtung getroffen. »Darüber schrieb ich gerade, ha, ein Capriccio, völliger Unsinn, aber trotzdem: Luther in einem Raum mit Derrida und Baudrillard. Er würde sie glatt wegfegen mit ihrem Mummenschanz. Obwohl ... gegen einen Talmudisten und einen Jesuiten ...«
»Ich muß los«, sagte Arthur, »die Tiere warten. Die haben von alldem keine Ahnung.«
»Und sie sagen auch nichts.«
»Nein.« Aber das war ein Irrtum.

*

Der Tag war so grau geworden, wie er sich angekündigt hatte, das Grau von Zinkwannen, wie man sie heutzutage kaum mehr sah, von Gehwegplatten, falschen Uniformen, je nachdem, ob die Wolkenmasse mehr oder weniger Licht durchließ. Er war die Nestorstraße, in der Arno wohnte, hinuntergegangen und wartete jetzt zwischen mehreren anderen frierenden Leuten auf den Bus. Keine Familienangehörigen, heute nicht. Als das Ding endlich kam, ging er sofort die halbe Wendeltreppe nach oben. Die erste Bank war noch frei, er hatte die ganze Stadt für sich allein. Auf dieser Höhe gehörte man nicht mehr dazu, man konnte auf all die Köpfe hinunterschauen, die so zielstrebig irgendwohin gingen, man konnte auch den Übergang von West nach Ost registrieren, die Lücke, die für die meisten schon jetzt unsichtbar geworden war und an der er immer kurz den Atem anzuhalten schien, als gehöre es sich im Niemandsland auch wirklich nicht, zu atmen.
Danach nahm das Grau zu, er mußte umsteigen, es dauerte lang,

aber er fühlte sich wohl, trotz des alkoholbedingten Rauschens in seinem Kopf, der schlaflosen Nacht, des Gesprächs und des erneut genossenen Alkohols. Die Stadt draußen kannte er, und trotzdem erstaunte ihr Anblick ihn immer wieder. Die Blocks mit den kleinen Wohnungen, die hohläugigen Fenster, die billige Farbe, hier hatten sie gewohnt, die freudigen Millionen, und hier wohnten sie immer noch, nachdem ihr eigenartiger Staat aufgelöst, demontiert worden war und seine Führer vor Gericht gestellt, gefangen oder geflüchtet waren. Hier hatten sich nicht nur auf einen Schlag sämtliche Spielregeln geändert, nein, das Spiel selbst gab es plötzlich nicht mehr, Menschen waren aus ihrem bisherigen Leben herausgehoben worden, jeder Aspekt dieses Lebens, Zeitungen, Gepflogenheiten, Organisationen, Namen hatte sich geändert, vierzig Jahre waren plötzlich wie ein Stück Papier zusammengeknüllt worden, und damit war auch die Erinnerung an diese Zeit angekratzt, verzerrt, angeschimmelt. War so etwas zu ertragen?

Die meisten Leute hier hatten ganz einfach schlechte Karten gezogen und hatten sich, wie man das eben tut, recht und schlecht durchgeschlagen, gefangen und dennoch frei, manipuliert und doch wissend, Opfer und mitunter Mitspieler eines makabren Mißverständnisses, das wie eine echte Welt ausgesehen hatte, eine korrumpierte Utopie, die solange gedauert hatte, bis das Pendel wieder zur anderen Seite ausgeschlagen war, wobei die Bewegung zurück genauso schmerzte wie die Bewegung hin und nichts mehr so sein konnte, wie es gewesen war, wozu dann auch noch der Hochmut der anderen, die mehr Glück gehabt hatten, ertragen werden mußte.

Jeder, mit Ausnahme der Jüngsten, mußte hier eine Lücke in seinem Leben haben, sei es eine Geheimakte oder ein Schuß an der Mauer, oder einfach, wie bei den meisten, ein Foto in der Schublade in der nicht mehr existierenden Uniform der FDJ oder der Volksarmee, zusammen mit Frieda oder Armgard, die mittlerweile auch wieder zehn Jahre älter war. Wie ging man damit um?

Er wunderte sich immer darüber, wie wenig seine Freunde im westlichen Teil von diesen Dingen wußten oder wissen wollten. Das Verarbeiten der eigenen, mittlerweile auch schon wieder so lange zurückliegenden Vergangenheit schien sie völlig erschöpft zu haben, mit dem hier hatten sie nichts zu schaffen, das war einfach zuviel.

Karl-Marx-Allee, Frankfurter Allee, hinter den Fenstern der Wohnblocks, die bei diesem Wetter doppelt düster wirkten, sah er Menschen sich bewegen, Frauen in Blümchenkleidern, Männer mit der verlangsamten, ziellosen Motorik von Arbeitslosen. Friedrichsfelde, schon von weitem sah er die hohen Bäume des Tierparks. Er kaufte eine Eintrittskarte, die jetzt zehnmal so teuer war wie damals, und bog im sicheren Wissen, was ihn erwartete, in eine der langen Alleen ein. Auch damals waren hier Väter mit Kindern entlanggegangen, und er wußte noch, daß er sich ausgemalt hatte, was diese Männer waren: subversive Dichter, Offiziere an ihrem freien Tag, suspendierte Lehrer, Parteifunktionäre ... Aber wie gewöhnlich war ihnen nichts anzusehen gewesen. Sie dagegen hatten seinen Kleidern ansehen können, daß er aus dem Westen kam, oder hatten, weiß der Himmel, gedacht, er sei einer jener Privilegierten, die frei reisen konnten, aber sie hatten ihn nicht beachtet, hatten wohl Besseres zu tun, sie hatten ihre Kinder hochgehoben, damit sie den Eisbär auf der anderen Seite des braungrünen Wassers sehen konnten, und während sie den Tieren zuschauten, schaute er den Kindern zu. Was ging in diesen Köpfen vor sich? Ein Kind, das endlos lange auf eine große Schlange blicken konnte, man sah, wie es auf all die Windungen des zusammengerollten Schlangenleibs im beleuchteten Terrarium starrte, daß es zwischen all den fleischigen, bedrohlichen Schlingen den Kopf suchte, plötzlich lächerlich klein mit den geschlossenen Augen, und dann in unbewußter Imitation dieselbe Bewegungslosigkeit zu erreichen versuchte und sich weigerte, sich von seinem ungeduldigen Vater weiterziehen zu lassen, weil es unerträglich war, daß ein Lebewesen sich wie tote Materie verhalten konnte, und man warten mußte, bis diese erstarrte Maskerade aufgehoben wurde.

Thomas hatte eine Vorliebe für Eulen gehabt, seit er einmal im Amsterdamer Zoo Artis gesehen hatte, wie die große Eule ihren Kopf mit den runden ockerfarbenen Gucklöchern um hundertachtzig Grad gedreht hatte, so daß das Ocker mit diesen gefährlichen schwarzen Pupillen den ebenso reglos starrenden Blick des Kindes nicht länger festhielt. Was wußte man eigentlich von einem Kind, in was für eine Zukunft hatte Thomas seinen Blick gerichtet? Nicht daran denken. Immer wieder hatte er zu den Eulen gewollt (»Eule! Eule!«), aber er hatte nie etwas darüber gesagt, es hatte so ausgesehen, als kaue er auf all diesen Bildern herum, wolle sie für sich bewahren. Hier in Berlin waren die Eulen in eine entlegene Ecke verbannt worden, gegenüber einem düsteren Mahnmal, das an »das Lager Wuhlheide der faschistischen geheimen Staatspolizei (Gestapo)« erinnern sollte, wo »...Kriegsgefangene aus sechzehn Ländern für die Rüstungsindustrie ausgebeutet, mißhandelt und ermordet worden« waren.

Dies hier waren turkmenische Eulen, große Köpfe, ganz feine beigefarbene Federn, Augen, die mitten durch einen hindurch schauten; sie ließen sich auf keine Weise anmerken, daß sie einen wahrnahmen, so daß man eigentlich nicht da war. Vielleicht hatte das Thomas so fasziniert. Er verspürte ein närrisches Verlangen, diese großen Tiere fliegen zu sehen, er stellte sich vor, was für ein Geräusch das machen würde, ein schweres, unheilvolles Rauschen. Jetzt war es bereits Abend in Turkmenistan, ein Wald, ein Berghang, das Geräusch dieser Flügelschläge, die den schweren Körper im Halbdunkel durch die Luft trugen, der hohe Schrei des Opfers.

Tiere schienen soviel mehr zu wissen als Menschen, weigerten sich aber, etwas davon preiszugeben. Der Panther wich deinem Blick aus, der Löwe sah etwas dicht neben dir, die Schlange schaute nicht her, das Kamel sah über dich hinweg, der Elefant wollte lediglich die verbotene Erdnuß am Ende seines Rüssels sehen; alle leugneten sie deine Existenz, vielleicht aus Rache, wahrscheinlicher aber aus einem so intensiven Mitleid heraus, daß kein Blickkontakt zu ertragen wäre. Und gleichzeitig war das der Reiz: Alle diese Leben, die sich hinter Stacheln, Panzern, Hörnern, Schuppen, Schilden verschanzt, mit Fellen, Flossen, Krallen kostümiert hatten, der schreiende Tukan und das verborgene sandfarbene Insekt, sie alle hatten mehr mit dir zu tun als alles andere, das es auf der Welt gab, und sei es nur deswegen, weil sie, ob sie nun kürzer lebten oder aber viel länger, denselben Gesetzen unterworfen waren.

Wie zur Bestätigung begannen die Hyänen irgendwo in der Ferne hoch und durchdringend zu heulen, von Zeit zu Zeit unterbrochen von heiserem, verächtlichem Husten, dann wieder diese hohen Heultöne, die an eine Sirene erinnerten, allerdings von einer Art, die selbst bestimmte, wann geheult werden mußte. Diesmal ließ er sich nicht rufen. Am Himmel waren bereits die ersten Pinselstriche der Nacht zu erkennen, es wurde Zeit, daß er nach Hause ging. Er hatte die Menschen und ihre Stimmen, so lieb sie ihm manchmal auch waren, abgeschüttelt, und wenn er die U-Bahn nahm, konnte er sich in der Nähe seiner Wohnung noch schnell etwas zum Essen kaufen.

»Lust auf Einsamkeit« nannte Victor diese Stimmung. »Paßt zu alleinstehendem Herrn in der Großstadt. Allein mit seinen zehn Fingern, seinen Ohren, seinen Augen, leise summend zwischen seinen vier Wänden, umringt von den unsichtbaren Millionen, allein in der Metropole, Gipfel des Genusses.«

Es kam anders. Als er die Treppe zu seiner Wohnung hinaufkam, saß Elik Oranje da, eine weibliche Form im Dunkeln. Er drehte den Schlüssel im Schloß herum, und sie stand auf. Keiner von beiden sagte etwas. Er knipste das Licht an und ließ ihr den Vortritt. Sie trug einen dunkelblauen Gabardinemantel, er registrierte es, ohne etwas dabei zu denken. Sie ging sofort zu dem Fenster wie jemand, der das Zimmer kannte, schaute kurz auf

den Baum, setzte sich dann auf einen viereckigen Hocker ohne Lehne, auf dem er saß, wenn er telefonierte. Sie behielt ihren Mantel an, er hängte seinen in den Schrank und setzte Wasser für Kaffee auf. Ich kenne diese Frau nicht, und sie sitzt in meinem Zimmer. Sie behält ihren Mantel an, und ihr Gesicht bleibt verschlossen. Und seit gestern, die Drehtür, der weiße Fleck hinter der Scheibe, der plötzliche Abschied, was?
Sie hat sich geweigert, über ihn nachzudenken. Er hatte zuviel gesagt, sie hat ihm keinen Zutritt gewährt. Ich schlage ihn mir aus dem Kopf. Oder vielleicht war es nicht einmal das, was er gesagt hatte, sondern dieser Bach, das Feld, die Bilder, die er wachgerufen hatte, alles, was so unwiderruflich weg war. Er konnte es noch wachrufen, danach war es verschwunden. Verschwundene Geschichte, die jemand wiederfinden mußte. Damit hatte sie sich auf den Heimweg gemacht, die lange Busfahrt, die schlafende Stadt hinter den Fensterscheiben. Ein betrunkener Mann war über sie hergefallen, sie hatte ihm hart ins Gesicht geschlagen, danach hatte er sie nicht mehr belästigt, sondern sich leise schimpfend in eine Ecke gesetzt. Im Bus waren keine weiteren Fahrgäste gewesen. Sie wußte, daß der Fahrer es in seinem Spiegel gesehen hatte, doch er hatte sich nicht gerührt.
Ich sehe also nicht, was ich sehe, hatte sie gedacht, während sie durch einen Stadtteil nach dem anderen fuhr. Wie konnte man dann über eine Entfernung von tausend Jahren sehen?
Suchen, hatte sie zu ihm gesagt, aber was bedeutete das?
Das einzige, was von ihrer Königin übrig war, waren Dokumente und Archivalien, doch von dem, was sie gedacht und gefühlt hatte, war nichts geblieben. Es gab die spärlichen und apokryphen Zeugnisse von Zeitgenossen, doch die betrafen Ereignisse, nicht die Gefühle dahinter. Als sie nach Hause gekommen war (Haus! dieses Loch!), hatte sie das Licht nicht angeknipst, der schimmlige, feuchte Geruch des Treppenhauses war mit ihr zusammen hereingekommen, sie hatte sich ausgezogen, hatte aus ihrem Bett eine Art Kaninchenhöhle gemacht, sich gut einge-

mummelt wie ein Kind, und die Gedanken waren unaufhörlich weitergegangen. Suchen, doch die Dokumente widersprachen einander. Und trotzdem war dies die einzige Frau im spanischen Mittelalter gewesen, die wirklich Macht innegehabt hatte. Siebzehn Jahre hatte sie regiert, allein. Siebenundzwanzig war sie gewesen, Witwe, Mutter von zwei Kindern, Königin von Kastilien und León, als sie den König von Aragón heiratete. König, Königin, idiotische Wörter. Eine Frau liegt in ihrem Bett in Berlin und denkt an diese beiden Körper, die drei Königreiche waren, in einem nicht vorstellbaren anderen Bett. Nein, da gab es nichts herauszufinden außer den Fakten, die bereits vorlagen oder die noch entdeckt werden würden. Aus diesem Bett waren keine Kinder hervorgegangen. Bedeutete das, daß der Mann impotent gewesen war? Schließlich hatte sie bereits Kinder, und er hätte allen Grund gehabt, eines zu zeugen. Er schlug sie, sagten die Quellen. Tausend Jahre alter Tratsch oder die Wahrheit oder Schlimmeres. Die Ehe war eine Katastrophe geworden. Sie hatte zurückgeschlagen, allerdings mit Heeren. Doch alles, was man sich dazu überlegen konnte, wäre doch wieder nur Fiktion, Beziehungswahn.

»Ich glaube, ich verstehe, warum du sie dir ausgesucht hast«, hatte ihr Doktorvater gesagt, »paßt gut in unsere Zeit, was?«

Er war sehr von sich selbst angetan gewesen, mit diesem stumpfsinnigen Grinsen von Männern, die glauben, einen Punkt gemacht zu haben. Sie hatte nichts erwidert, dafür war es noch zu früh.

Sie war spät eingeschlafen, ein paarmal wach geworden, ihr Wirt hatte an die Tür gehämmert und weinerlich etwas gerufen, und sie hatte ihn weggeschrien. Und jetzt saß sie einem anderen Mann gegenüber. Er goß zum letztenmal Wasser auf und brachte ihr einen Kaffee. Er würde sie nicht fragen, was sie hier wollte, er nicht. Er suchte etwas in seiner Innentasche und sagte dann, »hier, das ist für dich, von Arno Tieck«.

Es war eine Ansichtskarte. Sie nickte, sah sich die Abbildung an.

Was auf der Rückseite geschrieben stand, konnte sie später lesen. Dies war ihr Gebiet, hier kannte sie sich aus. In diesem stillen Raum mit den vielen Sarkophagen, deren Inschriften kaum zu entziffern waren, hatte sie gestanden und hätte gerne geglaubt, in einem dieser steinernen Särge liege ihre Königin begraben. Ein alter Priester, der dort herumging, riß sie aus ihrem Traum. Zu Recht, denn Träumen war nicht erlaubt. Der Mann war stocktaub gewesen und hatte geschrien, und sie hatte ihre Fragen zurückgeschrien, und ihre Stimmen hatten in den niedrigen romanischen Gewölben gehallt.
»Napoleons Soldaten haben hier wie Bestien gewütet. Sie haben die Leichen, oder was davon noch übrig war, aus den Sarkophagen gerissen, die Inschriften zerstört, in diesen Särgen ist nichts mehr drin.«
»Hinten steht noch was drauf«, sagte Arthur.
Dann also doch. Sie drehte die Karte um. Plutarch, Lucianus. Jemand nahm sie offenbar für voll. Dieser Mann mit dem weit abstehenden Haar, den dicken Brillengläsern, dem Gesicht voller Hieroglyphen. Hegel, Napoleon, das Ende der Geschichte. Königinnen aus ihrem Grab reißen. Aber vielleicht gerade. Sie sah den Mann ihr gegenüber an, der sich wieder gesetzt hatte. Was konnten zwei so unterschiedliche Männer miteinander zu tun haben? Jenes andere Gesicht war voll beeindruckender Spinnweben, dieses hier sah aus, als wolle es möglichst wenig sagen. Und trotzdem hatte es gestern alles mögliche gesagt.
»Mach mal Musik«, sagte sie. Und als er aufstand, um unter den CDs etwas herauszusuchen: »Nein, nichts, was du jetzt für mich auflegst, irgendwas, was noch drin ist, was du dir selbst angehört hast.«
Es war das *Stabat Mater* von Penderecki. Worte konnte man nicht verstehen. Lang angehaltene Töne von dunklen Männerstimmen, Baritone, Bässe, erst später Frauenstimmen, argumentierend, wie aus der Ferne rufend, über die Männer hinweg fließend, flüsternd, agierend.

»Musik aus dem Totenreich«, sagte sie, »verirrte Seelen.«
Plötzlich Geschrei wie ein Peitschenhieb, dann geheimnisvolles Gemurmel.
»Wann hast du das gehört? Heute nacht, als du nach Hause kamst?«
»Als ich nach Hause kam, war ich betrunken.«
»Oh.«
»Ziehst du deinen Mantel nicht aus?«
Sie stand auf, zog ihren Mantel aus, und danach, während er zusah, sich nicht rührte, den Pullover, die Schuhe. Vor dem Fenster stehend, legte sie alle Kleidungsstücke nacheinander auf einen Stapel, bis sie nackt dastand, ganz still, und sich zu ihm umdrehte.
»Das bin ich«, sagte sie.
Die Narbe war violett in diesem Licht, doch das war es nicht, was seinen Atem stocken ließ. Sie hatte jetzt, durch ihre Nacktheit, eine völlig andere Funktion erhalten, stand auf der weißen Haut wie eine Schrift, ein Spruch, er mußte hin und sie berühren. Sie bewegte sich nicht, streckte die Arme nicht aus, spürte, wie er mit seinem Finger über diese Kerbe, diese Wunde strich, wie der Finger ihren Umriß erkundete, ein Mund. Eine Hand legte sie ganz leicht an seine Brust, und als er sich, schweigend, lautlos, ausgezogen hatte, schob dieselbe Hand ihn ebenso leise, aber gebieterisch, zum Bett, als wäre er jemand, der zu Bett gebracht werden mußte, die Hand drückte ihn rücklings auf die Matratze, in einer langsamen, fließenden Bewegung fühlte er, wie er rückwärts fiel, sah, wie sie über ihm erschien, sich auf ihn legte, die Narbe ganz nah an seinen Augen, wie sie ihn vollständig zu bedecken schien; später wußte er noch, daß sein Gefühl dabei eines der Bestürzung und der Ungläubigkeit gewesen war, als könne es nicht wahr sein, daß diese Frau ihn streichelte und küßte, als sei es nicht wahr, daß sie sich jetzt über ihn schob und ihn damit in Besitz nahm, ohnmächtig machte, nichts von diesen Handlungen schien mehr mit ihm zu tun zu haben, vielleicht hatte dieses Gesicht mit

den geschlossenen Augen, vielleicht hatte dieser Körper, der sich in Ekstase immer weiter zurücklehnte, ihn ja vergessen, auf ihm ritt eine Frau, die etwas zu murmeln, zu raunen schien, eine Stimme, die sich mit dem Trauerchor der Musik vermischte, eine Stimme, die schreien würde und dann auch schrie, und im selben Moment, als sei es ein Befehl gewesen, kam er mit einem Schmerz, der, als müsse das so sein, sofort erstickt wurde, weil sie mit ihrem Kopf neben dem seinen auf das Kopfkissen schlug, noch immer murmelnd oder fluchend, flüsternd.

Erst viel später war sie aufgestanden, ins Bad gegangen, wieder zurückgekehrt. Er hatte mit einer Geste auf das Bett gedeutet, doch sie hatte den Kopf geschüttelt, er war aufgestanden und hatte die Arme um diesen schmalen Körper geschlungen, der bebte und erschauerte. Dann hatte sie sich langsam aus seiner Umarmung gelöst und sich wieder angezogen, und damals war wieder jetzt geworden, und auch er hatte sich angekleidet. Dies war noch immer sein Zimmer. Warum er das dachte? Weil er wußte, daß es nie mehr dasselbe Zimmer sein konnte. Sie setzte sich wieder ans Fenster, als müsse das Geschehene rekonstruiert werden. Gleich würde sie wieder all ihre Kleider ausziehen, vor seinen Augen würde wieder diese schreckliche Verletzlichkeit entstehen, und dann würde sich wieder zeigen, daß Verletzlichkeit ihn mit einer einzigen Bewegung überwältigen, niederwerfen, nehmen konnte, abwesend, anwesend, andere Gesetze, die er lernen mußte. Die Musik hatte aufgehört, sie stand auf und ging ziellos durchs Zimmer, wobei sie einige Gegenstände leicht mit der Hand berührte.

Er hörte, daß sie außerhalb seines Blickfelds in einer Ecke des L-förmigen Raums stehenblieb, dort, wo sein Arbeitstisch stand.

»Wer ist das?«

Blind wußte er, worauf sie schaute. Das Foto von Roelfje und Thomas, das gleiche, das bei Erna am Fenster stand, nur kleiner.

»Das ist meine Frau.«
»Und das Kind?«
»Das ist mein Sohn.«
»Sind sie in Amsterdam?«
»Nein. Sie sind tot.« Es gab keine andere Möglichkeit, diese Dinge zu sagen. Jetzt waren sie für einen kurzen Moment zusammen mit anderen in diesem Zimmer. Anderen?
Er wartete, ob sie noch etwas fragen würde, aber sie sagte nichts mehr. Langsam ging er auf sie zu, sah, wie sie das Foto ins Licht hielt, vor die Augen führte. Das war kein Schauen mehr, sondern Studieren. Vorsichtig nahm er ihr das Foto aus der Hand und stellte es wieder an seinen Platz.
»Möchtest du etwas essen?«
»Nein. Ich muß gehen. Es ist nicht wie gestern, aber ich bin Weltmeisterin im Abschiednehmen. Für dich brauche ich mir keine Ausrede auszudenken.« Sie zögerte. »Bleibst du noch lange in Berlin?«
»Bis zu meinem nächsten Auftrag.«
Er dachte an die Nachricht vom NPS. Er mußte noch zurückrufen. Rußland, Mafia.
»Aber vorläufig bin ich noch hier.«
»Gut«, sagte sie. »Tschüs.«
Sie hob ihren Mantel mit einem Finger hoch und war schon verschwunden. Weltmeisterin im Abschiednehmen. Er hörte ihre Schritte auf der Treppe, dann die Haustür. Jetzt war sie ein Teil der Stadt, eine Passantin. Er war nicht verrückt, sah aber, daß das Zimmer sich wunderte. Er war also nicht der einzige. Die Stühle, die Gardinen, das Foto, das Bett, sogar sein alter Freund, der Kastanienbaum, wunderten sich. Er mußte machen, daß er hier fortkam.

*

Es gab zwei Weinstuben, wo sie sich trafen, die von Herrn Schultze und die ihres Freundes Philippe, die von Victor »meine Außenstelle« genannt wurde, weil er hier fast täglich aß.

»Philippe besitzt die angenehme Gabe des geistigen Radars, er erkennt, wenn ich in Schweigen gehüllt bin, und das ist eine ganze Menge für einen Bukanier.«

Beides stimmte. Victor hatte zuweilen einen Kreis unsichtbarer Stille um sich, wenn er über etwas brütete, und Philippe sah aus wie ein Seeräuber aus Saint-Malo. »Nein, wie einer der drei Musketiere«, hatte Vera gesagt, und auch daran war etwas wahr.

»Das leicht Traurige kommt daher, weil er die beiden anderen vermißt.«

An diesem Abend jedoch war Philippe fröhlich. Er umarmte Arthur, der das bei fast keinem ertrug, und sagte: »Victor sitzt hinten.« Und im gleichen Atemzug: »Was ist mit dir passiert? Du siehst aus, als hättest du eine fliegende Untertasse gesehen.«

Das war's, dachte Arthur. Eine fliegende Untertasse. Er ging nach hinten. Victor würde jetzt erst so tun, als bemerke er ihn nicht, die ohnehin schon zusammengekniffenen Augen würden sich noch weiter zu Schlitzen verengen, eine besondere Art von Kurzsichtigkeit vortäuschend, die in große Überraschung münden würde. Arthur sah, daß Victor ein Lesezeichen in das Buch legte, in dem er gelesen hatte, und eine Zeitung darüber breitete.

»Ach! Sie da.«

Das alles war völlig vorhersagbar. Sie hatten es nie offen geäußert, doch Arthur wußte, daß sie es beide genossen, von Zeit zu Zeit niederländisch sprechen zu können.

»Eine wunderbare Sprache«, hatte Victor einmal zu Arno gesagt. »Das hättet ihr so lassen müssen. Wie's jetzt ist, habt ihr hier etwas Merkwürdiges daraus gemacht. Und manchmal auch etwas zu Lautes. Das kommt natürlich durch all die Hügel und Täler, die ihr habt, da schallt es mehr. Sieh mal, wir sind flach, das ist einerseits natürlich etwas oberflächlicher, aber es schenkt auch mehr

Klarheit. All diese verborgenen Höhlen, Lichtungen, Hänge mit dazugehörigen Wäldern – da bekommt man natürlich die Nibelungen, druidische Dichter und Schriftsteller wie Hohepriester. Davor muß man sich in acht nehmen. Das gibt es nicht bei Ostwind auf dem Polder. Nimm doch mal Mädchen, das Wort, meine ich. Ihr sagt: das Mädchen, sein ... das Mädchen hat seine Puppe verloren. Gib zu, daß das eigenartig ist. Mit diesem Mädchen muß etwas ganz Schlimmes passiert sein. Stell dir das jetzt mal auf dem Polder vor, dort geht so was nicht. Jeder würde es sehen. Erst Meer gewesen, dann trockengepumpt, kurz liegen gelassen, dann Häuser gebaut, bei denen man ungehindert durchs Fenster hineinschauen kann, nichts zu verbergen, keine Nebel, keine Geheimnisse, einfach ein Mädchen mit *ihrer* Puppe. Mädchen sind bei uns weiblich. Hast du je Goethe auf niederländisch gehört?«
Und daraufhin hatte er Goethe auf deutsch vorgetragen.
»Gib zu, das ist wundervoll.«
Auch jetzt war Victor ausgezeichneter Laune.
»Mich hat man aus dem Haus gejagt«, sagte er. »Aber was machst du hier? Wie sollen wir je zu unserer Portion Weltleid kommen, wenn du hier nur herumlungerst?«
»Ich geh ja schon«, sagte Arthur, »nächste Woche Afghasien. Wieso aus dem Haus gejagt?«
Victor wohnte allein, und es gab niemanden, der ihn aus dem Haus jagen konnte, es sei denn, er selbst. Er legte seine Hand auf die Zeitung und spürte die Form des Buches darunter.
»Buch versteckt?«
»Freilich.«
»Darf ich nicht sehen?«
»Es schläft noch.«
»Von wem?«
»Von mir.«
»Nein, das mein ich nicht. Wer hat es geschrieben?«
»Ah. Du darfst raten.«

»Kenne ich ihn?«
»Weiß ich nicht, aber er kennt dich.«
Arthur fischte das Buch unter der Zeitung heraus. Es war eine kleine Bibel. Er schlug sie an der Stelle auf, wo Victor das Lesezeichen hineingelegt hatte.
»Das geht reichlich weit«, sagte Victor, »aber wo du nun schon mal so dreist bist, mußt du das Rätsel lösen.« Er zeigte auf ein kleines Kreuz neben einer Zeile. »Verteil[a] es unter sieben oder unter acht; denn du weißt nicht, was für Unglück auf Erden kommen wird.«
»Das letzte verstehe ich«, sagte Arthur, »aber dieses sieben und acht? Meint er Menschen damit? Und was bedeutet dieses [a]? Ich habe von so was nichts mitgekriegt.«
»Dann müssen Sie weiter schauen, als Ihre Nase lang ist. Das steht ein kleines Stück weiter. a. 2. Kor. 9, 10.«
»Und dann?«
»Die hilflose Generation. Das schreit ja zum Himmel. Hast du schon mal was vom Apostel Paulus gehört?«
»Ja.«
»Also, das ist ein Brief vom Apostel Paulus an die Gemeinde in Korinth. Neues Testament. Ziemlich weit hinten. Zu deinem Geburtstag bekommst du von mir eine Bibel.«
Arthur schlug die Stelle auf und las leise, wollte dann den ersten Text wieder lesen. Er sah Victor fragend an.
»Wo stand das erste gleich wieder?«
»Prediger Salomo, elf, Vers zwei.«
Er schlug nach, wurde aber nicht schlau daraus. Ein Stück weiter waren einige Zeilen unterstrichen.
»Gleichwie[a] du nicht weißt, welchen Weg der Wind nimmt und wie die[b] Gebeine im Mutterleibe bereitet werden, so kannst du auch Gottes Tun nicht wissen, der alles wirkt. [a] Joh. 3, 8. [b] Ps. 139, 15-16.«
»Jetzt weißt du, wie's geht«, sagte Victor. »Was steht da bei den Gebeinen?«

»Ein kleines b.«
»›Ein kleines b‹, sehr gut. Und was steht daneben?«
»Ps. 139, 15-16.«
»Der Psalter«, sagte Victor. »Nach Hiob und vor den Sprüchen Salomos. Man bringt euch ja nichts mehr bei. Früher mußte man das auswendig können.«
Arthur las.
»Bitte laut«, sagte Victor.
»Es war dir mein Gebein nicht verborgen, als ich im Verborgenen gemacht wurde, als ich gebildet wurde unten in der Erde.
Deine Augen sahen mich, als ich noch nicht bereitet war, und alle Tage waren in dein Buch geschrieben, die noch werden sollten und von denen keiner da war.«
Victor lehnte sich zurück.
»Jetzt willst du wissen, warum ich das lese, und ich rufe jetzt Philippe, damit er uns ein Glas Wein bringt, so daß ich keine Antwort zu geben brauche.«
»Du brauchst keine Antwort zu geben. Ich habe im übrigen auch nicht gefragt. Würde ich mich nie trauen. Aber das mit diesen Gebeinen und dieses ›als ich noch nicht bereitet war‹...«
Ohne nachzudenken, hatte er die Karte in die Hand genommen, die Victor ihm wieder wegnahm und an derselben Stelle in die Bibel legte.
»Zeig doch mal. Das war doch was von Hopper?«
»Ja. In Bildern sind wir stärker als in Worten?«
Arthur kannte das Gemälde. Fünf Menschen saßen in einer strengen Anordnung auf Sonnenstühlen. *People in the sun.* Sie saßen neben einem Haus, dessen Fenster geschlossen schienen. Die Läden vor den Fenstern hatten dieselbe Farbe wie das gelbliche Strohfeld vor der Terrasse, auf der sie saßen. Hinter dem Feld eine Reihe niedriger, spitzer Hügel, vielleicht sogar Berge. In diesem Bild herrschte völlige Stille. Der hinterste Mann las, die anderen starrten unverwandt nach vorn. Sie machten auf Arthur keinen angenehmen Eindruck. Der erste Mann im Vordergrund trug

weiße Socken in großen hellbraunen Schuhen und hatte ein Kissen im Nacken, an das sich sein schon kahl werdender Schädel lehnte. Die Frau hatte einen roten Schal umgebunden und einen großen Hut aus Stroh, wie es schien, auf dem Kopf. Der andere Mann in der ersten Reihe verdeckte eine blonde Frau in blauem Kostüm. Ihr Gesicht war nicht zu sehen. Der lesende Mann trug einen blauen Schal vom gleichen Blau wie Victors.
»Das bin ich«, sagte Victor. »Siehst du, wie unsere Schatten auf der Erde liegen?«
Die Schatten begannen, sah Arthur, an den Schuhen und liefen, falls man von Laufen sprechen konnte, links aus dem Bild heraus. Aber nein, sie liefen nicht, sie lagen flach und eindimensional auf dem Boden.
»Eigentlich sind Schatten grauslich«, sagte Arthur.
»Was Sie nicht sagen.«
»Was liest du?«
»Haha.« Und dann, die zusammengekniffenen Augen etwas weiter geöffnet: »Dies ist das beste Bild, das je von der Ewigkeit gemacht worden ist. Das Buch da habe ich schon dreimillionenmal gelesen.«
Die Tür ging auf, und ein bärtiger junger Mann kam herein und schrie: »*Berliner Zeitung!*«
»Ist es schon so spät?« fragte Victor und winkte. Er kaufte gleich zwei Exemplare. »Dann hast du für eine Weile Ruhe vor meiner Beredsamkeit.«
Es kam anders, denn sie hatten die ersten Hieroglyphen der Arbeitslosigkeit und des Börsenaufschwungs noch nicht buchstabiert, da sahen sie Otto Heiland, gefolgt von seinem Schatten. Otto war Maler, der Schatten sein Galerist, ein Mann von unendlicher Düsterkeit, der immer so aussah, als hätte man ihn gerade aus einem Sumpf gerettet. Alles an ihm schien zu triefen.
»Sein ganzes Gesicht ist ein Stalaktit« (Victor), »alles hängt, der Schnurrbart, die nassen Augen, igitt. Da ist immer etwas faul, wenn der Galerist aussieht wie ein Künstler, besonders seit

Künstler keine Uniformen mehr tragen. Ein Künstler muß aussehen wie ein Bankier am Sonntagnachmittag.«

Wie die aussahen, wußte Arthur nicht, Otto jedenfalls wirkte immer wie ein Mensch, dessen Beruf man unmöglich erraten konnte. Schlicht war vielleicht das beste Wort dafür, nichts an seiner reservierten Erscheinung entsprach den geheimnisvollen, gemarterten Wesen, die seine Bilder bevölkerten.

Victor kannte Otto schon seit vielen Jahren. »Und was glauben Sie? Das Wort Kunst ist zwischen uns noch nie gefallen. Und diesen Galeristen hat er meiner Meinung nach einzig und allein aus Mitleid.«

»Liebe Freunde, die letzte Runde für die Küche, der Koch möchte nach Hause.«

Plötzlich merkte Arthur, wie hungrig er war. Dieser Tag dauerte bereits viel zu lang.

»Ich laß dir was Schönes machen«, sagte Philippe, »du siehst müde aus.«

»Und geistesabwesend«, sagte Victor. »Er ist mit seinen Gedanken irgendwo anders. Er betrachtet sich selbst mit einem Cooke und schließt uns aus.« Cooke war eine bekannte Objektivmarke, es gab Tele-, Weitwinkel- und Zoomobjektive. Victor hatte einmal durch alle seine Objektive schauen wollen und danach nur gesagt: »So wird die Menschheit also betrogen.«

»Nicht betrogen, sie bekommt nur mehr Augen.«

»Wie Argus?«

»Wie viele hatte der?«

»Er hatte am ganzen Körper welche. Aber es nahm ein schlimmes Ende mit ihm.«

Der Galerist hatte nach der Zeitung gegriffen und stöhnte. »Die Börsenkurse sind wieder gestiegen ... wenn ich ein arbeitsloser Arbeiter wäre, dann würde ich alles kurz und klein schlagen.«

»Was jammerst du da rum?« sagte Victor, »bei diesen ganzen Spekulationsgeschäften fällt für dich doch auch was ab, oder? Ich finde sowieso, daß ihr in letzter Zeit alle so viel klagt. Seit die

Mauer weg ist, höre ich hier nur noch Gejammer, als stünde das ganze Land kurz vor der Pleite«.
»Du hast leicht reden. Ihr seid nur ein kleines Mistland.«
»Klein, aber fein.«
»Ja, ja, klein, fein und arrogant. Ihr wißt immer alles besser.«
»Das ist in der Tat ein ärgerlicher Charakterzug. Aber abgesehen von den Tomaten machen wir's ja auch gar nicht so schlecht, glaube ich.«
»Wenn es bei euch so gut ist, was tust du dann hier?«
»Bitte, genau das meine ich. Gleich ›Ausländer raus‹. Gleich dieser beleidigte Ton. Kopf hoch, wir wissen alle, daß ihr das reichste Land Europas seid.«
»Alles nur Neid.«
»Na klar, aber was wurmt euch denn eigentlich so?«
Arthur sah Otto an, der ihm zuzwinkerte. Er fand es herrlich, wenn sein Galerist ein bißchen geärgert wurde.
»Was meinst du dazu, Philippe?« fragte Victor.
»Mich darfst du nicht fragen. Ich habe französische Füße, deutsche Knie ...«
»O làlà.«
»... und eine französische Zunge. Hier, probier das mal. Geht aufs Haus. Ein weißer Châteauneuf. Weißt du, wieviel Euro der kostet?« fragte er den Galeristen. »Es gibt doch noch gar keinen Euro. Und wenn's nach uns geht, wird's ihn auch nie geben. Wir werden unsere kostbaren Ersparnisse doch nicht einem Haufen griechischer und italienischer Strauchdiebe in den Rachen schmeißen. Und demnächst kommen die Polen und Tschechen auch noch dazu ...«
»Vor fünfzig Jahren wolltest du die doch noch so gerne dabeihaben!«
»Herrschaften, dafür hab ich meinen kostbaren Tropfen aber nicht spendiert!«
»Und außerdem hat er überhaupt keine Ersparnisse«, sagte Otto.

Philippe goß noch einmal nach. Arthur wußte, was jetzt kam. Binnen einer halben Stunde würde Philippe den Seeräuberblick in die Augen bekommen, eine neue Flasche holen, und zwei Stunden später würden sie in dem geschlossenen Restaurant wie Kaperer dasitzen, die ein Schiff mit Goldschätzen geentert haben. Victor und Philippe würden Lieder aus *Les Parapluies de Cherbourg* singen, sogar Otto würde leise mitsummen, und der Galerist würde weinen.

»Leute, ich muß los«, sagte Arthur und erhob sich.

»Spielverderber!«

»Er ist verliebt«, sagte Victor. »Und das in seinem Alter. Lebensgefährlich. Aber jeder folgt seinem Schicksal bis zum Ende.«

Draußen war aus dem Wind Sturm geworden. Einen Moment lang dachte er, er könnte fliegen. Wie das wohl wäre? An all den hohen, mächtigen Häusern vorbei, nicht wie ein Vogel, sondern wie ein willenloser Gegenstand, ein Stück Papier, aufgenommen in das große Wehen, in das blasende, wirbelnde Geräusch, aller Worte dieses Abends ledig, zurück zu der früheren, so seltsamen und stillen Stunde, da jemand plötzlich vor ihm gestanden hatte in der Stille seines Zimmers, jemand, der ihn, dachte er jetzt, überwältigt hatte, der aber auch durch seine Vergangenheit gejagt und gestürmt war wie ein Orkan. Konnte das sein? In der kurzen Zeit? War jetzt etwas anderes angebrochen? An der Ecke Leibnizstraße konnte er sich kaum noch auf den Beinen halten. Dieser Wind kam von der Ostsee oder von der Steppe irgendwo weit im Osten, von Ebenen, in denen man spurlos verschwinden konnte. Der Wind hatte alle Zweige in Peitschen verwandelt, die gegeneinander schlugen und dabei vor Schmerz wimmerten. Dieses Geräusch würde er noch die ganze Nacht hören.

★

Auf dem Falkplatz sind die Töne des Windes die gleichen, sind anders. Erst ist er über die frühere Leere des Todesstreifens ge-

stürmt, hat dort Kraft gesammelt, schreit jetzt lauter und greift einen zu unbedeutenden Feind an, die verunglückte Anpflanzung, die dürftigen Überbleibsel guten Willens. Jetzt ist es eher ein Rauschen und Zischen, Elik Oranje hört es als scharfes Geflüster, als Klopfen und Rütteln an dem einzigen Fenster ihres Zimmers, als Orakel, die unverständlichen, heiseren Stimmen alter Frauen. Sie sitzt im Lotussitz in der Mitte des begrenzten Raums, weil sie sich konzentrieren will, und es gelingt ihr nicht. Ihre Gedanken gehen hin und her wie eine Windfahne und kehren doch jedesmal wieder zu drei ganz verschiedenartigen Überlegungen zurück, die sie alle unterzubringen versuchen muß: die Wahrheit über Liebhaber und Fehlgeburten ihrer Königin; die letzte Hegelvorlesung; und dieser Mann, der ihre Narbe auf eine Art berührt hatte, die intimer war als das Vögeln selbst.
»So kannst du nicht denken«, sagt sie laut, und das stimmt, an jedem dieser drei Gedanken zieht sie jedesmal ein bißchen weiter, als ribbele sie einen Pullover auf. Und zugleich wiederholt sie sie, gebetsmühlenartig. Diese Narbe, die ihr gehört und nur ihr allein, der Augenblick des Feuers, der Schmerz, der Brandgeruch, der Mann, der seine Zigarette ausdrückt, herumdreht, während er sie mit seinem aggressiven Gewicht zermalmt, sie auseinanderreißt, der Alkoholgestank aus dem Mund, der Worte brabbelt, ihre Schreie, ihre Mutter, die torkelnd im Zimmer erscheint und sich mit beiden Händen an der Tür festhalten muß und zuschaut, das alles ist ihres. Meins, meins. Darüber kann nie gesprochen werden. Alle anderen Momente gehen verloren, dieser bleibt. Ist da. In dem Augenblick wurde die Verweigerung geboren. Damals, und immer noch. Wessen? Die Verweigerung. Und jetzt hat ein anderer Mann mit seinem Finger ihre Narbe berührt, sie sanft umkreist, als könne sie heilen. Nein. Niemand hat sie berührt. Zärtlich, das Wort, das nicht genannt werden darf. Als wüßte er alles. Aber das ist unmöglich. Und dann wieder, als habe es damit etwas zu tun, das andere. Die Königin, von der sie immer mehr – und damit immer weniger – wußte, da jedes Fak-

tum neue Fragen aufwarf. Die Frau von einst, wie sie sie manchmal nannte. Eine Frau, mit der sie sich verbunden hat und mit der sie trotzdem nichts zu tun haben darf, mit der sie sich unter keinen Umständen identifizieren darf, obwohl sie wußte, daß es bereits geschah; unzulässig. Nichts davon durfte durchscheinen in dem, was sie schreiben würde. »Knochentrocken« mußte es werden, und dennoch, je mehr sie las, all diese einander widersprechenden Stimmen, all diese Lücken, um so stärker war sie versucht, die leeren Stellen und Ungewißheiten mit Emotionen zu füllen, als sei *sie* es, die um ihr Königreich kämpfte, die geschlagen wurde, mißbraucht, die fliehen mußte und zurückschlug, Hilfe suchte bei anderen Männern; unverzeihlich war das, als schriebe sie einen Roman, ein schlechtes Märchen, in dem man die Wahrheit nach Belieben verdrehen konnte und sagen würde: »In diesem Augenblick dachte Urraca...«, während man nie und nimmer wissen konnte, was sie gedacht hatte. Es gab zehn Bücher über das höfische Leben jener Zeit, und trotzdem wußte man nichts, nicht, wie sie stanken, wie sie sprachen, wie sie liebten, alles, was man behauptete, war reine Spekulation. In einem Roman konnte man eine mittelalterliche Königin zum Orgasmus kommen lassen, aber war ein Orgasmus von damals mit einem von heute vergleichbar? Wie anders waren diese anderen, und dann wieder: wie gleich? Die Sonne kreiste erhaben um die Erde, die Erde war der Mittelpunkt des Kosmos, und der Kosmos lag geborgen in Gottes Hand, alles stimmte, die Welt war eingeschlossen in die göttliche Ordnung, und in dieser Ordnung hatte jeder seinen hierarchischen Platz, das alles war so unvorstellbar geworden, daß man es nicht mehr nachempfinden konnte, nicht einmal annäherungsweise. Aber gab es andererseits keine physischen Konstanten bei der Spezies Mensch, die es einem erlaubten, sich alles mögliche vorzustellen? Der Kreuzzug der Kirche gegen das Fleisch, wie man ihn auf romanischen Kapitellen sehen konnte, wo die Strafe für Wollust so sadistisch dargestellt war, daß es einem noch immer schlecht werden

konnte, das, aber andererseits auch die schmachtenden Stimmen der Troubadoure, deren Geilheit mit Müh und Not durch Rhythmus und Reim im Zaum gehalten wurde.
Sie wiegte sich hin und her. Ihre Magisterarbeit hatte sie über einen Essay von Krysztof Pomian, *Histoire et Fiction*, geschrieben, und an den Anfang hatte sie ein arabisches Sprichwort gestellt, das sie bei Marc Bloch gefunden hatte: »Menschen gleichen mehr ihrer Zeit als ihren Vätern.«
»Das ist ja wohl eine Binsenweisheit«, hatte ihr Doktorvater gesagt, »und damit nur eine leere Phrase, aber es macht was her«, und dabei hatte er ihr natürlich die Hand auf die Schulter gelegt und sie so leicht gedrückt, daß man dazu nichts sagen konnte. Sie hatte die Hand wie einen fremden Gegenstand von ihrer Schulter genommen und dann losgelassen. Die Strafe war natürlich wieder bevormundende Ironie:
»Noli me tangere.«
»Wie Sie wollen.«
»Gut, was ich sagen wollte: Auf dieses hochgestochene Gehabe kann ich verzichten. Wir studieren hier schlicht und einfach Geschichte. Spekulationen würde ich vorläufig den Koryphäen überlassen.«
Männlichen Koryphäen, verstand sich, aber es war zu blöd, einen Kommentar dazu abzugeben. Männer ertrugen es im übrigen überhaupt nicht, wenn man ihnen widersprach. Das letzte Gespräch nach der Hegelvorlesung war auch nicht gerade glücklich verlaufen. Arno Tiecks wohltuende Begeisterung (»Ach, wenn du die Vorlesungen von Kojève über Hegel hättest hören können!«) hatte sie doch ein wenig angesteckt, doch die gequälten Sätze des großen Denkers blieben ein Problem für sie, und der näselnde Akzent des Vortragenden verschlimmerte es noch.
»Er spricht genau wie Ulbricht«, sagte einer ihrer Kommilitonen. Ob das stimmte, wußte sie nicht, jedenfalls sah der Mann aus wie eine aufgetakelte Gurke, und auf eine Frage von ihr, die er offensichtlich sehr dumm fand, hatte er gesagt: »Ich bin darüber im

Bilde, daß auf den höheren Schulen in Holland Philosophie gar nicht oder nur wenig unterrichtet wird und vermutlich überhaupt keine deutsche Philosophie, aber Unwissenheit kann man auch übertreiben. Andererseits können Sie wahrscheinlich nicht viel dafür. Wie Heinrich Heine schon sagte: In den Niederlanden passiert alles immer erst fünfzig Jahre später.«

»Das ist dann wohl auch der Grund dafür, warum Mainz, Hamburg und Düsseldorf kein Heine-Standbild haben wollten und warum sogar noch 1965 Rektor und Senat ihre neue Universität nicht nach Heine benennen wollten und die überwiegende Mehrheit der Studenten auch nicht.«

»Sie wollen sagen, weil Heine Jude war?«

»Diese Schlußfolgerung überlasse ich Ihnen. Ich denke, es kam daher, weil Heine ein intelligenter Spötter war und daß man das hierzulande hundert – wie Sie wissen, sind das zweimal fünfzig – Jahre später noch immer nicht erträgt. Das Standbild, von dem ich gerade sprach, steht inzwischen in New York, in der Bronx. Dort fühlt es sich wahrscheinlich auch wohler. Und außerdem soll Heine das mit den fünfzig Jahren gar nicht gesagt haben.«

Wie ihre Frage gelautet hatte, wußte sie vor lauter Aufregung nicht mehr. Der Mann, den man hier noch mit Herr Professor ansprechen mußte, hatte versucht, sie mit einem vernichtenden Blick zu bedenken, die anderen Studenten hatten sich nicht eingemischt, und er war mit seiner nebulösen Exegese fortgefahren. Arno Tieck gegenüber hatte sie sich provozierend gegeben, das war ihr schon klar, und jetzt, hier, allein in ihrem Zimmer, kamen die Zweifel.

Was konnte man um Himmels willen mit dieser Wahnsinnsmenge an Wörtern anfangen, aus der einen manchmal ein Fetzen berührte, die aber gleich darauf einem versteinerten Gesetzbuch glichen und dann wieder einem fast religiösen Bestreben, alles stimmig zu machen, die utopischen Orgeltöne einer unbewiesenen Prophezeiung, eine Zukunft, in der irgendwann der Weltgeist, was immer das war, wenn sie es richtig verstanden hatte,

sich selbst kennen würde, wobei dann alle Gegensätze, die die Welt im Verlauf der Geschichte geplagt hatten, aufgehoben wären.
Eine grauenvolle Vorstellung für sie. Fast ununterbrochen verspürte sie einen Widerstand gegen diese turmhohen Sätze, und dennoch war es schwer, sich dem Reiz mancher Formulierungen zu entziehen, als spräche ein Zauberer auf einen ein, ein Schamane, den man zwar nicht verstand, dem man sich aber auch nicht verweigern konnte. Das erging ihr nicht so, wenn diese aufgetakelte Gurke sprach, sondern erst später, wenn sie allein in ihrem Zimmer oder in der Bibliothek saß, wenn sie der Architektur dieser endlosen Sätze nachspürte, während sie sie unterstrich. Beim Unterstreichen hatte sie das Gefühl, sie zu verstehen, doch wenige Stunden später konnte sie schon fast nichts mehr davon wiedergeben, und dann blieb nur noch dieses Element des Religiösen, des Phantastischen übrig. Wie konnte jemand bloß denken, daß »Napoleon der restlos befriedigte Mensch war, der in und durch seine letztliche Befriedigung den Verlauf der historischen Entwicklung der Menschheit abschloß«? Was war denn nun abgeschlossen? Und trotzdem hatte sie das Gefühl, hinsichtlich dieser Worte sei es nicht gestattet, so zu denken; daß sie einfach irgend etwas nicht mitbekam und dadurch nicht in den Bann geschlagen werden konnte. Was hatte dieser Arno gleich wieder gesagt? »Spürst du denn nicht, daß Hegel für seine Zeit die Idee der Freiheit als erster begriffen hat und daß es in diesem Sinne tatsächlich das Ende einer Epoche war?«
Vielleicht, aber das bedeutete doch noch nicht das Ende der Geschichte? Denn gerade wenn man von diesem Moment an zum erstenmal ein Bewußtsein wirklicher Freiheit erlangt hatte, wenn diese Märchengestalten Herr und Knecht von der Bühne abgetreten waren wie in einem Theaterstück von Goldoni, dann war es doch doppelt schlimm, daß die Knechte ausgerechnet in der Stadt und in dem Land, in dem diese Worte erstmals ausgesprochen und niedergeschrieben worden waren, ihre eigenen

Herren geworden waren und sich im folgenden von sich selbst in die Zwangsjacke einer noch viel schlimmeren Unfreiheit hatten zwängen lassen! Knechte, die sich ihre eigenen Herren aussuchten, um Knecht bleiben zu können, mit Herren, denen sie zwar ebenbürtig sein mochten, es aber nicht waren, welcher Verrückte hatte sich das ausgedacht! Der Betrug war nur noch größer geworden. Millionen waren für diesen Unsinn gestorben.

»Das ist nicht seine Schuld.«

Mit wem sprach sie da eigentlich? Wäre es nicht viel besser, wenn sie sich einfach an ihre Königin hielt? Geduldig Urkunden, Folianten, Quellen studierte, ihren eigenen kleinen Garten bebaute? Denn soviel war ihr schon jetzt klar: Das begrenzte Gebiet, das sie sich ausgesucht hatte, wurde mit jedem Tag größer, hinter allem, in das sie vordrang, tauchte etwas anderes auf: Dissertationen über päpstliche Gesandtschaften nach Santiago, über Bündnisse mit muslimischen Königreichen, über den Einfluß der Benediktiner. Welchen Stellenwert hatte dieses so labyrinthisch verzweigte Netzwerk, von dem man so viel und gleichzeitig so wenig wußte, welche Funktion hatte diese ganze minimalistische, ach so geduldige Sucherei neben den großen, mitreißenden Theorien, die soviel mehr Beachtung fanden? War es das – jahrelange Arbeit, um ein paar Brösel für den großen apotheotischen Augenblick beizusteuern?

Sie stand auf und streckte sich. Jetzt hörte sie wieder den Wind, das Rufen und Flüstern. Dieses Gefühl, allein zu sein, konnte sie keinem erklären. Das Gefühl völliger Autonomie, der Gleichgültigkeit gegenüber der eigenen Umgebung, eingebettet in eine selbstgeschaffene Stille, die reglos, durchdringend, heilsam war.

In Amsterdam saßen ganze Völkerscharen ständig in der Kneipe, sie fragte sich, wann irgend jemand überhaupt noch etwas las außer den immer dickeren und immer unerfreulicheren Zeitungen. Vielleicht empfand man es hier nicht so stark, weil Berlin soviel größer war, weil man hier anonym sein konnte, wohingegen sie zu Hause oft den Eindruck hatte, eine große Verkindlichung habe eingesetzt, eine fatale, unerträgliche Oberflächlichkeit bei Menschen, die ihre Individualität dadurch beweisen zu wollen schienen, daß sie en masse über dieselben Witze lachten, dieselben Kryptogramme lösten, dieselben Bücher kauften und meist nicht lasen, eine derart unangenehme Selbstgefälligkeit, daß einem fast schlecht wurde. Alle ihre Freundinnen betrieben Yoga, fuhren im Urlaub nach Indonesien, machten Shiatsu, jeder schien sich mit hunderterlei Dingen zu beschäftigen, die man nur außer Haus betreiben konnte, fast niemand hielt es mit sich selbst aus.

»Jetzt mach aber mal halblang!«

Wer würde das zu ihr sagen, wenn nicht sie selbst? Sie ging zu dem gesprungenen Spiegel und betrachtete sich. Nein, lieber nicht. Was hatten diese Augen ihr zu sagen? Die waren nicht von ihrer Mutter, diese Augen. Vom Vater. Zwei schwarze Kohlen, der Beitrag eines Unbekannten. Einmal war sie nach Melilla gefahren und dort zwei Tage lang herumgelaufen. Ein schrecklicher Ort. Spanien und nicht Spanien, Marokko und nicht Marokko, Islam und nicht Islam. Sie hatte die Männer da angesehen und gedacht, daß sie keinen von ihnen als Vater wollte. Ihre Augen hatte sie zu Tausenden wiedergesehen, aber sie hatten nicht so geschaut, wie man eine Tochter ansieht. Eine Tochter. Vorsichtig bewegte sie ihre Hand auf die Narbe zu, berührte sie sanft. Das tat sie sonst nie. Als würde sie zur Ordnung gerufen, erstarrte nun plötzlich ihr ganzer Körper. Hatte sie das selbst getan? Sie spürte, wie sie da stand, steif wie eine Puppe. Sogar ihre Augen hatten nun einen anderen Ausdruck. Es war deutlich, daß irgend etwas nicht sein durfte.

★
★ ★

Wir wieder. Immer nachts, so scheint es. Der Chor bei Sophokles hat eine Meinung. Wir nicht. Der Chor bei *Heinrich V.* bittet um ein Urteil. Tun wir auch nicht. Wir suchen uns die Nacht aus, weil ihr euch dann nicht rührt. Es ist die Zeit der Gedanken, des Resümierens oder einfach des Schlafs, bei dem ihr am ehesten Toten gleicht und es doch nicht seid. Jetzt sind alle dort, wo sie hingehören. Arno liest Frühgeschichte, das kommt durch Elik. Polybius, um genau zu sein. Er wundert sich über die Schärfe, den wissenschaftlichen Ton, er merkt, daß er sich wie ein Zeitgenosse des Schriftstellers fühlt. Er hört den Sturm draußen und liest von Kulturen, die einander verzehren, ineinander übergehen. Vor zweitausend Jahren dachte jemand, Geschichte sei eine fundamentale, organische Einheit. Der Mann in Berlin legt sein Buch hin und weiß nicht, ob er diese Ansicht teilt. Dann liest er wieder, bis die Nacht ihn einholt. Zenobia besitzt weniger Ausdauer, sie ist über einem Artikel eingeschlafen, den sie über die Surveyor-Sonde schreiben soll, die am zwölften September dieses Jahres 309 Tage dafür gebraucht haben wird, um die 466 Millionen Meilen bis zum Mars zurückzulegen. Nein, wir können nicht sagen, ob das gelingt, und genausowenig, ob im Jahr 2012 jemand auf dem Mars landet. Wenn ihr dann noch am Leben seid, werdet ihr es schon selbst merken. Worum es jetzt geht, ist die räumliche Darstellung der Linien, die zwischen den Personen bestehen und dem, womit sie sich beschäftigten, sowie zwischen den Personen untereinander. Arthur schläft, allem entrückt, Victor dagegen sitzt in seinem Atelier und starrt auf das Fossil eines Knochenstücks, das mindestens hundert Millionen Jahre alt ist. Gleichwie du nicht weißt, welchen Weg der Wind nimmt. Das Gebein und das Nichtwissen, das Rätsel, das sein nächstes Werk bestimmt. Er wird sich nicht dazu äußern und sitzt ganz still. Er möchte, daß das Rätsel in dem, was er machen wird, sichtbar wird. Und alle Tage waren in dein Buch geschrieben, die noch werden sollten und von denen keiner da war. Wir sehen es, die hauchdünnen Linien des als Geisel genommenen Polybius an seinem Arbeitstisch zu Arno, zu Zenobia zum ersten Fußabdruck auf dem Mars, zum Feldzug Urracas zu Elik, zu dem Jahr, in dem dieser Knochen lebte, zu Victor zum Prediger Salomo zu Arthurs bilderloser Abwesenheit. Wir sind es, die das alles beisammenhalten müssen. Eure Fähigkeit, in der Zeit zu existieren, ist gering, eure Fähigkeit, in der Zeit zu denken, unerschöpflich, Lichtjahre, Menschenjahre, Polybius, Urraca, die Surveyor-Sonde, ein Knochen aus der Vorgeschichte, Linien, eine vierdimensionale räumliche Figur, so sind diese fünf miteinander verbunden, ein Sternbild, das sich wieder auflösen wird, jetzt freilich noch nicht. Viel werdet ihr nicht mehr von uns hören, noch einige Sätze und dann noch ein paar Worte. Vier, um genau zu sein.

★
★ ★

Beim Aufwachen hatte er gehört, daß sich der Sturm gelegt hatte, und zwar im wahrsten Sinne des Wortes, ein Geräusch, das nur geniale Schlagzeuger zustande bringen, jeder Zweig der Kastanie wurde kurz angetippt, der letzte Windstoß schien senkrecht, aber langsam, nach unten zu fallen, noch ein letztes Grabbeln in den toten Blättern auf dem Innenhof, Geraschel, Geflüster, ein letztes Wort, Stille. Kurz darauf das erste leise Ticken richtigen Regens, man konnte die Tropfen zählen.

Es gab so viel zu denken, daß er gar nicht erst damit anfangen wollte – Beeilung, aufstehen, rasieren, Kaffee, nach draußen. Zuerst filmen. Weltmeisterin im Abschiednehmen. Wie filmt man Abschied? Die Blätter unten. Aber Blätter fallen nicht aus eigener Kraft, sie müssen loslassen, sie *werden* gefallen. Nein, anders, Bewegung, die etwas verläßt. Wer Abschied nimmt, ist immer im Vorteil. Der andere ist es, der zurückbleibt. Er greift zu seiner Kamera und seiner Nagra, diesmal will er einen optimalen Ton, Windschutz, Angel, Kopfhörer. Bei dem, was er vorhat, brauchen Bild- und Tonaufnahme nicht synchron zu sein. Als sein eigener Lastesel trottet er die Treppe hinunter. Zu viel, zu schwer, wie immer. Quichotte, murmelt er sich selbst zu, etwas Besseres fällt ihm nicht ein. Er hat alles in Plastik eingepackt, weil es stärker zu regnen begonnen hat. Abschied, Räder, das Geräusch von Reifen auf nassem Asphalt. Stoßzeit, das paßt gut. Über die Wilmersdorfer geht er zur Kantstraße, dann zum Lietzenseepark. Dort ist jetzt niemand. Vom Park aus, der etwas tiefer liegt, kann er die endlosen Reihen von Rädern aufnehmen – nur das. Kein Fabrikat darf zu erkennen sein, was er will, ist die Dynamik der Bewegung, das Drehen und Spritzen, der matschige Nebel um all die sich drehenden Kreise, er weiß genau, wie das aussehen wird, fahlgrau, bedrohlich, die großen Räder von Bussen und Lastwagen, die schnelleren von Personenwagen, der

erzwungene Stillstand, das Ineinanderdrängen, Sich-wieder-Bewegen, Beschleunigen, Verfolgen. Erst als er genug hat, macht er die Tonaufnahmen, vom Gehweg aus versucht er, sein Sennheiser so nah wie möglich an die Räder zu halten, im Kopfhörer hört er das schmatzende, schluckende Geräusch, Tausende von Gummireifen fahren mitten durch seinen Kopf, jetzt ist es keine Frau mehr, die zum zweitenmal so plötzlich gegangen ist, sondern Gummi auf Asphalt, das unverständliche maschinelle Flüstern, eine Warnung, auf die er nicht hören wird. Erst als er durch und durch naß ist, geht er nach Hause. Ein paar Stunden später klingelt er bei Zenobia.
»Wer? Was?« Ihre Stimme donnert aus dem kleinen Apparat in der Bleibtreustraße.
»Arthur.«
»Ah, der kleine Däumling!«
»Ja! Solange ich dich nicht Dornröschen oder Schneewittchen nennen muß!«
»Untersteh dich! Diese Fleischmassen habe ich mir nicht umsonst zugelegt!«
Sie steht oben in der offenen Tür.
»Und ich dachte schon, du kommst überhaupt nicht mehr. Was höre ich da von Arno? Sie ist hübsch, sagt er?«
Die Frage hat er sich noch nicht gestellt. Er denkt an ihr Haar, hauchfeines Eisengewebe. Die Hand, die er darauf gelegt hatte, war zurückgefedert, man spürte keinen Schädel. Ein gewobener Helm.
»Du weißt es nicht?«
»Nein.«
»Dann ist sie was ganz Besonderes.«
»Darf ich jetzt rein?«
Drinnen war es hoch und kühl. Die elementarsten Möbel, alle aus Holz. Wände weiß, ohne Schmuck.
»An den Wänden darf man nichts haben. Von Zeit zu Zeit sollte man etwas auf ein Lesepult legen und es sich lange anschauen.«

Das Lesepult stand frei, etwa drei Meter von dem großen Fayencekachelofen entfernt, der nicht mehr in Betrieb war.
»Mein persönlicher Götze. Gefällt er dir?«
»Mich interessiert das da mehr.«
Auf dem Lesepult lag ein Foto vom Planeten Mars.
»Sag mal was Intelligentes. Was siehst du?«
Er schaute. Unebenheiten, Flecke, Spuren, helle und dunklere Flecke. Rätselhaft, aber was konnte man dazu sagen?
»Schrift?«
»Nicht schlecht. Aber dann eine Geheimschrift. Oh, ich kann's gar nicht mehr erwarten!«
»Was?«
Sie war aufrichtig schockiert.
»Arthur! Wir sind unterwegs! Während du und ich uns hier unterhalten, ist diese einsame Maschine auf dem Weg dorthin!«
Sie drückte einen Finger mitten in die beängstigende Dürre des Planeten.
»Wenn alles gut geht, ach, wunderbar ist das, eine Landung mit Ballons und dann ein winzig kleines Wägelchen, ein Spielzeug, das da rumfahren wird, Arthur, richtig fahren wird, wrumm, wrumm, so klein, hier, schau mal« – sie zeigte mit den Händen eine Distanz an, wie umgekehrtes Anglerlatein –, »so klein! Und es wird uns alles über die Geheimschrift erzählen. Hier!« Sie drückte ihm eine Reihe von Computerausdrucken in die Hand.
Er verstand kein Wort.
»Begin Traverse operations. APX5 measurement.«
»Was bedeutet APX5?«
»Alpha Proton X-ray. Mögliche Programme. Für den Fall, daß es klappt. Um den Boden zu untersuchen.«
Den Boden, das klang lächerlich.
»Klappt es denn?«
»Auf jeden Fall! Am 5. Juli fährt es da rum und schickt seine Fotos zur Erde. Von den Steinen, den Felsen, der Zusammensetzung, schau …«, und sie zog ein Foto einer ausgestorbenen Landschaft

mit ein paar einzelnen Steinen aus der Schublade. Ein bleiernes Licht schien dort zu herrschen, es radierte die Steinbrocken mit einem Schlagschatten, wodurch die Einsamkeit noch gesteigert wurde.
»Ist das der Mars?«
»Nein, du Dummchen, das ist doch noch nicht möglich. Das ist der Mond, aber vielleicht sieht der Mars auch so aus. Bäume wachsen auf beiden nicht.«
»Einsam sieht's da aus. Guter Ort für eine Bushaltestelle.«
»Kommt noch.«
»Wie meinst du das? Fliegen wir dort etwa auch hin?«
»Natürlich. Wir werden dort wohnen! In fünfzehn Jahren oder so läuft der erste Mensch auf dem Mars herum. Bis dahin gibt es alle sechsundzwanzig Monate die Möglichkeit, eine Mission dorthin zu entsenden. Das hängt damit zusammen, wie die Umlaufbahn des Mars zu unserer liegt. Dies kleine Ding kann nicht mehr zurückkehren, aber in ungefähr acht Jahren bekommen wir die ersten Steine. Schau, das ist mein Autochen...«
Sie zeigte ihm ein Foto von einer Art Spielzeugauto.
»Eine Frau hat das entworfen! Möchtest du einen Tee? Russischen Tee? Schmeckt nach Pulverdampf.«
»Gern.« Er setzte sich.
»Russischer Tee, russische *Begeisterung*, wunderbares Wort. Manchmal ist Deutsch sehr schön. Voller Geister. Du denkst, was will die Alte mit diesem Auto...«
»Nein, Quatsch. Denke ich überhaupt nicht.«
»Hör zu, Spaß beiseite, ja? Nicht sentimental. Aber als ich ein kleines Kind war, damals in Leningrad, in diesem schrecklichen Winter mit all den Toten überall, und dazu dieser unvorstellbare, unvorstellbare Hunger ... da sind zwei Dinge bei mir passiert. Das erste war, daß ich dachte, wenn es jemals wieder möglich ist, dann höre ich nicht mehr auf zu essen ... du mußt zugeben, das ist mir gelungen –, aber das andere war: Ich will weg aus dieser Welt, ich will hier weg, ich schwör's dir, das dachte ich, so klein wie ich

war. Ich will hier nicht mehr sein, dachte ich, und dann, in einer dieser Winternächte, alles war dunkel, wir hatten kein Licht, da schaute ich zu den Sternen und dachte: Dort, dorthin, dies hier ist nicht die einzige Welt, das kann nicht wahr sein, dies kann nicht die einzige Welt sein, das darf nicht sein, dieser Gestank, dieser Tod, diese Kälte, ach, wenn du wissen willst, wie ich mich damals fühlte, dann mußt du dir Veras Bilder noch mal ansehen. Wir sind Zwillinge, wie du weißt, sie ist angeblich die Pessimistin ... meine dunkle Seite, die Schattenseite, aber so war es nicht, aus derselben Düsternis heraus, die in diesen Bildern liegt ... habe ich angefangen zu studieren, noch immer aus demselben Grund ... und ich sage dir, noch nie bin ich so glücklich gewesen wie damals, als der Sputnik um die Erde kreiste, da wußte ich, daß es möglich ist, daß all das geschehen würde ... denn daran glaube ich felsenfest, der Raum, das ist unser Auftrag, weg aus diesem kalt gewordenen Scheißhaufen. Kennst du dieses Gefühl nicht? Diese Welt ist zu alt, wir haben sie bis auf den Grund geschröpft, wir sind schamlos mit ihr umgesprungen, sie wird sich rächen. Wir sind krank vor Erinnerungen, alles ist verseucht, ach Zenobia, hör auf, gib dem Mann Tee, aber trotzdem, Arthur, sieh dir doch mal die Schönheit dieser Maschinen an und vergleich das mit all den abgegriffenen ... ach, laß gut sein, laß gut sein. Es ist so merkwürdig, manchmal könnte man meinen, daß junge Menschen sich überhaupt nicht dafür interessieren, ich sehe, du lachst mich aus ...«
»Ich lach dich nicht aus. Aber wie lange dauert diese Reise denn für den ersten?«
»Es sind 466 Millionen Meilen.«
»Danke!«
»Dreihundertneun Tage, so um den Dreh.«
»Und der Mensch muß das tun?«
»Ich würde morgen gehen. Aber mich wollen sie nicht. Zuviel gegessen.«
»Aber, Zenobia ...?«

»Sag's nur. Aber mach dann auch deine Augen zu und *spüre*, wie sie alle unterwegs sind. JETZT! Der Voyager, der Pathfinder ... demnächst der Surveyor ...«
»Alle auf dem Weg zu diesen kahlen Steinkugeln. Nur, weil es sie da oben gibt?«
»Du Kleingläubiger. Es muß sein, weil es sein muß. Deine Kinder werden es noch erleben ...«
»Ich habe keine Kinder.«
»O. Glupaja devka. Verzeih bitte.«
»Da gibt es nichts zu verzeihen. Ich hätte es nicht zu sagen brauchen. Zeig mir, weswegen du mich angerufen hast.«
»Ah«, ihr Gesicht strahlte wieder. »Auch ein bißchen Mars, aber mit Wasser.«
Sie brachte ihm eine Mappe mit Fotos zwischen Seidenpapier.
»Alles vintage prints. Setz dich da an den Tisch. Diese beiden sind von Wols.«
Er entfernte vorsichtig das hauchdünne Papier von dem Foto. Auf dem Passepartout stand mit Bleistift: »Wols, Ohne Titel (Wasser).« Aber war das Wasser? Diese erstarrte, lavaartige Masse, schwarz, grau, mit glänzenden Lichtflecken, mit Furchen und Aushöhlungen, eine fast polierte, fettige Fläche, glänzend und dann wieder körnig. So hatte sich dieses Wasser irgendwann und irgendwo bewegt. Er wollte mit den Fingern darüberstreichen, hielt sich aber gerade noch rechtzeitig zurück. Das war es, was er anstrebte. Die anonyme, nicht geschaffene, nicht benannte Welt der Erscheinungen, die diese andere Welt, die der Namen, der Ereignisse, aufwiegen müßte. Ich möchte die Dinge bewahren, die niemand sieht, die niemand beachtet, ich will das Allergewöhnlichste vor dem Verschwinden bewahren.
»Was ist, Arthur, du schaust ja gar nicht.«
»Ich sehe zuviel.«
»Dann sieh dir doch auch mal die hier an. Sie sind von Alfred Ehrhardt. ›Das Watt‹ heißt die Serie.«
Was er hier sah, war Chaos und zugleich Struktur, es gab Unge-

reimtheiten, Linien, die plötzlich abbogen, sich bizarr teilten und wieder zu sich zurückkehrten. Doch Chaos und Struktur wollte er nicht sagen. Das klang abscheulich.
»Ich wüßte gern, wie er das gemacht hat. Bei einigen dieser Bilder hat man den Eindruck, als ob er senkrecht darüber schwebt, aber das ist fast nicht möglich. Wie er das Licht einsetzt, unglaublich... aber...«
»Ja?«
Es war das ewige Problem. Etwas in der Natur, etwas, das nicht bewußt so gemacht worden war, strahlte eine große, unbeabsichtigte Schönheit aus. Aber wessen Schönheit ist es nun? Die der Natur, die sie ohne jede Absicht hinlegt, wie sie es schon seit Jahrmillionen getan hat, bevor es Menschen gab, die das bemerkten, oder die des Fotografen, der das, was er sah, als ästhetisch oder dramatisch empfunden und dann so gut wie möglich wiedergegeben hat? Er hatte einen nicht zufälligen Ausschnitt aus einer an sich beliebigen Wirklichkeit gemacht.
»Es hat etwas mit Autonomie zu tun. Er hat es ausgewählt und kommt trotzdem nicht daran heran. Er eignet sich diese Landschaft, diesen Teil der Landschaft an, kann aber im Grunde nicht dorthin vordringen, und seine Kunst besteht darin, genau das zu zeigen. Es bleibt sich selbst, und er hat es bewahrt. Es ist schon hunderttausendmal vom Meer weggewischt worden, und wenn ich morgen hingehe, finde ich es wieder, mit einer winzigkleinen Nuance Unterschied...«
Zenobia nickte.
»Und ist das alles?«
»Nein, natürlich ist das nicht alles. Jetzt kommen du und ich. Aber was wir auch tun, ob du dieses Foto nun vergrößerst, hier aufhängst, es bleibt etwas, was jemand am 21. Januar 1921 irgendwo in irgendeinem Watt vorgefunden und fotografiert hat. Daran ist nichts zu ändern.«
Zenobia legte ihre Hand auf seinen Kopf.
»Ich spüre, wie es hier gärt. Große Ereignisse?«

»Vielleicht auch das Gegenteil.«
Er mußte dieses Gespräch beenden. Ein Körper, der sich des deinen bemächtigt hat, der sich auf deinem ausgetobt hat, fast so, als wärest du selbst nicht dabeigewesen, wie sollte man so etwas nennen? Es hatte zwar einen Namen, aber in dem Augenblick war es mehr Natur als Name gewesen, der Rausch hatte es anonym gemacht. War das möglich, oder war es genau das, worum es ging? Er spürte eine Welle überwältigender Zärtlichkeit in sich hochkommen und erhob sich. »Was kosten die?« Er zeigte auf die Fotos. »Oder, besser gesagt, was kostet eines dieser Fotos? Mehr kann ich mir ja doch nicht leisten.«
Er sah den verletzlichen weißen Körper. Wie sollte man den je vor dem Verschwinden behüten können?
»Red keinen Quatsch. Such dir lieber eins aus.«
»Zu schwierig. Dann muß ich sie mir länger anschauen. Ich komme wieder.«
Er wollte in die Bibliothek.
»Man will mich für eine Reportage in Rußland«, sagte er.
»Oh, großartig. Jedem zeigen, was für ein Saustall bei uns herrscht?«
»Ich denke, schon. Ich bin nur der Kameramann.«
»Nur zu, es gibt ja doch niemanden, der uns versteht.«
Stille.
»Arthur?«
»Ja?«
»Du mußt dich jetzt nicht entscheiden. Du bekommst eins, das *ich* schön finde, aber nicht jetzt. Ich spüre, daß du weg willst. Geh du nur zu deinem geheimen Ziel, ich gehe zurück zum Mars. Oder zum Saturn, denn da fliegen wir auch hin. Vielleicht kann ich mich dafür anmelden. Es wird ein ganz hübsches, kleines Raumfahrtdöschen, gerade groß genug für mich. Es ist nach einem Landsmann von dir benannt, Huygens.«
»Wann geht's los?«
»Am 15. Oktober. Ankunft 2004. Ein Klacks. Wir fliegen mit der

Cassini, die läßt mich mit der Huygens auf dem Titan raus und schwebt dann noch ein paar Jahre um den Saturn herum. Noch neun Monate, ich kann's kaum erwarten.«
»Ach, hör doch auf.«
»Wenn du mit Russen umgehen willst, mußt du Gefühle ertragen können. Der Saturn ist wunderbar, viel schöner als der Mars, der ist eine einzige Eiswüste. Die Erde paßt siebenhundertfünfzigmal in ihn hinein, dort gibt's nur herrlich leichte Gase, und wenn es einen Ozean gäbe, der groß genug wäre, dann könnte der Saturn darin schwimmen. Kennst du das nicht, dieses Gefühl, daß du dich am liebsten in irgend etwas völlig auflösen, darin verschwinden würdest? Das ist das Wunderbare an Zahlen, niemand weiß, wie verführerisch all diese Nullen sind.«
»Ich dachte, das läßt Wissenschaftler kalt?«
»Wissenschaftler sind entweder Rechenmaschinen oder Mystiker. Du hast die Wahl. Ich bin nur eine gescheiterte Wissenschaftlerin. Ich stehe ganz am Rand und schreibe dumme kleine Artikel.«
»Dann entscheide ich mich für sentimentale russische mystische Rechenmaschinen. Und jetzt muß ich gehen.«
Er wollte nach seinem Mantel greifen und blieb vor ihrem Computer stehen. Auf dem blauen Monitor stand eine mathematische Formel, die den ganzen Bildschirm mit Geheimsprache füllte.
»Was ist das?«
»Ein Gedicht.«
Er beugte sich vor. Wenn das ein Gedicht war, dann gab es einer Wirklichkeit Ausdruck, die weit außerhalb von ihm existierte, eine Welt von einer beängstigenden Reinheit, die einen ausschloß.
»Und worin besteht der Unterschied zu einem richtigen Gedicht?«
»Daß es nicht mit Kummer oder Liebe oder Schlamm geschrieben ist, wie richtige Gedichte. Es gibt keine Sprache und folglich auch keine Gefühle. Und es ist gefährlicher, so schön es auch

aussieht. Ebendiese Reinheit wurde schon für die schrecklichsten Erfindungen benutzt.«
Sie sah sich die Formel an. Falls man das als Lesen bezeichnen konnte, hätte er gern gewußt, was sie jetzt las. Sie lachte. »Mathematiker sind ein kleines bißchen wie Geister«, sagte sie, »sie schweben im luftleeren Raum und schreiben sich gegenseitig Briefe in dieser Sprache. Es ist eine Welt, die es gibt und nicht gibt, und du kannst da nicht filmen. Geh du nur nach Rußland und vergiß nicht, was ich dir über die Sirenen gesagt habe.«
»Ich versprech's dir.«
Er hatte nicht die leiseste Ahnung, wovon sie sprach, konnte darüber aber jetzt nicht nachdenken. Plötzlich war er sicher, daß er noch rechtzeitig dasein würde, wenn er sich jetzt beeilte. Sie würde da, über ihre Bücher gebeugt, sitzen, an demselben Tisch, an dem sie das erste Mal gesessen hatte. Atemlos traf er im Lesesaal ein, doch an ihrem Platz saß ein Mann mit einem so indianischen Gesicht, daß er dachte, er werde bis zum Eingang des Saales zurückgeschleudert. Erst als er durch alle Säle und Flure gegangen war, wußte er, daß sie nicht da war. Jetzt begann, so wußte er, die Ungehörigkeit, jetzt mußte er auch noch ins »Einstein«, und dort würde sie auch nicht sein. Dies gehörte zu einem früheren Teil seines Lebens, als man an den Häusern von Mädchen vorbeiradelte und Angst hatte, sie würden einen sehen. Er machte kehrt wie ein Soldat bei einer Parade. Von weitem näherte sich ein Taxi, ein Zeichen. Als der Mann ihn fragte, wo er hinwolle, wurde ihm bewußt, daß er darüber noch nicht nachgedacht hatte. Soldaten, Parade. Also das.
»Zur Wache«, sagte er.
Dort hatte er einmal die atemberaubenden Stiefel der Soldaten bei der Wachablösung gefilmt. Wie *ein* großes Tier hatten sich die Männer bewegt, wobei die Eisen unter ihren Sohlen über den Asphalt schlenzten. Früher hatte dort eine Ewige Flamme für die Opfer des Faschismus gebrannt. Jetzt stand eine Skulptur von Käthe Kollwitz da, eine Pietà, die leidende Mutter mit ihrem gefal-

lenen Sohn, der soviel gelitten hatte, über den Knien, zwei Arten von Leid, die sich ineinander verschlangen. Er stieg aus. Weg waren die Männer, in Luft aufgelöst. Nie wieder dieser gräßliche Marschschritt, bei dem sie ihre Stiefelspitzen bis zur Höhe ihres Koppels hatten hochschnellen lassen. Er erinnerte sich an die begierigen Blicke der Umstehenden und wußte noch, daß er sich gefragt hatte, worin nun eigentlich der Genuß lag. In der mechanischen, absoluten Perfektion, durch die Menschen, jeglicher Form von Individualität beraubt, zu Maschinen reduziert wurden? Es war unvorstellbar, daß einer dieser Roboter je eine Frau streichelte, und dennoch hatte das Ganze etwas Geiles, womöglich weil die Stiefel und Helme den Gedanken an Tod und Vernichtung wachriefen. Er ging zum Palast der Republik, wo er gesehen hatte, wie Egon Krenz ausgebuht wurde, ein Mann, der langsam unterging in der steigenden Flut. Binnen Jahresfrist hatten die Paraphernalien der früheren Herrscher in den Vitrinen des Museums gegenüber gelegen, Grotewohls Brille, Ulbrichts Orden, und am Eingang ein übermannshohes Lenin-Standbild, wie aus Zink gemacht, Hände in den Taschen, herausfordernder Blick, als hätte er die riesige Rakete über ihm mit eigener Hand gebaut, Bilder aus einer Vergangenheit, der nie die Zeit gegeben worden war, wirklich alt zu werden, die ungehörig schnell durch eine vernichtende Lächerlichkeit schimmlig geworden war. Aber den Gesichtern der Besucher war natürlich wieder nichts anzusehen gewesen, damals nicht und heute auch nicht. Das war das Paradoxe daran, jeder war selber Geschichte, und niemand schien dazu stehen zu wollen.

*

Und dann? Dann nichts. Er hatte beschlossen, sie nicht mehr zu suchen, und hatte gewartet. Am Ende des vierten Tages hatte er etwas wie Kratzen, ein leises Scharren an seiner Tür gehört. Er hatte geöffnet, und sie war wie eine Katze ins Zimmer geglitten. Als er sich umdrehte, saß sie bereits und sah ihm genau ins Ge-

sicht. Er hatte ihr nicht erzählt, daß er sie gesucht hatte, er hatte nichts gefragt, und sie hatte nichts gesagt. Sie nannte ihn nie bei seinem Namen, und er tat es auch nicht, als wäre ein Verbot erlassen worden. Sie hatte sich wie beim vorigen Mal schweigend ausgezogen, danach hatte er, fragend, etwas über Pille oder Kondom gesagt, und sie hatte das beiseite geschoben und geantwortet, das sei nicht nötig. »Du hast kein Aids, und ich habe kein Aids, und Kinder kann ich nicht kriegen.«
Als er dann doch noch gefragt hatte, woher sie das so genau wisse, hatte sie geantwortet: »Weil ich keine will.« Darüber hätte er gern mit ihr gesprochen, aber wieder hatte sie sich in voller Länge auf ihn gelegt, und als er versuchte, sie hinunterzubugsieren, sie sanft auf die Seite zu schieben, sie zu streicheln, hatte sie sich gewehrt, als hätte sie sich eingegraben, und nein, nein, NEIN gemurmelt, und ihm war klargeworden, daß, sollte er es nicht so belassen, sie gehen würde, und wieder war alles wie beim ersten Mal, nur hatte er sich diesmal hineinsinken lassen, ein doppeltes Feuer, gefolgt von dem gleichen abrupten, schweigenden Abschied, jemand, der sich etwas geholt hat, bekommen hat, was er wollte, wieder verschwindet und in den darauffolgenden Wochen das gleiche tun würde. Was er von sich selbst halten sollte, wußte er da schon lange nicht mehr.
Auf Ernas Fragen hatte er nicht recht zu antworten gewußt.
»Vertrauen futsch?«
»Nein.«
»Aber du bist sprachlos. Im wahrsten Sinne des Wortes, meine ich. Wir haben uns immer alles erzählt. Ich bin nicht neugierig. Ich will nur wissen, wie es dir geht. Du hörst dich komisch an. Irgendwas ist doch. Arthur?«
»Ja?«
»Gestern war der 18. März.«
Der 18. März war der Tag des Flugzeugunglücks.
»Und ich habe zum erstenmal nicht angerufen. Mußte das deiner Meinung nach nicht mal passieren?«

»Ja, aber trotzdem.«
Das war unter der Gürtellinie. Er befand sich auf einmal wieder zu dritt in seinem Zimmer. Aber die anderen sagten nichts. Sie waren so weit weg wie nie zuvor. Es mußte mit ihrem Alter zusammenhängen. Sie konnten es nicht ertragen, nie älter zu werden.
»Häng da nicht länger rum. Diese Stadt tut dir nicht gut. Du mußt wieder was machen.«
»Ich mache alles mögliche.«
»Etwas Richtiges.«
»Ich geh für den BRT nach Estland. Die Niederländer wollten mich für Rußland haben, die Flamen für Estland. Da gibt es auch Russen. Ist das richtig genug?« Als er aufgelegt hatte, blieb er eine Zeitlang still sitzen. Wie sollte man jemandem, der einem seine Adresse nicht geben wollte und der nie etwas fragte, Bescheid sagen, daß man für ungefähr eine Woche wegfuhr? Also nicht Bescheid sagen. Er konnte schwerlich einen Zettel an seine Tür kleben. Einmal hatte er gefragt, warum er nicht wissen durfte, wo sie wohnte.
»Es gibt keinen anderen Mann, falls du das denken solltest.«
Diese Möglichkeit war ihm verrückterweise noch gar nicht in den Sinn gekommen. Er sagte das.
»Dann denkst du es um so mehr. Eine ungefragte Leugnung ist eine Bestätigung. Freud.«
»Davon weiß ich nichts. Was ich weiß, ist, daß du kommst, wann du willst, und daß du gehst, wann du willst ... daß wir kaum je miteinander gesprochen haben, ein einziges Mal auf der Pfaueninsel, einmal in Lübars ...«
Den Rest behielt er für sich.
»Ich ertrage keine Ansprüche.«
Sie hatte einen Schritt zurück getan und dabei abwehrend den Arm erhoben. So waren sie eine Weile stehengeblieben. Sie war, dachte er, die ganze Zeit kurz davor, etwas zu sagen, aber es kam nicht. Schließlich hatte sie sich umgedreht und gesagt: »Wenn du

meinst, daß ich nicht mehr kommen soll ... Ich ... ich bin ein Mensch, der allein ist, der ...«

»Jetzt nicht. Jetzt bist du nicht allein.« Er hatte sie in die Arme nehmen wollen, und es war keine Rede davon, daß das möglich gewesen wäre. Einsamkeit, Verbitterung, es jagte ihm Angst ein. Jemand, der sich in sich selbst einschließen konnte. Panzer, Abwesenheit.

»Du darfst von mir nichts erwarten.« Das hatte sie dann doch noch gesagt.

»Kehren Sie um.« Das war Victor. Er hatte ihm nichts erzählt, und trotzdem hatte der Freund das gesagt. Kehren Sie um. Doch wie stellte man das an? Bei gefährlichen Aufträgen hatte er das erlebt. Unbemerkt war man zu weit gegangen, und mit einemmal war die Gefahr überall. Dann gab es nur noch Panik, bis es wieder mal gut ausgegangen war. Wie das hier ausgehen würde, wußte er nicht.

★

Auf der Fähre nach Tallinn waren die Finnen bereits vor dem Auslaufen aus dem Hafen von Helsinki betrunken. Steif vor Kälte stand er an Deck und filmte die strudelnde Spur, die das Schiff hinter sich ließ.

»Deine Finger frieren noch an der Kamera fest«, hatte der flämische Regisseur gerufen und war dann wieder hineingegangen. Arthur kannte Hugo Opsomer schon seit Jahren, eine Freundschaft, die nicht vieler Worte bedurfte. Er wußte, daß Hugo seine Dokumentarfilme bewunderte, und wußte es zu schätzen, daß der andere nie gefragt hatte, warum er bereit war, als einfacher Kameramann für ihn zu arbeiten. Hin und wieder, wenn jemand ausgefallen war, rief er an, mal für kleine, mal für große Produktionen. Arthur arbeitete gern mit Flamen zusammen. Kein künstlicher Klamauk und, im Gegensatz zu dem, was die meisten Niederländer denken, eine gewisse Distanz, die etwas mit Respekt vor dem anderen zu tun hat. Bei niederländischen Produktionen merkte er häufig, wie oft und vor allem wie lange er schon aus dem Land weg ist, er kennt die Helden des Tages nicht mehr, weiß nicht, was momentan »in« ist oder wer jetzt wieder imitiert wird, und gehört dadurch auf eigenartige Weise dazu und nicht mehr dazu, etwas, was den Flamen nicht auffällt, weil er nun mal Holländer ist.

Als das Schiff weiter draußen ist, nimmt der Seegang zu. Er sieht, wie die eisgrauen Wogen übereinander herfallen, eisgrau, grüngrau, dieses Wasser strahlt eine bittere Kälte aus. Hier ungefähr muß jene andere Fähre gesunken sein, mit achthundert Menschen an Bord. Topnews seinerzeit, mittlerweile schon wieder vergessen. Die dünne Haut und das Chaos, es war möglich, binnen einer Stunde völlig zu verschwinden. Kurz die Bilder des Entsetzens, der Zerstörung, Suchhubschrauber über ungerührtem, wogendem Wasser, danach wieder ein so betäubendes Vergessen, daß man hätte meinen können, die Opfer habe es nie gegeben. Nur die Überlebenden hatten recht.

Estland. Er war schon einmal dagewesen. Lutherische Kirchen mit den Wappen baltischer Barone, russische Kirchen voller Weihrauch und byzantinischer Gesänge, schlechte Straßen und neue Straßen, Verfall und Aufbau, russische Nutten und Zuhälter mit Handys in kurzen Lederjacken. Die Russen hatten dort ziemlich gehaust, sie hatten etwa die Hälfte der Bevölkerung deportiert und durch eigene Landsleute ersetzt, und noch immer lag der Schatten des großen Landes über dem kleinen. Auf den Straßen hörte man genausoviel Russisch wie Eesti, eine Sprache, die ihm rätselhaft vorgekommen war, weil es keinerlei Erkennungspunkt gab, an dem man sich hätte festhalten können. Vielleicht hatte er diesen Auftrag ja deshalb angenommen. Natürlich würde das Team niederländisch sprechen, aber darüber hinaus wäre er von Sprache und Bedeutung losgelöst und bräuchte nichts zu verstehen. Nachdem sie wieder mehrere Tage lang nicht erschienen war, hatte er den überraschenden Auftrag Opsomers sofort angenommen und den anderen vom NPS sausen lassen, allein schon, um vom Zwang des Wartens erlöst zu sein. Als sie danach wieder aufgetaucht war, hatte er nichts gesagt. Jemandem mit gleicher Münze heimzahlen war ein zu alberner Ausdruck dafür, aber einen Anflug von Rachsucht hatte er doch in sich verspürt.

An einem plötzlichen Schwall betrunkenen Geschreis hörte er, daß jemand an Deck kam.

»Wir machen uns Sorgen um dich«, sagte Hugo Opsomer, »mit einem erfrorenen Kameramann können wir wenig anfangen. Mensch, du siehst aus wie ein ...« Wie was, würde er nie wissen, denn der Vergleich blieb in der Luft hängen. Im Salon war es wahnsinnig warm. Gelalle, Spielautomaten, unverständliches Fernsehen. Was mußte man tun, um der Vulgarität der Welt zu entrinnen?

»Allez, trink 'nen Wodka. Kehr zurück zu den Lebenden.«

Seine Gedanken ließen sich aber nicht abschütteln. Gab es überhaupt noch verliebte Menschen? Wie es schien, stachen sie sich gegenseitig noch immer nieder, verfolgten einander, erschossen einander aus Eifersucht – aber verliebt? Das Wort paßte nicht zu ihr, sie würde ihn verhöhnen, wenn sie es hörte. Doch wie nahe ist man an so etwas dran, wenn man Abend für Abend in Berlin darauf wartet, ob man ein Kratzen an seiner Tür hört? Und warum dann diese, die kaum ein Wort sprach, die mit anderen redete, aber nicht mit ihm, mit Augen, die durch einen hindurchsahen, und einem weißen, verschlossenen Körper, der wie aus Alabaster gemacht schien und den er hier zwischen hundert betrunkenen lahmarschigen Fettklöpsen vor sich sah, während er, wenn er ihn festhielt, sich ihm zu entziehen schien, ein Körper, der Besitz von ihm ergriff, als gehöre sich das so, der ihn als umgekehrten Deckhengst benutzen wollte, während er sich trotz allem jedesmal wieder dafür hergab und sich wegen dem, was in diesem Zimmer mit ihm geschah, nach ihrer Rückkehr sehnte, eine Beschwörung, zu der es keine Worte geben durfte, ganz

sicherlich nicht jene, von denen er wußte, daß sie ihm eine Wahrheit erzählen würden, die Verrat beinhaltete, Verrat an einem früheren Leben, das diese Intensität nie gekannt hatte.
»Womit fangen wir morgen an?« fragte er.
Hugo Opsomer zog ein Buch aus seiner Tasche und zeigte ihm eine Stalinfigur, die zwischen Abfall und Müll auf dem Rücken lag. Er sah sie sich an und fragte sich, was daran so merkwürdig war. Er fragte Opsomer, aber der hatte sich das Foto schon länger angeschaut.
»Es ist die Mütze, nicht wahr?« sagte er.
»Normalerweise hätte sie runterfallen müssen, aber sie sitzt noch fest auf seinem Kopf.«
»Aber wenn die Figur wieder steht, haben wir nichts mehr davon.«
»Mach dir keine Sorgen, die steht nicht mehr. Es gibt auch keinen Russen in Tallinn, der sie wieder aufrichtet.«
Er hatte recht. Wenn irgend etwas deutlich machte, was in dieser Region passiert war, dann diese Figur. Nicht einmal so sehr, weil es Stalin war, sondern weil hier etwas lag, was eigentlich hätte stehen müssen. Die Welt, umgeworfen. Der Mann mit der napoleonischen Hand zwischen den beiden Bronzeknöpfen seiner bronzenen Feldherrnjacke war so lächerlich geworden, *weil* ihm diese Mütze nicht vom Kopf gerollt war, als er umfiel, er war als Puppe entlarvt worden, als ohnmächtiges Götzenbild, das nicht einmal dem simpelsten Naturgesetz gehorchen konnte. Jetzt, auf diesem Foto, wurde er von Müll und Unkraut überwuchert, genauso wie das Land, das er besetzt und erbarmungslos regiert hatte, den Alptraum seiner Herrschaft allmählich vergessen und verbannen würde, bis eines Tages nicht mehr davon übrig sein würde als ein Fluchwort. Jetzt war alles vorbei, der Bärentanz ausgetanzt, die Millionen gefallener, hingerichteter, verhungerter Toter in der Erde verschwunden, die sie aufgenommen hatte wie das Meer die Opfer des hier untergegangenen Schiffes – genauso nachhaltig, genauso unsichtbar.

Zwei Wochen lang würden sie unter Menschen filmen, die sich an alles, und anderen, die sich an nichts mehr erinnern konnten oder wollten, Überlebende, Spätere, Nachkommen, deren Kinder einst in der Schule würden lernen müssen, was über die Vergangenheit in den Büchern stand. Hausaufgaben, Unterricht. Es würde eher der glänzenden, strudelnden Wasseroberfläche gleichen als dem nie mehr zu ermittelnden Tod darunter.

*

Nachdem sie zweimal vergeblich wie eine Katze an Arthur Daanes Tür gekratzt und dahinter nur eine Stille gehört hatte, die völlige Abwesenheit bedeutete, hatte Elik Oranje erwogen, Arno Tieck anzurufen, und beschlossen, es nicht zu tun. Diese Möglichkeit blieb ihr immer noch.

Jetzt saß sie wieder in ihrem Zimmer, verbot sich, über ihren vergeblichen Gang nachzudenken, starrte auf die gotischen Buchstaben in *Die Urkunden Kaisers Alfons VII. von Spanien* vor sich und versuchte, sich darauf zu konzentrieren. Spinnweben! Einmal hat Urracas Sohn sich Kaiser genannt, danach tut er das nicht mehr bis nach ihrem Tod, und die einzige Quelle für dieses eine Mal ist ein Notarius aus Sahagún, ein Mönch, der sich offenbar in ihrer Nähe aufhielt. Der Erzbischof von Toledo, die Bischöfe von León, Salamanca, Oviedo und Astorga sowie eine Reihe hoher Herren hatten ihr Siegel daran gehängt, und zwar am 9. Dezember 1117. Die Lächerlichkeit dieses Datums fiel ihr auf, weil es an Sekretärinnen, Büros, E-mail und Computer denken ließ. Was sollte man mit einer so willkürlichen Zahl? Sie versuchte, sich einen Kalender vorzustellen, auf dem das stand: 9. Dezember 1117. Dennoch hatte es diesen Tag einmal gegeben, in diesem Kloster von Sahagún hatten etliche großmächtige Herren beisammengesessen und diese Urkunde, die von diesem Mönch mit langsamen Buchstaben geschrieben worden war, mit ihren stilisierten Unterschriften bestätigt. Es war alles wirklich passiert, und trotzdem wollte es nicht wahr werden. Ein Satz, nein, ein mieser Satz ihres Doktorvaters ging ihr nicht aus dem Kopf, etwas in der Richtung von: »Ich muß dich doch noch einmal warnen, diese Art von Geschichten sind Sümpfe, in denen säuft man leicht ab. Ich habe in dem Buch von deinem Reilly geblättert, da hab ich allein schon vom Literaturverzeichnis zuviel gekriegt. Willst du dich allen Ernstes da hineinbegeben? Du sprichst natürlich Spanisch, das heißt, für dich ist das alles weniger obskur, aber trotzdem. Auf manchen Seiten stehen mehr Fußnoten als Text, das sollte mir natürlich keinen Schreck einjagen, aber die meisten dieser Dokumente wirst du hier nicht finden, nicht mal in Büchern. Du mußt nach Cluny, nach Santiago, nach Porto, ins Archivo Nacional in Madrid ... und dann gibt es noch die arabischen Quellen, da mußt du dann wieder einen Arabisten zu Rate ziehen. Meine Betreuung wird dir, wie du siehst, nicht viel bringen, ich werde auch andere hinzuziehen müssen, um mir auf die Sprünge zu helfen, in Leuven sitzt jemand, der bedeutend mehr darüber weiß, ich habe dir von Anfang an gesagt, daß das nicht mein Fachgebiet ist, und allzuviel Zeit kann ich auch nicht darauf verwenden, ich habe schließlich noch mein eigenes Buch ... Trotzdem habe ich dich daran arbeiten lassen, weil du es unbedingt wolltest. Aber eines Tages hockst du vor einem gigantischen Berg Papier und fragst dich, was du da eigentlich machst, welche Relevanz das eigentlich hat ... Mommsen« – sie wußte, was jetzt kam, es war sein Lieblingszitat –, »hat gesagt, ›Wer Geschichte schreibt, hat die Pflicht politischer Pädagogik‹, und davon sehe ich hier wirklich nichts. Was bedeutet es für andere, das meine ich. Wenn du so weit in der Zeit zurückgehst, mußt du dir dabei ständig vor Augen halten, daß sogar die einfachsten Dinge in gewisser Weise nicht stimmen. Zum Beispiel, eine Straße ist keine Straße, eine Entfernung keine Entfernung. Bei Straße denkst du an etwas, was du hier draußen siehst, bei Entfernung stellst du dir eine Zeitdauer vor, die völlig unrealistisch ist ... Ich nenn dir jetzt nur ein Beispiel, damit du siehst, was

ich meine: Ende 1118 schickt Papst Gelasius einen neuen päpstlichen Gesandten nach Spanien, Kardinal Dieudedit, wunderbarer Name. Aber ist dir auch klar, wie lange er dafür braucht? Er soll die Bischöfe Iberiens zu einem Konzil in der Auvergne einladen und gleichzeitig alles versuchen, damit der brüchige Waffenstillstand zwischen Alfonso und Urraca, das heißt zwischen Aragón und Kastilien, nicht platzt, damit Alfonso die Hände frei hat, um Zaragoza von den Muslimen zurückzuerobern. Aber er hat auch noch eine Botschaft für Gelmirez, den Bischof von Santiago und Verbündeten Urracas. Der wollte auch zu diesem Konzil, braucht dafür aber einen Geleitbrief von Alfonso, den er nicht bekommt. Das erfährt er in ... äh ...«
»Sahagún.«
»Ach ja, du weißt das natürlich schon alles. Na schön, es geht hier nur um das Beispiel, weil es so gut illustriert, was ich meine. Gelmirez wartet also in Sahagún, ob nicht doch noch ein Geleitbrief eintrifft, doch inzwischen, wir schreiben bereits das Jahr 1119, und das genau meine ich mit Zeit und Entfernung, stirbt der Papst in Cluny ... und das alles mußt du überprüfen, die meiste Zeit widersprechen sich die Dokumente, es bleibt viel zu viel Raum für Spekulationen ...«
»Aber das ist Jahrhunderte später doch noch genauso! Wenn ein Schiff nach Chile fuhr, dauerte es ein Jahr, bevor Karl V. wußte, ob es sicher angekommen war. Das ist doch nichts, worüber sich ein Historiker zu wundern braucht?«
»Von späteren Epochen wissen wir aber mehr.«
»Aber deswegen mache ich das ja gerade, ich will mehr darüber erfahren. Niemand außer Reilly hat bisher wirklich über sie allein geschrieben.«
»Aha! Ehrgeiz!«
»Kann schon sein.«
»Und trotzdem bleibt es eine Illusion. Beklag dich also später nicht bei mir, daß du in Papier erstickst. Dieses Projekt kostet dich, und in gewisser Weise auch mich, zehn Jahre. Ich wußte gar

nicht, daß deine Generation noch in solchen Zeitabschnitten denkt. Bis dahin steh ich wahrscheinlich kurz vor meiner Pensionierung.« Zeit schien den hochgelehrten Herrn zu faszinieren. Entweder gab es zuviel davon oder zuwenig, jedenfalls schien sie nie auf die gleiche Weise gemessen zu werden können.

Erst nachdem Elik Oranje sich all das durch den Kopf hatte gehen lassen, gestattete sie es sich, über Arthur Daane nachzudenken, doch weil dieser Gedanke eine demütigende Unruhe in ihr hervorrief, ließ sie ihn sofort fallen und rief Arno Tieck an. Arthur sei, wie Tieck es ausdrückte, auf Weltreise in Finnland oder Estland und komme in dieser oder der nächsten Woche zurück. Was er nicht sehen konnte, war, daß Elik Oranje, nachdem sie aufgelegt hatte, die *Crónica de los príncipes de Asturias*, die *Relaciones geneológicas de la Casa de los Marqueses de Trocifal* und *Die Urkunden Kaisers Alfons VII. von Spanien* von Peter Rassow eines nach dem anderen durch ihr Zimmer pfefferte, das Licht löschte und noch eine Weile reglos im Dunkeln sitzen blieb.

*

An dem Tag, an dem Arthur Daane nach Berlin zurückkehrte, lag so etwas Albernes wie ein allererster Frühlingshauch über der Stadt. Die Finnair-Maschine, mit der er aus Helsinki zurückgeflogen war, hat eine Route gewählt, bei der man die Narbe, die noch immer durch die Stadt lief, gut erkennen konnte, eine Spur von Niemandsland, die sich langsam mit neuen Gebäuden, Straßen, Grünflächen füllte. Er sah sogar die Quadriga auf dem Brandenburger Tor, die nach vierzig Jahren wieder nach Westen rennen durfte, als habe sie Eile, zum Atlantik zu gelangen. Dort hatten sie gestanden, die Tanzenden auf der Mauer, in ihrem Nimbus aus silbernem Wasser.

Zwei Stunden später sagte er das zu Victor. Jeder kannte die Erinnerungen des anderen, doch sie hatten nichts dagegen, sie sich

noch einmal zu erzählen, und schon gar nicht in Philippes Gegenwart, der dann immer große Augen wie ein Kind machte, das ein und dieselbe Geschichte auch noch zum hundertstenmal hören kann. Victor hatte sich an jenem historischen Tag »wie ein einsames Spermium« entgegen dem brausenden Strom in den Osten aufgemacht, um einen alten Freund zu besuchen, »ein antihistorisches Exerzitium«. Der Mann, ein Bildhauer, halbgelähmt nach einem Herzinfarkt, hatte mitten im Zimmer in seinem Rollstuhl gesessen »wie der steinerne Gast, allerdings ohne diese schrecklichen Schritte«. Im Fernsehen sahen sie gemeinsam, wie der große Strom gen Westen zog.
»So sind sie im Mai noch an Gorbatschow und Honecker vorbeimarschiert. Mit Fähnchen in der Hand.«
»Vielleicht nicht dieselben?«
»Spielt keine Rolle. Es sind immer dieselben. Menschen können in zwei Richtungen laufen, wie du weißt. Du mußt ihnen nur sagen, wohin. Sieh dir diese Freude an! Sie wissen noch nicht, was sie erwartet. Hundert Mark gehen sie sich holen. Schade, daß Brecht das nicht mehr erlebt. Aber der schläft. Was machst du hier eigentlich? Du bist genau gegen den Strom der Geschichte geschwommen!«
Der Freund hatte früher die Bühnenbilder für das Berliner Ensemble gestaltet.
»Ich? Ich mache einen kleinen Spaziergang. Die anderen müssen heute abend übrigens auch alle wieder nach Hause.«
»Dann können sie sich mal Gedanken darüber machen, wie lange sie dieses Haus noch haben. Solange ich lebe wohl schon noch.«
»Du hast es doch nie so mit denen gehabt, oder? Du hast doch immer von Arschlöchern gesprochen.«
»Ja, aber es waren meine Arschlöcher. Ich war an sie gewöhnt. Es war übrigens auch gemütlicher, als du denkst.«
»Für dich, ja.«
»Ach, den Mist, den man kennt, eintauschen gegen den Mist, den

man nicht kennt, soll das vielleicht das große Leben sein? Das hab ich schon dreimal miterlebt. Erst Weimar, dann Hitler, dann Ulbricht, und jetzt das wieder. Ich will, daß man mich in Ruhe läßt. Sieh dir das an, diese Untertanenvisagen. Holen sich alle eine Banane, genau wie die Affen im Zoo.«
»Du hattest Bananen.«
»Ich mag keine Bananen. Lächerliche Form, dieses dämliche dicke Röckchen, das man ihnen ausziehen muß. Wenn man sie wenigstens noch viereckig gemacht hätte, da, sieh dir das an!«
Das Fernsehen zeigte eine dicke Frau, die sich eine Banane in den Mund steckte.
»Das ist doch reinstes Porno. Es gibt Dinge, die müßten verboten werden. Möchtest du einen Kognak?«
Auf dem Rückweg hatte Victor selbst am Checkpoint Charlie eine Banane und ein Päckchen Kaugummi bekommen.
»Von der Geschichte.« Er hatte damit noch in die Fernsehkameras gewinkt, in der Hoffnung, daß sein Freund es sähe.

Es war noch ruhig im »L'Alsace«.
»Nichts los hier.«
»Fußball«, sagte Philippe. Und dann: »Du bist wohl nicht mehr von dieser Welt? Fußball, das ist so was wie der autofreie Sonntag. Keine Autos, keine Gäste, kein Verbrechen. Was macht die Liebe? Diese geheimnisvolle Dame, die nur Arno gesehen hat?«
»Keine Ahnung.«
»Bring sie doch mal mit.«
»Philippe, ich weiß nicht einmal, wo sie wohnt.«
»Kein Problem«, sang Victor. »Wenn du sie sehen willst, mußt du heute abend mit zu Schultze. Sie scheint Arno so ein bißchen als ihren Guru zu betrachten. Oder als ihren Sparringspartner, auch möglich. Sie streiten sich ständig, aber über höhere Themen. Geschichte als Geschichte oder Geschichte als Religion, so was. Kleine Chroniken versus große Gedanken, Daten versus Ideen,

Braudel versus Hegel, glaube ich. Unnütz, aber amüsant. Und ein bißchen gegen Männer, das gefällt Arno. Immer bereit, sich schuldig zu fühlen. Aber sie verteidigt sich gut.«
»Wie findest du sie?« Er hörte die Begierde in seiner Stimme.
»Hübsch. Eine Persönlichkeit. Sofern du erlaubst. Oder hätte ich sie nicht sehen dürfen?«
Schlauer Victor. Etwas davon stimmte. Unmöglich, daß sie so sichtbar war. Das erwartete man nicht von einer Frau, die abends plötzlich wie ein Geist auf deiner Treppe saß und nicht dasaß, wenn man hoffte, sie sei da.
»Aufpassen.«
Diesmal spottete Victor nicht, und Arthur spürte, wie Wut in ihm hochkam. Das ging niemanden etwas an. Es gehörte ihm, und jemand brach hier ein. Aber er wußte, daß Victor das aus Freundschaft gesagt hatte.
Er sah seine beiden Freunde an, Victor, der ihn nicht ansah, und Philippe, der das Gespräch nicht verstehen konnte, aber begriff, daß es irgendwie um Frauen ging, und das spannend fand. Ein Mann aus den dreißiger Jahren und einer aus dem achtzehnten Jahrhundert. Philippe erhob sich, um die Kerzen auf den Tischen anzuzünden. Jetzt wurde es noch schlimmer. »Ein Musketier, der die beiden anderen verloren hat.« Vera hatte recht. Ein fröhlicher Melancholiker.
»Wenn du noch zu Schultze willst, dann müssen wir gehen«, sagte Victor.
»Und ich muß aufpassen?«
»Tust du ja doch nicht. Ein jeder folgt ...«
»... seinem Schicksal bis zum Ende«, sagten die beiden anderen.
»Ihr kennt eure Klassiker.«
»Bevor ihr zur Konkurrenz geht, spendiere ich euch noch ein Glas Champagner«, sagte Philippe. »Eine Kaskade.«
Er stellte drei flache, weite Champagnerschalen ineinander und goß ziemlich schnell ein, wobei er die Flasche ungefähr dreißig

Zentimeter über das oberste Glas hielt. Der Champagner sprudelte schäumend über den Rand ins zweite Glas, dann ins dritte, aber bevor er auch über dessen Rand fließen konnte, hielt er inne und hob die Gläser heraus.
»A nos amours«, sagte er. Sie tranken.
»Und auf den Frühling.«
»Wann fährst du wieder weg?« fragte Philippe Arthur.
»Er ist gerade zurückgekommen.«
»Übermorgen«, sagte Arthur. An ihrem letzten Drehtag war Hugo Opsomer mit einem Fax zu ihm gekommen.
»Schau mal! Endlich, nachdem ich ihnen zwei Jahre lang in den Ohren gelegen bin. Ein altes Projekt, etwas, was ich schon immer machen wollte.«
»Was ist es?«
»Die Achtundachtzig-Tempel-Wallfahrt in Japan. Und ich darf sogar meinen eigenen Kameramann mitnehmen.«
Er hatte ja gesagt und es fast sofort bereut. Aber er hätte es auch bereut, wenn er nein gesagt hätte.
»Achtundachtzig Tempel«, sagte Philippe träumerisch, »wie lange bleibst du weg?«
»Ein paar Wochen, oder länger, ich weiß es noch nicht.«
»Und du kommst geläutert zurück.«
»Weiß der Himmel.«
Sie gingen.
Draußen auf der Kantstraße blieb Victor vor einem Hauseingang stehen.
»Weißt du noch, wie hier die ganzen Polen bei Aldi anstanden? Und wie sie sich mit diesen großen Pappkartons abschleppten, mit Fernsehern und Videorecordern? Wie lange ist das her, sieben Jahre? Die sind jetzt alle reich. Gib zu, das ist eigenartig. Gorbatschow kommt hierher, gibt Honecker einen Kuß, und das ganze Kartenhaus fällt in sich zusammen. Aber was haben wir nun eigentlich erlebt? Die Polen sind alle wieder zu Hause und stellen selbst Fernseher her. Wir haben am Bett der Weltgeschichte ge-

sessen, aber der Patient war betäubt. Und jetzt ist er immer noch dabei, aufzuwachen.«
»Wer ist der Patient?«
»Wir, du und ich. Alle. Spürst du das nicht, diese enorme Verschlafenheit? Ja, ja, Geschäftigkeit, Wiederaufbau, Demokratie, Wahlen, Treuhand, aber gleichzeitig diese Verschlafenheit, als sei es doch nicht wahr, als warteten sie noch auf etwas anderes. Ich glaube, ich will lieber nicht wissen, worauf. Malaise, *mal à l'aise*, niemand fühlt sich wohl und schon gar nicht hier. Wir hatten so ein schönes, ruhiges Haus, und auf einmal ist die hintere Wand rausgefallen, und jetzt zieht es so schrecklich, und alle möglichen komischen Leute kommen herein. Traumzustand, Wartezimmergefühl ... gleich unter all dieser Aktivität, dieser Bewegung, diesen Mercedessen und Audis so ein Gefühl von: es geht so gut, aber es geht so schlecht, was haben wir falsch gemacht ...«
»Vielleicht bist du wirklich schon zu lange hier?«
»Kann sein. Es ist ansteckend. Aber so eine leichte Schwermut, die liebe ich.«
Dazu ließ sich nicht viel sagen. Er selbst verspürte eine andere Art von Müdigkeit, das zu frühe Aufstehen, die Fähre nach Helsinki, der finnische Wodka auf dem Rückflug, die bevorstehende, viel zu plötzlich kommende Reise nach Japan, der Gedanke, daß sie vielleicht in der »Weinstube« saß. Er merkte, daß er ihren Namen noch immer nicht aussprach. Namen mußten ausgesprochen werden, laut Erna. Wie war das noch? Sonst schob man sie fort. Und wenn das nun beabsichtigt war? Wollte er denn, daß sie da war, oder nicht? Nein, nicht jetzt, mit all den anderen – und Enttäuschung, als er sie nicht sah.
»Kleiner Däumling«, rief Zenobia. »Komm, setz dich zu mir. Erzähl mal, wieviel Russen hast du gesehen?«
»Ich hab dir was mitgebracht.«
Zenobia betrachtete aufmerksam die Ansichtskarte, die er ihr gab. Ein rotwangiges Kind mit kirschroten Lippen und einer großen Pelzmütze schief über dem Kindergesicht. His Imperial

Majesty the Crown Prince. Sie seufzte. Auf der anderen Karte war die erste elektrische Straßenbahn in Sankt Petersburg abgebildet, auf einer Brücke über die Newa. Offiziere auf dem Fahrrad.

»Da capo ad infinitum. Arme Russen. Jetzt können sie wieder ganz von vorn beginnen. His Imperial Majesty hat siebzig Jahre lang ruhig in einer Leimgrube gelegen, wird aber in Kürze neu bestattet, möglichst in Gegenwart von Jelzin. Romanows, Rasputin, Popen, Weihrauch, Dostojewski, die große Restauration kann beginnen. Und das endet dann wieder mit all diesen Männern mit Hüten auf dem großen Balkon. Herr Schultze, einen Wodka. Und, hast du wenigstens auch hübsche Russinnen gesehen?«

»Er ist schon unterwegs nach Japan«, bemerkte Victor.

Herr Schultze erschien am Tisch und verbeugte sich vor Arno.

»Herr Tieck«, sagte er, »wissen Sie, was ich gelesen habe? Daß Ihr Buch über unseren großen Hegel ins Spanische übersetzt worden ist.«

»Hilfe«, murmelte Victor, aber Schultze war nicht zu bremsen.

»Und darum möchte ich dieser Runde eine Beerenauslese spendieren. Das kennen Sie in Holland nicht«, sagte er zu Arthur.

»In Holland sind Beeren Bären«, murmelte Victor.

»Die letzten, die allerletzten Trauben, die noch am Weinstock hängen, werden einzeln von behutsamen Fingern gepflückt. Die Franzosen nennen das pourriture noble ... glückselige, edle Fäulnis. Das ist doch das mindeste, was ich bei einem solchen Anlaß kredenzen kann. Und für jeden ein kleines Stück Gänseleber. Was halten Sie davon? Nicht zuviel, denn danach habe ich etwas ganz Besonderes, wenn Sie alle mithalten. Abschied vom Winter, von der Dunkelheit, der Grimmigkeit: meine Wurstkathedrale! Und dazu dann natürlich keine Beerenauslese mehr ...«

»Was kostet das?«

»Hier wird nicht geflucht!«

Sie aßen, sie tranken.

»Hegel auf spanisch?« fragte Zenobia.
Arno errötete. »Ach, das hab ich doch vor so langer Zeit geschrieben. Auf spanisch, ja, ich hab versucht, die Übersetzung mitzuverfolgen. Aber es ist, als wolle man einen Adler zum Singen bringen.«
»Eine Krähe«, sagte Zenobia. »Kant ist der Adler.«
»Nein, Kant ist eine Giraffe.«
»Eine Giraffe? Wieso?«
»Ortega y Gasset ...« Arno wußte alles. »Ortega y Gasset sagt irgendwo, daß er zwanzig Jahre lang ein treuer Kantianer gewesen ist, ihn aber irgendwann nur noch ganz selten las, genauso wie man den Zoo besucht, um die Giraffen zu sehen.«
»Wunderbare Tiere«, sagte Vera, die nie etwas sagte. »Kannst du dir vorstellen, wie es ist, auf alle anderen Tiere herabzuschauen?«
Die Wurstkathedrale war ein beeindruckendes Bauwerk. Violettschwarze Würste, graue, pralle Würste, kleine weiße runde, dünne rote Stränge, alles ineinandergreifend, sich übereinander türmend, eine dampfende Kirche mit Strebepfeilern und Türmen, Torbögen und Seitenschiffen, auf einer vierfarbigen Erde aus geschnittenem glänzendem Grün-, Weiß-, Rot- und Wirsingkohl.
»Ich bin Atheist«, sagte Victor leise.
»Um so besser«, sagte Arno, »der Bildersturm war schließlich auch eine Dekonstruktion.«
Eine halbe Stunde später war von der Kathedrale nichts mehr übrig, sie sahen, wie das Fleischgebäude langsam einstürzte, wie die Mauern wackelten und in ihrem eigenen Fett wegrutschten, wie die Farben der Seitenschiffe ineinander überflossen, bis zum Schluß nur noch eine Masse aus geronnenem Blut, rosa marmorierte Scheiben, leere Pellen und Kohlreste übrigblieben.
»Das Blut der Märtyrer«, sagte Zenobia. »Arthur! Du schläfst! Ihr modernen Kinder von heute habt keine Ausdauer mehr. Du machst ja schon bei einem kleinen Schweinchen schlapp.«

Es stimmte. Die Kerzen, der dunkle Raum, die Stimmen der anderen, die Überbleibsel der Schlachterei in der großen Tonschüssel, die Gläser Rheinwein, um ihn herum begann es sacht zu schwanken, er saß noch immer auf diesem Schiff, das ihn in aller Frühe über die Ostsee getragen hatte, er verspürte eine unvorstellbare Müdigkeit, die mit den Bildern der vergangenen Wochen zusammenhängen mußte, den Menschen, Straßen, Landschaften, die er aufgenommen hatte, eine andere Form von Indigestion, zu der nun auch noch dieses Schwein kam. Erst nach ein paar Tagen würden die Bilder aus ihm heraussickern, aber erst, wenn er die flachen runden Dosen auf einen Stapel gelegt hatte, wenn sie auf irgendeine Weise beigesetzt, gestorben waren, wenn er sie abgegeben hatte, sie an die Auftraggeber gegangen waren, die das meiste davon am Schneidetisch verwerfen, vernichten würden. Doch dann war er bereits in Japan, und er erkannte das Gefühl wieder, das jetzt in ihm aufkam und das er, in seinem Beruf, nicht haben sollte: eine Übelkeit, die mit Angst und Panik zu tun hatte, eine Weigerung gegen das Neue, gegen die Schnelligkeit, mit der er dorthin fliegen und seine Seele tausend Kilometer hinter sich herschleppen würde. (»Du tust es dir selbst an, jedesmal aufs neue.« Erna.) Und er wußte, wie dieses Gefühl wieder verebben würde, wie er sich dort in der Stille der Tempel bewegen würde, wie wahnsinnig weit weg der Raum dann wäre, in dem er jetzt mit seinen Freunden saß. Jedesmal, dachte er, ließ er sein ganzes Leben zurück, weil dort, wo auch immer, ein anderes Leben von ihm bereitlag, in das er nur einzutreten brauchte, jemand anders, der er auch war, so daß nicht er sich bewegt oder verändert hatte, sondern ausschließlich die Welt, die Umgebung. Der Übergang, die Seelenwanderung tat manchmal weh, bis die Wirklichkeit dieses anderen Orts sich um ihn geschlossen hatte und er wieder zu dem Auge geworden war, das schaute, aufnahm, zusammentrug, ein anderer und doch derselbe, jemand, der sich von dem Ort berühren ließ, an dem er war, der sich, selbst unsichtbar, zwischen die Leben der anderen schob.

»Aber jetzt wacht er auf.«
Das war Arnos Stimme, mit einer Erregung, die er nicht an ihm kannte.
Er spürte, wie sie ihn alle ansahen. Zwischen den schwankenden hellen Lampions ihrer Gesichter war eines, das fremd war, ein Gesicht, das vorher nicht dagewesen war, und es war ihm zugewandt.
Später würde er die Ereignisse jener Nacht von neuem abspulen, immer wieder, einen sich ständig ändernden Film, bizarre Aufnahmen, schemenhafte Statisten, überbelichtete Passagen und dann wieder vergrößerte Bilder ohne Sinn und Verstand, ihr Gesicht, wie es sich zwischen den anderen gezeigt hatte, ausgesondert, heller, als hätte man nur sie ausgeleuchtet, und die anderen müßten sich mit Kerzenlicht begnügen, träumerisch fächelndes Licht voll kleiner Schatten, weil sich das lebendige Feuer der Kerzen im Luftstrom hin und her bewegte, eine Tür, die sich öffnete, eine plötzliche Bewegung.
Schultzes Stimme, ein Abschied, Victors Blick, das Funkeln von Arnos Brillengläsern, die verblüffende Verdoppelung von Vera und Zenobia, Otto Heiland, der alles als Bild in sich aufnahm, das er in irgendeiner Form reproduzieren würde, schon nicht mehr sein, Arthurs, Augenblick, sondern der der anderen, etwas, was sie nicht loslassen, vergessen würden: wie er, der gerade zurückgekehrt war, der dösig zwischen ihnen gesessen hatte, halb träumend vielleicht, wie er aufgerufen worden war, wie Zwang ausgeübt worden war ohne Worte, ohne Befehl, wie diese Frau da gestanden hatte (wie eine Schicksalsgöttin, sagte Vera später, Vera, die nie etwas sagte) und ihn, das war deutlich zu sehen gewesen, ihn, ihren Freund, mit ihrem Blick aus ihrem Kreis gerissen hatte und wie, natürlich, Schicksalsgöttin, sie das Gefühl gehabt hatten, daß es hier um etwas Schicksalhaftes ging, ohne daß jemand das hätte beweisen können, etwas jedenfalls, was nicht stimmte, denn wie war es möglich, daß ein Mann, leicht schwankend, plötzlich sehr groß, auf diese Frau zugegan-

gen war, die, darin waren sie sich nicht ganz einig, etwas Grausames (Zenobia), Gebieterisches (Victor), Verzweifeltes (Arno), Schicksalhaftes (Vera), Bildschönes (Otto, bei dem diese Narbe irgendwann in einem Bild wieder auftauchen würde) gehabt hatte, sich fast an sie geklammert hatte, so daß sie an seinem Rücken hatten erkennen können, daß er bereits fort war, sie verlassen hatte, in der hohlen schwarzen Stadt verschwunden war, für einen Augenblick eine lange, sich in der offenen Tür abzeichnende Gestalt, die dieser anderen, kleineren, geballten Figur in die Nacht hinein folgte, aus der, wie sie später selbst feststellen konnten, der Frühling schon wieder verschwunden war. Der letzte Gruß war ein Windstoß gewesen, der die Kerzen zum Verlöschen brachte, und von draußen, gerade noch hereingeschlüpft, Verkehrsgeräusche, ein Bus, Schritte, Stimmen, dann nichts mehr, die bewiesene Abwesenheit, Stille, das Scharren ihrer Stühle, ihr wiederaufgenommenes, jetzt so anderes Gespräch.

Die Sequenz *seiner* Bilder würde immer mit diesem Abschied beginnen, mit seinen Freunden, die mit ihm über Sibirien, über Landschaften, Flüsse, Leere fliegen würden, Bilder, die er auf der Insel all dieser Tempel bei sich haben wollte. Doch auch dort würde sich diese Tür hinter ihm schließen, würde das große Laufen beginnen, bei dem ihre Füße den Rhythmus vorgaben, noch immer dieselben Schuhe wie damals in der U-Bahn, das schwarzweiße Fell, nun aber mit etwas, was eine unmögliche Geschwindigkeit schien, ein Stakkato, das von ihrer Stimme begleitet wurde. Plötzlich wurde gesprochen, erzählt, gedacht, jemand erzählte ihm über ihren Platz in der Welt, ohne daß er später hätte sagen können, ob er daraus vertrieben oder im Gegenteil dort hineingelockt wurde, zwei verschiedene Menschen sprachen dort aus demselben Mund, einer, der sich sehnte oder gestand, sich gesehnt zu haben, und einer, der abwehrte, Einsamkeit forderte, Wege versperrte, sich weigerte, anzog, die Vergangenheit beschwor, mit düsteren, gefährlichen Erinnerungsfetzen und der dazugehörigen Wut, dann wieder auswich in eine Zukunft, eine

Sturzflut von Geschichten über ihre spanische Königin, so daß er sich darüber gewundert hatte, jemand mit einer eigenen Vergangenheit als Gegenwart und der Vergangenheit von jemand anderem als Zukunft. Er hatte versucht, sich das vorzustellen, eine jahrelange Zukunft voller Bischöfe, Schlachten, Muslime, Pilger, eine Welt, die ihn nichts anging, nichts angehen würde, und währenddessen hatte er dieses Gesicht aufgenommen, gefilmt ohne Kamera, wobei er den Mund, der Dinge sagte, die ihn auf jeden Fall doch etwas angingen, vergrößert hatte, den weißen Schimmer ihrer Zähne, das Gehege, das all diese Worte entweichen ließ, die Verformung der Lippen bei jedem Nachdruck. Nichts gab es, nichts, das er nicht bemerkt hätte, das Lampenlicht, das, während sie weitergingen, immer wieder auf dieses Gesicht fiel und erlosch, das er mal, bei jenem ersten Mal, als Berbergesicht bezeichnet hatte, der erste Anblick einer Frau, die einem die Zeitung wegschnappen wollte, jener eine Augenblick, der jede nachfolgende Handlung, Szene, jedes Ende bereits in sich trug.

Beim Schloß Bellevue war er stehengeblieben, weil er nicht mehr konnte, und zum erstenmal hatte sie geschwiegen. Er stand an eine Säule gelehnt, und erst nach langer Zeit, als erinnere sie sich plötzlich, daß er auch da war, hatte sie gefragt, was ihn auf seiner Reise am meisten beeindruckt habe, eine lächerliche Frage, wie aus einem Interview, der feige Verrat des Desinteresses, und er hatte, erinnerte er sich, langsam gesprochen, wie man zu einem Kind oder einem nicht allzu intelligenten Interviewer spricht, und von dem Gespräch erzählt (sich selbst erzählt), das sie mit einer uralten Frau aufgenommen hatten, die die letzte war, die ihre Sprache noch sprach, die Sprache ihres Volkes, eine ausgestorbene, nein, in diesem Augenblick aussterbende Variante des Ugrischen, über die Rätselhaftigkeit dieser Klänge, die in Kürze niemand mehr aus einem lebendigen Mund hören würde, und wie er an den Moment gedacht hatte, in dem diese Frau sterben würde, daß dann, was noch viel geheimnisvoller war, zum letztenmal in dieser Sprache gedacht werden würde, unhörbare Worte, die niemand aufnehmen würde. Danach waren sie weitergegangen, langsamer jetzt, Schritte, zwei Uhren, die nicht im selben Takt liefen, Unter den Linden, Friedrichstraße, Tucholskystraße, die goldene Kuppel der Synagoge, grüne Männer mit Maschinengewehren, Schaudern, faserige Stille. Innerlich stillgestanden, umgedreht, dieses Bild noch einmal aufgenommen, aber sie war bereits weitergegangen, das Sprechen hatte auch wieder begonnen, wickelte ihn ein, Wendungen, Biegungen, Mäander, heiser, aspiriert, eine andere Rhetorik, ein Gespräch in einem Bergdorf, eine Berberfrau unterwegs, Monbijoustraße, Hackescher Markt, er hörte schon lange nichts mehr, Höhlen von Innenhöfen, Schlagschatten von Gebäuden, spärliches Licht. Wohin sie ging, wußte er nicht, doch er spürte, daß sie das Ziel fast erreicht hatten. Eine Tür, ein kahlgeschorener Mann mit einem Gesicht, das ihm nicht gefiel, eine Treppe hinunter, ein stampfendes, mechanisches Geräusch, Unterweltlicht, fahle Gestalten, die an einer Theke herumlungerten, Gegenmenschen. Auch die hatte er also aufgenommen, andere Stimmen, die nicht sprachen, wie seine Freunde sprachen, nölige Bösartigkeit, Sprache, die in Höhlen gesprochen wurde.

Sie schien diese Leute zu kennen, auch ihre Stimme war anders geworden, eine Art Schreien, um den Lärm zu übertönen, schweres Metall, dachte er auf niederländisch, der Lärm von Fabriken, in denen nichts fabriziert wurde. Stampfende Gestalten auf der Tanzfläche, Zwangsarbeiter eines nicht vorhandenen Produkts, sich abrackernd, verkrampft, sich zum gnadenlosen Rhythmus bewegend, bei jedem Peitschenhieb in sich zusammenkriechend, mitschreiend bei dem, was sie offenbar als Worte erkannten, ein deutscher Höllenchor, rauh, über kaputtes Eisen gezogene Stimmen, giftiges Metall.

Gegenmenschen, das waren Menschen, die keine Stille ertrugen, Ecstasygesichter, Speedgesichter, Koksmasken, Vanitasgesichter mit mageren Leibern in Großstadtlumpen, und jetzt, sie hatte etwas gesagt, und er hatte plötzlich ihren Mantel auf dem Arm, jetzt schob sich die Frau, die eben noch Flügel gehabt hatte, in den Hexenkreis, er bekam ein Glas lauwarmes Bier von einer Spukgestalt in die Hand gedrückt, zog sich in eine Ecke zurück, wollte nichts sehen, wollte nicht sehen, wie sie auf dieser Tanzfläche in orange- und violettfarbenen Wirbeln des kreisenden Lichts im Fastdunkel wie eine Mänade tobte, eine gedemütigte Irre, eine Frau, die er nicht kannte, die er erst wieder sah, als wieder ein anderer nach Bier stinkender Karpatenkopf über ihm hing und etwas rief, was er nicht verstand. Er sah, daß der Mann auf sie deutete, die jetzt allein unter den Lichtern tanzte, mit hundert Armen, die sie nach allen Seiten hin ausstrecken konnte, fließend und dann wieder ruckartig, ein Wüstentanz, mit dem sie die anderen von ihrem Platz gejagt hatte, ein Kreis, der um sie herumstand, grinsend und lauernd, und jetzt verstand er auch, was der Mann mit seinem stinkenden Atem gesagt hatte, Ausländer, Ausländer, und die Kotzgeräusche, die er dazu gemacht hatte, und urplötzlich hatte der Kampf begonnen, er hatte einen Schlag ins Gesicht bekommen, fiel, spürte einen Schuh in den Rippen, sah, wie jeder gegen jeden kämpfte, fast im Takt der Musik, sah, wie sie jemanden mit einem Karateschlag zu Boden schlug, wie sie aus dem Schlangenknäuel kämpfender Leiber auf ihn zukam und ihn mitzog. Der Rausschmeißer am Eingang wollte sie aufhalten, wich jedoch zurück, als er ihr Gesicht sah. In dem Moment hörten sie die Sirene des Streifenwagens. »Scheiße«, sagte der Mann, aber sie waren schon draußen und sahen von dem Platz hinter der Mauer aus, zu dem sie ihn mitgezogen hatte, wie die Polizisten auf den Innenhof rannten.

»Du blutest«, sagte sie, aber er wußte, daß es nichts Ernstes war. Sie wollte sein Gesicht abwischen, aber nun war er es, der sie abwehrte. Sie zuckte mit den Achseln und ging vor ihm her, bis zu einer Bushaltestelle. Er versuchte herauszubekommen, wann der nächste Bus käme, aber er wußte ja nicht einmal, wo sie hinfuhren, und wollte auch nicht fragen. Sie waren die einzigen Wartenden. Er entfernte sich ein paar Schritte von ihr und sah sie an, als wäre sie eine Fremde. Das war also eine Frau, mit der er geschlafen hatte, nein, die mit ihm geschlafen hatte, aber solche Dinge waren unsichtbar. Zwei Wartende an einer Bushaltestelle, meterweit voneinander entfernt. Eine Frau, die fror, die die Hände tief in den Taschen ihres blauen Gabardinemantels vergraben hatte und die Arme dicht an ihren Körper drückte. Ein Mann, der noch einen Schritt weiter weg ging. Dadurch wurde die Frau einsamer. Unmöglich zu wissen, woran sie dachte. Niemals könnte jemand ahnen, daß dies eine Frau war, die vor einer Viertelstunde einen Karateschlag ausgeteilt hatte, die vor einer halben Stunde in einem zwielichtigen Keller wie eine Besessene getanzt hatte.

Er ging noch weiter bis zur Straßenecke, um zu sehen, wo sie waren. Rosenthaler Straße. Wo um Himmelswillen lag das? Rosenthaler Straße, Sophienstraße, er wußte es und wußte es nicht. Als er sich umdrehte, sah er den Bus kommen, halten, sah, daß sie einstieg. Was war das? Wie konnte es sein, daß er so langsam war und alles andere so schnell? Mit weit ausgebreiteten Armen rannte er auf den Bus zu, der gerade anfuhr. Der Mann stoppte, öffnete die Türen, trat aber sofort wieder aufs Gas, so daß er das Gleichgewicht verlor und längelang auf dem Mittelgang landete. Von so nahe hatte er die Pelzschuhe noch nie gesehen.

»Zuviel gesoffen, was?« rief der Fahrer.

»Nein, zu früh aufgestanden«, sagte Arthur. Ich komme aus Estland, wollte er sagen, überlegte sich aber gerade noch rechtzeitig, wie lächerlich das klingen würde.

»Ich komme aus Estland.« Das sagt man nicht zu einem Berliner Busfahrer, das sagt man zu einer Frau in einem leeren Nachtbus, die mit verschlossener Miene hinausschaut oder nicht schaut und irgendwo hinfährt, von dem man nichts weiß. Wenn der Mann nicht angehalten hätte, stünde er immer noch an dieser Haltestelle. Er setzte sich ihr gegenüber hin. Karate, Mänade, Staatsbi-

bliothek, Weltmeisterin im Abschiednehmen. Und er selbst? Wie viele Erscheinungsformen hatte er selbst an diesem Tag angenommen? Ein Mann, der sich in Tallinn rasiert, ein Mann an einem kalten, vom Wind gebissenen Kai, ein Mann an einer Reling, in einem Flugzeug, an einem Tisch unter Freunden, nächtlicher Spaziergänger mit einer Frau. Und jetzt ein Mann in einem Bus, der eine Frau ansieht. Jeder bekam ein Fragment, niemand den Film. Sie drückte auf den Knopf zum Zeichen, daß der Bus halten sollte. Sollte er jetzt mit aussteigen oder nicht? Er blieb sitzen und sah, wie sie aufstand. Erst als der Bus stoppte und sie ausstieg, sagte sie über die Schulter: »Wir sind da.« Die Tür schloß sich bereits wieder hinter ihr.
»Moment, bitte«, rief er dem Fahrer zu.
»Doch zuviel gesoffen«, sagte der Mann, öffnete die Tür jedoch noch einmal.
Diesmal hatte sie gewartet. Sie stand so dicht am Ausgang, daß er gegen sie prallte.
»Du blutest noch immer«, sagte sie. »Bleib mal stehen.«
Sie hatte ein Taschentuch hervorgezogen und fuhr damit über sein Gesicht. Danach leckte sie mit ihrer Zunge über eine Ecke des Taschentuchs, um es anzufeuchten, und wischte noch einmal über diese Stelle. Jetzt spürte er, wie es brannte.
»Eine kleine Schnittwunde«, sagte er.
»Du hast Glück gehabt. Der Typ hatte ein kaputtes Glas in der Hand. Er hätte dein Auge treffen können.« Es war das rechte Auge. Ein einäugiger Kameramann. Aber es war nichts passiert.
»Warum gehst du in diesen Schuppen?«
»Weil sie mich dort nicht wollen. Hast du die Texte verstanden?«
Nein, die hatte er nicht verstanden, aber er hatte gehört, wie die Musik alles zerfetzte.
»Kannst du sie denn verstehen? So gut ist dein Deutsch nun auch wieder nicht.«

In dem rauhen, aggressiven Gebrüll hatte er kaum Wörter unterscheiden können.
»Dafür reicht es. Vor allem, wenn sich jemand die Mühe macht, es dir zu erklären.«
»Damit hast du ihnen bestimmt einen großen Gefallen getan.«
»Genau. Aber sie haben mich immer in Ruhe gelassen.«
»Bis jetzt.«
»Das kam, weil ich nicht allein war.«
»Also meine Schuld.«
»Quatsch. Ich hab sie provoziert.«
»Aber warum gehst du da hin?«
»Das erste Mal aus Neugier. Danach wegen der Herausforderung. Ich liebe Musik, die gegen mich ist. Vor allem wenn ich dazu tanzen kann.«
»Tanzen? Das war eher ein Wutanfall.«
Sie blieb stehen und sah ihn an.
»Langsam kapierst du was«, sagte sie.
Er war sich nicht sicher, ob er das überhaupt wollte, und antwortete nicht.
Milastraße, Gaudystraße, das sagte ihm etwas, aber er wußte nicht mehr, was. Pockennarbige Häuser, Fensterrahmen ohne Farbe, abgeblätterter Putz. Jetzt kamen sie zu einem freien Platz mit etwas, das wie eine riesige Sporthalle aussah. Drinnen brannte noch schwaches Licht in dem großen leeren Raum, in dem tagsüber wohl Handball gespielt wurde. Vor den großen Fenstern standen drei Aluminiumfahnenmasten, an denen der Wind ein hohes heulendes Geräusch produzierte. Jetzt wußte er, wo er war. Sie bog nach rechts und ging durch eine Art Park. Es war stockfinster, sie mußte den Weg gut kennen. Falkplatz. Als sie diese Bäume gepflanzt hatten, stand die Sporthalle noch nicht. Er fragte sich, was aus den Bäumen geworden war, doch im Dunkeln war nichts zu erkennen.
Sie überquerte eine Straße, bog um eine Ecke, öffnete eine große, schwere Tür. Im Flur stank es nach nassen Zeitungen,

Schimmel, er wußte nicht, was, ein Geruch, den er nie mehr vergessen würde. Sonderbar, konnte er später denken, daß von einer Nacht, in der so viel geschehen sollte, von allen Eindrükken, Bildern, Geräuschen stets dies sich als erstes einstellen würde, ein Geruch, der etwas mit klammer Kälte und Fäulnis zu tun hatte, es mußte die Zeit selbst sein, die da vermoderte. Die Zeitungen hatten etwas behaupten, festhalten, berichten wollen, was in der Welt passiert war, doch Feuchtigkeit hatte die Blätter aneinandergeklebt, die Buchstaben zur Hälfte verwischt, und so hatten sie sich in ihr Gegenteil verwandelt, anstatt das Geschehene festzuhalten, kamen sie dem großen Vergessen zuvor, Berichte, Meinungen, Kritiken, alles ein grauer nasser Brei, der nach Fäulnis stank.
Eine Treppe hinauf, eine farblose Tür, an der auf niederländisch »Zutritt verboten« stand. Auf dem Fußboden überall Bücher im Kreis, rings um eine freie Fläche. Sie begann sie einzusammeln, damit er sich bewegen konnte. Sie hätte sagen können, was man in solchen Situationen sagt, daß bei ihr ein Saustall herrschte, daß es klein war, daß es armselig war, aber sie sagte nichts, hängte ihren Mantel in einen Schrank, streckte ihre Hand gebieterisch nach seinem aus, den sie entgegennahm, zusammenfaltete und in eine Ecke neben der Tür legte.
Möchtest du einen Kaffee?
Nein, auch das sagte sie nicht, und ebenso nicht, daß sie noch nie jemanden in dieses Zimmer gelassen hatte. Sie sagte nichts, und er sagte nichts. Sie standen sich gegenüber, er hatte gar nicht gewußt, daß zwei Menschen so wenig Geräusch machen konnten. An alldem war eine unausweichliche Präzision, die Stille wurde in einer Choreographie gezählt, sie mußte so lange dauern, bis es nicht mehr zu ertragen war, dann erst würde sie ihren Arm heben, mit der Hand seine Kleider berühren, sanft daran zupfen, eine winzige Geste, doch nun konnten sie gleichzeitig ihre Kleider ablegen, Geraschel, das Geräusch, das Stoff macht, wenn er fällt, wenn er gefaltet wird. Sie legte sich hin und sah ihn an,

streckte den Arm aus. Scheu, davon hatte Victor gesprochen, damals, einst, in Charlottenburg. Das war es also, Scheu. Eine Form von Schauder. Er wußte, daß, was immer geschehen würde, es nicht straflos sein würde, daß diese Frau einen Entschluß gefaßt hatte, daß sie ihn nicht mied, nicht mehr vor ihm auswich, daß sie ihm nicht widerfuhr, daß dies eine Gefahrenzone war, in der er sich bewegen mußte, als sei er kaum da, in der er wissen mußte, daß er hier Zutritt erhalten hatte, daß er anwesend war, damit sie abwesend sein konnte, daß hier nach einer so absoluten Form des Vergessens gesucht wurde, daß er sich erst dann von ihr mitreißen lassen durfte, wenn diese Abwesenheit erreicht war, wenn die Körper in diesem Zimmer ihre Personen vergessen hatten, bis ein Mann viel später den Kopf von der Schulter einer Frau heben und diesen anderen Kopf unter sich betrachten und Tränen in einem abgewandten Gesicht sehen würde, wenig Tränen, eine Narbe, die glänzt, einen Körper, der sich zusammenrollt, als wolle er jetzt für allezeit schlafen, und der nicht mehr dasein wird, wenn er aufwacht, wenn das graue Berliner Licht durch die vorhanglosen Fenster hereinschleicht, er die Stille, die Bücher, den fahlen, kerkerartigen Raum wahrnimmt. Noch eine Weile denkt er, daß sie zurückkommen wird, bis er weiß, daß das nicht der Fall ist. Er steht auf, groß und nackt, ein Tier in einem abwehrenden Territorium. Er wäscht sich am Waschbecken, jedes Geräusch, das er macht, ist zuviel. Alles ist unerlaubt. Trotzdem hebt er noch jedes einzelne dieser Bücher auf, betrachtet ihre Handschrift, und sie sieht aus, wie er es sich schon gedacht hat, geflochtener Draht, wie ihr Haar, Striche, Durchstreichungen wie Waffen, messerscharf. Jahreszahlen, Namen, Sätze, die ihn ausschließen, bis er sich selbst ausschließt. Das letzte, was er sieht, ist das Foto einer alten Frau auf dem Fensterbrett neben ihrem Bett, sehr holländisch, streng. Er kann keine Ähnlichkeit mit ihr entdecken, mit Ausnahme der Intensität des Blicks. Weil er Filmer ist, sieht er seine Bewegung die Treppe hinunter als Zurückspulen.

»Aber dann müßtest du doch die Treppe rückwärts hinunterge-

hen.« Erna. Dieses Gespräch hatten sie schon öfter geführt. Erna war, mehr als jeder andere, den er kannte, gegen die Vergangenheit.
»Du hast da nichts zu suchen. Du bist da schon einmal gewesen. Wenn du immer nur dort sein willst, bist du nicht hier.«
»Ich kann die Vergangenheit doch schwerlich leugnen.«
»Ist auch nicht nötig. Aber du treibst es zu weit, du bist ewig dabei, aus der Gegenwart eine Vergangenheit zu machen. Du bringst immerzu alle Zeiten durcheinander. Auf diese Weise bist du nie irgendwo richtig.«
Er wußte, daß er jetzt wieder durch den Modergeruch der Zeitungen kam, und ging so schnell wie möglich hinaus. Er sah sich noch rasch um, ob sie nicht irgendwo war, und versuchte sich zu erinnern, wie sie in der Nacht gegangen waren. Falkplatz. An irgendeiner Ecke trank er einen tödlichen Kaffee und ging weiter zu der Sporthalle, in der jetzt junge Leute Handball spielten. Eine Zeitlang schaute er, das Gesicht an die großen Scheiben gedrückt, ihrem Rennen und Springen zu und überlegte, wie alt sie wohl waren. Dreizehn, vierzehn, älter auf keinen Fall. Sie waren noch sehr jung gewesen, als die Mauer fiel, als die große Halle hier noch nicht gestanden hatte. Dies war also die erste Generation der neuen Deutschen. Er sah, wie sie lachten und hochsprangen, mit dem Ball an dem Knäuel der anderen vorbei- oder hindurchzukommen versuchten, Jungen und Mädchen, er sah die Freiheit und das Wirbeln ihrer Bewegungen, dachte an Thomas, wie immer in solchen Situationen, und drehte sich dann zum Park um. Nun, aus dem war wenig geworden, in dieser Hinsicht ging es den Menschen offenbar besser. Kleine, schlaffe Bäumchen, die zu dicht beieinander standen, kahle Stellen, eine gerupfte Utopie, vielleicht war er der einzige, der das noch wußte. Gefilmt hatte er damals auch noch, jetzt müßte er diese Bilder dagegensetzen, und sei es nur aus dem Grund, weil alles so läppisch geworden war, ein Teich, und darin ein paar aufeinandergestapelte Würfel, eine hohe grüne Böschung von unziem-

licher Unschuld, wo früher der Todesstreifen gelegen hatte. Er ging die Schwedter Straße entlang, in den dunklen, früher verbotenen Gleimtunnel hinein. Die Lichter brannten mit der Farbe von Gaslampen, Finsternis, Kopfsteine, Feuchtigkeit, hier war es 1870, eine Rattenhöhle, man atmete erst wieder tief ein, wenn man draußen war. Er mußte jetzt so schnell wie möglich nach Hause.

★

Auf dem Anrufbeantworter ein Chor von Stimmen. Arno, der fragte, ob er vor seinem Abflug nach Japan noch einmal vorbeikäme, Zenobia, die um einen Anruf bat, Victor, der sagte, er müsse sich in Koyasan erleuchten lassen, Hugo Opsomer, der erzählte, die Reise nach Japan sei wegen der viel zu kurzen Vorbereitungszeit um mindestens eine Woche verschoben worden, der NPS, der jemanden für die Minenfelder in Kambodscha suchte, Erna, die fluchte und sagte, wenn er nicht nach Amsterdam komme, dann käme sie nach Berlin, und zum Schluß noch einmal Hugo Opsomer, der fragte, ob er nach Brüssel fliegen könne, um gemeinsam die Pläne auszuarbeiten und nach Leiden, ins Völkerkundemuseum, zu fahren, »da sitzt der Sohn des alten van Gulik, der kann uns bestimmt weiterhelfen. Denk dran, Freund, achtundachtzig Tempel, einige nur zu Fuß erreichbar! Wir müssen trainieren!«
Nur die Stimme, die er hören wollte, war nicht dabei. Victor brauchte er noch nicht zurückzurufen, Erna bat er, für ihn beim NPS abzusagen. Danach sprach er eine Mitteilung aufs Band, daß er mindestens zwei Monate verreist sei, rief die Sabena an, um einen Flug nach Brüssel zu buchen, und begann, seine Koffer zu packen. Doch er wußte, daß sich unter jeder schnellen Bewegung eine andere, langsame verbarg, die in eine andere Richtung wollte, zu einem Rattentunnel in der Unterwelt, zu einem Platz mit verunglückten Bäumen, wo Kinder in der Max-Schmeling-

Halle Handball spielten, zu einem düsteren Hausflur, in dem es nach Schimmel und vermodernden Zeitungen roch und wo er hinter einer Frau hergegangen war, die er nach all den Tempeln wiederfinden mußte. Er rief Arno an, um zu sagen, daß er auf dem Weg nach Tempelhof noch vorbeikäme.

*

»Du bist ja schon gar nicht mehr da«, sagte Arno Tieck mit einem Anflug von Besorgnis. Arthur war gekommen, hatte seine Siebensachen im Flur abgestellt und saß jetzt Arno gegenüber im Arbeitszimmer. Seltsam, wie manche Freunde genau spürten, was mit einem los war. Es stimmte im wahrsten Sinne des Wortes, der Koffer war gepackt, man war bereits aufgebrochen, das ganze Sein stand im Zeichen der Reise, alle Bewegungen, die man jetzt zu vollführen hatte, würden von äußerster Flüchtigkeit sein. Ein Taxi, ein Flugzeug, die Landschaften unter einem, sogar die Tage in Brüssel, der Besuch in dem Museum in Leiden als Vorbereitung auf ihre Reise nach Shikoku, Fotos der Tempel, die sie besuchen würden, Gespräche über die jahrhundertealten Pilgerfahrten, alles würde hinter ihm zerbröckeln, sich auflösen, in dem Augenblick, in dem er seine ersten Bilder schießen würde. Er versuchte, das Arno zu erklären, und hatte das Gefühl, daß der ihn verstand. »Du bist hier, und du bist nicht hier«, sagte er, »aber das paßt eigentlich doch ganz gut zu dem Ort, wo du hinfährst. Den Buddhisten zufolge ist alles Illusion, warum sollte ich also nicht zwanzig Minuten lang mit einer Illusion reden? Danach kann ich mir überlegen, ob du wirklich hier warst. Ich beneide dich, ich würde mich da gerne mal umschauen. Einige dieser Sekten haben nicht nur immer darauf beharrt, daß die sichtbare Wirklichkeit eine Illusion ist, sondern dazu auch noch wunderbar gesungen mit diesen donnernden Trommelschlägen und tiefen Brummstimmen, sehr dramatisch. Sie haben nie behauptet, daß Galilei unrecht hatte, warum sollten sie? Inzwischen sind wir nach einer endlosen Suche dahintergekommen, daß alles, was wir für solide Wirklichkeit halten, in etwa leerer Raum ist, und daß wir eine Brille bräuchten, die größer ist als alles, was wir uns vorstellen können, um wahrzunehmen, wie unsichtbar und unvorhersehbar die Teilchen sind, aus denen die sogenannte Materie besteht! Sie hatten recht! Wir sind durchsichtig! Obwohl wir doch so kompakt aussehen! Ha! Jetzt, wo wir endlich wissen, aus wieviel Schein die Welt besteht, müßten wir daraus natürlich unsere Religion machen, doch das haben *sie* schon getan. Wir sind fast nicht da, wir dürfen keinen Namen haben. Hast du darüber mal nachgedacht? Wenn wir keine Namen hätten, wäre alles viel klarer. Einfach ein wenig flüchtige Materie mit ein bißchen Bewußtsein, Erscheinungen, die kommen und ziemlich schnell wieder verschwinden. Aufgrund der Namen glauben wir, wir stellten einiges dar, vielleicht glauben wir sogar, daß sie uns beschützen, aber wer weiß noch die Namen von all den Milliarden, die bereits verschwunden sind?

Ehrlich gesagt, erschüttert mich meistens alles, was ich lese, aber ich versuche, nichts dabei zu empfinden, das hat schließlich keinen Sinn. Ich halte mich an die Tatsachen, wie ich sie wahrnehme, sonst werde ich verrückt. Ich heiße Arno Tieck, auch wenn das nichts besagt, und ich sitze in der Wirklichkeit, wie ich hier auf diesem Stuhl sitze. Die Welt, wie sie der Wissenschaft zufolge zu sein scheint, wird immer weiter demontiert, damit kann man natürlich nicht leben. Wir müssen schließlich auch noch einfach ein bißchen sein. Aber hin und wieder, wenn jemand wieder einmal zu tief in die Natur hineingeschaut hat, dann wird mir schwindlig. Noch mehr Nullen, noch mehr davonfliegende Milchstraßensysteme, noch mehr Lichtjahre, und andererseits dieser *andere* Abgrund, der Abgrund der kleinen Dinge, Superstrings, Antimaterie, die Wirklichkeit feingeraspelt, Atome, die ihren eigenen Namen Lügen strafen, bis nichts mehr zu sehen ist und doch etwas da ist, und wir, die wir uns selbst weiterhin Namen geben, als hätten wir die Sache noch in der

Hand! Da hatte Nietzsche dann doch jedenfalls recht: daß wir all diesen Rätseln mit Scheu begegnen müßten, hinter denen sich die Natur verbirgt. Aber nein, wir tun genau das Gegenteil, wir gehen ihr bis in die entferntesten Höhlen des Universums nach, wir entkleiden sie immer weiter, bis nichts mehr zu sehen ist und wir selber in ihren Geheimnissen verschwinden, weil wir ihr mit unserem erbärmlichen Bewußtsein nicht beikommen! Aber, lieber Freund, wenn es mir zu bunt wird, wenn mir die Wogen zu hoch schlagen, habe ich immer noch das hier. Erinnerst du dich noch an mein Frauenkloster? Hildegard von Bingen? Wenn das gesamte Universum eine Frage ist, dann ist die Mystik auch eine Antwort, und ihre Musik ist gesungene Mystik. Unter allen Antworten, die nie die ganze Antwort sind, wähle ich die der Kunst. Wenn du demnächst irgendwo in Japan bist und von den düsteren Männertönen genug hast, dann hör sie dir an. Gewißheit gegen Gewißheit, die Gewißheit des Nichts, des Individuums, das sich im Nirwana aufgelöst hat, gegen die Gewißheit der Seele, die bis in alle Ewigkeit neben Gott sitzt und in der Harmonie der Sphären mitsummt, heilige Bässe gegen heilige Soprane! Gib zu, das ist phantastisch: Welches Schreckensbild, welchen Abgrund oder welche Erlösung, welche Ekstase du den Menschen auch bietest, sie machen Musik daraus. Vor tausend Jahren sangen die Planeten noch in Harmonie das Lob Gottes, das haben sie offenbar eingestellt, wahrscheinlich, weil sie wissen, daß wir im Anmarsch sind. In derselben Zeit sind wir in den entferntesten Winkel des Alls verbannt worden und dabei auch immer noch kleiner geworden. Aber zum Trost haben wir die Musik bekommen, die zerrissene, die zerreißende, und die harmonische. Hast du so einen tragbaren CD-Player, den man auch im Flugzeug benutzen kann?«
Den hatte Arthur.
»Dann hör dir meinen Frauenchor an, wenn du dich in zehntausend Meter Höhe befindest. Dort bist du dem am nächsten, was sie für den Ursprung dieser Musik hielten. Hier.«

Arthur nahm die Kassette entgegen. Das Cover war eine Miniatur aus dem *Codex Latinus*, las er, eine junge, dunkelhaarige Frau in mittelalterlichem Gewand, die wie Moses zwei steinerne Tafeln in die Höhe hielt, nur stand auf diesen hier nichts geschrieben. *Voice of the blood*. Der Titel gefiel ihm nicht. Er sagte es.
»Gehört zu dieser Zeit. Ursula war eine Märtyrerin, daher das Blut. Eine der großen Legenden aus dem Mittelalter. Sie war die Inspiration für diese Musik. Das ewige Problem: Wie muß man sich eine Zeit vorstellen, die man sich eigentlich nicht vorstellen kann? Das gleiche Gehirn, andere Software. Diese Musik hier drückt das perfekt aus, sie entspringt einem Gefühl, das aus der Welt verschwunden ist. Darum ist Hildegard von Bingen, genau wie gregorianische Gesänge, auch in Mode, aus Heimweh! Was diese Musik inspiriert hat, existiert nicht mehr, doch die Musik selbst gibt es noch. Das sind die Rätsel, die deine Freundin auch zu lösen hat. Es ist genau dieselbe Zeit. Für Hildegard von Bingen war der Tod Ursulas und ihrer elftausend Jungfrauen eine Wirklichkeit, die sie so bewegte, daß sie dies hier schrieb. In der Accademia in Venedig kannst du die Bilder sehen, die Carpaccio über die Ursula-Legende gemalt hat. Aber dann befinden wir uns bereits in der Renaissance. Stil, Äußerlichkeit. Glänzend, aber ohne die Frömmigkeit. Es dauert nicht mehr lange, dann werden die ersten Linsen geschliffen. Deine Landsleute, sofern du Spinoza als Holländer bezeichnen willst. Das Sägen am großen Thron hat begonnen. Hast du dich schon verabschiedet?«
Arthur begriff, daß Arno von Elik sprach.
»So kann man es nicht nennen. Sie weiß nicht mal, daß ich heute wegfahre.«
Arno sagte nichts.
»Vielleicht kannst du es ihr sagen? Mir wurde keine Gelegenheit dazu gegeben.«
»Wenn sie sich noch mal blicken läßt. Ihre Zeit hier dauert, glaube ich, auch nicht mehr so lange. Das wird mir leid tun, sie ist mir ein bißchen ans Herz gewachsen. Sie ist so, so ...«

»So?«

»Anders. Anders als die meisten jungen Leute, denen ich begegne. In ihr brennt ein Feuer, das von Zeit zu Zeit nach außen schlägt. Manchmal ist sie ganz kühl und rational, dann kann man richtig gut mit ihr reden, und manchmal verstehe ich nicht, daß sie überhaupt kommt, dann steht sie sich selbst im Weg. Und sie ist so störrisch wie ein Esel. Ich merke, daß sie über manche Dinge nachdenkt, die ich sage, aber sie kommt immer als erstes mit einem Nein. Niemand braucht auf mich zu hören, und ich selbst betrachte Mißtrauen als eine der großen Antriebskräfte des Denkens, aber sie hat eine Kunstform daraus gemacht. Alles, was sie als spekulativ betrachtet, ist suspekt. Das sind alles nur Hirngespinste von Männern, sagt sie dann immer.« Er lachte.

»Warum lachst du?« fragte Arthur.

»Neulich sagte ich zu ihr, daß Frauen die Männer dieses ausgehenden Jahrtausends sind. Aber auch davon wollte sie nichts wissen. Lieber nicht, sagte sie, ich hoffe nicht, daß du das als Kompliment meinst. Laß mich nur machen. Ich habe mein Gebiet gefunden, daran halte ich mich, das ist meine Nische, da werde ich jeden Stein umdrehen, und wenn es mich Jahre kostet.«

»Und was hast du daraufhin gesagt?«

»Daß man, wenn man alles verwirft, was transzendent ist, Probleme bekommt, wenn man über das Mittelalter schreiben will ... na ja, das wird sie schon selber merken. Nur ...«

»Nur was?«

»Ich mache mir manchmal Sorgen. Unter diesem Panzer ist sie, glaube ich, sehr verletzlich. Manchmal erinnert sie mich an Zenobia ... Ja, nicht die Zenobia, die du jetzt kennst, sondern die von früher, vor vierzig Jahren. Du wirst es nicht glauben, aber damals war sie eine Dämonin, man hätte meinen können, sie wollte in alle Richtungen gleichzeitig. Jetzt ist sie ... jetzt hat sie ... eine Art Gleichgewicht gefunden.«

Arthur erhob sich.

»Ich muß sie noch anrufen.«
»Das kannst du hier tun.«
»Nein, das mache ich von Tempelhof aus.«
»Tempelhof? Fliegen sie da noch? Das war die Zeit der Luftbrücke.«
»Ja, die Sabena fliegt da. Mit diesen wunderbaren kleinen Maschinen.«
»Ich beneide dich. Wann kommst du zurück?«
»In anderthalb oder zwei Monaten.«
»Oh. Na ja, das sind wir ja von dir gewöhnt. Paß gut auf dich auf. Und bring mir Musik aus so einem Zenkloster mit. Oh ja, und nichts zu Zenobia sagen.«
»Worüber?«
»Über das, was ich gesagt habe, über ihr früheres Ich. Ich war ihr damals nicht gewachsen.«
Es sah tatsächlich so aus, als errötete er.
»Damals entschied ich mich für Vera. Wie bei Zeno, du weißt schon, dieses Buch von Italo Svevo ...«
Arthur kannte es nicht.
»Er war verliebt in die erste, dann in die zweite, und schließlich heiratete er die dritte Schwester. Eine sehr glückliche Ehe. Aber was ich meinte, ist etwas anderes. Sie macht sich Sorgen ...«
»Über Elik? Aber sie kennt sie doch kaum.«
»Nein, über dich. Gerade weil sie so viel von sich selbst in ihr wiedererkennt. Sie hat sie schließlich gesehen, gestern. Wir waren dabei, als du entführt wurdest, weißt du noch? Ach, hör nicht auf mich, alles nur dummes Zeug. Komm heil zurück.«
»Ich werd mich bemühen.«
»Willst du auch für dich selbst filmen?«
»Immer.«
Er sah, daß Arno noch etwas sagen wollte, und blieb in der Tür stehen.
»Ich habe in letzter Zeit viel an diese Fragmente gedacht, die du mir gezeigt hast. Sie sind ... sie sind mir in Erinnerung geblieben.

Aber die waren von früher. Machst du immer noch weiter damit?«
»Ja.«
»Na schön, dann erübrigt sich, was ich dir sagen wollte. Ich wollte sagen, daß du weiter daran glauben mußt. Was ich darin sehe, wenn du je soweit bist – entschuldige meine Ausdrucksweise, ich habe auch meine *déformation professionnelle* –, das ist eine Verzahnung der historischen und der ahistorischen Welt. Nein, jetzt zuck nicht gleich zusammen ... davon hab ich gerade gesprochen ... die historische Welt, das ist die der Ereignisse, die der Dinge, die du im Laufe der Zeit überall gedreht hast, ob als Auftragsarbeit oder nicht, spielt keine Rolle ... in Bosnien, in Afrika, und hier in Berlin natürlich, die Namen, Fakten, Jahreszahlen, Dramen, aber die andere, die Welt des Alltäglichen, Unbemerkten, Anonymen, oder wie hast du das damals ausgedrückt ... des Unscheinbaren, das, was keiner sieht, weil es immer da ist ... ich mußte daran denken, als ich heute nacht einen Satz las, einen Ausspruch von Camus, der ungefähr so lautete: ›Ihr habt mir beigebracht, wie man die Welt klassifiziert, wie die Welt funktioniert, die Welt der Gesetze und des Wissens, und jetzt weiß ich nicht mehr, warum ich das alles lernen mußte ...‹ Ich weiß nicht mehr genau, wie dieser Satz ging, aber dann sagt er auf einmal: ›Ich begreife viel mehr, wenn ich diese wogenden Hügel anschaue.‹ Diese wogenden Hügel, daran erinnere ich mich ganz deutlich, und dann noch etwas über den Abend und über seine Unruhe, aber bei diesen wogenden Hügeln, da mußte ich an dich denken. Bring ein paar wogende Hügel aus Japan mit, ja?«
Und damit schloß er leise und entschlossen die Tür, wodurch Arthur Daane für einen Moment das Gefühl hatte, hinausgesetzt worden zu sein. Auf dem Flughafen Tempelhof versuchte er noch, Zenobia zu erreichen, aber sie ging nicht dran. Eine Stunde später, nachdem die kleine Maschine mit übermütigen Sprüngen über die fetten Wolken geklettert war, sah er zum zweitenmal in zwei Tagen die Stadt unter sich liegen. Er drückte

die Stirn an die Kunststoffscheibe und versuchte, den Falkplatz, die Schwedter Straße und den Gleimtunnel zu finden, aber es gelang ihm nicht mehr. Er schob die CD, die Arno ihm gegeben hatte, in seinen CD-Player und lauschte den Frauenstimmen, die, so schien es, höher hinauffliegen wollten als das Flugzeug selbst.

★
★ ★

Das Davor und das Danach. Die Griechen hielten nichts davon, den Einfluß zu zeigen, den die Zeit auf Stimmungen und Gefühle hat. Ja, das wissen wir, weil wir es wissen müssen. Natürlich sind wir noch immer da, es ist uns nicht gegeben, sie loszulassen. Es geschieht zuviel und zuwenig. Bei der *Medea* des Euripides darf der Chor erzählen, daß er weiß, was danach kommt. Bei Sophokles darf er bitten und flehen, aber er sagt nichts vorher. Wir selbst spinnen nichts, aber wir sehen das Gespinst, sogar die Zeitdifferenz bedeutet für uns nichts. Tag und Nacht fließen wie eine Art Flüssigkeit um die Erde, das macht uns nichts aus, wir schlafen nie. Wir sehen nur. Victor spielt Klavier in seinem nächtlichen Atelier, ein ganz langsames Stück, die Zeit kann es selbst kaum ertragen, so intim gemessen zu werden. Dabei denkt er an Arthur, der schon seit sechs Wochen weg ist. Ob er ihm fehlt? Das wüßten wir, wenn Victor sich selbst erlaubte, darüber nachzudenken, doch das ist nicht der Fall. Er denkt an ihn, er erkennt, daß es diesen abwesenden Freund irgendwo auf der Welt gibt. Der Freund selbst denkt nicht an Victor, er denkt an Arno, wegen der langen Reihe von Mönchen vor ihm. Sechzehn hat er gezählt, sie singen nicht, sie meditieren. *Zazen.* Sechzehn Männer im Lotussitz, die Hände merkwürdig gefaltet, ein Daumen liegt immer oben. Er kennt diese Haltung von den vielen Figuren, die er in den vergangenen Wochen gesehen hat. Doch diese Figuren sind aus Fleisch. Dunkel ist es, die verschlossenen Gesichter über den schwarzen Mönchsgewändern sind auch wirklich verschlossen, Konzentration hat sie versiegelt, nichts dringt aus ihnen heraus. Ja, wenn ihr das unbedingt wissen wollt, wir kennen auch diese Gedanken, aber darum geht es jetzt nicht. Sie suchen Abwesenheit, und die ist schwer zu finden, sogar für sie. Arthur registriert ihre Reglosigkeit, das niedrige Podest, auf dem sie sitzen, das dunkelglänzende Holz, das spärliche Licht aus den Reispapierfenstern, die flachen Sandalen, die vor ihnen auf dem

Steinfußboden stehen. Er darf nicht filmen, darum sieht er besser. Gleich werden sie singen, aber so kann man diese Laute eigentlich nicht nennen, es ist eher ein Brummen, ein Geräusch wie von zehntausend Hummeln, ein lang angehaltenes Dröhnen, in dem sich Worte verbergen, er wird von deren Unverständlichkeit eingesponnen. Wovon hatte Arno gesprochen, Unsichtbarkeit, Durchsichtigkeit? Dieses Geräusch dröhnt mitten durch sein Innerstes, es wickelt sich um die Wochen, die er nun schon hier ist, Pilgerpfade, heilige Berggipfel, Frömmigkeit, Vulgarität, heilige Gegenstände, Zedern, mit Tauen umkränzt, als wären es ebenfalls Heilige, bemooste Steine, Kirschbäume mit so vielen Blüten, daß er an die verschneite Kastanie in Berlin denken muß, Gongschläge, deren Vibrationen man beinahe sehen kann. Während seine Kamera ihn auf all diesen Wegen niedergedrückt hat, als säße ihm ein steinerner Affe auf der Schulter, hat er selbst fast die ganze Zeit gedacht, daß er schwebe, daß er nicht ganz wirklich sei. Er hatte Arno etwas antworten wollen, damals, und wie fast immer hatte er es nicht gekonnt, er war ein Wiederkäuer, erst jetzt wußte er, daß man diese Transparenz auch körperlich spüren konnte. Seine beiden Toten und die eine Lebende hatte er noch immer bei sich, genauso wie er seine Freunde bei sich hatte, wenn auch in unermeßlicher Entfernung. Er war jetzt ausschließlich hier, sie wurden für ihn bewahrt, bis seine Abwesenheit aufgehoben wäre, bis die Welt ihn mit Trauer und Sehnsucht zur Ordnung riefe. Und auch dann würden diese Stimmen hier ertönen, doch er würde sich ihnen entzogen haben, und sei es nur, weil er nicht wußte, wie man zu sein hatte, wenn man hier bleiben wollte. Ein Gongschlag, das tiefe Singen begann, diese Männer hatten große steinerne Keller in ihren Körpern, in denen solche Töne produziert wurden. Hugo Opsomer hatte ihm den Wortlaut der Sutras gegeben, die sie sangen, doch das brachte sie ihm trotzdem nicht näher. Es war wahr in dem Augenblick, in dem sie sangen, wahr, weil sie es sangen. Doch die Worte entglitten ihm. Nie hatte er die richtigen Worte für das finden können, was er wirklich dachte. »Du denkst mit den Augen.« Erna. Wir sehen, wie er sich aus seiner verkrampften Haltung erhebt und zu seiner Kamera greift. Später wird er sehen, was er in diesen Wochen gedacht hat. Das sagen nicht wir, das sagt er. Ja, natürlich zu niemandem. Zu sich selbst. Bei euch heißt es immer: Ich wußte, daß du an mich gedacht hast. »Gestern hab ich auf einmal gespürt, daß du an mich gedacht hast, war das auch so?« Manchmal wird gelogen, manchmal stimmt es.

Im Nachtzug nach Hendaye denkt Elik Oranje an Arthur Daane. Sie kann nicht schlafen, jetzt nicht und damals nicht. Jetzt nicht, weil sie in einem schmalen Schlafwagenbett hin- und hergeschüttelt wird, weil ein Mann unter ihr liegt, der schnarcht, weil der Zug sie gleichzeitig vor und zurück wirft, zu dem, was sie nicht mehr will und darf, zu dem, was jetzt zu tun ist. Ihre Bücher hat sie postlagernd nach Madrid geschickt, die kann sie abholen, sobald sie eine Pension gefunden hat. Jetzt ist sie frei, der Zug jagt irgendwo zwischen Orléans und Bordeaux mit dem hohen Geräusch dahin, das dazugehört und das den Rhythmus ihrer Gedanken markiert, ich bin frei, ich bin frei. Aber warum denkt sie dann trotzdem an diesen Mann? Du verläßt ein Bett, weil es zu schmal ist, weil du aus einer bewußtlosen Umarmung erwacht bist, die mit jedem Herzschlag ein beengenderes Gefängnis wird. Du siehst das fremde Gesicht aus zu großer Nähe und weißt, daß du diese Nähe nicht willst, daß du sie, selbst wenn du dich nach ihr sehntest, doch nicht willst. Du hast deinen eigenen Kodex verletzt, den man dir einmal eingebrannt hat, mit Feuer besiegelt, den Entschluß, der gefaßt worden war, bevor du Entschlüsse fassen konntest. Wenn dies die Geschichte eines anderen wäre, würde ich mich totlachen, denkt sie. Aber es ist meine eigene Geschichte, und ich entscheide, wie sie endet. Ich wollte mich nie hingeben, und ich habe mich hingegeben. Es hätte nie passieren dürfen. Sie merkt, daß sie sich die Fingernägel tief ins Fleisch gräbt. Das Buch unter ihrem Kopfkissen, das einzige, das sie mitgenommen hat, kann sie sehen, ohne es zu sehen. Den gräulichen Umschlag, die Zitadelle von Zamora, die Jahreszahlen, den Namen dieser Frau, der gleichzeitig der Name eines Vogels ist, zwei Silben in ihrer eigenen Sprache, ein Name, der kleppert, als schlüge man zwei große Kieselsteine gegeneinander. Sie ist wieder allein, sie ist frei. Man hat ihr etwas herausgeschnitten. Und wir? Der nächtliche Klavierspieler, der Philosoph, der einen kurzen Abschiedsbrief von Elik Oranje liest, in dem nichts steht, was er nicht begreift, obwohl er weiß, daß noch etwas anderes darin steht, erste Abenddämmerung um den Myōshinji, am Ende seiner Reise, die Perlenkette gedämpfter Lichter, die sich durch die verlassene Landschaft der Dordogne bewegt, nichts können wir auch nur für einen Augenblick loslassen, auch nicht diese Frau, allein in ihrem Zimmer, die auf ein Foto auf einem Lesepult blickt und eine Wolke sieht, die vor siebzig Jahren den Himmel über dem Strand von Helgoland entlangzog. Ein Brief, in dem nicht steht, was doch darin steht, was für ein Unsinn ist das? Aber wenn es Unsinn ist, warum merkt er es dann? Wir urteilen nicht, das kann es nicht sein. Trauer vielleicht, wenn etwas für den einen wenig bedeutet und für den anderen zuviel. Wir werden sehen. Daß wir folgen und registrieren müssen, bedeutet nicht, daß wir alles sagen müssen. Zum Glück nicht. Einst waren die Schicksale von Königinnen und Helden der Gegenstand von Mythen, von Trauerspielen. Es gab einen Ödipus für die Strafe, eine Medea für die Rache, eine Antigone für den Widerstand. Ihr seid keine Könige mehr, keine Königstöchter. Eure Geschichten sind alle bedeutungslos, außer für euch selbst. Einzelne Folgen, faits divers, soap. Aus eurem Kummer wird nie mehr eine Münze in Worten geschlagen werden, die für andere gültig ist, für die begrenzte Ewigkeit, über die ihr verfügt. Das macht euch flüchtiger und, wenn ihr uns fragt, tragischer. Ihr habt kein Echo. Ohne Publikum, ja, das kann man auch sagen, obgleich wir das nicht meinen. Dies war übrigens das letzte Mal, daß ihr uns gehört habt. Abgesehen von den letzten vier Worten.

»Als du wegfuhrst, warst du schon weg«, sagte Arno Tieck, »und jetzt, wo du wieder da bist, bist du noch nicht wieder da. Erzähl, erzähl.«
»Es ist noch zu früh«, sagte Arthur. »Mir geht noch zuviel im Kopf herum. Hier.« Er gab ihm die CD, die er in Kioto gekauft hatte.
»Männer im Tausch gegen Frauen, wie du wolltest.«
Nein, jetzt könnte er nichts erzählen. Er war wieder, wie vor zwei Monaten, mit dem kleinen Flugzeug über Berlin geflogen, und wieder hatte er den Falkplatz gesucht, aber jedesmal, wenn er glaubte, das gewölbte Dach der Sporthalle erkannt zu haben, waren eilende Wolken zwischen ihm und der Welt unten aufgetaucht. »Wann kann ich etwas sehen?«
»Gar nicht, vorläufig. Die Rollen sind in Brüssel geblieben, und was ich für mich selbst gedreht habe, habe ich nach Amsterdam geschickt. Ich muß hier für eine Weile raus.«
»Oh.« Arno klang enttäuscht. »Aber was hast du denn gefilmt?«
»Stille.« Und dann: »Regungslosigkeit. Stufen zu Tempeln. Füße auf diesen Stufen. Immer das gleiche.«
Arno nickte und wartete.
»Die gleichen Dinge wie für den offiziellen Film, nur langsamer. Und länger.«
Doch das hörte sich noch so an, als habe er sich dabei bewegt, und so war es nicht. Bei einigen dieser kleinen Tempel hatte er völlig bewegungslos dagesessen, draußen, meist an einem Teich oder in einem kleinen Garten mit bemoosten Steinen und sorgfältig geharktem Kies. Auf einer Holzgalerie sitzend, hatte er von einem möglichst niedrigen Standpunkt aus frontal gefilmt. Das Geheimnis bestand darin, daß man lange auf diese Dinge schauen mußte, daß man selbst zu der Geladenheit eines solchen Steins wurde, daß die Stille gefährlich wurde, doch so etwas sagte man nicht, nicht einmal zu Arno. Der mußte es später selbst sehen. In einem solchen Zen-Garten hatte alles eine Bedeutung, das wußte

man, ohne es zu wissen. Das war für die anderen, die Erklärer. Ihm hatte der Anblick allein genügt.

Er wollte Arno etwas über Elik fragen, wußte aber nicht, wie er seine Frage verpacken sollte. Nach seiner Ankunft war er als erstes nach Hause gefahren, hatte seine Sachen abgestellt. Die Kastanie bekam ihre ersten Blätter, was ihn erleichtert hatte, da zumindest hier etwas verändert war. Nein, es war der Anblick seines Zimmers gewesen, der ihn einen Augenblick lang völlig regungslos hatte verharren lassen. Zwei Arten von Zeit, die der Veränderung und die der Regungslosigkeit, des Stillstands, konnten offenbar dicht nebeneinander existieren. Er war ordentlich, vor einer Abreise legte er immer alles auf seinen Schreibtisch, woran er bei seiner Rückkehr denken mußte, einen Terminkalender, eine Liste mit Namen, einen Brief für den Freund, dem die Wohnung gehörte, für den Fall, daß er plötzlich zurückkäme. Und sonst seine namenlosen Dinge, einen Stein, eine Muschel, einen kleinen chinesischen Affen, der aufrecht stand und eine Schale hielt, das Foto von Thomas und Roelfje – das, was ihn umgab, wenn er irgendwo länger wohnte. Nichts hatte sich hier bewegt. Er war über die ganze Welt geflogen, hatte in Bussen und Zügen und Tempeln gesessen, hatte, so glaubte er, bestimmt eine Million Japaner gesehen, und während dieser ganzen Zeit hatten dieser Stein und diese Muschel hier unbeweglich gelegen, hatte der Affe seine Schale getragen, hatten seine Frau und sein Kind mit ihrem unveränderlichen Lachen ins Zimmer gestarrt, das einmal, mittlerweile war es zehn Jahre her, auf ihren Gesichtern erschienen war und nie mehr davon verschwinden konnte. Er schob den Affen und das Foto beiseite, öffnete das Fenster, so daß die Papiere auf seinem Schreibtisch aufflatterten, und hörte den Anrufbeantworter ab. Da war *eine* Nachricht von Erna.

»Das ist völliger Quatsch, ich weiß ja, daß du weg bist. Es ist einfach eine dieser Nächte. Ich sah ein Boot auf der Gracht vorbeifahren, mit einem Mann, ganz allein am Steuer, so einem runden Ding mit Griffen, du weißt schon, und so einem Tschuck-

tschuck-tschuck-Motor, wie auf einem großen Schiff stand der Mann da. Sonst nichts, das wollte ich dir nur schnell erzählen. Tschucktschucktschuck ist eigentlich nicht richtig, es ist eher Duck-duck-duck, so ein dumpfes Geräusch. Du weißt schon, was ich meine. Hörst du's? Eigentlich komisch, jetzt bist du in Japan, aber wenn du das hörst, dann ist es wieder Jetzt. Ruf an, wenn's jetzt ist.«

Nach ihrer Stimme kamen andere, männliche, ein eventueller Auftrag, etwas wegen der Wiederholung einer alten Sendung. Dazwischen hin und wieder eine lauschende Stille, und dann ein Klick, jemand, der ihn gesucht hatte, allerdings nicht genug, um etwas zu sagen. Ja, und dann war er zum Falkplatz gefahren. Handball, Wind in den Fahnenmasten, grüne Blättchen an den mißgestalteten Bäumchen. Er hatte die Tür gesucht, aber welche war es? Die Hausnummer kannte er nicht, aber es konnte nur die Schwedter Straße gewesen sein. Oder doch die Gleimstraße? Das Haus hatte nahe einer Ecke gestanden. Er versuchte es bei einer Tür, dann einer anderen. Die modernden Zeitungen, noch immer. Dieselben? Das war fast nicht möglich. Also andere, und doch dieselben. Man sollte hier Champignons züchten. An der zweiten Tür zum Innenhof ein paar Klingeln. Hier war sie ihm vorangegangen, die Treppe hinauf. Pelzschuhe. Sie konnte nicht dasein, natürlich war sie schon längst weg, in Holland oder in Spanien, aber wo? Madrid, Santiago, Zamora? Er drückte auf alle Klingeln gleichzeitig. Es blieb sehr lange still. Dann, krächzend, eine Altfrauenstimme. Er fragte nach Elik Oranje. Der Name hörte sich fremd an auf dem leeren Innenhof. Stinkende Mülltonnen, ein verrostetes Kinderfahrrad.

»Wohnt hier nicht! Kenn ich nicht!«

Es klang wie »gibt's nicht«. Es gab sie also nicht.

Er klingelte noch einmal. Diesmal antwortete eine Männerstimme, verschlafen, feindselig.

»Die ist abgehauen. Kommt auch nicht mehr zurück.«

Peng.

»Was sinnierst du so«, sagte Arno. Er stand auf und ging zu seinem Schreibtisch, kam mit einem Brief zurück oder, besser gesagt, mit einem leeren Umschlag. »Hier.«
Arthur las den Absender. Elik Oranje, c/o Aaf Oranje, Westeinde, De Rijp. Diese Schrift, Eisenspäne.
»Und der Brief?«
»War für mich. Einfach ein Abschiedsbrief, danke für die Gespräche. Vielleicht bis irgendwann mal, du weißt schon.«
»Und da stand nicht drin, wo sie hinging?«
»Nein, aber ich denke, nach Spanien. Es stand drin, daß sie sich jetzt an die Feldarbeit machen müsse. Das wird dann wohl dort sein, muß es aber natürlich nicht.«
»Nichts über mich?« Er wollte es nicht fragen und fragte es doch.
Arno schüttelte den Kopf.
»Es war ein sehr kurzer Brief. Hat mich eigentlich überrascht. Aber ich denke, diese Adresse war vielleicht für dich bestimmt.«
Arthur erhob sich.
»Ich muß los.«
Das war es. Er mußte los. Er mußte nach Holland, zu Erna, nach De Rijp, nach Spanien. Japan hatte etwas hinausgezögert oder betäubt, auch das war möglich. Aber es führte kein Weg daran vorbei. Sie hatte sich versteckt, und sie hatte ein Zeichen hinterlassen, für ihn oder nicht für ihn. Einen Krümel, zwei Krümel. Aaf Oranje, ein Name wie ein Gewehrschuß. De Rijp. Noch einer. Du bist der kleine Däumling oder du bist es nicht.
»Wart mal 'nen Augenblick«, sagte Arno. »Ich bin mit Zenobia verabredet. Wir wollten bei Schultze ein Glas Wein trinken. Vielleicht können wir Victor noch anrufen? Ich habe ihn lange nicht gesehen. Das kenne ich bei ihm, dann arbeitet er. Aber deinetwegen wird er wohl kommen.«

Wiederholung des Vorhergehenden. Würste, Saumagen, Speck, Handkäse. Er denkt an das letzte Mal, als er hier war, wie er damals weggezaubert wurde. Was hatte Arno gesagt? Entführt, er war entführt worden. Entführt und wieder freigelassen. Ohne Lösegeld. Er sah seine Freunde an. Jetzt war es die dazwischenliegende Zeit, die aufgehoben wurde, Klöster, Tempel, Straßen, alles schrumpfte zusammen, er war fortgegangen und wieder zurückgekehrt. Japan befand sich irgendwo in seinem Körper, aber er konnte es jetzt nicht finden.

Victor studierte den Saumagen.

»Wie Marmor. Gewaltige Naturkräfte waren hier am Werk. Haben das zufällige Schwein in Stücke zerhackt, sein liebes Gesicht zerlegt, die Lippen anders gefaltet, Wange, Fuß, Magen, alles anders arrangiert, neben die zufällige Kartoffel gebettet, obwohl sie sich doch überhaupt nicht kannten.«

»Sie vergessen die Salzmine«, sagte Herr Schultze. »Und den Pfefferbaum, den Lorbeerbaum, die Weinrebe ... Hier kommt eine ganze Welt zusammen, in aller Einfachheit.«

»Großartig«, sagte Victor. »Erst Ordnung, dann Chaos, dann wieder Ordnung.«

»Chaos«, setzte Arno verträumt an, aber Zenobia unterbrach ihn.

»Arno, du fängst nicht schon wieder an!« Und zu Arthur: »Hat er dir noch nicht erzählt, daß du eigentlich unsichtbar bist? Mystik und Wissenschaft, das geht ja noch, oder, besser gesagt, dagegen kann man nichts sagen, das kommt heutzutage in den besten Familien vor ... the mind of God, so was. Aber das kommt dann wenigstens von Leuten, die wissen, wovon sie reden. Denen gönne ich ihre Macke, nur Romantik, das ertrage ich nicht. Sobald mein lieber Schwager etwas von Chaos oder Teilchen oder der Unvorhersehbarkeit der Materie liest, gehen die Pferde mit ihm durch. Für ihn ist das alles Poesie. Aber schlechte, wenn du mich fragst. Was hast du neulich gesagt? Das Universum ist durch die Schöpfung versaut worden! Aus seiner heiligen Einheit (chei-

ligen Eincheit) gestoßen, seinem wunderbaren, vollkommenen Gleichgewicht. Arno! So machst du aus allem ein Märchen.«
»Kommt durch dich«, sagte Arno. »Und gegen Märchen ist nichts einzuwenden. Und außerdem, es stimmt mit allen Geschichten überein. Erst war die Welt ganz und makellos, und wir haben sie versaut und wurden vertrieben, und jetzt wollen wir zurück, nicht nur ein armseliger Lyriker wie ich, sondern auch deine Kollegen. Zu spät!«
»Einige Kollegen.«
»Zu diesem Brot gibt es auch einiges zu sagen«, meinte Victor. »Es ist kurz davor, auszusterben. Schaut es euch noch mal richtig an.«
Er hielt das Brot unter die Lampe.
»Das essen in Rußland noch alle Bauern«, sagte Zenobia.
»Es hat die Farbe der Erde.«
»Ja, natürlich, *wir* machen diesen Umweg durch die Brotfabrik nicht. Erde mit Weizenkeimen, feingemahlen zwischen zwei Steinen. So sind wir.«
Herr Schultze eilte herbei.
»Ist etwas nicht in Ordnung?«
»Doch, doch.«
»Ich lasse dieses Brot eigens aus Sachsen kommen. Ein kleiner Bäcker, der macht es noch wie im Mittelalter. Ein altes Rezept. Besonders zu diesem Handkäse schmeckt es wunderbar. Aber die meisten Gäste trauen sich nicht mehr daran. Man könnte meinen, sie haben Angst davor. Der Käse stinkt ihnen zu sehr.«
»Im Mittelalter haben die Leute selbst gestunken«, sagte Victor, »das fiel also nicht weiter auf.«
»Bringen Sie mir ein Hefe«, sagte Zenobia zu Schultze.
»Aber Frau Doktor! Sie trinken doch noch Wein!«
»Ich kann nichts dafür. Ich mußte auf einmal an Galinsky denken. So geht's mir immer, wenn mein Schwager von der Unsichtbarkeit anfängt.«

»Ich habe von gar nichts angefangen.«
Sie zeigte auf die Ecke, in der der alte Mann immer gesessen hatte.
»Ob noch irgend jemand an ihn denkt?«
»Ich«, sagte Herr Schultze.
Jetzt bewegte sich das Gespräch plötzlich in alle möglichen Richtungen. Das unwiderrufliche Verschwinden von Menschen, was wohl mit seiner Geige geschehen war, der *Tagesspiegel* hatte einen kleinen Bericht über ihn gebracht, wie er wohl den Krieg überstanden hatte? Arthur dachte an die Klänge von Galinskys Geige, die einst im Kranzler oder im Adlon zu hören gewesen waren. Wenn es irgend etwas gab, das wußte, wie man verschwinden mußte, so die Musik.
»Wie ich«, sagte Zenobia. »Krieg heißt Warten. Wir haben alle nur darauf gewartet, bis es vorbei sein würde. Und jetzt ist es vorbei.«
»Mitgefühl.«
Das kam von Arno. Oder hatte er Mitleid gesagt? War Mitleid dasselbe wie Mitgefühl?
Arthur fragte Victor danach.
»*Mededogen. Dogen*, kennt ihr nicht, ist egal. *Mededogen*, Mitgefühl, ist Mitleid, gemischt mit Liebe. Ein Mantel, den man über jemandem ausbreitet. Sankt Martin.«
»Genau was ich gemeint habe«, sagte Arno. Er versuchte, das Wort auszusprechen. »*Mededogen.*«
»Aber womit?« fragte Zenobia.
»Mit der Vergangenheit. Und mit diesem Brot. Und mit Galinsky. Aussterben, sterben. Das letzte Mal, als ich mit ...« Er sah Arthur an.
»Elik. Sprich's ruhig aus.«
»... ja, mit Elik gesprochen habe, ging es auch darum. Sie erzählte von all diesen Büchern, die sie lesen muß, den Namen, den Fakten, alles, was einfach irgendwo lagert ... daß das eine Form von Mitgefühl sei, sich damit zu beschäftigen. Es war nicht senti-

mental gemeint, eher so, als könne sie nicht ertragen, daß alles so tief in Papieren, Archiven begraben war, oder als wolle sie die Macht haben, das alles wieder zum Leben zu erwecken ... und gleichzeitig das Dilemma, die Vergangenheit, die doch nie so wiedergefunden werden kann, wie sie war, die gebraucht oder mißbraucht wird, um etwas damit zu erreichen, ein Buch, eine Studie, die die Wahrheit sucht und dann doch wieder in einer Konstruktion endet, die zur Lüge wird. Die Vergangenheit ist zerbröckelt, und jeder Versuch, sie wieder zusammenzufügen ...«

»In einem Wort, die Sterblichkeit«, sagte Victor, »aber, nimm's mir nicht übel, ich fluche nicht gern.«

»Mein Käse stirbt aus«, sagte Herr Schultze, »und mein Brot stirbt aus, und mein Saumagen wird's auch nicht mehr lang machen. Galinsky haben wir nie Geige spielen hören, obwohl er das sein Leben lang getan hat, und das beste Mittel gegen die Sterblichkeit ist Schultzes weltberühmter Apfelkuchen. Das ist Götterspeise, stand voriges Jahr im *Feinschmecker*, und Götter sind unsterblich, das wissen Sie besser als ich.«

Aber Zenobia wollte noch nicht lockerlassen.

»Man kann Mitgefühl empfinden für alles, was verschwunden ist. Aber egal, wie formlos oder unbekannt oder vergessen die Vergangenheit auch ist, sie ist es doch, die die Gegenwart konstituiert, ob wir sie nun kennen oder nicht. Also, was macht das schon aus? Wir sind es doch selbst, oder?«

»Ein wahrer Trost«, sagte Victor. »Und wir reihen uns geduldig in die Schlange ein?«

»Es wird uns nicht viel anderes übrigbleiben.«

Zenobia ließ das Hefeweizen in ihrem Glas kreisen und trank es dann in einem Zug leer.

»Eigentlich vertragen die Vergangenheit und die Gegenwart sich überhaupt nicht. Wir müssen immer über der Vergangenheit stehen, wir müssen sie immer mitschleppen, wir können sie nie mal für einen Moment ablegen, weil wir es selbst sind, und trotzdem ist es sinnlos, denn du kannst nicht mit rückwärts gerichtetem Blick leben.«

»Mit Ausnahme von Historikern«, sagte Arno.

Herr Schultze brachte den Apfelkuchen.

»Mit rückwärts gerichtetem Blick leben.« Der Satz saß wie ein Angelhaken. Hatte er das all die Jahre getan? Und ließ sich das vermeiden, wenn man mit Toten umgehen mußte?

»Weißt du noch, wie wir uns die Bilder von Caspar David Friedrich angeschaut haben?« fragte Victor.

Er wußte es noch.

»Wieso?«

»Wenn du sie dir anschaust, dann schaust du zurück. Aber er hat nach vorn geschaut.«

»Und was hat er da gesehen?«

»Munchs *Schrei*. Wenn du genau hinschaust, kannst du ihn hören.«

Arthur erhob sich.

»Arrivederci tutti«, sagte er zu seiner eigenen Überraschung auf italienisch. Sie sahen ihn an.

»Läßt du uns allein?« fragte Zenobia.

»Ich komme wieder«, sagte er, »ich komme immer wieder zurück.«

»Aber wo fährst du jetzt hin?«

»Nach Holland.«

»Ach«, sagte Victor, »da soll es ziemlich voll sein.«

»Und dann nach Spanien.«

»Na, denn man los!«

Ich bin wieder am Anfang, dachte Arthur. Ein Sommertag, Rhododendren. Vor zehn Jahren, neun Jahren? Er bückte sich, um Zenobia zu küssen, sie aber packte sein Handgelenk in einem eisernen Griff und zwang ihn auf den Stuhl neben sich.

»Setz dich!«

Das war ein Befehl. Sie hätte genausogut »Platz!« rufen können.

»Das ist nicht fair. Du kommst, und du gehst. Du hast uns noch gar nichts erzählt.« Jetzt packte sie auch sein anderes Handgelenk. »Erzähl uns wenigstens, was das Schönste war! Das Schönste, das Ergreifendste? Wann hast du an uns gedacht, wann hast du gedacht, schade, daß sie das nicht sehen können?«

»Nicht sehen. Hören.«

Er legte die Hände an seinen Mund und machte das Geräusch nach, das hier, in diesem geschlossenen Raum, nie genauso klingen konnte. Ein hohes, alles durchdringendes Heulen, das Hügel und Berghänge benötigte, um sich an ihnen brechen zu können, um über die Welt zu rollen und alles mit dem sich überschlagenden Klang seiner Klage antasten zu können. Es ließ sich nicht nachmachen.

»Und das mal zehn«, sagte er hilflos. »Und dann in den Bergen.«

»Ich spür's hier!« Zenobia schlug sich auf das Brustbein.

»Tritonshörner?« fragte Victor.

Arthur nickte. Bei ihm hatte es länger gedauert, bis er es wußte. Stunden war er bergan gewandert, auf einem Waldweg von quälender Allmählichkeit, nach jeder sanften Biegung schien es, als setze sich die Steigung bis ins Unendliche fort. Und dann, mit einemmal, hatte dieses Geräusch begonnen, fern und rätselhaft, es war eins geworden mit seiner Müdigkeit, dem leichten Regen, dem Bergaufgehen, dem undurchdringlichen Grün der Bäume, die den Blick auf das Kloster behinderten, das irgendwo da oben liegen mußte. Hin und her war es gegangen, das Rufen, zwischen dem Berghang, an dem er sich befand, und dem auf der unsichtbaren anderen Seite, zwei vorweltliche Tiere hatten einander Klagen, Aussagen zugerufen, die die Welt zusammenfassen sollten, Stimmen ohne Worte, die alles ausdrücken konnten, was sich in Worten nicht sagen ließ. Erst später, als er viel näher herangekommen war, hatte er ihn gesehen, den Mönch, einen noch jungen Mann, der im Lotussitz auf einer Bambusgalerie saß und über das Tal blickte, das von dort aus zu sehen war, Hänge, die herabfielen und dann dort, was man als andere Seite bezeichnen mußte, zu der von Regennebeln verschleierten anderen Welt wieder hinaufkletterten, aus der die Antwort kam, die Gegenklage. Jedesmal, wenn sie aufgehört hatte, verhallt war, hatte der Mönch sein Tritonshorn wieder erhoben, einen Augenblick lang in der plötzlich unerträglich gewordenen Stille gewartet und dann wieder geblasen, menschlicher Atem, der durch die einst von einem mächtigen Weichtier bewohnten runden Gänge gepreßt wurde, bis ein Klang den Berg erzittern ließ. Angst hatte er dabei empfunden. Vielleicht hatte er damals deshalb an diese drei Menschen gedacht, von denen er jetzt Abschied nehmen mußte. Er hob die Arme empor, so daß Zenobia ihn loslassen mußte, umarmte Arno, verbeugte sich vor Victor, weil man Victor nicht berühren konnte, drehte sich dann rasend schnell um, fast eine Pirouette, und verließ die Weinstube, ohne sich noch ein einziges Mal umzusehen. Erst draußen fiel ihm ein, daß er sich von Herrn Schultze nicht verabschiedet hatte.

Jetzt mußte alles sehr schnell gehen. Jetzt ging alles sehr schnell.

Am nächsten Nachmittag stand er am Westeinde in De Rijp.

»Holland? Ach ...«, hatte Victor gesagt, und vielleicht war es tatsächlich so.

»De Rijp?« Erna. »Was willst du da um Himmels willen? Wenn du nach De Rijp fährst, dann muß eine Frau im Spiel sein. Wohnt sie da?«

»Weiß ich nicht.«

»Tu nicht so geheimnisvoll. Du benimmst dich wie ein Backfisch.«

»Ich wußte gar nicht, daß es dieses Wort noch gibt!«

»Soll ich mitkommen?«

»Nein.«

»Siehst du?«

Und jetzt war er hier allein. Eine lange Straße, Häuser, durch die man durchgucken konnte. Victors »Ach« hatte er nicht als Mitleid aufgefaßt, sondern als etwas, das viel schwerer zu deuten war.

Orte wie dieser drückten das Wesen eines Landes aus, das es im Grunde schon nicht mehr gab, sie lagen noch in ihren geradlinigen grünen Polderlandschaften, als wäre nicht ganz in der Nähe eine Metropole entstanden, in der mehrere Großstädte gefräßig aufeinander zustrebten, eine eigenartige Bastardform von Los Angeles, mit den immer enger eingeschlossenen musealen Stadtkernen und abbröckelnden Stücken Imitationslandschaft als Variante.

Er ging an den niedrigen Backsteinhäusern entlang, sah die Zimmerpflanzen, die aufgezogenen blendend weißen Gardinen, die Fliegenfenster, die Sitzgarnituren, das geputzte Messing, die Perserteppiche auf den Kugelfußsofatischen, spätbürgerliche Versionen von Interieurs auf Bildern aus dem Goldenen Jahrhundert. Die Menschen hinter diesen lichten Fenstern bewegten sich mit einer selbstverständlichen Sicherheit durch ihr eigenes kleines Reich, er verspürte eine idiotische Rührung und wollte gleichzeitig hineinschauen und nicht hineinschauen, letzteres wegen der zu großen Intimität, und ersteres, weil die Einladung dazu so nachdrücklich war, schau nur, hier sind wir, wir haben nichts zu verbergen.

Beim Haus von Aaf Oranje war es nicht anders gewesen. Eine braun gebeizte Tür mit einem weißen Namensschild aus Email. Aaf Oranje. Auf dem Briefschlitz ein Aufkleber: Keine Werbung. Roter Backstein, glänzend gestrichene Fensterrahmen. Er hatte an der Messingglocke gezogen, auf die Schritte gewartet, die kommen mußten, aber nicht kamen. Er sah durchs Fenster. Gummibaum, Sansevierie, Kaktus, Schirmlampe, Perserteppich auf dem Tisch und darauf eine Schale mit Apfelsinen, auf dem Büfet eine Bücherreihe, ein Foto eines jungen Mädchens mit einer Narbe, ein Foto eines Mannes in einem Anzug von vor dreißig Jahren. Hier hatte sie also gelebt nach Spanien. Ein wahnwitziger Wechsel. Er wartete noch einen Moment und ging dann die Klinkerstraße hinunter in Richtung Kirche. Durch die Fenster sah man die Wiesen. Rechtestraat, Oosteinde, das Rathaus mit den hohen Treppen. Auf dem Friedhof las er die Namen, Nibbering, Taam, Commandeur, Oudejans, Zaal. Von der weißen Brücke aus fütterte ein alter Mann die Schwäne. Er ging zwischen den Gräbern umher, las die Jahreszahlen dieser vergangenen Leben, die Inschriften

> Stille, uns berührend, sagt: Wohl nun,
> Abend ist's und recht, zu ruh'n,

setzte sich auf eine Bank und stand wieder auf. Recht, zu ruh'n. Was hatte Erna gesagt? »Du gehst so komisch. Ich sehe immer, wenn du müde bist. Diese Kamera macht dich irgendwann noch mal ganz zu Schrott.«
Aber es war nicht die Kamera, es war Japan, Berlin, und das war es auch nicht, sondern das alles zusammen und dann noch jemand, der in deinem Leben aufgetaucht und genauso plötzlich wieder verschwunden war, ohne daß man daran etwas ändern konnte. Dies hier war lediglich ein Versuch, ihr näher zu kommen, doch hier war sie ferner denn je. Vielleicht hatte die Angabe dieser Adresse ja auch gar nichts zu bedeuten. Schließlich war der Brief an Arno gerichtet, nicht an ihn.
»Warum bleibst du nicht einfach eine Weile hier? Du hast hier schließlich auch ein Zuhause.«
Aber es gab kein Hier, Hier mußte jetzt etwas sein, wo sie war, und außerdem konnte er es in seiner Wohnung nicht aushalten. Durch die großen Fenster im neunten Stock sah man nach Norden, auf die Polder Nord-Hollands, die grüne Leere hatte ihm klargemacht, was er zu tun hatte, und genau das tat er jetzt. Er klingelte und wußte, daß ihn jemand von gegenüber beobachtete. Man durfte hineinschauen, aber auch hinaus. Schritte, die Tür ging auf. Eine alte Frau, das weiße Haar straff zurückgekämmt, klare blaue Augen. Die Berberaugen haben gewonnen, dachte er.
Die blauen zeigten keinerlei Überraschung. Er wurde hier er-

wartet und wußte nicht genau, was das bedeutete, außer, daß die Adresse nicht umsonst auf dem Brief gestanden hatte. Oder trieb hier jemand sein Spiel mit ihm? Als er eine Stunde später wieder auf der Straße stand, hatte er das Gefühl, ein Gespräch mit einem Staatsmann geführt zu haben. Aaf Oranje hatte ihm genau gegenüber gesessen und nicht mehr preisgegeben, als sie wollte, keine Adresse, keine Vertraulichkeiten, sie hatte ihn gewogen und, so glaubte er, nicht zu leicht befunden und gleichzeitig ein verstecktes Plädoyer zugunsten ihrer Enkelin gehalten, indem sie ihm genau so viel erzählte, wie nötig war, um zu erklären, was zwischen ihm und Elik vorgefallen war, ohne je zu zeigen, sie wisse, was das genau war. Entschuldigungen wurden nicht angeführt, am ehesten glich es einem Auftrag, der peinlich genau ausgeführt wurde. Hier saß jemand, der sich längst damit abgefunden hatte, daß die Tochter ihrer unglücklichen Tochter jemand war, der seinen eigenen Kurs bestimmte, vielleicht sogar gegen besseres Wissen. Ob die Großmutter damit einverstanden war, spielte keine Rolle. Leiden, so wurde suggeriert, hatte Konsequenzen, und selbst wenn diese Konsequenzen neues Leiden nach sich zögen, verlangte die Solidarität zwischen Großmutter und Enkelin, oder vielleicht ganz einfach die zwischen Frauen, bedingungslose Unterstützung. Zwischen dieser alten Frau und dem hochgewachsenen, nicht mehr ganz jungen Mann ihr gegenüber würde kein Vertrag geschlossen werden, auch wenn sie das gewollt hätte. Elik sei aus Berlin zurückgekehrt, es habe ein Problem gegeben, zu dem sie, ihre Großmutter, sich nicht äußern dürfe, und jetzt sei sie in Spanien, einem Land, das ihrer Mutter zum Verhängnis geworden sei. Einst hatte die Frau, die ihm gegenüber saß, ihre Enkelin als Halbwilde aus diesem Land zurückgeholt, um sie hier großzuziehen, da der Vater spurlos verschwunden war und man der Mutter das elterliche Sorgerecht entzogen hatte. Das hatte sie allein getan, ihr Mann, sie deutete auf das Büfett, war früh gestorben, wie Eliks Mutter. Nein, eine neue Adresse hatte sie noch nicht, und ohne Eliks Zustimmung hätte sie sie ihm ohnehin nicht gegeben. Die Willensstärke, dachte er später, als er wieder draußen war, hatte in dieser Familie eine Generation übersprungen. In dem Berberkopf steckte noch einiges von Nord-Holland. Pfeifkessel, Stille in dem plötzlich leeren Zimmer, als die Frau in der Küche war, Verlangen, aufzustehen und dieses Gesicht hinter Glas in dem silbernen Rahmen zu berühren, sich auf das Sofa zu legen und hierher zu gehören, und sei es auch nur für wenige Stunden, holländischer Kaffee, Kekse aus einer Dose, Formen unduldbaren Heimwehs, der Reisende auf seine wahren, geheimen Proportionen reduziert, das Unmögliche. Und die unmögliche Frage doch nicht gestellt: was sie über ihn gesagt hatte? Das paßte nicht zu einem Gespräch von so hohem politischen Niveau. Nur die andere Frage, die erst möglich war, nachdem klargeworden war, daß weiter nichts erklärt, nichts vermittelt, nichts versprochen würde: »Woher wußten Sie, daß ich kommen würde?«

»Sie wollte nicht, daß ich dadurch überrascht würde.« Das war natürlich keine Antwort. Er hatte lediglich gehorcht. Das also war das Spiel. Geradsinnig, dachte er plötzlich, das war das Wort, das zu diesen Augen gehörte. Man konnte in diese Augen schauen, bis man die Wahrheit sah, aber das bedeutete noch nicht, daß man eine Antwort bekam, wenn man fragte.

»Sie werden Sie in Spanien schon finden.« Dies war die Wendung, die er nicht erwartet hatte. Aber der Satz war noch nicht zu Ende. »Aber ich weiß nicht, ob das gut für Sie ist.«

Er schluckte und wußte nicht, was er sagen sollte. Mit einemmal wußte er auch, daß diese Frau über Roelfje und Thomas Bescheid wußte. Sie kannte ihre Namen nicht, aber sie wußte es. Und auch sie hatte zwei Tote. Im Flur ein anderes Licht, weniger hell. Sie hatte die Tür so geöffnet, daß sie im Schatten stand, nicht sichtbar für die Straße. Ganz kurz eine Hand auf seinem Arm.

»Sie müssen vorsichtig sein. Es geht ihr vielleicht nicht gut.« Vielleicht, doch die Tür war bereits wieder zu. Das also war die

Botschaft. Er hörte seine Schritte auf den Klinkern, auf dem Weg nach Spanien. Lange Wege, er kannte lange Wege. Auch wenn man die Entfernung schnell zurücklegte, waren es lange Wege.
»Du bist verrückt«, sagte Erna.
Sie standen vor ihrem Fenster an der Gracht.
»Du bist gerade erst zurück aus Berlin, aus Japan und, was war's, Rußland?«
»Estland. Aber das Thema hatten wir bereits.«
»Na ja. Man könnte meinen, der Teufel ist hinter dir her.«
»Vielleicht ist es ja umgekehrt.«
»Arthur, warum sagst du mir nicht einfach, worum es geht? Ich bin deine älteste Freundin. Ich frage nicht aus Neugierde.«
Er erzählte. Als er fertig war, sagte sie nichts. Er sah, daß die Bäume an der Gracht voller zu werden begannen. Mitte Juni, es ging schnell. Die Laternen waren angegangen, ein oranger Schein. Sie hörten ein Boot, es hatte vorn eine kleine Lampe und kam unter der Reguliersgrachtbrücke heraus. Ein großer Mann stand am Ruder.
»Da ist er wieder«, sagte Erna. »Ich wollte, er würde was singen.«
»Sein Boot singt doch schon. Duck-duck-duck, du hast es treffend nachgemacht. Warum soll er auch noch singen?«
»Weil mich deine Geschichte so traurig macht.«
Eine Zeitlang standen sie sehr still da. Er sah sie an. Noch immer Vermeer.
»Du siehst mich so prüfend an. Du schaust, ob ich älter werde.«
»Du wirst nicht älter.«
»Red keinen Stuß.«
Stille. Das Geräusch des kleinen Bootes erstarb in der Ferne.
»Arthur?«
Er gab keine Antwort.
»Wenn du alles zusammenzählst, wieviel Stunden hast du diese Frau dann gesehen?« Und nach einer Weile: »Warum sagst du nichts?«

»Ich zähle. Einen Tag. Einen langen Tag.«
Es konnte nicht wahr sein. Es waren Jahre, lange, lange Jahre. Zeit war Unsinn, das hatte Dalí mit seiner schmelzenden Uhr richtig erfaßt. Unsinn, der weggeflossen war und einem doch in den Knochen steckte.
»Warum wartest du nicht eine Zeitlang?«
»Das geht nicht mehr.«
Er dachte, jetzt sagt sie gleich, für so einen Quatsch bist du mittlerweile zu alt. Aber sie sagte etwas ganz anderes.
»Arthur, diese Frau ist eine schlechte Nachricht.«
»Du hast kein Recht, das zu sagen.«
Erna hatte einen Schritt zurück getan.
»Das ist das erste Mal, daß du mich angeschrien hast. Ich dachte, jetzt schlägst du mich gleich. Du bist ganz weiß im Gesicht.«
»Ich würde dich nie schlagen. Aber du urteilst über jemanden, den du überhaupt nicht kennst.«
»Ich habe dir gut zugehört. Es ist kein Urteil.«
»Was dann? Eine Prophezeiung? Die magische weibliche Intuition?«
»Von mir aus ... Ich mache mir Sorgen um dich, das ist alles.«
»Findest du das nicht selbst ein bißchen lächerlich? Ich habe das Recht auf meine eigenen Irrtümer, falls es überhaupt einer ist. Jedenfalls werde ich daran nicht sterben.«
Sie zuckte mit den Achseln.
»Laß uns was trinken gehen.« Und dann: »Wann willst du fahren? Muß noch was gewaschen werden? Du kannst es in die Waschmaschine tun. Du weißt, ich bin eine altmodische Büglerin.«
Er atmete tief durch.
»Ich wollte nicht schreien. Aber warum hast du das gesagt?« Er wiederholte ihre Wort mit demselben Nachdruck, in derselben Geschwindigkeit: »Diese Frau ist eine schlechte Nachricht.«
Sie sah ihn an, und durch sie hindurch sah er Roelfje. Das war sentimentaler Quatsch, aber so war es. Jemand hatte etwas zu ihm gesagt. Wer hatte etwas zu ihm gesagt?

»Du kannst zu gut erzählen«, sagte Erna, »das ist alles. Ich habe diese Frau gesehen, während du erzählt hast, ich meine ...« Sie beendete ihren Satz nicht und sagte dann lahm: »Try your luck. Wie fährst du?«
»Mit dem Auto.«
»Mit dem ollen Ding?« Er hatte eine alte Volvo Amazone.
»Ja.«
»Und wann fährst du?«
»Jetzt.«
»Nun mach aber mal halblang. Du mußt doch erst noch alles regeln?«
Er hob sein Handy hoch.
»Kannst du denn in die Wohnung? Hast du deinen Freund schon angerufen?«
Da mußte man es immer ein paarmal klingeln lassen, weil Daniel García einen Teil seines Körpers in Angola hatte liegenlassen, wie er es selbst ausdrückte.
»Das ist das Eigenartigste, wenn das Unheil aus der Erde kommt. Selbst wenn man weiß, daß es passieren kann – erwarten tut man es nicht. Landminen, das sind wirklich die Blumen des Bösen. Unheil kann horizontal oder vertikal sein, aber selbst dann doch nie von unten nach oben. Bomben sind vertikal, Kugeln horizontal. Du fällst irgendwo rein, oder irgendwas fällt auf dich runter, aber es gehört sich nicht, daß das Verhängnis aus der Richtung des Grabes kommt. Dort mußt du irgendwann hin, aber es darf nicht zu dir kommen, das ist nicht richtig, das ist unanständig.« In ihrer Branche wurde Daniel der Philosoph genannt, und nach Arthurs Meinung stimmte das auch. Dieselbe Welt, in der auch er sich bewegte, bekam durch Daniels abweichenden Kommentar ein völlig anderes Gesicht. Darin war eine Landmine eine negative, unterirdische Pflanze, die in einer einzigen verhängnisvollen Sekunde auf schreckliche Weise erblühte, eine fleischfressende Blume des Todes und der Zerstörung, die seine linke Hand und einen Teil seines linken Beins

mitgenommen hatte, »wohin ich ihnen nicht mehr folgen konnte. Weiß der Himmel, wo sie sich rumtreiben.«
Mit dem Verlust war er radikal umgegangen.
»Die CNN hat einen hohen Preis für die fehlenden Teile bezahlt, das ehrt sie.«
Nach seiner Rehabilitation war er nach Madrid gezogen (»da falle ich nicht so auf«), hatte sich eine großformatige Kamera gekauft und war mittlerweile trotz seiner Behinderung einer der gefragtesten Fotografen für Spezialaufträge. Die erste große Reportage, die er gemacht hatte, war eine über Opfer von Landminen in Kambodscha, Irak und natürlich Angola gewesen.
»Man muß immer das machen, womit man sich am besten auskennt.«
Jetzt aber nahm keiner den Hörer ab, und Arthur merkte, wie gern er die dunkle Stimme mit dem nicaraguanischen Akzent gehört hätte.
Daniel García hatte einen stämmigen, fast quadratischen Körper (»das ist mein mathematischer Einschlag«), dunkelgraues dickes Kraushaar – »*krusuwierie* heißt das bei euch in Surinam, das hast du nicht gewußt, was? Wozu hattet ihr denn Kolonien, wenn du so was nicht weißt?«
»Surinam gehört uns nicht mehr.«
»Oh nein, Vater, so leicht kommst du mir nicht davon. Einmal genommen, immer genommen.«
Sie kannten sich von einem Dokumentarfilmfestival, auf dem sie beide einen Preis der Europäischen Gemeinschaft bekommen hatten, einen in durchsichtigen Kunststoff eingefaßten Minilorbeerkranz aus Blattgold in einer großen, mit violettem Samt ausgeschlagenen Schachtel. (»Die Friseurschachtel nehm ich nicht mit, wenn ich verreise, dann hab ich ja gleich ein ganzes Geschwader Schwuchteln auf den Fersen. Wenn du einen Hammer hast, dann kloppen wir das Gold ganz schnell raus.«)
»Und jetzt?« fragte Erna.
»Ich versuch's heute abend noch mal.«

»Dann gehen wir jetzt einen trinken, und dann komm ich mit zu dir.«
»Wozu?«
»Waschen, bügeln, Koffer packen. Du hast keine Ahnung, wie schön es ist, einem Mann auf die Sprünge zu helfen.«
»Ich hab nicht mal ein Bügelbrett.«
»Dann nehm ich deinen Tisch. Und hör jetzt auf, rumzunölen.«
Während sie herumwerkelte, hatte er die Spanienkarte auf seinem Schreibtisch ausgebreitet. Er wußte, daß das Verlangen, das er jetzt empfand, nichts mit Elik Oranje zu tun hatte. Welche Strecke sollte er fahren? Leise murmelte er die Ortsnamen vor sich hin: Olite, Santo Domingo de la Calzada, Uncastillo, San Millán de Suso, Ejea de los Caballeros... Mit fast jedem verband ihn eine Erinnerung.
»Was summst du so?«
»Jetzt schau doch mal selbst, all die leeren Flächen. Das ist das leerste Land Europas.«
»Und das gefällt dir?«
Gefallen war nicht das richtige Wort. Wie aber sollte man das umschreiben, die Anziehungskraft dieser wüstenartigen Landschaften, gegerbt, ausgelaugt, kalkig, die sandfarbenen versteinerten Tafeln des Hochlands. Es war ein physisches Gefühl, das sich mit seiner Liebe zu dieser Sprache verbunden hatte.
»Mir ist Italienisch lieber«, sagte Erna, »Spanisch ist eine richtige Männersprache.«
»Darum ist es auch so schön, wenn Frauen sie sprechen. Hier«, und er streckte den Finger aus, »so will ich fahren, von Oloron-Sainte-Marie aus genau nach Süden, dann über die Berge, Jaca, Puente de la Reina, Sos, Sádaba, Tauste... alles gelbe und weiße Straßen, und dann durch die Serranía de Cuenca nach Madrid.«
»Aber das ist ein Umweg. So eilig ist es dir also doch wieder nicht. Oder hast du Angst?«

»Könnte sein. Darüber habe ich noch nicht nachgedacht.«
»Aber warum fährst du dann?«
»Ich muß jemandem eine Zeitung bringen.«
»Ach, dir ist nicht zu helfen.«
Nein, ihm war nicht zu helfen. Daniel antwortete nicht, die Amazone brach irgendwo in Les Landes zusammen, die Tage krochen dem Monatsende entgegen, es mußte auf irgendein Ersatzteil gewartet werden, er bekam zuviel von den düsteren, kultivierten Forsten, die nirgendwo ein Wald werden wollten, was er von seinem Hotelfenster aus sah, war eine Vorhölle aus einer Million mickriger Kiefern. Er rief Erna an, die sein Pech auch noch amüsant zu finden schien.
»Jetzt hast du endlich Zeit zum Nachdenken, aber das machst du natürlich nicht. König Ungeduld. Meditation, das ist nicht gerade eine Stärke von Männern. Was machst du?«
»Ich filme Kiefernzapfen.«
Zwei Tage später war das Auto endlich fertig, die Amazone stürmte die Pyrenäen hinauf, als wisse sie, daß sie etwas gutzumachen habe. Auf der anderen Seite war alles anders, das große Land breitete sich vor ihm aus, flimmerte in der maßlosen Hitze, zwang ihn zur Langsamkeit. Die maschinengewehrartigen Klänge des Kastilischen fegten die letzten Reste des Französischen weg, dies hier war die ältere, die grausamere, die von der Geschichte vollbeschriebene Erde, und wie immer verspürte er Ausgelassenheit und Beklemmung. Hier war nichts unverbindlich, jedenfalls nicht für ihn, die Landschaften legten sich ihm um die Schultern, was in den Zeitungen stand, forderte ihn. Man wurde hineingesogen, ob man wollte oder nicht. Was irgendwo anders ein Zweiparteiensystem war, wurde hier ein Kampf mit Gift, Lügen, Meineiden, Verdächtigungen, Skandalen. Zeitungen gingen sich gegenseitig an die Gurgel, Richter waren parteiisch, Geld floß durch unterirdische Kanäle, und zugleich war alles Theater, Opera buffa, Chefredakteure, die man in Damenunterwäsche gefilmt hatte, der Staat als gescheiterter Kidnapper,

Minister, die verurteilt wurden, aber nie sitzen würden, Grand guignol, etwas, was immer dazugehört hatte, eine Sucht, von der man sich nur mit Mühe freimachen konnte, obwohl jeder genug davon hatte.
Die wirklichen Probleme lagen woanders, bei einer kleinen Gruppe verbissener Mörder, die das Alltagsleben mit ihren Bombenanschlägen, ihren Genickschüssen, ihren von Haß besessenen Anhängern, mit Erpressung beherrschte, eine Todesschwadron, die nicht eher lockerlassen würde, als bis Angst das Land wie ein Schimmelpilz überwuchert hatte, und selbst dann noch nicht. Er las die Namen der neuen Opfer, hörte, während er über einsame Straßen fuhr, die gehetzten Stimmen von Nachrichtensprechern und Kommentatoren und fragte sich, ob er deshalb sein Tempo verringerte, manchmal das Auto am Straßenrand abstellte und ein Stück weit in das leere, schuldlose Land hineinlief, um zu filmen und Tonaufnahmen zu machen. Trockenheit, Verlassenheit, das Geraschel von Disteln, die vom Wind berührt wurden, ein Traktor in der Ferne, das Rufen einer Schleiereule. Abends stieg er in kleinen Hotels an der Straße ab und sah mit den anderen Gästen fern, Demonstrationen für einen Mann, der schon seit mehr als fünfhundert Tagen in einem Verlies gefangengehalten wurde, Gegendemonstrationen von maskierten, Steine und Molotowcocktails werfenden Horden. Kein Land, dachte er, konnte so viel Haß und Blut wert sein. Eines Abends wurde die Bilanz des Jahres bis zu diesem Zeitpunkt gezeigt, Leichen, ausgebrannte Autowracks, die auf eine perverse Weise mitunter mehr über den orgiastischen Zerstörungstrieb aussagten als die albern verbogenen, hilflosen, auseinandergezogenen Formen menschlicher Körper.
Wie lang war es jetzt her, dieses Gespräch mit Elik am Tegeler Fließ, eine Ewigkeit, drei Monate? Was hatte sie gesagt? »Versuch's doch mal von der komischen Seite zu sehen.« Er hatte sie damals nicht verstanden und verstand sie auch jetzt wieder nicht, und anscheinend war er nicht der einzige. Der Fernseher stand in

der halbdunklen Eingangshalle des kleinen Hotels, rosa Fleisch, rotes Blut wurde auf die Mattscheibe gemalt, doch das Schlimmste war das Geräusch, Steinwände, Steinfußböden, keine Tapeten, kein Teppichboden, die harten Klänge der Worte wurden durch den Stein verschärft, Schallen war noch das beste Wort, um die mechanische Komponente dieser Stimmen zu beschreiben, die Flüche und Seufzer der anderen Gäste vermischten sich damit, umringt von einem unsichtbaren Chor saß er in dieser Halle und dachte an die Antwort, die sie gegeben hatte, als er sagte, er verstehe sie nicht. »Hilft es dir weiter, wenn du sagst, daß es tragisch ist?« und: »In zweihundert Jahren, wenn die Gefühle daraus verschwunden sind, bleiben nur noch die Idiotie übrig, die Ansprüche, die Beweggründe, die Rechtfertigungen.«

Das stimmte, wollte er ihr jetzt sagen, doch was half es, das zu wissen? Das machte es doch nur noch schlimmer. Nicht genug damit, daß *jetzt* gelitten werden mußte, dieses Leiden würde eines Tages auch nichts mehr bedeuten. Das Maß des Lebens waren nun mal nicht ihre zweihundert Jahre, sondern die fünfhundert Tage, die jemand in seiner eigenen Gruft eingesperrt war, historische Zeit wurde eine obszöne Abstraktion neben einem, dessen Gehirn durch ein Restaurant gepustet wurde, und natürlich, die abstrakte Nachwelt bräuchte dieses Gehirn nicht im Fernsehen zu sehen, wie sie es hier in der Hotelhalle taten, sie würde ihr historisches Gericht in Statistiken vorgesetzt bekommen, in nie mehr rückzuübersetzenden Zahlen und mit Fußnoten gespickten Spezialstudien. Die Rechnung war dann längst beglichen. Und auch das hatte sie einkalkuliert. Eines Tages würde es niemanden geben, der das noch wußte, dann konnte das Lachen erst richtig beginnen. Er fragte sich, ob sie jetzt wohl dieselben Bilder sah, und wußte, er würde es erst wissen, wenn er sie gefunden hatte. Verschwunden war sie, wie an diesem Abend in Lübars, wie einen Deppen hatte sie ihn sitzenlassen. Die alte Frau, die den ganzen Abend, ein zusammengeknülltes Taschentuch in der Hand, neben ihm gesessen hatte, erhob sich und kehrte mit einem Glas für sich selbst und einem verwegen vollen Kognakglas für ihn zurück.

»En este mundo no hay remedio«, sagte sie, »vivimos siempre entre asesinos y demonios.«

Dämonen. Durch das Spanisch erhielt das Wort plötzlich eine andere Geladenheit, ein Menschenschlag, mit dem man sich die Welt teilen mußte, Dämonen, die aussahen wie Menschen und neben einem saßen an einer Bar oder in einem Flugzeug und von einer Sache so überzeugt waren, daß sie den Tod, ihren eigenen wie den anderer, stets mit sich trugen.

Am nächsten Morgen rief er noch einmal bei Daniel an, und diesmal erwischte er ihn.

»Wo bist du? Du weißt auch genau, wann du kommen mußt. Hast du's im Fernsehen gesehen? Dieses Land ist mit den Nerven runter.«

»Ich bin ganz in der Nähe. Ich fahre heute nach Sigüenza.«

»Bleib noch ein bißchen weg. Ich bekomme das ganze Haus voller Leute, die ich nicht wegschicken kann. Gib mir ein paar Tage Zeit. Sie haben keine Papiere. Geh zum Doncel und frag, ob du dir sein Buch leihen darfst. Du kennst ihn doch?«

»Ja.«

Der Doncel war eine Figur in der Kathedrale von Sigüenza, ein junger Mann, der mit einem Buch auf seinem eigenen Grab saß.

»In drei Tagen kannst du hier in die Wohnung. Hast du Geld ...?«

»Mach dir keine Sorgen.«

»Geh solange ins Hotel de Mediodía. Es sieht teuer aus, aber es kostet nichts. Höchstens 5000 Peseten. Das muß dir allein schon der Name wert sein. Dann ruf ich dich dort an, oder du mich. Was hast du hier vor? Irgendwas Besonderes?«

»Nein, nein. Dasselbe wie immer.«

Das stimmte nicht, er hörte es an seiner eigenen Stimme.

Daniel auch, denn er sagte: »Kann ich sonst noch was für dich tun?«

Arthur zögerte.

»Wo findet man jemanden, der an einer historischen Studie arbeitet?«

»Das hängt davon ab, woran er arbeitet. Wie du weißt, gibt's hier jede Menge Geschichte. Das Nationalarchiv ist hier, in Madrid, in der Calle de Serrano. Und dann gibt es Simancas, aber das ist ungefähr zweihundert Kilometer von hier. Da wird so ungefähr ganz Spanien aufbewahrt, mit Ausnahme des Mittelalters, glaube ich. Und dann natürlich noch all die örtlichen, provinzialen und kirchlichen Archive. Und der Bürgerkrieg ist wieder woanders. Und die Gewerkschaften. Und so weiter. Sehr viel Papier, da kannst du loslegen, es hängt ganz davon ab, was du suchst. *Wir* sind in Sevilla, im Archivo Real de las Indias. Aber das suchst du nicht, nehme ich an.«

Es war keine Frage, er nahm es an. Wir, das bedeutete Nicaragua. Und wenn Arthur nicht erzählen wollte, worum es ging, würde Daniel auch keine Fragen stellen. Irgend etwas mußte er aber doch verstanden haben, denn er sagte ermutigend: »Okay, cabrón, ich leg jetzt auf, ich muß mich um meine Kinder kümmern. Fang beim Anfang an, in der Calle de Serrano. Das liegt schließlich am nächsten. Es gibt immer Leute, die das Große Los gewinnen, und das mit nur einer Zahl Unterschied zu denen, die es nicht gewinnen, ein Rätsel. Suerte, wir telefonieren.«

Seine Kinder, das waren natürlich ein paar Illegale, die hier in Spanien arbeiten wollten. Daniel (»mein zweiter Name ist Jesús, den hab ich schließlich nicht umsonst«) war vielleicht wirklich so etwas wie ein moderner Heiliger, der ihm bei diesem Wort wahrscheinlich am liebsten eins mit seiner Eisenhand übergezogen hätte. Und cabrón bedeutete Arschloch, aber Daniel durfte das sagen.

Als er nach Sigüenza kam, sah er die Kuppel der Kathedrale. Der Doncel, warum nicht?

»Klassische Verzögerung.« Das war Ernas Stimme. Er wurde ausgelacht, und zu Recht. Jetzt wurde dieses ganze Hirngespinst

Wirklichkeit. Natürlich würde er sie finden. Unter all den Millionen Spaniern würde er sie finden, keine Frage. Aber dann?
In der Kathedrale war es dämmrig, seltsamerweise mußte man ein paar Stufen hinuntergehen, um sie betreten zu können, als wäre das riesige Gebäude zu schwer für den Untergrund und dadurch bereits zur Hälfte in der Erde versunken. Eine Art Messe war gerade im Gang, Chorherren in Rot und Schwarz saßen in ihrem hohen Gestühl und ließen ihre halb gesungenen Psalmverse im hohl klingenden Raum hin und her schallen. Er schaute einen Augenblick lang auf die weißen Gesichter, auf die Münder, die Worte formten, ohne daß die Augen darüber sie abzulesen brauchten. Es war alles bekannt, war so alt wie der Stein der Gräber in den Wänden, und zu einem dieser Gräber ging er jetzt. Der junge Mann hatte sich nicht bewegt, Arthur sah, daß er nicht *einen* Zug im Gesicht dieses Schildknappen von Isabel la Católica vergessen hatte. Er lag da, auf den Ellbogen gestützt, und hatte keine einzige Seite seines Buches umgeblättert, nun schon fünfhundert Jahre lang nicht. Gefallen bei der Belagerung Granadas, 1486. Als Kriegsopfer konnte man so jemanden nicht bezeichnen, und dieser Körper konnte nie so ausgesehen haben wie die Leichen, für die nie ein anderes Denkmal errichtet werden würde als das graue Eintagspapier, auf dem sie abgebildet waren, niemand würde *sie* in fünfhundert Jahren noch betrachten, und nie würden sie diesen fast verstörten, für die Welt verlorenen Blick haben. Dieser Junge hatte seinen Tod schon längst vergessen, er lag da wie der Acker bei Lübars, eine Figur, die uns an irgend etwas erinnern soll, selbst aber nicht mehr weiß, woran.
Als er aus der Kathedrale trat, wurde er vom Licht geblendet. Wenn sein Hirngespinst Wirklichkeit würde, war es die Frage, ob sie dieses Licht ertragen konnte. Er fuhr in einem unsinnigen Bogen um Madrid herum (»Klassische Verzögerung«), Alcalá de Henares, Aranjuez, und rollte zur heißesten Stunde des Tages durch die Puerta de Toledo in die Stadt hinein. Das Hotel lag genau gegenüber vom Bahnhof Atocha, die Autos hinter ihm

begannen sofort zu hupen, als er anhielt, um die Kamera und andere Sachen auszuladen, das Stakkatogeschrei von Autos, die von der Sirene eines Rettungswagens aufgescheucht wurden, wurde zu einem Aspekt der Hitze, die wie eine Form von Gewalt über dem Platz lag.

Er gab seine Sachen ab und rannte zurück, um das Auto zu parken. Als er zurückging, sah er, daß es 39 Grad waren. Sein Zimmer lag an der Vorderseite und hatte keine Klimaanlage; wenn er die Balkontüren öffnete, konnte man den Krach nicht aushalten. Er setzte sich auf die Bettkante und sah sich die Karte von Madrid an. Bahngleise kamen von Süden her und endeten in Atocha, dem Bahnhof, den er von seinem Fenster aus sehen konnte. Schräg dazu lag das schiefe Rechteck des Retiro-Parks und darin das Blau des Teichs. Ohne sie zu sehen, sah er die Ruderboote, die man dort mieten konnte. An der linken oberen Ecke des Parks lag die Plaza de la Independencia, auf die die Calle de Serrano mündete. Dort also, aber jetzt noch nicht.

Den Rest des Tages verbrachte er ziellos umherstreifend im Labyrinth der Altstadt. Bei einer Telefonzelle versuchte er erst Zenobia anzurufen, dann Erna, aber keine von beiden war zu Hause. Er hinterließ keine Nachricht. Was für eine hätte es auch schon sein sollen? Ich bin am Ende eines Spaziergangs angelangt, den ich eines Tages im Schnee in Berlin begonnen habe und der hier, in diesen Straßen, wo ich fast schneeblind vom Licht werde, wie auch immer enden muß. Überall an den Kiosken und auf den Kneipentischen hingen und lagen Ausgaben von *El País*, die Schlagzeile mit der Nachricht wieder eines Anschlags schien auch ihn jetzt aufzuscheuchen, etwas, dachte er, lief gründlich falsch, er mußte sich beruhigen, konnte es aber nicht, er mußte sich selbst vorsagen, was er hier vorhatte, und wenn er das nicht konnte, mußte er sein Auto aus der Parkgarage holen und wegfahren, bloß wohin? Amsterdam? Berlin? Nein, er mußte etwas wissen, er mußte wissen, ob er sie suchen sollte oder nicht, er mußte wissen, was diese Weigerung, dieses wortlose Verschwinden für ihn bedeutete, ob es ein Urteil war, das ihn abschaffte, das die wenigen rätselhaften Nächte für ungültig erklärte, so daß sie nie stattgefunden hatten? Spinnweben, nichts, Augenblicke, die sich selbst verschlungen hatten, die zur fahlen Erinnerung werden mußten, etwas Eigenartiges, das ihm mit einer Frau widerfahren war, die einmal zu spät nach einer Zeitung gegriffen hatte, die sich als Weltmeisterin im Abschiednehmen bezeichnet und ihn schon längst vergessen hatte, die nicht wußte und der es auch gleichgültig war, daß er hier wie der Dorftrottel auf das Standbild von Tirso de Molina schaute, zwischen ein paar stockbetrunkenen Pennern, die, Literflaschen mit lauwarmem Bier in der schmutzigschwarzen Hand, aufeinanderhingen, die neuen Wilden der Großstadt, nichtssehende Augen unter großen Büscheln verfilztem Haar, seine Gesellschaft, murrend, schimpfend, um eine Zigarette bettelnd. Plötzlich kamen diese Männer und diese eine Frau mit dem orangegefärbten Haar, die jetzt lallend aufstand, den Rock hob und einem der Männer eine unglaublich dreckige Hose zeigte, ihm vor wie ein Kommentar auf seine so tapfer angetretene Mission, wie Hohn, weil er hier absolut nichts verloren hatte, weil er etwas, aber was sollte das sein, durch seine Anwesenheit verleugnete. Jemand, er nannte ihren Namen nicht einmal vor sich selbst, hatte ihn aus der Ruhe seiner langen Trauer in eine demütigende Unruhe gestoßen. Wie führte man das zu Ende, wenn es keine Geschichte war und kein Film? Warum hatte sie Arno die Adresse ihrer Großmutter geschickt, warum schien die Großmutter ihn zu erwarten? Er mußte es wissen, dann konnte er es ausixen, durchstreichen, wegfahren, hinein in das große, leere, brennende Land, befreit, sich selbst zurückgegeben, die Kamera neben sich im Auto.

Taxi, Serrano, Geschäfte, Mode, makellose Männer und Frauen in Schaufenstern, die Arme leicht gehoben, ein zur Unbeweglichkeit verdammtes Dasein. So gehörte es sich, Distanz, immer neue Kleider, keine Gespräche, keine Narben, keine Trauer, keine Lust.

Das Archivo Histórico Nacional war geschlossen und würde, es sei denn die Welt ging unter, am nächsten Morgen wieder geöffnet sein. Er ließ das Taxi wegfahren und ging die lange Straße in umgekehrter Richtung hinunter, wobei er auf die Füße der Passanten schaute, den wachen Schritt nach erfolgter Siesta, Füße, die irgendwo hingingen, zum zweitenmal an diesem Tag geboren. Es gab einen Satz, der ihn einmal derart frappiert hatte, daß er ihn nie mehr hatte vergessen können: »Lisette Model put her camera at nearly groundlevel to achieve a worm's-eye view of pedestrians.« Die Welt von unten, die unterste Welt, all diese Riesengestalten, die die Stadt beherrschten, die oben gingen, weil das ihr Terrain war, in dem sie sich mit der größten Sicherheit bewegten. Und zwischen all diesen Riesen die Riesin, die er morgen finden mußte, daran gab es keinen Zweifel mehr.

Als er in das Hotel zurückkam, war es von Horden von Kindern überströmt, die schreiend durch die Flure rannten, zwischen all den tobenden Zwergen kam sein eigener Körper ihm wieder fremd vor, trotz seiner Größe schienen sie ihn nicht zu bemerken, bis spät in den Abend hinein würde das Gejage durch die Flure andauern, er schlief unruhig, erwachte mitten in der Nacht schwitzend aus einem Traum, an den er sich nicht mehr erinnerte. Sein Leben rannte an ihm vorbei, er konnte es nicht mehr aufhalten.

Die Hitze des Tages hängt noch in dem kahlen Zimmer, er öffnet die Balkontüren, die zu keinem richtigen Balkon führen, sondern zu einer Balustrade, an der er sich festhalten kann. Noch immer Verkehr, das wird auch in dieser Nacht nicht aufhören.

Er schaltet den kleinen Fernseher ein, der oben in einer Zimmerecke hängt und fransige Schwarzweißbilder von Menschen zeigt, die sich küssen und, angesichts ihrer Kleider, schon mindestens zwanzig Jahre tot sein müssen. Den Ton hat er nicht eingeschaltet, und als er wach wird, sieht er Fragmente der Frühnachrichten, den befreiten Gefangenen der fünfhundert Tage, der ins

Licht blickt, als sähe er die Welt zum erstenmal, Augen, deren Pupillen durch eine riesige Brille in seinem weißen, eingefallenen Gesicht vergrößert werden. Er schaltet das Bild aus, kann es noch nicht ertragen, dies ist noch nicht die Stunde für Dämonen. Er spürt, daß es jetzt kühler im Zimmer ist, die Kühle des frühen Morgens, der von der Hochebene aus in die Stadt gezogen ist. Während er an der Balustrade steht, sieht er die geflügelten Pferde sich auf dem Dach des Landwirtschaftsministeriums aufbäumen, den geflügelten, geschwärzten Löwen auf dem Bahnhof schräg gegenüber, Tiere aus einer Zeit, die es nie gegeben hat, einer Zeit, in der Pferde und Löwen durch die Luft flogen, Traumzeit, die Phantasie eines anderen. Also jetzt.

★
★ ★

Und wir? Keine Meinung, kein Urteil. So lautet der Auftrag. Vielleicht gelegentliche Verwunderung über eure unerforschlichen Wege, obwohl wir daran eigentlich gewöhnt sein sollten. An das Verhältnis zwischen Ereignissen und Gefühlen, die Ungreifbarkeit eures Handelns. An die Mythen, Theorien und Geschichten, um es euch selbst zu erklären, die Versuche zur Wissenschaft, und dann immer wieder der Umweg durch das Widersinnige, Entwirrungen, der überraschende Augenblick, in dem plötzlich ein anderer im Spiegel vor euch steht. Bus 64, der von Atocha über den Paseo del Prado zur Plaza de la Cibeles, dem Paseo Recoletos, der Plaza de Colón und dann zum Paseo de la Castellana fährt, wo der Mann, dem wir mal hinter einem Schneeräumgerät den Spandauer Damm entlang folgen mußten, aussteigt und zur Calle de Serrano geht, durch den Gitterzaun eines großen Gebäudes tritt, ein Granitportal, in eine Eingangshalle, in der ein uniformierter Pförtner zwischen mehreren Monitoren sitzt. Wir kennen diesen Raum bereits, wir waren da, als Elik Oranje hier das erste Mal mit ihrem Empfehlungsschreiben eintrat, als sie ihre ersten Instruktionen erhielt, zum erstenmal an dem langen Tisch zwischen den anderen Forschern, Gelehrten, Wühlern, Maulwürfen sitzen durfte, die in der Stille, die dort herrscht, kaum aufsahen, sich, auf die Buchstaben und Zahlen in all diesen gealterten Schriftstücken, die Rätselzeichen und Hieroglyphen der endgültig vergangenen Zeit starrend, in Folianten, Registern, Verträgen, Grundbüchern vergraben hatten. Natürlich kennen wir den Grad ihrer Erregung, die Argumente ihres Doktorvaters hat sie in einem Kübel ertränkt, hier wird sie zum erstenmal, und zwar im wahrsten Sinne des Wortes, ihre Hand auf die Buchstaben legen, die von ihrer Vogelkönigin eigenhändig geschrieben worden sind. Dies war ihr großer Augenblick. Näher kann sie ihr nicht kommen, alles, was bisher eine Abstraktion war, nimmt Form an, alles wird wahr. Dies ist, was sie wirklich wollte, durch nichts wird sie sich abhalten lassen. Einst ist ihr etwas widerfahren, eine Verletzung, und nach der verbogenen Logik, die euch manchmal eigen ist, muß die Antwort auf diese Verletzung eine Verletzung sein. Nein, das ist kein Urteil, und außerdem, es ist bereits geschehen, und was immer sie auch behaupten wird, wir wissen, was es sie gekostet hat. Es steht uns nicht zu, darüber etwas zu sagen, wir verfolgen zwei Leben, nicht eines.

Es ist jetzt nicht mehr dieses erste Mal, doch die Spannung ist geblieben. Sie macht sich die Namen zu eigen, die Geliebten, die Ratgeber, die Feinde. In zwei Zeiten lebt sie, manchmal ist es kaum auszuhalten, als sänke sie in der Beengung einer Taucherglocke in dieses andere Element hinab, vergangene Zeit, in der kaum Licht scheint, in der sich die Geheimnisse befinden, die sie sucht. Das Auge der Kamera registriert die Leere vor ihr auf dem Tisch, zu Beginn fand sie das unangenehm, jetzt ist sie daran gewöhnt, der Pförtner oben sieht sie, ohne sie zu sehen, das tote Auge erfaßt den gesamten Raum, die anderen Gelehrten, die Bullen, Urkunden, Listen, Landkarten, Verzeichnisse, Karteikarten vor ihnen. Als sie aufgerufen wird, folgt das Auge ihrer Bewegung, diesmal wie bei jenem ersten Mal, das nun schon wieder einen Monat zurückliegt, als sie die fast mannsgroße *carpeta* vor sich auf den Tisch legte, wodurch die anderen ein wenig beiseite rücken mußten. Ihre Hände betasten das gegerbte, glänzende Tierfell, das mehr als achthundert Jahre alt ist, ihre Augen sehen zum erstenmal die Runen, die langen Striche und ineinandergeflochtenen Kringel, die zusammen die stilisierte Unterschrift Urracas bilden, ein Gefüge aus Arabesken, das einst langsam und mühsam von einer lebendigen Hand unter einen Vertrag, eine Schenkung, eine Erblassung gesetzt wurde. Das *vellum* nimmt den Raum bis zur anderen Tischseite ein, vorsichtig fährt sie mit dem Finger die Linien der Schrift nach, *Ego adefonsus dei gra rex unu cum coniuge meu uracha regina fecimus* ...

Die Stille im Saal ist absolut, als könne so viel Vergangenheit kein Geräusch vertragen, weil sie sonst zerbröckeln, verfliegen würde – ein Hüsteln, das Kratzen eines Stifts, das Umblättern von Pergamentseiten, diese Stille ist die Burg geworden, in die sie jeden Tag mit einer Begierde zurückkehrt, die alles andere verschlungen hat, die Geräusche in der Pension, das Dröhnen des Fernsehers, den Lärm der belebten Straße unten, die täglichen Fahrten mit der Metro, die Hitze des Sommers, die Zeitungen, die ihr neue Ereignisse in einer perversen Umkehrung hinschieben: Sie beschäftigt sich mit etwas, das für alle ungültig geworden ist, und ist damit für das verloren, was für alle anderen gültig ist, sie liest die Worte und hört die Gespräche und Berichte, liest aber nicht und hört nicht zu, es ist zu roh, zu viel, nicht abgelagert genug, nicht eingedickt, die Zeit hat es noch nicht gekocht, es quillt an allen Seiten heraus, eine einzige Zeitungsausgabe umfaßt mehr Wörter als das Buch, das sie schreiben und so gut wie niemand lesen wird.

Eine Liebestat soll es werden, sie wird diese Frau aus dem erstickenden Vergessen retten, aus ihrem Grab von Dokumenten und Zeugnissen reißen, ihr Gesicht glüht regelrecht, und dieses Gesicht ist es, das der Mann an dem Tag, an dem wir uns nun befinden, auf dem Monitor oben sieht, noch bevor er den Pförtner irgend etwas hat fragen können. Sie sitzt mit der unversehrten Seite ihres Gesichts zu ihm gewandt da, der Augenblick ist kaum zu ertragen, der Apparat rahmt sie in einer fast perfekten Großaufnahme ein, er hätte gern eine Kamera gehabt, um sie heranzuzoomen. Er sieht, wie verloren sie für alles ist, sein erster Instinkt ist, sich umzudrehen und ohnmächtig wegzugehen, er sieht ihre Hände über die Dokumente wandern, eine hochgebogene Ecke glattstreichen, eine Notiz machen, er ist so fasziniert davon, daß er die ungeduldig wiederholte Frage des Pförtners kaum bemerkt. Nein, keine Rede davon, daß er in diesen Raum gehen darf, dazu hat er keine Genehmigung, und die kann er, der Pförtner, ihm auch nicht erteilen, er wird eine

Nachricht hinunterschicken. Kurz darauf sehen sie beide, wie eine junge Frau auf sie zugeht und ihr etwas ins Ohr flüstert, sie sehen auch die unwillige Verwunderung, das Stirnrunzeln wegen der Störung, die Trägheit, mit der sie sich erhebt, wodurch er bereits weiß, daß er nicht hätte kommen sollen. Du, wird sie sagen, wenn sie vor ihm steht, du hier, der Ton geschärft durch die Entfernung, die sie aus der Welt hat zurücklegen müssen, die jetzt die ihre ist, in die er nicht mehr gehört, jemand aus Berlin, jemand, der ihr auf eine Weise zu nahe gekommen ist, von der er selbst noch nichts weiß, der Gefahr verkörpert, weil er eine Schwäche gefunden hat, an die sie nicht erinnert werden will, er kann es daran erkennen, wie sie wieder nach unten geht, an der tückischen Vergrößerung des Filmbilds, in dem sie jetzt wieder auf dem Monitor erscheint: eine Schauspielerin, die das Drama steigert, Fiktion daraus macht, eine Frau, die fast mit Wut die großen Mappen zuknotet, die Papiere ordnet, beinahe streichelt, sich noch einmal nach dem jetzt leeren Platz am Tisch umsieht, aus dem Bild verschwindet, in dem er sie nie mehr sehen wird, und dann in der bestürzenden Wirklichkeit von Menschen, die außerhalb des Bildschirms leben müssen, wieder vor ihm steht.

Zu nahe sind wir gekommen, es nimmt uns den Atem, so darf es nicht sein. Engagement ist nicht unsere Sache, wenngleich das nicht immer ganz leicht ist. Und wir hatten versprochen, uns kurz zu fassen, daran haben wir uns nicht gehalten. Wir ziehen uns zurück, das Auge braucht Abstand. Loslassen dürfen wir aber auch noch nicht, wir folgen aus der Ferne. Nein, nicht als Vorstellung, wenngleich es dann vielleicht verständlicher würde. Denn das bleibt das Rätsel, daß ihr mit denselben Gegebenheiten – ein Mann, eine Frau – so unendlich viele Variationen erdacht habt, die alle wie eine Persiflage der anderen aussehen, Klischees der Leidenschaft, eine Quantenzahl an Möglichkeiten, die nur jene, die es betrifft, berühren. Wie ihr das nennen wollt, müßt ihr selbst wissen. Wir kommen noch *ein*mal wieder, doch von unseren vier Worten dürft ihr euch nichts versprechen. Nennt es eine Geste der Ohnmacht. Nein, das ist nicht erlaubt, auch das nicht.

★
★ ★

»Wo gehen wir hin?«
Und dann, ohne die Antwort abzuwarten: »Mir wäre es lieber gewesen, wenn du nicht gekommen wärst.«
»Das klingt feindselig.«
Sie blieb stehen.
»So ist es nicht gemeint. Nur ... es paßt nicht mehr. Ich sag's lieber gleich.«
Er antwortete nicht.
»Wo wolltest du hin?«
»Vielleicht können wir einen Kaffee trinken im Retiro?«
»Gut.« Und nach einer Stille, in der sie schweigend nebeneinander gingen: »Du warst bei meiner Großmutter, in De Rijp.«
Das wußte sie also.
»Du hattest Arno Tieck die Adresse gegeben.«
»Das war damals.«
So einfach war es also. Es gab ein Damals und ein Jetzt. Damals lag unerreichbar fern, man kam nicht mehr hin. Paß ungültig geworden. Zum zweitenmal in einer Stunde unterdrückte er die Neigung, auf der Stelle wegzulaufen. Aber dafür war es jetzt zu spät. Dies war die Frau, die an seiner Tür gekratzt hatte, die in einem blauen Gabardineregenmantel auf seiner Treppe gesessen hatte, die nachts mit ihm durch Berlin gelaufen war. Sie gingen durch den engen Fußgängertunnel, der unter der Alcalá hindurchführt, zum Park. Ein schwarzer Mann in einer schmutzigen Dschellaba schlug auf eine Batterie Bongos ein, als wolle er sie in den Boden rammen. Am anderen Ende des Tunnels plötzlich Stille, Bäume, Schatten. Es war noch nicht wirklich heiß. Die gefleckte Rinde der Platanen, Blätter, die sich im Sand abzeichneten, ein Gewebe. Er blickte auf das Profil neben sich. Alabaster, nein, etwas Besseres fiel ihm nicht ein. Ein Gesicht, das man in der Dämmerung noch filmen konnte. Dann würde es noch immer Licht ausstrahlen.

»Das war damals.« Nach diesen Worten blieb ihr Mund wie eine Klammer geschlossen; ginge es nach ihr, müßte er ihn aufbrechen. Aber er sagte nichts, auch er nicht. Die Wege trugen hier die Namen spanischsprachiger Republiken, Kuba, Uruguay, Bolivien, Honduras, sie gingen durch einen Kontinent. Am Wasser des großen Teichs entlang. Kartenleser, Männer, die dem Schicksal aus Tarotkarten vorsagten, was es zu tun habe. Scheidungen, Lieben, Krankheiten lagen ausgebreitet auf einem schmuddeligen Tuch, die Stimme des Sehers wob sein Gespinst um den Kopf der Frau vor ihm, die ihre bangen Augen starr auf seinen Mund gerichtet hielt. Er war also nicht der einzige, der etwas wissen wollte.
»Ich hatte gedacht, ich sehe dich nach dem letzten Mal wieder.«
»Während du in Japan warst, war ich schwanger.«
Neben dem Tisch mit den Karten saß eine Wahrsagerin. Er sah, wie sie die Hand ihres Opfers in ihrer eigenen verwitterten, gegerbten Hand hielt und mit halb geöffnetem Mund in die andere, weißere Hand starrte, als habe sie so etwas noch nie gesehen, ein trunkenes Gespinst aus sich schneidenden und ausweichenden Furchen, Kerben, Rillen. Dann sagte er, ohne sie anzusehen: »Und das bist du jetzt nicht mehr.«
Es war keine Frage, dafür brauchte man nicht in Hände oder Karten zu schauen. Ein Ball prallte gegen ihn, grün mit blau, eine Plastikweltkugel, die so schnell wie möglich von ihm wegrollte. Sie gingen weiter, ohne etwas zu sagen, das lange Rechteck des Teichs entlang. Ruderer, Pärchen, Rollstühle, Gesang, Händeklatschen. Am großen Denkmal setzten sie sich, zwei Touristen, klein zwischen den monströsen Standbildern. Jemand fotografierte. An der Neigung der Kamera konnte er sehen, daß sie auf dem Bild mit drauf sein würden, Kulissenteile, deren Schweigen man nicht sehen könnte.
Jetzt habe ich noch einen Geist, dachte er, aber das war Blasphemie. Jemand, der keine Form bekommen hatte, war niemand,

der hatte nicht genug Vergangenheit, um ein Geist werden zu dürfen. Zu dürfen oder zu können. Eine Möglichkeit war unsichtbar, dazu konnte sich nur die Phantasie etwas denken, aber das war nicht erlaubt. Gab es so etwas, jemand, der gleichzeitig niemand war?

Sie saß sehr still und sah genau vor sich. Er wollte seine Hand auf ihren Arm legen, doch sie rutschte weiter weg.

»Es war nichts«, sagte sie. »Ich hatte einen Entschluß gefaßt, und nicht nur für mich. Ich habe mir dieses Foto bei dir in Berlin sehr genau angeschaut. Das ist nicht mein Leben. Ich hätte dir nie ein Ersatzkind liefern können.«

Thomas. Er spürte, wie Wut in ihm hochkam, ein Peitschenhieb von innen heraus.

»Ich hatte dich um nichts gebeten. Und es gibt nichts zu ersetzen.«

»Genau darum«, sagte sie.

»Ich glaube nicht, daß Abtreibung Mord ist«, sagte er, »aber trotzdem hast du den Tod um dich.«

»Den hatte ich schon.« Plötzlich wandte sie ihm das Gesicht zu, so daß die Narbe ganz nahe war, violett, wütend, ein auseinandergezogener Mund, der besser schelten und treffen konnte als der andere, ein Mund mit einer anderen Stimme dahinter, tiefer, verbissener, rauh, er hörte etwas von amerikanischen Videofilmen, die er sicher gesehen habe, und von gespaltenen kleinen Schädeln und einem Eimer voll Föten und erbärmlicher Propaganda, und plötzlich erinnerte er sich an das Gesicht, das sie an jenem Abend gehabt hatte, als sie wie eine Mänade getanzt hatte. Was sie sagte, drang nicht richtig bis zu ihm durch, daß er versucht habe, sich in ihr Leben zu drängen, daß sie niemanden brauche, nie, niemanden, daß sie sich nie mit ihm hätte einlassen dürfen, daß sie sich nie mit wem auch immer ..., Sätze und Teile von Sätzen, die endeten mit geh weg, geh um Himmels willen weg, Blender, Eindringling, und danach rannte sie selbst weg, machte kehrt, kam zurück, schlug ihm ins Gesicht, alles mit einem klagenden,

scheltenden Jammern, das plötzlich aufhörte, so daß dies das Bild blieb, das sich ihm einprägte, eine Frau, die mit offenem Mund vor ihm stand und lautlos schrie, wie lange, würde er nie mehr wissen, erstarrt war er auf der Steinbank sitzen geblieben, als sie schon lange fort war, ein Mann zwischen Säulen, Löwen, geflügelten Frauen mit versteinerten Brüsten.
Er sah, wie ein paar Kinder totenstill zu ihm herüberschauten, und ging dann weg und wußte, daß es kein Gehen war, sondern Fliehen, eine Flucht, die sich für den Rest des Tages fortsetzen sollte. Die Maschine in seinem Kopf konnte er nicht mehr stoppen. Das mit dem Tod hätte er um keinen Preis sagen dürfen, das war unverzeihlich. Aber hätte sie ihn denn nicht verständigen können? Wenn es ein Kind geworden wäre, dann wäre es doch auch sein Kind gewesen, oder nicht? Und wenn sie nichts davon hätte wissen wollen, dann hätte er doch dafür sorgen können? Aber es gab kein Kind, er durfte nicht daran denken. Es hatte nie eines gegeben, etwas in ihrem Leben hatte es verboten, verhindert, es war alles vor langer Zeit geschehen, und alles rächt sich früher oder später, und nichts daran wird je komisch, auch nicht beim zweiten oder dritten Mal. Jede Rechnung würde stets von neuem präsentiert werden, eine Persiflage würde der anderen folgen, jemand wird nicht geboren, weil – doch da war es wieder: jemand! Es gab keinen jemand, es gab nur eine Vergangenheit, die ewig weiterschwärte, immer und überall. Der Unterschied bestand darin, daß Länder manchmal tausend Jahre dafür brauchten.
Er ging am Botanischen Garten entlang zum Bahnhof. Oben, unter der hohen gläsernen Überdachung, setzte er sich, ein großer, leerer Raum, in dem alte Männer Zeitung lasen. Auf dem Boden lag eine zerrissene Titelseite. Jemand war gekidnappt worden. Kaum war der eine befreit, war der nächste schon wieder gefangen. Diesmal ging es jedoch nicht um Lösegeld. Er zerknüllte die Zeitung zu einer Kugel. Keine Lust, das mußten sie unter sich ausmachen. Nach diesem noch einer und danach wie-

der einer. Er ging zu der großen Glasscheibe, durch die man eine Urwaldimitation sehen konnte, eine künstliche Landschaft, durch die die Reisenden auf dem Weg zu den Schnellzügen nach Sevilla, Alicante, Valencia gingen. Er aber wollte nicht nach Alicante, er wollte nach Hause. Erna hatte ihn gewarnt. Schlechte Nachricht. Frauen wußten immer alles früher. Nach Hause? Er hatte kein Zuhause, nicht so wie andere Menschen. War dies ein Versuch gewesen, ein Zuhause zu haben? Er mußte fort, weg aus dieser Stadt. Diesmal war ihm Spanien zuviel. Nach Norden, schauen, ob es einen Auftrag gab. Vielleicht lief ja irgendwo ein netter Krieg. Für die anonyme Welt war es jetzt gerade nicht die richtige Zeit. Er trank einen Kognak an der Bahnhofsbar, hier bekam man wenigstens noch einen Schwenker, der einen umhaute. Was sie jetzt wohl machte? Nicht daran denken. Die war weg. Die sah er nie wieder. Gehört sich auch nicht, einer Dame die Zeitung vor der Nase wegzuschnappen. Was hatte ihre Großmutter gesagt? Sie müssen vorsichtig sein, es geht ihr vielleicht nicht gut. Ja, wird schon so sein. Erna würde nicht gutheißen, was er getan hatte. Aber was hatte er denn getan? Manche Entscheidungen über das eigene Leben wurden in anderen Leben getroffen, und das nicht jetzt, sondern vor zehn oder zwanzig Jahren, in irgendeiner vorgeschichtlichen Zeit, an der man nicht beteiligt war. Etwas hatte dort geschlummert, war mitgetragen worden, bis es an einen anderen weitergegeben werden konnte, so gab es Formen des Bösen, die nicht aus der Welt wollten, die ihr verborgenes Leben führten, unsichtbare Wunden, Krankheitskeime, die auf ihre Chance warteten. Mit Schuld hatte das alles nichts zu tun, die hatte es irgendwann, am Anfang dieser Kette, gegeben, und die wucherte nun weiter, jeder konnte seinen Teil davon abbekommen, niemand war immun. »Es gibt nichts zu ersetzen.« »Genau darum.« Nicht sentimental werden, aufstehen, in die Stadt gehen. Abschied. Abgewiesener Liebhaber geht noch einen trinken. Diese Dinge sind vorgeschrieben.

Gemälde von Hopper, Mann an einer Bar. Wo ist mein Hut? Auf diesen Bildern tragen Männer immer Hüte. Und sie rauchen. Von seinem Platz aus konnte er das Hotel sehen. Ins Bett, das war die Lösung, diese Nacht hatte er nicht geschlafen. Im Hotel sagte er, daß er am nächsten Tag abreisen werde. Mission completed. Die Hitze stand senkrecht im Zimmer. Fernsehen, Bilder des Mannes, den sie diesmal gefangen hatten, ein junger Mann. Binnen achtundvierzig Stunden würden sie ihn erschießen, wenn die Regierung nicht tat, was die Regierung natürlich nicht tun würde. Also ein Todesurteil. Seine Schwester. Seine Verlobte, blond, breites Gesicht, griechischer Tragödienkopf, das Drama war bereits darauf gemalt und würde sich nicht mehr ändern, ein barbarischer Zug von Kummer und Schicksal, zuviel für Menschengesichter. Dem konnte man nicht entrinnen, das war echt. Nicht hinschauen. Er setzte sich auf die Bettkante und schaute. Dieses dicke blonde Haar sproß aus ihrer Stirn, wie kriegt man einen Mund so hin, offen, erstarrt, all die Zähne, natürlich ermorden sie diesen Mann, das tun sie doch immer. Alles muß immer erst wahr werden. Er war bereits tot, bevor er geboren wurde. Und dann wieder Rache, einmal, irgendwann. Er mußte eingeschlafen sein, denn als er aufwachte, lief das Ding immer noch, Autoreklame, ein nacktes Mädchen in einem Auto, das einen Slip hinauswirft. Keine Tragödienmaske, das nackte, entkleidete Gesicht verkaufter Menschen. Du siehst wie eine Figur aus der Werbung aus, hatte Erna das gesagt? Nein, das hatte er selbst gesagt, ich sehe wie eine Figur aus der Werbung aus. Jetzt lachte ihn ein Waschmittel an, oh, und durchscheinende, nebeneinander gebettete Garnelenleiber, bedeckt mit einer hauchdünnen Schicht Eis aus der Wintermaschine. Draußen war es bereits dunkel, tausend Neonsonnen waren rund um den Platz aufgegangen. Er rief Daniel an, nicht zu Hause. Auch recht. Wo war Daniels Bar noch gleich? Bar Nicaragua, Bar für drei Personen. Weiß der Teufel, vielleicht war er da. Calle de Toledo. Abends ein wenig zwielichtig, aber nicht wirklich. Und wenn schon. Der

Kognak vom Nachmittag wühlte noch in ihm. Kamera mitnehmen? Man konnte nie wissen. Madrid bei Nacht, großartig. Also mitnehmen. Bei Tirso de Molina hatte sich die Zahl der Besoffenen verdoppelt, der Schriftsteller-Mönch stand hoch darüber, jetzt selbst ein steinerner Gast. Die Frau mit dem roten Haar war auch wieder dabei, sie stellte sich vor die Kamera und zog mit den Zeigefingern ihren Mund weit auf. Dies war kein Weglaufen, was er jetzt tat, sondern wieder ein Flüchten, begleitet von Hohngelächter, in eine kleine Straße hinein, irgendwo hier mußte doch die Calle de Toledo sein, verdammt, warum hatte er dieses bleischwere Ding mitgenommen, es war zu dunkel, sogar für ihn, hier in diesen Straßen hatten sie noch Gaslicht, könnte man meinen, neunzehntes Jahrhundert, so war es auch in diesem Tunnel an dem Morgen gewesen, als er von ihr kam, dieser Flur mit Zeitungen, er hätte besser in Japan bleiben sollen, die Mönche hatten keine Probleme, Sitzen und Singen, sie brauchten nicht durch enge Gassen und Straßen zu irren, plötzlich schien es, als hätten alle es auf ihn abgesehen, aber nein, da war der große, freie Platz, den er wiedererkannte, Triumphbogen unter Neonscheinwerfern, eklig kalkweißes Licht, wieder falsch. Hier irgendwo in der Nähe mußte die Bar sein, andere Straßenseite, links, ein schlampiges Wohnzimmer, noch kleiner, als er gedacht hatte, er paßte kaum rein mit seiner Kamera. Die drei Hocker waren besetzt. Kein Daniel. »Dort geh ich immer hin, wenn ich mein Bein suche.«

Das Gespräch stockte, als er hereinkam, ein Verrückter, ein Ausländer, was will der hier? Die drei Männer, die hier saßen, hatten Daniels Akzent, Exilanten, alte Männer, er bestellte einen Kognak, gab einen aus, sagte, er sei ein Freund von Daniel, sei früher schon mal hier gewesen. Ah, Daniel, sagten sie, Daniel, sie tranken ihm zu, ernste, harte Gesichter, durch die der Krieg gezogen war, dies, diese paar Quadratmeter, war ihr Zuhause, und er war der zugelassene Eindringling. Daniel, sagte einer, den kannten sie, einer, der etwas verloren hatte, wußte, was das Leben bedeutete; wie eine gemeißelte Wahrheit blieb dieser Satz in seinem Kopf hängen, während das Gespräch weiterging und er nicht mehr einbezogen wurde, andere Namen, andere Ereignisse, ihre Welt lag irgendwo anders.

Er schaute auf die gezeichnete Karte, die an der Wand hing, zehn Jahre Zusammenarbeit mit der internationalen Solidarität, eine Frau im Badeanzug, die bis zur Taille im blauen Wasser stand und einem Schiff mit Hilfsgütern zuwinkte; ein Hai oder ein Delphin, das war auf dieser Zeichnung nicht richtig zu erkennen, trank Limonade aus einem Strohhalm, bösartig aussehende Contras lagen getarnt an den Ufern eines Flusses, umschnürt mit langen Patronengurten. Urwald, Sumpf, Dörfer, Palmen, Sandino vive! Jedes Detail auf dieser Karte hatte er gesehen, vor acht Jahren, vor fünf Jahren, sein Gedächtnis hatte es bewahrt und nicht bewahrt, vergessen und nicht vergessen. Ein richtiger Krieg, ein vergessener Krieg. Während dieser ganzen Zeit war die Karte irgendwo in seinem Gehirn gespeichert gewesen, doch er mußte sie wieder sehen, um es zu wissen. Wie viele andere Dinge, Gesichter, Aussprüche gab es wohl noch, die er kannte und doch nicht mehr kannte? Auf diese Weise verlor man noch zu Lebzeiten die Hälfte seines Lebens, eine Art Vorgriff auf das große Vergessen, das danach einsetzen würde. Himmel, er war betrunken, er mußte machen, daß er hier fortkam, morgen ging's weiter. Dies war die große Unterbrechung gewesen, der Fehltritt, der an einer blinden Mauer geendet hatte, zum Totlachen.

Er stand auf und wankte. Cuidado, sagten die Männer. Jetzt sprachen sie Kinderspanisch mit ihm, sie zeigten auf die Kamera, bedeuteten ihm durch Gesten: nein, aufpassen, gefährlich hier, aber es war keine Warnung, es war eine Vorhersage, eine Nachricht, die Zukunft von zehn Minuten später, als er bereits in der Nähe der Metrostation Latina war, bei der sicheren Unterwelt, und zurückgerufen wurde von einem Bild, dem Lockruf einer Traumerscheinung: ein Löwe auf einer Säule, der seine Pranke auf eine große Granitkugel gelegt hatte, Neugier, Begehrlichkeit wie immer, das Bild, das vielleicht ein Bild für den Morgen sein würde, den Morgen seiner Abreise, dieser Löwe hatte ihn zurückgelockt in den Bann der Prophezeiung, zwei Männer, kahle Schädel, die ihn sich zuschubsten, zu Boden warfen, an der Kamera zerrten, ihm ins Genick traten, als er nicht losließ, ihm mit einer Eisenstange auf den Rücken schlugen, auf die Hände. Und noch immer ließ er nicht los, sie brachen ihm die Hände oder so schien es, er rappelte sich auf, den Kopf zwischen die Schultern gezogen, konnte nicht zurückschlagen, versuchte zu treten, Zeit zu schinden, schrie, aber es war wie im schlimmsten Alptraum, es kam kein richtiger Laut, auch bei ihm nicht, nur ein merkwürdiges hohes Krähen, erstickt durch einen eisernen Griff um seine Kehle, eine Metallklaue, die ihn zu der scharfen Steinkante des Denkmals zwang, später wußte er, daß er Buchstaben gesehen hatte, unglaublich langsam war es gegangen, eine atemlose, verlangsamte Stille, in der der Schlag in seinen Schädel eingebrochen war, ein Splittern, eine Bahn aus kreischendem Grus mit Nägeln und Haken, ein knirschendes und spaltendes Geräusch, und dann war die Stille eingetreten, die mit nichts zu vergleichen war, in die er aufgenommen wurde und in der er alles gesehen hatte, sich selbst am Fuße dieses Denkmals, den geflügelten Löwen, einen Mann in einer Blutlache, der eine Kamera mit den Armen umklammerte, und dann dieses Geräusch aus der Ferne, die Sirene, die ihn holen kam, die ihn aufheben, umarmen, umfassen würde, bis er genau in der Mitte dieses Geräuschs lag, bis er selbst die Sirene geworden war und davonflog und von nichts mehr aufgehalten werden konnte.

*

Unwilligkeit. Dieser allererste Gedanke. Licht, die Stimme einer Frau, etwas, das von fern kommt. Alles wieder dunkel machen. Aber etwas ruft und zieht. Nicht zuhören, verstecken. Kein Licht, ich will nicht. Stille, hören Sie mich? Rauschen. Spanische

Stimmen. Ich will nichts hören, ich rolle mich zusammen. »Er hört uns.« Eine bekannte Stimme. Daniel? »Versuchen Sie es mal.« »Versteht er Spanisch?«
Ich sage nichts. Ich bleibe, wo ich bin. In meiner Nase steckt etwas. Ich bin festgebunden. Überall Schmerzen. Jetzt wieder schlafen. Wo ich gewesen bin, dort werdet ihr nie hinkommen. Unendliche Menschenmengen, Straßen voll. Ich habe sie gehört, aber das sage ich nicht. Ich sage nichts. Rauschen. Schleier. Ich bin geflogen. Es muß Nacht sein. Wieder diese Frau, nein, eine andere. Ein Gesicht, das sich über meines beugt, ich spüre ihren Atem. Eine Hand an meinem Puls. Flüstern. Er liegt ganz still. Unendliche Müdigkeit.
»Er will noch nicht.«
»Das ist normal.«
Er hört es deutlich, es stimmt. Er will zurück in seine Erinnerung, das Licht, in dem er verschwunden war, in dem er am liebsten geblieben wäre. Nicht diese Schmerzen.
»Arturo?«
Das ist Daniels Stimme.
»Arturo?«
Jetzt kommt die Welt zu ihm.
»Sie können ruhig nach Hause gehen. Das kann noch sehr lange dauern.«
»Nein, nein.«
Türen, die sich öffnen. Andere Stimmen. Licht, Dunkelheit, Licht. Als ob es ganz langsam Morgen wird. Später erzählt man ihm, daß er fast zwei Wochen im Koma gelegen hat. »Sie wollten nicht zurückkommen.«
»Wo ist meine Kamera?«
»Die hätte Sie fast das Leben gekostet.«
»Bist du endlich wach?«
Jetzt hatte er Daniel zum erstenmal wirklich gesehen, so nah, genau über ihm, große Augen, Poren.
»Du bist wieder da.«

»Nicht bewegen.« Das war die Frauenstimme.
Er spürte, wie sich seine Augen mit Tränen füllten, wie sie ihm langsam über die Wangen liefen. Seine Hände waren verbunden. Er streckte sie Daniel entgegen, der sie zwischen seine nahm.
»Wo ist meine Kamera?«
Er spürte, wie Daniel seine Hände losließ, hörte Schritte außerhalb seines Blickfelds, sah dann, wie sein Freund ihm die Kamera entgegenhielt, die eine, richtige, Hand, die andere mit dem schwarzen Lederhandschuh, die plötzlich so groß war.
»Jetzt muß er wieder Ruhe haben.«
»Hast du Schmerzen?«
War das derselbe Tag oder viel später? Zeit war nichts mehr, es gab nur Schlaf und Vergessen, und dann stets ein Dämmern und Wiedererwachen, bis der Tag kam, an dem sie endlich reden konnten.
»Wie lang muß ich hier noch bleiben?«
»Noch mindestens ein paar Wochen. Danach kannst du zu mir, sie sind einverstanden.«
»Woher wußtest du es? Woher wußtest du, daß ich hier liege?«
»Du hast in der Zeitung gestanden. Niederländischer Filmemacher überfallen. Ich wußte ja gar nicht, daß du so viele Dokumentarfilme gemacht hast.«
»Früher.«
»Sie dürfen ihn nicht zu sehr ermüden.«
Später begann die Arbeit des Erinnerns. Das Splittern, das Bersten. Es wollte nicht zurückkehren, auch das nicht. Daniel erzählte ihm von Briefen, von Nachrichten aus Berlin, den Anrufen von Erna und von seiner Mutter, die nicht einmal gewußt hatte, daß er in Madrid war, der Zeichnung von Otto Heiland, Blumen vom NPS, von Arte.
»Hättest du nicht gedacht, was? Und eine Wurst, auch aus Berlin, eine deutsche Wurst. Die war sehr lecker, du durftest sie ja doch nicht essen. Ich mußte allen sagen, daß sie nicht kommen durften.«

Zögern. Dann die Frage.
»Jemand von der Botschaft, *ein*mal. Aber da lagst du noch im Winterschlaf. Er hat eine Karte dagelassen.«
Winterschlaf. Sueño invernal. Zwei Silben mehr im Spanischen als in seiner Sprache. Winter, Schnee, Berlin, das Schreien, das in Stille übergegangen war. So war es. Bären hielten Winterschlaf. Wie das wohl war? Wenn man aus dem Gefrierschrank des Todes zurückkehrte? Und Schildkröten, aber das waren ohnehin schon halb versteinerte Tiere. Kein Wunder, daß sie so alt werden konnten, wenn man die Hälfte seines Lebens nicht zu leben brauchte. Er ließ sich wieder in den Schlaf fallen.
»Du willst noch nicht so richtig, was?«
War das noch derselbe Tag? Auch eine Frau sei dagewesen. Hat Daniel das jetzt gesagt oder schon früher? Sie habe an seinem Bett gesessen, als er ins Zimmer gekommen sei, und sei weggegangen, ohne etwas zu sagen. Genickt habe sie, doch dann habe sie sich an ihm vorbeigeschoben, habe sich unsichtbar gemacht.
»Manche Menschen sind so, sie bewegen sich lautlos. Wenn sie weg sind, dann ist es, als wären sie nie dagewesen.«
Arthur deutete auf seine Wange. Daniel nickte. Das war der Vorteil von Freunden: Sie verstehen alles, ohne daß man etwas zu sagen braucht.
Er durfte noch nicht lesen, nicht fernsehen.
»Was ist eigentlich mit dem Mann passiert, den sie entführt haben?«
»Miguel Blanco? Der ist tot, den haben sie ermordet. Hier. Du darfst nicht lesen, aber vielleicht darfst du dir Bilder ansehen.«
Daniel hielt ihm eine Zeitung hin, in der er gelesen hatte. Er sah das Foto eines dunklen, schlafenden Mannes. Lange Wimpern, die Lippen wie die eines Buddhas geformt, voll, gewölbt. Leiden, für das es keine Worte gab, und zugleich Frieden, äußerste Ruhe, das Unmögliche. »Das alles ist passiert, während du im Koma lagst. Ganz Spanien ist auf die Straße gegangen, Millionen Menschen in allen Städten. So etwas hat es hier noch nie gegeben.

Riesige Demonstrationen, ich hab's auf Video aufgenommen, du wirst sehen.«
»Ich hab's gehört.«
»Von wem?«
»Während ich hier war.«
»Aber das ist unmöglich.«
Er widersprach nicht, das hatte keinen Sinn. Aber er hatte es gehört. Schritte von Tausenden, Hunderttausenden von Menschen, ein Rauschen, Rufen, wogende Chöre von Stimmen, rhythmisch, skandiert. Natürlich war das nicht möglich, aber er hatte es gehört, das wußte er genau. Besser nichts mehr darüber sagen. Er sah noch einmal auf das Foto.
»Wie haben sie es gemacht?«
»Genickschuß. Das ist ihre Spezialität.«
»Aber er schläft.«
Wo kam dieser Friede her? Wie konnten sich die Mörder je ohne Angst dieses Foto ansehen? Gab es so etwas wie die Rache eines Toten? Doch dieser Mann wollte längst schon keine Rache mehr nehmen. Wie ein Tier abgeschlachtet, und dennoch war keine Angst und kein Schmerz auf diesem Gesicht zu erkennen, nur diese unermeßliche Trauer und diese Ruhe, die niemand erlangen konnte. Dieser Mann war in der Sekunde seines Todes bereits irgendwo anders gewesen, und vielleicht hatte er, Arthur Daane, eine Ahnung, wo das war. Hell war es dort, man konnte hören, was Lebende nicht hören durften. Das konnte man niemandem erklären, und er würde es auch nicht versuchen. Es war verboten, so fühlte es sich an, durfte nicht sein. Es gehörte sich nicht, daß man zurückkehrte, man war infiziert mit einem unaussprechlichen Verlangen. Man gehörte nicht mehr dorthin und nicht mehr hierher. Nein, dafür gab es keine Worte, nur diese unsinnigen Tränen, die er nicht in der Gewalt hatte, die immer weiter aus ihm strömten und nicht versiegen wollten. Die Schwester kam herein und wischte sie weg.
»Das geht jetzt nicht«, sagte sie, »Sie haben Besuch.«

»Kommen Sie mit hinaus?«
Das galt Daniel.
»Vier ist wirklich zuviel. Würden Sie den Leuten bitte sagen, daß sie wirklich nur eine Viertelstunde bleiben dürfen? Ich kann kein Englisch. Und sie dürfen ihn nicht aufregen, wie Sie eben, mit diesem Foto. Sie sehen ja, was dann passiert.«
Arthur lauschte den Worten an der Tür, der Stille, in der sie gehört wurden. Drei Könige, dachte er, als die Berliner Freunde ins Zimmer traten.
Arno, Zenobia, Victor.
Sie sagten nichts, schauten auf die Schläuche, auf den Verband um seinen Kopf, an den Händen. Zenobia berührte ganz sanft seine Schulter, Arno wollte etwas sagen und tat es nicht, zog dann umständlich ein Päckchen hervor und legte es neben ihn.
»Eine Wurst aus der Pfalz. Von Herrn Schultze. Er sagte, er hätte dir schon eine geschickt, aber er traut der spanischen Post nicht.«
Arthur spürte, wie er wieder gegen die Tränen kämpfen mußte, doch was dann geschah, war noch viel schwerer zu ertragen. Victor, der sich etwas abseits von den anderen gehalten hatte, ging in eine Ecke des Zimmers, wo Arthur ihn gut sehen konnte, ordnete seinen Seidenschal mit den Polkatupfen, zog sich das Jackett zurecht, verbeugte sich, schien zu zählen und begann dann zu steppen, wobei er Arthur unverwandt ansah. Das Ticken der Eisen auf dem Steinfußboden, die Füße, die er nicht sehen konnte, die verhaltenen Armbewegungen, die Stille, in der dies alles geschah, es hatte vielleicht noch nicht mal eine Minute gedauert, bevor die Schwester ins Zimmer stob und dem ein Ende machte, doch Arthur wußte, daß er das nie mehr vergessen würde, es war ein zeremonieller Tanz gewesen, eine Beschwörung, das Klickerdiklack hatte so etwas wie eine Aufforderung bedeutet, er sollte aufstehen, Schritte tun, seine Füße sollten ihn von hier forttragen, was passiert war, sollte er zurücklassen, diese sprachlose Botschaft war deutlicher gewesen, als es irgend-

welche Worte hätten sein können, jemand, Victor, hatte ihn ins Leben zurückgetanzt, und er hatte es verstanden, es würde noch sehr lange dauern, doch er befand sich schon auf dem Weg. Er würde von neuem lernen zu gehen, sein Kopf würde immer wieder aufs neue aus dem Verband gewickelt werden. Wieder mußte die Schwester ihm die Tränen abwischen. Klickerdiklack, Victors Lackschuhe. Er hatte nicht gewußt, daß Victor das konnte.

Arthur bedeutete der Schwester mit einer Geste, es tue ihm leid, daß er weine.

»Das gehört zum Gesundwerden«, sagte sie, »es completamente natural.«

Jetzt entwickelte sich eine Diskussion über Tränen, Weinen und Heulen. Das einzige, was noch fehlte, waren der Wein, der Saumagen und Herr Schultze.

»Und der Wodka«, sagte Zenobia.

Arno arbeitete gerade an einem Essay über Tränen in der Literatur. Das traf sich gut. Was hatte Nietzsche gesagt? Ja, man stelle sich bloß einmal vor, daß Nietzsche nichts gesagt hätte.

»Wer nicht weint, hat kein Genie«, sagte Victor. »Ich kenne meine Sprüche.«

»Ja, ja, aber auch: ›Ich weiß keinen Unterschied zwischen Tränen und Musik zu machen.‹«

»Es ist Zeit, Herrschaften.«

»Meiner Meinung nach ist bei Stendhal zum letztenmal richtig geweint worden«, sagte Arno. »In der *Kartause von Parma* heulen sie die ganze Zeit, Herzoginnen, Marquisen, Gräfinnen, Bischöfe, es ist ein einziges Tränental. Damit hat Flaubert wenigstens Schluß gemacht.« »Im zwanzigsten Jahrhundert hat in den Niederlanden niemand mehr geweint. Nur Deutsche weinen noch.« Das war Victor.

»Niederländer heulen. Seit den zwanziger Jahren heulen wir.«

»Alle Russen cheulen«, sagte Zenobia.

Er spürte, wie ihm die Worte entglitten. Was er eben getan hatte, bei Victors Tanz, war das Weinen gewesen oder Heulen? »Alle Russen cheulen.«

Er spürte, wie müde er war, aber die Worte schwirrten noch um ihn herum, Laute, die etwas behaupten wollten, es aber nicht mehr konnten. Er wartete, bis sie schmolzen, sich verflüchtigten, ineinanderflossen, bis nur noch ein leises Rauschen und Säuseln übrigblieb, das Geräusch seines eigenen Atems, das der Schlaf war.

*

An dem Tag, an dem er aus dem Krankenhaus entlassen werden sollte, kam Erna.
»Jetzt siehst du wenigstens nicht mehr aus wie eine Figur aus der Werbung.«
Sie hatte es also nicht vergessen, auch sie nicht. Er schaute mit ihr zusammen in den Spiegel. Ein kahlköpfiger Mann, einer, der jemandem glich, den er früher gekannt hatte.
»Wir könnten dich stante pede in ein Kloster bringen.«
Gemeinsam mit Daniel half sie ihm in der Wohnung die Treppe hinauf. Daniel hatte etwas verändert, sie wirkte heller.
In dem Zimmer, in dem er liegen würde, hatte Daniel zwei große Farbfotos aufgehängt, fast so groß wie Gemälde. In einer nebligen Landschaft waren Frauen unterwegs mit Blumen, Frauen an Gräbern. Der Nebel schien alles zu durchdringen, machte die Farben der Blumen matter, der Friedhof war so groß, daß sein Ende nicht zu erkennen war. Eine bleiche Wintersonne schien in die Nebelschleier, an diesen Stellen gingen die Frauen nicht, sie trieben dahin oder schwebten zwischen den Sarkophagen, den Akazien, den Zypressen, eine geträumte Welt, die bis zum Horizont reichte, Hunderte von Frauen waren es, einige standen gebeugt, als sprächen sie mit jemandem, sie ordneten Blumen in Töpfen, hielten einander fest, gleich würde ein Fest beginnen, sie würden tanzen zu der unhörbaren Musik, die zu den Nebel-

schleiern paßte, sie machten ihre Kinder auf etwas aufmerksam, das infolge der Entfernung auf diesem Foto unsichtbar war. Vielleicht schwebte dieser Friedhof ja selbst, er schwamm wie ein glückliches Schiff durch die Luft, gleich würde er aufsteigen, die Frauen und Kinder und Blumen mitnehmen auf eine Reise durch das All.
»Wo ist das?« fragte Arthur.
»In Porto. Es war ein kalter Tag, der Nebel blieb die ganze Zeit. Aber ich dachte, es würde dir gefallen. Ich hab die Fotos im letzten Herbst gemacht.«
»Aber was machen die da«, fragte Erna. »Es ist sehr festlich, aber warum sind da so viele?«
»Allerseelen.«
»Oh. Ist das etwas Katholisches? Ich hab schon mal was davon gehört, aber was passiert da genau?«
»Dann gedenkt man der Seelen der Verstorbenen. Am 2. November. Darauf warten die Toten das ganze Jahr.«
»Ja, ja. Und wenn diese Leute weg sind, fangen sie abends an, miteinander zu tanzen.«
Daniel sah sie an.
»Woher weißt du das? Davon habe ich auch Fotos gemacht, aber es war nichts darauf zu sehen.«
Als die beiden anderen weg waren, lag Arthur da und schaute immer noch auf die Bilder. Allerseelen. Er wußte nicht genau, was er sich darunter vorzustellen hatte, aber er hatte den Eindruck, das Wort habe mehr mit Lebenden als mit Toten zu tun.
Es mußten Tote sein, die sich noch irgendwo aufhielten, es war unmöglich, sie ganz wegzubekommen, man mußte ihnen noch Blumen bringen. Vielleicht hatten sie ihn ja gesehen, als er so nahe bei ihnen war. Aber darüber sagte man besser nichts. Tote waren aus der Mode, das aber wußten diese Frauen in Porto noch nicht. Wenn er einschliefe (»du mußt dich ausruhen«), dann zögen diese Nebel langsam in sein Zimmer. In der Ferne hörte er

den Verkehr auf der Plaza Manuel Becerra, die Geräusche der Großstadt, Hupen, eine Sirene, einen Lautsprecher, der etwas anpries, doch er würde nie wissen, was.

*

Ungefähr sechs Wochen später hätte man von einem nicht existierenden Beobachtungsposten irgendwo über der Erde sehen können, wie ein alter Volvo sich bei Atocha in den Verkehrsstrom Richtung Norden einfädelte. Der Fahrer hatte kurzes, borstiges Haar, neben ihm lag eine Kamera, ein Buch über die Geschichte Asturiens, ein Führer von Santiago, eine Karte von Spanien mit einem großen Kreuz bei Aranda de Duero, wo er haltmachen würde. (»Vorläufig nur kurze Etappen.«) Gleich außerhalb von Aranda gab es einen kleinen Gasthof an einem Fluß, wo er übernachten wollte. Vor seiner Abreise hatte er seinen Freund gefragt, ob die Frau, die ihn im Krankenhaus besucht hatte, wirklich kein Wort gesagt habe. Daraufhin hatte sein Freund den Kopf abgewandt und geantwortet: »Ich hätte es dir lieber nicht erzählt, aber sie sagte, sie müsse für ihre Arbeit nach Santiago.«
»Aber sie hat dir keine Adresse gegeben?«
»Nein. Und weiter hat sie nichts gesagt.«
Es wurde Abend, kurz vor der Dunkelheit. Der Mann kam aus dem Gasthof und ging bis in die Nähe des Flusses. Dort begann er zu filmen, was, war nicht klar, es sei denn, die kleinen, sich bewegenden Flächen im Wasser, die von den letzten Sonnenstrahlen beschienen wurden, eine sich stets wiederholende, leuchtende Bewegung, die sich in der näher rückenden Dunkelheit langsam auflöste. Danach ging er wieder ins Haus. In der Nacht war er einmal wach geworden von einem hohen, verzweifelten Heulen, einem Geräusch, das zusammen mit dem heiseren, stets wiederholten Gegengeräusch, das dazu gehört, so unverwechselbar traurig ist, daß die niederländische Sprache dafür ein eigenes

Wort erfunden hat, so daß der Mann in dem Gasthof, der das hörte, dachte, er würde dem Esel gern um den Hals fallen, um ihn zu trösten.

Nach dem Frühstück hatte er den Fluß an derselben Stelle noch einmal gefilmt und war dann auf der N 122 in westlicher Richtung gefahren, bei der N 1 jedoch in Richtung Norden abgebogen. Nur das unmögliche Auge hoch da oben hätte sehen können, daß das Auto an der Kreuzung kurz gezögert hatte, sich dann aber doch vom Westen abgewandt hatte und bis dahin weitergefahren war, wo die ersten baskischen Namen auf den Verkehrsschildern auftauchen und hinter den Ausläufern der Pyrenäen der hohe Himmel des Nordens sichtbar wird.

★
★ ★

Und wir? Ach wir ...

Santa Monica, Port Willunga, San Luis,
April 1996-Juli 1998.

Mit der gefräßigen Aneignung völlig bangloser Einzelheiten und der Fähigkeit zur Aufnahme ganzer Regale voller zerfallender Schriftstücke – samt Untersuchungsprotokollen, die vielleicht niemand (einschließlich des Schreibers) je gelesen hat – ist die Geschichtsschreibung auf diesem Weg vorangeschritten, auch wenn sie sich im allgemeinen hinsichtlich der eigenen Gründe geirrt hat: Scharen von Forschern haben gemeint, sie kämen beim Durchforsten von Papierbergen der Gewißheit näher, oder sie haben beim Ausbreiten ihrer Zahlenwerke und Tabellen sogar geglaubt, mit der Naturwissenschaft gleichzuziehen. Doch je mehr sie die Rohdaten einkreisen, desto deutlicher ließen sie die stumme Rätselhaftigkeit jeder geschichtlichen Fährte zum Vorschein kommen. Hinter diesen Namen, diesen beglaubigten Dokumenten, diesen juristischen Aktenbündeln tat sich die gewaltige Aphasie des sich in sich selbst verschließenden, mit einem Früher und Später nicht in Berührung kommenden Lebens auf.

Roberto Calasso, *Der Untergang von Kasch*

ANHANG

ANMERKUNGEN

Zu *Die folgende Geschichte:*

Übersetzung der lateinischen Textstellen

S. 173: *tempore Neronis falsi damnatus:* zur Zeit Neros wegen Betrugs verurteilt.
S. 187: *ipsa sibi virtus praemium:* Die Tugend ist sich selbst Belohnung.
S. 207: *Ignis mutat res:* Das Feuer verändert die Materie.
S. 222: *Saturno tenebrosa in Tartara misso:* Saturn, der in den finsteren Tartaros geschickt worden war.

Anmerkungen

S. 172: Anton Adriaan Mussert, geb. 1894, niederländischer Faschistenführer, wurde 1946 wegen Landes-, Hochverrats und Kollaboration zum Tode verurteilt und hingerichtet.
S. 174: Der Schreierstoren in Amsterdam, erbaut 1487, ist die Stelle, an der die Angehörigen Abschied von den Seeleuten nahmen, die oft für Jahre in die Tropen fuhren.
S. 184: Jan Jacob Slauerhoff (1898-1936), Schiffsarzt und niederländischer Romancier und Lyriker.

Zu *Allerseelen:*

S. 261: *Nis* ist im Niederländischen die Endsilbe von *geschiedenis*, zu deutsch *Geschichte*. Das Wort *Nis* bedeutet im Niederländischen aber auch *Nische*.

S. 294: Lou Bandy, ein in den dreißiger Jahren in den Niederlanden sehr bekannter Revueartist.

S. 301: Jan Hein Donner (1927-1988) war niederländischer Schachgroßmeister und Publizist.

Editorische Notiz

Innerhalb der Gesammelten Werke Cees Nootebooms ist dies der zweite Band mit Romanen und Erzählungen. Er knüpft chronologisch an die Texte aus Band 2: *Romane und Erzählungen 1* an und schließt mit dem zuletzt veröffentlichten Roman des Autors. Nachweise über die Erstpublikationen der in diesem Band versammelten Texte:

Der Roman *In den niederländischen Bergen* erschien 1984 unter dem Titel *In Nederland* bei B.V. Uitgeverij De Arbeiderspers, Amsterdam. 1987 erschien im Suhrkamp Verlag die deutsche Erstausgabe in der Übersetzung von Rosemarie Still.

Die Erzählung *Der Buddha hinterm Bretterzaun* erschien 1986 unter dem Titel *De Boeddha achter de schutting* bei Kwadraat, Utrecht. 1993 erschien im Suhrkamp Verlag die deutsche Erstausgabe in der Übersetzung von Helga van Beuningen.

Die folgende Geschichte erschien 1991 unter dem Titel *Het volgende verhaal* bei B.V. Uitgeverij De Arbeiderspers, Amsterdam, und im selben Jahr im Suhrkamp Verlag als deutsche Erstausgabe in der Übersetzung von Helga van Beuningen.

Der Roman *Allerseelen* erschien 1999 unter dem Titel *Allerzielen* bei Uitgeverij Atlas, Amsterdam, und im selben Jahr im Suhrkamp Verlag als deutsche Erstausgabe in der Übersetzung von Helga van Beuningen.

INHALT

In den niederländischen Bergen. Roman 7
Der Buddha hinter dem Bretterzaun. Eine Erzählung 121
Die folgende Geschichte 165
Allerseelen. Roman 257

Anhang 599
Anmerkungen 601
Editorische Notiz 603